제2판

국제금융경제

김태준 · 송치영 · 유재원

다산출판사

부모님들께 이 책을 바칩니다.

제2판 머리말

2013년 본서가 출간된 지 어언 7년이라는 세월이 흘렀다. 그동안 세계 경제는 과거의 그 어떤 시대보다 불확실하고 급변하는 환경하에서 고군분투하고 있는 실정이다. 특히 AI로 대변되는 소위 4차 산업혁명의 급속한 확산은 인간의 경제행위에 대한 전면적인 재고찰을 요구하고 있다. 세계화는 거스를 수 없는 당연한 현상이고 한 국가의 정책은 세계 다른 모든 국가들에게 실시간으로 영향을 미치는 상호의존성이 심화되고 있다. 하지만 글로벌 금융위기를 거치면서 세계화가 국가 간 또는 국가 내 소득불평등을 악화시킨다는 비판도 주목을 받고 있다.

세계 경제의 미래에 대한 전망은 경제학자들 사이에서 치열한 논쟁의 대상이다. 미국 경제는 선진국 경제에서 유일하게 호황을 유지하고 있지만 여전히 구조적 디플레이션 위험이 상존한다는 주장이 제기되고 있다. 중국 경제는 지난 40년 동안 큰 위기 없이 지속적으로 성장해 왔지만 그 과정에서 야기된 구조적 문제와 과잉부채로 인해 경제위기가 촉발될 수 있다는 우려가 끊임없이 제기되고 있다. 유럽은 2011년 재정위기의 여진에서 완전히 벗어나지 못하고 있고, 일본은 2013년 아베노믹스의 양적완화정책으로 인해 침체에서 다소 벗어난 것으로 보이나 여전히 디플레이션 상태에 놓여 있다. 또한 2018년부터 시작된 세계 경제의 G2인 미국과 중국의 경제마찰은 세계 경제의 성장과 안정에 매우 부정적인 영향을 미치고 있다. 한편 한국 경제는 저출산 · 고령화로 인한 생산인구의 축소와 잠재성장률 둔화, 미 · 중 경제마찰로 인한 수출 축소 그리고 국내투자환경의 악화로 인한 투자 감소, 소득불평등 증대와 청년실업의 급증, 기업가정신의 약화 등 대내외적으로 어려운 상황에 처해 있다. 향후 세계 경제의 지속적인 안정과 성장을 위해서는 국가 간 긴밀한 경제협력 및 공동대응 방안의 모색이 그 어느 때보다 절실히 요구되고 있다.

이런 상황에서 국제경제이론은 그 어떤 분야의 경제이론보다도 경제분석과 전망을 위한 핵심이론으로 발전하고 있다. 특히 금융세계화와 자본자유화의 효과와 정책적 대응 등을 다루는 국제금융경제의 유효성은 한층 증대되고 있다. 본서는 체계적이고 단계적인 설명을 통하여 학부생이나 전공 대학원생 그리고 일반인들이 국제금융의 기본지식과 각종 정부의 정책방안과 효과 그리고 국제금융시장관련 제도나 상호연관성 등을 쉽게 이해하는 데 도움이 될 수 있도록 국제금융경제의 입문서로 저술되었다.

저자들은 대학에서 학생들과 같이 토론하고 고민하는 과정에서 본서의 일부 내용에 대한 보완 및 수정이 필요하다는 점은 진작부터 인지했으나 이제서야 개정하게 된 점을 너그럽게 이해해 주기를 바란다. 전반적인 구조나 체계에 큰 수정은 없으나 모든 장의 표나 그림을 최신 자료를 반영해서 업데이트를 했다. 또한 각 장의 내용도 이해하기 쉽도록 수정하거나 보완하였다. 예를 들어 3장에서는 새롭게 바뀐 국제수지표 작성 요령에 따라 내용을 수정하였다. 또한 11장은 모형을 간결하게 정리하여 학부수준을 넘어서는 일부 내용은 부록으로 처리했다.

끝으로 본 저자들의 수업에 열성적으로 참여해 주고 적극적으로 질문해 준 학생들에게 이 자리를 빌려서 고마운 마음을 전한다. 또한 본서의 개정판이 나올 수 있도록 격려와 지원을 아끼지 않으신 다산출판사의 강희일 대표님께 감사의 말씀을 드린다. 귀찮은 개정작업의 편집과 교정에 열성적으로 힘써 주신 양선용 부장님과 이상호 부장님께도 각별히 감사드린다. 끝으로 본서에 남아 있는 모든 오류나 부족한 부분은 전적으로 저자들의 책임임을 다시 한번 밝혀둔다.

2020년 봄

저자 일동

머리말

미국의 부동산 거품이 빠지면서 제2금융권에서 시작된 금융위기는 2008년 9월 세계적인 투자은행인 리만 브라더스가 파산하면서 글로벌 금융위기로 확산되었다. 글로벌 금융위기는 순식간에 동아시아, 유럽 그리고 중남미 금융시장에 메가톤급 충격으로 퍼져나갔고, 세계경제는 한치 앞을 내다볼 수 없는 곤경에 빠지게 되었다. 통화동맹을 결성하고 있는 유로존의 경우 일부 경제체질이 약한 회원국들의 재정적자문제가 악화되면서 유럽연합 전체가 경제위기에 봉착하게 되었다. 이러한 전대미문의 금융위기는 1930년대 초의 대공황과 비유되는데 세계경제가 어떻게 이 위기를 극복하고 안정적 성장궤도로 복귀할 수 있을지 어느 누구도 명쾌한 해법을 내놓지 못하고 있다.

미국의 금융위기가 글로벌 금융위기로 악화되게 된 가장 핵심적인 요인은 개별 국가들의 대외개방 확대와 자본의 자유로운 이동에 기초한 국제금융의 확대, 즉 세계화의 심화라고 할 수 있다. 1980년대부터 경제자유화와 규제철폐를 포괄하는 신자유주의 정책이 유행처럼 확산되고 국가 간의 자본이동에 대한 규제가 완화됨으로써 세계경제의 상호연계성은 매우 치밀해졌다. 한국도 1997년 외환위기를 겪은 이후 대폭적인 자본거래 자유화를 실시하였다. 그 결과 선진국 자본의 국내자본시장에서의 영향력이 크게 늘어나면서 세계경제의 변화가 한국경제에 주는 충격은 엄청나게 확대되었다. 특히 국제금융시장에서의 시시각각 움직임은 국민 모두의 관심사가 될 만큼 국민경제와 기업활동에 중요한 변수가 되고 있다.

이와 같이 급변하는 글로벌 금융시장과 이와 연관된 다양한 문제들을 바라보면서, 저자들은 이러한 현상을 제대로 이해하여 해결책을 제시하는 것이 국제금융을 전공한 경제학자로서의 임무라고 생각해 왔다. 또한 강단에서 국제금융 과목을 가르치면서 어떻게 학생들에게 국제금융경제의 움직임, 개별 국민경제와 세계경제와의 연계, 그리고 정부정책의 효과 등을 잘 이해시킬 수 있을까 고민하게 되었다.

본서는 국제금융경제의 핵심적 사항을 체계적으로 이해하고 이를 기초로 하여 글로벌 경제의 다양한 현상에 대한 분석능력을 높일 수 있는 방안을 제시하고자 노력하였다. 무엇보다도 기본모형에 기초한 독자적인 모형체계를 구축한 후 단계별로 확장함으로써 기존의 개방거시경제이론을 일관성 있게 설명하고 있는 점이 가장 큰 장점이라 할 수 있다.

첫째, 자본이동이 없다고 가정하는 구매력평가이론에서부터 출발해서 자본이동이 완전자유화되어 금리평가가 성립하는 경우를 집중 분석하는 한편, 가격이 고정되어 있는 단기에서 신축적으로 변동하는 장기로 모형을 확장시켜 나갔다. 단기에서 장기로 가는 과정을 분석하는 오버슈팅모형 또한 단기와 장기의 모형과 비교하면서 설명하였다.

둘째, 통화 및 재정 그리고 환율 정책 등의 거시경제정책의 효과를 일시적 정책변화와 영구적 정책변화로 구분하여 분석하였다. 정부의 중요한 환율관리정책인 외환시장개입정책의 효과에 대해서도 심층적으로 다루었다. 또한 정책결정에 관여하는 전문가들이 관심을 가져야 하는 주제 중 하나인 자본 이동과 투자 그리고 금융개방과 경제성장 간의 상호관련성에 대해서도 새로운 분석틀을 제시하였다.

셋째, 글로벌 금융위기 이후 관심이 고조되고 있는 국제통화제도의 개편문제를 깊이 있게 검토하였다. 우선 국제금융의 행태와 환율 결정에 인프라 역할을 하는 국제통화제도의 변천과정과 최근 위기에 직면한 유로존의 설립 및 위기극복 과정 등을 정치경제학적 시각에서 서술하였다. 또한 금융위기의 요인 및 확산 경로 등과 관련된 이론을 소개하고, 향후 금융위기를 사전에 예방하고 재발 시 효과적으로 대처할 수 있는 방안이 무엇인지 제시하였다.

본서가 학부생과 국제금융경제를 전공하는 대학원생, 그리고 더 나아가 개방거시경제학에 관심이 있는 전문가들에게 보다 일관성 있고 포괄적인 내용을 담은 참고문헌으로서의 역할을 담당할 수 있기를 기대한다. 물론 학부생의 경우 본서의 특정 부분을 이해하기가 쉽지 않을 수 있는데, 이러한 경우에는 향후 과제로 남겨두어도 무방할 것이다.

본서를 집필하면서 국제금융경제학에 대한 이해를 높이는 귀중한 시간을 가질 수 있었던 것에 대해 커다란 보람과 고마움을 느낀다. 본서가 나오기까지 오랜 기간 동안 묵묵히 격려를 아끼지 않으신 다산출판사의 강희일 대표님께 감사의 말씀을 드린다. 그리고 유례없는 긴 장마와 무더위가 기승을 부린 여름 내내 불철주야 편집과 교정에 힘써 주신 양선용 부장님께 각별히 감사드린다. 지루한 집필기간 동안 저자들의 말벗이 되어 준 이상호 과장님께도 고마움을 전한다. 끝으로 본서에 남아 있는 오류나 미진한 부분은 전적으로 저자들의 책임이며, 앞으로 계속 수정 · 보완해 나갈 것을 약속드린다.

2013년 여름

저자 일동

ı 차 례 ı

제 1 부 외환시장과 국제수지

제 01 장 개방경제와 국제금융경제학

제 02 장 환율과 외환시장

제 03 장 국제수지와 국민소득

제3부 자산시장균형과 환율결정

제08장 금리평가와 환율 : 단기자산시장접근모형

제09장 신축적 물가와 환율 : 장기자산시장접근모형

제10장 경직적 물가와 환율 : 오버슈팅모형

제11장 자산의 불완전대체성과 환율 : 포트폴리오균형모형

제4부 외환시장개입과 외환시장의 효율성

제12장 외환시장개입의 유형과 효과

제13장 외환시장의 효율성과 환율예측

제5부 자본이동, 금융개방과 경제성장

제14장 저축, 투자와 자본이동

제1부

외환시장과 국제수지

제 01 장

개방경제와 국제금융경제학

1. 개방과 금융세계화
2. 세계 경제의 주요 현안
3. 국제금융경제학의 연구과제

2008년 쓰나미와 같이 전 세계를 휩쓴 글로벌 금융위기는 세계 경제가 얼마나 촘촘하게 연결되어 있는지를 잘 보여주었다. 1997년 아시아 외환위기로 홍역을 치른 후 강도 높은 구조조정과 제도개혁을 추진하였던 한국이 또다시 외환위기에 준하는 사태에 봉착하였다는 사실은 소규모 개방경제가 외부충격에 얼마나 취약한지를 단적으로 보여준다. 다른 한편으로는 국내경제와 해외경제의 상호연관성이 얼마나 높은지를 보여주는 반증이기도 하다.

개별 국민경제는 무역 및 자본거래를 통하여 상호의존도가 갈수록 높아지고 있다. 특히 정보통신기술의 발달, 전 세계적인 자본자유화, 그리고 금융서비스에 대한 규제완화를 통하여 국내외 금융시장 간 연계가 보다 긴밀해지고 있다. 이러한 금융의 세계화는 세계 금융자산의 최적배분을 통하여 자본의 생산성을 증대시키고, 무역 및 투자를 확대하며, 국제유동성을 창출하여 전 세계 실물부문의 성장을 촉진하는 효과를 가져온다. 하지만 반복적으로 발생하는 금융위기는 막대한 비용을 초래하는 것도 사실이다.

이 장에서는 개방경제의 의미를 무역과 자본거래 측면에서 검토한 후, 개별 국민경제의 공통적 문제라고 할 수 있는 세계 경제의 주요 현안에 대하여 살펴보도록 한다. 또한 국제금융경제학의 영역과 주요 연구과제에 대하여 설명한다.

국제금융경제학은 개방경제와 국제금융의 다양한 경제현상을 분석하고 개방경제의 대내외 균형을 달성하기 위한 정책대안을 연구하는 경제학 분야이다. 따라서 거시경제학의 분석틀을 기반으로 실업과 인플레이션이라는 대내균형의 핵심문제와 함께 환율과 국제수지의 결정, 환율제도와 거시경제정책의 효과, 경기변동과 경제성장, 국제통화제도와 금융위기 등을 다루게 될 것이다.

1. 개방과 금융세계화

(1) 국제무역과 경제성장

1945년 제2차 세계대전이 끝나고 1970년대 원유파동이 닥치기 전까지를 '번영의 황금기' 라고 부른다. WTO 연례보고서(2014)에 따르면 이 기간 중 세계 경제는 연평균 4.9%의 성장률을 보였고, 국제무역은 이보다 높은 7%의 성장률을 기록하였다. 미국은 세계 경제를 이끄는 경제대국으로 자리잡았고, 유럽과 일본도 전쟁의 폐해에서 벗어나 놀라운 성장을 실현하였다. 1970년대 두 차례에 걸친 원유파동으로 국제무역과 경제성장의 증가율도 둔화되었다가 1980년대 중반 이후 다시금 회복세를 보이게 된다.

[그림 1-1]은 전 세계 상품수출이 국내총생산(GDP)에서 차지하는 비중을 보여준다. 상품수출의 비중은 19세기 중빈 이후 꾸준히 증가세를 보이나가 양차 세계대전으로 크게 위축되었다. 그러나 제2차 세계대전 이후 다시금 가파른 증가세를 보이는 가운데, 때때로 경기변동을 반영하여 등락을 보여왔다. 국제무역의 증가는 자본이동이나 인적 교류, 또한 기술이전과 함께 세계 경제를 하나로 통합시키는 중요한 경로 중의 하나이다.

| 그림 1-1 | 전 세계 상품수출의 GDP 대비 비중(1827~2014)

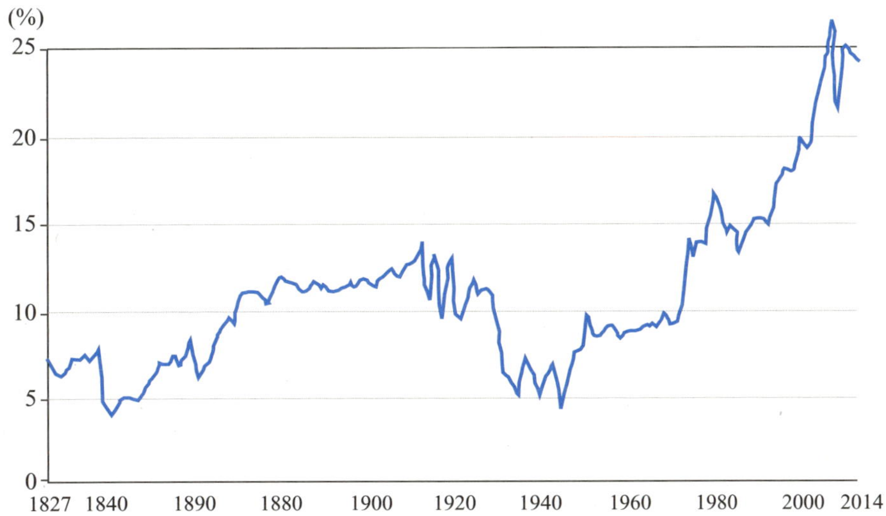

자료 : Esteban Ortiz-Ospina, Diana Beltekian, and Max Roser(2019), "Trade and Globalization." Published online at OurWorldInData.org (https://ourworldindata.org/trade-and-globalization).

표 1-1 OECD 주요국의 재화 및 서비스 무역 비중

(단위 : %)

국가	1970	1975	1980	1985	1990	1995	2000	2005	2010	2015
그리스	11.7	17.9	22.6	20.4	20.3	18.8	31.6	26.4	25.9	31.6
네덜란드	46.8	49.1	54.1	62.2	54.6	56.5	67.3	66.1	74.1	79.0
노르웨이	36.8	39.3	40.0	39.2	37.2	34.9	38.0	36.4	35.0	35.0
뉴질랜드	23.0	25.2	29.9	30.9	26.7	28.6	34.7	29.1	27.5	27.4
덴마크	29.9	31.0	34.0	37.6	34.9	35.6	43.5	46.5	47.7	52.0
독일	17.2	19.4	22.7	25.9	24.8	23.7	33.2	38.4	44.2	43.1
룩셈부르크	81.3	89.0	87.4	104.4	94.9	95.8	139.5	145.8	149.4	204.2
멕시코	9.6	9.1	14.2	15.4	19.2	29.1	29.1	28.0	31.0	35.6
미국	5.6	8.0	10.4	8.6	10.3	11.7	13.2	13.5	14.5	13.9
벨기에	49.5	51.6	58.1	69.9	68.5	65.6	83.2	84.8	78.8	77.1
스웨덴	24.0	27.8	30.3	34.4	29.7	36.0	43.4	44.9	46.6	42.3
스위스	31.5	28.1	36.1	37.0	35.1	32.9	43.6	45.6	46.1	56.4
스페인	12.9	14.5	15.8	20.5	17.8	22.4	30.6	28.3	28.3	32.1
아이슬란드	44.1	37.5	35.5	40.2	33.0	33.7	37.2	37.8	51.1	48.3
아일랜드	38.4	42.9	52.8	55.6	54.2	70.3	91.4	75.6	91.5	107.6
영국	21.9	26.2	26.0	28.3	25.3	28.6	28.6	28.1	31.6	28.4
오스트리아	29.0	29.9	35.1	36.7	37.3	35.2	45.5	52.0	52.0	51.2
이탈리아	15.7	19.5	22.4	22.2	19.1	23.8	26.6	26.0	27.6	28.2
일본	10.2	12.8	14.2	12.7	10.0	8.5	10.3	13.6	14.6	17.8
캐나다	21.0	23.3	27.2	27.1	25.7	35.7	42.7	35.9	30.4	33.1
터키	5.1	8.2	8.6	17.5	15.4	22.1	21.6	23.6	24.0	24.7
포르투갈	22.9	22.0	28.8	32.7	34.5	31.8	35.2	37.5	34.6	40.3
핀란드	25.0	25.4	31.8	28.0	23.2	32.6	38.7	39.6	39.6	35.7
프랑스	15.5	18.4	22.0	23.7	22.0	22.2	28.1	26.5	26.7	30.9
한국	18.7	31.1	36.0	31.7	28.5	29.4	39.2	41.1	51.0	39.6
호주	13.0	13.7	16.1	16.9	16.3	19.4	22.5	21.0	20.5	20.4

주 : 수출/GDP와 수입/GDP의 평균치로 정의

자료 : OECD DATA, "Trade in Goods and Services"(data.oecd.org)

우리는 이러한 통합과정을 세계화라고 부른다. 제2차 세계대전 이후 세계화의 진전은 선진국뿐 아니라, 개도국들도 세계분업에 참여하는 기회를 제공하였다. 그 단적인 예가 한국, 대만, 홍콩 및 싱가포르와 같은 동아시아 신흥공업국들이라고 할 수 있다. 특히 한국은 1950년대까지만 하여도 세계에서 가장 빈곤한 국가였으나, 이제는 일인당 국민소득이 3만 달러를 넘어서게 되었다. 그 원동력이 수출증가에 있었다는 점은 지금도 많은 개도국들에게 교훈이 되고 있다.

〈표 1-1〉은 OECD 주요국들의 재화 및 서비스의 수출과 수입의 평균이 GDP에서 차지하는 비중이 어떻게 변화되었는지를 보여준다. 룩셈부르크와 같이 자국뿐 아니라 인접국의 위탁무역 비중이 높은 경우 수출입 평균의 GDP 대비 비중이 1970년 81.3%에서 2015년 204.2%로 증가하였다. 흥미롭게도 일본의 경우 수출입 평균의 비중이 2010년의 경우 14.6%에 불과하여 14.5%를 기록한 미국과 거의 비슷하였으나, 경기가 회복된 2015년에는 17.8%를 기록하였다. 이는 일본의 경우 내수가 생산활동에 미치는 중요도가 해외수요에 비하여 훨씬 크다는 것을 시사한다.

한국의 경우를 보면 수출 및 수입의 평균치가 GDP에서 차지하는 비중이 1970년 18.7%에서 2010년 51.0%로 증가하였다(수출 52.3%, 수입 49.7%). 이러한 무역의 괄목할 만한 증가는 한국의 고도성장에 견인차 역할을 담당한 것으로 평가할 수 있다. 그러나 세계 시장의 충격이 한국 경제에 미치는 영향도 그만큼 커졌다고 할 수 있다. 2015년에는 해당 수치가 39.6%(수출 43.0%, 수입 36.1%)로 감소하였다.

글로벌 금융위기는 세계 경제의 성장뿐 아니라 무역에도 커다란 충격을 주었다. [그림 1-2]는 2001~20년 기간 중 세계 무역량과 실질GDP의 증가율 추세를 보여준다. 세계 무

| 그림 1-2 | 글로벌 금융위기 이후 세계 무역 및 GDP 증가율 추세

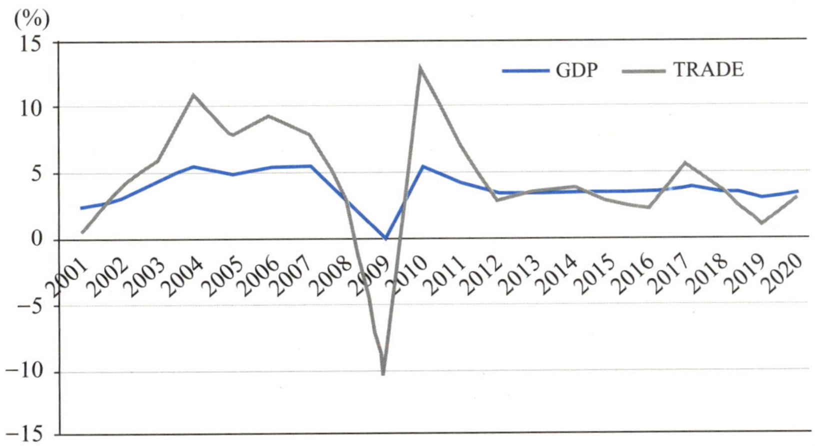

주 : TRADE는 상품 및 서비스 수출물량의 증가율을 의미. 2019년과 2020년 수치는 추정치임.
자료 : IMF, *World Economic Outlook*, 2019.10.

역량의 증가율은 2009년 −10.4%로 크게 떨어졌다가 2010년에는 12.8%로 반등하였다. 그러나 2012~20년 기간 중에는 연평균 3.2% 정도로 저조한 증가율을 보이고 있다. 한편 세계 실질GDP 증가율은 2009년 −0.1%로 크게 떨어졌다가 2010년에는 5.4%로 반등하였고, 2012~20년 기간 중 3.5%의 연평균 성장률을 보이고 있다. 글로벌 금융위기를 겪으면서 세계 무역이 받은 부정적 충격은 실질GDP보다 훨씬 더 컸다고 할 수 있다. 더구나 글로벌 금융위기 이후 악화된 세계 무역환경, 특히 미중 무역분쟁으로 인하여 세계 무역의 성장추세가 위기 이전으로 돌아갈 것인지는 불분명하다. 하지만 세계 경제의 지속적 성장을 위해서 세계 무역의 안정적 성장이 필요하다는 것은 분명하다.

(2) 자본이동과 금융세계화

개방도의 또 다른 지표는 국제자본이동이 얼마나 활발하게 이루어졌느냐이다. 전 세

표 1-2 국제자본유입 규모와 구성의 변화 추이

(단위 : %)

	1980~84	1985~89	1990~94	1995~99	2000~04
전체(십억 달러)	397	803	1,209	2,453	3,564
FDI	12.9	15.8	15.6	21.7	19.6
지분간접투자	3.9	7.7	9.4	12.2	12.0
채권투자 및 차입	83.2	76.5	75.0	66.1	68.4
선진국(십억 달러)	325	739	1,008	2,112	3,260
FDI	12.3	14.9	13.9	18.6	16.9
지분간접투자	4.4	8.1	9.0	12.5	12.1
채권투자 및 차입	83.3	77.0	77.2	68.9	71.0
신흥시장국(십억 달러)	66	60	194	328	288
FDI	15.5	27.3	24.4	40.7	48.6
지분간접투자	1.5	3.4	11.7	11.0	12.1
채권투자 및 차입	83.0	69.3	63.9	48.2	39.3
개도국(십억 달러)	6	4	7	13	16
FDI	15.1	17.2	27.7	40.9	44.2
지분간접투자	1.1	0.6	0.5	0.5	0.4
채권투자 및 차입	83.8	82.2	71.8	58.6	55.4

주 : 5년간 연평균을 의미. 21개 선진국, 20개 신흥시장국, 30개 개도국을 대상

자료 : M. Kose, E. Prasad, K. Rogoff, and S. Wei(2009), "Financial Globalization: A Reappraisal," *IMF Staff Papers*, 56, 8~62.

계 자본이동 역시 무역의 경우와 마찬가지로 빠른 속도로 증가하였다. 〈표 1-2〉는 국제자본 이동의 규모와 구성의 변화추이를 보여준다. 자본이동규모는 1980~84년 기간 동안 연평균 약 4천억 달러에서 2000~04년 기간 연평균 약 3조 6천억 달러로 증대되었다.

자본거래 형태로는 1980년대 초반에는 약 83% 정도가 은행대출이나 채권투자와 같은 부채 형식이었으나 2000년대 초반에는 그 비중이 68% 정도로 감소하였다. 반면 높은 수익을 겨냥한 주식투자와 같은 지분간접투자 비중은 동 기간 중 3.9%에서 12.0%로 증가하였다. 이러한 현상을 증권화(securitization) 현상이라 한다. 신흥시장국이나 개도국에 대한 자본투자의 증가는 주로 1980년대 남미국가들의 외채위기로 인한 은행대출 감소와 개도국 자본시장의 대외개방 확대에 기인한다. 그러나 주식투자는 여전히 선진국을 중심으로 이루어지고 있으며, 개도국의 비중은 미미하다.

직접투자(FDI)의 비중도 꾸준히 증가하여 1980년대 15% 수준에서 2000년대에는 약 20%로 증가하였다. FDI의 증대는 생산의 세계화(globalization of production) 현상이 선진국뿐 아니라 개도국까지 빠르게 확산되고 있음을 보여준다.

글로벌 금융위기 이후 자본시장 개방의 실효성에 대한 의문과 비판이 거세게 제기되었다. 1990년대 신흥시장국들이 자본거래에 대한 규제완화를 추진한 배경에는 자본이라는 희소자원을 보다 효율적으로 이용함에 따라 자본의 투자국이나 유치국 둘 다 이득을 볼 수 있을 것이라는 기대가 크게 작용하였다. 그러나 외환위기와 금융위기를 겪으면서 이에 대한 회의와 비판이 거세지고 있다. 국내외 금융시장 간 통제가 완화된 결과 투기자본의 흐름이 자유롭게 되어 글로벌 경제의 불안정성이 현저하게 증가한 반면 외국자본의 유입으로 기대하였던 투자의 증대나 국내금융산업의 경쟁력 강화와 같은 효과는 기대한 만큼 나타나지 않았다는 것이 비판론의 핵심이다.

돌이켜보면 금융세계화의 결정적 계기는 1980년대 영국의 대처 정부와 미국의 레이건 정부에 의해서 마련되었다고 할 수 있다. 1986년 영국이 빅뱅식 금융개혁을 추진하면서 대폭적인 규제완화를 추진하였고, 이후 워싱턴 컨센서스(Washington consensus)라고 불리는 신자유주의 정책이 IMF나 World Bank 등의 주도하에 개도국이나 신흥시장경제국의 구조조정의 밑그림으로 활용되었다. 이에 따라 자본자유화 및 외환자유화 그리고 금융산업 개방이 확대되면서 금융세계화가 본격적으로 확산되었다.

금융세계화의 핵심은 금융의 영역이 국가 내에서 국가 간으로 확대되는 것이라고 할 수 있다. 금융이 국가 간에 이루어지는 국제금융시장은 변동성이 매우 크다. 또한 국제금융은 국내금융에 비하여 투자위험이 높다. 만약 채무자가 변제의무를 이행하지 않을 경

| 그림 1-3 | 신흥시장국 및 개도국의 순자본유입 (단위 : 십억 달러)

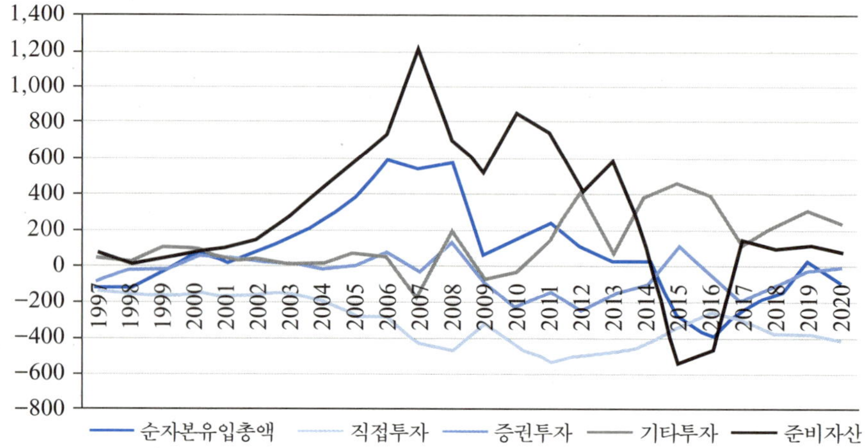

주 : 2019년과 2020년 수치는 추정치임.
자료 : IMF, *World Economic Outlook*, 2019.10.

우 책임을 물을 수 있는 제도적 장치도 국내거래에 비하여 미비한 경우가 많다. 뿐만 아니라 국제금융거래에 있어서 외화로 표시된 채권을 사거나 대부를 할 경우 자국통화와 해당 외화와의 환율이 변동하게 되면 손해가 발생할 수 있는 위험을 감수하여야 한다.

글로벌 금융위기로 인하여 자본이동은 크게 위축되었다. [그림 1-3]에서 볼 수 있는 바와 같이 신흥시장국과 개도국에 대한 순자본유입액은 2008년 5,812억 달러에서 2009년 617억 달러 수준으로 감소하였다. 이후 다소 회복세를 보였으나, 2015년 2,728억 달러, 그리고 2016년에는 3,959억 달러의 순유출을 기록하여 금융위기 이전과 달리 개도국에 대한 투자가 저조함을 볼 수 있다. 한 가지 흥미로운 점은 민간부문의 직접투자와 포트폴리오투자가 크게 줄어든 반면, 기타투자나 중앙은행의 준비자산축적은 늘어나는 모습을 보이고 있다는 점이다.

글로벌 금융위기 이후 국제자본이동에 수반되는 불확실성과 위험성을 최소화하기 위하여 보다 효율적인 수단을 개발하여야 한다는 요구가 높아졌다. 또한 금융감독기관도 시장위험에 대한 감독을 강화하려는 노력이 이루어지고 있다. 이런 가운데 국제금융시장의 안정성 확보와 금융위기 재발방지를 위한 제도적 개선은 국제정책협조의 핵심적 사안으로 부상하였다.

2. 세계 경제의 주요 현안

(1) 성장률 둔화와 일자리 부족

개방도가 높아지고 국민경제 간 상호의존성이 깊어지면서 경기변동의 동조성도 크게 증가하였다. [그림 1-4]에서 볼 수 있는 바와 같이 1990~2000년 기간 중에는 선진국과 개도국의 경제성장률이 밀접한 상관관계를 보이는 가운데, 한국을 위시한 신흥공업국들은 매우 높은 성장을 이루어 왔다. 2000년대에 들어와서는 신흥시장국과 개도국의 성장률이 선진국에 비하여 상당히 높아졌음을 볼 수 있다. 글로벌 금융위기는 선진국뿐 아니라 신흥시장국 및 개도국 성장에도 상당한 규모의 충격을 주었음을 볼 수 있다.

개방경제하에서 경기변동의 결정요인과 경기안정화를 위한 정책적 처방은 폐쇄경제와 비교하여 어떠한 차이가 있는가는 국제경제학의 중요한 연구과제 중의 하나이다. 무역과 자본이동이 활발하게 이루어지는 개방경제에서는 외부충격이 다양한 경로를 통하여 국내경제에 영향을 미친다. 경기안정화를 위해서는 이러한 파급경로를 정확하게 파악하는 것이 무엇보다 중요하다. 이를테면 환율이 상승하면 수출과 경제성장에는 도움이 될 수 있지만 물가압력을 가중시키는 결과를 가져올 수 있다. 또한 국민경제 간의 상호의존도가 높아지면서 경기변동의 동조성도 훨씬 증가하였다.

| 그림 1-4 | 세계 경제의 성장률 추이 (단위 : %)

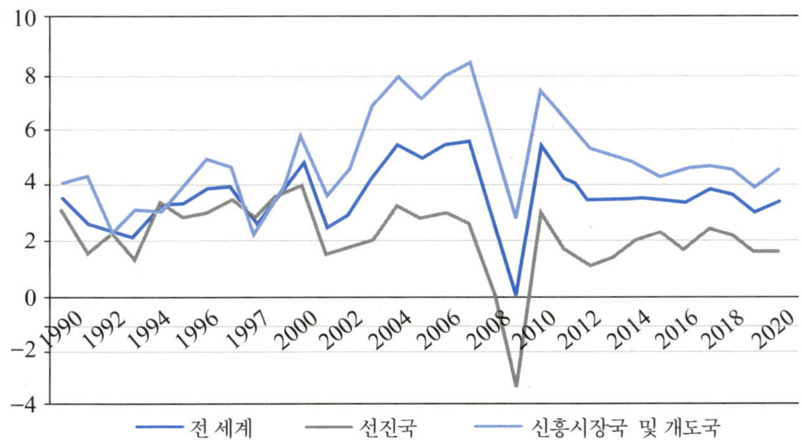

주 : 2019년과 2020년 수치는 추정치임.
자료 : IMF, *World Economic Outlook*, 2019.10.

개방된 경제의 안정적 성장 역시 중요한 연구과제 중의 하나이다. [그림 1-4]에서 볼 수 있듯이 개도국들은 선진국보다 일반적으로 성장속도가 빠르다. 특히 선진국으로부터 도입한 기술과 자본을 이용하여 해외시장에 수출하는 성장전략을 채택하였던 신흥공업국의 경우가 대표적인 예이다. 그러나 글로벌 금융위기 이후 선진국이나 개도국을 막론하고, 성장속도는 떨어지고 일자리창출이 심각한 사회적 문제로 부상하게 되었다. 특히 기술변화 속도가 점점 빨라지면서 기존의 거시경제정책만으로는 대응이 어려워지고 있다.

(2) 글로벌 불균형과 무역분쟁

국제수지는 자국과 외국과의 경제거래에 따른 외환의 순유입을 지칭한다. 거래의 성격에 따라 경상수지와 자본 · 금융계정으로 나뉘는데, 전자는 수출이나 수입과 같은 경상거래에 따르는 자본의 순유입, 그리고 후자는 자본거래에 따른 자본의 순유입을 의미한다. 경상수지가 어떤 요인에 의하여 결정되는지는 오랫동안 국제경제학의 주요 관심사였다. 최근에는 중국 경제가 부상하면서 동아시아 국가들이 상당폭의 경상수지 흑자를 실현하는 반면, 미국은 지속적으로 경상수지 적자를 보이고 있고 그 규모도 확대되었다. 글로벌 금융위기의 여파로 미국의 적자폭은 다소 줄어드는 모습을 보였으나, 경기가 회복되면서 다시 확대되고 있다. 한편 미국이 적자의 원인으로 지적하는 중국의 경우 글로벌 금융위기 이후, 특히 2015년 이후 흑자폭이 크게 줄어들었다. 그럼에도 불구하고 양국

| 그림 1-5 | 세계 주요국의 경상수지 추이 (단위 : 십억 달러)

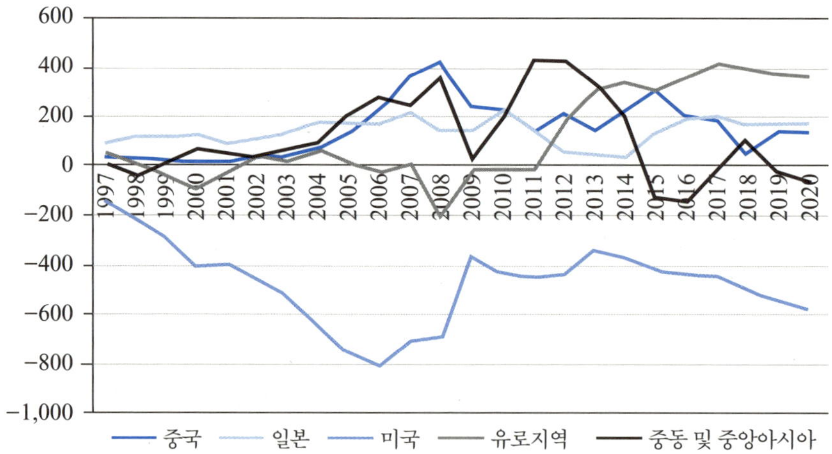

자료 : IMF, *World Economic Outlook*, 2019.10.

간 무역갈등의 불씨가 되고 있다([그림 1-5] 참조). 이러한 세계 주요국들의 경상수지 불균형 문제를 글로벌 불균형(global imbalances)이라고 한다. 글로벌 불균형의 핵심이라고 불리는 중국의 경상수지 흑자와 미국의 경상수지 적자는 어떠한 요인에 의하여 결정되는가? 세계 경제가 안정적으로 성장하려면 이러한 불균형이 해소되는 것이 바람직한가? 또 이를 위해서는 누가 무엇을 어떻게 조정하여야 하는지는 향후 미중 무역분쟁의 해결책을 모색함에 있어 커다란 논란거리로 남아 있다.

(3) 환율의 변동성 확대

환율은 서로 다른 통화 간의 교환비율을 의미한다. 환율은 다양한 경제변수들 중에서도 주가, 금리와 함께 가장 중요하게 간주되고 있는데, 이는 환율변동이 경제에 미치는 영향이 그만큼 크다는 증거라고 할 수 있다. 한편, 환율의 결정요인으로는 장기적으로 물가와 통화량, 단기적으로는 금리와 소득 등이 주목받고 있다. 그러나 이러한 기초경제변수들을 이용한 환율예측은 정확도가 크게 떨어지는 것으로 판명되었다. 따라서 이에 대한 다양한 모형과 기법들이 모색되고 있다.

[그림 1-6]은 미국 달러화에 대한 한국 원화 및 일본 엔화의 환율 추세를 보여주고 있

| 그림 1-6 | 달러화 대비 원화 및 엔화 환율

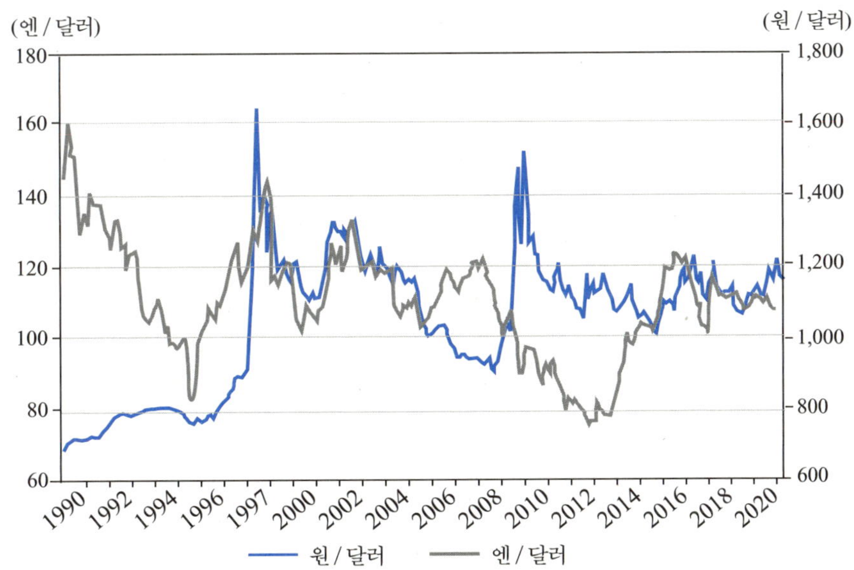

자료 : 한국은행, 경제통계시스템(http://ecos.bok.or.kr)

다. 원화와 엔화는 1998년 중반부터 2004년 중반까지는 같은 방향으로 움직이는 소위 동조화 현상을 보였다. 그러나 그 이후에는 제각기 움직이는 방향이 다른 양상을 보였는데, 그 이유는 무엇일까? 글로벌 금융위기의 여파로 원화 환율은 급등세를 보이다가 서서히 안정되는 모습을 보인 반면, 일본 엔화 환율은 지속적으로 하락세를 보인 이유는 또 무엇일까?[1)]

이와 별도로 유럽 재정위기로 인하여 과연 유로가 지역통화로서의 위치와 달러화에 대한 대안으로서의 위치를 공고히 할 수 있을지 귀추가 주목된 바 있다. 최근 영국의 EU 탈퇴(Brexit) 결정은 이러한 논란을 다시 증폭시킬 것으로 예상된다.

(4) 금융위기와 부채

개도국의 경우 개방경제하에서 경제성장을 촉진시키기 위하여 투자재원을 외국에서 조달하는 경우가 흔하다. 즉, 부족한 국내저축을 해외저축을 통하여 보충하는 것이다. 이렇게 빌려온 외국자본을 생산시설에 투자하여 이익을 내게 되면 경제성장에 크게 기여할 수 있다. 그러나 자본자유화로 인한 과다한 단기외채의 증가는 외환위기를 촉발할 수 있다는 교훈을 보여주기도 하였다. 더욱이 금융위기는 비단 개도국에 국한된 것이 아니고, 선진국의 경우에도 빈번하게 발생한다.

경제사를 연구하는 학자들은 최근의 금융위기가 과연 과거와 어떻게 다른지에 관심이 많다. 은행위기와 외환위기는 오늘날에 갑자기 나타난 것이 아니다. 1975년부터 1997년까지만 하더라도 90번의 은행위기와 202번의 외환위기 그리고 37번 은행위기와 외환위기가 동시에 발생한 것으로 조사되었다.[2)] 특히 금융자유화가 확대되기 시작한 1990년대에 은행위기와 외환위기는 급격히 증가하였다.

금융세계화에 비판적인 스티글리츠(J. Stiglitz)는 준비되지 않은 상태에서 단기자본의 자유로운 이동을 허용하는 것은 마치 구식모형의 자동차에 경주용 엔진을 장착한 후 타이어 교체도 없이 훈련받지 않은 운전자가 운전하는 것으로 비유하고 있다. 투기성 단기

1) 2012년 후반 출범한 일본의 아베 정부는 경기부양을 위하여 적극적인 통화량 증발정책을 추진하기 시작하였다. 그 결과 달러화나 유로화에 대한 엔화가치는 크게 떨어져 일본의 수출은 증가하기 시작하였다. 그러나 교역 상대국들의 입장에서 보면 일본으로부터의 수입이 증가하고 제3시장에의 수출을 감소시키는 등 직접적인 피해를 줄 수 있다는 점에서 비판이 일고 있다.

2) R. Glick and M. Hutchison(1999), "Banking and Currency Crises: How Common Are Twins?," Pacific Basin Working Paper Series 99-07, Federal Reserve Bank of San Francisco.

자본의 자본유출입은 경기동행적인 성격을 가지기 때문에 투자자금의 다양화에 따른 경기안정화 장치로서의 역할보다는 오히려 경기변동을 확대하는 등 경제의 불안정을 확대하는 속성을 가지고 있다.

금융위기는 경제적으로 상당한 비용을 초래한다. 특히 저소득층에게 심각한 경제적·사회적 고통을 동반하며, 사회적 불평등이 심화될 수 있다. 예를 들어 1997년에 금융위기가 발생된 인도네시아에서는 위기 이후 인종 간 분쟁이 발생하였고, 1996~97년에 금

"월가를 점령하라(Occupy Wall Street)"

"월가를 점령하라"는 2011년 9월 17일, 뉴욕의 금융중심지인 월가에서 시작되어 전 세계적으로 확산된 시위운동을 의미한다. 시위참가자들은 글로벌 금융위기의 원인이 사회적·경제적 불평등과 탐욕, 그리고 금융산업을 중심으로 한 정경유착에 있다는 인식하에 빈부격차 해소, 비정규직 처우 개선 및 부패구조의 청산 등을 주장하였다.

주 : 월가를 따라 맨해튼의 뉴욕증권거래소로 이동하는 시위대 모습(2011.9.26.)
자료 : Loise Lanzano, Wikipedia.

금융위기가 왜 발생하고, 어떻게 재발을 방지할 수 있을 것인가는 경제학자들이 풀어야 할 난제 중 하나이다. 1997년 아시아 금융위기가 발생하였을 때만 하여도 그 원인을 개도국 경제의 취약한 기초경제여건에서 찾는 견해가 주를 이루었다. 그러나 2008년 글로벌 금융위기가 발발하자 기초경제여건보다는 외부충격에 무게를 두는 주장들이 활발하게 개진되고 있다.

그렇다고 자본시장을 다시 봉쇄하는 것이 바람직한지에 대해서는 부정적인 견해가 더 많다. 국제자본이동의 급작스러운 변동을 방지하여 거시경제와 금융시장의 안정성을 확보하는 데 논의의 초점을 맞춰야 한다는 것이다. 2010년 서울에서 개최된 G-20 재무장관회의에서 논의된 바와 같이 자본흐름에 대한 직접적인 규제보다는 국제자본시장의 안정성을 제고할 수 있는 감시감독의 강화가 필요하다는 것에는 어느 정도 공감대가 형성되었다고 할 수 있다.

융위기를 경험한 알바니아의 경우 그 기간 동안 약 2,500여 명의 희생자가 발생하였다. 글로벌 금융위기 이후 실업률이 급증하면서 미국에서는 "월가를 점령하라"라는 시위가 뉴욕시에서 시작하여 전 세계로 번져나가기도 하였다.

글로벌 금융위기로 초래된 경기침체에 대응하여 미국, 일본, 유럽 등 선진국들은 확대 재정정책과 동시에 확대통화정책을 추진하였다. 특히 미국을 비롯한 주요 선진국의 중앙은행들은 정책금리를 제로 수준까지 끌어내리는 저금리정책과 동시에 국채와 특정 자산을 매입하여 유동성 공급을 확대하는 양적완화(Quantitative easing)를 사용하였다. 일본의 소위 '아베노믹스(Abenomics)'의 경우도 국채매입을 통한 통화공급확대를 주요한 수단

부채 증가와 위기 가능성

글로벌 금융위기 이후 전 세계 부채규모가 급증하여 또다른 금융위기를 초래할 수 있다는 우려를 낳고 있다. IMF의 글로벌 부채통계(Global Debt Database)에 따르면 전 세계 부채총액은 2018년 말 현재 188조 달러에 달한다. 이 수치는 민간부문의 부채와 공공부문의 부채를 합한 것인데, 전자가 후자보다는 훨씬 크다. 한편 각국 GDP를 가중치로 하여 집계한 전 세계 평균 부채비율(GDP 대비)은 2018년 말 226%를 기록하였다. 아래 그림을 보면 글로벌 위기 전과 비교할 때 민간부채와 공공부채 둘 다 증가하였다. 하지만 선진국들은 대부분 최근 들어 민간부채와 공공부채가 감소세로 돌아섰다. 이와 대조적으로 개도국들은 증가세를 이어나가고 있는데, 특히 중국은 총부채비율이 258%를 기록하여 미국과 유사한 수준에 달하였다.

민간부채비율(GDP 대비 퍼센트)

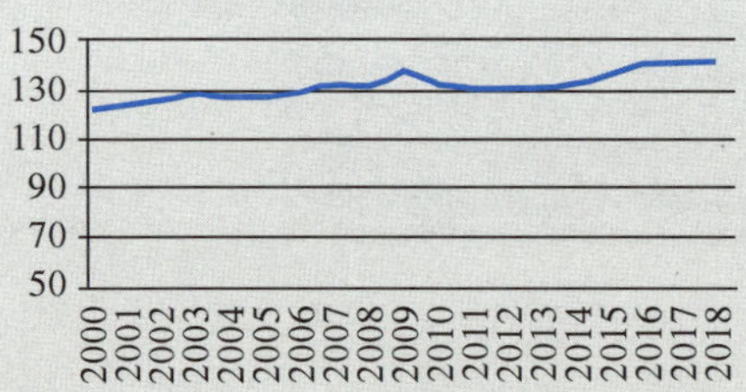

공공부채비율(GDP 대비 퍼센트)

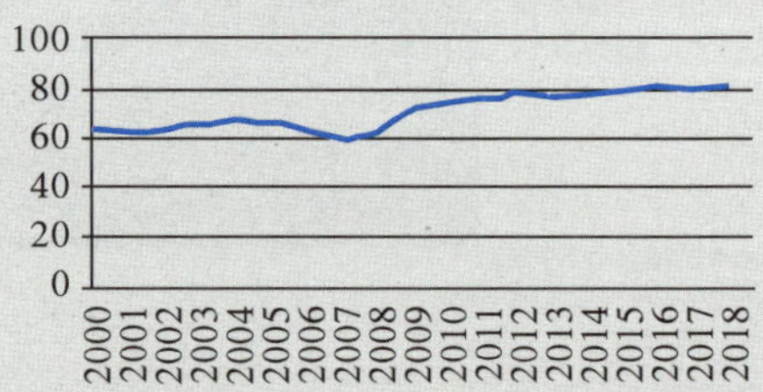

선진국과 개도국을 막론하고 부채 급증은 금융위기와는 다른 성격의 경제위기를 가져올 위험을 높인다고 할 수 있다. 그리스나 스페인과 같은 유럽국가들은 국채의 신용도가 낮아지면서 한바탕 홍역을 치룬 바 있다. 한편 높은 가계부채와 기업부채는 외부충격에 대한 취약성을 증폭시켜 채무를 갚지 못하고 파산할 위험을 높일 수 있다. 이럴 경우 단순히 국가 전체의 경제위기로 번질 확률이 크다. 그렇다고 민간부채를 낮추기 위한 정책을 적극적으로 추진하면 소비와 투자의 감소가 불가피하여 경기를 위축시키고 세수를 줄여서 공공부채를 높이는 부작용을 초래할 수 있다. 공공부채뿐 아니라 민간부채를 어떻게 줄여나갈 것인가는 골치아픈 정책과제가 아닐 수 없다.

자료 : Marialuz Moreno Badia and Paolo Dudine, "New Data on World Debt: A Dive into Country Numbers," IMF Blog, 2019.12.17.

중의 하나로 활용하였다.

미국 및 일본은 양적확대정책을 통하여 경기침체를 극복하는 데 어느 정도 성공하였다. 그렇지만 양적완화로 인한 유동성의 공급은 경기침체로 인하여 마땅한 투자처를 찾지 못하고 상당부분 주식과 부동산 시장으로 흘러갔다. 미국 주식시장의 다우지수가 역사적 고점을 경신하고 독일의 주택가격이 50%나 상승한 것이 그 예라고 할 수 있다. 이러한 자산시장의 거품에 대해 적절히 대응하지 못하면 언젠가 붕괴하면서 또다른 금융위기가 올 수 있다는 우려를 낳고 있다.

3. 국제금융경제학의 연구과제

오늘날 세계 각국의 국민경제는 상품과 서비스 교역뿐 아니라 생산요소인 노동과 자본의 이동을 통하여 다른 국민경제와 급속하게 통합되어 가고 있다. 이에 따라 경제학의 분석대상이나 분석도구도 진화하는 것이 마땅하다. 거시경제학도 여기에서 예외는 아니다. 기존의 폐쇄된 경제환경하에서의 거시경제에 대한 연구에 기초하여 무역과 자본거래를 통하여 세계 시장과 연결되어 있는 개방경제하의 거시경제 현상을 본격적으로 다루는 학문 분야인 국제금융경제학이 탄생하게 되었다.

국제금융경제학(International Finance and Open-Economy Macroeconomics)이란 용어는 말 그대로 개방경제의 다양한 거시경제 현상과 국제금융을 다루는 경제학 분야라고 할 수 있다. 1929년에 발생한 대공황을 배경으로 태동된 거시경제학은 실업과 국민소득 결정에 초점이 맞추어졌다. 이후 국민경제의 개방도가 증가하면서 대외경제활동이 대내경제에 미치는 영향에 대한 관심이 서서히 높아지기 시작하였다. 특히 환율변동에 따른 수출입 및 국민소득의 변화가 집중적으로 분석되기에 이르렀다.

국제금융경제학은 환율변화에 따른 교역재와 비교역재 시장의 균형, 대내균형(완전고용) 및 대외균형(국제수지균형) 달성을 위한 정책조합, 환율제도의 선택과 경기변동 그리고 국제통화제도의 변천 등을 집중적으로 다룬다. 국제금융경제학의 이정표적 업적으로는 1960년대 초 발표된 먼델-플레밍 모형(Mundell-Fleming Model)을 들 수 있다. 이들은 통화정책과 재정정책의 효과가 환율제도의 선택에 따라 달라진다는 것을 명쾌하게 보여주었다. 이후 국제금융경제학의 분석틀은 소비자와 생산자의 행위, 정책당국의 행태, 그리고 인플레이션과 환율변화 예상의 형성 및 물가의 경직성에 대한 이론적 기초를 보다 명확하게 하면서 정교하게 다듬어졌다. 그렇지만 통화정책의 룰과 목표, 고정환율과 변동환율 제도의 장단점, 국가 간 거시정책 협조 및 지역통화제도의 도입 필요성 등은 여전히 주요한 연구과제로 남아 있다.

이제 세계 어느 국가를 보아도 폐쇄경제라고 불릴 수 있는 경우는 거의 없다. 따라서 국제금융경제학은 거시경제학의 특수한 분야라기보다는 무역 및 금융에서의 개방도가 높은 국민경제를 분석하는 이론적 분석틀을 제공한다고 하여도 지나치지 않을 것이다. 국제금융경제학은 조금씩 다른 이름으로 불리기도 한다. 일례로 개방경제 거시경제학(Open Economy Macroeconomics), 국제금융론(International Finance), 국제통화이론(International Monetary Economics) 또는 환율경제학(Exchange Rate Economics) 등을 들 수 있다. 이들은 주로 개방경제하의 거시경제균형 및 정책효과, 국가 간 자본이동의 원인과 효과, 개방경제하의 화폐금융 이론 및 정책, 그리고 환율결정 이론과 예측 등을 분석대상으로 하고 있다. 즉, 개방경제와 국제금융 분야에 거시경제이론을 확장하여 적용하는 것을 주목적으로 한다.

글로벌 금융위기는 대공황 이후 최악의 경기침체를 가져올 것으로 예상되었다. 그러나 다행히 대공황과 같은 최악의 상황을 면할 수 있었던 것은 선진국뿐 아니라 신흥시장국들의 대부분이 사상 최대규모의 확대금융정책과 확대재정정책을 추진하였기 때문이다. 그럼에도 불구하고 위기 이전의 성장궤도로 복귀하려면 상당한 시간이 소요될 것으로 보인다. 또한 외환위기를 겪은 다음 아시아 국가들의 잠재성장률이 크게 저하된 것처럼 글로벌 경제의 성장궤도 자체가 달라진 것은 아닌가라는 의문도 제기되고 있다.

글로벌 금융위기에 이은 유럽 재정위기의 여파로 세계 경제의 앞날은 아직 불확실하다. 세계 경제의 성장률은 상당 기간 더욱 둔화될 것으로 예상되는데, 이는 유로지역의 경기침체에 기인하는 면이 크다. 유로지역은 신용등급의 하락으로 인한 금리인상, 금융중개기능의 약화로 인한 실물경제활동의 저조, 그리고 재정긴축에 따른 총수요의 감소 등으로 당분간 경기회복이 어려울 것으로 예상된다. 글로벌 금융위기에도 불구하고 높은 성장을 보여왔던 중국을 비롯한 신흥시장국 및 개도국들도 대외경제환경의 악화와 국내수요의 감소로 인하여 경기둔화가 예상되고 있다.

노벨경제학상을 수상한 크루그만(P. Krugman)은 2009년 서울에서 개최된 국제금융포럼에서 글로벌 금융위기는 최악의 상황을 벗어났지만 조속한 회복은 어려울 것이라고 답하였다. 크루그만은 그 근거로 미국의 민간저축, 주택건설 및 기업투자가 위기 이전으로 돌아가려면 상당한 시간이 소요될 것이라는 점을 지적하였다. 위기가 발생한 지 십여 년

이 지난 현재도 세계 경제는 지속적이고 안정적인 성장과는 거리를 보이고 있다. 또한 세계 곳곳은 대내적으로는 사회적 불평등의 확대, 대외적으로는 무역분쟁의 증대로 시끄럽다. 그렇다면 세계 경제가 앞으로 저성장과 고실업을 새로운 현실로 받아들여야 하는가? 어느 나라도 이를 원하지 않는다면 어떠한 정책대응이 요구되고 있는가?

이러한 문제에 답하려면 글로벌 경제 속의 국민경제에 대한 깊은 이해가 필요하다. 경제성장과 경기안정이라는 정책목표는 현재와 같이 전 세계가 경기침체에 몸살을 겪고 있을 때 더욱 절실하게 느껴진다. 여기에다가 '고용 없는 성장'이라는 새로운 경제현상에 대한 진단과 대안마련도 필요하다. 대외의존도가 높은 한국과 같은 입장에서는 대외충격에 대한 안전판을 구축하는 한편, 세계 경제의 침체에 따른 수출 감소를 어떻게 극복할 수 있을까를 진지하게 고민하여야 할 것이다.

요약

1. 개방경제란 무역 및 자본거래를 통하여 해외시장과의 연계가 높은 경제를 의미한다. 흔히 어떤 국민경제의 개방도는 국내총생산에서 차지하는 수출 또는 수입의 비중으로 나타낸다. 제2차 세계대전 이후 선진국이나 개도국을 막론하고 무역은 빠른 성장세를 보여왔다. 특히 개도국에서 개도국으로의 수출 및 개도국에서 선진국으로의 수출은 선진국 간 무역보다 훨씬 더 빠르게 증가하고 있다.

2. 정보통신기술 발달, 자본자유화, 그리고 금융서비스에 대한 규제완화의 결과로 국내외 금융시장 간 연계가 보다 긴밀해지고 있다. 이러한 금융의 세계화는 투자국의 자본수익률을 증대시키고 투자유치국의 경제성장을 촉진하는 효과를 가져올 것으로 기대되지만, 글로벌 경제의 불안정성과 금융위기의 전염위험을 증대시키기도 한다.

3. 세계화의 진전으로 국민경제 간 상호의존도는 날이 갈수록 심화되고 있다. 지구촌 경제라는 말이 의미하듯이 개방경제의 지속적이고 안정적인 성장은 세계 경제와 따로 떼어서 생각할 수 없다. 세계 경제의 주요 현안으로는 성장률 둔화와 일자리 부족, 글로벌 불균형의 심화, 환율의 변동성 확대, 금융위기의 재발 등을 들 수 있다.

4. 국제금융경제학이란 분야는 개방경제의 다양한 거시경제 현상과 국제금융 문제를 다루는 경제학 분야이다. 개방경제하의 거시경제균형 및 정책효과, 국가 간 자본이동의 원인과 효과, 개방경제하의 화폐금융 이론 및 정책, 그리고 환율결정 이론과 예측 등을 주요 분석대상으로 하고 있다.

5. 세계 경제는 글로벌 금융위기의 여파에서 벗어난 듯 보이지만, 위기 이전의 성장궤도로 복귀할 수 있을지 불투명하다. 세계 경제가 다시 지속적이고 안정적으로 성장하려면 어떠한 정책대응이 필요한가에 답하기 위해서 개방거시경제와 국제금융에 대한 깊은 이해가 요구된다.

주요 용어

개방도	금융세계화
글로벌 불균형	환율변동성
경기동조화	경제위기
국제금융경제학	글로벌 금융위기

연습문제

01 한국은행의 경제통계시스템을 이용하여 한국의 경제성장률과 수출증가율이 1960년대 이후 어떻게 변하여 왔는지 그래프로 나타내라(www.bok.or.kr).

02 세계무역기구(WTO)의 통계자료를 이용하여 한국과 주요 교역대상국들의 무역비중 및 관세율을 비교하라(www.wto.org, "trade and tariff indicators").

03 금융세계화의 배경과 의미에 대하여 논하라.

04 글로벌 불균형과 관련된 주요국들의 경상수지 추이에 대하여 설명하라.

05 글로벌 금융위기 극복을 위하여 G-20에서 어떠한 논의가 이루어졌는지 논하라.

제 02 장

환율과 외환시장

1. 환율의 정의
2. 환율제도
3. 외환시장의 구조
4. 외환거래와 금리평가

외환시장은 서로 다른 통화들을 사고파는 시장이다. 이때 형성되는 통화 간의 교환비율을 환율이라고 한다. 외환시장은 런던, 뉴욕, 도쿄와 같은 국제금융센터를 중심으로 전 세계에 산재해 있다. 국제외환시장에서는 달러화, 유로화, 엔화, 파운드화, 스위스 프랑화와 같은 주요 통화 간 거래가 활발하다. 이들 외환시장들은 서로 전산망을 통하여 연결되어 있고 전 세계에서 24시간 외환거래가 이루어지고 있다.

외환에는 외국통화뿐 아니라, 외화예금이나 외화표시 단기채권과 같이 유동성이 높은 단기금융상품도 포함된다. 하지만 흔히 외환은 외국통화를 의미한다. 외환시장은 국제거래에 필수적인 국제결제통화의 거래가 원활하게 이루어지도록 한다. 한국이 중동으로부터 원유를 수입할 때의 결제통화는 달러화이다. 원유를 수입하는 정유업체는 외환시장에서 원화를 주고 달러화를 사서 대금을 지급한다. 한국이 자동차를 미국에 수출할 때 역시 결제통화는 달러화이다. 따라서 달러화로 수출대금을 받아서 외환시장에서 원화로 바꿀 것이다. 물론 국제결제통화가 달러화만 있는 것은 아니다. 최근에는 한국과 중국 간에 위안화 결제가 증가하고 있는데, 이는 국제외환거래에서 위안화의 비중이 증가할 것임을 시사한다.

1990년대 이후 우리나라 자본시장이 개방되면서 자본거래가 원-달러 환율에 미치는 영향이 매우 커졌다. 외국인 투자자들이 우리나라 주식시장에 투자하기 위하여 원화를 살 때는 원화가치가 상승하고, 반대로 주식을 팔고 투자대금을 회수하여 해외로 가지고 나갈 때는 원화가치가 하락한다. 매일 아침 경제뉴스를 보면 뉴욕주식시장의 움직임이 우리나라 주식시장에 영향을 미치고, 또한 이것이 원화의 주요 국제통화에 대한 환율에 즉각적인 영향을 미치는 것을 볼 수 있다. 그만큼 국제자본거래가 외환시장거래에서 미치는 영향이 커졌다는 증거라고 하겠다.

이 장에서는 환율의 개념과 표기방식, 그리고 다양한 환율제도에 대하여 살펴본다. 또한 환율이 결정되는 외환시장의 구조에 대하여 알아보고, 국제자본거래의 균형을 이루는 데 핵심적인 역할을 하는 환율과 금리 간의 관계를 간단하게 검토하도록 한다.

1. 환율의 정의

(1) 환율의 표기방식

지구상에 존재하는 수많은 국가들은 저마다 법정화폐를 가지고 있다. 따라서 국가 간 무역이나 자본거래를 하려면 자국의 통화를 다른 화폐로 바꿀 필요가 있다. 환율이란 서로 다른 화폐 간의 교환비율을 의미한다.

환율을 표시하는 방법에는 직접호가(direct quotation)와 간접호가(indirect quotation)라는 두 가지 방식이 있다. 직접호가방식이란 외화 한 단위와 교환되는 자국통화량을 나타낸다. 즉, 미국 달러화 1단위의 원화가격이 1,000원이라고 할 때, 1,000이 직접호가방식에 따른 환율이다. 한편, 간접호가(indirect quotation)방식은 자국통화 한 단위와 교환되는 외화의 양을 표시한다. 위의 예에서 1원으로는 .001달러를 실 수 있다. 따라서 .001이 간접호가방식에 따른 환율이 된다.

〈표 2-1〉은 뉴욕외환시장에서 거래되는 주요 통화와 달러화 간의 환율을 보여주고 있다. 미국의 입장에서 보면 달러화가 자국통화가 되고, 교환대상이 되는 통화는 외화이다. 외화 1단위 가격을 자국통화로 표시한 직접호가방식 환율은 A와 같다. 반대로 자국통화인 미국 달러화 1단위를 기준으로 한 외환의 가격, 즉 간접호가방식 환율은 B와 같다. 직접호가와 간접호가는 서로 역수의 관계가 성립한다($A \times B = 1$).

환율을 표시할 때 두 가지 방식 중 어느 것을 택하는가는 관행에 따라 결정되는 경우가 많다. 예를 들어 국제관례상 환율은 자국통화로 표시한 외화의 가격으로 표시하는 직접호가방식을 대부분 채택하고 있다. 그러나 파운드화, 호주 달러화, 뉴질랜드 달러화 등과 같은 영연방 국가의 통화는 환율을 표시할 때 자국통화를 기준으로 간접호가방식을 택하고 있다.[1] 영국은 제1차 세계대전 이전까지만 해도 세계 제1의 경제대국이었으므로, 환율을 표기할 때 파운드화를 기준으로 이와 교환되는 외화의 양을 표시하는 것을 당연하게 생각하였다. 영국경제의 위력은 이후 크게 약화되었지만, 파운드 중심의 표기방식은 아직도 지속되고 있다.

만약에 교환하려는 외화가 수요 및 공급의 부족으로 직접 거래되는 시장이 존재하지

1) 달러화와 유로화 간의 교환비율을 표기할 때 미국의 시각에서 유로화 한 단위와 교환되는 달러화의 양을 표시하는 것을 'American terms' 라고 부른다. 반대로 유럽의 시각에서 달러화 한 단위와 교환되는 유로화의 양을 표시한 것은 'European terms' 라고 부른다.

표 2-1 New York 외환시장의 환율표기

국가/통화	국별 통화기준 미 달러화 교환량(*A*)	미 달러화기준 국별 통화 교환량(*B*)
미주(America)		
Argentina peso	0.0167	59.7409
Brazil real	0.2441	4.0960
Canada dollar	0.7662	1.3052
Chile peso	0.001292	773.80
Colombia peso	0.000306	3272.20
Ecuador US dollar	1	1
Mexico peso	0.0532	18.7943
Uruguay peso	0.02670	37.4600
아시아 태평양(Asia Pacific)		
Australian dollar	0.6900	1.4493
China yuan	0.1445	6.9197
Hong Kong dollar	0.1288	7.7665
India rupee	0.01410	70.94500
Indonesia rupiah	0.0000727	13763
Japan yen	0.00914	109.46
Kazakhstan tenge	0.00265	377.83
Macau pataca	0.1250500	7.997
Malaysia ringgit	0.2453	4.0766
New Zealand dollar	0.6632	1.5078
Pakistan rupee	0.00645	154.93
Philippines peso	0.0198	50.5400
Singapore dollar	0.7415	1.3487
South Korea won	0.0008628	1158.97
Sri Lanka rupee	0.0055148	181.33
Taiwan dollar	0.03336	29.98
Thailand baht	0.03307	30.240
Vietnam dong	0.00004315	23177
유럽(Europe)		
Bulgaria lev	0.56805	1.760
Croatia kuna	0.1495	6.6887
Czech Rep. koruna	0.04401	22.720
Denmark krone	0.1488	6.72
Euro area euro	1.1122	0.8992
Hungary forint	0.00332923	300.37
Iceland krone	0.008118	123.19
Norway krone	0.1125	8.8852
Poland zloty	0.2625	3.8091
Romania leu	0.2327	4.2973
Russia ruble	0.01638	61.041
Sweden krona	0.1053	9.5003
Switzerland franc	1.0281	0.9727
Turkey lira	0.1701	5.8777
Ukraine hryvnia	0.0418	23.9289
UK pound	1.3063	0.7655
중동(Middle East)		
Bahrain dinar	2.6526	0.3770
Egypt pound	0.0625	15.9966
Israel shekel	0.2886	3.4648
Kuwait dinar	3.2943	0.3036
Oman sul rial	2.59757	0.38
Qatar rial	0.2747	3.6410
Saudi Arabia riyal	0.2666	3.7516
South Africa rand	0.0696	14.3639

주 : 2020.1.10. 종가기준

자료 : *Wall Steet Journal*(https://www.wsj.com/market-data/currencies/exchangerates)

않는 경우, 달러화를 기준으로 간접적으로 계산된 환율을 적용하게 되는데, 이를 재정환율(arbitrage rate) 또는 교차환율(cross rate)이라고 한다. 예를 들어, 한국에서는 엔화를 사고파는 은행 간 시장이 존재하지 않는다. 따라서 원화와 엔화 간의 환율은 은행 간 시장에서 형성되는 것이 아니라, 원-달러 환율에다가 국제외환시장에서 결정된 달러-엔 환율을 곱해서 결정된다.

$$\text{원/엔 환율} = \text{원/달러 환율} \times \text{달러/엔 환율} \quad (2\text{-}1)$$

실제 거래되는 환율이 재정환율과 상이한 경우 즉각적으로 재정거래가 발생하여 두 환율이 수렴하게 된다. 〈표 2-2〉는 위와 같은 방식으로 계산한 주요 통화 간 재정환율을 보여준다.[2)]

한 가지 흥미로운 사실은 은행에 가서 외화를 실 때와 팔 내 적용하는 환율이 다르다는 것이다. 외화를 살 때가 팔 때보다 더 비싸다. 은행이 고객으로부터 외화를 살 때, 달리 말하자면 고객이 은행에 외화를 팔 때 적용하는 환율은 매입률(bid price)이라고 한다. 반대로 은행이 고객에게 외화를 팔 때, 즉 고객이 은행으로부터 외화를 살 때 적용하는 환

표 2-2 미 달러화기준 환율과 여타 주요 통화와의 재정환율

통화	USD	EUR	JPY	GBP	CHF
U.S. Dollar(USD)	–	1.1120	0.0091	1.3059	1.0280
Euro(EUR)	0.8990	–	0.0082	1.1739	0.9241
Japanese Yen (JPY)	109.4600	121.7200	–	142.9400	112.5200
British Pound(GBP)	0.7653	0.8511	0.0070	–	0.7867
Swiss Franc(CHF)	0.9723	1.0812	0.0089	1.2697	–
Austrialian Dollar (AUD)	1.4482	1.6104	0.0132	1.8912	1.4887
Canadian Dollar(CAD)	1.3050	1.4512	0.0119	1.7042	1.3415
Chinese Yuan (CNY)	6.9178	7.6926	0.0632	9.0340	7.1112
Singapore Dollar(SGD)	1.3484	1.4994	0.0123	1.7609	1.3861
Russia Ruble(RUB)	61.0137	67.8472	0.5571	79.6813	62.7252
Korean Won(KRW)	1,158.97	1,288.77	10.55	1,513.50	1,191.42

주 : 2020.1.10. 종가기준
자료 : Thomson Reuters, "Currencies"(https://www.reuters.com/markets/currencies)

2) 예를 들어 (파운드/엔) 재정환율은 (파운드/달러) 환율 × (달러/엔) 환율이 된다.

$0.7653 \times 0.0091 = 0.0070$

율은 매도율(ask price)이라고 한다. 우리가 시장환율이라고 부르는 값은 도매외환시장인 은행 간의 외환거래로 결정되는 환율이다. 외국환은행은 시장평균환율을 기준으로 상하 일정범위 내에서 매입률과 매도율을 정하게 된다.

이때 매도율과 매입률의 차이를 스프레드(spread)라고 한다. 실제 스프레드의 크기는 외국환은행이 외화매매에 있어 부담하는 환위험, 외화거래에 필요한 인건비와 물건비, 그리고 외화를 거래하는 외국환은행 간 경쟁 정도에 따라 결정된다.[3)]

(2) 실질환율과 실효환율

환율을 '자국통화로 표시한 외화의 가격' 이라고 정의하면, 환율이 올라간다는 것은 외화가치가 올라가고 자국통화의 가치는 하락하는 것을 의미한다. 반대로 환율이 하락하면 외화가치는 떨어지고 자국통화가치는 증가하게 된다. 즉, 환율상승은 자국통화가치의 하락(depreciation), 환율하락은 자국통화가치의 상승(appreciation)을 의미한다.

환율은 무역이나 자본거래와 같은 국제경제거래에 있어서 가장 중요한 변수라고 해도 과언이 아니다. 신문을 보면 환율이 오르면 수출업자는 웃고, 수입업자는 운다는 기사를 흔히 보게 된다. 그 이유는 무엇인가? 〈표 2-3〉은 유로화로 표시한 프랑스산 포도주와 달러화로 표시한 미국산 포도주의 상대가격이 환율변화에 어떠한 영향을 받는지를 보여준다. 프랑스산 포도주의 현지가격은 한 병에 10유로이고, 미국산 포도주 가격은 한 병에 15달러라고 하자. 만약 환율이 1유로 = 1.5달러라면 프랑스산 포도주의 미국산 포도주에 대한 상대가격(유로화의 달러환율·P_{fra}/P_{us})은 1이다. 즉, 달러화로 표시한 두 포도주의 가격은 동일하다. 그런데 환율이 1유로 = 1달러로 바뀌면 상대가격은 2/3로 낮아진다. 즉, 유로화의 가치가 하락하면 프랑스산 포도주의 가격은 이전보다 상대적으로 싸지게

표 2-3 환율과 수입품의 상대가격

	1	2	3	4
프랑스산 포도주 가격(P_{fra}) 미국산 포도주 가격(P_{us})	10euro 15dollar	10euro 15dollar	10euro 15dollar	10euro 15dollar
환율(dollar/euro)	1	1.5	2.0	2.5
유로화의 달러환율·P_{fra}/P_{us}	2/3	1	4/3	5/3

3) 영국에서 미국으로 여행하려면 파운드화를 주고 달러화를 사야 하는데, 런던에서 바꾸는 것과 뉴욕에서 바꾸는 것 중 어느 것이 더 유리할까? 그 답은 두 외환시장 중 어느 곳이 더 경쟁적인가에 달려 있다.

된다. 반대로 환율이 1유로 = 2달러로 바뀌면 상대가격은 4/3로 높아지고, 프랑스산 포도주의 가격은 이전보다 상대적으로 비싸지게 된다.

위 예는 환율변화가 경쟁관계에 있는 재화들의 상대가격에 영향을 미치게 되어 소비자 선택에 변화를 가져올 수 있음을 시사한다. 만약 자국통화의 가치가 하락하게 되면, 수입품의 가격이 상대적으로 상승하게 되므로 수입은 줄어든다. 반대로 교역상대국 소비자들의 입장에서 보면 해외에서 생산된 제품이 더 싸지므로 수입이 증가하게 된다. 즉, 환율이 상승하면 자국의 수출이 증가하고 수입이 감소하게 된다. 반대로 자국통화가치가 상승하게 되면, 자국의 수출은 감소하고 수입은 증가한다.

환율변화가 국산품과 수입품의 상대가격에 영향을 미친다는 것을 보았는데, 이러한 상대가격의 개념을 국내에서 생산된 모든 재화와 서비스, 그리고 해외에서 생산된 모든 재화와 서비스에 확대적용할 수 있다. 수입품의 평균가격은 외국의 물가(P^*)로 표시할 수 있는데, 이때 전체 수입품의 국내가격은 외국 물가에나 국내통화로 표시한 외국통화의 값인 명목환율(S)을 곱한 값(SP^*)이 된다. 따라서 전체 수입품의 전체 국산품에 대한 상대가격은 (SP^*/P)가 된다. 이렇게 양국의 물가를 동일한 화폐단위로 환산하여 비율을 구한 것을 실질환율(real exchange rate)이라고 한다. 즉 실질환율은 명목환율을 양국의 물가수준으로 조정한 값으로 특정화폐의 두 국가에서의 구매력을 비교한 값을 표시한다고 할 수 있다.[4)]

$$q = \frac{SP^*}{P} = \frac{S/P}{1/P^*} \quad (2\text{-}2)$$

환율은 서로 다른 두 통화 간 교환비율을 의미한다고 하였는데, 수많은 통화들에 대한 자국통화의 가치는 일정한 방향으로 움직이는 것은 아니다. 이를테면 미국 달러화에 대한 원화가치는 올라가지만 일본 엔화에 대한 원화가치는 떨어지는 경우도 발생한다. 이럴 경우 원화의 가치는 어떻게 움직인다고 보아야 하는가? 여러 외화에 대한 환율을 평균하여 나타낸 수치를 실효환율(effective exchange rate)이라고 한다. 일반적으로 실효환율을 계산할 때는 주요 교역상대국의 교역규모를 가중치로 사용하여 개별 통화와의 환율

4) 미국 달러화의 구매력은 달러화 1단위로 살 수 있는 재화와 서비스 바스켓의 양으로 정의할 수 있다. 따라서 미국 물가(P^*)의 역수($1/P^*$)와 같다. 미국 달러화를 원화로 바꿔서 한국에서 같은 재화와 서비스 바스켓을 산다고 하면 1달러의 한국에서의 구매력은 1달러의 명목환율이 S일 때 이를 국내물가(P)로 나눈 값이 된다(S/P). 실질환율은 $1/P^*$과 S/P 간의 비율, 즉 외화를 외국에서 사용할 때의 구매력과 국내에서 사용할 때의 구매력을 비교한 값으로 볼 수 있다.

변동의 평균치를 구한다.

실효환율은 기준시점과 비교하여 외화에 대한 자국통화의 가치가 평균적으로 얼마나 변하였는지를 나타낸다. 따라서 실효환율은 기준시점을 100으로 놓은 지수이며, 자국통화를 기준으로 정의한 간접호가방식의 환율을 사용하여 산정한다. 따라서 실효환율이 올라가면 자국통화가치가 상승하며, 실효환율이 내려가면 자국통화가치는 하락한다.[5] 예를 들어 우리나라의 교역국이 미국과 일본 2개국이고 각각의 교역비중은 0.7과 0.3이라고 하자. 원화가치가 기준시점 대비 달러화에 대해서 50%, 엔화에 대해서 40%만큼 하락하였다고 하면 원화의 실효환율은 53이 된다.[6] 이때 유의할 점은 실효환율은 자국통화를 기준으로 간접호가방식으로 정의되기 때문에 100 이상이면 원화가치가 상승, 100 이하가 되면 기준시점 대비 원화가치가 하락하였음을 의미한다는 것이다.

따라서 실효환율이 100에서 53으로 하락하였다는 것은 원화의 가치가 기준시점 대비 47% 하락하였음을 의미한다. 이는 달러화와 엔화에 비하여 원화가치가 평균적으로 얼마나 변하였는지를 보여준다.

한편, 실효환율은 명목환율 변화만을 고려하였을 경우를 명목실효환율, 명목환율 변화뿐 아니라 교역국의 물가변동까지 고려한 실질환율의 변화를 사용하였을 경우 실질실효환율로 구분한다. 실질실효환율은 한 나라의 수출가격 경쟁력을 판단하는 데 보다 정확한 지표가 될 수 있다. 기준시점과 비교하여 실질실효환율이 100보다 클 때는 자국통화가 고평가, 100보다 작을 때는 자국통화가 저평가되었다고 해석하기도 한다.

[그림 2-1]은 미국 달러의 주요 교역대상국에 대한 실효환율을 보여준다. 2006년을 기준으로 미국 달러와 교환되는 교역대상국 통화의 평균가치를 표시하고 있다. 앞에서 설명한 대로 교역국과의 환율을 명목환율로 정의하는가, 또는 실질환율로 정의하는가에 따라 명목실효환율과 실질실효환율을 각각 도출할 수 있다. 그림에서 보는 바와 같이 미국의 경우 두 가지 실효환율은 장기적으로 볼 때 커다란 차이가 없다. 미국의 실효환율은

---

5) 실효환율의 개념과 사례에 대한 자세한 설명은 한국은행, 경제교육(youth.bokeducation.or.kr) 참조.

6) 간접호가방식에 따른 기준시점 원화의 대달러화 환율과 대엔화 환율이 각각 다음과 같다고 하자.

1원 = .001달러, 1원 = .01엔

원화 가치가 달러화와 엔화에 대하여 각각 50%와 40% 하락하였다면 각각의 환율은 다음과 같아진다.

1원 = 0.0005달러, 1원 = .006엔

실효환율은 기준시점 환율을 100으로 놓고, 해당국의 교역비중을 가중치로 이용하여 현재시점의 값을 구한다.

기준시점 : $0.7 \times (.001/.001) \times 100 + 0.3 \times (.01/.01) \times 100 = 100$

현재시점 : $0.7 \times (.0005/.001) \times 100 + 0.3 \times (.006/.01) \times 100 = 53$

| 그림 2-1 | 미국 달러화의 실효환율

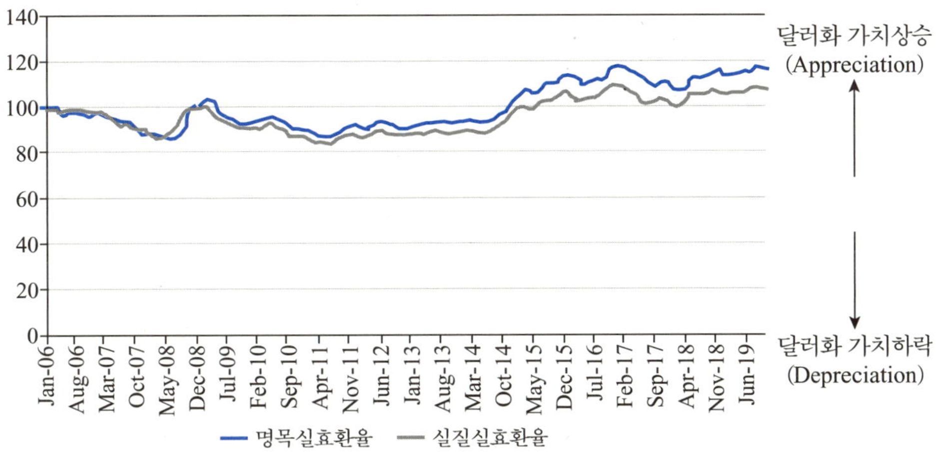

주 : 주요 통화 대비 미 달러화의 명목 및 실질가치 지수(2006 : Jan.=100).
자료 : Federal Reserve Board, "Foreign Exchange Rates(Nominal/Real Indexes)" (https://www.federalreserve.gov/releases/h10/current)

2006년을 100으로 보았을 때 2015년 중반까지는 100 이하의 수치를 보임으로써 미국 달러화의 가치가 약세였음을 보여준다. 그러나 2015년 후반부터 달러화의 가치는 상승하여 2019년 현재까지 강세기조를 유지하고 있다. 여기서 특이한 점은 2006년 이후 약세를 보이던 달러가 2008년 금융위기 시 오히려 강세로 전환되었다는 점이다. 즉, 비록 금융위기가 미국에서 촉발됐지만 세계 경제가 어려움에 처하면 안전자산으로서 달러자산의 수요가 늘어남에 따라 달러화 가치가 상승한 것이다.

2. 환율제도

(1) 시장균형환율의 결정

대부분의 환율은 시시각각 변한다. 왜냐하면 시장균형환율은 외환시장에서 외환에 대한 수요와 공급에 의하여 결정되는데, 수요곡선과 공급곡선이 여러 가지 요인들로 인하여 변하기 때문이다. 그렇지만 어떤 경우에는 환율이 변하지 않고 일정기간 고정되어 있는데, 이는 중앙은행이 특정한 환율값을 목표로 정해 놓고 관리를 하기 때문이다.

| 그림 2-2 | 시장균형환율의 결정

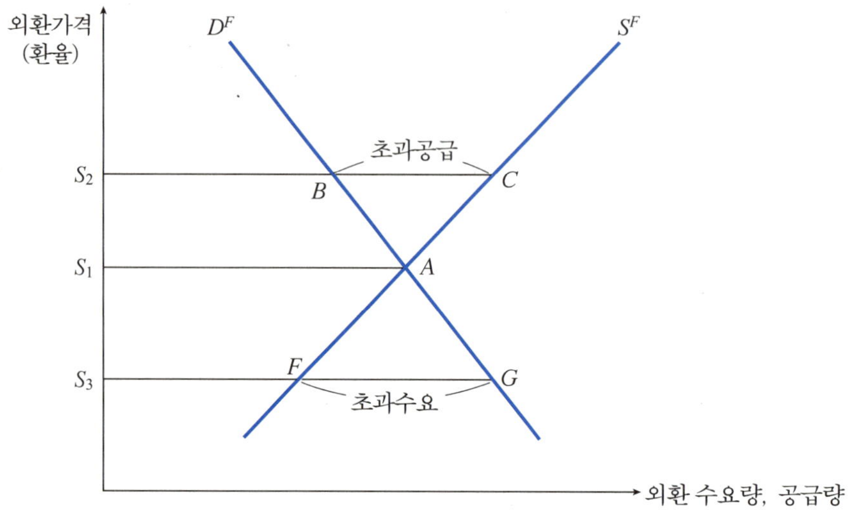

[그림 2-2]는 외환시장에서 균형환율이 결정되는 과정을 보여준다. 외환에 대한 수요곡선은 우하향하고 공급곡선은 우상향한다. 즉, 외환의 수요량은 환율에 반비례하는데, 이는 환율이 상승할수록 외환의 가격이 상승하기 때문이다. 반대로 외환이 비싸지면 외환의 공급량은 증가한다. 외환의 가격이 상승하면 외환을 팔아서 원화로 바꿀 때 유리해지기 때문이다. 보다 구체적으로 외환의 수요와 공급에 영향을 미치는 요인들을 살펴보면 다음과 같다.

첫째, 재화나 서비스의 무역이 이루어짐에 따라 외환거래가 수반된다. 수출업자는 재화나 서비스를 외국에 공급하고 그 대가로 외환을 받게 된다. 경우에 따라서 자국화폐로 수출대금을 지급받는 수도 있으나, 이 경우에도 외국의 수입업자는 외환을 자국화폐와 바꾸는 것이 필요하다. 결국 수출업자가 수출대금으로 받은 외환을 국내에서 또는 외국에서 자국화폐와 교환하려는 과정에서 외환의 공급이 발생한다. 마찬가지로 수입업자의 경우에는 재화나 서비스를 외국화폐와 교환하여야 하므로, 해당 금액만큼 외환에 대한 수요가 발생한다.

둘째, 해외투자와 외국인투자에 따라 외환의 수요와 공급이 발생한다. 자본이동이 자유로워짐에 따라 해외에 공장을 세우거나, 외국에서 발행된 유가증권을 구입할 수 있다. 외국인도 역시 국내에 직접투자나 간접투자를 행할 수 있다. 이러한 국제거래는 외국통화와 국내통화의 교환을 수반한다.

| 그림 2-3 | 주요 통화의 대달러화 환율 추세

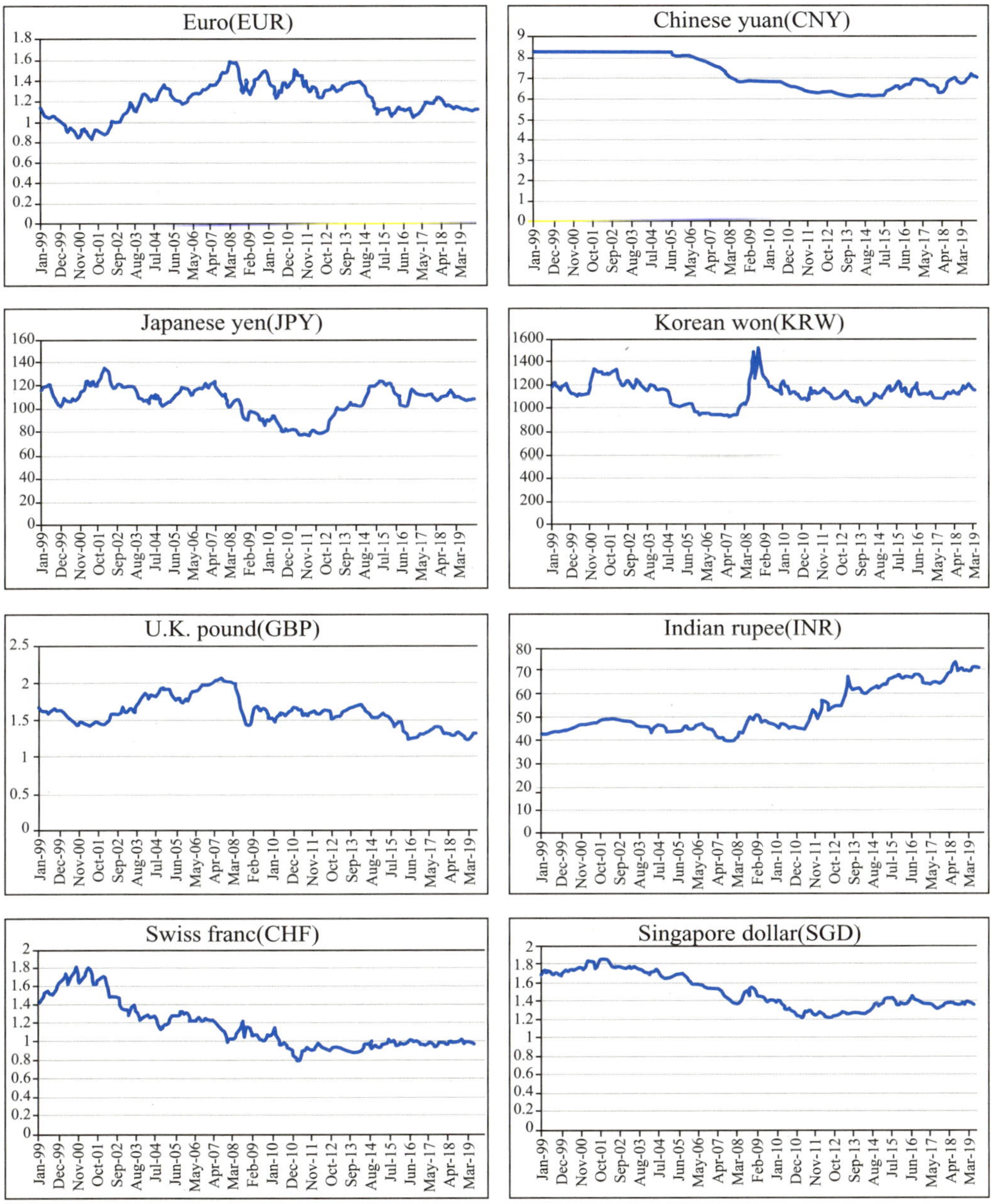

주 : euro와 pound는 1euro와 1pound당 달러 환율을 의미

자료 : IMF, "Exchange Rate Archives by Month"(https://www.imf.org/external/np/fin/data/param_rms_mth.aspx)

셋째, 외환의 단기거래를 통하여 차익을 노리는 투기자(speculator)들도 외환시장의 수요공급에서 중요한 역할을 담당한다. 투기적 목적의 자금은 흔히 핫머니(hot money)라고 불리는데 주로 금융기관 예금을 포함하는 단기금융자산의 거래를 통하여 이루어진다.

[그림 2-2]에서 보는 바와 같이 외환당국이 시장에 개입하지 않는 경우 균형환율(S_1)은 수요와 공급이 일치하는 점(A)에서 결정된다. 만약에 외환당국이 정책적으로 환율수준을 이보다 높은 수준(S_2)으로 정한다면, 외환의 초과공급이 발생한다. 시장에서 외환가격이 떨어지는 것을 방지하려면 외환당국은 초과공급량(BC)만큼을 매입하여야 한다. 반대로 정책적으로 정한 수준이 너무 낮으면 외환의 초과수요가 발생하므로 암시장에서는 비싼 가격으로 외환이 거래될 것이다. 이 경우에 외환당국은 초과수요량(FG)만큼을 매각하여야 한다.

[그림 2-3]은 1999~2019년 기간 중 세계 주요 통화의 대달러화 환율 추세를 보여준다. 먼저 왼쪽 행은 선진국들의 통화군을 보여준다. 1999년 도입된 유로화의 경우 2001년 이후 달러화에 대하여 강세를 보이다가 글로벌 금융위기 이후 약세로 반전되었다. 엔화는 2012년까지 강세를 보이다가 2013년부터 추진된 아베노믹스에 의해서 약세로 전환되었다. 한편, 스위스 프랑화는 2000년대에 들어와 달러화에 대해 지속적으로 강세를 보이고 있다. 영국 파운드화는 2001년 이후 강세를 보이다가 글로벌 금융위기가 본격화된 2008년 이후에는 하락세로 돌아섰다.

[그림 2-3]의 오른쪽 행은 중국 위안화, 한국 원화, 인도 루피아화, 그리고 싱가포르 달러화의 대달러화 환율을 보여준다. 원화의 경우 글로벌 금융위기가 발생한 2008년 환율이 대폭 상승한 후 점차 안정기조를 유지하고 있다. 인도 루피아화는 2008년 금융위기 이후 지속적으로 약세를 보이고 있다. 한편, 중국 위안화의 가치도 1999년 이후 2005년까지 거의 고정되어 있다가 이후 완만한 강세를 보였으나 2016년 이후 약세로 돌아섰다. 반면 싱가포르 달러화는 2000년 이후 지속적으로 강세기조를 이어가고 있다.

(2) 환율제도의 유형

환율을 고정시킬 것인지, 아니면 자유롭게 시장에서 결정되도록 내버려둘 것인지는 거시경제의 안정과 직결된 중요 사안이다. 환율제도란 환율결정과 관련된 정책 및 제도적 틀을 의미하는데, 크게 고정환율제도(fixed exchange rate regimes)와 변동환율제도(flexible exchange rate regimes)로 나눌 수 있다.

고정환율제도는 일정기간 동안 해당 국가의 통화와 기준이 되는 외국통화 간 환율이 고정되거나, 일정범위 내에서만 변동하는 것을 허용하는 제도이다. 환율을 고정시키려면 중앙은행이 외환시장에 개입해서 외환의 초과수요가 있을 때는 부족한 외환을 팔고, 초과공급이 있을 때는 그만큼을 사야 한다.[7] 변동환율제도는 중앙은행이 개입을 하지 않고 외환의 가격(환율)이 시장에서 결정되도록 허용하는 제도이다. 그러나 변동환율제도라고

표 2-4 각국의 환율제도(2018년 4월 말 기준)

환율제도	세분류	채택국가
고정환율 (126)	법정통화 부재 (13)	• 달러화통용제도 : 에콰도르, 엘살바도르, 파나마 등 • 유로화통용제도 : 코소보, 몬테네그로, 산마리노 등
	통화위원회제도 (11)	• 동카리브통화동맹(ECCU) : 도미니카, 그레나다 등 • 홍콩, 보스니아, 불가리아, 리투아니아, 브루나이 등
	전통적 고정환율제도 (43)	• 달러화페그 : 바하마, 바레인, 요르단, 오만, 베네수엘라 등 • 유로화페그 : 덴마크, 라트비아 • 서아프리카경제통화동맹(WAEMU) : 베냉, 코트디브아르, 말리, 니제르 등 • 중앙아프리카경제통화공동체(CEMAC) : 카메룬, 중앙아프리카, 차드, 콩고 등 • 복수통화페그 : 피지, 쿠웨이트, 리비아, 모로코
	실질적 페그제도 (13)	캄보디아, 이라크, 몰디브, 이집트, 라오스 등
	크롤링 페그제도(3)	니카라과, 온두라스, 볼리비아
	목표환율대제도 (1)	통가
	유사 크롤링 페그 제도 (15)	에티오피아, 크로아티아, 중국, 아이티 등
	기타 고정환율제도 (27)	라이베리아, 베트남, 싱가포르, 이란, 미얀마 등
변동환율 (66)	관리변동 (35)	브라질, 아이슬란드, 인도네시아, 한국, 헝가리, 필리핀, 루마니아, 몽골, 태국, 인도, 아르헨티나, 스위스
	자유변동 (31)	• 호주, 캐나다, 칠레, 뉴질랜드, 스웨덴, 일본, 영국, 미국, 멕시코 • 유로화지역(오스트리아, 벨기에, 독일, 프랑스, 이탈리아 등 12개국), 러시아, 폴란드

자료 : IMF, *Annual Report on Exchange Rate Arrangements and Exchange Restrictions*, 2018.

7) 중앙은행의 외환시장개입에 대해서는 제12장에서 자세하게 논의한다.

해도 외환시장이 불안하거나 환율이 급변하는 경우에는 중앙은행이 개입하는 것이 일반적이다.

환율제도는 크게 고정환율제도와 변동환율제도로 나뉘지만, 각각은 다시 기준통화의 선택이나 시장개입 정도에 따라 여러 가지 제도로 세분할 수 있다. 〈표 2-4〉는 IMF 환율제도 분류에 따른 각국의 환율제도 선택 모습을 보여준다.

고정환율제도에는 달러화통용제도나 유로화통용제도와 같이 자국의 통화 대신 외국의 통화를 사용하는 경우와 환율이 변동할 여지가 전혀 없는 완전한 형태의 고정환율제도인 통화위원회제도(currency board system)가 있다. 또한 외국의 통화를 기준으로 자국통화가치를 고정시키는 전통적 의미의 고정환율제도도 있다. 이 밖에도 환율안정을 위하여 실질적 페그제도를 채택하고 있는 경우와 일정한 방식과 비율로 환율이 변하는 크롤링 페그(crawling peg)제도, 그리고 일정범위 내에서의 환율변동을 허용하는 목표환율대(pegged exchange rate within horizontal bands)제도와 유사 크롤링 페그제도 등이 있다.

한편, 변동환율제도는 외환시장개입 정도에 따라 관리변동환율제도(floating)와 자유변동환율제도(free floating)로 나눌 수 있다. 미국, 일본, 영국과 같은 선진국들은 자유변동환율제도를 택하고 있다. 유로화를 공동으로 사용하고 있는 19개 유로화지역 회원국들 중 12개국은 달러화나 엔화에 대해서 유로화 가치가 자유롭게 변동하도록 허용하고 있다.

〈표 2-4〉에서 볼 수 있는 바와 같이 고정환율제도를 채택하고 있는 국가의 수는 126개, 그리고 변동환율제도를 채택하고 있는 국가의 수는 66개이다. 즉, 전 세계적으로 더 많은 국가들이 변동환율제도보다는 고정환율제도를 택하고 있다고 볼 수 있다. 1990년대 자본이동이 활발해지고 경제개방도가 증가하면서 보다 큰 폭의 환율변동을 허용하여야 한다는 주장이 설득력을 얻는 것처럼 보였다. 한국은 1990년부터 명목적으로는 시장평균환율제도를 채택하였으나 사실상은 실질적인 달러화 페그제도를 운용하였다. 그러나 1997년 외환위기 이후 자유변동환율제도로 이행하였다.[8] 그러나 〈표 2-4〉에서 보는 바와 같이 2018년 현재 여전히 많은 국가들이 어떤 형태이든 고정환율제도를 택하고 있다는 사실은 환율변동에 따른 경제의 불안정성에 대한 우려가 크다는 점을 시사한다.

8) IMF는 실질적인 환율운영체제를 기준으로 한국의 환율제도를 자유변동환율제도가 아닌 일반변동환율제도 또는 관리변동환율제도로 분류하고 있다.

3. 외환시장의 구조

(1) 외환의 거래유형

외환이 거래되는 시장을 외환시장(foreign exchange market)이라고 한다. 앞에서 설명한 바와 같이 외환에는 외국통화(foreign currency)뿐 아니라, 거래수단으로 통용될 수 있는 예금이나 단기채권 등과 같은 외화표시 단기금융상품도 포함된다. 좁게는 외환은 외국통화를 의미한다.

〈표 2-5A〉에서 보는 바와 같이 글로벌 외환시장의 거래규모는 상당히 큰데 최근 빠른 속도로 증가세를 보이고 있다. 국제결제은행(Bank for International Settlements: BIS)의 집계에 따르면 2019년 외환시장의 일일거래량은 약 6조 6천억 달러 수준으로 2010년보다는 66%가 증가하였고, 2004년의 3.4배에 달하였다. 외환거래는 런던, 뉴욕, 도쿄 등의 주요 금융센터를 중심으로 24시간 계속 이루어지는 것이 특징이다. 그만큼 정보가 신속

표 2-5 외환시장의 일일평균거래규모

A. 글로벌 외환시장

(단위 : 십억 달러)

외환상품	2004	2007	2010	2013	2016	2019
현물환	631	1,005	1,489	2,047	1,652	1,987
선물환	209	362	475	679	700	999
외환스왑	954	1,714	1,759	2,240	2,378	3,202
통화스왑	21	31	43	54	82	108
옵션 및 기타	119	212	207	337	254	294
총 계	1,934	3,324	3,973	5,357	5,066	6,590

B. 한국의 외환시장

(단위 : 십억 달러)

외환상품	2004	2007	2010	2013	2016	2019
현물환	10	17	18	20	20	20
선물환	4	5	6	7	9	12
외환스왑	6	11	18	19	18	22
통화스왑	0	1	1	1	1	1
옵션 및 기타	0	1	0	1	0	0
총 계	20	35	43	48	48	55

자료 : BIS(2019), *Triennial Central Bank Survey–Report on Global Foreign Exchange Market Activity in 2019*.

하게 반영되고 조정이 빠르게 이루어지는 시장이라고 할 수 있다.

외환시장에서 거래되는 외환거래의 유형으로는 현물환, 선물환, 외환스왑 거래가 주를 이룬다.

첫째, 현물환거래(spot transactions)는 계약 후 2영업일 이내 결제가 이루어지는 거래를 의미한다. 이때 거래가 이루어지는 외국환을 현물환이라고 하고 그 가격을 현물환율(the spot exchange rate)이라고 한다. 신문이나 방송에서 별다른 설명이 없는 한 환율은 일반적으로 현물환율을 의미한다.

둘째, 선물환거래(forward transactions)는 계약 시 합의한 환율로 미래 시점에 외환의 인도와 결제가 이루어지는 외환거래를 의미한다. 미래에 양도가 이루어지기 때문에 선물환이라고 하며, 계약 때 합의된 가격을 선물환율(forward exchange rate)이라고 한다. 만기가 1주일 미만인 경우가 절반 정도를 차지하고, 30일, 90일, 180일, 360일 상품이 주로 거래된다.

셋째, 외환스왑거래(foreign exchange swaps)는 동일인 간에 외환을 팔고 일정기간 후 되사기로 합의한 외환거래나 반대로 외환을 샀다가 일정기간 후 되파는 거래를 의미한다. 외환스왑거래는 현물환거래와 선물환거래를 결합한 형태로서 환위험을 회피하면서 부족한 외화자금을 확보하거나, 남는 외환보유액을 활용하는 수단으로 활용된다. 외환스왑거래의 만기는 대개 한달보다 짧은 편이다.

한편, 파생상품(derivatives)이란 기초자산을 기반으로 하여 새로운 현금흐름을 가져다주는 금융상품을 의미하는데, 원래 거래위험을 방지할 목적으로 도입되었으나, 투기목적으로 활용되기도 한다. 현물환을 제외한 선물환과 외환스왑이 파생상품에 해당되는데, 이외에도 다양한 외환파생상품이 거래되고 있고 그 종류와 조건은 날이 갈수록 복잡해지고 있다. 대표적인 파생상품거래는 다음과 같다.

첫째, 통화스왑거래(currency swaps)가 있다. 통화스왑이란 서로 다른 통화로 조달한 자금을 일정기간 동안 교환한 후 약속한 이자를 붙여 원금을 다시 교환하는 외환거래를 의미한다. 예를 들어 한국에 진출한 GM자동차회사가 한국의 공장시설을 확충하기 위하여 투자자금을 조달하여야 한다고 하자. 한편, 미국에 현지공장을 건설한 현대자동차회사는 달러자금이 필요하다고 하자. 이 경우 GM은 미국에서 대출을 받아 이를 현대자동차회사에 빌려주고, 반대로 현대자동차회사는 한국에서 대출을 받아 GM에 빌려준 다음 만기가 도래하면 GM은 원화표시 원리금을, 그리고 현대자동차는 달러표시 원리금을 갚으면 된다. 통화스왑은 거래당사자들이 비교우위가 있는 자금시장에서 유리한 조건(낮은 이자율)으로 자금을 조달하여 이를 교환함으로써 자신이 직접 외환을 조달하는 것보다 비용을 절약할 수 있다는 이점이 있다.[9)]

둘째, 옵션거래(options)가 있다. 옵션거래란 정해진 기간 동안 정해진 가격으로 외환을 사거나 또는 팔 수 있는 권리의 거래를 의미한다. 특정외환을 살 수 있는 권리를 콜(call)옵션, 그리고 팔 수 있는 권리를 풋(put)옵션이라고 한다. 옵션은 말 그대로 권리이지 의무는 아니다. 따라서 조건이 맞지 않으면 굳이 외환을 정해진 가격에 사거나 팔 필요는 없다.

〈표 2-5B〉는 한국 외환시장의 일일평균 거래규모를 보여주고 있는데, 2019년의 경우 550억 달러에 달하고 있다. 전 세계 외환시장에서 우리나라가 차지하는 비중은 약 0.9%로 조사대상 53개국 가운데 13위를 차지하고 있다. 한편, 원화는 11번째로 많이 거래되는 것으로 조사되었다. 현물환거래와 외환스왑거래가 주를 이루고 있는 가운데, 최근에는 외환스왑거래와 선물환거래의 규모가 확대되고 있다.

(2) 외환의 수요자와 공급자

외환시장이 아무리 24시간 동안 열린다고 하여도 하루 동안에 어떻게 4조 달러가 넘는 엄청난 규모의 돈이 거래될 수 있을까? 만약에 외환거래가 지폐나 동전과 같은 형태를 취한다면 물리적으로 불가능할 것이다. 그러나 대부분의 외환거래는 은행 간 전자거래로 이루어진다. 즉, 외환시장은 특정한 거래소에서 이루어지는 거래가 아니고 당사자 간의 합의에 의해서 거래가 이루어지는 장외거래가 주를 이루고 있다.

외환시장의 가장 중요한 참여자는 외환거래업무를 취급하는 외국환은행이며, 이 밖에 고객, 중개인, 그리고 중앙은행을 들 수 있다([그림 2-4] 참조). 외국환은행은 은행 간 거래나 고객을 상대로 하는 외환거래에 참여한다. 은행 간 거래는 외환포지션의 조정, 거래차익 또는 투기를 목적으로 이루어지는데, 그 내용은 다음과 같다.[10)]

9) 각국의 통화스왑거래는 중앙은행 차원에서 필요 시 해당 국가의 통화를 상호 교환하고 일정기간이 경과한 후 원금과 이자를 다시 교환하는 거래 내지 계약을 의미한다. 2008년 글로벌 금융위기 시 미국과 한국 간에 체결된 한미통화스왑이 대표적인 사례이다.

10) 외환포지션(exchange position)이란 일정시점에서 은행 및 기업 등이 보유하고 있는 외화표시 자산과 부채의 상황을 말한다. 외화자산이 외화부채보다 많으면 매입초과포지션(long position), 외화부채가 외화자산보다 많으면 매도초과포지션(short position)이라고 하고, 외화자산과 외화부채가 같을 때 스퀘어포지션(square position)이라고 한다. 매입초과포지션과 매도초과포지션은 환율변동 위험에 항상 노출되어 있기 때문에 오픈포지션(open position)이라고도 한다.

첫째, 국제적으로 자산규모가 큰 소수의 은행들은 적절한 규모의 외환포지션을 유지하기 위하여 외환거래에 참여한다. 이러한 거래는 외환시장의 안정성을 유지하고 유동성을 부여하는 역할을 담당한다.

둘째, 차익거래(arbitrage)로서 시장별로 외환가격의 차이가 날 때 싸게 사서 비싸게 팔아 차익을 남기는 것을 목적으로 한다. 대체적으로 은행의 외환거래는 차익거래의 성격이 강하다.

셋째, 투기거래(speculation)이다. 이는 외환의 가격이 크게 오르거나 내릴 것이라고 예상되는 경우 이를 미리 사거나 또는 팔아서 자본이득을 실현하려는 목적의 거래를 의미한다. 투기는 차익거래와 달리 위험을 수반한다.[11)]

한편, 은행의 대고객 거래는 정해진 매입 및 매도율로 궁극적인 수요자 또는 공급자와 외환을 거래하는 것을 의미한다. 고객은 직접 대형은행과 거래하기보다는 소규모은행이나 현지은행과 거래하는 경우가 대부분이다. 여기서 고객은 수출입회사, 여행자, 자산관리자, 다국적기업, 정부 등 다양하게 구성된다.

중개인은 매도자와 매입자 간의 거래를 성사시키는 역할을 담당한다. 외환딜러는 자기책임하에 자기계정으로 직접 외환을 거래함으로써 자신의 자산관리를 하는 반면, 중개인은 고객 간의 거래를 단순히 중개하는 역할을 맡는다. 한편, 중앙은행의 외환거래는 자국통화가치를 적정한 수준에서 유지하거나 환율의 변동성을 완화하기 위하여 행해지는 외환시장개입 거래를 의미한다. 일반적으로 각국의 중앙은행은 자국통화가치의 안정과 원활한 국제거래를 보장하기 위하여 대외결제수단으로 외환을 보유하고 있다.

[그림 2-4]에서 보는 바와 같이 외환시장의 거래주체는 은행으로서 약 62% 정도를 차지하고 있다(BIS보고은행과 미보고은행 합계). 그리고 기관투자자와 헤지펀드 등의 비중이 약 20%를 차지하고 있다. 글로벌 금융위기 이후 BIS에 보고하는 은행딜러의 거래규모는 증가하였지만 그 비중은 점차 감소하는 것으로 나타나고 있다. 반면 기타금융기관의 거래비중은 2016년 이후 크게 증대되었다.

11) 달러화가격이 현재 1달러 = 1,000원이고, 일년 후에는 지금보다 50% 오를 것이라고 예상하는 사람이 있다고 하자. 현재 1년만기 선물환율이 현재의 현물환율과 같다면 1년만기 선물환을 백만 달러만큼 사면 큰 이득을 볼 수 있다. 즉, 일년이 지난 후 환율이 예상대로 변화하면 선물환계약에 따라 백만 달러를 10억 원에 산 후 현물환시장에서 15억 원(1달러 = 1,500원)에 팔면 5억 원의 이득을 남길 수 있다. 그러나 예상과 달리 1년 후 달러의 원화가격이 900원으로 하락하면 천만 원의 손해를 보게 될 것이다.

| 그림 2-4 | 외환시장의 주요 거래자(일일 평균거래액 기준)

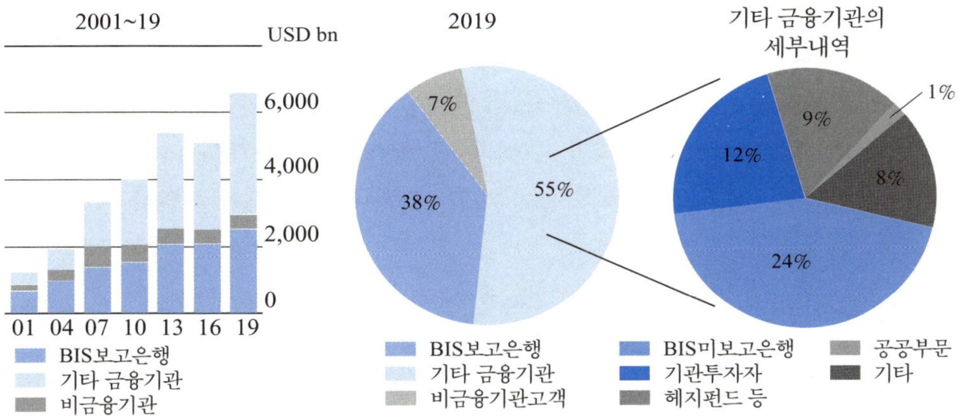

자료 : BIS, *Triennial Central Bank Survey-Foreign exchange turnover in April 2019*.

4. 외환거래와 금리평가

외환에 대한 수요와 공급을 구성하고 있는 중요한 경제활동 중의 하나는 국제자본이동이다. 자본시장이 개방되면 국내금융시장에 외국투자자들도 투자할 수 있다. 외국인들은 국내기업이 발행한 채권이나 주식을 사거나 은행에 대해 외화를 대부할 수도 있다. 마찬가지로 국내투자자들도 외국의 금융상품들을 사고팔 수 있다.

금융상품은 화폐, 채권 및 주식으로 대별할 수 있는데, 이들은 각각 유동성, 예상수익률 및 위험도가 다르다. 화폐는 다른 자산이나 재화로 손쉽게 바꿀 수 있다는 점에서 유동성이 가장 높다고 할 수 있다. 그 대신 화폐에는 이자가 붙지 않는다. 채권의 경우에는 정해진 이자를 받을 수 있다는 점에서 화폐보다 예상수익률이 높다는 장점이 있다. 하지만 유동성에 일정부분 제약이 있다. 주식은 배당금을 받을 수 있고, 주가가 올라가면 자본수익도 올릴 수 있기 때문에 예상수익률이 높아질 수 있다. 그러나 주가가 떨어지면 수익률이 음(−)의 값을 가질 수 있기 때문에 위험이 상당히 크다고 하겠다. 다양한 금융상품들은 각각 장점과 단점을 동시에 가지고 있기 때문에 투자자들의 입장에서 보면 투자를 분산하는 것이 바람직하다고 할 수 있다.

국내채권과 외국채권을 놓고 어디에 투자할 것인가 망설이는 투자자가 있다고 하자.

국내라면 동일한 성격의 자산 간에는 예상수익률이 동일하여야 한다. 만약에 수익률에 차이가 있게 되면 차익거래에 따라 수익률이 높은 상품으로 투자가 집중될 것이기 때문이다. 국제투자에 있어서도 동일한 원칙이 적용된다. 따라서 자본이동이 자유롭고 양국 금융상품의 유동성이나 위험도가 동일하다면 예상수익률이 같아야 균형이 성립한다. 즉, 동일한 성격의 채권은 동일한 금리가 지불되어야 한다는 금리평가(interest rate parity)가 성립하여야 한다는 것을 의미한다.[12] 금리평가는 무위험금리평가와 유위험금리평가 두 가지로 구분된다.

국내채권이 아닌 외국채권에 투자를 하려면 먼저 투자자금을 외국화폐로 바꾸어야 하며, 또 투자가 만기되어 원리금을 회수하려면 자국화폐로 다시 바꾸어야 한다. 문제는 미래의 환율이 불확실하기 때문에 투자가 만료되었을 시점의 원리금을 자국화폐로 환산하였을 경우 수익률이 불확실하다는 점이다. 즉, 외국에 투자하는 경우 환율이 고정되어 있지 않다면 환위험(exchange risk)이 존재하게 된다. 이러한 환위험은 선물환시장이 존재하여 미리 정해진 환율로 외국통화를 매각하기로 계약을 맺는다면 피할 수 있다. 선물환계약을 통하여 환위험이 제거된 해외수익률이 국내이자율과 동일하여야 한다는 조건을 무위험금리평가(covered interest rate parity: CIP)라고 한다. 한편, 선물환거래가 이루어지지 않는다면 투자자는 환위험을 감수하여야 하는데, 환위험을 고려한 양국의 예상수익률이 같아지는 조건을 유위험금리평가(uncovered interest rate parity: UIP)라고 한다.

역외차액결제 선물환(Non-Deliverable Forward : NDF)거래

NDF거래란 만기에 계약원금의 상호교환 없이 계약한 선물환율과 만기 시의 현물환율과의 차이 액만을 기준통화(주로 미 달러화)로 정산하는 선물환계약을 말한다. 우리 말로 하면 "(만기비정산) 차액결제 선물환거래"라 할 수 있다. 선물환거래이기는 하지만 일반적인 선물환과는 달리 특수한 형태로서의 거래 형식 또는 상품이라고 볼 수 있다. 예를 들어 두 거래자가 역외시장에서 1달러=1,000원으로 6개월 후의 선물환 100만 달러 계약을 체결했다고 가정하자. 6개월 만기 시 실제환율이 1달러=1,100원이 된 경우 두 당사자 간에 원화와 달러의 교환이 실제로 이루어지기보다 선물환 매입자에게 선물환매도자가 차액인 약 9만 9백9달러(=100×100만÷1,100)를 지급하고 거래를 종결하는 선물환거래를 의미한다.

NDF의 발생 원인은 역설적이게도 외환시장의 규제와 밀접한 관련이 있다. 원화가 국제화되지 않아 해외에서 유통되지 않는 가운데 각종 외환규제가 존재할 경우 이러한 제약을 비켜나가면서 투자자금의 헤지나 투기성 목적 등을 달성하는 수단이 필요해서 생겨난 것이다. 이는 원/달러 NDF거래

12) 금리평가에 대한 자세한 논의는 제8장 참조.

뿐 아니라 태국 바트화(THB), 필리핀 페소화(PHP), 대만 달러화(TWD), 말레이시아 링기트화(MYR)와 같이 NDF시장이 존재하는 여타 통화의 경우에도 똑같이 적용된다.

원/달러 NDF의 경우 1997년 외환위기 이전에는 NDF에 대한 관심이 거의 없었다고 하겠다. 사실 관심이 있다고 하더라도 역내와 역외를 엄격히 구분하는 외환관리규정 때문에 역내외환시장과 역외외환시장은 서로 완전히 분리된 별개의 시장이었다. 외환위기 발생 몇 달 전부터 싱가포르나 홍콩 등 주요 역외시장의 NDF환율은 통상적인 선물환마진(대개 1원 미만)을 감안하더라도 국내의 환율에 비해 무려 100원 이상씩 높았다는 것은 국내외환시장에 대한 정부개입의 강도를 반영한다고 할 수 있다.

1999년 4월, 1차 외환자유화 조치를 시작으로 선물환거래에 대한 실수요증빙제도가 폐지되면서 역외와 역내 시장의 연결이 가능해지자, NDF의 거래량이 크게 늘어나게 되었다. 역외시장 참가자들 입장에서는 유동성이 부족한 역외시장의 한계를 벗어나 국내은행과의 거래 등을 통해서 참가가 가능해진 셈이 되었고, 국내시장이나 정부의 입장에서도 외국인 투자자금의 보다 활발한 유치에 도움이 되는 제도적 장치가 마련되었다고 볼 수 있다. 그러나 역외선물환시장의 충격이 국내외환시장에 미치는 영향은 훨씬 커졌다고 할 수 있다.

출처 : 외환은행, "FX 가이드"(http://fx.keb.co.kr/FEGC0000.web).

요약

1. 외환에는 외국통화뿐 아니라, 외화예금이나 외화표시 단기채권과 같이 유동성이 높은 단기금융상품도 포함된다. 하지만 흔히 외환시장은 서로 다른 통화가 교환되는 시장을 의미한다.

2. 환율 표기에는 직접호가방식과 간접호가방식 두 가지가 있다. 전자는 외화 한 단위당 자국통화량을 나타내고, 후자는 자국통화 한 단위와 교환되는 외화의 양을 표시한다.

3. 교차환율 또는 재정환율은 교환하려는 외화가 직접 거래되는 시장이 존재하지 않는 경우 달러화를 기준으로 간접적으로 계산된 환율을 의미한다.

4. 실질환율은 특정 화폐의 자국에서의 구매력과 다른 나라에서의 구매력 간의 비율을 의미하는데, 양국의 물가를 동일한 화폐단위로 환산한 비율로 나타낼 수 있다 $\left(q = \dfrac{S/P}{1/P^*}\right)$. 실질환율의 증가는 자국통화의 실질가치 하락(depreciation)을 의미하고, 반대로 감소는 자국통화의 실질가치 상승(appreciation)을 의미한다.

5. 시장균형환율은 외환시장에서 외환에 대한 수요와 공급에 의하여 결정되는 환율수준을 의미한다. 외환의 수요와 공급은 재화와 서비스의 수출입, 내국인과 외국인의 직접투자 및 간접투자, 그리고 투기적 외환거래 등에 의하여 결정된다.

6. 환율제도란 환율결정과 관련된 정책 및 제도적 틀을 의미하는데, 크게 고정환율제도와 변동환율제도로 나눌 수 있다. 전자는 중앙은행의 외환시장개입을 통하여 일정기간 동안 환율을 고정하거나 변동폭을 제한하는 제도이다. 반면에 후자는 외환의 가격이 시장에서 결정되도록 허용하는 제도이다.

7. 외환거래는 현물환거래, 선물환거래와 외환스왑거래가 주를 이룬다. 현물환거래는 계약 후 2영업일 이내 결제가 이루어지는 경우를 의미하며, 이때 외환가격을 현물환율이라고 한다. 선물환거래는 계약 시 합의한 환율로 미래 시점에 외환의 인도와 결제가 이루어지는데, 계약 시의 외환가격을 선물환율이라고 한다. 외환스왑거래는 동일인 간에 외환을 팔고 일정기간 후 되사기로 합의한 거래나 반대로 외환을 샀다가 일정기간 후 되파는 거래를 의미한다.

8. 외환시장에서 가장 중요한 참여자는 외국환은행인데, 이런 외국환은행 간 거래는 외환포지션의 조정, 거래차익 또는 투기를 목적으로 이루어진다. 한편, 은행의 대고객 거래는 정해진 매입 및 매도율로 궁극적인 수요자 또는 공급자와 외환을 거래하는 것을 의미한다.

9. 자본이동이 자유롭고 양국 금융상품의 유동성이나 위험도가 동일하다면 예상수익률이 같을 때 투자자들은 어느 상품에 투자하든지 상관치 않게 된다. 금리평가란 동일한 성격의 국내외 채권의 수익률이 같아지는 조건을 의미한다.

10. 선물환계약을 통하여 환위험이 제거된 해외수익률이 국내이자율과 동일하여야 한다는 조건을 무위험금리평가라고 한다. 한편, 선물환거래에 기초하지 않고 해외투자 시 환위험이 존재하는 경우 양국의 예상수익률이 같아지는 조건을 유위험금리평가라고 한다.

주요 용어

외환시장
직접호가방식과 간접호가방식
실질환율
통화스왑
무위험금리평가
유위험금리평가
시장균형환율
교차환율과 재정환율
실효환율
고정환율제도와 변동환율제도
역외차액결제 선물환거래

연습문제

01 원화의 대달러화 환율은 1,130이고, 1유로화당 달러화 환율은 1.4라고 한다.

① 원화의 대유로화 교차환율은 얼마인가?

② 현재 외환시장에서 원화의 대유로화 환율이 1,500이라고 한다. 차익거래를 통하여 이득을 볼 수 있는 기회가 있는가?

③ 이러한 기회를 이용하려면 무슨 통화를 사서 무슨 통화와 바꿔야 하는지 순서대로 설명하라.

02 다음 각 경우 외환에 대한 수요 및 공급과 시장균형환율에 어떠한 변화가 발생하는지 설명하라.

① 한국산 스마트폰에 대한 세계수요의 증가

② 원유가격의 증가

③ 한국 증시에 대한 외국인 간접투자의 증가

④ 해외공장 설립을 위한 한국 기업의 직접투자 증가

03 다음 각 경우 실질환율과 순수출에 어떠한 영향이 발생하는지 설명하라.

① 명목환율의 상승

② 해외물가의 상승

③ 국내물가의 상승

④ 해외물가와 국내물가가 같은 비율로 하락

04 동아시아 3국, 즉 한국, 중국, 일본의 환율제도에 대하여 살펴보자.

① 3국은 각각 어떠한 환율제도를 채택하고 있는가?

② 3국의 통화 중 2008년 9월 글로벌 금융위기가 본격화된 이후 2012년 12월 말까지 달러화에 대한 변동폭이 가장 작은 통화는 무엇인가? 이러한 사실은 채택하고 있는 환율제도의 특성에 부합되는지 설명하라.

05 선물환시장에 대하여 생각해 보자.

① 선물환거래와 현물환거래는 어떻게 다른가?

② 선물환율이 올라가면 현물환율에 어떠한 영향을 미치겠는가?

06 투기적 거래와 차익거래의 차이에 대하여 설명하라.

제 03 장

국제수지와 국민소득

1. 국제수지표의 이해
2. 국제수지와 국제투자대조표
3. 경상수지와 국민소득
4. 국제수지와 통화공급

세계화 시대의 지구촌 대부분 국가들은 일정기간 동안의 대외거래 규모 및 내역을 체계적으로 수집, 정리한 국제수지표를 작성하고 있다. 이는 우리가 일상의 경제활동 상황을 파악하기 위해서 하루 또는 일주일 등 일정기간의 수입 및 지출 활동 등을 기록하는 것과 유사하다. 국제수지표의 경우는 외국과의 거래를 기록하는 것이므로 외국과의 거래에 주로 사용되는 국제통화, 예를 들어 달러로 표기된다.

한편, 개별 국가들은 특정 시점에서 거주자의 대외투자잔액과 비거주자의 국내투자잔액을 기록하는 통계를 작성하게 되는데 이것을 국제투자대조표라고 한다. 국제수지표에 표기되는 수치들은 일정기간의 거래내역을 의미하는 유량(flow)변수인 반면 국제투자대조표에 표기되는 수치들은 대외거래의 결과로 나타난 일정시점에서의 잔액을 의미하는 저량(stock)변수이다.

소규모 개방경제의 경우 국제거래는 대부분 자국통화가 아닌 국제통화로 거래되기 때문에 외환의 유출입을 수반한다. 외환의 유출입과 환율변화로 인한 국제수지의 불균형은 외환당국의 대외준비자산의 증감과 연결되고 이것은 다시 국내통화공급에 영향을 준다. 국내통화량의 변화는 물가, 이자율, 환율 및 소득 등에 영향을 주고 결국 이러한 거시경제변수의 변화는 대외경쟁력에 영향을 미친다. 따라서 거시경제의 흐름을 파악하기 위해서는 국제수지와 국내통화량이 상호 어떻게 연관되어 있는지를 이해하는 것이 중요하다.

이 장에서는 먼저 국제수지표의 작성방식과 그 변화가 어떻게 해석될 수 있는지 설명한다. 그리고 국제투자대조표의 작성사례와 국제수지표와의 관계를 설명한다. 또한 국제수지표에 나타난 대외거래가 국내경제활동과 어떠한 관련이 있는지를 국민소득계정과 통화량과의 관계를 통해서 살펴본다.

1. 국제수지표의 이해

(1) 국제수지표 작성방식

국제수지표(table of balance of payments)는 일정기간 동안 국내 거주자와 비거주자 사이의 거래내용을 체계적으로 분류하여 정리한 표이다. 국제수지표는 국가 간의 비교를 위해 IMF가 제시한 기준에 의해서 작성되고 있다.[1] 국제수지표 작성과 관련된 주요 기준 및 방식은 다음과 같다.

첫째, 국제수지표는 일정기간 동안에 나타난 변화를 기록한다. 따라서 국제수지표에 나타나는 모든 수치는 유량(flow)변수를 의미한다.[2]

둘째, 국제수지표는 국내 거주자와 비거주자 간의 거래를 기록한다. 이때 거주자는 경제활동을 영위하는 주 소재지가 국민경제의 관할영역 내에 있는 경제주체를 의미하는데, 한 국가의 국민이라는 개념과는 차이가 있다. 예를 들어 외국여권을 소지하고 있는 외국인이라 할지라도 국내에서 취업하고 있는 외국노동자는 거주자에 포함된다.[3]

셋째, 국제수지표는 개별 거래를 T자 양식의 왼쪽인 차변(debit)과 오른쪽인 대변(credit)에 동시에 기록하는 복식부기방식으로 작성되고 있다. 복식부기방식은 거래의 원인과 결과에 해당되는 두 사항을 동시에 기록하는 방식이다. 국제수지표의 경우 외환유입과 관련된 사항은 대변에, 그리고 외환유출과 관련된 사항은 차변에 기입한다. 달리 설명하면 대변(오른쪽)에는 국제거래를 통한 외환의 유입, 즉 '재원(sources)' 을 기록하고 차변(왼쪽)에는 외환의 유출, 즉 '용도(uses)' 를 기록한다. 국제수지표를 작성할 때 대변의 재화, 서비스 또는 금융자산의 수출을 통한 자본유입은 '+' 부호로 기록한다. 반면 차변의 경우 재화나 서비스 수입을 통한 자본유출은 '–' 부호로 기록하고 금융자산의 수입을 통한 자본유출은 '+' 부호로 표시한다.[4] 국제수지표는 복식부기원리에 의해서 작성되므

1) 우리나라는 2018년 현재 IMF의 새로운 국제수지매뉴얼(BPM6)에 의거해서 국제수지표를 작성하고 있다.
2) 모든 경제변수는 유량(flow)과 저량(stock) 변수로 구분할 수 있는데, 유량변수는 일정기간 동안의 변화를 나타내는 변수인 반면 저량변수는 특정 시점에서의 규모나 상태를 나타낸다. 예를 들어 저수지의 현재 수위를 나타내는 수치는 저량인 반면 일정기간 동안 나타난 수위 변화는 유량을 의미한다. 경제변수 중 대표적인 유량변수에는 국민소득, 소비, 투자, 수출, 수입 등이 있으며 저량변수로는 자산, 통화량, 부채 등이 있다.
3) 일시적으로 국내에 체류하는 외국 관광객이나 상당기간 국내에 거주하는 외국 대사관 직원 등은 거주자에서 제외된다.
4) 실물수출이나 금융상품 매각을 통한 외환유입은 자산의 감소 또는 부채의 증가를 의미하고, 반대로 실물수입이나 금융상품 매입을 통한 외환유출은 자산의 증가 또는 부채의 감소를 의미한다.

로 대변과 차변 각각의 절대치 총합계는 항상 동일해야 한다.

우리나라의 경우 국제수지표는 한국은행에 의해서 월별로 작성, 발표되고 있다. 한국은행은 관세청에서 작성하는 실물거래자료와 외국환은행에서 작성하는 외환수급통계와 외화 대차대조표(B/S)를 기초자료로 활용해서 국제수지표를 작성한다.

국제수지표 작성 사례(I)

1) 상품 100만 달러 수출 :

수출이라는 실물거래와 동시에 100만 달러에 해당되는 국제통화 지급거래가 존재하므로 이 두 거래를 동시에 기록해야 한다. 만약 수출대금 100만 달러가 외국환은행에 예금된 경우 수출은 자본유입을 의미하므로 대변에, 그리고 외국환은행에의 예금은 외화자산의 증가를 의미하므로 차변에 기재되어야 한다.

차 변	대 변
현금 및 예금 100만 달러(+)	수출 100만 달러(+)

2) 외국환은행으로부터 차입을 통한 국내기업의 1,000만 달러 재화수입 :

1,000만 달러 재화수입은 자본유출을 의미하므로 차변에, 그리고 그러한 1,000만 달러의 조달이 국내외국환은행으로부터 이루어졌다는 것은 국내외국환은행의 외화자산의 감소 또는 해외에서의 조달을 의미하므로 대변에 기록된다. 즉 1,000만 달러의 용도는 재화수입이고 재원은 외국환은행으로부터의 차입이다.

차 변	대 변
재화수입 1,000만 달러(−)	현금 및 예금 1,000만 달러(+)

3) 국내기업의 해외에서의 외화증권 100만 달러 발행 :

외화증권발행은 증권의 수출을 의미하고 자본유입 또는 부채의 증가를 의미하므로 대변에 증권투자 100만 달러를 기록하고 이에 따라 유입된 외화 100만 달러는 자산증가에 해당하므로 차변에 기록한다.

차 변	대 변
현금 및 예금 100만 달러(+)	외화증권발행 100만 달러(+)

주 : 거래항목에 표시된 부호는 국제수지표상에 표기되는 부호임.

(2) 국제수지표의 구성

국제수지표의 항목을 거래성격으로 분류하면 크게 재화 및 서비스거래와 경상이전거래 등을 포함하는 경상거래와 경제주체들의 자본이전 및 비생산 · 비금융자산거래 그리고 금융거래를 포함하는 자본거래로 나뉜다. 경상거래와 자본이전 및 비생산 · 비금융자산거래와 관련된 자본의 유출입의 차이는 수지(balance)라는 용어를 사용하는데 이 경우 자본순유입의 경우는 '흑자', 순유출은 '적자'라고 한다. 반면 금융계정항목의 경우에는 수지라는 용어 대신 자본의 순유입은 '유입초' 그리고 순유출은 '유출초'라는 용어를 사용한다.[5)]

표 3-1 국제수지표의 구성

차변	대변			
재화의 수입	재화의 수출	→	상품수지	경상수지
서비스지급	서비스수입	→	서비스수지	
소득지출	소득수입	→	본원소득수지	
경상이전지출	경상이전수입	→	이전소득수지	
				+
자본이전지급 및 해외 비생산 · 비금융자산 취득	자본이전수입 및 외국인 비생산 · 비금융자산 취득			자본수지
				−
해외직접투자	외국인직접투자	→	직접투자	금융계정
해외증권투자	외국인증권투자	→	증권투자	
해외 파생상품 취득	외국인 파생상품 취득	→	파생금융상품	
해외기타투자	외국인기타투자	→	기타투자	
통화당국의 준비자산 증가	통화당국의 준비자산 감소	→	준비자산 증감	
				+
				오차 및 누락
				=
				0

5) 경상거래 관련 항목과 자본이전 및 비생산 · 비금융거래 항목은 거래에 따른 단순한 자본의 유입이나 유출을 의미하는 반면 금융계정 관련 항목은 금융자산이나 금융부채의 변화를 초래하는 자본의 거래를 포함한다.

1) 경상수지

경상수지란 경상거래를 통하여 유입된 외환에서 유출된 외환을 뺀 금액으로 상품수지, 서비스수지, 본원소득수지 그리고 이전소득수지를 합계한 금액으로 나타낸다.[6] 경상수지는 기본적으로 한 국가의 해외저축 또는 대외자산의 순변동을 나타낸다. 예를 들어 경상수지 흑자는 경상거래를 통한 외환 유입이 유출보다 크다는 것을 의미하고, 이것은 결국 이 국가의 외화표시자산의 증가, 즉 대외자산의 순증가를 나타낸다. 반면 적자는 대외부채의 증가로 나타난다. 우리나라는 외환위기 직후인 1998년부터 2019년까지 지속

표 3-2 한국의 국제수지표

(단위 : 억 달러)

항목명 1	2009	2012	2015	2018
경상수지	330.9	487.9	1,051.2	774.7
상품수지	480.6	485.9	1,202.8	1,100.9
상품수출	3,639.3	6,036.6	5,430.8	6,262.7
상품수입(FOB)	3,158.8	5,550.8	4,228.1	5,161.8
서비스수지	−93.4	−50.6	−146.3	−293.7
서비스수입	725.4	1,031.3	975.0	1,036.8
서비스지급	818.8	1,081.9	1,121.2	1,330.5
본원소득수지	−34.4	107.3	44.5	49.0
이전소득수지	−21.9	−54.7	−49.9	−81.5
자본수지	−0.7	−0.4	−0.6	3.2
금융계정	271.8	483.9	1,027.8	769.3
직접투자	83.8	211.0	195.8	260.4
직접투자(자산)	174.0	306.0	236.9	382.2
직접투자(부채)	90.2	95.0	41.0	121.8
증권투자	−511.9	−67.5	495.3	474.2
증권투자(자산)	−14.0	260.8	418.8	690.3
증권투자(부채)	497.9	328.3	−76.5	216.1
파생금융상품(순자산)	30.9	−26.3	17.9	−15.0
기타투자	−17.7	234.8	198.3	−125.2
기타투자(자산)	−47.5	52.6	107.3	−56.8
기타투자(부채)	−29.8	−182.2	−91.0	68.4
준비자산	686.7	131.8	120.5	175.0
오차 및 누락	−58.4	−3.6	−22.7	−8.5

6) 국제수지표상에서 경상거래를 통한 자본유입(대변)은 '+', 자본유출(차변)은 '−'로 표기하기 때문에 경상수지는 (대변+차변)으로 계상된다. 즉 경상수지는 자본의 '순유출입 기준'으로 표기된다.

적으로 경상수지가 흑자를 기록하고 있다. 2018년에는 그 규모가 약 775억 달러에 달하였는데, 이는 우리나라 국민들의 총소득이 그 규모만큼 국내총지출을 초과했음을 의미하고 그 결과 우리나라의 해외저축 및 해외자산이 증가하였다.

2) 상품수지

상품수지란 상품의 수출로 인한 외환의 유입에서 상품의 수입으로 인한 외환의 유출을 차감한 크기를 의미한다. 〈표 3-2〉에 나타난 바와 같이 우리나라의 상품수지는 2018년 약 1,100억 달러에 달하고 있다. 상품수지는 관세청에서 발표하는 수출과 수입 통계와는 다소 차이가 있는데, 이는 관세청의 경우 통관기준으로 수출입을 계상하는 반면 국제수지표의 경우에는 소유권의 이전을 기준으로 작성되기 때문이다.[7)]

3) 서비스수지

서비스수지란 우리나라 선박이나 항공기의 운임수입 그리고 외국관광객의 외환지출 등 서비스수입에서 외국에 지급한 선박이나 항공기의 운항경비, 여행경비, 기술용역대가 등 서비스지급으로 인한 외환유출을 차감한 금액을 의미한다. 우리나라의 경우 서비스수지는 지속적으로 적자를 보이고 있는데 2018년 약 294억 달러의 적자가 발생되었다.

4) 본원소득수지

본원소득수지란 해외거주 우리나라 근로자가 수취하는 급료 및 임금과 우리나라가 보유하고 있는 대외금융자산에서 발생하는 배당금, 이자수입 등을 합친 소득수입에서 국내거주 외국인 근로자에게 지급하는 급료 및 임금, 대외금융 부채에 대한 배당금 및 이자지급 등과 같은 소득지급을 뺀 수치를 의미한다. 우리나라의 경우 최근에 본원소득수지가 적은 규모이나 지속적으로 흑자를 나타내고 있다.

5) 이전소득수지

경상거래와 관련된 이전거래란 아무런 대가 없이 주고받는 무상거래를 의미하는데 수혜자의 소득 및 소비에 직접적으로 영향을 주는 거래이다. 해외에 거주하는 교포의 송금

7) 통관통계에서 수출은 본선인도(FOB) 가격, 수입은 운임 · 보험 포함(CIF) 가격으로 평가되는 반면, 국제수지표에서는 수출입 모두 본선인도(FOB) 가격으로 평가된다. 따라서 국제수지 기준 수입규모는 통관기준 수입규모보다 작게 나타남으로써 상품수지의 흑자규모가 크게 나타난다.

이나 국내에서의 해외송금, 해외 종교단체와 자선단체로부터의 기부금, 지참금이나 유산상속, 각종 세금 및 사회보장부담금 그리고 정부 간의 무상원조 등이 여기에 해당된다. 이전소득수지는 이전수입에서 이전지출을 차감한 금액을 의미하는데 우리나라의 경우 이전수지는 지속적으로 적자를 나타내고 있다.

6) 자본수지[8)]

자본수지에는 자본이전과 비생산 · 비금융자산의 취득 및 처분에 따른 자본거래가 포함된다. 자본이전거래에는 수혜자의 소득이나 소비에 직접적으로 영향을 주지 않는 비거주자에 대한 투자보조금이나 국내거주자의 해외이주비 및 재외동포의 국내재산 반출 등이 기록된다. 또한 지하자원과 같은 비생산 유형자산과 특허권, 저작권 및 상표권과 같은 무형자산의 취득이나 처분과 관련된 자본거래가 포함된다.[9)]

7) 금융계정

민간기업, 금융회사, 정부, 통화당국 등 모든 거주자의 대외금융 자산 및 부채의 변동을 기록한다. 즉 이 계정은 자본이전거래를 제외한 여타 모든 금융거래, 즉 직접투자, 증권투자, 파생상품투자, 기타투자 그리고 준비자산의 변동을 나타내는데 국제수지표상에서는 금융계정은 '자산 · 부채의 증감 기준'으로 작성하기 때문에 금융거래를 통한 자산증가와 부채증가를 모두 '+'로 표시하고 그 차이를 금융계정이라 한다. 따라서 금융계정이 '+'인 경우는 자본의 순유출, '–'인 경우는 자본의 순유입을 의미한다. 2009년 이후 지속적으로 금융계정은 유출초를 기록했는데 이는 우리나라가 보유한 해외금융자산이 증가하였음을 의미하는 것으로 해석할 수 있다.

8) 2012년 이전 국제수지표상의 자본수지는 준비자산의 증감을 제외한 민간 및 정부부문에 의한 자본거래 결과 나타난 총체적인 자본의 순유입을 의미하였다. 그러나 새로운 국제수지표상에서 자본수지는 자본이전거래 및 비생산 · 비금융자산의 거래와 관련된 자본유출입의 차이를 의미한다. 그러나 본서의 경우 3장 이후에서는 특별한 언급이 없을 경우 자본수지는 2012년 이전 국제수지표에서 의미하는 준비자산의 증감을 제외한 민간 및 정부부문의 자본거래를 통한 자본의 순유입을 지칭한다.

9) 외국대사관의 토지매입 · 매각의 경우를 제외한 거주자와 비거주자 간의 토지거래는 실물의 이전 없이 금융상의 청구권이 발생하는 것으로 간주하여 직접투자로 계상한다. 한편, 특허권 및 상표권의 사용에 대한 대가지급 및 수취는 서비스거래에 포함된다.

8) 직접투자

직접투자는 기업의 경영권과 관련된 자본투자를 의미하는데, 직접투자를 통한 자본유입을 나타내는 외국인직접투자에서 자본유출로 나타나는 해외직접투자를 제외한 수치를 의미한다. 우리나라는 2018년 해외직접투자가 382억 달러에 달하는 등 2010년 이후 해외직접투자는 매년 약 200억 달러 이상을 기록한 반면 외국인직접투자는 최근에 다소 증가되었지만 여전히 그 규모가 작기 때문에 직접투자는 지속적으로 유출초를 기록하고 있다.

9) 증권투자

증권투자는 투자자본의 가치증가 또는 수익을 목적으로 행하는 투자로서 경영권 확보와 무관한 지분투자나 채권투자가 이에 해당된다. 우리나라의 경우 글로벌 금융위기 직후 외국인증권투자가 급증하였으나 2015년에는 급감하였다. 그러나 2018년에는 다시 약 216억 달러가 유입되는 등 외국인의 증권투자는 변동성이 큰 것으로 나타나고 있다. 반면 해외증권투자는 최근에 급격히 증가했다. 그 결과 증권투자는 최근 지속적으로 유출초를 기록하고 있다.

10) 파생금융상품

파생금융상품 거래로 실현된 손익 및 옵션프리미엄 지급 · 수취로 인한 자본순유입을 의미한다. 규모는 크지 않지만 변동성이 크게 나타나고 있다.

11) 기타투자

기타투자는 직접투자와 증권투자, 파생금융상품투자에 속하지 않는 금융기관 등을 통한 대출 및 차입, 무역 관련 신용거래, 현금 및 예금 등의 금융거래를 포함한다. 예를 들어 우리나라 금융기관의 해외차입이나 국내거주자의 외화예금 등이 기타투자 항목에 속한다. 2009년에는 기타투자가 소폭의 유입초를 실현했으나 이후 2010년대 중반까지 유출초를 기록했는데 이는 주로 대외부채에 대한 원금상환과 해외대출 증가 등에 기인한다. 2018년에는 유입초를 기록했다.

12) 준비자산 증감

준비자산은 외환당국이 보유하고 있는 금 및 SDR, IMF포지션, 외화예치금, 유가증권 등으로 구성된다. 국제수지표의 준비자산 증감은 거래적 요인에 의한 외환당국의 순자산 변동분만 포함된다.[10] 준비자산의 증감은 통화당국의 외환보유액의 증감으로 연결된다.[11] 만약 민간부문에서 외환의 유입규모가 유출규모보다 클 경우 이는 결국 외환당국의 보유 외환자산, 즉 외환보유액의 증가로 나타난다. 반대로 민간부문에서 외환의 순유출이 나타난 경우에는 그 규모만큼 외환당국에 의한 외환의 보전이 이루어진 것을 의미하므로 이는 곧 외환당국 보유 외화자산의 감소로 나타난다. 따라서 외환당국의 준비자산 증가는 국제수지표의 차변에, 준비자산 감소는 대변에 표시된다. 준비자산의 증가에서 감소를 뺀 준비자산의 순증가가 '+' 일 경우에는 외환보유액의 증가로 나타낸다. 그리고 이것은 외환당국에 의한 자본유출을 통한 해외자산의 증가를 의미한다. 경상수지의 흑자에 힘입어 2009년에 약 687억 달러의 대규모 외환보유액 증가가 있었고 이후 지속적으로 준비자산이 증가하였다.

13) 오차 및 누락

국제수지표는 복식부기방식으로 작성되기 때문에 항상 자본유입을 의미하는 차변항목의 합계와 자본유출을 의미하는 대변항목의 합계가 일치되어야 한다. 즉 '경상수지+자본수지=금융계정' 이 되어야 한다. 그러나 기초통계 간의 불일치, 통계계상 시점의 차이, 통계작성 과정에서의 보고 잘못이나 누락 그리고 통계작성 자체의 어려움 등으로 인하여 잘못 작성되거나 누락되는 경우가 발생한다. 따라서 이 차이를 조정해 주는 항목이 필요한데 이것이 오차 및 누락 항목이다.[12] 즉 (경상수지+자본수지−금융계정)이 최종적으로 '0' 이 되도록 조정해 주는 조정항목이라 할 수 있다. 만약 (경상수지+자본수지−금융계정)이 '+' 인 경우에는 '오차 및 누락' 항목이 '−' 로 기록되는데, 이는 자본의 유출이 과소 집계되었다는 것을 의미하므로 비공식적인 자본유출 또는 자본도피 가능성이 있는 것으로도 해석할 수 있다. 반대로 '오차 및 누락' 항목이 '+' 일 경우에는 자본유입이 과소 집계된 것으로, 비공식적인 자본유입이 있었던 것으로 해석할 수 있다.

---

10) 거래적 요인은 매매, 차입 등과 같은 실제 경제적 거래를 의미하고, 비거래적 요인은 경제적 거래 없이 가격변동, 환율변동 등에 의해 자산 · 부채의 변동을 의미한다.

11) 외환당국은 국제수지의 불균형을 직접 보전하거나 또는 외환시장개입을 통하여 간접적으로 조정하기 위하여 대외자산을 보유하고 있다.

12) IMF의 국제수지 작성지침서에서는 오차 및 누락 항목의 크기가 수출입 합계액의 5% 이하일 경우 국제수지표의 정확도가 높은 것으로 평가하고 있다. 수출입 합계 대비 오차 및 누락 비율을 의미하는 오차 및 누락률이 우리나라는 다른 선진국에 비해서도 매우 낮은 수준(2018년 거의 0에 가까운 수치임)을 기록하고 있다.

14) 국제수지 또는 종합수지

일반적으로 국제수지(balance of payment: BOP) 또는 종합수지는 경상수지와 자본수지 그리고 오차 및 누락의 합에서 준비자산 증감을 제외한 금융계정 금액을 차감한 것을 의미한다. 즉 국제수지는 외환당국의 준비자산 증감을 제외한 한 국가의 자본순유입을 의미한다. 따라서 국제수지의 불균형은 일정기간 동안 외환당국을 제외한 경제주체들에 의한 국내로의 자본유입과 해외로의 자본유출 간에 차이가 발생하였다는 것을 의미한다. 국제수지 흑자는 유입된 자본 중 일부가 외환당국으로 흘러들어 갔음을 의미하고, 국제수지 적자는 외환보유액에서 조달된 외환이 해외로 유출되었다는 것을 의미하는데 이는 곧 준비자산의 증감을 의미한다. 따라서 국제수지는 외환당국의 외환보유액 증감으로 연결된다. 2009년 국제수지는 약 687억 달러를 기록한 후 점차 감소추세인데 2018년 약 175억 달러를 기록하였는데, 이는 곧 우리나라 외환보유액의 증가로 연결된다.

국제수지표 작성 사례(Ⅱ)

1) 상품 100만 달러를 현금으로 수입 :

100만 달러 상품수입은 외화자금의 유출을 의미하므로 경상거래의 차변에 기록하고, 이 거래와 관련된 외국환은행을 통한 외화자금의 지급은 외국환은행의 해외자산의 감소를 의미하므로 금융계정의 대변에 기록된다. 따라서 상품수지는 100만 달러 적자, 기타투자는 100만 달러 유입초로 나타난다.

차변	대변	항목명
• 상품 100만 달러 수입 (−)	• 현금 100만 달러(+)	→ 상품수지 100만 달러 적자 → 기타투자 100만 달러 유입초

2) 국내기업이 해외에서 외화증권을 1,000만 달러 발행 :

외화증권의 외국인 매입은 외국인증권투자, 즉 우리나라 대외부채의 증가를 의미한다. 반면 매각된 금액을 국내외국환은행에 예치할 경우에는 우리나라의 해외자산 증가로 나타난다. 따라서 증권투자 1,000만 달러 유입초, 기타투자 1,000만 달러 유출초로 기록되고 금융계정은 균형이 된다.

차변	대변	항목명
	• 외화증권 1,000만 달러 발행(+)	→ 증권투자 1,000만 달러 유입초
• 현금 1,000만 달러(+)		→ 기타투자 1,000만 달러 유출초

3) 정부가 해외에서 외국환평형채권(외평채)을 1억 달러 발행하고 한국은행에 예치 :
정부의 외평채 발행은 외국인의 증권투자를 통한 외화유입, 즉 우리나라 대외부채의 증가를 의미한다. 반면 이를 한국은행에 예치했다는 것은 외환당국의 준비자산이 증가되었음을 의미한다. 따라서 이 경우 증권투자는 1억 달러 유입초로, 그리고 준비자산은 1억 달러 증가로 나타난다.

차변	대변	항목명
• 준비자산 1억 달러 증가 (+)	• 외평채 1억 달러 발행 (+)	→ 증권투자 1억 달러 유입초 → 준비자산 1억 달러 증가

4) 한미통화스왑을 통한 한국은행의 미국 연준으로부터 100억 달러 자금 인출 :
한국은행의 미 연준으로부터의 달러 인출은 곧 한국은행의 준비자산의 증가로 나타난다. 반면 미 연준에 예치한 100억 달러에 해당되는 원화는 비거주자 원화예수금 증가 즉 우리나라 부채의 증가이기 때문에 기타투자의 유입초로 나타난다.

차변	대변	항목명
• 준비자산 100억 달러(+)	• 비거주자 원화예수금 증가(100억 달러 상당) (+)	→ 기타투자 100억 달러 유입초 → 준비자산 100억 달러 증가

주 : 거래항목에 표시된 부호는 국제수지표상에 표기되는 부호임.

2008년 한미통화스왑협정 체결

2008년 9월 미국의 투자은행인 리만브라더스의 파산으로 인한 미국발 글로벌 금융위기로 인해 많은 신흥시장국이 달러유동성 부족문제에 직면하게 되었다. 한국의 경우 2008년 9월 약 2,400억 달러의 외환보유액을 확보하고 있었지만 한 달 새 외환보유액이 약 300억 달러 감소함으로써 또다시 외환위기로 이어지는 것이 아닌가 하는 우려가 증대하기 시작했다. 이런 우려를 해소시키기 위한 방안의 하나로 2008년 10월 30일 한미 간에 300억 달러 규모의 통화스왑협정이 체결되었다. 한미통화스왑협정은 한국은행이 미국 연방준비위원회(FRB)로부터 달러를 차입하고 거기에 상응하는 원화를 예치한 후 일정기간이 경과한 후 다시 달러표시 원금과 이자를 지급하는 방식이다. 이 협정은 일시적인 것으로 2010년 2월 1일 종결되었다. 한국은행은 통화스왑을 통해서 확보된 달러를 국내금융기관에 경쟁입찰을 통한 단기외화대출 형식으로 공급하였다. 미국은 이미 EU, 영국, 일본, 스위스, 덴마크, 호주, 노르웨이, 스웨덴, 뉴질랜드와 협정을 체결한 상태하에서 추가로 한국, 멕시코, 브라질, 싱가포르와도 같은 협정을 맺었다. 한미통화스왑으로 인해 국가부도 확률을 나타내는 지표의 하나인 한국 국채의 CDS 프리미엄이 700bp에서 250bp로 급락하였고 협정 당일 원/달러 환율은 1,427원에서 1,250원으로 크게 하락하였다.

외환위기와 외환보유액

1997년 12월 외환위기 직후 한국 정부가 직면한 가장 중요한 정책과제는 정부보유 외환, 즉 외환보유액을 확대하는 일이었다. 외환보유액은 한마디로 그 국가의 대외거래를 유지시키기 위해서 예비적으로 보유하고 있는 현금유동성이라 할 수 있다. 적정수준의 외환을 보유하고 있어야 한국 경제에 대한 외국투자자들의 신뢰를 확보할 수 있고 국내외 경제환경 변화에도 우리나라 통화인 원화의 가치, 즉 환율을 안정적으로 유지할 수 있다. 그러나 1997년 말 외환위기가 정점에 달하는 시점에서 당시 한국 정부가 민간부문의 대외거래를 지원하거나 환율안정을 위해서 확보한 외환유동성의 규모는 약 38억 달러에 지나지 않는 것으로 미국 언론에 의해서 보도되었다. 이러한 외환보유액의 규모는 당시 한국 경제의 수입규모나 자본거래규모에 비추어볼 때 한국 경제가 거의 지불불능상태에 빠졌다고 평가될 수 있는 금액이었다. 따라서 정부는 외환을 확보하기 위해서 IMF를 위시한 국제기구의 도움은 물론 가능한 모든 수단을 동원했다. 그 결과 1998년에는 수출을 통해서 약 1,321억 달러, IMF 및 국제금융기관으로부터 차입 및 외국인투자 유치 등을 통하여 약 1,021억 달러 등 총 2,342억 달러를 조달하였다. 이렇게 조달된 외환은 수입을 위해서 약 905억 달러, 외채에 대한 원금상환으로 약 993억 달러 그리고 민간부문의 해외투자로 61억 달러가 사용되었다. 그리고 초과유입액인 309억 달러는 한국 정부의 외환보유액 증가로 나타나서 1998년 말 외환보유액은 약 350억 달러로 크게 증대되었다. 외환보유액의 증가는 한국 경제에 대한 대외신인도를 제고시키는 데 일조함으로써 한국이 외환위기를 보다 순조롭게 극복하는 데 크게 기여한 것으로 평가되고 있다.

〈1998년 외화자금의 조달 및 운용 내역〉

(단위 : 억 달러)

외환자금운용(자본유출)		외환자금조달(자본유입)	
수입	905	수출	1,321
기타 경상거래를 통한 자본유출	361	기타 경상거래를 통한 자본유입	350
원금상환	993	자본거래를 통한 총자본유입	1,021
민간 및 금융기관 대외자산 증가	61		
준비자산 증가	309		
오차 및 누락	63		
총계	2,692	총계	2,692

출처 : 한국은행

(3) 한국의 국제수지 변화와 특징

한국의 국제수지 변화 추이를 살펴볼 때 몇 가지 특징적인 모습이 나타난다.

첫째, 한국의 경상수지는 1985년까지 지속적으로 적자를 나타내다가 1986년에 흑자로 전환되었다. 그러나 1990년에 다시 적자로 반전된 후 1993년을 제외하고 1997년까지 적자를 지속하였다. 이후 외환위기 직후인 1998년에 큰 폭의 흑자가 발생한 후 2019

년 현재까지 흑자기조가 지속되고 있다. 한편, 1986년부터 1989년까지의 경상수지 흑자는 외부경제여건의 변화인 소위 3저현상(저달러 즉 엔고, 저유가, 저금리)에 크게 기인한 반면 외환위기 직후인 1998년의 흑자는 경제위기에 따른 국내 소비 및 투자의 위축으로 인해 발생된 것으로서 그 원인이 상이하다. 2000년대 이후에는 2008년 글로벌 금융위기로 인해 흑자폭이 대폭 감소된 경우를 제외하고 대체적으로 안정적인 수준에서 흑자를 기록하고 있다.

둘째로 1990년대 중반까지는 경상수지와 한국은행의 준비자산의 증감을 제외한 민간부분의 자본유출입 간에는 대체로 대칭적인 모습을 나타냈다. 이러한 현상은 그때까지 자본자유화가 본격적으로 이루어지지 않았기 때문에 민간부문의 자본거래는 주로 경상수지 적자를 보전하는 수준에서 이루어졌다고 해석할 수 있다. 그러나 이 경우에도 경상수지가 적자인 경우에는 대칭적인 관계가 비교적 잘 나타나고 있으나 흑자시기에는 다소 다른 모습을 보이고 있다. 이는 경상수지 흑자로 인한 자본순유입의 경우에는 자본거래를 통한 자본유출로 상쇄되지 않았음을 의미한다. 따라서 이 경우 경상수지 흑자의 상당부분은 준비자산의 증가, 즉 외환보유액의 증가로 나타났다. 그리고 외환위기 직후인 1998년 이후에는 외환보유액의 증대 및 환율안정이 정책의 최우선 목표였기 때문에 비록 자본자유화가 크게 확대되었지만 경상수지 흑자의 상당부분은 외환보유액의 증가로 연결되었다. 그러나 2010년 이후 경상수지 흑자로 인한 자본유입은 민간부문의 해외자산 매입을 통한 자본유출로 상당부분 상쇄되었고 준비자산은 경상수지 흑자보다는 적게 증가하였다.

셋째로 외환보유액은 1987년까지 거의 변화가 없다가 1988년 이후 크게 증가하였다.

| 그림 3-1 | **한국의 국제수지 및 준비자산의 변화 추이(1996~2018)** (단위 : 억 달러)

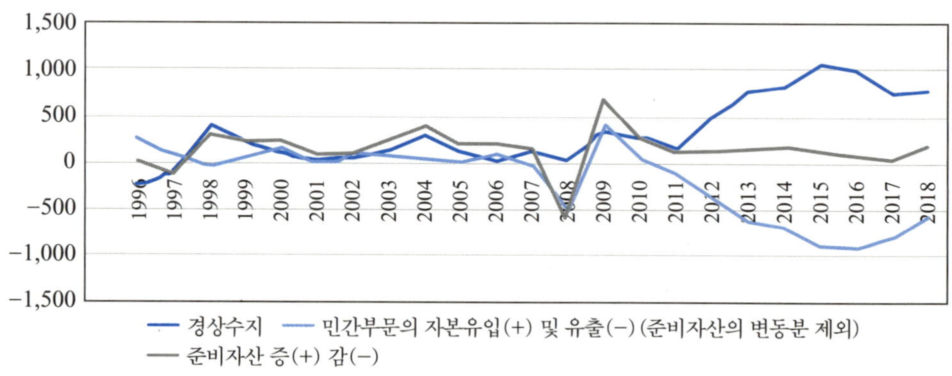

이는 앞에서도 설명된 바와 같이 경상수지 흑자의 상당부분이 준비자산으로 흡수되었음을 의미한다. 그 결과 국내 통화량의 증발압력이 가중되었다. 한편, 1994년부터 1996년 사이에는 경상수지 적자와 외환보유액의 증가가 동시에 나타났는데, 이는 곧 대외부채가 큰 규모로 증가한 것을 의미하며 이러한 대외부채의 증가가 1997년 외환위기의 주요 요인의 하나로 제시되고 있다. 1997년에는 큰 규모의 외환보유액 감소가 있었는데, 이는 위기로 인한 대규모 자본유출과 이로 인한 원화가치 하락을 방어하기 위해서 외환당국이 적극적으로 외환시장에 개입한 것에 기인한다. 이와 유사한 상황이 2008년에도 발생하였는데 글로벌 금융위기로 인한 해외자본의 유출로 인해 2008년 한해 동안 약 600억 달러의 외환보유액 감소를 기록하였다. 그러나 2000년대 이후 외환보유액은 대체적으로 지속적인 증가 추세를 보이고 있는데 2018년 현재 외환보유액은 4천억 달러를 넘어섰다.

2. 국제수지와 국제투자대조표

(1) 국제투자대조표의 성격

국제투자대조표(international investment position: IIP)는 특정 시점에 일국 거주자의 비거주자에 대한 금융자산(대외투자) 및 금융부채(외국인투자) 잔액을 보여주는 통계표이다. 국제수지표가 일정기간 발생한 유량거래를 체계적으로 정리한 통계표인 데 반해서 국제투자대조표는 특정 시점에서 한 나라의 대외 자산과 부채를 보여주는 통계표로서 저량변수를 나타낸다.

국제투자대조표는 국제수지표상의 금융계정과 항목 및 포괄범위가 일치한다. 그러나 국제투자대조표의 잔액증감은 거래요인과 비거래요인에 의해서 결정된다. 거래요인에 의한 변동액은 국제수지표상의 금융계정의 합계와 일치한다. 반면 비거래요인은 가격변동이나 환율변동 등에 의해서 결정된다. 만약 비거래요인이 없다고 하면 국제투자대조표의 잔액증감은 국제수지표상의 금융계정과 동일하다.

한편, 국제투자대조표에는 대외채권 · 채무 통계가 포함되어 있다. 대외채권 · 채무 통계는 “일정시점에서 한 나라 거주자의 비거주자에 대한 확정 금융자산 및 금융부채”를 의미하므로 국제투자대조표상에서 지분성 투자(직접투자 내 지분투자와 증권투자 내 주식투자)와 파생금융상품을 제외한 것과 동일하다. 우리나라의 대외채권 · 채무 통계는 달러화

표 3-3 국제투자대조표와 국제수지표의 관계

	경상수지		
	자본수지		
〈기초잔액〉	〈거래요인〉	〈비거래요인〉	〈기말잔액〉
	금융계정		
- 직접투자	- 직접투자	- 가격변동	- 직접투자
- 증권투자	- 증권투자		- 증권투자
- 파생금융상품	- 파생금융상품	- 환율변동	- 파생금융상품
- 기타투자	- 기타투자		- 기타투자
- 준비자산	- 준비자산	- 기타조정	- 준비자산
	오차 및 누락		

기준으로 부문별, 기간별, 형태별로 분류해서 작성하고 있다.

우리나라의 경우 국제투자대조표는 2003년 3월 처음으로 발표된 이래 매 분기별로 작성하여 발표하고 있다. 국제투자대조표는 잔액자료를 기준으로 자산항목과 부채항목을 별도로 파악하여 각각 총액을 집계한다.

(2) 국제투자대조표의 작성 사례[13]

t년 말 현재 자산인 대외투자 잔액 및 부채인 외국인투자 잔액이 〈표 3-4〉처럼 주어졌다고 가정하자. 그리고 일년 동안 대외거래 및 비거래요인이 다음 사례의 경우처럼 발생할 경우 국제투자표가 어떻게 변경되는지를 살펴보면 다음과 같다.

표 3-4 t년말 대외투자 및 외국인투자 잔액

대외투자(자산)	외국인투자(부채)
• 대외직접투자 50억 달러 • 주식투자 10억 달러 • 파생금융상품(자산) 10억 달러 • 현금 10억 달러 • 예치금 30억 달러 • 외환보유액 90억 달러	• 외국인직접투자 90억 달러 • 주식투자 200억 달러 • 파생금융상품(부채) 10억 달러 • 차입금 300억 달러

13) 한국은행(2009), 「국제수지표와 국제투자대조표의 이해」, pp.109~110 참고.

① 국내기업이 해외법인에 1억 달러를 투자하는 경우 :

이 경우 국제투자대조표의 자산항목 중 해외직접투자가 1억 달러 증가하고, 자산항목 중 현금 1억 달러가 감소하는 거래적 요인이 발생한 것으로 기록된다.

② $t+1$년 1월 15일 국내금융기관이 주당 1억 엔에 100주를 매입한 일본회사의 주식이 12월 말 주당 1억 5천만 엔으로 상승하고, 이 과정에서 엔화의 대미 달러 환율은 매입 당시 100￥/$에서 12월 말 110￥/$으로 상승한 경우 :

거래요인으로 자산항목 중 증권투자주식 1억 달러 증가하고, 자산항목 중 현금 1억 달러 감소가 발생한 것으로 국제투자대조표에 기록된다. 이와 더불어 비거래요인 중 가격변동으로 주식투자의 평가이익 5천만 달러가 발생하였고, 또 다른 비거래요인으로 환율변동에 의한 투자주식에 대한 외화환산손실 1천만 달러가 발생한 것으로 기록된다.

③ 일본의 투자기업이 국내 인터넷기업의 경영참여를 위해 현금 1억 달러를 투자한 경우 :

이 경우 거래요인으로 자산항목 중 현금 1억 달러가 증가한 것으로 기록되나 동시에 부채항목 중 외국인직접투자 1억 달러가 증가한 것으로 기재된다.

④ $t+1$년 말 국내은행이 해외금융기관을 상대로 체결한 금리선물에서 현재 5천만 달러의 평가손이 발생한 경우 :

가격변동으로 인한 비거래요인이 발생하였기 때문에 부채항목의 파생금융상품에 5천만 달러 부채가 증가한 것으로 기록된다.

이상에서 논의된 거래는 〈표 3-5〉의 국제투자대조표의 증감 내역에 정리되었다. t년 말 대외투자와 외국인투자 잔액은 국제투자대조표의 기초잔액으로 표기되고 $t+1$년 중 대외투자와 외국인투자의 거래요인과 비거래적 요인에 의한 증감내역이 반영되어서 $t+1$년 말 기말잔액이 산정된다.

표 3-5 국제투자대조표(작성예시)

(단위 : 억 달러)

구성항목	기초잔액 t년 말	증감내역				기말잔액 $t+1$년 말
		거래요인 (BOP)	비거래요인			
			가격변동	환율변동	기타조정	
A. 대외투자(자산)	200.0	1.0	0.5	−0.1	−	201.4
1. 해외직접투자	50.0	1.0[1]				51.0
2. 증권투자	10.0	1.0[2]	0.5[2]	−0.1[2]		11.4
3. 파생금융상품	10.0	−				10.0
4. 기타투자	40.0	−1.0				39.0
(현금)	10.0	−1.0[1,2,3]				9.0
(예치금)	30.0	−				30.0
5. 준비자산	90.0					90.0
B. 외국인투자(부채)	600.0	1.0	0.5	−	−	601.5
1. 외국인직접투자	90.0	1.0[3]				91.0
2. 증권투자	200.0	−				200.0
3. 파생금융상품	10.0	−	0.5[4]			10.5
4. 기타투자	300.0	−				300.0
(차입금)	300.0	−				300.0
C. 순국제투자($A-B$)	−400.0	0.0	0.0	−0.1	−	−400.1

주 : 1) 위 첨자는 사례의 해당 거래를 의미함.
2) 대외투자의 현금은 −1.0(1번 거래) − 1.0(2번 거래) + 1.0(3번 거래)= −1.0임.

(3) 한국의 국제투자대조표 및 대외채권 · 채무

대외투자 자산이 외국인투자 부채보다 큰(작은) 경우 그 국가는 순대외자산(부채)국이라 하고 대외채권규모가 채무보다 큰 경우에는 순대외채권(채무)국이라 한다. [그림 3-2]에서 알 수 있는 바와 같이 한국은 2018년 말 현재 순대외자산국인 동시에 순대외채권국이다.

한국은 2005년부터 2007년까지 매우 큰 규모로 외국인투자가 이루어졌으나 2008년 글로벌 금융위기로 인해 국내주식가격이 하락함에 따라 순대외부채규모가 크게 감소하였다. 이후 지속적인 경상수지 흑자로 인한 해외투자의 증가로 한국은 2014년부터 순대외자산국으로 전환하였다. 2018년 현재 순대외자산규모는 4,130억 달러에 달하고 있다. 한편 [그림 3-3]에서 보는 바와 같이 순대외채권의 경우에는 2002년부터 2006년까지 증

| 그림 3-2 | 한국의 국제투자대조표 추이 (단위 : 억 달러)

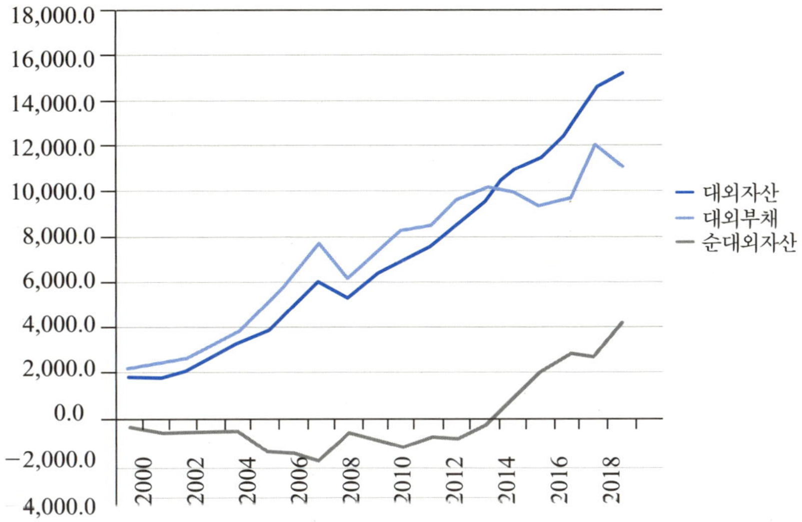

| 그림 3-3 | 한국의 대외채권 · 채무 추이 (단위 : 억 달러)

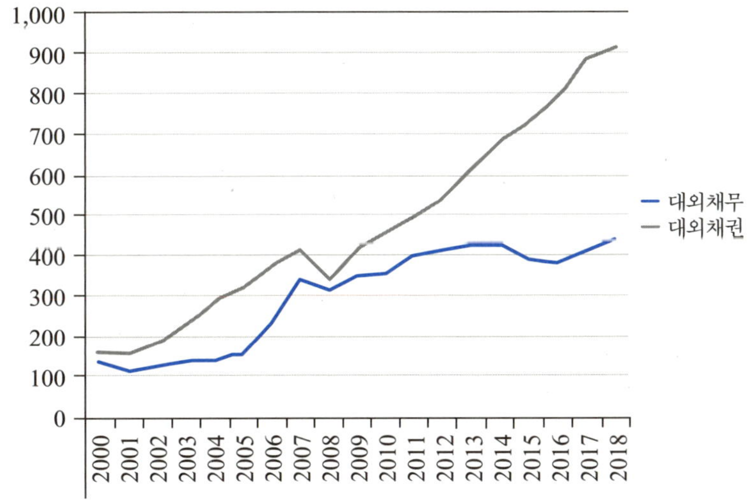

가세를 보이다가 이후 감소추세로 전환된 후 2008년 금융위기 시에는 그 규모가 대폭 축소되었다. 그러나 이후 다시 증가추세로 전환되었다. 일본의 경우는 순국제투자 잔액이 약 2조 5천억 달러에 달하는 세계 최대 순대외자산국인데 해외자산으로부터의 금융소득이 일본의 경상수지 흑자의 주요 원천이 되고 있다.

3. 경상수지와 국민소득

이 절에서는 재화 및 서비스의 수출입과 관련된 경상수지와 국민소득이 어떠한 관련이 있는지를 살펴보고자 한다.

(1) 국민소득 3면등가의 원칙

국민소득이란 한 나라의 가계, 기업, 정부 등 모든 경제주체가 일정기간 동안에 발생시킨 소득의 합계를 의미한다. 국민소득은 크게 3가지 측면에서 추계가 가능하다. 먼저 생산과정에서 발생되는 부가가치의 총합계 또는 최종재화의 시장가치를 합산해서 추정할 수 있다. 이러한 방식으로 산정되는 국민소득을 생산국민소득이라 한다.

둘째는 생산된 최종재화나 서비스가 어떠한 용도로 사용되었는가에 초점을 맞추어서 국민소득을 추계하는 방식이다. 이 경우 지출용도는 크게 민간의 소비 및 투자와 정부지출, 그리고 해외에서의 국내 생산물에 대한 수요를 의미하는 수출로 구성된다. 이때 국내지출에 외국으로부터 수입된 재화나 서비스가 포함되므로 이 부문을 차감해야 국내에서 생산된 재화나 서비스에 대한 지출규모를 파악할 수 있다. 이렇게 계상되는 국민소득을 지출국민소득이라 한다.

셋째는 생산과정에서 창출된 부가가치 즉 소득이 어떻게 배분되었는가를 확인함으로써 국민소득을 추정하는 방법이다. 즉 일단 생산된 부가가치는 생산과정에 참여한 생산요소의 기여도에 따라 임금, 이자, 지대, 이윤 등의 형태로 분배된다. 생산요소에 지급된 소득을 추계해서 산정되는 국민소득을 분배국민소득이라 한다. 이때 분배과정에서 정부는 일정수준의 세금을 징수하게 된다. 그리고 세금을 제외하고 배분된 소득, 즉 가처분소득은 최종적으로 소비에 사용하느냐 또는 소비에 사용하지 않고 저축하느냐로 구분된다.

이렇게 세 측면에서 추계된 국민소득은 항상 일치되어야 하는데 이것을 국민소득 3면등가의 원칙이라 한다.

국민소득 3면등가의 원칙

생산국민소득(Y) ≡ 지출국민소득($C+I+G+X-M$) ≡ 분배국민소득($C+S+T$)

C : 소비, I : 투자, G : 정부지출, X : 수출,
M : 수입, S : 저축, T : 세금

(2) 경상수지와 국민소득의 관계

국민소득 3면등가의 원칙에 의해서 경상수지는 다음과 같이 표시될 수 있다.

$$\begin{aligned} &Y \equiv C+I+G+X-M \\ &\rightarrow (X-M) \equiv Y-(C+I+G) \equiv Y-A \end{aligned} \quad (3\text{-}1)$$

식 (3-1)은 경상수지가 국민소득(Y)에서 국내총지출($A=C+I+G$)을 차감한 크기로 나타남을 의미한다. 따라서 경상수지가 흑자라는 것은 국민소득이 국내총지출보다 크다는 것을 의미하고 이는 국가차원의 저축이라 할 수 있다. 이때 저축은 해외에 하는 것으로 나타나므로 경상수지 흑자는 해외저축이라 할 수 있다. 반대로 경상수지가 적자라 함은 소득보다 더 많은 지출이 이루어졌다는 것을 의미한다. 이 갭은 결국 해외로부터의 차입에 해당되므로 국내경제로의 외국인저축이라 할 수 있다. 따라서 경상수지가 흑자가 된다는 것은 해외저축이 발생해서 대외자산이 늘어나는 것을 의미하고 적자는 대외채무가 증가하는 것을 의미한다.

경상수지는 국민소득 3면등가의 원칙을 이용해서 또 다른 방식으로 표기될 수 있다.

$$\begin{aligned} &C+I+G+X-M \equiv C+S+T \\ &\rightarrow (X-M) \equiv (S-I)+(T-G) \end{aligned} \quad (3\text{-}2)$$

식 (3-2)에 의하면 경상수지는 민간저축에서 투자를 제외한 민간순저축($S-I$)과 정부의 조세수입에서 정부지출을 차감한 정부순저축($T-G$), 즉 재정수지의 합계로 나타난다. 식 (3-1)에서 경상수지는 한 국가의 저축 개념으로 이해할 수 있는데, 이 저축은 다시 민간순저축과 정부순저축으로 구분될 수 있다. 따라서 경상수지가 흑자인 경우는 민간순저

축이 '+' 이거나 재정수지가 흑자로 나타났음을 의미한다. 반대로 경상수지 적자는 민간저축이 민간투자보다 적거나 또는 재정적자가 발생하는 경우로 이해할 수 있다. 1980년대에 발생한 미국의 경상수지 적자와 재정적자를 일컫는 쌍둥이 적자 현상은 대규모 재정적자로 인해 경상수지 적자가 야기된 것으로 이해할 수 있다. 그러나 재정적자가 반드시 경상수지 적자를 초래하지는 않는다. 왜냐하면 재정적자가 발생했지만 민간저축이 크게 증대되면 식 (3-2)에서 알 수 있는 바와 같이 경상수지는 흑자가 될 수 있기 때문이다.

따라서 한 국가가 경상수지를 개선하기 위해서는 민간순저축을 증대시키거나 재정적자를 축소하여야 하는데, 일반적으로 민간순저축의 증대는 소비 또는 투자 감소를 의미하고 재정적자 축소는 정부지출의 감소 또는 증세를 의미하므로 경기침체가 수반될 수 있다.

4. 국제수지와 통화공급

(1) 통화의 정의

통화란 통화금융기관 이외의 민간부문이 보유하고 있는 현금통화와 예금금융기관이 창출한 예금통화의 합계를 의미한다. 통화는 한 국가 내의 구매력규모를 결정하는 가장 기본적인 변수이므로 물가관리를 위해서는 통화량의 규모를 정확히 파악할 필요가 있다. 그러나 금융자산은 여러 형태로 존재하고, 그중 어느 것이 지급의 매개수단과 구매력수단으로 역할함으로써 통화로 분류될 수 있느냐 하는 것은 금융자산의 유동성 차이, 거래관습 등에 의해서 결정된다. 따라서 통화의 정의도 다양하게 나타난다.

현금통화는 화폐를 발행하는 중앙은행에 의해서 공급되며 예금통화는 은행으로 대표되는 예금금융기관에 의해서 창출된다. 그리고 현금통화와 예금통화는 기본적으로 독점적 권한을 통하여 중앙은행이 공급하는 본원통화(base money 또는 high-powered money)에 기초해서 유통, 창출된다. 본원통화는 중앙은행이 보유하고 있는 국내외 순자산에 대비되는 부채라 할 수 있는데 중앙은행 밖에서 유통되고 있는 현금과 금융기관이 중앙은행에 예치한 지급준비금으로 구성되어 있다. 보다 구체적으로 설명하면 본원통화는 민간이 보유한 현금과 금융기관의 보유현금인 시재금 그리고 금융기관이 중앙은행에 맡겨둔 지급준비예치금의 합계라 할 수 있다.

본원통화

= 민간보유현금 + 금융기관 시재금 + 금융기관 지준예치금

= 화폐발행액 + 금융기관 지준예치금

= 민간보유현금 + 금융기관 총지급준비금

중앙은행에서 일차적으로 공급된 본원통화는 예금은행에 전부 또는 일부가 예금될 것으로 예상할 수 있다. 이때 예금된 금액의 일부는 지급준비금으로 중앙은행에 예치되고 나머지는 예금은행에 의해서 대출 또는 투자재원으로 활용된다. 예금은행은 예금액의 상당부분을 차입자의 예금 형태로 대출하고 예금자와 차입자는 자신의 예금을 거래의 지급수단으로 사용한다. 따라서 예금자와 차입자의 예금도 일종의 통화라 할 수 있는데 이것을 예금통화라 한다. 이런 과정을 통해서 예금통화가 창출되는 것을 신용창출이라 한다.[14] 일반적으로 정의되는 통화(M_1)는 민간이 보유하고 있는 현찰, 즉 현금통화와 통화금융기관에 의해서 창출된 요구불예금, 즉 예금통화의 합계를 의미한다.[15]

앞에서 설명한 본원통화는 소유권을 기준으로 정의될 수 있는데, 일반 민간이나 금융기관이 소유한 현금과 금융기관이 중앙은행에 예치한 지급준비금은 일종의 중앙은행 부채라 할 수 있다.[16] 반면 통화(M_1)는 구매력 여부로 정의하는데 금융기관을 제외한 민간부문 소유 현금통화와 민간부문이 은행에 예치한 예금의 합계가 여기에 해당된다. 화폐발행액은 중앙은행 밖에서 유통되는 현금을 의미하는데 민간보유현금과 금융기관 시재금으로 구성되어 있다.

14) 예를 들어 갑이 현금 100만 원을 A은행에 요구불예금으로 예치했다고 하자. 그리고 법정지급준비율이 10%라 하자. 그러면 A은행은 100만 원 중 90만 원을 다른 사람에게 대출할 수 있다. 대출을 받은 을이 다시 90만 원을 B은행에 요구불예금으로 예치한다고 하면 B은행 또한 법정지급준비금인 9만 원을 제외한 81만 원을 대출할 수 있다. 따라서 이 과정에서 창출된 통화의 총규모는 271만 원(=100만 원 + 90만 원 + 81만 원)이 된다. 이것이 바로 은행에 의한 신용창출과정이다.

15) 또 다른 유형의 통화의 정의는 다음과 같다.

총통화(M_2) = 통화(M_1) + 준통화(금융기관 저축성예금 및 거주자 외화예금)

M_2A = 총통화 − 장기저축성예금

MCT = 총통화 + 양도성 정기예금증서(CD) + 금전신탁

16) 만약 중앙은행이 해체되는 경우를 가정하면 민간은 자신들이 보유하고 있는 본원통화로 중앙은행보유 자산에 대한 교환을 요구할 수 있기 때문에 본원통화는 중앙은행의 부채로 간주될 수 있다. 금태환이 보장되는 금본위제도하에서는 본원통화로 언제든지 중앙은행에 금으로 교환을 요구할 수 있기 때문에 본원통화는 중앙은행의 부채인 경우와 같은 맥락이다.

한편, 예금은행의 신용창출과정에 의해서 규모가 결정되는 통화(M_1)와 본원통화(H) 간에는 일정한 관계가 있다. 즉,

$$M_1 = m \cdot H \tag{3-3}$$

m : 통화승수

통화승수는 본원통화 대비 통화의 비율을 나타내는 지표인데 민간의 현금보유성향이나 법정지급준비율 등이 높으면 그만큼 예금통화가 창출될 수 있는 규모가 작아져서 그 값이 낮아진다. 통화승수는 일반적으로 1보다 큰 값을 갖는다. 따라서 통화당국은 본원통화의 양을 조정하거나 지급준비율을 변경함으로써 통화공급량을 변화시킬 수 있다.

(2) 국제수지와 통화량의 변화

국제수지, 즉 종합수지와 통화공급이 어떠한 관계에 있는지를 파악하기 위해서는 먼저 중앙은행의 대차대조표를 살펴보아야 한다.[17] 〈표 3-6〉에서 알 수 있는 바와 같이 본원통화(H)의 변화는 곧 중앙은행의 해외순자산(NFA^{cb})이나 국내순자산(CBC)의 변화를 의미한다.

앞의 국제수지표에서 설명된 바와 같이 국제수지가 균형이 아닐 경우 이는 곧 준비자산의 증감을 의미한다. 그리고 준비자산의 변화가 중앙은행보유 해외순자산의 변화와 일치할 경우 이는 곧 본원통화의 변화를 의미한다.[18] 왜냐하면 중앙은행이 시장에서 해외

표 3-6 중앙은행의 대차대조표

차변(자산)	대변(부채)		차변(자산)	대변(부채)
– 해외자산 – 국내자산	– 화폐발행액 – 지준예치금 – 기타 국내부채 – 해외부채	➡	– 해외순자산(NFA^{cb}) (= 해외자산 – 해외부채) – 국내순자산(CBC) (= 국내자산 – 기타 국내부채)	– 본원통화(H) • 화폐발행액 • 지준예치금

주 : 해외자산(부채)은 외화표시 자산(부채), 국내자산(부채)은 국내통화표시 자산(부채)을 의미한다. 국내자산에는 중앙은행의 정부대출금 및 금융기관대출금, 유가증권 등이 포함된다. 기타 국내부채에는 정부예금이나 중앙은행발행 통화안정증권 등이 포함된다.

17) 대차대조표란 일정시점에서 특정 경제주체가 보유한 자산 및 부채의 규모를 T계정의 차변과 대변에 각각 기록한 표이다.

자산을 매매함으로써 준비자산과 해외순자산을 변화시킨다는 것은 곧 그 반대급부로 본원통화가 중앙은행으로 유입 또는 지급됨을 의미하기 때문이다. 그리고 국제수지에 의해 변동된 본원통화는 앞에서 설명된 신용창출과정을 통해 통화(M_1)공급에 영향을 주게 된다.[19)]

이때 해외순자산의 변화가 동일한 규모의 본원통화 변화로 연결될 때 이러한 정책을 비중화(non-sterilization) 외환시장개입정책이라 한다. 반면에 해외순자산의 변화로 인한 본원통화의 변동을 국내순자산의 변동으로 상쇄시킬 경우, 즉 해외순자산과 국내순자산을 상호 반대방향으로 조정함으로써 본원통화의 규모를 일정한 수준으로 유지하려고 할 때 이러한 정책을 중화(sterilization) 외환시장개입정책이라 한다.[20)] 중화개입정책은 국제수지의 변동에 상관없이 통화공급을 일정하게 유지시킴으로써 물가안정을 달성하려는 의도로 시행되고 있다.[21)]

한편, 일반적으로 통화정책이라고 하면 국내순자산(CBC)을 변화시키는 정책을 의미한다. 이때 국내순자산의 변화가 물가변동이나 이자율 변화 등을 통하여 국제수지를 변화시킬 경우 정부가 의도하는 통화공급은 예상과 달라질 수 있다.즉 통화정책의 자율성은 통화공급이 국제수지에 의해서 얼마나 영향을 받는지에 달려 있다.

한국은행의 해외순자산과 본원통화

한국은행의 해외순자산은 2014년 약 370조 원에서 2018년 약 396조 원으로 26조 원가량 증대하였다. 그러나 본원통화는 같은 기간에 약 55.6조 원 증가했다. 이는 한국은행이 이 기간 동안 비중화정책과 더불어 확장적 통화정책을 시행했음을 의미한다.

---

18) 그러나 만약 중앙은행이 해외에서 외화를 차입해서 준비자산을 증대시키는 경우 국제수지는 흑자로 나타나지만 중앙은행보유 해외순자산에는 변동이 없기 때문에 통화량에는 영향이 없다.

19) 준비자산의 증감과 중앙은행의 해외순자산의 변동이 일치할 때, 국제수지와 본원통화 간의 관계를 수식으로 표현하면 다음과 같다.

$$NFA^{cb} + CBC = H$$
$$\Delta NFA^{cb} + \Delta CBC = \Delta H$$
$$\text{BOP(국제수지 또는 종합수지)} = \Delta\text{OR(준비자산 증감)} = \Delta NFA^{cb}$$
$$\rightarrow \text{BOP} + \Delta CBC = \Delta H$$

따라서 $\Delta CBC = 0$일 때 국제수지 흑자(적자)는 본원통화의 증가(감소)를 초래한다.

20) 일부에서는 비중화, 중화라는 용어 대신 태화, 불태화라는 용어를 사용한다.

21) 비중화 및 중화 외환시장개입정책의 효과에 대한 구체적인 내용은 제12장 참조.

1) 2014년 말 현재(단위 : 조 원)

해외순자산 : 370.3 국내순자산 : −253.5	본원통화 : 116.8
M_1(통화) : 585.8, H(본원통화) : 116.8 μ(통화승수) : $M_1/H = 5.015$	

2) 2018년 말 현재(단위 : 조 원)

해외순자산 : 395.4 국내순자산 : −223.0	본원통화 : 172.4
M_1(통화) : 865.9, H(본원통화) : 172.4 μ(통화승수) : $M_1/H = 5.023$	

요약

1. 국제수지표는 일정기간 동안 국내 거주자와 비거주자 사이의 거래내용을 체계적으로 분류하여 정리한 표이다. 국제수지표는 개별 거래를 T자 양식의 왼쪽인 차변(debit)과 오른쪽인 대변(credit)에 동시에 기록하는 복식부기방식으로 작성되고 있다. 국제수지표의 경우 외환유입 또는 부채의 증가와 관련된 사항은 대변에, 그리고 외환유출 또는 자산의 증가와 관련된 사항은 차변에 기입한다.

2. 경상수지란 경상거래를 통하여 유입된 외환에서 유출된 외환을 뺀 금액으로 상품수지, 서비스수지, 본원소득수지 그리고 이전소득수지를 합계한 금액으로 나타낸다. 경상수지는 기본적으로 한 국가의 해외저축 또는 대외자산의 순변동을 나타낸다.

3. 금융계정은 금융거래를 통한 자본의 유출, 즉 해외자산의 증가에서 자본의 유입, 즉 해외부채의 증가를 차감하여 계상한다. 따라서 경상수지+자본수지−금융계정=0이 원칙적으로 성립된다.

4. 준비자산은 외환당국이 보유하고 있는 금 및 SDR, IMF포지션, 외화예치금, 유가증권 등으로 구성된다. 국제수지표의 준비자산 증감은 거래적 요인에 의한 외환당국의 해외순자산 변동분만 포함된다. 즉 준비자산의 증감은 통화당국의 외환보유액 증감으로 연결된다.

5. 국제수지 또는 종합수지는 준비자산의 증감을 제외한 한 국가의 자본순유입을 의미한다. 국제수지의 흑자는 외환당국의 외환보유액의 증가로 그리고 적자는 외환보유액의 감소로 연결된다.

6. 국제투자대조표는 특정 시점에 일국 거주자의 비거주자에 대한 금융자산(대외투자) 및 금융부채(외국인투자) 잔액을 보여주는 통계이다. 국제투자대조표의 잔액증감은 거래요인과 비거래요인에 의해서 결정된다. 거래요인에 의한 변동액은 국제수지표상의 금융계정의 수치와 일치한다. 반면 비거래요인은 가격변동이나 환율변동 등에 의해서 결정된다.

7. 대외투자자산이 외국인투자부채보다 큰(작은) 경우 그 국가는 대외순자산(부채)국이라 하고 대외채권규모가 채무보다 큰 경우에는 대외순채권(채무)국이라 한다.

8. 국민소득은 3가지 측면에서 추계가 가능하다. 첫째, 생산과정에서 발생되는 부가가치의 총합계 또는 최종재화의 시장가치를 합산해서 추정한다. 둘째는 생산된 최종재화나 서비스가 어떠한 용도로 사용되었는가에 초점을 맞춤으로써 국민소득을 추계하는 경우이다. 셋째는 생산과정에서 창출된 부가가치, 즉 소득이 어떻게 배분되는가를 확인함으로써 국민소득을 추정하는 방법이다. 이렇게 세 측면에서 추계된 생산, 지출 및 분배국민소득은 항상 일치되어야 하는데 이것을 국민소득 3면등가의 원칙이라 한다.

9. 경상수지는 국민소득(Y)에서 국내총지출($A=C+I+G$)을 차감한 크기로 나타난다. 따라서 경상수지가 흑자라는 것은 국민소득이 국내총지출보다 큼을 의미하고 국가차원에서의 저축을 의미한다. 또한 경상수지는 민간저축에서 투자를 제외한 민간순저축($S-I$)과 정부의 조세수입에서 정부지출을 차감한 정부순저축($T-G$), 즉 재정수지의 합계로 나타난다.

10. 본원통화는 중앙은행이 보유하고 있는 국내외 순자산에 대비되는 부채라 할 수 있는데, 중앙은행 밖에서 유통되고 있는 민간보유현금과 금융기관의 시재금 그리고 금융기관이 중앙은행에 예치한 지급준비금으로 구성되어 있다.

11. 통화(M_1)는 민간이 보유하고 있는 현금, 즉 현금통화와 금융기관에 의해서 창출된 요구불예금, 즉 예금통화의 합계를 의미한다. 본원통화가 신용창출과정을 거쳐서 예금통화가 창출되기 때문에 통화(M_1)는 본원통화와 통화승수의 곱으로 나타난다.

12. 국제수지가 균형이 아닐 경우 이는 곧 준비자산의 증감으로 나타나는데, 준비자산의 변화가 중앙은행보유 해외순자산의 변화와 일치할 경우 통화당국의 개입이 없다고 하면 본원통화도 변화한다.

주요 용어

국제수지표	유량/저량
복식부기방식	상품수지
경상수지	투자수지
자본수지	금융계정
국제수지/종합수지	준비자산
대외순자산(부채)국	대외순채권(채무)국
외환보유액	국민소득 3면등가의 원칙
본원통화	통화(M_1)
현금통화	예금통화
통화승수	비중화정책
중화정책	

연습문제

01 다음과 같은 국제거래가 이루어진 결과 다양한 형태의 국제수지는 어떻게 되는지를 설명하라.

(1) 재화 2백만 달러를 현금으로 수출
(2) 해외여행경비로 현금 3만 달러를 사용
(3) 외채에 대한 이자로 1억 달러를 지급
(4) 국내기업이 현금으로 1억 달러를 베트남에 투자
(5) 국내기업이 해외에서 외화증권 5천만 달러를 발행
(6) 국내외국환은행이 해외은행으로부터 1억 달러를 차입한 후 한국은행에 매도
(7) 한국은행이 IMF로부터 20억 달러를 차입

02 종합수지는 어떠한 항목으로 구성되는지를 설명하고, 중앙은행의 준비자산 변화와는 어떠한 관계가 있는지를 서술하라.

03 1998년 우리나라의 외환보유액은 약 309억 달러만큼 증가하였다. 이러한 외환보유액의 증가가 가능할 수 있게 된 원인을 설명하라.

04 경상수지 흑자가 항상 바람직한 것만은 아닌 이유를 설명하라.

05 경상수지가 의미하는 바를 국민소득 3면등가의 원칙을 사용하여 설명하라.

06 국제수지의 불균형이 통화량의 변화와 어떻게 연결되는지를 설명하라.

제2부

전통적 개방거시이론

제 04 장

경상수지와 환율

1. 탄력성접근
2. 총지출접근
3. 환율과 개방거시경제의 균형
4. 비교역재와 실질환율

경상수지는 실물부문에서 발생하는 대외거래의 건전성을 보여줄 뿐 아니라, 장기적으로 대외신인도에 결정적인 영향을 미치는 지표이다. 한국 경제가 1997년 아시아 외환위기나 2008년 글로벌 금융위기에서 빠른 회복세를 보일 수 있었던 것은 경상수지가 큰 폭의 흑자를 기록한 덕분이기도 하다. 경상수지 적자가 지속되면 수출산업을 중심으로 국내경제활동이 위축될 뿐 아니라, 외환시장의 불안정을 초래하여 경제에 악영향을 미치게 된다.

전통적인 국제수지모형은 자본이동이 자유롭지 않다는 가정하에 환율변화가 경상수지에 미치는 영향을 다루고 있는데, 크게 탄력성접근과 총지출접근으로 나눌 수 있다. 탄력성접근은 환율변동이 국내외가격에 영향을 미쳐 수출과 수입을 변화시킨다는 데 초점을 맞추고 있다. 한편, 총지출접근은 경상수지가 국민소득과 국내총지출의 차이라는 데서 출발하여 환율변화가 국민소득에 미치는 효과를 중시한다. 그렇다고 두 가지 접근방식이 상호배타적이라는 것은 아니다. 이를테면 총지출접근방식은 탄력성접근방식에서 일정하다고 가정한 국민소득이 단기적으로는 총수요에 의하여 결정된다고 간주하고 있다.

전통적인 국제수지모형은 고정환율제도하에서 환율의 평가절하가 경상수지를 개선시키려면 어떠한 조건을 만족하여야 하는가를 분석하고 있다. 환율의 평가절하가 경상수지에 미치는 영향이 크지 않거나 또는 불분명하다면 정책당국은 경상수지 균형을 위하여 다른 수단을 강구할 수밖에 없을 것이다. 환율정책이 경상수지 균형에 효과적이라고 할지라도 고용이나 물가 안정을 위하여 사용하는 것이 타당한지, 아니면 다른 거시경제정책이 더 효율적인지는 별개의 문제라고 하겠다.

이 장에서는 경상수지에 대한 탄력성접근과 총지출접근을 살펴본 후, 완전고용하의 대내균형과 경상수지균형하의 대외균형을 동시에 달성하기 위한 정책조합에 대하여 검토한다. 또한 비교역재가 존재할 때 환율조정의 장단기효과에 대해 분석하도록 한다.

1. 탄력성접근

(1) 마샬-러너 조건

수출재와 수입재에 대한 수요는 다른 재화와 마찬가지로 해당 재화와 대체재의 가격비율, 즉 상대가격과 소득에 의하여 결정된다. 즉, 외국에 대한 수출은 수출재의 외화표시 가격과 외국에서 생산되는 대체재 가격(외화표시)에 의하여 영향을 받는다. 또한 외국으로부터 수입되는 재화의 국내수요는 수입재의 원화표시 가격, 그리고 국내에서 생산되는 대체재 가격(원화표시)에 의하여 영향을 받는다. 이와 같이 환율은 국내외 재화의 상대가격을 변화시켜 수출과 수입에 영향을 미치게 된다.

자국통화의 가치가 하락한 경우 수출재의 상대가격은 하락하는 반면 수입재의 상대가격은 상승한다. 이에 따라 수출물량은 증가하고 수입물량은 감소할 것이다. 반대로 환율 하락 시에는 수출재의 상대가격은 상승하고, 수입재의 상대가격은 하락하므로 수출물량은 감소하고 수입물량은 증가할 것이다.

환율이 상승할 때 수출이 증가하고 수입이 감소한다면 경상수지는 개선될 것인가? 반드시 그렇지는 않다. 일례로 한국의 원유수입에 대하여 고려하여 보자. 환율이 상승한다고 해서 원유수입물량이 크게 줄어들지는 않을 것이다. 그렇다면 원화로 표시한 원유수입금액은 오히려 늘어날 수 있다. 한편, 환율이 올라갈 때 자동차수출은 증가하기 쉬운데 원화로 표시한 자동차수출금액 증가액이 원유수입금액 증가액을 상쇄하고도 남을 것인지는 분명치 않다.

환율변화가 경상수지에 미치는 영향을 보다 상세하게 검토하여 보자. 명목환율(S)의 변화는 국내에서 생산되는 재화와 외국에서 생산되는 재화의 상대가격에 영향을 미치게 된다. 국내에서 생산된 모든 재화와 서비스에 확대할 경우에는 재화와 서비스의 평균가격을 물가라고 할 수 있다. 제2장에서 살펴본 바와 같이 실질환율은 외국화폐의 자국에서의 구매력($1/P^*$)과 국내에서의 구매력(S/P) 간의 교환비율이다.

$$q = \frac{\frac{S}{P}}{\frac{1}{P^*}} = SP^*/P \qquad (4\text{-}1)$$

이때 S는 외국화폐에 대한 자국화폐의 교환비율(명목환율), P^*와 P는 각각 외국과 국내물가수준을 나타낸다. 이렇게 정의한 실질환율(q)을 이용하여 수출물량(x)과 수입물량(m)을 표시하면 다음과 같다.

$$x = x(\overset{+}{q}, \overset{+}{Y^*}) \tag{4-2}$$

$$m = m(\overset{-}{q}, \overset{+}{Y}) \tag{4-3}$$

명목환율이 상승하면 실질환율이 상승해서 수출이 증가하고 수입이 감소한다고 한다. 그러나 이것은 수출물량과 수입물량을 기준으로 한 것이다. 자국통화 또는 미국 달러화로 표시한 수출금액과 수입금액의 경우에는 문제가 달라진다.

자국통화로 표시한 경상수지는 식 (4-4)와 같이 표시할 수 있다.[1] 즉, 양국의 물가가 주어졌다고 가정할 때 자국통화로 표시한 경상수지(NCA)는 실질환율과 명목환율, 그리고 국내외 국민소득수준에 의하여 결정된다.

$$NCA = P \cdot x(q, Y^*) - S \cdot P^* \cdot m(q, Y) \tag{4-4}$$

자국과 외국의 국민소득이 완전고용수준에서 일정하다고 가정하고 환율과 경상수지 간의 관계를 살펴보자. 환율이 상승하면 실질환율이 변화하고 수출물량(x)과 수입물량(m)이 변하게 된다. 한편, 원화로 표시한 수입가격(SP^*) 또한 상승하게 된다. 수입물량이 감소하더라도 수입가격의 변화가 크다면 금액기준으로는 수입이 오히려 증가할 수 있다. 따라서 환율상승에도 불구하고 경상수지는 감소할 수도 있다.

마샬-러너 조건(Marshall-Lerner condition)은 환율의 평가절하가 경상수지를 개선시키기 위해서는 수출물량과 수입물량의 가격탄력성이 충분히 커야 한다는 주장이다. 이하에서는 식 (4-4)로부터 이 조건을 도출하여 보자.

식 (4-4)의 경상수지를 국내물가로 나눈 실질경상수지는 다음과 같이 정의할 수 있다.

---

1) 국제수지표에서, 상품의 수출금액에서 수입금액을 제하면 상품수지가 된다. 서비스의 경우도 서비스수출에 따른 수입금액에서 서비스수입에 따른 지급금액을 제하면 서비스수지가 된다. 경상수지는 상품수지와 서비스수지에다가 본원소득수지와 경상이전소득수지를 더한 값이다. 하지만 상품수지 및 서비스수지와 비교할 때 후자 두 항목의 값은 그리 크지 않다. 따라서 환율변화가 경상수지에 미치는 영향을 분석할 때 본원소득수지와 경상이전소득수지를 고려하지 않아도 무방하다.

$$CA = NCA/P = x(q,\ Y^*) - q \cdot m(q,\ Y) \qquad (4\text{-}5)$$

식 (4-5)로부터 실질경상수지(*CA*)와 실질환율(*q*) 간의 관계를 도출할 수 있다. 또한 양국의 물가($P,\ P^*$)가 주어졌을 때 명목환율(*S*)의 변화가 경상수지에 어떠한 영향을 미치는지도 분석할 수 있다.

식 (4-2)와 식 (4-3)에서 수출물량과 수입물량의 가격탄력성을 정의하면 다음과 같다. ε^*와 ε은 각각 외국의 국내재화 및 서비스 수입물량(자국의 수출물량)의 실질환율에 대한 탄력성 그리고 자국의 수입물량(외국의 수출물량)의 실질환율에 대한 탄력성을 표시한다.[2)]

$$\varepsilon^* = \frac{\frac{\Delta x}{x}}{\frac{\Delta q}{q}}, \qquad \varepsilon = -\frac{\frac{\Delta m}{m}}{\frac{\Delta q}{q}} \qquad (4\text{-}6)$$

식 (4-5)에서 명목환율(실질환율)이 상승하였을 때 실질경상수지가 개선되려면 다음과 같은 조건이 만족되어야 한다.[3)] 이 조건을 마샬-러너 조건이라 한다.

$$\varepsilon^* + \varepsilon > 1 \qquad (4\text{-}7)$$

즉, 양국의 수입탄력성을 합한 값이 1보다 크면 명목환율(실질환율)이 상승하였을 경우 경상수지가 개선된다. 경상수지를 외화기준으로 표시할 경우에도 동일한 조건을 도출할 수 있다.[4)]

---

2) 탄력성은 양의 값으로 정의한다. 따라서 ε의 경우 수입물량의 변화분을 실질환율의 변화분으로 나눈 후 음(−)의 부호를 붙여서 양(+)의 값을 취한다.

3) 실질경상수지의 변화분을 구하면 다음과 같다.

$$\begin{aligned}\Delta CA &= \Delta x/\Delta q \cdot \Delta q - q \cdot \Delta m/\Delta q \cdot \Delta q - m \cdot \Delta q\\ &= \frac{\frac{\Delta x}{x}}{\frac{\Delta q}{q}} \cdot x/q \cdot \Delta q - \frac{\frac{\Delta m}{m}}{\frac{\Delta q}{q}} \cdot m \cdot \Delta q - m \cdot \Delta q\\ &= \varepsilon^* \cdot x/q \cdot \Delta q + \varepsilon \cdot m \cdot \Delta q - m \cdot \Delta q\end{aligned}$$

경상수지가 최초에 균형이었다고 가정하고($x = qm$), 위 식을 정리하면 다음과 같다.

$$\Delta CA = \varepsilon^* \cdot m \cdot \Delta q + \varepsilon \cdot m \cdot \Delta q - m \cdot \Delta q = (\varepsilon^* + \varepsilon - 1) \cdot m \cdot \Delta q$$

환율의 평가절하($\Delta q > 0$) 시 경상수지가 개선($\Delta CA > 0$)되려면 수출물량 및 수입물량의 실질환율에 대한 탄력성의 합이 1보다 커야 한다($(\varepsilon^* + \varepsilon - 1) > 0$).

그러나 만성적인 경상수지 적자를 경험하고 있는 일부 개도국들의 경우 환율상승에도 불구하고 경상수지가 개선되지 못하는 상황이 종종 나타나고 있다. 이에 따라 환율변화의 경상수지 개선효과에 대한 의문이 제기되고 있다. 즉, 수출과 수입이 가격에 대하여 비탄력적이기 때문에 평가절하가 경상수지 개선을 달성할 수 없다는 탄력성 비관론(elasticity pessimism)의 요지이다.

이상과 같이 환율상승 시 경상수지가 개선되기 위해서는 수출물량과 수입물량의 가격탄력성이 높아서 자국통화표시 수입가격의 상승으로 인해 수입금액이 증가하는 효과를 상쇄할 수 있어야 한다. 만성적인 경상수지 적자를 겪고 있는 개도국들은 자국 내 제조업 기반이 취약하기 때문에 원자재나 자본재뿐 아니라 소비재도 수입에 의존하는 경우가 많다. 또한 수출품도 1차산품이 대부분을 차지하고 있다. 따라서 수출재 및 수입재의 가격탄력성이 낮기 때문에 마샬-러너 조건이 만족되기 어려운 상황이 발생할 수 있다.

(2) J곡선효과

개도국뿐 아니라 선진국의 경우에도 자국통화의 가치하락이 경상수지 개선에 긍정적인 영향을 줄 수 있는가에 대해서 많은 논란이 있어 왔다. 현실적으로 자국통화의 가치가 하락한 직후 경상수지가 오히려 악화되는 경우도 종종 발견된다. 또한, 설사 경상수지가 개선된다고 하더라도 그 효과는 상당한 시간이 경과한 후 나타나는 경우가 많다. 탄력성 접근의 문제점 중 하나는 수출입물량의 조정이 환율변화 후 즉각적으로 일어나는 것이 아니라, 시차를 두고 이루어진다는 점을 간과하고 있다는 것이다.

자국화폐가치의 하락이 단기적으로 경상수지에 부정적인 영향을 주었다가 차츰 반전되어 장기적으로 긍정적인 영향을 가져오는 현상을 J곡선효과(J-curve effect)라고 한다. [그림 4-1]에서 보는 바와 같이 환율이 평가절하된 시점(t_0)에서 수출물량과 수입물량은 이전에 체결된 계약에 의하여 결정되기 때문에 즉각적으로 조정되기 어렵다. 따라서 식 (4-5)에서 볼 수 있는 바와 같이 환율상승 시 수입가격이 상승하면서 경상수지는 악화될

4) 외화로 표시한 경상수지($NCAF$)를 외국물가(P^*)로 나눈 실질외화경상수지(CAF)의 변화분은 국내물가기준 실질경상수지 변화분(ΔCA)에다가 실질환율의 역수를 곱한 값과 같다.

$$NCAF = P/S \cdot x(q, Y^*) - P^* \cdot m(q, Y) = P^*/q[x(q, Y^*) - q \cdot m(q, Y)]$$

$$CAF = NCAF/P^* = [x(q, Y^*) - q \cdot m(q, Y)]/q = CA/q$$

$$\Delta CAF = \frac{\Delta CA}{q} - \frac{CA \cdot \Delta q}{q^2} = \Delta CA/q \text{(최초에는 } CA = 0\text{이라고 가정)}$$

| 그림 4-1 | J곡선효과

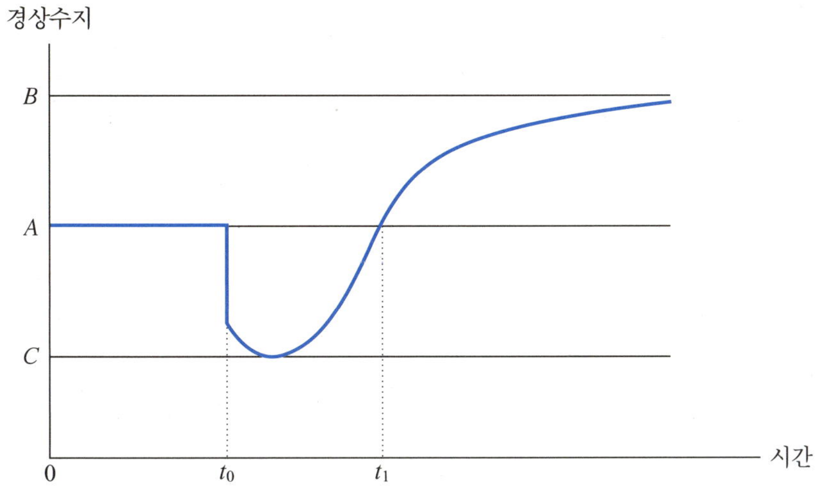

것이다. 일정기간이 경과하면서 수출물량이 증가하고 수입물량이 감소하면서 경상수지는 점차 개선되기 시작할 것이다. 장기적으로 마샬-러너 조건이 성립한다면 경상수지는 *A*에서 *B* 수준으로 개선될 것이다. J곡선효과는 경상수지가 마치 영어 알파벳의 'J' 모습처럼 처음에는 악화되었다가 후에 개선된다는 것을 시사한다.

1970년대 초 고정환율제도가 붕괴되고 미국 달러화의 가치가 하락함에 따라 전 세계적으로 교역재가격과 교역량이 시간이 경과함에 따라 어떠한 경로를 거치면서 조정되는지가 흥미로운 문제로 대두되었다. 이론적으로도 평가절하의 탄력성 및 다음 절에서 설명한 총지출접근방식에 대한 관심이 고조되었고, 환율과 경상수지 간의 관계를 설명하는 J곡선효과라는 신조어가 등장하였다. 1985년 미국 달러화의 가치가 일본 엔화 및 독일 마르크화에 비하여 크게 떨어졌음에도 불구하고 미국의 경상수지 적자는 1987년까지 지속되었다. 장기적으로 미국의 수출물량과 수입물량의 탄력성의 합은 1보다 훨씬 큰 것으로 나타났음에도 불구하고 단기적으로 경상수지가 악화되었다는 사실은 환율상승 시 경상수지가 개선될 때까지는 상당한 시간이 소요된다는 J곡선효과를 뒷받침한다고 하겠다.

J곡선효과는 이론적으로 도출된 것이 아니라, 실증적인 현상에 기초해서 제시된 것이라고 할 수 있다. 환율변화 후 경상수지가 단기적으로 악화되는 이유는 기존계약의 존재, 계약단위로 국제통화의 선호, 가격변화에 따른 수출 및 수입량 조정의 시차 등이 지적되고 있다. 다시 말하자면, J곡선효과가 나타나는 이유는 단기적으로 환율변화로 인하여

수출가격과 수입가격 간 비율이 변함에도 불구하고 교역량은 일정시간이 경과한 후에야 반응을 보이기 때문이라고 할 수 있다.

(3) 전가율

환율변화에 따른 경상수지 변화를 논할 때, 수출재와 수입재의 가격은 각각 국내시장과 해외시장에서 결정된다고 가정하였다. 따라서 환율변화는 달러표시 수출가격(P/S)과 원화표시 수입가격(SP^*)을 같은 비율만큼 변화시키게 된다고 보았다. 그러나 수출업자들의 경우 환율이 변하더라도 수출시장에서의 점유율을 유지하기 위하여 외화표시 수출가격을 될 수 있으면 그대로 유지하려는 경향이 있다. 예를 들어 환율이 10% 하락하였을 경우 국내가격이 일정하다면 해외에서 판매하는 가격은 10% 상승하게 된다. 수출품이 독점력을 가지고 있지 않는 한 수출물량은 감소할 수밖에 없고 수출물량에다가 수출단가를 곱한 수출금액도 수출시장이 완전경쟁에 가깝다면 감소하게 된다. 수출업자가 이러한 상황에 직면하여 수출금액의 감소를 막으려면 10% 환율하락분 중 일부는 생산비를 낮추어 흡수하고, 나머지만 달러표시 가격에 반영시키는 방안을 강구할 수 있다. 이 경우 상대국의 수입가격은 환율변화에도 불구하고 크게 변화하지 않고 경상수지에 미치는 효과 역시 크게 줄어들 것이다.

환율변화가 수입가격에 미치는 영향 역시 수입업자가 어느 정도 조정가능하다. 달러화에 대한 원화 환율이 큰 폭으로 상승한다고 하자. 국내 수입자동차가격이 해외가격에다가 환율을 곱해서 결정된다고 하면 환율변화율만큼 국내가격이 상승하게 될 것이다. 수입가격이 상승하면 국내에서 생산되는 자동차의 가격에 비하여 경쟁력이 저하될 것이다. 이를 막기 위하여 수입업자들은 환율변화분의 일부만을 수입가에 반영하려 할 것이다.

전가율은 환율변화가 수출재의 외화표시 가격이나 수입재의 자국통화표시 가격에 반영되는 비율을 의미한다. 즉, 수출전가율은 외화표시 수출재가격(P_{ex}/S)의 변화분을 환율변화분으로 나눈 값을 의미한다. 환율이 상승하면 해외소비자들이 지불하는 외화표시 수출재가격은 하락하게 되므로 수출전가율을 구할 때는 절댓값을 취한 후 백분율로 표시하게 된다. 한편, 수입전가율은 자국통화표시 수입가격($P_{im} \cdot S$) 변화분을 환율변화분으로 나눈 값을 백분율로 표시한 것을 지칭한다.

$$수출전가율 = \left| \frac{외화표시\ 수출재가격변화율}{환율변화율} \right| \times 100 = \left| \frac{\Delta(P_{ex}/S)/(P_{ex}/S)}{\Delta S/S} \right| \times 100 \tag{4-8}$$

$$수입전가율 = \frac{자국통화표시\ 수입재가격환율변화율}{환율변화율} \times 100$$

$$= \frac{\Delta(P_{im}S)/(P_{im}S)}{\Delta S/S} \times 100 \tag{4-9}$$

먼저 수출전가율의 개념에 대하여 국산자동차 수출의 사례를 들어 설명하여 보자. 국산자동차의 국내가격은 3,000만 원이고 1달러당 원화의 환율은 1,000이었는데, 환율이 800으로 하락하였다고 하자. 수출재의 국내가격이 불변이라면 환율변화에 따라 외화표시 수출재가격은 30,000달러에서 37,500달러로 증가하게 된다. 수출전가율은 다음과 같이 100%가 된다.[5)]

$$수출전가율 = \left| \frac{\Delta(P_{ex}/S)/(P_{ex}/S)}{\Delta S/S} \right| \times 100 = \left| \frac{7{,}500/33{,}750}{-200/900} \right| \times 100 = 100(\%) \tag{4-10}$$

만약에 환율하락 시 해외시장점유율을 걱정하여 해외수출가격을 조정한다고 하자. 극단적으로 달러표시 해외가격이 변하지 않는다고 하면 수출전가율은 0이 된다.

$$수출전가율 = \left| \frac{\Delta(P_{ex}/S)/(P_{ex}/S)}{\Delta S/S} \right| \times 100 = \left| \frac{0/30{,}000}{-200/900} \right| \times 100 = 0 \tag{4-11}$$

다음에는 미국산 자동차를 수입하는 사례를 이용하여 수입전가율에 대하여 설명하여 보자. 해외 자동차가격은 30,000달러이고 환율은 1달러당 1,000원이라면, 원화로 표시한 자동차가격은 3,000만 원이 된다. 만약에 수입자동차의 해외가격은 불변이고 환율이

---

5) 호탄력성 개념을 적용하면 식 (4-8)에서 외화표시 수출재가격(P_{ex}/S)과 환율(S)은 최초가격이나 변화 후 가격이 아닌 평균치를 사용해야 한다. 따라서 외화표시 수출재가격과 환율은 각각 33,750(=(30,000+37,500)/2)과 900(=(1,000+800)/2)이 된다.

1,200원으로 상승하면, 원화표시 자동차가격은 3,600만 원이 된다. 위에서와 마찬가지로 호탄력성 개념을 이용하여 수입전가율을 구하면 수입전가율은 100%가 된다.[6)]

$$\text{수입전가율} = \left| \frac{\Delta(P_{im}S)/(P_{im}S)}{\Delta S/S} \right| \times 100 = \left| \frac{600/2,700}{200/900} \right| \times 100 = 100(\%) \qquad (4\text{-}12)$$

만약에 환율상승 시 수입재가격이 상승하여 국내시장점유율이 하락할 것으로 우려하여 수입업자가 자동차 판매가격을 조정한다고 하자. 극단적으로 원화표시 수입재가격이 변하지 않는다면, 수입전가율은 0이 된다.

$$\text{수입전가율} = \left| \frac{\Delta(P_{im}S)/(P_{im}S)}{\Delta S/S} \right| \times 100 = \left| \frac{0/30,000}{200/900} \right| \times 100 = 0 \qquad (4\text{-}13)$$

전가율이 100%에 못 미치는 현상은 기업들이 시장별로 가격을 차별화하는 전략과 궤를 같이한다.[7)] 국제시장이 하나로 통합되어 있지 않고 지역별로 혹은 국가별로 분리되어 있다면 수출기업은 동일한 가격으로 수출가격을 책정하기보다는, 개별 시장별로 차별화된 가격을 책정하는 것이 이윤을 극대화하는 데 더 효과적이다. 예를 들어 동아시아의 수출기업들은 대미 달러환율이 하락하는 경우 마진율을 낮추어 수출가격에 주는 충격을 흡수하려 할 것이다. 이 경우 환율변화가 달러화로 표시된 수출가격에 미치는 전가율은 100%에 미달하게 될 것이다. 따라서 환율하락에도 불구하고 경상수지 흑자폭은 상당기간 줄어들지 않을 공산이 크다.

낮은 전가율을 설명하는 또 다른 가설은 수출재가격을 설정할 때 국내가격이 먼저 정해진 후 환율을 적용하여 해외수출재가격을 도출하는 것이 아니라 처음부터 수출재가격을 외화로 책정한다는 주장이다.[8)] 수출재가격이 원래 외화로 표시되어 있다면 환율변화

6) 식 (4-9)에서 수입재가격 ($P_{im} \cdot S$)와 환율(S)의 평균치를 사용하게 되면, 각각 2,700(=(2,400 +3,000)/2)과 1,100(=(1,000+1,200)/2)이 된다.

7) 기업들이 시장별로 차별화된 가격을 설정하는 방식을 PTM(pricing to market)이라고 한다(P. Krugman, "Pricing to Market When the Exchange Rate Changes," in Sven W. Arndt and J. D. Richardson, eds., *Real-Financial Linkages Among Open Economies*, MIT Press, 1987). 이에 따르면 기업은 가격설정 시 한계생산비용에 일정한 비율로 이윤을 더하는 방식을 취하는데, 수출시장의 상황에 따라 이윤비율을 다르게 책정한다.

8) 이러한 가설을 현지통화가격설정(local currency pricing: LCP)모형이라고 한다.

는 수출재가격에 아무런 영향을 미치지 못한다. 이러한 가설이 실제로 전가율을 얼마나 잘 설명할 수 있는가는 실증적으로 검증되어야 할 문제이다. 한 가지 지적해 둘 점은 환율변화에도 불구하고 수출재가격을 지나치게 경직적으로 설정하는 경우 국내판매가격과 해외판매의 외화표시 가격 차이가 커짐에 따라 교역당사국 간 무역분쟁을 야기할 위험이 크다는 것이다. 이렇게 본다면 전가율의 값이 영에 가까울 확률은 그리 높지 않다고 하겠다.

수출가격에 대한 환율전가율

외환위기 이후 한국 수출기업들의 달러표시 수출가격에 대한 환율전가율은 낮아지고 있는 것으로 조사되었다. 이는 수출기업들이 달러표시 수출가격보다는 원화표시 수출가격을 조정함으로써 환율변동에 대응하는 경향이 강화된 것으로 해석할 수 있다. 이렇게 수출가격에 대한 환율전가율이 외환위기 이후 하락한 원인에 대해 다음과 같은 추론이 가능하다.

첫째, 환율제도가 실질적인 고정환율제도에서 변동환율제도로 변경됨에 따라 미래의 환율변화에 대한 수출기업의 기대형성 모습이 달라졌다. 즉, 환율변동폭이 확대됨에 따라 환율변화를 일시적인 것으로 판단하는 경향이 강해졌다.

둘째, 수출물가지수의 가중치가 큰 일부 품목에서 환율전가율이 크게 하락함에 따라 전체 수출물가에 대한 환율전가율 역시 낮아진 것으로 나타났을 가능성이 크다. 1980년대에 비하여 품목별 환율전가율은 대부분 하락하였으나, 1990년대 전반과 비교하면 대체로 가중치가 높은 품목들에서 이 같은 현상이 두드러지고 있다.

셋째, 국제상품시장에서 중국과의 경쟁이 심화되면서 수출기업의 시장지배력이 저하될 위험이 큰 경우 환율변화를 수출가격에 전가하는 정도가 하락하는 것으로 나타났다. 중국의 시장점유율이 높은 품목에서 환율전가율이 낮게 추정되는데, 이는 시장경쟁의 심화가 환율전가율 하락의 중요한 요인일 가능성을 시사한다고 하겠다.

넷째, 환율전가율 하락이 한국뿐 아니라 세계적으로 나타나는 공통적인 현상일 가능성도 크다. 일본에서도 수출가격에 대한 환율전가율이 하락하는 추세가 관측되고 있다.

종합하면 최근 우리나라 수출기업들이 마크업(markup) 조정을 통해 환율변화의 영향을 흡수하는 정도가 강화되었다. 이는 경제 전반적으로 수출의 환율에 대한 민감도를 낮추는 요인으로 작용하였음을 시사한다. 특히 최근 원/달러 환율이 추세적으로 하락하고 있는 상황에서 수출기업들이 달러표시 수출가격을 높이기보다 원화표시 수출가격을 낮춤으로써 환율변동에 대응하는 경향이 강화된 것으로 해석할 수 있다.

출처 : 이항용 · 김현욱(2007), "환율과 수출가격의 구조변화," 한국개발연구원.

2. 총지출접근

(1) 총지출과 경상수지

완전고용을 가정하고 있는 탄력성접근과 달리 유휴자원이 존재하여 국민소득이 총수요에 의하여 결정되는 경우를 상정하여 보자. 실질국내총생산은 최종 재화 및 서비스에 대한 총수요와 같고, 총수요는 소비(C), 투자(I), 정부지출(G) 및 순수출($X-M$)의 합으로 나타낼 수 있다.[9)]

$$Y = C + I + G + (X - M) \qquad (4\text{-}14)$$

식 (4-14)에서 민간부문의 소비와 투자, 그리고 정부지출의 합을 국내총지출(absorption)이라고 한다. 이러한 맥락에서 보면 국민소득은 국내총지출(A)과 순수출($X - M$)의 합으로 표시할 수 있다.[10)]

$$Y = A + (X - M) \qquad (4\text{-}15)$$

대외순수취요소소득을 의미하는 본원소득과 경상이전소득이 없다고 가정하면 순수출은 경상수지와 같아진다. 따라서 경상수지는 국민소득과 국내총지출의 차이에 의하여 결정된다는 것을 알 수 있다.

$$X - M = Y - A \qquad (4\text{-}16)$$

총지출접근방식에서 환율변화가 경상수지에 영향을 미친다면 이는 국민소득과 국내총지출의 변화를 통해서만 가능하다. 탄력성접근은 환율변화가 수출 및 수입 제품의 상대

9) 재화 및 서비스의 수출(X)과 수입(M)은 각각 국내통화로 표시된 수출금액과 수입금액을 국내물가로 나눈 실질수출액 및 실질수입액을 의미한다. 수출물량과 수입물량을 각각 x와 m이라고 할 때 $X = x$, 그리고 $M = qm$을 의미한다(q는 실질환율).

10) 소비, 투자 및 정부지출은 각각 국산재(d)와 수입재(m)로 구성되는데, 국내총생산은 국내에서 생산된 소비재, 투자재 및 정부지출재와 수출재의 합과 같다.

$$Y = C + I + G + X - M = (C_d + I_d + G_d) + (C_m + I_m + G_m) + X - M = C_d + I_d + G_d + X$$

가격의 변화를 통하여 경상수지에 영향을 줄 것이라는 데 초점을 맞추고 있다. 이와 달리 총지출접근방식에서는 환율변화가 국민소득과 총지출의 변화를 통하여 경상수지에 영향을 미치게 된다는 데 주목하고 있다. 이제 환율상승 시 경상수지가 어떻게 달라질 수 있는지 국민소득과 총지출의 변화를 통하여 살펴보도록 하자.

(2) 환율변화와 균형국민소득 및 경상수지

총수요는 총지출(A)과 경상수지($CA = X - M$)의 합과 같다. 국민소득이 증가하면 소비가 증가하므로 총지출은 국민소득에 비례한다. 한편, 국민소득이 증가하면 수입이 증가하므로 경상수지는 국민소득에 반비례한다. 만약에 소비가 수입보다 국민소득에 더 크게 반응한다면 총지출과 경상수지의 합인 총수요($A+CA$)는 국민소득에 비례하게 될 것이다.

[그림 4-2]에서 총수요곡선($A + CA$)은 국민소득의 변화에 따라 총수요가 어떻게 결정되는지를 보여준다. 총수요곡선의 기울기는 1보다 작은 양(+)의 값을 갖는다. 균형국민소득은 총수요와 총공급이 같아지는 점, 즉 총수요곡선과 45° 선이 교차하는 점에서 결정된다.

| 그림 4-2 | 환율상승에 따른 균형국민소득 변화

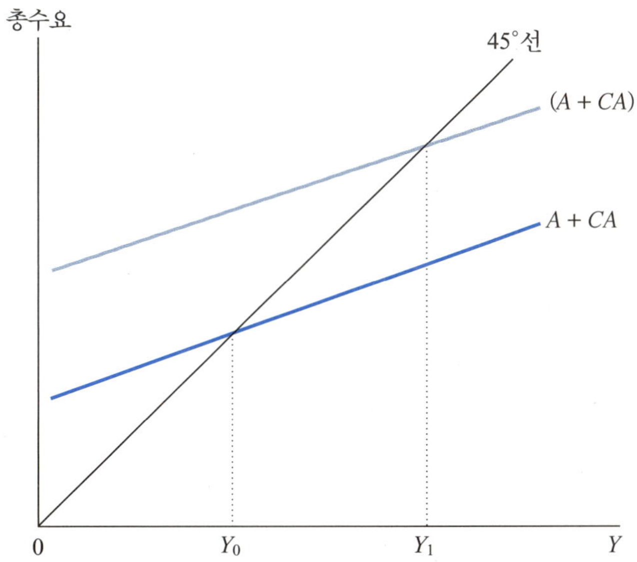

환율이 상승할 때 경상수지가 개선된다면 총수요곡선은 상향이동하게 된다. 총수요의 증가는 총공급의 증가를 가져오고 이에 따라 국민소득이 증가한다. 국민소득의 증가는 다시 총수요의 증가를 가져오므로 균형국민소득은 총공급과 총수요가 다시 일치하는 수준(Y_1)에서 성립한다.

환율이 국민소득에 미치는 영향을 고려하면 환율과 경상수지 간의 관계는 어떻게 달라지는가? 탄력성접근에서는 마셜-러너 조건이 성립하면 경상수지가 개선된다. 그러나 총지출접근에 따르면 마셜-러너 조건이 성립한다고 해서 환율상승이 반드시 경상수지를 개선시키는 것은 아니다.

식 (4-16)으로부터 경상수지는 환율과 국민소득의 함수로 나타낼 수 있다.

$$CA = CA(\overset{+}{SP^*/P}, \overset{-}{Y}) \tag{4-17}$$

논의의 편의상 국내외 물가수준이 일정하다고 가정하자. 마샬-러너 조건이 성립할 경우 환율이 상승하면 수출이 증가하고 수입이 감소하였기 때문에 경상수지를 개선시키는 효과가 있다. 그러나 [그림 4-2]에서 본 바와 같이 경상수지가 개선되면 총수요가 증가하므로 균형국민소득이 증가하게 되고, 이는 수입 증가와 경상수지 악화를 초래하게 된다. 환율상승 시 경상수지가 개선된다는 것은 두 가지 상반된 힘 중 전자가 더 크게 작용할 때 성립한다.[11)]

[그림 4-3]은 환율상승이 경상수지에 미치는 효과를 종합적으로 고려한 것이다. 국민소득이 증가함에 따라 경상수지는 감소하므로 경상수지곡선(CA)은 음(−)의 기울기를 가진다. 그리고 환율상승, 즉 평가절하 시 순수출의 증가는 경상수지곡선을 상향이동시킨다. 최초 국민소득수준(Y_0)에서 총수요와 경상수지의 변화는 순수출의 변화와 동일하므로 두 곡선의 이동폭은 동일하다.

새로운 균형국민소득(Y_1)에서 경상수지의 크기는 어떻게 변하는가? [그림 4-3A]는 환율상승 시 경상수지가 개선되는 일반적인 경우를 보여준다. 최초 환율수준과 균형국민소

---

11) 식 (4-17)로부터 경상수지 변화는 환율변화의 영향과 소득변화의 영향으로 나눌 수 있다.

$$\Delta CA = \frac{\Delta CA}{\Delta(SP^*/P)} \cdot \Delta S + \frac{\Delta CA}{\Delta Y} \cdot \Delta Y \quad \left(\frac{\Delta CA}{\Delta(SP^*/P)} > 0,\ \frac{\Delta CA}{\Delta Y} < 0 \right)$$

| 그림 4-3 | 환율상승에 따른 균형국민소득과 경상수지 변화

A. 경상수지 개선

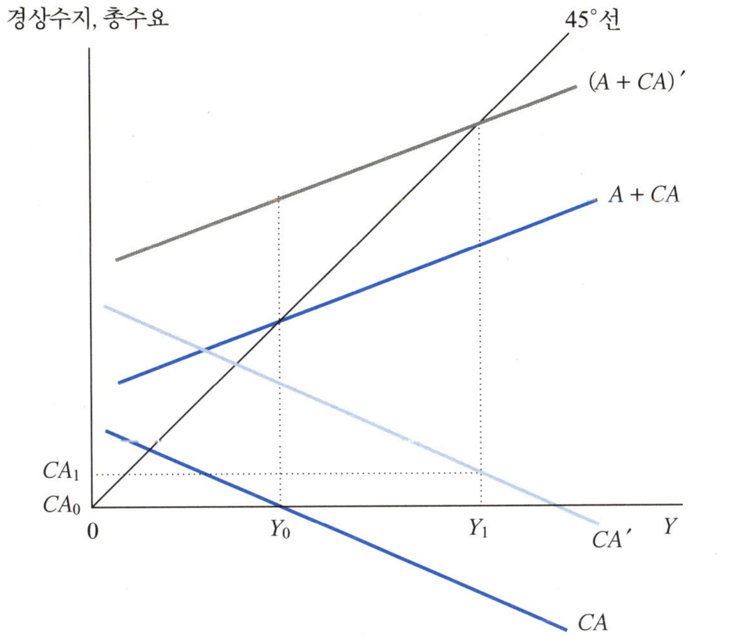

B. 경상수지 악화

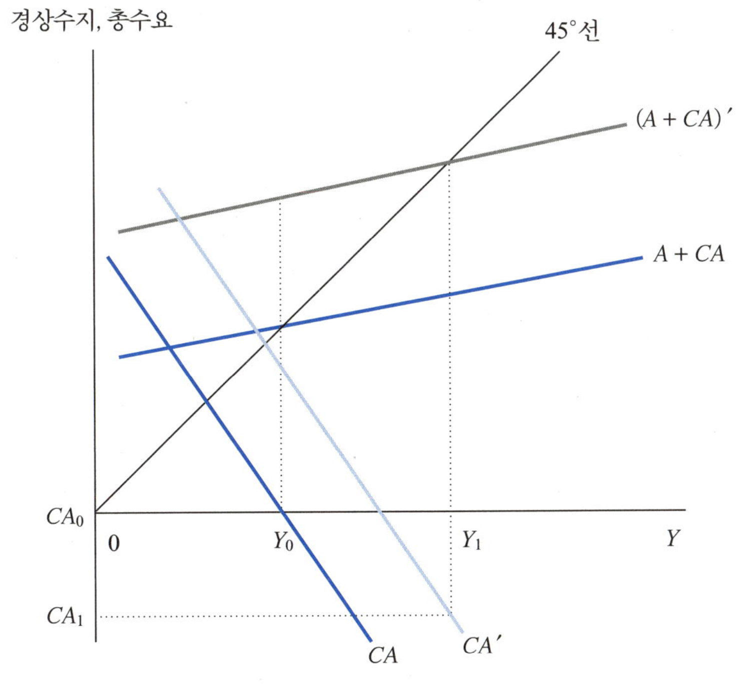

득에서 경상수지(CA_0)는 균형을 이룬다. 환율이 상승하면 경상수지(CA_1)는 양(+)의 값을 기록하게 된다.

그러나 환율상승 시 경상수지가 반드시 개선된다는 보장은 없다. [그림 4-3B]는 수입의 소득탄력성이 높아서 총수요곡선($A + CA$)의 기울기는 완만해지는 반면에 경상수지곡선의 기울기는 가파른 경우를 보여준다. 환율상승 시 균형국민소득의 변화분은 커지게 된다. 한편, 수입의 소득탄력성이 커질수록 경상수지곡선(CA)은 더욱 가파라진다. 따라서 새로운 균형국민소득에서 경상수지는 오히려 악화될 수도 있다($CA_1 < 0$).[12]

(3) 환율상승에 따른 교역조건 악화와 경상수지

교역조건은 동일한 화폐단위로 표시한 수출재가격을 수입재가격으로 나눈 국제상대가격을 의미한다. 교역조건이 개선되었다는 것은 동일한 양의 재화를 수출하더라도 종전보다 더 많은 양의 재화를 수입할 수 있다는 뜻이므로 국제시장에서 우리나라 수출재화의 가치가 상승한 것으로 볼 수 있다. 반대로 우리나라의 교역조건이 악화되었다는 것은 국제시장에서 우리나라 수출재화의 가치가 하락한 것으로 해석할 수 있다.

환율이 상승하게 되면 수출재에 대한 수입재의 상대가격이 상승하게 된다. 이는 수출재화 1단위와 교환되는 수입재화의 양의 감소, 즉 교역조건의 악화를 의미한다. 교역조건이 악화되면 수입재의 상대가격이 상승하고, 수출재의 상대가격은 반대로 하락하므로 경상수지가 개선되고, 국민소득이 증가하는 것이 일반적이다. 그러나 환율이 상승하게 되면 수입물가가 증가하게 되므로 실질국민소득, 즉 주어진 명목국민소득으로 구매할 수 있는 국산품과 수입품 바스켓의 크기는 줄어들게 된다. 이를 교역조건 악화에 따른 실질무역손실이라고 하는데, 이 경우 실질소득은 실질GDP보다 작아지게 된다.[13] 한편, 실질소득이 감소하게 되면 사람들은 이로 인한 소비수준의 하락을 방지하기 위하여 저축을 줄이고 소비를 증가시키려는 경향이 있다. 따라서 주어진 실질GDP에 대한 총수요의 크기는 오히려 이전보다 커지게 될 것이다.

교역조건 악화가 실질소득을 감소시키고 이에 따른 실질소비의 증가로 인하여 경상수지에 부정적인 영향을 미치는 것을 하버거-로슨-메츨러 효과(Harbeger-Laursen-Metzler

12) 국민소득 증가에 따른 경상수지 악화효과가 환율상승에 따른 경상수지 개선효과를 능가하게 되면 경상수지는 악화된다.

13) 실질GDP와 실질국민총소득 간의 관계에 대해서는 박스(box) 참조.

| 그림 4-4 | 환율상승과 교역조건 악화

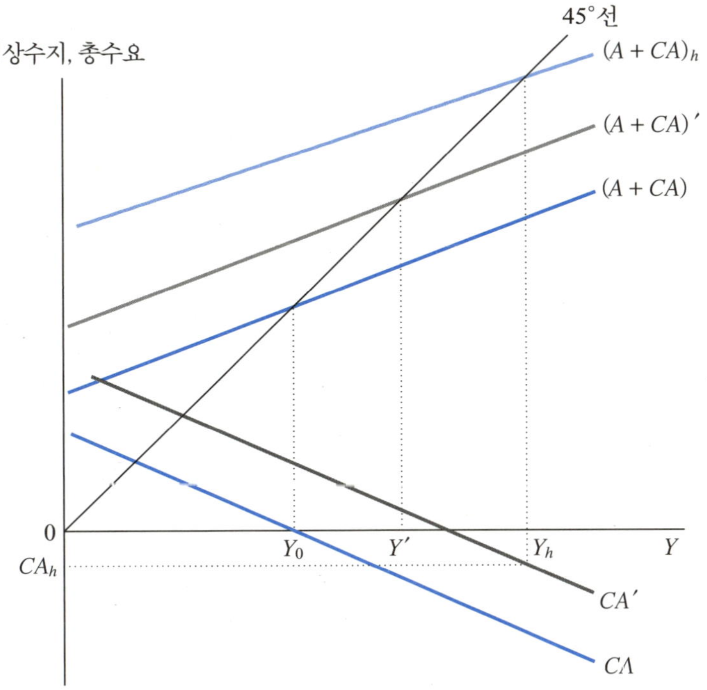

effect)라고 한다. 이러한 실질소득의 감소가 무시할 수 없는 정도라면 환율의 평가절하 시 마샬-러너 조건이 만족되더라도 순수출이 증가하는 효과가 반감될 것이고 경우에 따라서는 경상수지가 악화될 수도 있다.

[그림 4-4]는 환율상승 시 순수출이 증가하는 동시에 실질소비의 증가로 국내총지출이 크게 증가한 경우를 보여준다. 만약에 하버거-로슨-메츨러 효과가 없었다면 국내총지출은 $(A + CA)'$으로 증가하는 데 그쳤을 것이지만, 하버거-로슨-메츨러 효과가 있다면 이보다 훨씬 큰 폭만큼 이동하게 된다($(A + CA)_h$). 그 결과 환율상승 시 순수출의 증가에도 불구하고 국내총지출의 증가로 인하여 경상수지가 CA_h로 오히려 악화될 수 있음을 보여준다.

실질국민총소득(실질GNI)과 실질무역손익

국민소득계정에서는 실질 총량지표인 실질국내총생산(GDP)과 실질국민총소득(GNI)을 구별하여 사용하고 있다. 실질GDP는 생산활동의 수준을 측정하는 생산지표인 반면, 실질GNI는 생산활동을 통하여 획득한 소득의 실질구매력을 나타내는 소득지표이다. 생산지표인 실질GDP를 소득지표인 실질GNI로 전환하기 위해서는 교역조건(수출입가격)의 변화에 따른 실질소득의 국외유출 또는 국외로부터의 유입분을 나타내는 실질무역손익을 감안하여야 한다.

실질GDI = 실질GDP + 교역조건 변화에 따른 실질무역손실
실질GNI = 실질GDI + 실질국외순수취 요소소득

본문에서 실질소득이라고 지칭한 실질GNI는 실질GDP(Y)에다가 실질무역손실과 실질국외순수취 요소소득을 더한 개념이다.

한편, 명목GNP는 생산물량 변화 이외에 임금 및 기술수준, 기업 채산성 등이 반영되어 있는 소득지표인데, 명칭만 명목GNI로 변경되었다.

출처 : 한국은행(2013), 「알기쉬운 경제지표해설」

3. 환율과 개방거시경제의 균형

(1) 대내균형과 대외균형

일반적으로 거시경제정책의 목표는 물가의 안정과 완전고용의 달성으로 정의된다. 그러나 개방거시경제의 균형은 한걸음 더 나아가 대내적으로는 완전고용의 달성, 그리고 대외적으로는 경상수지의 균형을 의미한다. 정책당국이 완전고용과 경상수지 균형이라는 두 가지 목표를 추구한다고 할 때, 정책변수로서 환율의 역할을 살펴보도록 하자.

[그림 4-5]는 대내균형(IB)과 대외균형(EB) 달성을 위한 환율(S)과 국민소득(Y)의 조합을 보여준다. 대내균형과 대외균형의 조건은 다음과 같다.

$$IB : Y^f = A + CA \tag{4-18}$$

$$EB : CA(SP^*/P, Y) = 0 \tag{4-19}$$

총수요곡선($A+CA$)은 우상향한다. 왜냐하면 소득이 늘어날 경우 총지출은 소득증가 만

| 그림 4-5 | 환율과 대내외균형

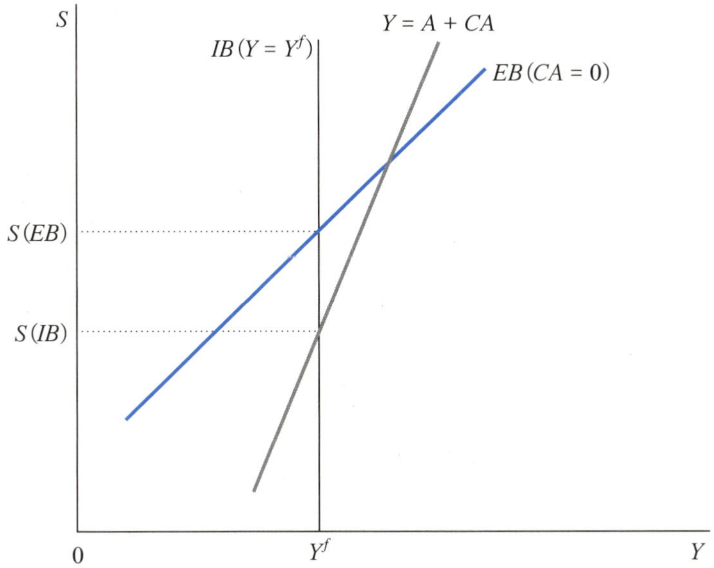

큼 늘어나지 않기 때문에 초과공급이 발생하므로 경상수지가 흑자가 되어야 한다. 따라서 환율(S)이 상승해야 한다. 총수요곡선과 완전고용 소득수준을 나타내는 수직선이 교차할 때 대내균형이 달성된다. 이때 균형환율수준은 $S(IB)$가 된다. 대외균형을 나타내는 식 (4-19)는 경상수지가 균형을 이룰 때의 국민소득과 환율 조합의 궤적을 나타낸다. 대외균형곡선도 우상향한다. 왜냐하면 국민소득이 증가하면 수입이 늘어나므로 경상수지가 균형이 되기 위해서는 마샬-러너 조건이 성립한다고 가정할 경우 환율(S)이 상승해야 한다. 균형국민소득이 완전고용 소득수준과 같을 때 경상수지 균형을 이루려면 환율은 $S(EB)$와 같아야 한다. 따라서 환율을 조정하여 대내균형을 달성하려고 한다면 경상수지는 적자가 된다. 반면에 환율을 대외균형에 맞추어 조정하면 균형국민소득은 완전고용 소득수준을 능가하게 되고 인플레이션 압력이 발생한다.

[그림 4-5]에서 볼 수 있는 바와 같이 고정환율제도하에서 대내균형과 대외균형을 동시에 달성하기 위해서는 환율이라는 단 하나의 정책수단으로는 불가능하며, 또 다른 정책수단이 있어야 한다. 그 대표적인 예가 재정정책이다. [그림 4-6]에서 정부지출의 감소 또는 조세의 증가는 $Y = A + CA$ 조건을 만족하는 직선을 좌향이동하게 된다. 완전고용과 경상수지 균형의 동시 달성은 두 직선이 $S(EB)$의 환율수준에서 교차할 때 가능해진다. 즉 환율수준을 $S(EB)$에 설정하고 재정지출을 조정해서 대내외균형을 달성할 수 있다.

| 그림 4-6 | 대내외균형과 재정정책

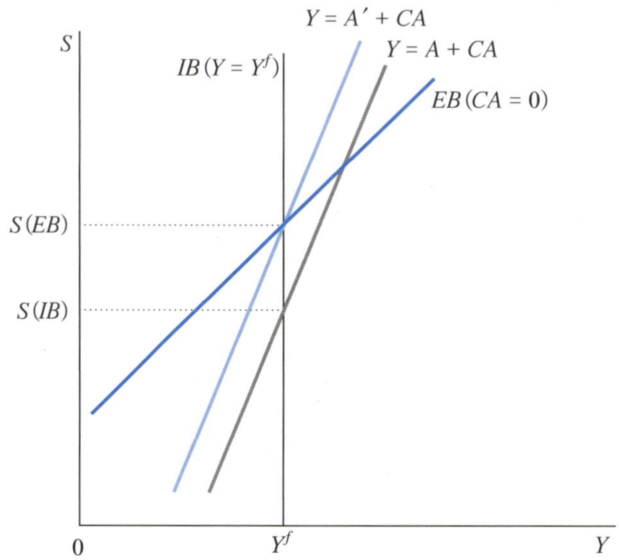

(2) 지출전환정책과 지출조정정책

앞에서 정책당국이 대내균형과 대외균형을 동시에 달성하려면 최소한 2개의 정책수단이 필요하다는 것을 알았다. [그림 4-6]의 예에서 환율과 정부지출은 바로 이와 같은 정책수단에 해당한다. 환율은 국산재화와 해외수입재 간의 상대가격을 변화시키게 된다. 한편, 정부지출은 일차적으로 총수요에 영향을 미치게 된다. 즉, 환율은 주어진 국민소득을 어떻게 배분하는가에 영향을 미치는 한편, 정부지출은 국민소득과 총지출의 크기를 변화시키게 된다. 이러한 의미에서 전자를 지출전환정책, 후자를 지출조정정책이라고 부른다.

[그림 4-7]은 대내균형과 대외균형을 동시에 달성하기 위한 정책수단으로서의 환율(S)과 정부지출(G) 조합을 보여준다.[14] 대내균형은 국민소득이 완전고용 소득수준과 같을 때 성립하는데, 환율상승에 따른 순수출 증가를 상쇄하려면 정부지출이 감소하여야 한다. 따라서 IB곡선은 기울기가 음(−)의 값을 갖는다. 한편, 환율상승 시 순수출이 증가하므로 대외균형을 유지하려면 정부지출과 국민소득이 증가하여야 한다. 따라서 EB곡선은 양(+)의 기울기를 갖는다.

14) [그림 4-7]은 호주 경제학자 스완(T. Swan)의 이름을 따 스완다이아그램이라고 부른다.

| 그림 4-7 | 대내외균형 달성을 위한 환율 및 재정정책

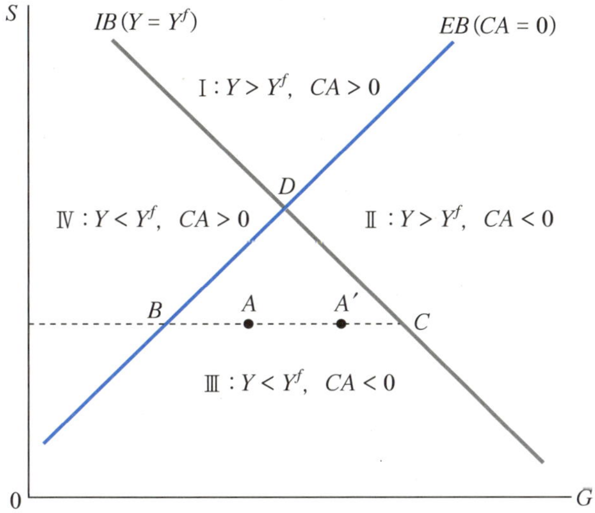

대내균형과 대외균형이 동시에 달성되는 경우는 D와 같은데, 이는 특별한 경우에 불과하다. 일반적으로 경제상태는 D점에서 벗어나 있기 쉬운데, 대내균형과 대외균형을 기준으로 4가지 영역으로 나눌 수 있다. 먼저 Ⅰ영역에서는 총수요가 완전고용수준을 상회하기 때문에 인플레이션 압력이 발생하고, 환율이 균형수준보다 높기 때문에 경상수지는 흑자를 기록하게 된다. 반대로 Ⅲ영역에서는 환율이 너무 낮기 때문에 총수요가 완전고용수준에 미달하여 실업이 발생하고 경상수지는 적자를 기록하게 된다. 한편, Ⅱ영역에서는 정부지출이 지나치게 높기 때문에 총수요가 완전고용수준을 초과하게 되어 인플레이션 압력이 발생하고, 경상수지는 적자를 기록하게 된다. 반대로 Ⅳ영역에서는 실업이 발생하고 경상수지는 흑자를 기록하게 된다.

현재 경제상황이 A와 같다고 하자. A점은 Ⅲ영역에 속하는데 실업이 존재하고 경상수지는 적자를 기록하고 있다. 대내외균형을 달성하려면 고용을 늘리고 동시에 수출을 늘려야 하는데, 이를 위해서 환율과 정부지출은 어떻게 조정되어야 하는가? [그림 4-7]에서 대내외균형을 달성하려면 A점에서 D점으로 이동하여야 하는데, 이를 위해서는 환율을 높이고 정부지출을 늘려야 한다. 즉 환율변화를 통한 지출전환과 동시에 정부지출의 조정을 통한 지출조정이 동시에 요구된다.[15]

15) 같은 영역에 있더라도 환율과 재정지출의 조정방향이 같은 것은 아니다. 예를 들어 [그림 4-7]에서 A점이 C점에 가깝게 점선 위에서 이동하였다고 하자(A'점). 대내외균형을 달성하려면 A점에서는 환율상승과 재정

A점에서 정책당국이 환율을 변화시킬 수 없다면 정부지출의 변화를 통하여 대내균형이나 대외균형 둘 중 하나밖에 달성할 수 없다. 정부지출을 증가시키면 대내균형을 달성할 수 있다. 그러나 C점은 EB곡선 아래에 위치하고 있으므로 경상수지는 적자를 면치 못한다. 한편, 정부지출을 감소시켜 B점으로 이동하면 대외균형을 이룰 수 있지만 실업문제는 더욱 심각하게 된다.

4. 비교역재와 실질환율

(1) 비교역재와 의존경제

환율변화의 효과를 논할 때 우리는 암묵적으로 모든 재화 및 서비스는 교역이 가능한 교역재(tradable goods)라고 가정하였다. 그러나 주변을 돌아보면 외국과의 가격차가 상당히 크더라도 수출이나 수입이 안 되는 경우가 많다. 예를 들어 요즘 유행하고 있는 라식수술의 경우 선진국보다 우리나라에서 훨씬 싼 가격에 치료받을 수 있지만, 이를 위하여 일부러 우리나라를 찾아오는 사람은 그리 많지 않다. 이렇게 시장요인이나 제도적 장벽으로 인하여 교역이 이루어지지 않는 재화 및 서비스를 비교역재(nontradable goods)라고 부른다.

비교역재는 국내에서 생산되고 소비될 수밖에 없다는 특징을 가지고 있다. 따라서 비교역재의 가격은 국내 수요와 공급에 따라 결정되게 된다. 그렇다면 교역재와 비교역재가 공존하는 경제에서 환율은 어떠한 영향을 미치게 되는가?

교역재와 비교역재를 생산하는 소규모 개방경제를 '의존경제(dependent economy)' 라고 하는데, 경제의 규모가 작기 때문에 그 나라가 얼마나 수출하고 수입하든 해당 재화나 서비스의 국제가격에는 영향을 미치지 못한다고 가정한다.[16] 그리고 자본이동은 없다고 가정한다. 이러한 의존경제에서 교역재와 비교역재의 생산균형은 [그림 4-8]의 A와 같다. 교역재의 국내가격이 P_T, 비교역재의 국내가격이 P_N이라고 할 때, 생산가능곡선과 교역재의 비교역재에 대한 상대가격(P_T/P_N)의 기울기를 갖는 직선이 접하는 점(A)에서 교

지출 증가가 필요하지만 A'점에서는 환율상승과 재정지출 감소가 필요하다.

16) 의존경제모형은 스완(T. Swan)과 살터(W. Salter)가 처음 제시하였기 때문에 스완-살터 모형이라고도 부른다.

| 그림 4-8 | 환율과 의존경제의 균형

A. 최초 균형

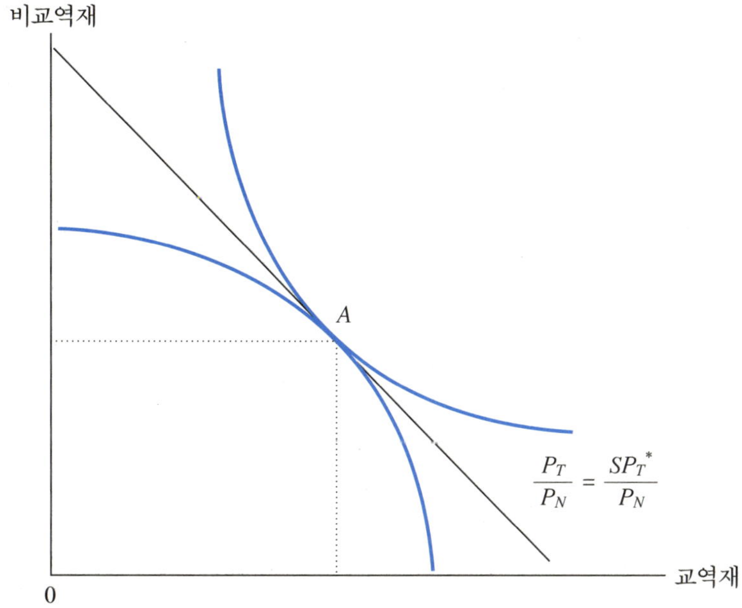

B. 환율상승의 효과

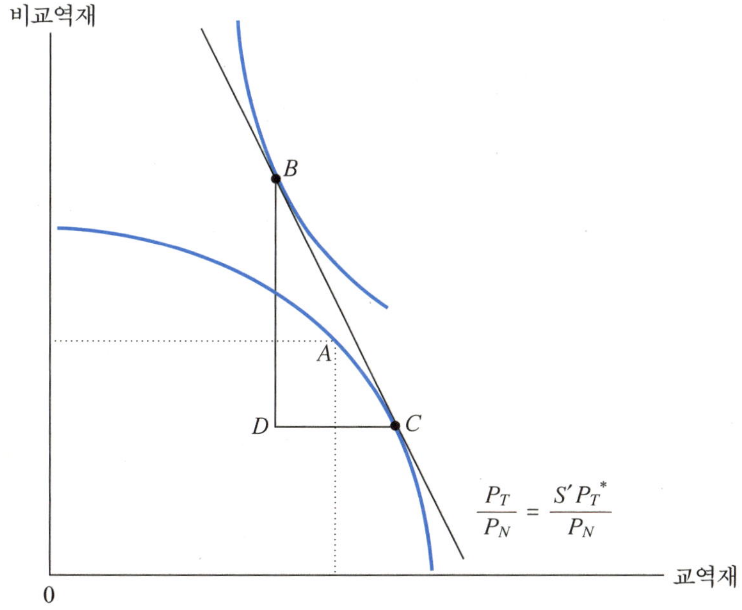

역재와 비교역재의 생산량이 결정된다. 이때 교역재의 국내가격(P_T)은 환율(S)에다가 교역재의 국제가격(P_T^*)을 곱한 값과 같다.[17] 한편, 교역재와 비교역재의 생산량에다가 각각의 가격을 곱하면 해당 경제의 국민소득이 되므로 접선은 국민경제 전체의 예산선이라고 해석할 수 있다. 만약에 A점과 같이 소비자균형점(예산선과 사회무차별곡선의 접점)과 생산균형점이 일치한다면 해당 경제의 교역재와 비교역재 시장은 둘 다 균형을 이룬다고 할 수 있다.

(2) 환율변화의 효과

이제 환율이 S에서 S'으로 상승, 즉 자국통화가치가 하락하였을 때 어떠한 변화가 발생하는지 살펴보자. 환율이 올라가게 되면 교역재의 비교역재에 대한 상대가격이 상승한다. 따라서 교역재의 생산이 늘고 비교역재의 생산은 하락한다. 소비자들은 가격이 상대적으로 비싸진 교역재의 소비를 줄이고 그 대신 비교역재의 소비를 늘리려고 할 것이다. 새로운 균형에서 교역재 부문은 생산량이 소비량보다 크기 때문에 무역수지 흑자가 발생하게 된다(CD). 한편, 비교역재 부문에서는 생산량이 소비량보다 적기 때문에 일시적으로 시장은 초과수요가 발생하게 된다(BD).

시간이 경과하면 초과수요 때문에 비교역재(P_N) 가격은 상승하게 된다. 이에 따라 상대가격은 서서히 하락하면서 원래 균형(A)과 같이 생산과 소비가 일치하는 상태로 돌아가게 된다. 그리고 교역재의 초과공급도 점차로 사라지게 된다. 따라서 이 경우 환율상승이 무역수지를 개선하는 효과는 일시적이다.

경제학계 일각에서는 이 같은 분석은 장기적으로 생산요소의 재배분에 따른 효율성 증대효과를 무시하고 있다고 비판한다. 위 예에서 환율상승에 따른 교역재 부문의 생산확대는 경제성장을 촉진하는 효과를 가져온다는 것이다. 일반적으로 교역재 부문은 비교역재 부문에 비하여 경쟁이 심하기 때문에 기업들은 생존을 위하여 연구개발투자를 확대하고 경영효율성을 높이기 위하여 노력할 수밖에 없다.[18] 이러한 점은 제2차 세계대전 이

17) 교역재의 비교역재에 대한 상대가격(P_T/P_N)을 실질환율로 정의하기도 한다. 교역재 간 일물일가의 법칙이 성립하면 $SP_T^* = P_T$가 되고 $P_T^* = P_N^* = 1$이라고 가정하면 실질환율(q)은 교역재와 비교역재 간 상대가격에 비례한다.

$$q = \frac{SP^*}{P} = \frac{S(P_N^{*\alpha} P_T^{*1-\alpha})}{P_N^{\beta} P_T^{1-\beta}} = \left(\frac{SP_T^*}{P_T}\right)\left(\frac{P_T}{P_N}\right)^{\beta}\left(\frac{P_T^*}{P_N^*}\right)^{-\alpha} = \left(\frac{P_T}{P_N}\right)^{\beta}$$

18) 생산가능곡선이 확장되면 새로운 균형에서는 교역재뿐 아니라 비교역재의 생산도 증가하게 될 것이다.

후 개발도상국들의 경험도 교역재 부문의 활성화가 경제성장을 촉진하는 효과를 가져온다는 주장을 뒷받침하는 것으로 보인다.[19)]

요약

1. 전통적인 국제수지모형은 자본이동이 자유롭지 않다는 가정하에 환율변화가 경상수지에 미치는 영향을 분석한다. 탄력성접근은 환율변동이 국내외 상대가격 변화를 통하여 수출입에 미치는 효과에 초점을 맞추고 있는 반면, 총지출접근은 경상수지가 국민소득과 국내총지출의 차이라는 시각에서 환율변화가 국민소득에 미치는 효과를 중시한다.

2. 탄력성접근에 기초한 마샬-러너 조건에 따르면 환율이 상승하였을 때 실질경상수지가 개선되려면 양국의 수입탄력성의 합이 1보다 커야 한다. 개도국 중에는 원자재, 자본재 및 소비재의 공급을 수입에 의존하고, 1차산품을 주로 수출하는 경우가 많다. 이 경우 마샬-러너 조건이 만족되지 않기 때문에 환율조정에도 불구하고 경상수지가 개선되기 어렵다.

3. 마샬-러너 조건이 만족되더라도 자국화폐가치의 하락이 단기적으로 경상수지에 부정적인 영향을 주었다가 차츰 반전되어 장기적으로 긍정적인 영향을 가져오는 현상을 J곡선효과라고 한다. 그 이유는 수출물량과 수입물량이 이전에 체결된 계약에 의하여 결정되기 때문에 즉각적으로 조정되기 어렵기 때문이다.

4. 전가율은 환율변화가 수출재의 외화표시 가격이나 수입재의 자국통화표시 가격에 반영되는 비율을 의미한다. 전가율이 100%에 못 미치는 현상은 기업들이 시장별로 가격을 차별화하는 전략을 구사하기 때문이다.

5. 총지출접근에 따르면 환율상승 시 경상수지가 개선되려면 국민소득이 총지출보다 더 크게 증가하여야 한다. 마샬-러너 조건이 성립한다고 하더라도 수입의 소득탄력성이 높다면 환율상승 시 국민소득이 늘어나면서 수입이 크게 증가하여 경상수지는 오히려 악화될 수도 있다.

6. 개방거시경제의 균형은 대내적으로는 완전고용, 그리고 대외적으로는 경상수지 균형을 의미한다. 정책당국이 완전고용과 경상수지 균형이라는 두 가지 목표를 추구하려면 최소한 두 가지 정책변수가 필요하다.

19) 1960년대까지만 하여도 남미, 인도, 중국 등 많은 개도국들은 국내시장을 중시하면서 해외로부터의 수입을 국내생산으로 대체하는 수입대체 성장전략을 채택하였다. 반면에 한국, 싱가포르, 홍콩, 대만과 같은 아시아 신흥공업국들은 해외시장을 겨냥하여 수출증진을 중시하는 수출주도형 성장전략을 추진하였다. 경제성장의 성적표를 보면 수입대체보다 수출주도형 성장전략이 훨씬 효과적인 것으로 나타났다.

7. 지출전환정책이란 환율과 같이 국산재화와 해외수입재 간의 상대가격을 변화시키는 정책을 의미한다. 한편, 지출조정정책이란 총지출의 크기를 변화시키는 정책을 지칭한다.

8. 시장요인이나 제도적 장벽으로 인하여 교역이 이루어지지 않는 재화 및 서비스를 비교역재라고 부른다. 비교역재는 국내에서 생산된 것만을 소비할 수밖에 없다는 특징 때문에 가격은 국내 수요가 공급과 같아지는 점에서 결정된다.

9. 환율이 상승하면 교역재 생산이 늘고 비교역재 생산은 하락한다. 소비자들은 가격이 상대적으로 비싸진 교역재 소비를 줄이고 비교역재 소비를 늘리게 된다. 따라서 교역재 부문에서 초과공급만큼 무역수지 흑자가 발생한다. 한편, 비교역재 부문에서는 초과수요 때문에 가격이 상승하게 된다. 시간이 경과하면 비교역재의 생산과 소비가 다시 일치하게 되고, 환율상승의 무역수지 개선효과도 사라지게 된다.

주요 용어

- 전통적 국제수지모형
- 총지출모형
- J곡선효과
- 하버거-로슨-메츨러 효과
- 지출전환정책과 지출조정정책
- 탄력성모형
- 마샬-러너 조건
- 전가율
- 대내균형과 대외균형
- 비교역재

연습문제

01 경상수지를 외화기준으로 표시할 경우 마샬-러너 조건을 도출하라.

02 마샬-러너 조건은 외환시장의 균형조건으로 해석할 수도 있다고 한다. 그 경제적 의미를 설명하라.

03 수출전가율과 수입전가율의 개념에 대하여 설명하라.

04 “경상수지 적자는 재정수지 적자 때문에 발생한다. 경상수지 균형을 위해서는 정부지출을 줄이거나 조세수입을 늘려야 한다.”에 대해 논평하라.

05 유럽의 PIIGS 5개국이 대내균형과 대외균형을 달성하려면 어떠한 정책을 추진하여야 하는가? 유로화를 사용하는 한 환율조정은 불가능하다고 가정하라.

06 하버거-로슨-메츨러 효과에 대하여 설명하라.

07 비교역재가 존재하는 의존경제에서 외국의 물가상승이 단기와 장기에 경상수지에 어떠한 영향을 미치는지 설명하라.

제 05 장

구매력평가와 환율 : 통화적 접근모형

1. 통화적 접근
2. 구매력평가
3. 변동환율제도하의 환율결정
4. 고정환율제도하의 국제수지 결정
5. 피셔효과와 환율

통화적 접근은 화폐수요가 안정적이라는 가정하에 화폐공급의 변화가 거시경제에 미치는 여러 가지 효과들을 탐색하는 데 초점을 맞춘 분석틀을 의미한다. 화폐공급의 변화가 비례적인 화폐수요의 변화를 동반하지 않는다면 화폐시장은 일시적으로 불균형상태에 놓이게 된다. 화폐시장이 다시 균형을 회복하는 과정에서 물가와 명목소득이 변하게 된다. 개방경제에서는 조정경로가 좀 더 다양해져서 물가 및 명목소득뿐 아니라 국제수지 그리고 준비자산도 영향을 받게 된다.

고정환율제도하에서 국제수지에 대한 통화적 접근은 통화량, 물가, 이자율, 그리고 준비자산 증감 간의 관계를 분석한다. 탄력성접근이나 총지출접근이 순수출이나 국민소득이라는 실물경제와의 연계 속에서 국제수지 결정을 분석하는 데 비하여 통화적 접근은 화폐를 논의의 핵심으로 끌어들였다는 점이 특징이라고 하겠다. 또한 전통적 국제수지모형이 재화와 서비스교역이라는 유량을 다루고 있다면, 통화적 접근은 화폐 저량에 주목한다는 점도 중요한 차이점이라고 하겠다.

변동환율제도하에서 통화적 접근은 환율결정에 대한 이론이기도 하다. 외국통화의 가격을 의미하는 환율 역시 화폐적 현상으로 간주할 수 있기 때문이다. 통화적 접근에서 환율과 화폐를 연결시키는 고리는 바로 물가이다. 통화공급이 늘면 물가가 상승하면서 화폐가치가 하락하게 되고 환율의 변화를 가져오게 될 것이다. 환율이 양국의 물가수준에 의하여 결정된다는 주장을 구매력평가라고 하는데, 이는 장기적으로 환율이 어떻게 움직이는가를 분석하는 데 매우 유용한 이론이다.

이 장에서는 구매력평가에 대해서 살펴본 후 국제수지와 환율결정에 대한 통화적 접근에 대하여 설명하도록 한다. 여기서 논의되는 통화적 접근이론은 물가가 신축적이라고 가정하고 국가 간 재화 및 금융자산의 자유로운 거래가 허용되는 완전고용하의 소국경제를 상정한다.

1. 통화적 접근

(1) 화폐시장균형과 국제수지

국제수지에 대한 통화적 접근(monetary approach to the balance of payments)은 국제수지 결정에 있어서 화폐의 공급과 수요 간의 상호작용을 강조한다. 즉, 통화적 접근은 국제수지는 화폐적 현상이기 때문에 국제수지 균형을 화폐에 대한 수요와 공급이 균형을 이룰 때 성립한다고 보는 데서 출발한다.[1] 따라서 국제수지가 흑자나 적자를 보일 경우 이는 화폐에 대한 수요와 공급이 일치하지 않기 때문에 발생하는 것으로 해석한다. 예를 들어 국내화폐수요보다 화폐공급이 더 큰 경우에는 국제수지는 적자를 기록하게 되고 이에 따라 외환보유액이 감소하게 된다. 반대로 국내화폐수요가 공급을 능가하게 되면 국제수지는 흑자를 기록하고 외환보유액은 증가하게 된다는 것이다.

먼저 통화적 접근의 기본틀을 화폐시장균형을 중심으로 살펴보도록 하자. 우선 화폐공급량은 본원통화(H)에다가 통화승수(μ)를 곱한 값과 같다.

$$M^S = \mu H \qquad (5\text{-}1)$$

본원통화는 중앙은행의 국내순자산(CBC)과 국내통화표시 순외화자산($S \cdot NFA^{cb}$)의 합과 같다. NFA^{cb}는 외화로 표시된 중앙은행 보유 순외화자산(net foreign assets)을 의미하며, S는 명목환율을 나타낸다.[2]

$$H = (CBC + S \cdot NFA^{cb}) \qquad (5\text{-}2)$$

한편, 명목화폐수요는 명목소득과 이자율의 함수라고 가정한다. P와 Y는 물가와 실질소득을 지칭하며, i는 명목이자율을 의미한다.

1) 통화적 접근에서 말하는 국제수지는 국제수지표상의 자율적인 경상거래나 자본거래가 아닌 보정적 거래, 즉 준비자산 증감으로 정의된다(J. Frenkel and R. Mundell(1976), *The Monetary Approach to the Balance of Payments*, Chapter 1). 이러한 정의는 제4절에서 다루게 될 국제수지 개념과 동일하다.

2) 중앙은행이 해외로부터 차입한 경우 국제수지는 흑자가 되면서 준비자산, 즉 외환보유액은 증가하지만 순외화자산은 변동이 없다. 따라서 이 경우에는 국제수지가 흑자임에도 불구하고 본원통화는 변동이 없다. 여기서는 외환보유액과 순외화자산의 크기는 동일하다고 가정한다.

$$M^D = P \cdot L(Y,\ i) \tag{5-3}$$

화폐시장균형은 화폐의 공급과 수요가 일치($M^D = M^S$)함을 의미한다.

$$\mu(CBC + S \cdot NFA^{cb}) = P \cdot L(Y,\ i) \tag{5-4}$$

식 (5-4)에서 볼 수 있듯이, 외환보유액(NFA^{cb})의 변화는 화폐공급에 변화를 가져오게 된다. 즉, 고정환율제도하에서 국제수지가 흑자를 기록할 때 통화당국은 환율을 일정하게 유지하기 위하여 외환을 매입하게 되므로 화폐공급이 증가하게 된다. 반대로 국제수지가 적자를 기록하게 되면 통화당국은 외환을 매각하게 되고 이에 따라 통화량이 감소하게 될 것이다. 한편, 변동환율제도를 채택하고 있다면 국제수지의 불균형은 화폐공급 대신 환율의 변화를 통하여 해소되게 될 것이다.

고정환율제도하에서는 환율이 고정되어 있으므로 외환보유액은 식 (5-4)로부터 다음과 같이 결정될 것이다.[3)]

$$NFA^{cb} = [P \cdot L(Y,\ i) - \mu CBC]/\mu S \tag{5-5}$$

한편, 외환시장개입이 없는 변동환율제도라면 외환보유액은 일정하고 환율은 다음과 같이 결정될 것이다.

$$S = [P \cdot L(Y,\ i) - \mu CBC]/\mu NFA^{cb} \tag{5-6}$$

식 (5-5)와 식 (5-6)이 각각 국제수지와 환율을 결정하는 조건으로 해석되기 위해서는 우변의 물가(P), 소득(Y), 이자율(i), 국내여신(CBC)에 대하여 별도의 조건이 필요할 것이다.

3) 외환당국은 국제수지가 불균형일 경우에만 환율수준을 유지하기 위하여 외환시장에 개입하므로 외환보유액의 증감은 국제수지의 크기와 일치한다.

(2) 통화적 접근의 특징

국제수지에 대한 통화적 접근(monetary approach)의 뿌리는 18세기의 경제학자 흄(D. Hume)까지 거슬러올라간다. 그러나 1930년대 대공황 시기를 겪으면서 거의 맥이 끊어졌다가 1950년대 초 미드(J. Meade)에 의하여 다시 관심을 받게 되었다. 이후 1960년대에 들어와 존슨(H. Johnson), 먼델(R. Mundell), 프렌켈(J. Frenkel), 그리고 폴락(J. Polak) 등에 의하여 현대적 모습으로 부활하게 되었다.

국제수지를 분석할 때 화폐시장의 균형에 주목한다는 점에서 통화적 접근은 통화주의(monetarist)모형과 일맥상통하지만, 양자 간에는 여러 면에서 차이가 존재한다. 화폐수량설에 기초를 두고 명목총지출을 설명하고 있는 통화주의모형에서는 화폐수요가 시장에서 거래되는 재화 및 서비스의 크기에 따라 결정된다고 가정한다. 한편, 통화적 접근에서는 케인즈가 주장한 바와 같이 화폐수요가 소득뿐 아니라 이자율에 의해서도 영향을 받는다고 가정한다.[4] 또한 통화주의모형에서는 통화량의 변화가 실질국민소득이나 실질이자율과 같은 실질변수에는 영향을 주지 못하고 다만 물가나 환율과 같은 명목변수에만 영향을 미치는 화폐중립성이 성립한다고 가정한다. 반면에 통화적 접근은 물가가 신축적(flexible)인 경우와 경직적(sticky)인 경우를 구분한다. 물가가 신축적이라면 통화주의모형에서와 마찬가지로 화폐중립성이 성립한다고 가정한다.[5] 반면에 물가가 경직적이라면 통화량의 변화가 고용이나 소득, 그리고 이자율에 영향을 줄 수 있다고 간주한다.[6]

한편, 통화적 접근모형은 국내외 금융자산에 대한 자유로운 투자와 매순간 금융자산 저량의 균형을 가정하고 있기 때문에 자산시장접근모형의 일종이라고 볼 수 있다. 자산시장접근방식은 금융자산의 거래비용이나 자본이동에 대한 규제가 무시할 정도로 작다고 보고 완전히 자유로운 자본이동(perfect capital mobility)을 가정한다. 이렇게 되면 환율은 자본의 유출입에 의해 결정되게 된다.

한편, 자산시장접근방식은 국내외 금융자산의 대체성에 대한 가정에 따라 통화적 접근과 포트폴리오균형 접근으로 나누어진다. 통화적 접근에서는 국내통화표시 채권과 외화표시 자산채권이 완전대체적이라고 간주한다. 반면에 포트폴리오균형 접근에서는 국내외 채권은 불완전 대체재라고 가정하고 외화로 표시한 해외채권에 투자한 경우 환위험

4) 이런 면에서 통화주의모형은 통화적 모형의 기초적인 모형이라 할 수 있다.
5) 신축적인 물가를 가정하는 통화적 접근모형은 장기모형이라 할 수 있다.
6) 물가가 경직적이라고 가정하는 통화적 접근모형은 일명 오버슈팅(overshooting)모형이라고 하고 제10장에서 다룬다.

보상, 즉 환위험 프리미엄이 감안되어야 한다고 가정한다.[7)]

이하에서는 물가가 신축적이라는 가정하에 개방경제하에서 국내물가가 외국물가와 어떻게 연결되는지를 설명한 후, 변동환율제도와 고정환율제도에서 각각 환율과 국제수지가 어떻게 조정되는지를 차례대로 살펴보도록 한다.

현대적 환율결정모형의 계보

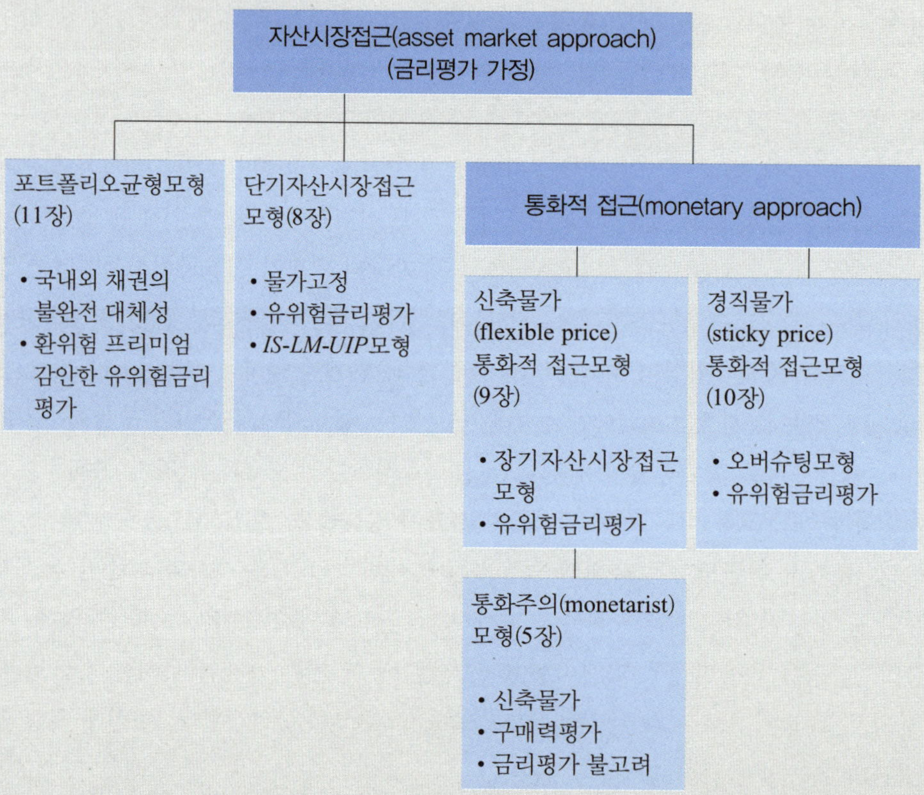

참조 : J. Frankel, "Monetary and Portfolio-Balance Models of Exchange Rate Determination," in J. Bhandari and B. Putnam, eds., *Economic Interdependence and Flexible Exchange Rates*, MIT Press, 1983.

---

7) 자본이동에 대한 규제가 없을 때 성립하는 금리평가와 물가가 고정되어 있다고 가정하는 단기자산시장접근모형에 대해서는 제8장, 포트폴리오균형모형은 제11장에서 다룬다.

2. 구매력평가

(1) 일물일가의 법칙

독점시장이 아닌 완전경쟁시장에서는 동일한 재화 및 서비스를 공급하는 수많은 공급자들이 존재하는데, 만약 이들 재화 및 서비스의 품질이 똑같을 경우 동일한 가격으로 판매된다고 가정할 수 있다. 일물일가의 법칙이란 동일한 품질의 제품 가격은 똑같아야 한다는 것을 의미한다. 얼핏 생각하면 같은 품질의 물건이라면 같은 가격으로 판매되는 것이 당연해 보인다. 특히 요즘같이 정보가 넘쳐나는 세상에서 같은 물건인데 가격이 다르다는 것은 이해하기 힘들다.

〈표 5-1〉은 인터넷상의 가격비교 사이트를 이용하여 2019년 출시된 S사의 스마트폰 가격을 비교한 것이다. 얼핏 보면 똑같은 상품인데 5G 네트워크 접속이 가능한가에 따라 가격이 다르다. 또한 통신서비스의 공급업체에 따라 가격이 다르다는 점이 눈에 띄는데, 이것은 똑같은 스마트폰을 사용하더라도 통화품질이나 통화서비스의 내용이 조금씩 다르다는 것으로 이해할 수 있다. 즉, 쇼핑몰에서 특정 제품을 구입하려고 할 때 세부적으로 옵션이나 부가서비스의 내용에 따라 가격에 차이가 난다면 이를 같은 상품으로 취급할 수 있을지 의문시된다. 만약에 똑같은 상품이라면 가장 싸게 판매하는 가게로 고객들이 몰리게 될 것이다. 이것을 알고 있는 판매자들이 배짱 좋게 다른 가게보다 비싼 가격

표 5-1 동일 모형 스마트폰의 가격 비교

(단위 : 원)

구분	A통신사	B통신사	C통신사
4G 128G 기기변경	337,800	150,800	326,400
4G 128G 번호이동	134,670	28,410	205,330
4G 128G 신규가입	420,000	324,800	474,300
4G 128G 선택약정, 기기변경	959,200	852,576	630,150
4G 128G 선택약정, 번호이동	951,900	991,900	464,150
5G 256G 기기변경	320,450	416,670	569,500
5G 256G 번호이동	225,500	358,160	378,990
5G 256G 신규가입	672,500	657,000	689,750
5G 256G 선택약정, 기기변경	807,490	824,010	542,000
5G 256G 선택약정, 번호이동	807,490	824,010	891,120

주 : S사 2019년형 안드로이드 스마트폰 기준.
자료 : 에누리 닷컴(www.enuri.com), 접속일: 2020.1.6.

으로 판매할 수 있을지 의문시된다. 따라서 가격이 다르다면 과연 같은 상품인지 의심해 보는 것이 타당할 것이다.

국내에서 똑같은 상품이 다른 가격에 판매된다면 어떠한 현상이 발생할지 좀 더 생각해 보자. 우선 사람들은 싸게 살 수 있는 가게로 몰리고, 비싸게 판매하는 가게는 개점 휴업상태가 될 것이다. 이러한 상태가 계속되면 사람들이 몰리는 가게에서는 판매가격을 올리려 할 것이고, 정반대 상황에 놓인 가게는 가격을 내릴 수밖에 없을 것이다. 따라서 시간이 경과하면서 가격차이는 없어질 것이다.

그런데 이러한 조정과정은 같은 물건을 싼 가격으로 사서 비싼 가격으로 되팔아 이익을 챙기려는 사람들 때문에 단축될 수 있다. 동일한 제품의 가격차이를 이용하여 이득을 추구하는 행위를 차익거래(arbitrage)라고 하며, 이러한 행위를 하는 사람들을 차익거래자(arbitrager)라고 한다. 차익거래는 일반적으로 불확실성으로 인한 가격하락 위험이 없는 거래이다. 즉, 가격에 대한 예측이 부정확해서 손해볼 가능성은 없다.

실제 똑같은 상품인데 재래시장과 백화점에서 다른 가격으로 판매되는 경우가 있다면 이는 정보의 부족이 가장 큰 이유가 될 것이다. 수요자들이 똑같은 상품을 훨씬 싸게 살 수 있다는 것을 안다면 구태여 백화점에서 비싼 값을 주고 살 이유가 없다. 실제로 똑같은 상품이 다른 가격에 판매된다는 정보를 모르는 경우가 허다하다. 정보는 희소하다는 의미에서 일종의 경제적 자원이라고 할 수 있다. 과거 부동산 투자로 재미를 본 사람들은 발품을 팔아야 돈을 벌 수 있다고 하였다. 시세보다 싼 상품이 어디에 있는가 하는 정보는 공짜로 누구에게나 제공되지 않는다.

그러나 정보가 누구에게나 완전하게 주어졌음에도 불구하고 가격차이가 계속된다면 다른 이유가 있을 수 있다. 위의 예에서 재래시장은 찾아가기 어렵거나 주차하기 힘들다든지, 아니면 전화나 우편을 이용하여 주문하기 어려울 수 있다. 시장에서 거래가 이루어질 때는 해당 재화나 서비스의 가격 이외에도 정보를 수집하고 분석하는 데 들어가는 수고, 시장에 갔다오는 데 필요한 시간이나 교통비와 같은 비용이 발생한다. 이러한 추가적 비용을 거래비용(transaction cost)이라고 한다. 같은 상품이라도 가격차이가 크다면 이러한 거래비용을 감안하더라도 차익이 발생할 수 있다. 그러나 가격차이가 거래비용보다 작다면 실제 거래는 발생하지 않을 것이다.

이제 일물일가의 법칙이 개방경제에서 어떻게 적용되는지에 대하여 살펴보도록 하자. 예를 들어 중국에서 만든 등산복과 한국에서 만든 등산복이 있다고 하자. 같은 유명브랜드이고 사용하고 있는 원단이나 디자인뿐 아니라 바느질까지도 똑같다고 하자. 그렇다면 거래비용이 없을 때 한국에서 만든 제품이나 중국에서 수입한 제품이나 가격이 같아야 한다. 만약 국산품의 가격이 싸다면 수입이 이루어지지 않을 것이고, 반대로 수입품의 가격이 낮다면 국산품이 더 이상 팔리지 않을 것이기 때문이다.[8)]

개방경제하에서 일물일가의 법칙에 따르면 같은 상품의 국내외 가격은 어느 지역에서나 같아지게 된다. 즉, 국산품의 가격이 해외에서 생산하여 수입한 제품의 가격과 같아져야 한다. 어떤 재화 j의 국내가격을 P_j, 수입품의 해외가격을 P_j^*, 그리고 환율(외환 1단위의 국내가격)을 S라고 하면, 일물일가의 법칙에 의해서 이들 간에는 다음과 같은 등식이 성립하여야 한다.

$$P_j = SP_j^* \tag{5-7}$$

현실에서는 거래비용이 존재하므로 국내외 가격차이가 지속될 수 있다. 제4장에서 언급한 바와 같이 가격차이가 존재함에도 불구하고 거래비용이 크기 때문에 국가 간의 교역이 이루어지지 못하는 재화를 비교역재라고 한다. 의료서비스나 교육서비스와 같은 경우는 크게 볼 때 비교역재라고 할 수 있다. 선진국에 비하여 우리나라의 병원비는 상당히 낮다. 그럼에도 불구하고 외국인들이 의료서비스를 받기 위하여 한국을 방문하는 경우는 많지 않다. 한국의 의료수준이 선진국수준에 미달한다고 보기는 어려운 만큼 거래비용이 그만큼 크다는 반증이라고도 할 수 있다.[9)] 또 다른 흥미로운 예는 이발이라는 서비스이다. 성인남자의 머리카락을 자르는 서비스는 거의 표준화되어 있다. 그럼에도 불구하고 미국이나 유럽에서의 헤어컷 비용은 거의 2배에 이른다. 그렇다고 머리카락을 자르러 한국을 방문하는 외국인들은 찾아볼 수 없다. 이 또한 거래비용이 크기 때문에 차익거래가 발생하지 못하는 경우인데, 이런 의미에서 이발 서비스는 일종의 비교역재라고 할 수 있다.

8) 수입품 가격이 저렴하여 국내에서 더 이상 생산되지 않고 수입에 의존하는 제품은 주변에 꽤 많다. 성냥이 그 중 하나이다. 한때 국내 성냥은 유엔표, 아리랑표, 비사표, 기린표, 돈표 등 대형공장만 해도 30여 곳이나 되었다. 근래에 담배 피울 때 성냥대신 라이터를 사용하게 된 것도 이유이지만, 포플러나무로 만든 성냥의 원가에 비하여 중국수입품의 판매가가 낮아서 더 이상 경쟁할 수가 없게 된 것이 주된 이유이다.

9) 성형수술의 경우 상당한 거래비용에도 불구하고 외국인들이 한국에 몰리는 이유는 의료서비스의 수준을 자국과 비교할 때 감안한 치료비가 거래비용을 상쇄할 만큼 월등하기 때문이라고 이해할 수 있다.

(2) 절대적 구매력평가와 상대적 구매력평가

일물일가의 법칙이 모든 재화와 서비스에 적용된다면 양국 간의 물가와 환율 간에는 어떠한 관계가 있을까? 모든 재화 및 서비스의 가중평균가격을 물가라고 정의할 때 본국과 외국의 물가 간에는 다음과 같은 등식이 성립하여야 한다.[10)]

$$P = SP^{*} \tag{5-8}$$

식 (5-8)은 양국의 절대적 물가수준에 기초한 구매력평가식이기 때문에 절대적 구매력평가라고 한다.[11)] 즉, 양국의 물가가 주어졌을 때 환율이 어떻게 결정되는가를 보여주는 환율결정식으로 해석할 수 있다. 이를 환율결정의 구매력평가설이라고 한다.

$$S = \frac{\frac{1}{P^{*}}}{\frac{1}{P}} = P/P^{*} \tag{5-9}$$

구매력평가설은 환율결정에 대한 가장 오래된 이론 중의 하나인데, 스웨덴 경제학자인 카셀(G. Cassel)에 의하여 정립되었다. 카셀은 제1차 세계대전 이후 유럽의 적정환율을 결정함에 있어 국가 간 물가수준의 차이가 가장 중요한 변수라고 생각하였다. 왜냐하면 자유무역이 이루어지는 상황에서 동일한 물건은 동일 화폐단위로 환산하였을 때 같은 값을 가져야 한다고 보았기 때문이다. 화폐의 가치가 높다는 것은 화폐의 구매력이 크다는 말과 같다. 따라서 구매력평가설에 따르면 명목환율은 해당 국가 통화 1단위의 구매력($1/P$)에 비하여 외화 1단위의 해외에서의 구매력($1/P^{*}$)이 상대적으로 얼마나 큰가를 반

---

10) 본국과 외국의 물가는 개별 재화 및 서비스의 가격을 소비자들이 소비하는 규모에 따라 가중평균한 것이다($\Sigma_i \alpha_i = \Sigma_i \beta_i = 1$).

$$P = P_1^{\alpha 1} P_2^{\alpha 2} \cdots P_n^{\alpha n}, \quad P^{*} = P_1^{*\beta 1} P_2^{*\beta 2} \cdots P_n^{*\beta n}$$

이때 모든 재화 및 서비스에 일물일가의 법칙을 적용할 수 있다고 가정하면, $P_i = SP_i^{*}$가 성립하여야 한다. 이에 더하여 국내물가와 외국물가에서 개별 상품 i가 차지하는 비중이 동일($\alpha_i = \beta_i$)하다고 가정하면, 식 (5-8)을 도출할 수 있다.

$$P = (SP_1^{*})^{\alpha 1} (SP_2^{*})^{\alpha 2} \cdots (SP_n^{*})^{\alpha n} = S^{(\alpha 1 + \alpha 2 + \cdots + \alpha n)} P_1^{*\alpha 1} P_2^{*\alpha 2} \cdots P_n^{*\alpha n} = SP^{*}$$

11) 절대적 구매력평가가 성립한다는 것은 실질환율$\left(q = \frac{SP^{*}}{P}\right)$이 1이 된다는 것을 의미한다.

영한다.

구매력평가설의 이론적 기반은 일물일가의 법칙이라고 할 수 있다. 앞에서 설명한 바와 같이 일물일가의 법칙이란 수송비용과 무역장벽이 없다면 양국의 재화가격이 동일화폐로 표시하였을 때 일치하여야 한다는 직관에 기초하고 있다. 만약에 거래비용 때문에 국내 특정 재화의 가격이 지속적으로 수입물품의 국내가격보다 높다면 일물일가의 법칙이 성립하지 않을 것이다. 그러나 이때에도 환율변동의 장기적 추세는 물가상승률의 차이로 설명할 수 있다.

만약 국산품의 가격이 전반적으로 수입품의 가격보다 λ배 높다고 하자. 이때 λ는 거래비용을 나타내는 상수로서 1보다 큰 값을 가진다고 가정하자. λ가 일정하다면 식 (5-8)은 식 (5-10)과 같아진다.

$$P = \lambda S P^* \qquad (5\text{-}10)$$

식 (5-10)은 두 국가의 상대적 물가수준이 일정한 비율을 유지하여야 한다는 점에서 상대적 구매력평가라고 한다. 식 (5-10)으로부터 환율변화율과 양국 물가의 변화율 간의 관계를 도출하면 식 (5-11)과 같아진다. 즉, 환율변화율은 양국 물가상승률의 차이에 의하여 결정되는데, 이를 상대적 구매력평가라고 한다.

$$\frac{\Delta S}{S} = \frac{\Delta P}{P} - \frac{\Delta P^*}{P^*} \qquad (5\text{-}11)$$

식 (5-11)에서 국내 물가상승률($\Delta P/P$)이 해외 물가상승률($\Delta P^*/P^*$)보다 높다면 환율이 상승하게 되고, 이는 자국통화가치가 상대적으로 하락하는 것을 의미한다.

상대적 구매력평가는 단순히 절대적 구매력평가를 동태적 관계로 전환시킨 것은 아니다. 일물일가의 법칙이 수송비용이나 무역장벽 등으로 인하여 성립하지 않는다면 식 (5-8)의 절대적 구매력평가 역시 성립하기 어렵다. 그리고 물가를 산정할 때 포함되는 제품이나 서비스의 종류나 가중치가 다른 경우에도 절대적 구매력평가가 성립하기 힘들다. 이러한 제약조건에도 불구하고 국내외 물가비율이 일정한 값을 유지하거나 두 국가의 절대적 물가수준이 동일한 방향으로 변동한다면 환율변화는 물가상승률의 차이로 설명할 수 있을 것이다.

구매력평가설은 상당한 기간 동안 현실에 비교적 잘 부합되는 것으로 간주되어 왔다.

즉 물가상승률이 여타 국가보다 높은 경우 자국통화의 가치가 하락하는 추세를 관측할 수 있었다. 그러나 1980년대 이후에는 물가상승률과 환율변동 간의 관계가 구매력평가설로써는 제대로 설명되기 어려운 것으로 나타났다.

구매력평가가 현실적으로 성립하기 힘든 이유로는 여러 가지를 들 수 있다. 예를 들어 관세 및 비관세 장벽의 존재, 또는 서비스와 같이 성격상 교역대상이 되기 힘든 생산물의 비중이 확대되는 경우 일물일가의 법칙에서 일탈하는 요소로 작용할 공산이 크다. 또한 같은 제품이라도 국내시장이 독과점적 구조라면 해외보다 비싸게 판매될 것이다. 그 결과 특정 국가 화폐 1단위의 구매력은 국내와 해외에서 같아지기는 어렵다.

1980년대 이후의 국제무역환경의 변화 이외에도 일물일가의 법칙이 성립되지 않는 이유로 다른 경제적 변수들의 영향도 무시할 수 없다. 그 대표적인 요인으로는 교역조건의 변화, 수요의 변화, 생산성 변화 등을 들 수 있다.

구매력평가설에 따르면 장기적인 환율추세는 국내외 물가비율에 따라 결정되어야 한다. [그림 5-1]은 2005년 기준의 원/달러화 환율과 상대물가지수(한국의 물가지수/미국의 물가지수) 추세를 보여준다. 대체적으로 한국의 물가는 미국의 물가보다 빠른 속도로 증가하여 왔다. 1973년부터 1990년대 초까지 달러화에 대한 원화 환율도 물가비율과 비슷한 추세를 보이면서 증가하여 왔다. 그러나 변동환율제도로 이행한 1998년 이후에는 환

| 그림 5-1 | 한미 간 물가비율과 원-달러 환율 추세(1973~2018)

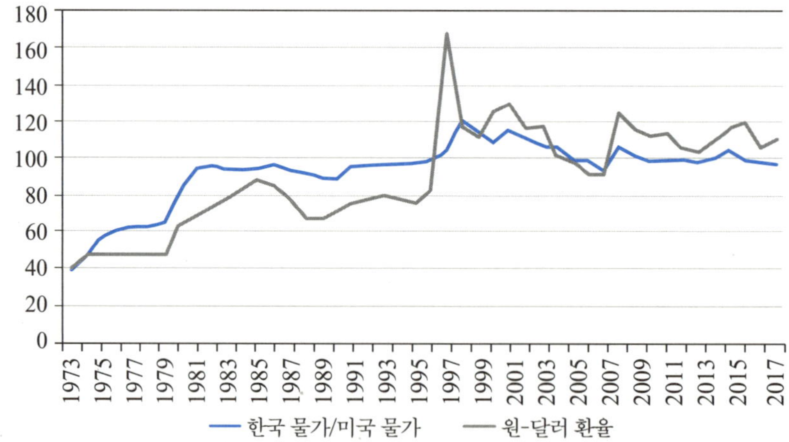

주 : 원-달러 환율은 2005년 기준 지수이며, 양국 물가비교 시 생산자 물가지수(2005년 기준) 사용.

자료 : 한국 생산자 물가지수 : 한국은행 경제통계시스템, 미국 생산자 물가지수 : Federal Reserve Bank of ST. Louis, 원달러 환율 : e-나라지표.

율의 움직임은 물가비율과는 상당히 다른 모습을 보이고 있으며, 환율의 변동폭도 훨씬 커졌다. 결론적으로 구매력평가에 의한 환율예측은 장기적으로는 유용할 수 있으나, 단기적으로 환율의 움직임은 물가가 아닌 다른 요인들에 의하여 결정될 가능성이 높다.

3. 변동환율제도하의 환율결정

(1) 구매력평가와 환율결정

통화적 접근에 따르면 환율은 화폐시장의 균형조건과 구매력평가조건이 만족될 때 결정된다. 변동환율제도하에서는 중앙은행의 외환시장개입이 없기 때문에 외환보유액은 일정하고, 화폐공급도 일정하다. 한편, 국내물가는 화폐시장의 균형조건에 의하여 결정되는데 외국물가가 주어졌다고 보면 환율은 이들 간 구매력평가가 성립하도록 조정된다.

물가가 결정되는 과정을 다시 살펴보자. 화폐공급량은 식 (5-2)에서 설명한 바와 같다. 변동환율제도라고 가정하였으므로 외환보유고(NFA^{cb})는 일정하다.

$$M^S = \mu(CBC + S\overline{NFA^{cb}}) \tag{5-12}$$

통화적 접근에 따르면 화폐수요는 명목소득과 이자율의 함수인데, 여기서는 논의의 편의상 이자율은 고려하지 않도록 한다.[12] 또한 소득 Y는 완전고용수준에서 일정하다고 가정한다.

$$M^D = PL(Y, i) = kP\overline{Y} \tag{5-13}$$

화폐시장이 균형을 이루려면 화폐의 수요와 공급이 일치하여야 한다.

$$M^D = M^S \tag{5-14}$$

화폐시장균형조건에 의하여 물가가 결정되면, 구매력평가조건에 의하여 환율이 결정

12) 화폐수요함수에서 이자율을 고려하지 않은 기초적인 통화적 접근모형을 통화주의모형이라 한다.

된다.[13] 구매력평가를 나타내는 식 (5-9)를 화폐시장의 균형조건과 결합하면 환율결정식은 다음과 같이 표시할 수 있다.

$$S = \frac{P}{P^*} = \frac{M^S/(k\overline{Y})}{M^{S*}/(k\overline{Y}^*)} \quad (5\text{-}15)$$

식 (5-15)는 구매력평가하에서 환율은 국내물가(P)에 비례하고 외국물가(P^*)에 반비례한다는 것을 보여준다. 한편, 각국의 물가는 화폐공급량을 화폐수요의 실질소득에 대한 비례상수(k)와 실질소득($\overline{Y}$)으로 나눈 값과 같다. 양국의 비례상수 값이 같다면($k = k^*$) 환율은 국내화폐공급량(M^S)의 외국화폐공급량(M^{S*})에 대한 상대적 비율과 외국 실질소득($\overline{Y}^*$)의 국내 실질소득($\overline{Y}$)에 대한 상대적 비율에 의하여 결정된다.

통화량과 물가, 그리고 환율 간의 관계는 [그림 5-2]에서 보는 바와 같다. [그림 5-2]의 오른쪽은 화폐시장을 보여준다. 화폐공급량(M^S)은 물가와 관계없이 일정하다. 한편, 화폐수요(M^D)는 실질소득이 일정($Y = \overline{Y}$)하다면 물가에 비례한다. 물가는 화폐에 대한 수요

| 그림 5-2 | **통화량, 물가와 환율**

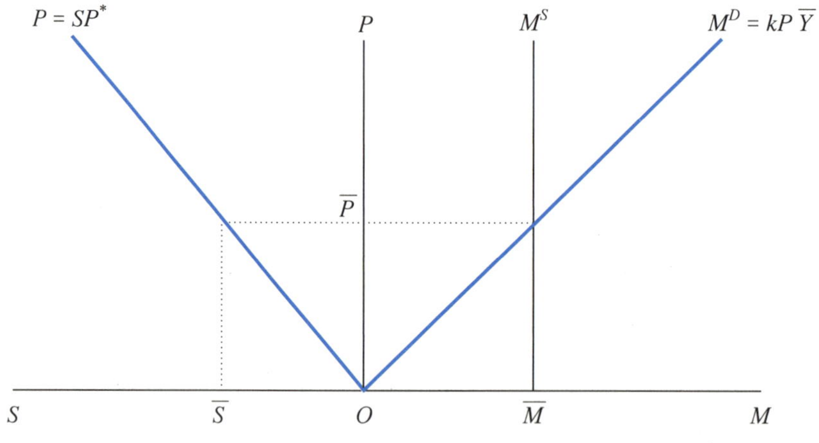

13) 변동환율제도하에서는 중앙은행이 외환시장에 개입하지 않기 때문에 외환보유액은 변동이 없다. 따라서 화폐공급은 국내순자산(CBC)에 의하여 결정되고 환율도 국내순자산과 비례하게 된다. 이를 수식을 이용하여 설명하면, 우선 식 (5-6)의 화폐시장균형조건으로부터 환율은 다음과 같이 결정된다.

$$S = [P \cdot L(Y, i) - \mu CBC]/\mu NFA = (P \cdot k\overline{Y} - \mu CBC)/\mu NFA$$

여기에 구매력평가조건($P = SP^*$)을 대입하면, 환율은 다음과 같이 결정된다.

$$S = (SP^* k\overline{Y} - \mu CBC)/\mu NFA \rightarrow S = \mu CBC/(P^* k\overline{Y} - \mu NFA)$$

량과 화폐의 공급량이 일치하는 점에서 결정된다($P = \bar{P}$). [그림 5-2]의 좌측은 구매력평가하에서 국내물가와 환율 간의 관계를 보여준다. 외국의 물가가 주어졌다고 가정하면 환율은 국내물가에 비례한다. 따라서 균형물가수준과 환율은 각각 $\bar{P}$와 $\bar{S}$에서 결정된다.

(2) 외생충격과 환율

1) 통화공급 증가와 환율

통화공급이 증가하면 [그림 5-3]에서 보는 바와 같이 통화공급곡선(M^S)이 우향이동하게 된다. 처음 물가수준($\bar{P}$)에서 화폐수요보다 화폐공급이 커졌으므로 AB만큼 화폐의 초과공급이 발생하게 된다. 이에 따라 물가는 화폐공급과 화폐수요가 같아지는 새로운 균형(B')에 도달할 때까지 증가하게 된다,

한편, 물가가 상승하게 되면 환율은 비례적으로 상승한다. 따라서 구매력평가를 만속하는 환율과 물가의 조합은 C점에서 D점으로 바뀌게 된다. 통화공급의 증가 시 환율과 물가가 비례적으로 증가하였으므로 실질환율은 변하지 않는다. 따라서 순수출도 변하지 않고 국제수지는 계속 균형을 유지한다. 국제수지가 균형을 이루므로 외환보유액의 변화는 없으며, 따라서 통화공급량 역시 처음 증가한 수준에서 변하지 않는다.

요약하면 통화공급량의 증가는 물가와 환율을 비례적으로 상승시키는 결과를 초래한다. 실질국민소득($\bar{Y}$)은 외생적으로 주어졌고, 실질환율(SP^*/P) 역시 변하지 않기 때문에 실물경제에는 아무런 영향을 주지 못한다.

| 그림 5-3 | 통화공급의 증가와 환율

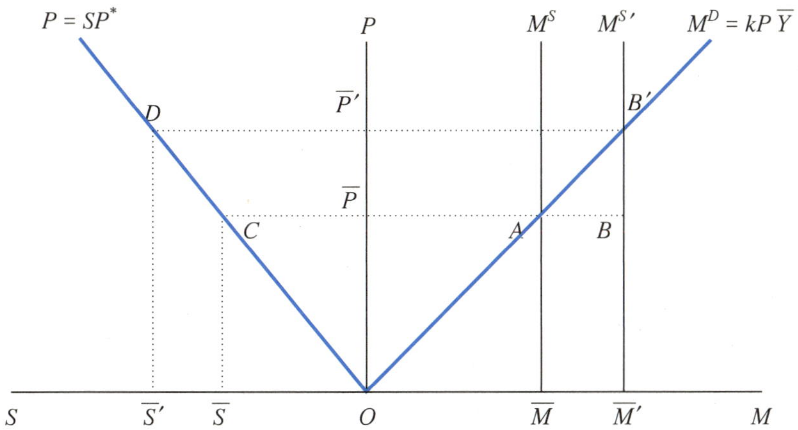

| 그림 5-4 | 화폐수요의 증가와 환율

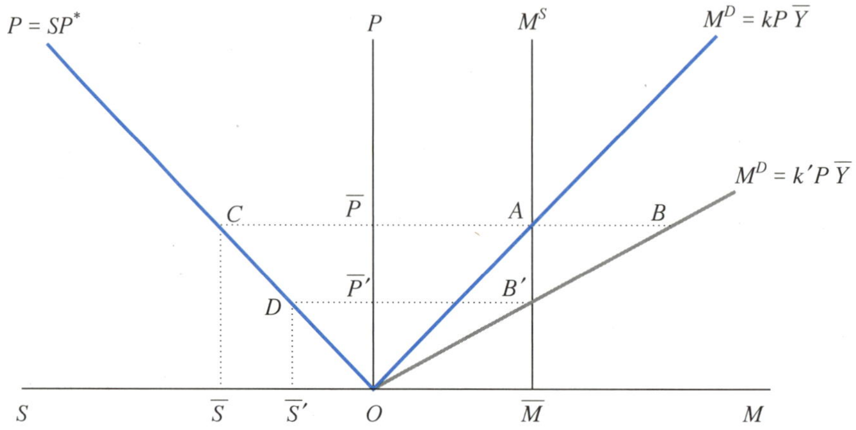

2) 화폐수요 증가와 환율

명목화폐에 대한 수요는 명목소득에 비례하는데, 비례상수(k)가 증가하면 화폐수요가 증가하게 된다. 화폐수요가 증가하면 [그림 5-4]에서 화폐수요를 나타내는 직선의 기울기가 완만해진다($OA \rightarrow OB$). 이때 화폐의 초과수요(AB)가 발생함에 따라 물가는 하락하게 된다. 화폐시장의 새로운 균형은 B'에서 성립한다. 신축적 물가를 가정하고 있으므로 물가조정은 즉각적으로 이루어진다고 보아도 무방하다.

한편, 물가가 하락하게 되면 구매력평가에 의하여 환율도 비례적으로 하락한다. 다시 말하자면, 국내물가의 하락은 자국통화의 구매력이 증가함을 의미하므로 외국통화 1단위와 교환되는 자국통화의 양도 감소하게 된다.

3) 외국물가 증가와 환율

외국물가가 증가하였을 경우 국내화폐 수요와 공급은 영향을 받지 않으므로 국내물가는 변하지 않는다. 한편, 외국물가가 상승하였으므로 [그림 5-5]의 최초 균형(C)에 해당하는 환율수준($\bar{S}$)은 더 이상 균형환율이 될 수 없다. 새로운 구매력평가조건에 따라 환율은 하락하게 된다($\bar{S}'$).

요약하면 기초적인 통화적 접근모형이라 할 통화주의모형에서 환율은 화폐시장균형에 의하여 결정되는 국내물가와 외생적으로 주어진 외국물가 간의 비율에 의하여 결정되고 물가는 화폐의 수요와 공급에 따라 신축적으로 조정된다고 가정하고 있다. 따라서 환율

| 그림 5-5 | 외국물가의 증가와 환율

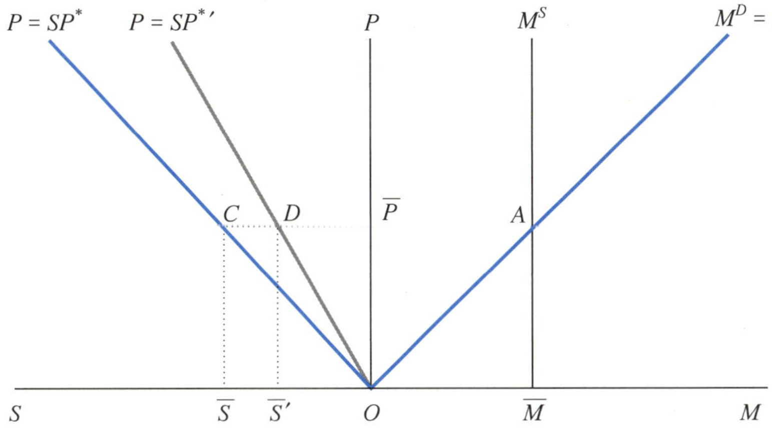

의 장기적 움직임을 설명하는 데 유용하다.

4. 고정환율제도하의 국제수지 결정

(1) 통화량, 물가와 국제수지

통화적 접근의 기본틀과 구매력평가를 이용하여 고정환율제도하에서 국제수지가 어떻게 결정되는지를 살펴보도록 하자.

화폐공급량은 식 (5-2)에서와 같이 결정되는데, 고정환율제도이므로 환율(S)은 고정되어 있다.

$$M^S = \mu(CBC + \overline{S}\,NFA^{cb}) \tag{5-16}$$

화폐수요는 식 (5-13)과 동일하다. 화폐시장이 균형을 이룬다면 식 (5-13)과 식 (5-16)이 동시에 만족되어야 하는데, 이는 국내물가가 다음과 같이 결정됨을 의미한다.

$$P = \frac{\mu(CBC + \overline{S}NFA^{cb})}{k\overline{Y}} \tag{5-17}$$

한편, 구매력평가가 성립한다고 가정하면 국내물가는 외국물가와 환율을 곱한 값과 같다.

$$P = \bar{S}P^* \tag{5-18}$$

국내물가가 화폐시장에서 결정된다고 할 때 식 (5-17)이 만족되어야 하는데, 식 (5-18)의 구매력평가는 국내물가와 외국물가 사이에 성립하여야 하는 별도의 조건을 의미한다. 어떻게 두 가지 조건이 동시에 만족될 수 있는가? 그 단서는 고정환율제도하에서는 국제수지의 불균형이 중앙은행이 보유하고 있는 순외화자산, 즉 외환보유액의 변화를 초래하고, 이는 다시 화폐의 공급을 변화시킨다는 것에서 찾을 수 있다.

[그림 5-6]은 고정환율제도하에서 통화량과 국내물가가 어떻게 결정되는지를 보여준다. 최초의 통화공급량을 $M^S(=\mu(CBC + \bar{S}NFA^{cb}))$라고 하면 국내물가 $\bar{P}$는 식 (5-17)과 같이 결정된다. 그런데 이렇게 결정된 물가수준은 A점과 같이 구매력평가로부터 벗어날 수 있다.

국내물가가 구매력평가를 만족시키는 수준보다 높다면 국산품의 상대가격이 해외상품보다 높다는 것을 의미한다. 따라서 순수출은 감소하고 국제수지는 적자를 기록하게 될 것이다. 국제수지가 적자라면 외환시장에서 환율상승압력이 발생하므로 중앙은행은 외환을 매도하여야 한다. 따라서 중앙은행이 보유하고 있는 외환보유액이 감소하게 되고

| 그림 5-6 | 고정환율제도하에서 통화량 및 물가의 결정

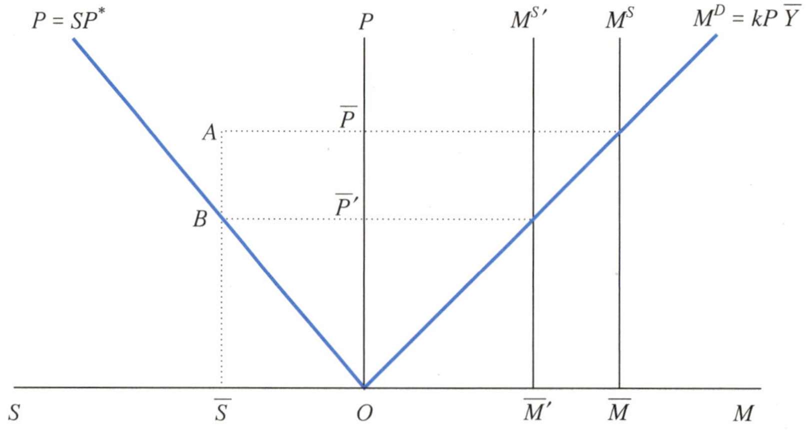

화폐공급이 감소한다. 이러한 조정은 국내물가가 구매력평가를 만족시킬 때(B)까지 지속된다.

결국 고정환율제도하에서 국제수지가 균형을 이루게 되면 화폐공급이 변하지 않게 되고 화폐시장에서 결정된 국내물가는 구매력평가를 만족시키게 된다. 이때 국제수지는 화폐수요(식 (5-13))와 화폐공급(식 (5-16))으로부터 다음과 같이 결정된다.

그리고 국제수지는 중앙은행이 보유하고 있는 준비자산, 즉 외환보유액의 변화를 초래한다.[14)]

$$\Delta(\bar{S}\,NFA^{cb}) = 1/\mu \cdot \Delta(kP\bar{Y}) - \Delta CBC \tag{5-19}$$

(2) 외생충격과 국제수지 조정

1) 통화공급 증가와 국제수지 조정

식 (5-19)로부터 국내여신(CBC)이 증가하여 화폐공급이 화폐수요를 초과할 경우 국제수지는 적자를 기록하게 된다는 것을 알 수 있다. 이제 최초 국제수지가 균형을 이루고 있는 상황에서 국내여신이 증가할 경우 국제수지의 변화를 [그림 5-7]을 통하여 확인하여 보자.

| 그림 5-7 | 통화공급 증가와 국제수지 조정

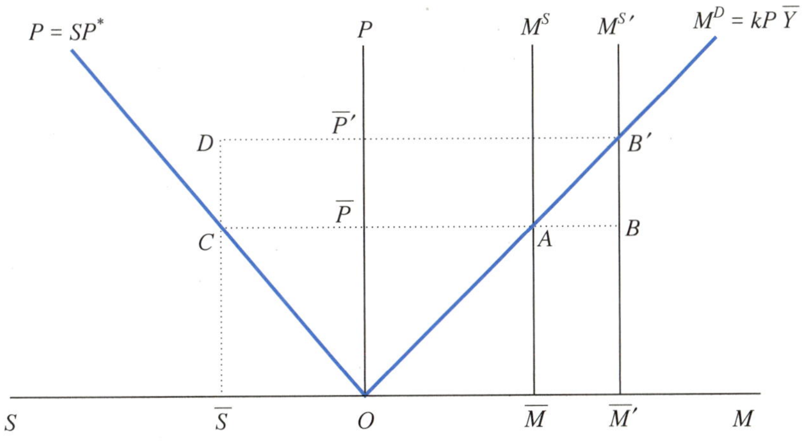

14) 일반적으로 국제수지는 경상수지와 자본거래를 통한 자본순유입의 합으로 나타나는데, 이것은 곧 중앙은행의 준비자산 또는 외환보유액 그리고 순외화자산의 증감과 같아지게 된다.

국내여신이 증가하면 통화공급을 나타내는 수직선(M^S)이 우향이동하게 된다. 처음 물가수준($\bar{P}$)에서는 화폐수요보다 화폐공급이 커졌으므로 AB만큼 화폐의 초과공급이 발생하게 된다. 물가는 화폐공급과 화폐수요가 같아지는 새로운 균형(B')에 도달할 때까지 증가하게 된다.[15)]

한편, 물가가 상승하게 되면 주어진 환율수준($\bar{S}$)과 새로운 물가는 구매력평가를 만족하지 못한다. 즉, D점은 구매력평가를 만족하는 직선에서 벗어나 있다. 이는 국내물가가 국내화폐로 환산한 해외물가보다 비싸졌다는 것(실질환율의 하락)을 의미하므로 순수출은 감소하고 국제수지는 적자가 된다.

국제수지가 적자가 되면 외환보유액이 감소하므로 통화공급이 감소하고 따라서 수직선($M^{S\prime}$)은 다시 좌향이동하게 되고 물가는 다시 감소하기 시작한다. 이러한 조정은 화폐량과 물가가 원래 수준으로 돌아올 때까지 지속된다. 결국 국내여신의 증가는 국제수지 적자를 초래하여 동일한 규모만큼의 외환보유액 감소를 초래하고 물가나 환율에 전혀 영향을 주지 못한다.

2) 화폐수요 증가와 국제수지 조정

화폐수요가 증가하면 화폐공급 증가와 반대로 물가의 하락을 가져오고, 국제수지는 흑자를 기록하게 될 것이다. 그런데 화폐공급의 증가가 순수하게 화폐부문의 충격이었음에 비하여 화폐수요의 증가는 실질국민소득($\bar{Y}$)이나 화폐수요의 실질소득에 대한 비례상수(k)의 변화에 기인한다. 이러한 충격은 화폐공급 충격과 성격이 다른 만큼 조정과정도 상이하게 나타날 것이다.

실질국민소득이 증가하거나 비례상수가 증가하여 화폐수요가 증가하였다고 가정하자. [그림 5-8]에서 화폐수요의 증가는 M^D곡선의 기울기가 완만해짐을 의미한다. 최초의 물가수준($\bar{P}$)에서 AB만큼 화폐의 초과수요가 발생하게 되면 물가는 화폐공급과 화폐수요가 같아지는 새로운 균형(B')에 도달할 때까지 하락하게 된다.[16)]

---

15) 사람들이 보유하려는 화폐의 수요량보다 화폐의 공급량이 커지게 되면 사람들은 자기가 원하는 양만큼만 남기고, 나머지 화폐는 시장에 나가서 재화나 서비스를 구매하려 할 것이다. 그런데 완전고용하에서 재화와 서비스의 공급량은 한정되어 있기 때문에 갑자기 늘어난 수요를 감당할 수 없고, 이에 따라 물가가 상승하게 된다.

16) 사람들이 보유하려는 화폐의 수요량이 화폐의 공급량보다 커지게 되면 사람들은 자기가 보다 많은 화폐를 보유하기 위하여 지출을 줄이게 된다. 이에 따라 재화와 서비스의 수요량이 감소하게 되고, 따라서 물가는 하락한다.

| 그림 5-8 | 화폐수요 증가와 국제수지 조정

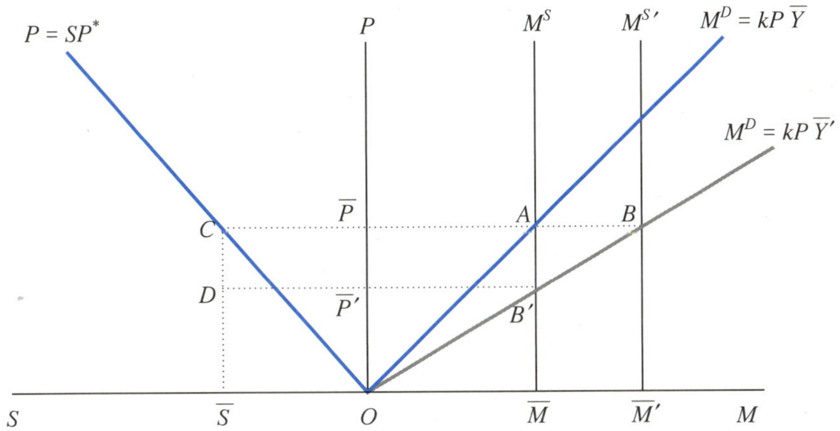

물가가 하락하게 되면 환율이 고정되어 있기 때문에 실질환율은 상승한다. 그 결과 순수출이 증가하고 국제수지는 개선된다. 국제수지 흑자는 외환보유액 증가를 의미하므로 화폐공급이 증가하게 된다. 이에 따라 물가는 다시 증가하기 시작한다. 이러한 조정은 화폐공급이 증가한 화폐수요와 일치하는 새로운 균형(B)에 도달할 때까지 지속된다.

화폐수요의 증가는 화폐공급의 증가와 달리 조정과정에서 국제수지의 흑자를 초래하고, 이에 따라 중앙은행의 외환보유액도 증가한다. 그 결과 화폐공급은 이전보다 증가하게 된다.

3) 외국물가 상승과 국제수지 조정

외국물가가 상승하면 구매력평가를 만족시키는 환율과 국내물가 조합은 [그림 5-9]에서의 C점에서 D점으로 바뀌어야 한다. 따라서 현재의 물가수준($\overline{P}$)에서 실질환율의 상승을 초래한다.

실질환율의 상승은 순수출의 증가와 국제수지의 흑자를 초래한다. 그 결과 외환보유액이 증가하고 화폐공급이 증가하게 되면 국내물가도 상승하게 되고 이에 따라 국제수지 흑자는 점차 감소하게 된다. [그림 5-9]에서 화폐공급곡선은 화폐공급의 증가에 따라 우향이동하게 되고, 새로운 균형은 국내물가가 다시 구매력평가를 만족하게 될 때 이루어진다(D점). 화폐의 수요와 공급도 이러한 물가수준에서 다시 일치하게 된다(B'점). 즉, 외국물가의 상승은 국제수지 흑자와 국내물가의 상승을 초래한다.

| 그림 5-9 | 외국물가의 상승과 국제수지 조정

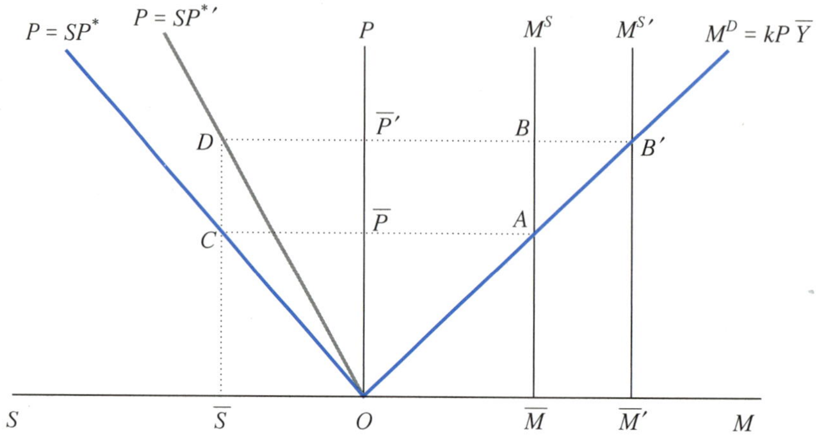

5. 피셔효과와 환율

(1) 이자율 고려 시 통화공급량 증가의 효과

지금까지 화폐수요는 이자율에 의하여 영향을 받지 않는다는 가정을 하였다. 이제 식 (5-3)과 같이 화폐수요가 명목소득뿐 아니라 이자율의 함수라고 가정하면 환율결정에 대한 논의가 어떻게 달라지는지를 살펴보도록 하자. 구매력평가가 성립할 때 환율은 다음과 같이 결정될 것이다.

$$S = \frac{P}{P^*} = \frac{M^s / L(Y, i)}{M^{s*} / L(Y^*, i^*)} \tag{5-20}$$

식 (5-20)에서 국내이자율이 상승하면 화폐수요가 감소하고, 이는 국내물가를 상승시킨다. 이에 따라 명목환율은 상승한다. 이러한 조정과정은 [그림 5-4]의 화폐수요 증가의 경우와 반대이다.

그러면 이자율은 어떻게 결정되는가? 미국의 경제학자 피셔(I. Fisher)는 예상인플레이션율이 증가하면 명목이자율도 같은 크기만큼 증가한다고 주장하였다. 이러한 예상인플레이션율과 명목이자율 간의 상응관계를 그의 이름을 따서 피셔효과라고 부른다. 피셔는 명목이자율이 실질이자율과 예상인플레이션율의 합으로 나타낼 수 있다고 보았다. 이때

실질이자율(r)은 외생적으로 주어졌다고 가정한다.[17]

$$i = r + \pi^e \tag{5-21}$$

먼저 화폐수요가 이자율에 의하여 영향을 받는 일반적인 상황에서 통화공급량의 변화가 환율에 어떠한 영향을 미치는지를 피셔효과를 이용하여 살펴보자. 만약 통화당국이 t_0 시점에 통화공급량을 2배 증가시킬 경우 물가가 신축적이라면 물가수준이 2배 증가하고 예상인플레이션율은 변하지 않는다. 따라서 피셔효과에 의해 명목이자율은 변하지 않는

| 그림 5-10 | **통화공급량 증가의 효과**

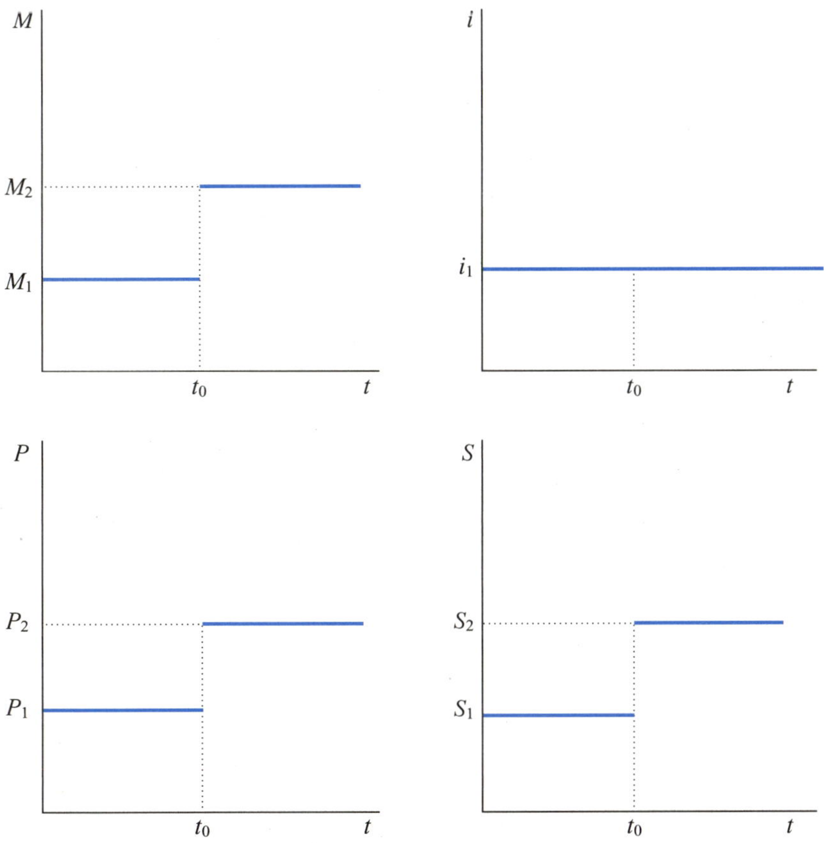

17) 피셔는 실질이자율이 대부자금시장에서 자금의 공급(국민저축)과 자금의 수요(투자)가 일치되는 수준에서 결정된다고 보았다.

다. 국민소득이 일정하다면 명목이자율이 변하지 않았으므로 실질화폐수요량도 변하지 않는다.[18] 결국 통화공급량이 증가하면 물가가 비례적으로 상승하게 되고, 구매력평가에 의하여 환율도 물가와 비례적으로 상승하게 된다.

이상의 논의를 요약하면 [그림 5-10]에서 보는 바와 같다. 통화공급량(M)의 변화는 이자율(i)에 아무런 영향을 미치지 못한다. 다만 물가(P)와 환율(S)에만 비례적인 영향을 미친다. 이러한 결론은 화폐수요에 이자율이 영향을 주지 않는다고 가정한 [그림 5-3]의 경우와 동일하다.

(2) 통화공급 증가율의 상승효과

다음에는 통화공급량이 일정한 비율로 증가하는 경제를 상정하여 보자. 예를 들면 중앙은행이 매년 통화공급량을 일정한 비율만큼 증가시킨다고 보는 것이다. 실제로 대부분의 국가들은 여러 가지 이유로 통화공급량을 계속 증가시키고, 물가가 지속적으로 상승하는 모습을 보이고 있다.

통화공급량의 증가율을 θ라고 하자. 현재 시점(t_0)에서 중앙은행이 통화공급량의 증가율을 상향조정한다고 발표하였다고 하자($\theta' = \theta + \Delta\theta$). 이때 주의할 점은 현재 시중에 풀려 있는 통화의 공급량이 당장 변한 것이 아니라, 앞으로 통화공급의 증가율이 늘어난다는 것이다.

통화공급량 증가율이 상향조정되었을 때 통화공급량은 어떻게 변하는가? 통화량은 시간이 경과하면서 일정한 속도로 증가하기 때문에 통화공급량은 [그림 5-11]에서 보는 바와 같이 t_0시점 이후 더 가파른 증가세를 보이게 된다. 하지만 통화증가율의 변화는 앞으로 통화량이 늘어나는 속도가 증가한다는 것이지 현시점에서 통화량이 증가하는 것은 아니다.

한편, 물가상승률은 통화공급 증가율과 동일하므로 t_0시점에 물가상승률도 통화공급의 증가율과 마찬가지로 상향조정된다($\theta \rightarrow \theta'$). 구매력평가에 따르면 환율은 물가와 같은 속도로 증가하므로 환율의 증가율 역시 $\Delta\theta$만큼 상승한다.

그렇다면 이자율은 어떻게 되는가? 피셔효과에 의하면 명목이자율은 예상인플레이션율에 비례한다. 통화공급 증가율이 상향조정되면 예상인플레이션율도 상향조정되므로

18) 식 (5-3)에서 실질화폐수요는 다음과 같다.

$$M/P = L(Y, i)$$

| 그림 5-11 | 통화공급 증가율의 상승효과

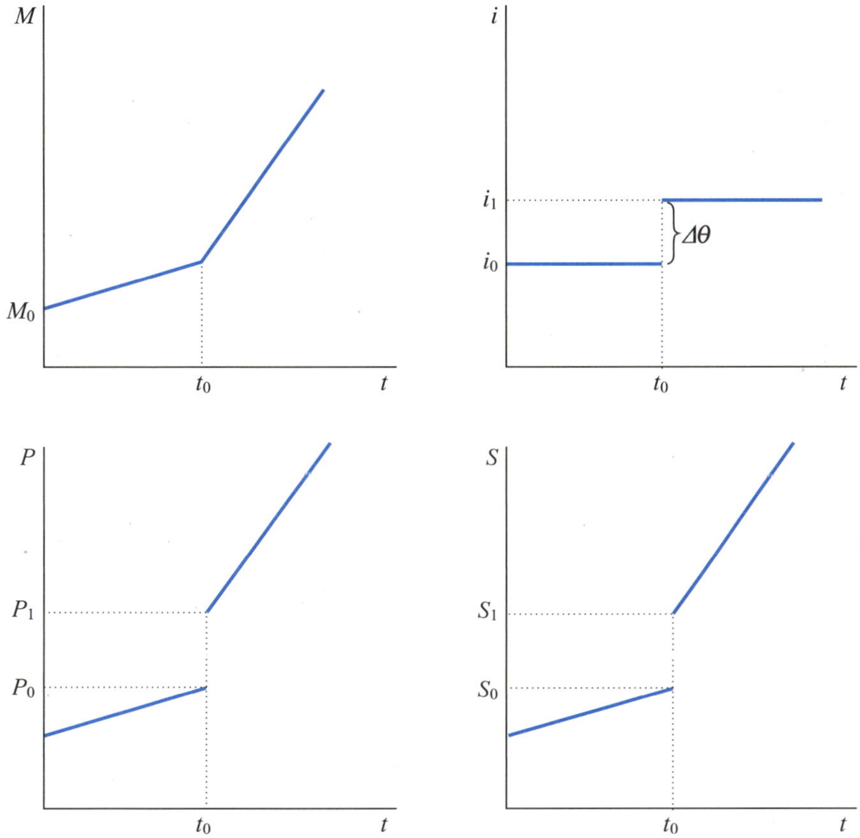

피셔효과에 의해 명목이자율도 올라가야 한다.

$$\Delta i = \Delta \pi^e = \Delta \theta \tag{5-22}$$

정리하면 통화공급 증가율이 올라가면 물가상승률과 환율상승률이 같은 크기만큼 올라간다. 그리고 예상인플레이션율이 증가하면 피셔효과에 의해 명목이자율이 증가하므로 실질화폐수요는 감소한다. 통화당국이 정책변화를 발표하는 t_0시점에서 통화공급량은 그대로 있고, 실질화폐수요가 감소하였으므로 물가는 상승하게 된다.

$$P = \frac{M^S}{L(Y, i)} \tag{5-23}$$

이러한 변화를 정리하면 [그림 5-11]에서 보는 바와 같다. 통화량은 t_0시점부터 보다 빠른 속도로 증가하게 된다. 하지만 t_0에서는 통화량수준 자체가 변하는 것은 아니다. 한편, 명목이자율은 통화공급 증가율이 상향조정되면 피셔효과 때문에 이전 수준보다 $\Delta\theta$ 만큼 상승하게 된다. 시간이 경과하여도 명목이자율은 한번 상승한 수준을 그대로 유지한다.

흥미로운 것은 물가와 환율이다. 물가상승률과 환율상승률은 통화공급의 증가율과 마찬가지로 상향조정된다. 그런데 변하는 것은 변화율만이 아니다. 식 (5-23)에서 본 바와 같이 정책변화가 발표되는 시점(t_0)에서 물가는 즉각 상승하고, 환율 역시 구매력평가에 의하여 상승하게 된다.

요약

1. 통화적 접근은 화폐수요가 안정적이라는 가정하에 통화공급 변화가 국제수지 및 환율에 미치는 영향을 분석하는 데 초점을 맞춘다. 고정환율제도하에서의 국제수지 결정을 통화량, 물가, 이자율, 및 준비자산 증감 간의 관계 속에서 분석한다. 변동환율제도하에서의 환율은 외국통화의 가격을 의미하는 화폐적 현상으로 해석한다.

2. 구매력평가에 의하면 환율은 양국 화폐의 구매력에 의하여 결정된다. 국내물가가 상승하면 자국화폐의 가치가 하락하고 구매력이 저하되므로 환율은 증가한다. 반대로 외국물가가 상승하면 외국화폐의 가치가 하락하고 구매력이 저하되므로 환율은 하락한다.

3. 구매력평가는 일물일가의 법칙이 모든 재화 및 서비스에 적용되고 물가 바스켓에서 개별 재화 및 서비스가 차지하는 비중이 동일하다고 가정한다. 현실에서는 거래비용 때문에 국내외 제품 간 가격차이가 존재하며, 서비스와 같이 교역 자체가 이루어지지 않는 비교역재도 존재하기 때문에 구매력평가가 단기적으로 성립하기 어렵다.

4. 기초적인 통화적 접근에 의하면 환율은 화폐시장균형에 의하여 결정되는 국내물가와 외생적으로 주어진 외국물가 간의 비율에 의하여 결정된다. 국내화폐수요가 증가하면 환율이 하락하고, 국내화폐공급이 증가하면 환율은 상승한다. 한편, 해외물가가 상승하면 환율은 하락한다.

5. 기초적인 통화적 접근에 의하면 고정환율제도하에서 구매력평가가 성립하지 않으면 국제수지가 균형에서 벗어나게 되고, 그 결과 중앙은행이 보유하고 있는 순외화자산과 통화공급이 변한다. 이러한 조정은 구매력평가가 회복할 때까지 지속된다. 따라서 통화공급 증가는 물가상승과 실질환율의 하락 및 순수출의 감소를 초래한다. 한편, 화폐

수요 증가와 외국물가의 상승은 국제수지의 흑자를 초래한다.

6. 실질이자율이 주어졌다면 예상인플레이션율이 증가할 때 명목이자율도 비례적으로 상승하는데, 이를 피셔효과라고 부른다. 따라서 명목이자율은 실질이자율과 예상인플레이션율의 합으로 나타낼 수 있다.

7. 피셔효과에 의하면 통화공급 증가율이 올라가면 물가상승률과 환율상승률도 같은 크기만큼 올라간다. 따라서 명목이자율이 증가하므로 실질화폐수요는 감소하고 물가는 즉각적으로 상승한다. 구매력평가에 의하여 환율도 즉각 상승한다.

주요 용어

통화적 접근	일물일가의 법칙
차익거래	구매력평가
구매력평가와 환율	구매력평가와 국제수지
중앙은행의 순외화자산	피셔효과

연습문제

01 가난한 나라일수록 물가가 싸다는 것이 일반적인 현상이다. 구매력평가가 성립한다면, 가난한 나라나 부자 나라나 같은 화폐단위로 표시한 물가수준은 같아야 하는데, 왜 이러한 현상이 발생하는지 논하라.

02 "절대적 구매력평가가 성립하면, 상대적 구매력평가도 성립한다. 그러나 그 역은 성립하지 않는다."라는 명제가 맞는지 논하라.

03 변동환율제도하에서 실질화폐수요의 증가가 명목환율과 실질환율에 어떠한 영향을 미치는지 설명하라.

04 고정환율제도하에서 중앙은행이 외환시장에서 외환을 매입하였을 때 실질환율과 국제수지에 어떠한 영향을 미치는지 설명하라.

05 물가가 신축적이라고 가정하고 통화공급의 증가율이 변하였을 때의 장단기 효과에 대하여 고려하여 보자.

① 통화공급 증가율이 상향조정된 직후, 물가와 환율은 어떻게 변하는가?

② 시간에 따른 명목이자율, 물가 및 환율의 경로를 그래프를 사용해 설명하라.

06 위 문제에서 중앙은행이 두 달 후부터 통화공급의 증가율을 상향조정한다고 발표하였다고 하자.

① 중앙은행의 발표 직후 물가와 환율은 어떻게 변하는가?

② 시간에 따른 명목이자율, 물가 및 환율의 경로를 그래프를 사용해 설명하라.

제 06 장

변동환율제도하의 거시경제균형 : 먼델-플레밍 모형(Ⅰ)

1. 먼델-플레밍 모형
2. 균형국민소득과 균형환율의 결정
3. 변동환율제도하에서의 거시경제정책효과
4. 해외충격에 대한 방어막효과와 상호의존성

개방거시경제하에서의 균형국민소득이 어떻게 결정되는지를 분석하기 위해서는 무역 및 자본이동의 경제적 효과를 동시에 고려하여야 한다. 전통적인 국제수지모형에서는 환율결정에 있어서 자본이동의 역할이 제대로 고려되지 못하였는데, 먼델과 플레밍은 각각 이러한 문제점을 보완한 새로운 모형을 제시하였다. 먼델-플레밍 모형(Mundell-Fleming model)은 상품 및 화폐시장의 동시균형을 다루는 *IS-LM*모형에다가 외환시장의 균형조건(*BP*)을 도입하여 자본이동을 고려한 개방경제균형을 분석하고 있다.

반세기가 지난 지금도 먼델-플레밍 모형은 자본이동에 따른 국제수지의 조정과정과 거시경제정책효과를 분석하는 데 필수적인 도구로 인식되고 있다. 그러나 먼델-플레밍 모형은 물가가 경직적이라고 가정하고 다음 기 환율이 현재 수준과 동일하다고 가정하고 있어 중장기 분석에는 적절치 않다는 비판도 받아 왔다. 특히 시장참여자들이 경제변수들의 장기적인 움직임을 어떻게 예상하느냐에 따라 정책효과가 달라질 수 있다는 점을 간과하고 있다. 그럼에도 불구하고, 먼델-플레밍 모형은 국제금융경제학의 새로운 이정표를 세웠다고 평가해도 과언이 아닐 것이다.

이 장에서는 먼저 재화시장, 화폐시장 및 외환시장으로 구성된 *IS-LM-BP*모형을 소개한 후, 개방경제의 균형에 대하여 설명한다. 또한 완전자본자유화하에서 재화시장균형과 화폐시장균형을 나타내는 *YY-LL*모형을 살펴본다. 다음에는 이러한 모형을 이용하여 변동환율제도하에서의 균형국민소득과 국제수지, 그리고 균형환율의 결정과 여러가지 정책효과에 대하여 분석하도록 한다.

1. 먼델-플레밍 모형

먼델-플레밍 모형은 재화시장, 화폐시장, 채권시장 그리고 외환시장으로 구성된 개방경제를 가정한다. 왈라스(L. Walras)에 의하면 4개 시장 중 3개의 시장이 균형을 이루면 나머지 시장은 자동적으로 균형이 되기 때문에 3개 시장의 균형조건이 곧 개방경제의 균형조건이 된다. 따라서 먼델-플레밍 모형에서는 재화, 화폐 및 외환시장의 균형조건을 동시에 고려하고 있다.

(1) 재화시장의 균형조건

재화시장에서의 생산량은 수요의 크기에 의해서 결정된다고 가정한다. 이러한 가정은 케인즈적 전통을 따르고 있는데, 경제의 공급능력은 충분하므로 얼마만큼 생산하느냐 하는 것은 총수요의 크기에 의해서 결정된다고 보는 것이다. 이때 물가는 주어졌다고 가정한다. 유휴생산설비와 실업이 존재한다면 수요가 증가하더라도 물가는 상승하지 않으며, 물가는 하방경직적이기 때문에 설사 수요가 부족하더라도 하락하지 않는다고 가정한다. 이러한 가정하에 재화시장의 균형조건은 다음과 같게 된다.[1)]

$$Y = \overset{+}{C}(Y) + \overset{-}{I}(i) + G + \overset{+\;+}{X}(q,\, Y^*) - \overset{-\;+}{M}(q,\, Y) : IS \qquad (6\text{-}1)$$

국내생산물에 대한 총수요(aggregate demand: AD)는 크게 4가지 유형으로 구분될 수 있다. 먼저 주로 가계에 의해서 주도되는 소비(C)라 할 수 있다. 이때 소비는 소득(Y)의 함수라 할 수 있다. 즉 소득이 증가할수록 소비지출도 증가된다. 한편, 기업에 의해서 이루어지는 투자(I)는 이자율(i)에 의해서 영향을 받는다고 할 수 있다.[2)] 이자율이 상승할수록 투자수익률이 높은 사업만이 투자가 가능하게 되므로 이자율과 투자는 역의 관계에 있다 하겠다. 정부지출(G)은 정부의 소비지출과 투자지출로 구성되어 있는데 예산에 의해서 사전에 그 규모가 정해져 있기 때문에 그 규모가 여타 다른 거시경제변수의 변화에 의해

1) 괄호 안에 있는 변수 위의 부호는 해당 독립변수가 증가했을 때 종속변수의 변화가 증(+), 감(−)하는지를 나타낸다.
2) 물가가 고정되어 있다고 가정하기 때문에 명목이자율(i)과 실질이자율(r)은 동일하다. 일반적으로 투자는 실질이자율의 함수이다.

서는 변동되지 않는 것으로 가정한다.

개방경제하에서 수출과 수입은 재화시장의 수요를 결정하는 주요 변수이다. 국내에서 생산된 최종재화에 대한 해외수요는 수출(X)을 결정한다. 수출은 수출재화의 수입재화 대비 상대가격과 해외의 소득수준(Y^*)에 의해서 영향받는다. 수출재화의 국내가격을 P, 수입재화의 가격을 P^*, 그리고 환율을 S라고 할 때, 실질환율(q)은 SP^*/P로 정의된다. 실질환율(q)이 상승할수록 국내수출재화의 수입재화표시 상대가격(P/SP^*)이 하락하므로 수출은 실질환율이 상승하면 증가하는, 즉 양(+)의 관계에 있다.[3] 한편, 해외소득(Y^*)이 증가할수록 국내재화에 대한 수요가 증대하기 때문에 수출은 해외소득과도 양(+)의 관계에 있다. 또한 국내총생산, 즉 국내에서 창출된 부가가치를 계산하기 위해서는 국내총수요 중 해외로부터 수입된 재화(M)를 사용한 부문을 제외해야 한다. 이때 해외로부터의 수입과 실질환율은 음(−)의 관계에 있다. 또한 국내소득(Y)이 증가하면 수입이 증가한다.[4]

재화시장의 균형을 이루기 위한 국민소득(Y)과 이자율(i) 조합의 궤적은 [그림 6-1]과 같아지는데 이를 IS곡선이라고 부른다. 그림에서 보는 바와 같이 IS곡선의 기울기는 음(−)의 값을 갖는다. 국민소득(Y)이 증가하면 소비(C)와 수입(M)은 각각 소득증가분에다가 한계소비성향과 한계수입성향을 곱한 만큼 증가한다. 식 (6-1)에서 국민소득이 증가하게

| 그림 6-1 | **재화시장의 균형조건 : *IS*곡선**

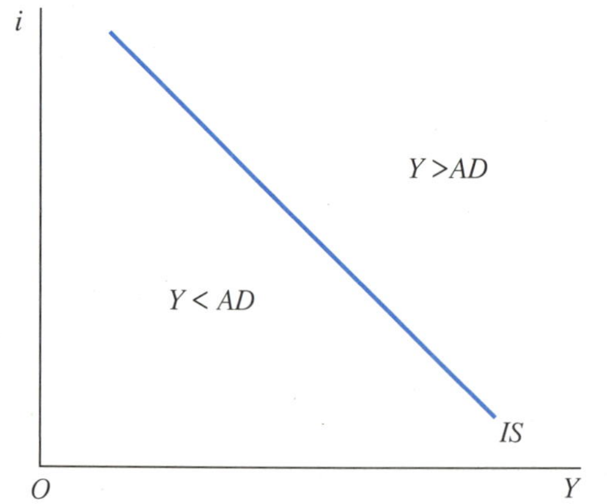

3) 수출재화의 수입재화표시 상대가격인 P/SP^*를 교역조건(terms of trade)이라 한다. 따라서 교역조건과 실질환율은 일정한 조건하에서 서로 역수관계에 있다.

4) 여기서 수입(M)은 국민소득계정하의 재화 및 서비스의 국내재화표시 수입규모를 의미한다. 그리고 논의를 간편하게 하기 위해서 국내총생산과 국민소득은 동일한 것으로 가정한다.

되면 총공급(Y)의 증가가 총수요(AD)의 증가보다 크게 된다.[5] 따라서 총공급과 총수요가 일치하려면 추가적으로 총수요의 증가가 필요하다. 이것은 이자율(i)의 하락으로 투자가 증가함으로써 가능하다. 따라서 재화시장의 균형을 이루는 국민소득과 이자율은 반비례 관계를 맺게 된다.

*IS*곡선상에서 재화시장이 균형을 이룬다면, *IS*곡선 밖의 영역에서는 재화시장은 총수요와 총공급이 일치하지 않는다. [그림 6-1]에서 보는 바와 같이 *IS*곡선의 오른쪽 영역은 총공급이 총수요보다 크다. 따라서 재고가 증가하고 생산량은 감소한다. 한편, *IS*곡선의 왼쪽 영역에서는 총공급보다 총수요가 크다. 따라서 재고가 감소하고 생산량은 늘게 된다. 시간이 경과하면 생산량이 조정되면서 이에 따라 주어진 이자율수준에서 국민소득이 조정됨으로써 재화시장은 다시 균형을 회복하게 된다.

(2) 화폐시장의 균형조건

화폐시장의 균형은 화폐공급(M^S)과 화폐수요(M^D)가 일치되는 상황을 의미한다. 명목화폐량을 물가로 나눈 실질화폐량을 기준으로 하면, 아래 식 (6-2)에서와 같이 실질화폐공급량과 실질화폐수요량이 같을 때 화폐시장은 균형을 이루게 된다.

$$\frac{M^S}{P} = L(\overset{+}{Y}, \overset{-}{i}) : LM \tag{6-2}$$

화폐공급량은 중앙은행에 의하여 결정된다. 한편, 화폐수요는 재화의 거래나 투기적 목적으로 보유되는데, 케인즈의 유동성선호설에 의하면 실질화폐수요는 국민소득과 이자율의 함수라고 할 수 있다. 즉, 국민소득이 증가할수록 사람들은 더 많은 양의 재화와 서비스를 사고자 원하므로, 이러한 거래를 위한 화폐수요는 증가한다. 한편, 이자율이 증가하게 되면 화폐보유의 기회비용, 즉 화폐를 보유함으로써 포기하여야 하는 채권이자가 커지게 된다. 따라서 사람들은 화폐보유를 줄이고 채권을 보유하려는 경향이 늘기 때문에 화폐수요는 감소하게 된다.

5) 국민소득이 증가하면 소비도 증가하지만 한계소비성향은 일반적으로 1보다 작기 때문에 소득증가 중 일정부분은 저축된다. 또한 소득증가로 인하여 수입이 증가하기 때문에 총수요(AD)의 증가, 즉 소비증가에서 수입증가를 제한 값은 소득증가보다 작아진다.

| 그림 6-2 | 화폐시장의 균형조건 : *LM*곡선

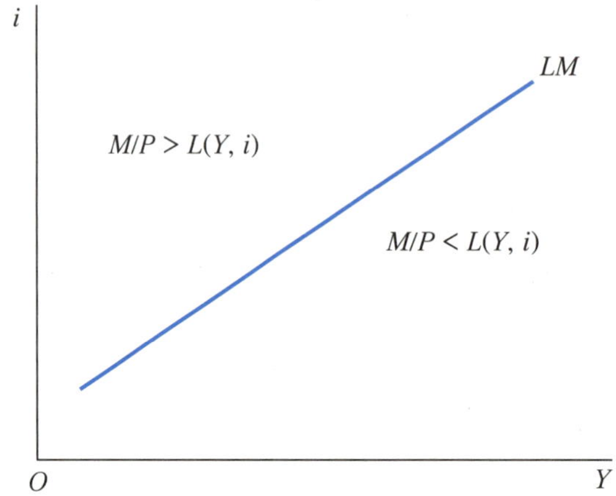

화폐수요에 영향을 미치는 이자율은 채권을 보유할 때 지급되는 약정이자를 채권가격으로 나눈 값이다. 화폐(M_1)는 현금과 요구불예금을 합한 것을 의미하는데, 둘 다 이자를 지급하지 않는다. 따라서 이자율이 올라가게 되면 사람들은 금융자산의 배분을 화폐에서 채권으로 조정하게 된다.

화폐시장의 균형을 이루는 국민소득과 이자율 조합의 궤적을 *LM*곡선이라고 부르는데, [그림 6-2]와 같이 나타낼 수 있다. 화폐공급량이 주어진 상태에서 국민소득이 증대하면 화폐수요가 증대하게 된다. 따라서 균형을 유지하려면 이자율이 상승하여 화폐수요의 증가분을 상쇄시켜야 한다. *LM*곡선 밖의 영역은 화폐시장이 불균형 상태에 있다는 것을 의미한다. *LM*곡선의 위 영역에서는 이자율이 균형수준보다 높아서 화폐수요가 화폐공급보다 작다. 한편, *LM*곡선의 아래 영역에서는 이자율이 균형수준보다 낮아서 화폐수요가 화폐공급보다 크다. 이러한 불균형 상태에서는 이자율이 조정되어 화폐시장은 다시 균형을 회복하게 된다.

(3) 외환시장의 균형조건

개방경제의 대외거래는 무역과 자본거래로 나누어볼 수 있는데, 일정기간 동안 외환의 공급과 외환의 수요가 일치할 때 대외균형이 달성된다. 대외자본거래가 허용되지 않은 상황에서는 외환의 수급은 외국과의 경상거래, 즉 재화 및 서비스의 수출입에 의하여 결정된다. 이 경우 대외균형조건은 경상수지(*CA*)가 균형을 이루는 상태를 의미한다.

$$CA = X(q, Y^*) - M(q, Y) = 0 \quad (6\text{-}3)$$

자본거래가 허용되는 경우에는 해외로부터의 투자 및 차입 등에 의해서 외환유입이 이루어지는 한편, 해외로 투자 및 대출이 이루어질 경우에는 외환유출이 발생하게 된다. 그렇다면 자본흐름(capital flow)을 결정하는 요인은 무엇인가? 자본거래는 다양한 요인에 의해서 영향을 받지만 그중에서도 가장 중요한 것은 국내외 이자율 격차이다.[6] 즉 국내이자율이 해외이자율보다 높을수록 자본유입이 증가하게 되며, 반대로 국내이자율이 해외이자율보다 낮을수록 자본유출이 증가하게 된다. 따라서 자본거래를 통한 자본의 순유입규모를 의미하는 민간부문의 자본순유입(KA)은 국내이자율(i)과 해외이자율(i^*)의 차이의 함수로 표시할 수 있다.[7]

$$KA = \overset{+}{\phi}(i - i^*) \quad (6\text{-}4)$$

따라서 자본이동이 자유롭게 이루어질 경우 대외균형은 경상수지와 민간부문의 자본순유입의 합이 0이 될 때 충족된다.

$$CA + KA = X(q, Y^*) - M(q, Y) + \phi(i - i^*) = 0 : BP \quad (6\text{-}5)$$

자본거래에 대한 규제가 전혀 없이 자유롭게 자본이동이 허용되는 완전자본자유화의 경우에는 매우 작은 국내외 이자율 차이가 발생해도 대규모의 자본이동이 발생하기 때문에 대외균형이 성립되기 위해서는 국내이자율과 해외이자율은 항상 같아진다.

완전자본자유화가 이루어진 상태에서 경상수지 및 민간부문의 자본순유입을 합한 국

6) 환율이 변동하는 경우에는 예상환율변화율($\Delta S^e/S$)을 고려한 국내외 이자율 차이가 자본거래에 영향을 미친다. 즉 국내외 이자율이 일정한 상태에서 예상환율변화율이 상승하는 경우 국내통화의 가치가 하락하는 것을 의미하므로 자본유출이 발생하고 반대의 경우 자본유입이 발생한다. 그러나 먼델-플레밍 모형에서는 다음기 환율에 대한 예상치가 현재 환율과 일정하다고 가정하는 정태적 기대형성을 채택하고 있기 때문에 예상환율변화율($\Delta S^e/S$)은 0과 같다고 간주한다. 따라서 자본순유입은 국내외 금리차($i - i^*$)에 의하여 결정된다고 보아도 무방하다.

7) 2012년 이전까지는 외환당국의 준비자산증감을 제외한 민간 및 정부부문의 자본순유입을 자본수지라고 하였으나 현재 자본수지는 자본이전 및 비생산 · 비금융자산거래를 통한 자본순유입을 의미한다. 따라서 본서에서는 정부부문을 통한 자본이동이 예외적이라는 가정하에 자본유출입은 민간부문에 의한 자본거래를 의미하고 민간부문의 자본순유입을 KA로 표기한다.

| 그림 6-3 | 완전자본자유화하에서의 국제수지 균형조건 : *BP*곡선

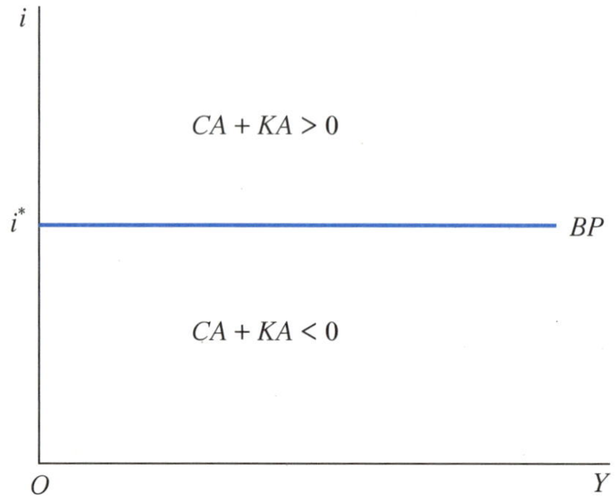

제수지가 균형을 이루는 이자율과 국민소득 조합의 궤적을 추적하면 [그림 6-3]의 *BP*곡선과 같다. *BP*곡선은 *Y*축 절편이 국제이자율(i^*)인 수평선으로 나타낼 수 있다. 국내이자율이 국제이자율보다 높다면 자본유입 때문에 국제수지는 0보다 커진다. 반대로 국내이자율이 국제이자율보다 낮다면 자본유출 때문에 국제수지는 0보다 작아진다. 따라서 국제수지가 균형을 이루려면 국내이자율(i)이 해외이자율(i^*)과 같아져야 한다.[8)]

자본자유화가 불완전한 경우에는 *BP*곡선의 기울기는 양(+)의 값을 갖는다. 식 (6-5)에서 국민소득이 증가하면 경상수지는 악화된다. 즉, 외환의 유출이 증가하게 된다. 따라서 국제수지 균형을 유지하려면 민간부문의 자본순유입이 늘어나야 하는데, 이는 국내이자율이 증가할 때 가능하다. 따라서 국제수지 균형을 이루는 국민소득과 이자율의 조합은 정비례하게 된다.

2. 균형국민소득과 균형환율의 결정

(1) 균형국민소득과 대외균형

어떤 개방경제가 단기균형상태에 있다는 것은 재화시장과 화폐시장, 그리고 국제수지

8) 국제수지가 균형(0)일 때 경상수지와 자본순유입이 각각 0이라는 보장은 없다. 즉 국내이자율과 해외이자율이 같다고 해서 자본이동규모가 특정한 값으로 결정된다고 할 수 없다.

| 그림 6-4 | *IS-LM-BP*모형

A. 완전자본자유화의 경우

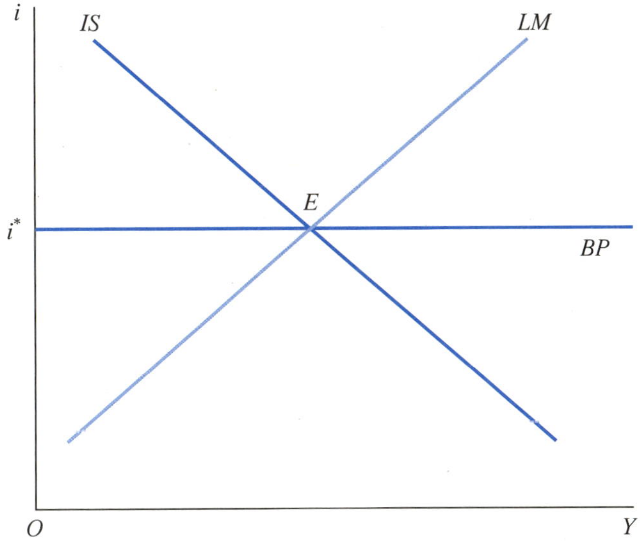

B. 불완전자본자유화의 경우

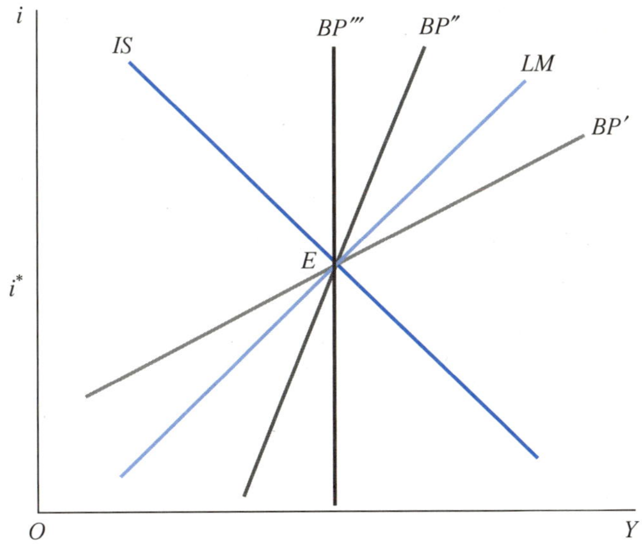

가 동시에 균형을 이룬다는 것을 의미한다. 이러한 균형은 *IS*, *LM*, *BP*곡선이 한 점에서 교차할 때 성립한다. [그림 6-4]는 개방경제하의 단기균형에 대한 먼델-플레밍 모형을 보여준다. 앞에서 살펴본 바와 같이 완전한 자본자유화가 이루어진 경우 *BP*곡선은 수평선으로 주어진다. 따라서 단기균형은 [그림 6-4A]의 *E*점과 같이 나타낼 수 있다.

한편, 자본자유화가 불완전한 경우에는 *BP*곡선은 양(+)의 기울기를 갖게 된다. 자본자유화의 정도에 따라 기울기가 달라지게 된다. 자본자유화의 정도가 완전하지는 않지만 상당한 수준에 있다면 *BP*곡선은 *LM*곡선보다 기울기가 완만하다고 가정할 수 있다. 그러나 자본자유화가 극히 제한적이라면, *BP*곡선은 *LM*곡선보다 가파른 기울기를 가질 확률이 더 높다. 두 경우 모두 단기균형은 세 곡선이 동시에 교차하는 *E*점에서 이루어진다.[9)]

(2) 균형환율의 결정

균형환율은 *IS-LM-BP*모형의 단기균형상태에서 결정되는 환율수준을 의미한다. 즉, 재화시장, 화폐시장, 그리고 국제수지균형이 모두 성립할 때의 환율수준이라고 정의할 수 있다. *IS-LM-BP*모형은 단기균형 시 국민소득과 이자율을 나타내고 있다. 이제 단기균형을 위한 국민소득과 환율의 조합을 고려하여 보자. 이때 물가는 고정되어 있고, 논의의 편의상 국내외 물가수준이 동일($P/P^* = 1$)하다고 가정한다.

우선 자본이동이 완전히 자유로운 상태에서 국제수지가 균형($CA + KA = 0$)을 이루려면 국내외 이자율수준이 같아야 한다.

$$i = i^* \tag{6-6}$$

한편, 재화시장이 균형을 이루려면 식 (6-1)과 같이 총공급과 총수요가 일치하여야 한다. 여기에다가 국제수지의 균형조건인 식 (6-6)을 대입하면 자본이동이 자유로울 때 재화시장의 균형조건은 다음과 같이 표시할 수 있다.

---

9) 자본자유화가 전혀 허용되지 않는 경우 자본거래는 이자율에 반응하지 않게 된다. 국민소득이 증가할 경우 경상수지가 악화되면 국제수지 역시 악화되고, 반대로 국민소득이 감소하면 경상수지와 국제수지가 개선된다. 따라서 국제수지가 균형을 이루려면 국민소득은 일정수준을 유지하여야 한다. 이 경우 *BP*곡선의 형태는 수직선이 된다.

$$Y = C(Y) + I(i^*) + G + X(S,\ Y^*) - M(S,\ Y) : YY \qquad (6\text{-}7)$$

국내외 물가가 고정되어 있기 때문에 명목환율(S)이 상승하면 순수출이 증가하여 총수요가 증가하므로 총공급 역시 증가하여야 한다. 따라서 재화시장의 균형조건을 만족시키려면 환율과 국민소득이 비례적으로 움직여야 한다.

완전자본이동하에서 화폐시장의 균형조건은 식 (6-8)과 같다. 흥미롭게도 환율은 화폐시징의 균형에 전혀 영향을 미치지 못한다. 왜냐하면 화폐의 공급은 고정되어 있고, 화폐의 수요는 국민소득과 이자율의 함수이기 때문이다. 그런데 국내금리가 해외금리 수준과 일정하다고 가정하였으므로 화폐시장의 균형은 특정한 국민소득수준에서 결정된다.

$$\frac{M^S}{P} = L(Y,\ i^*) : LL \qquad (6\text{-}8)$$

[그림 6-5]는 *IS-LM-BP*모형을 완전자본자유화($i = i^*$)하에서의 재화시장의 균형조건(YY)과 화폐시장의 균형조건(LL)으로 나타내고 있다. 재화시장이 균형을 이루려면 환율(S)과 국민소득(Y)은 비례적으로 움직여야 하므로 YY곡선의 기울기는 양(+)의 값을 가진다. 한편, 화폐시장의 균형조건에 있어서 환율은 아무런 역할을 하지 못하므로 LL곡선은 수직선이 된다. 완전자본자유화가 이루어졌을 때 YY곡선과 LL곡선이 교차하는 점에서 재화시장과 화폐시장은 균형을 이루게 된다. 균형점에서 벗어난 영역에서는 재화시장과 화폐시장 둘 다 수요와 공급이 일치하지 않는다.[10]

*IS-LM-BP*모형은 국제수지 균형을 이루는 금리와 국민소득이 어떻게 결정되는지를 보여주는 반면, *YY-LL*모형은 이에 상응하는 균형환율수준을 보여준다. 이때 균형환율이란 자본이동이 자유롭고 외환시장의 수요와 공급에 의하여 환율이 자유롭게 결정되는 변동환율제도하에서 국내 재화시장과 화폐시장이 균형을 이루게 될 때 성립하는 환율수준을 의미한다.

10) *YY-LL*모형에서는 자본이동이 완전하여 국내외 이자율이 동일하다고 가정한다. 이때 YY곡선의 아래 영역에서는 환율이 총수요와 총공급을 일치시키는 수준보다 낮으므로 총수요는 총공급보다 작다. 한편, LL곡선의 왼쪽 영역에서는 국민소득이 화폐시장의 균형을 이루는 수준에 미달하기 때문에 화폐수요는 화폐공급보다 작다.

| 그림 6-5 | 완전자본자유화하에서의 균형국민소득과 균형환율

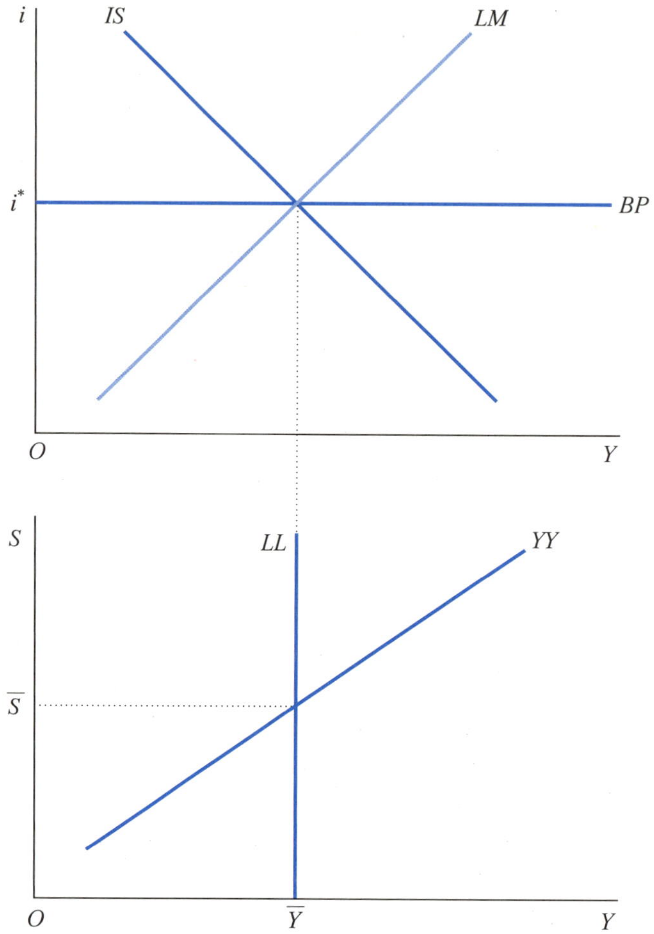

3. 변동환율제도하에서의 거시경제정책효과[11)]

(1) 통화정책

통화정책은 정책목표를 달성하기 위하여 통화당국의 국내순자산(*CBC*)을 변화시켜 통화량을 증가시키거나 감소시키는 정책을 의미한다. 변동환율제도하에서 통화의 공급을

11) 먼델-플레밍 모형은 가격이 고정되어 있다고 가정하는 단기모형이므로 정부정책의 변화도 일시적 조치라고 간주할 수 있다.

증가시켰을 때 개방경제의 총체적 균형이 어떻게 바뀌는지를 살펴보도록 하자.

확장적 통화정책을 채택하는 경우에는 화폐시장의 균형조건을 나타내는 식 (6-2)에서 M^S가 증대된다. 동일한 소득과 이자율 수준에서는 통화수요에 변화가 없으므로 통화공급이 증가하면 화폐시장에서 초과공급이 발생한다. 이러한 초과공급을 없애기 위해서는 소득이 증가되거나 이자율이 하락함으로써 화폐수요가 증대되어야 한다. 즉 *LM*곡선이

| 그림 6-6 | **확장적 통화정책의 효과**

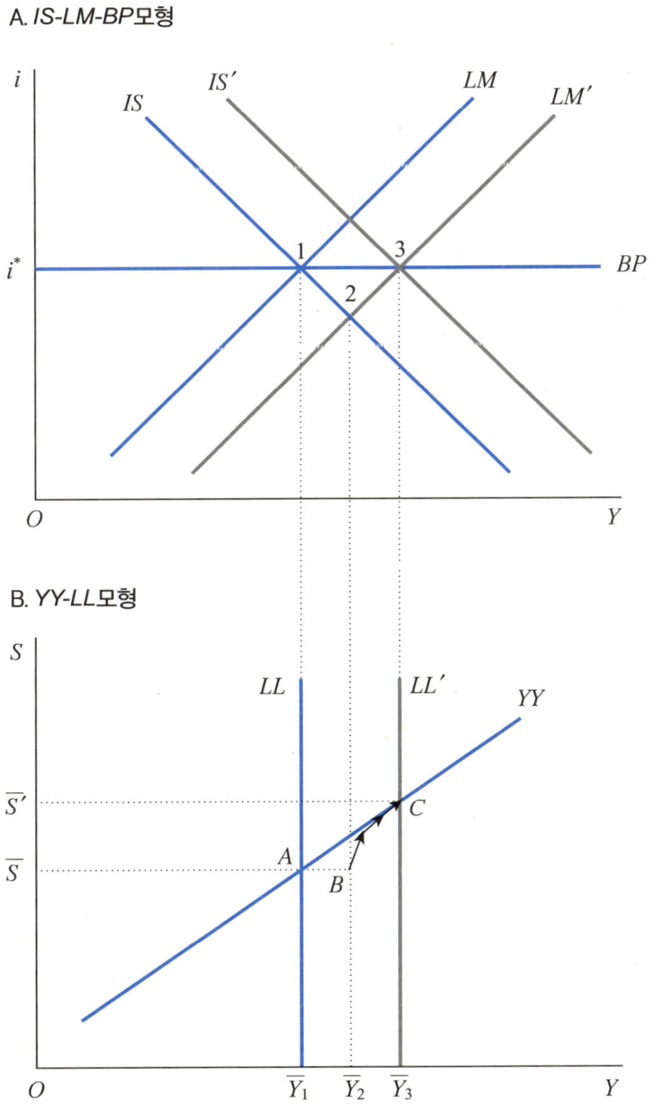

[그림 6-6A]에서 보는 바와 같이 오른쪽으로 이동해야 한다. 이 경우 새로운 초기균형점은 *IS*곡선과 *LM'*곡선이 교차하는 점 2에서 결정된다.

초기균형점 2는 대외균형을 나타내는 *BP*곡선의 아래에 위치하고, 이것은 곧 외환의 유출, 즉 국제수지의 적자를 의미한다. 왜냐하면 점 2에서는 소득이 증대됨에 따라 경상수지가 악화될 뿐 아니라 이자율이 하락하므로 자본이 유출되기 때문이다. 따라서 외환시장에서는 외환의 초과수요가 발생하고, 이것은 곧 국내통화의 가치하락, 즉 환율상승을 초래한다.

명목환율(S)이 상승하면 실질환율$\left(q = \frac{SP^*}{P}\right)$이 상승하고, 실질환율의 상승은 마샬-러너 조건이 성립한다고 가정할 경우 순수출이 증가한다. 따라서 식 (6-1)에서 재화 및 서비스에 대한 총수요가 증대하고, *IS*곡선은 오른쪽으로 이동한다. [그림 6-6A]에서 *IS*곡선의 이동은 국제수지가 균형을 이룰 때까지 계속된다. 새로운 총체적 균형은 *IS*, *LM* 및 *BP*곡선이 다시 한 점에서 교차할 때 성립한다. 따라서 새로운 단기균형점은 최초 점 1에서 점 3으로 이동하게 된다.

요약하면 자본자유화가 완전하게 이루어진 개방경제하에서 통화량의 증가는 환율의 변화를 통하여 순수출을 변화시키게 된다. 따라서 통화정책은 균형국민소득을 정책당국이 원하는 방향으로 조정하는 데 효과적이라고 할 수 있다. 같은 맥락에서 통화당국은 통화정책을 국내경기를 진작하거나 안정시키는 데 사용할 수 있다. 즉, 변동환율제도하에서 통화정책은 경제안정화를 위한 정책수단으로서의 역할을 효과적으로 수행할 수 있다는 의미에서 정책의 자율성이 확보된다.

[그림 6-6B]는 *YY-LL*모형을 이용하여 확장적 통화정책의 효과를 보여준다. 통화량이 증대하게 되면 화폐시장의 균형을 나타내는 *LL*곡선이 우향이동하게 된다. 최초균형(A)은 *LL'*곡선의 왼쪽에 있으므로 화폐수요는 화폐공급보다 작고, 따라서 이자율은 하락한다. 이자율이 하락하면 투자가 증가하므로 총수요가 증가하게 되고, 이에 따라 균형국민소득도 증가하게 된다($\overline{Y}_1 \rightarrow \overline{Y}_2$). 주의할 점은 이러한 조정과정에서 환율은 아직 변하지 않았다는 것이다($A \rightarrow B$). 따라서 점 B에서는 경상수지와 자본거래 둘 다 적자를 기록한다. 이후 국내이자율이 국제이자율보다 낮은 상태에 있으므로 자본이 유출되고 이에 따라 환율이 상승하게 되고 순수출이 증가하게 된다. 따라서 경상수지는 서서히 흑자로 반전되고 균형국민소득은 추가로 증가하게 된다. 그러나 자본거래는 국내이자율이 해외이자율보다 낮기 때문에 여전히 유출되는 상태이다. *YY-LL*모형에서 환율변화에 따른 조정과정($B \rightarrow C$)에서 균형환율의 증가($\overline{S} \rightarrow \overline{S'}$)와 동시에 균형국민소득이 증가한다($\overline{Y}_2 \rightarrow \overline{Y}_3$).

| 그림 6-7 | 확장적 통화정책과 경상수지 및 민간부문 자본순유입 변화

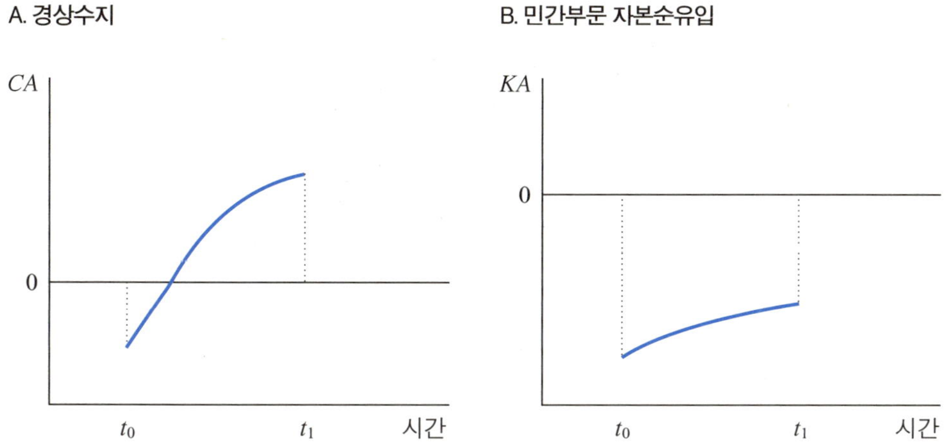

확장적 통화정책의 영향으로 경상수지와 민간부문 자본순유입이 변화하는 과정은 [그림 6-7]과 같다. 통화량이 증가하면 이자율 하락으로 투자가 증가하고 국민소득이 증가한다. 따라서 처음에는 경상수지가 악화된다. 한편, 통화량이 증가하고 이자율이 하락하면 자본유출이 발생하고 환율은 상승하게 된다. 조정과정에서는 환율이 상승하므로 경상수지는 개선되고 이자율이 점차적으로 상승하므로 자본유출규모는 감소한다. 최종적으로 새로운 균형에서 국민소득은 증가하는데, 소비는 국민소득의 증가에 미치지 못하고 투자나 정부지출은 변함이 없기 때문에 경상수지는 흑자를 기록한다. 한편, 민간부문의 자본순유입은 적자를 기록함으로써 국제수지는 균형을 이루게 된다.

(2) 재정정책

재정정책은 재정지출이나 조세의 변화를 통하여 총수요에 영향을 미치는 정책수단이다. 변동환율제도하에서 확정적 재정정책의 효과는 [그림 6-8]에서 보는 바와 같다. 정부지출이 확대되면 총수요가 증대되고, 이에 따라 *IS*곡선은 오른쪽으로 이동한다. 따라서 새로운 균형점은 새로운 *IS*곡선과 *LM*곡선이 만나는 점 2에서 결정된다. 새로운 초기균형점 2는 최초의 균형점 1보다 이자율이 상승하였으므로 자본유입이 발생되고 국제수지는 흑자상태가 된다.

국제수지 흑자는 변동환율제도하에서는 환율하락을 초래한다. 환율하락은 실질환율의 하락과 이로 인한 순수출의 감소를 초래한다. 따라서 식 (6-1)에서 총수요가 감소하므

| 그림 6-8 | **확장적 재정정책의 효과**

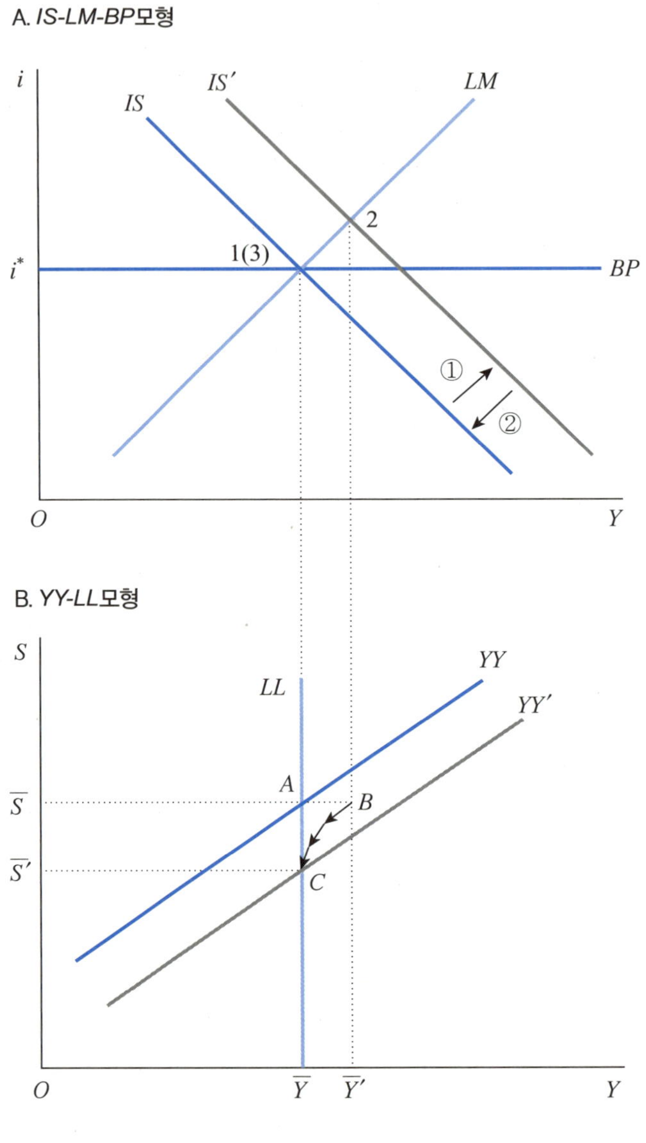

로 *IS*곡선은 좌향이동하게 된다. 한편, *LM*곡선은 통화량에 변화가 없기 때문에 원래 위치에서 변하지 않는다. *IS*, *LM* 및 *BP*곡선이 교차하는 새로운 단기균형점 3은 최초균형점 1과 동일하다. 즉, 확장적 재정정책은 균형국민소득이나 균형이자율에 아무런 영향을 미치지 못한다. 즉 재정정책은 경기조정정책으로 효과적이지 못하다.

*YY-LL*모형을 이용하여 확장적 재정정책의 효과를 다시 한 번 분석하여 보자. 정부지

출의 증가는 재화시장의 균형을 나타내는 *YY*곡선의 우향이동을 초래한다. 만약에 환율이 원래 수준에 머무른다면 총수요는 이전 수준보다 증가하게 되고, 이에 따라 균형국민소득도 증가한다($A \rightarrow B$). 이때 새로운 균형점은 *YY'*곡선상에 있지 않다. *YY*곡선은 국내이자율이 국제수준과 일치한다고 가정하고 있기 때문이다. 한편, *LL*곡선은 정부지출과 관련이 없으므로 변화가 없다.

재정지출의 증가로 국내금리가 상승하면 환율이 하락하면서 순수출이 감소하고, 국민소득도 다시 감소하기 시작한다. 최종균형점 *C*에서는 균형국민소득은 이전과 변화가 없고, 균형환율만 하락한다($\bar{S} \rightarrow \bar{S'}$).

균형국민소득이 불변이라면 정부지출(G)의 증가는 총수요의 여타 구성요소에 어떠한 영향을 미치겠는가? 식 (6-1)에서 민간소비는 국민소득의 함수이므로 국민소득이 변하지 않는 한 원래 수준을 유지한다. 한편, 투자는 이자율이 바뀌지 않았으므로 역시 바뀌지 않는다. 그렇다면 정부지출의 증가만큼 순수출이 감소하였다는 말이 된다. 즉, 자본이동이 자유로운 변동환율제도하에서 확장적 재정정책은 균형국민소득에 아무런 영향을 미치지 못하고, 다만 순수출을 구축(crowding-out)시키는 결과를 초래한다.

확장적 재정정책이 경상수지와 민간부문 자본순유입에 미치는 영향은 [그림 6-9]와 같다. 재정지출 증가의 직접적인 영향으로 국민소득이 증가한 결과 경상수지가 악화된다. 그러나 소득증대가 소비증대보다 크고 투자가 줄어들기 때문에 재정지출 규모보다는 작은 수준의 경상수지 적자가 발생되고 최종적으로는 재정지출만큼 적자가 야기된다.[12] 그

| 그림 6-9 | 확장적 재정정책과 경상수지 및 민간부문 자본순유입 변화

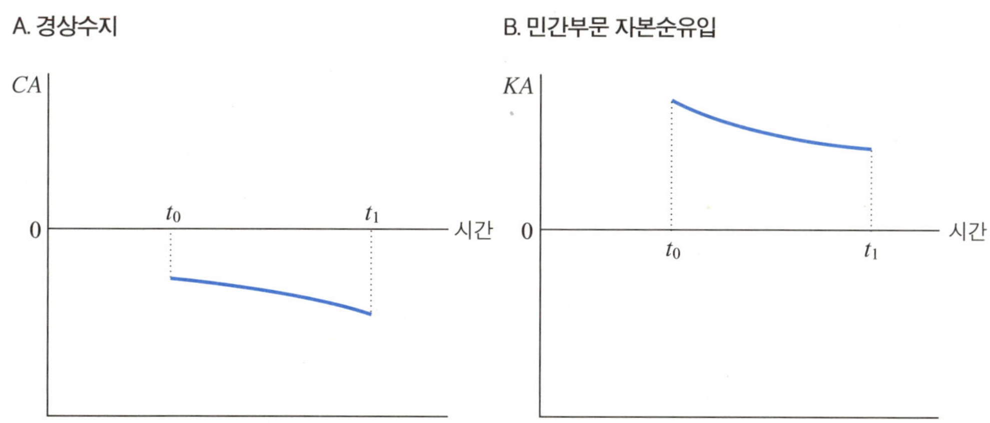

12) 초기균형점 2에서 경상수지 적자규모는 한계소비성향이 1보다 작고 투자가 감소하기 때문에 재정지출규모보다는 작게 나타난다.

리고 조정과정에서 국민소득 하락은 경상수지 개선, 환율하락은 경상수지 악화 그리고 이자율 하락은 투자를 점차 회복시켜서 경상수지 악화를 초래한다. 조정과정에서 경상수지 개선효과보다는 악화시키는 요인이 크게 나타나서 [그림 6-9A]에서 보는 바와 같이 경상수지는 점차 확대된다. 한편, 국내이자율이 해외이자율보다 높기 때문에 자본유입이 증가하여 환율이 하락하게 된다. 따라서 경상수지는 조정과정에서 다소 개선되지만, 최종균형에서는 적자를 기록하게 된다. 한편, 민간부문의 자본순유입은 조정과정에서 이자율이 하락하므로 감소하게 되고, 최종균형에서는 재정확대 규모만큼 흑자를 기록하게 된다.

4. 해외충격에 대한 방어막효과와 상호의존성

(1) 해외수요의 감소

변동환율제도하에서 환율변화는 외부충격이 국내경제에 미치는 영향을 차단하거나 경감시키는 방어막 역할을 한다는 점이 장점으로 지적된다. 예를 들면 2008년 글로벌 금융위기 시 한국은 급작스러운 자본유출로 금융시장이 커다란 혼란에 빠졌었다. 그러나 원화가치가 크게 떨어지면서 수출이 호조를 보여 다른 나라들에 비하여 충격으로부터 회복하는 속도가 빨랐다고 할 수 있다. 만약에 환율이 변하지 않았더라면 국내경제에 미치는 충격은 훨씬 더 컸을 것이다.

[그림 6-10]은 해외수요의 감소에 따른 조정과정을 보여준다. 해외수요의 감소는 총수요의 감소를 의미하므로 *IS*곡선은 좌향이동한다. 따라서 초기에는 균형국민소득이 감소하게 된다. 그런데 초기균형점 2에서 국내이자율이 해외이자율보다 낮으므로 자본유출이 발생하고 환율은 상승하게 된다. 환율상승은 순수출을 증가시키므로 *IS*곡선은 우향이동하고 최종균형은 최초균형점으로 수렴하게 된다. 즉 환율상승으로 해외수요 감소가 국내경제에 미치는 충격을 상쇄시켰다고 하겠다.

*YY-LL*모형에서 해외수요 감소는 *YY*곡선을 좌향이동시키게 된다. 환율이 일정하다면 균형국민소득은 *B*점과 같이 $\overline{Y}'$ 수준으로 감소하게 된다. 그런데 위에서 설명한 바와 같이 환율은 국제수지가 적자이므로 상승하게 된다. 환율이 상승함에 따라 균형국민소득은 증가하게 된다. 결국 최종균형점 *C*에서 균형국민소득은 이전 수준과 동일해진다. 요약

| 그림 6-10 | 해외수요의 감소효과

A. *IS-LM-BP*모형

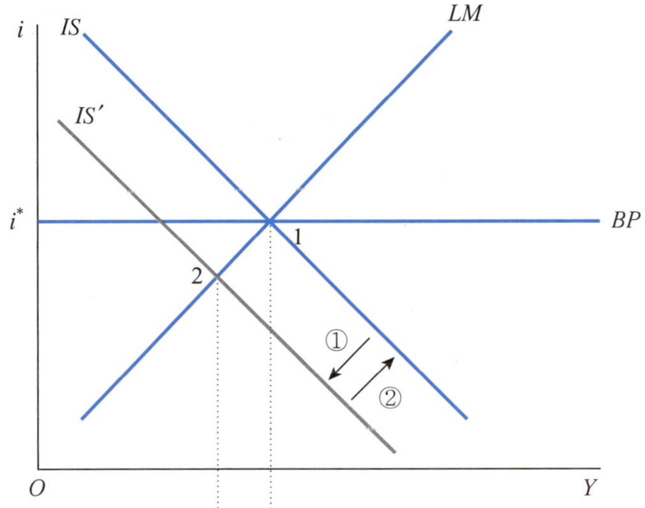

B. *YY-LL*모형

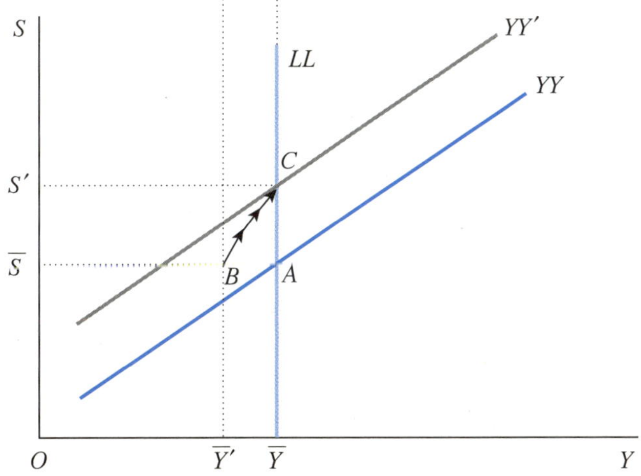

하면 환율변동은 해외수요 감소충격을 완전히 흡수하여 국내경제에 미치는 영향을 차단하는 역할을 담당하게 된다.

(2) 해외이자율 상승

변동환율제도는 실물부문에서 발생한 해외충격의 국내파급을 차단하는 효과가 있음을

| 그림 6-11 | 해외이자율의 상승효과

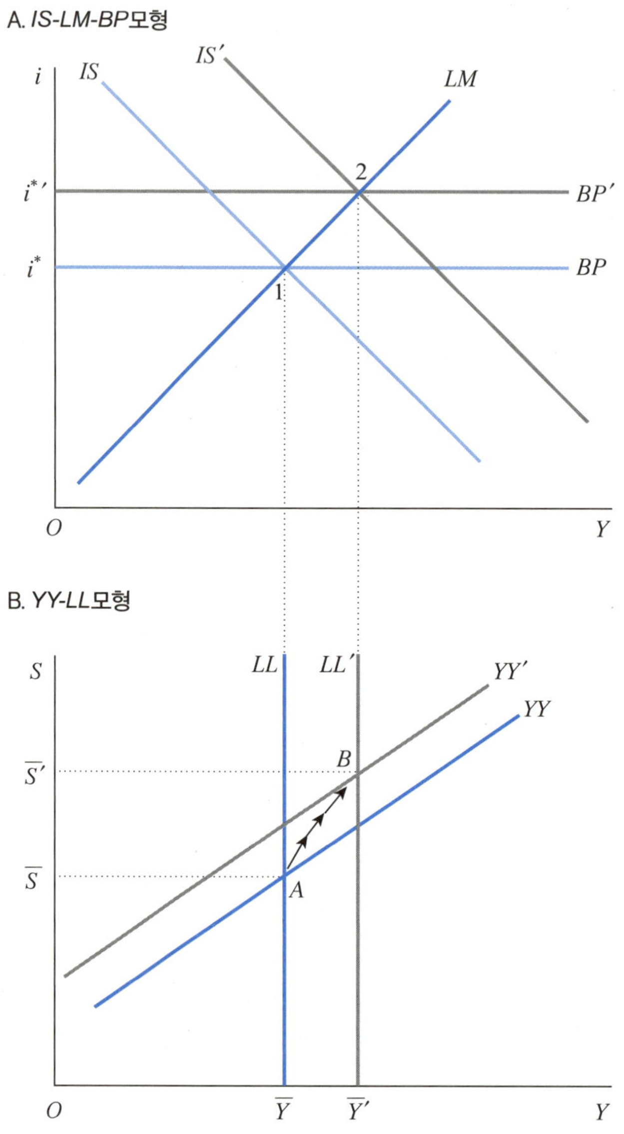

보았다. 그런데 변동환율제도가 항상 해외충격을 차단하는 만능효과가 있는 것은 아니다. 만약에 충격이 실물부문이 아니라 화폐부문에서 발생한다면 이러한 방어막 기제는 잘 작동하지 않는다. 일례로 해외이자율이 상승한 경우 국내경제에 어떠한 영향을 미치는지를 살펴보도록 하자.

[그림 6-11]은 해외이자율 상승충격의 효과를 보여준다. 해외이자율이 상승($i^* \rightarrow i^{*\prime}$)하

면 자본의 해외유출을 야기한다. 따라서 국제수지가 균형을 이루려면 국내이자율도 해외이자율과 같은 크기만큼 증가하여야 하고, 이는 새로운 *BP*곡선은 상향이동하게 됨을 의미한다.

최초균형점 1에서의 국내이자율은 이제 해외이자율 수준보다 낮다. 따라서 국제수지는 적자를 기록하게 되고, 환율은 상승하게 된다. 환율상승은 순수출을 증가시키므로 *IS*곡선은 우향이동하게 된다. 따라서 새로운 균형점은 이제 새로운 *IS*곡선과 새로운 *BP*곡선이 만나는 점 2에서 결정된다. 새로운 균형은 최초균형과 일치하지 않는다. 이러한 점에서 변동환율제도를 채택하더라도 글로벌 금융충격의 파급을 차단하기는 어렵다고 하겠다.

[그림 6-11A]에서 해외이자율의 상승은 균형국민소득의 증가를 초래하는데, 이는 환율상승에 의하여 순수출이 증가하기 때문에 가능하다. *YY-LL*모형인 [그림 6-11B]에서 해외이자율이 상승하면 *LL*곡선은 우향이동하게 된다. 이는 식 (6-8)에서 해외이자율이 상승하면 화폐수요가 감소하기 때문이다. 따라서 화폐시장의 균형을 회복하려면 국민소득이 증가하여야 한다. 한편, 해외이자율이 상승하고 국내이자율 또한 같은 수준으로 증가한다면 총수요(투자)가 감소하므로 *YY*곡선은 좌향이동하게 된다. 최종균형은 새로운 *LL*곡선이 새로운 *YY*곡선과 교차하는 점 *B*에서 성립하게 된다. 이자율이 상승하였음에도 불구하고 환율이 상승한 덕분에 균형국민소득은 증가하게 된다.

(3) 상호의존성과 파급효과

변동환율제도가 해외충격을 완화하는 효과가 있다는 주장은 실물부문 충격의 경우 설득력이 있으나, 화폐부문의 충격일 경우에는 반드시 성립하는 것이 아니라는 점을 강조해 둘 필요가 있다. 더구나 해외충격이 어느 한 나라에 국한되어 영향을 주는 것이 아니라, 전 세계 대부분의 국가에 영향을 주는 것이라면 환율변동을 통한 충격흡수는 기대하기 힘들 것이다. 예를 들어 글로벌 금융위기는 국제이자율의 상승과 함께 심각한 경기침체를 초래하였다. 해외경기의 침체에 따른 수출감소의 충격은 자국통화의 가치하락 시 어느 정도 완화할 수 있다. 그러나 모든 나라의 통화가치가 동시에 하락한다면 어느 한 나라의 수출을 증대시키는 것은 불가능할 것이다. 따라서 글로벌 해외수요 감소로 인한 충격을 해소하려면 각국이 동시에 경기진작정책을 사용하여 국내수요를 확대하고 수입을 확대하는 방안이 요구된다.

| 그림 6-12 | 2국모형과 거시정책효과

A. A국의 확장적 통화정책

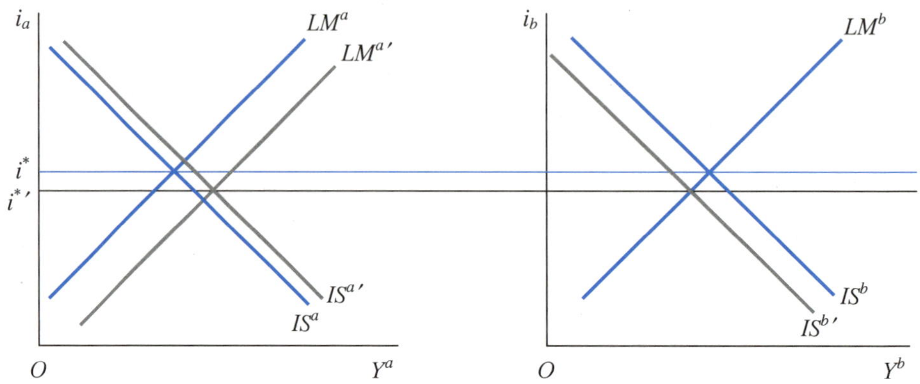

B. A국의 확장적 재정정책

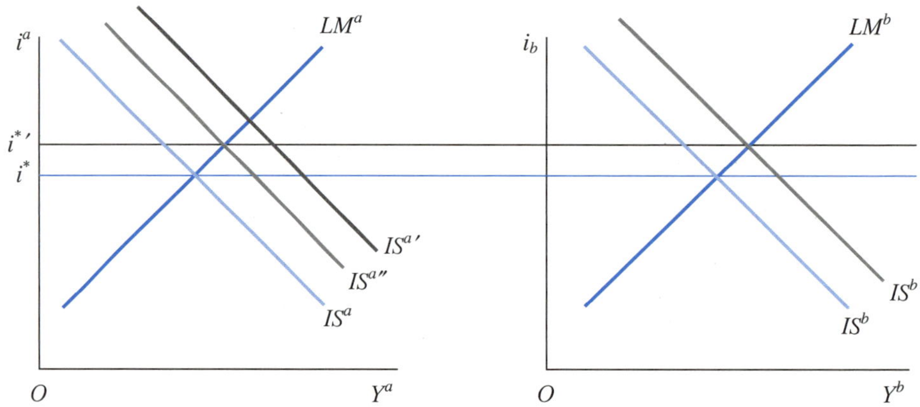

세계경제는 무역과 자본흐름을 통하여 긴밀하게 연결되어 가고 있다. 따라서 어떤 국가가 확장적 거시정책을 추진한다면 그 효과는 자국경제에만 나타나는 것이 아니라 교역상대국에도 무시할 수 없는 효과를 미치게 된다. 또한 교역상대국 경제의 균형이 변화하면 이는 다시 자국경제에 영향을 미치게 된다. 따라서 거시경제정책효과를 제대로 분석하려면 다른 국가들과의 상호의존성과 파급효과를 고려해야 한다. 이제 세계가 A, B 2개 국가로 구성되어 있다는 가정하에 거시경제정책의 파급효과를 분석하여 보도록 하자.

[그림 6-12A]는 A국의 확장적 통화정책의 효과를 분석하고 있다. A국의 통화당국이 통화공급을 늘리면 A국의 금리가 하락하면서 자본이 유출되게 된다. 왼쪽 그림에서 LM^a

곡선이 우향이동하게 되면서 A국 통화의 가치는 하락하고 순수출은 증가하므로 IS^a곡선은 $IS^{a\prime}$곡선과 같이 이동해서 균형국민소득이 증가한다. A국으로부터 유출된 자본이 B국으로 유입된다면 B국은 어떠한 변화가 발생하는가? B국은 자본이 유입되면서 B국 통화가치가 상승하게 되므로 순수출이 감소하게 되고 IS^b곡선이 좌향이동하게 된다.[13] 한편, B국의 통화당국이 외환시장에 개입하지 않는 한, 통화공급은 변함이 없으므로 LM^b곡선은 그대로 있다. 따라서 B국의 균형국민소득은 감소하게 된다.

결론적으로 변동환율제도하의 2국모형에서 A국의 확장적 통화정책은 A국의 균형국민소득을 증가시키나, B국의 균형국민소득을 감소시키는 효과를 가져온다. 한편, 세계 금리수준($i^* = i^a = i^b$)은 하락한다.

그렇다면 2국모형에서 A국의 재정정책의 효과는 어떻게 나타나는가? 앞 절에서 살펴본 자본이동이 완전하다면 변동환율제도하에서 재정정책은 균형국민소득에 아무런 영향을 미치지 못한다는 명제는 여전히 성립하는가? 결론부터 말하자면 그렇지 않다. [그림 6-12B]에서 보는 바와 같이 A국의 확장적 재정정책은 금리를 상승시켜 자본유입을 초래하고, 이에 따라 자국통화가치가 상승하는 효과가 발생한다. 그 결과 IS^a곡선은 확장적 재정정책으로 인하여 우향이동하였다가($IS^a \rightarrow IS^{a\prime}$), 다시 좌향이동하게 된다($IS^{a\prime} \rightarrow IS^{a\prime\prime}$). 그러나 1국모형과 달리 최초의 IS^a곡선의 위치로 돌아가지는 않는다. 그 이유는 A국의 확장적 재정정책에 따른 B국 균형국민소득의 변화에서 찾을 수 있다.

B국의 경우에는 A국의 금리가 상승하면서 자본유출이 발생하고 이로 인하여 자국통화가치가 하락하게 된다. 그 결과 B국의 A국에 대한 순수출이 증가하게 되므로 IS^b곡선은 우향이동하게 되고, 균형국민소득은 증가하게 된다. 한편, B국의 균형국민소득이 증가하면 A국의 B국에 대한 순수출에도 긍정적인 효과를 가져오게 되므로 IS^a는 최초의 위치보다는 오른쪽으로 이동하여야 한다.

요약하면 A국의 확장적 재정정책은 A국과 B국의 균형국민소득을 둘 다 증가시키는 효과를 가져온다. 이때 전 세계 통화공급은 일정한데 양국의 국민소득은 증가하였으므로 금리는 상승하게 된다($i^* \rightarrow i^{*\prime}$). 이러한 결과는 글로벌 금융위기 시 세계 각국이 공동적으로 확장적 재정정책을 취하기로 한 것과도 잘 부합된다. 통화량 증대가 상대국에 부정적인 파급효과를 미치는 것과는 대조적으로 확장적 재정정책은 양국의 경기를 진작시키는

13) 물론 A국의 국민소득이 증가하면 B국의 A국에 대한 수출이 증가할 수 있다(소득효과). 그러나 실제 사례를 보면 소득효과(+)보다 환율효과(−)가 더 커서 B국의 소득에 부정적인 영향을 미치는 것으로 나타나고 있다.

효과를 가져올 것이기 때문이다. 물론 확장적 재정정책이 지속되면 정부의 재정적자가 누적되어 정부부채가 늘어나는 부정적인 결과를 초래할 수도 있기 때문에 현실적으로는 일정한 제약조건하에서 사용할 수밖에 없을 것이다.

부록 불완전자본이동과 *IS-LM-BP*모형

자본이동이 완전하지 않다면 자본거래는 국내이자율과 해외이자율 격차에 비례한다고 할 수 있다. 이 경우 식 (6-5)로부터 국제수지가 균형을 이루려면 경상수지, 즉 순수출과 민간부문 자본순유입의 합이 0이 되어야 하므로 순수출은 국내외 이자율 격차와 반비례한다고 할 수 있다.

극단적으로 자본이동이 정책당국에 의하여 철저하게 통제되는 경우에는 민간부문의 자본이동은 이자율의 격차에 반응을 보이지 않게 된다. 이때 국제수지의 균형을 이루는 이자율과 국민소득의 조합은 이자율과 관계없이 일정한 국민소득수준에서만 성립된다.

$$CA = CA(q,\ Y,\ Y^{*}) = 0 \tag{6A-1}$$

식 (6A-1)에서 국제수지를 균형시키는 국민소득수준을 $\overline{Y}$라고 하면 *IS-LM-BP*모형은

| 그림 6A-1 | 자본통제하의 *IS-LM-BP*모형

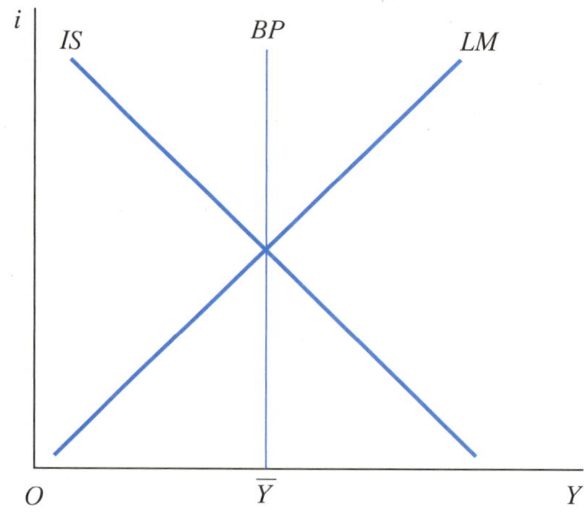

| 그림 6A-2 | 자본통제하의 거시경제정책효과

A. 확장적 통화정책

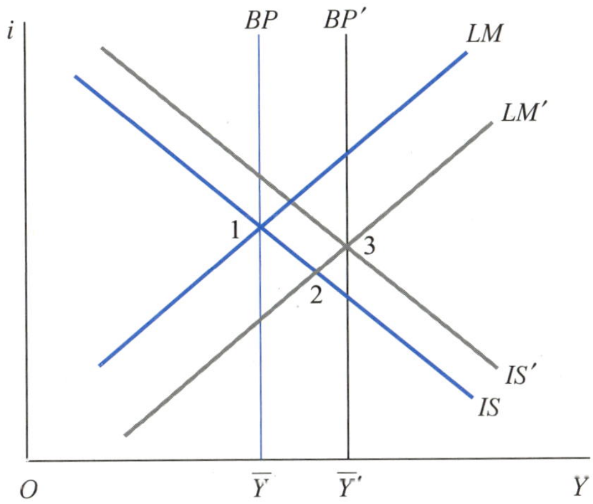

B. 확장적 재정정책

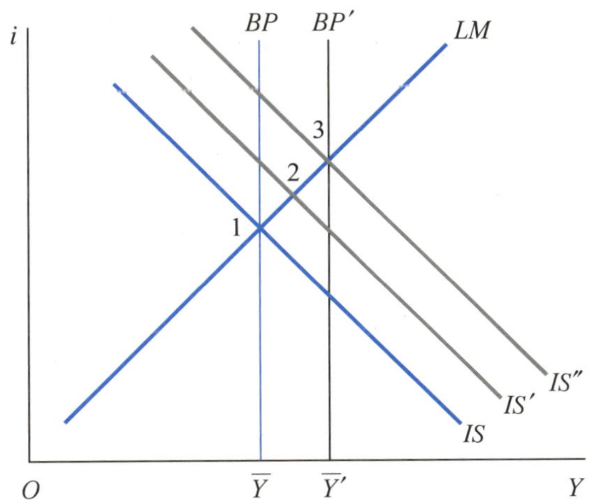

[그림 6A-1]과 같이 표현할 수 있다. *BP*곡선의 왼쪽 영역에서는 국민소득이 감소함에 따라 수입도 감소하므로 국제수지는 흑자를 기록하게 된다. 한편, *BP*곡선의 오른쪽에서는 국민소득이 증가하면서 수입이 증가하므로 국제수지는 적자를 기록하게 된다.

이렇게 극단적인 경우 거시경제정책의 효과는 어떻게 달라지는가? 우선 확장적 통화정책의 효과를 살펴보도록 하자. [그림 6A-2]에서 보는 바와 같이 통화량이 증가하면 *LM*곡선이 우향이동하게 되고, 새로운 균형은 *IS*곡선과 교차하는 점 2에서 성립한다. 새로운 균형점은 *BP*곡선의 오른쪽에 위치하므로 국제수지는 적자를 기록하게 된다. 이에 따라 환율이 상승하면서 *BP*곡선은 우향이동하게 된다. 왜냐하면 환율상승에 따라 수출이 증가하므로 국제수지가 균형을 이루려면 국민소득도 증가해야 한다. 한편, 환율상승 시 *IS*곡선은 우향이동하게 된다. 새로운 균형점 3을 최초균형점 1과 비교하면 확장적 통화정책은 균형국민소득을 증가시키는 효과가 있음을 알 수 있다. 이때 국내이자율은 처음 수준보다 감소하여야 한다.[14)]

이제 확장적 재정정책의 효과에 대하여 살펴보도록 하자. 정부지출이 증가하면 *IS*곡선이 우향이동하게 되고 새로운 균형은 점 2에서 성립한다. 그런데 새로운 균형점은 *BP*곡선보다 오른쪽에 위치하기 때문에 경상수지는 악화된다. 따라서 환율은 상승하게 되고 *IS*곡선과 *BP*곡선은 앞의 경우와 마찬가지로 우향이동하게 된다. 최종적으로 새로운 균형은 *IS*, *LM*, *BP*곡선이 교차하는 점 3에서 성립하게 된다. 확장적 재정정책은 균형국민소득을 증가시키는 효과를 가져오며, 이때 금리는 상승하게 된다.

자본이동이 자유로운 경우와 달리 확장적 재정정책이 균형국민소득에 긍정적인 영향을 미치는 이유는 무엇인가? 자본이동이 완전히 통제되고 있는 상황에서 외환의 수급은 경상수지를 통하여서만 이루어진다. 따라서 경상수지가 균형에서 벗어나게 되면 환율이 변하게 되고, 이에 따라 순수출이 변하게 된다. 위의 예에서 환율상승은 순수출을 증가시키고, 그 결과 총수요의 증가를 초래하므로 균형국민소득은 증가하게 되는 것이다. 따라서 확장적 재정정책이 총수요 조정정책수단으로서 효과가 없다는 주장은 자본이동이 완전히 자유화되어 있는 상황에서만 성립한다고 하겠다.

요약

1. 먼델-플레밍 모형은 자본이동을 중심으로 재화시장, 화폐시장 및 외환시장의 상호작용 및 개방경제의 균형을 분석하는 데 유용하다. 하지만 물가가 고정되어 있고 미래 환율이 현재 수준과 동일하다고 가정하고 있기 때문에 중장기 분석에 한계가 있다.

14) 점 (3)에서는 국민소득이 증가하였는데 순수출($X-M$)은 0이고, 소비(C)의 증가는 국민소득 증가에 미치지 못한다. 따라서 투자(I)가 증가하려면 이자율이 떨어져야 한다.

$$Y = C(Y) + I(i) + G + (X - M)$$

2. 먼델-플레밍 모형은 *IS-LM-BP*모형이라고도 불린다. 자본자유화가 완전한 경우 국내외 이자율이 같아져야 하며, *BP*곡선의 기울기는 영(0)이 된다. 하지만 자본이동이 불완전한 경우에는 *BP*곡선의 기울기는 양(+)의 값을 갖는다.

3. *YY-LL*모형은 완전자본자유화($i=i^*$)하의 화폐시장과 재화시장의 균형조건을 나타낸다. 재화시장이 균형을 이루려면 환율(S)과 국민소득(Y)은 비례적으로 움직여야 하므로 재화시장의 균형을 나타내는 *YY*곡선의 기울기는 양(+)의 값을 가진다. 한편, 화폐시장의 균형은 환율과 관계가 없으므로 화폐시장의 균형을 나타내는 *LL*곡선은 수직선이 된다.

4. 자본이동이 자유롭고 변동환율제도를 채택하고 있는 개방경제에서 통화정책은 균형국민소득을 원하는 방향으로 조정하는 데 효율적이다. 반대로 재정정책은 균형국민소득에 아무런 영향을 미치지 못한다.

5. 변동환율제도하에서 해외수요가 감소하면 환율변동이 충격을 완전히 흡수하여 국내경제에 미치는 영향을 차단하는 역할을 담당한다. 한편, 해외이자율이 상승한 경우 변동환율제도하에서는 환율이 상승하여 순수출을 증가시키므로 균형국민소득이 증가한다.

6. 2국모형에서 자국의 확장적 통화정책은 A국의 균형국민소득을 증가시키나, 상대국의 균형국민소득을 감소시키는 효과를 가져온다. 한편, 자국의 확장적 재정정책은 두 나라의 균형국민소득을 둘 다 증가시키는 효과가 있다.

주요 용어

먼델-플레밍 모형
*LL-YY*모형
확장적 재정정책
정책의 자율성
2국 *IS-LM-BP*모형
*IS-LM-BP*모형
확장적 통화정책
정책의 효율성
불완전자본이동과 *BP*곡선
상호의존성과 파급효과

연습문제

01 자본자유화의 정도에 따라 *BP*곡선의 기울기가 어떻게 달라지는지 설명하라.

02 완전자본자유화가 이루어졌을 때 변동환율제도하에서 재정정책과 통화정책의 효율성을 비교 분석하라.

03 "변동환율제도는 해외충격이 국내경제에 미치는 효과를 차단할 수 있다."는 명제에 대하여 논하라.

04 "*IS-LM-BP*모형의 균형에서 대내적으로 완전고용, 대외적으로 국제수지 균형이 성립한다."는 명제의 성립여부에 대해서 논하라.

05 *IS-LM-BP*모형으로부터 *YY-LL*모형을 도출하라.

06 미국은 시중금리가 1%이고 한국은 3%라고 하자.
① 현재 우리 경제의 균형상태를 *IS-LM-BP*곡선을 이용하여 표시하라.
② 한국이 경기부양을 위하여 금리를 인하하면 경제에 어떠한 영향을 미치는지 분석하라.

07 A국과 B국으로 구성된 2국 *IS-LM-BP*모형을 이용하여 A국의 확장적 통화정책과 확장적 재정정책이 각각 A국과 B국에 미치는 효과를 분석하라.

제 07 장

고정환율제도하의 거시경제균형: 먼델-플레밍 모형(Ⅱ)

일반적으로 경기변동을 완화하기 위해 정책당국은 재정정책이나 통화정책을 사용한다. 경기가 수축기에 있을 경우에는 경기부양을 위하여 확장적 재정정책이나 통화정책을 시행하는 반면, 경기가 확장기에 있는 경우에는 긴축적 재정정책이나 통화정책을 이용하여 경기가 과열되는 것을 막고자 한다. 그런데 재정정책이나 통화정책 같은 거시경제정책의 효과는 환율제도의 특성에 따라 다르다. 제6장에서 살펴본 바와 같이 국가 간 자본이동이 자유로운 경우 변동환율제도하에서는 통화정책이 경기조절에 효과적인 수단이지만 재정정책효과의 유효성은 낮다. 그렇다면, 고정환율제도에서도 통화정책효과의 유효성이 존재하는 것일까? 고정환율제도하에서는 변동환율제도에서와는 달리 재정정책을 효과적인 거시경제 안정화 정책으로 사용할 수 있는 것인가?

글로벌 금융위기 이후 침체된 경기를 회복하기 위하여 미국의 연방준비위원회, 유럽 중앙은행, 일본 중앙은행 등 선진국 통화당국은 대규모 양적완화정책을 시행하였다. 물론 자유변동환율제도를 운용하고 있는 이들 지역에서는 확장적 통화정책이 경기부양에 유효한 영향을 미칠 것으로 기대하기 때문에 이와 같은 정책을 시행한 것이다. 그러나 고정환율제도를 운영하고 있는 홍콩에서 경기부양을 위해 양적완화정책을 시행한다는 뉴스를 접하기란 어렵다. 이는 고정환율제도에서는 통화정책의 효과가 매우 낮은 것으로 알려져 있기 때문이다.

이 장에서는 자본이동이 자유로울 때 고정환율제도하에서 통화정책의 효과가 작은 반면, 재정정책의 효과는 크게 발생하는 이유를 설명한다. 또한 국가 간 자본이동성의 정도가 이들 정책의 효과에 어떠한 영향을 주는지도 함께 살펴본다.

1. 고정환율제도와 통화공급

고정환율제도(fixed exchange rate system)는 외환당국이 목표환율을 설정하고 외환시장 개입 등을 통하여 이를 유지하는 환율제도를 의미한다. 외환시장에서 외환의 초과수요가 발생하여 환율상승 압력이 발생하는 경우 변동환율제도하에서는 환율이 그대로 상승하여 시장균형이 회복된다. 그러나 고정환율제도하에서는 외환당국이 환율을 목표환율 수준에서 일정하게 유지해야 할 의무가 있다. 따라서 외환당국은 외환시장에 개입하여 초과수요만큼의 외환을 매도하여 환율이 상승하지 않도록 억제한다. 반대로 외환의 초과공급이 발생하여 환율하락 압력이 증가하면 외환당국은 외환을 매입하는 외환시장개입을 통하여 목표환율을 유지한다. 이와 같이 고정환율제도에서는 외환에 대한 초과수요 또는 초과공급의 불균형이 발생하면 외환시장개입을 통하여 불균형이 해소되므로 환율에는 변화가 생기기 않는다.

그런데 외환시장개입은 두 가지 중요한 변화를 초래한다. 첫째, 외환보유액이 변동한다. 외환매도개입은 외환보유액 감소를, 외환매입개입은 외환보유액의 증가를 유발한다. 따라서 고정환율제도를 안정적으로 유지하기 위해서는 충분한 규모의 외환보유액을 보유하고 있어야 하는 한편, 외환보유액이 과도하게 증가하는 것을 감수할 수 있어야 한다. 둘째, 외환시장개입으로 통화공급규모가 변화한다. 외환매도 또는 외환매입의 개입은 통화당국의 자국통화매입 또는 자국통화매도를 의미하므로 자동적으로 통화공급의 변화를 초래한다. 외환매도개입이 발생하면 통화공급이 감소하며, 반대로 외환매입개입이 발생하면 통화공급이 증가한다.[1)]

제6장에서 대외균형조건을 설명하는 모형을 소개하였다. 이에 따르면 외환시장에서의 수급은 국제수지에 의하여 결정된다. 즉, 국제수지 흑자는 외환의 순유입을 의미하므로 외환시장에서의 공급증가를 초래한다. 반대로 국제수지 적자는 외환의 순유출, 외환시장에서의 수요증가를 나타낸다. 따라서 고정환율제도하에서 국제수지 흑자가 발생하면 고정환율을 유지하기 위하여 외환당국이 외환을 매입하고 자국통화를 매도함에 따라 통화공급량이 증가한다. 국제수지 적자가 발생하면 이와는 반대로 외환을 매도하고 자국통화를 매입하는 외환시장개입으로 인하여 통화공급량이 감소한다.

이를 제6장에서 소개한 *BP*곡선과 관련지어 설명하면 다음과 같다. *BP*곡선은 국제수

1) 국제수지와 통화량과의 관계는 제3장을 참조.

| 그림 7-1 | 국제수지 불균형과 통화공급의 변화

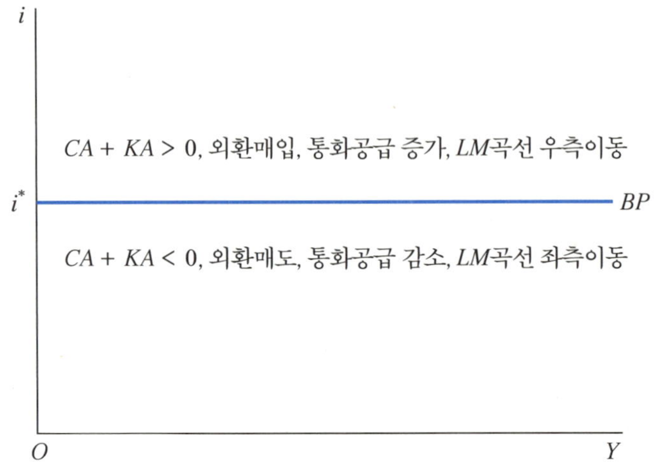

지 균형을 유지하는 이자율과 국민소득의 조합을 의미하는데, 국가 간 자본거래가 완전히 자유화되었다면 *BP*곡선은 [그림 7-1]과 같이 수평하다. *BP*곡선상에서는 외환시장 균형이 유지되므로 외환시장개입의 필요성이 없으며, 이에 따라 통화량의 변화도 없다. 그런데 만약 경제가 *BP*곡선의 윗부분에 있다면 국제수지가 흑자이므로 통화량이 증가하게 되며, 이에 따라 제6장에서 소개한 바 있는 *LM*곡선이 우측으로 이동한다. 한편, 경제가 *BP*곡선의 아랫부분에 위치하고 있다면 국제수지 적자로 인하여 통화량이 감소하며, *LM*곡선은 좌측으로 이동한다.

2. 고정환율제도와 거시경제정책의 효과

(1) 통화정책의 효과

자본이동이 완전한 경우 고정환율제도하에서 통화정책이 국민소득에 어떠한 효과를 발생시키는지를 *IS-LM-BP*모형을 이용하여 살펴본다. 먼저 확장적 통화정책의 효과를 살펴보면 다음과 같다. 경제가 [그림 7-2]의 점 1에서 대내외균형을 유지하고 있는 가운데, 통화당국이 경기부양을 위하여 통화량을 증가시켰다고 가정하자. 통화량이 증가하면 화폐시장에서 초과공급이 발생하여 이자율이 하락하는데, 그 결과 투자가 증가하고 국민

| 그림 7-2 | 고정환율제도하에서 확장적 통화정책의 효과

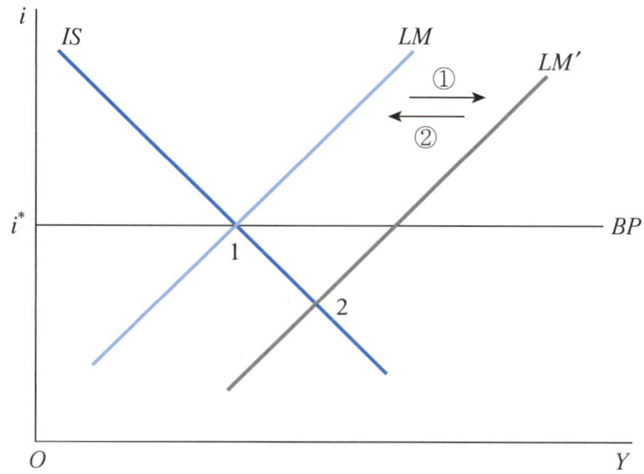

소득도 증가한다. 이는 [그림 7-2]에서 *LM*곡선이 우측으로 이동하여 경제의 대내균형이 점 2로 이동하는 것으로 나타난다. 그런데 점 2에서는 이전에 비하여 국민소득이 증가하였으므로 경상수지가 악화된다. 한편, 국가 간 자본이동이 자유로운 가운데 국내이자율이 해외이자율 아래로 하락하였으므로 자본유출이 발생하여 민간부문 자본순유입이 감소한다. 따라서 점 2에서는 경상수지 악화와 민간부문 자본순유입 감소로 인하여 국제수지가 악화되고 외환시장에서는 외환의 초과수요가 발생한 결과 국내통화가치에 대한 하락압력이 증가한다.

이에 외환당국은 고정환율제도의 목표환율을 유지하기 위하여 외환매도 및 자국통화 매입의 외환시장개입을 시행한다. 그 결과 외환보유액은 감소하고 통화량도 감소하는데, 이는 *LM*곡선의 좌측이동을 초래한다. 통화량의 비자발적인 축소로 인하여 이자율이 다시 상승하고, 이로 인해 국내투자가 축소되어 국민소득도 감소하기 시작한다. 국민소득의 감소와 이자율의 상승으로 각각 경상수지가 개선되고 민간부문 자본순유입이 증가하는데, 국제수지 적자가 해소될 때까지 외환시장개입이 지속된다. 즉 통화량의 규모가 확장적 통화정책 이전의 수준으로 감소할 때까지 외환시장개입이 지속된다. 통화량이 원래 수준으로 축소되어 국내이자율이 해외이자율과 같아져야만 자본유출이 멈추고 국제수지가 균형을 이루어 국내통화가치에 대한 하락압력이 사라진다. 그 결과 *LM*곡선은 원래의 위치로 다시 돌아가게 되어 경제는 결국 처음의 균형점인 점 1에서 다시 대내외균형을 이루게 된다. 따라서 통화량 증가로 초기에 하락했던 이자율이 결국에는 원래 수준으로

| 그림 7-3 | 확장적 통화정책과 경상수지 및 민간부문 자본순유입 변화

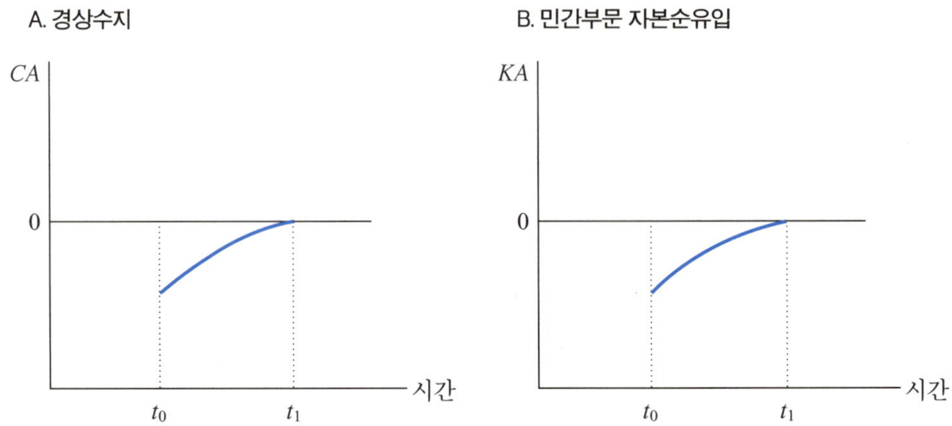

상승하기 때문에 확장적 통화정책은 최종적으로 투자에 전혀 영향을 미치지 못하며 이에 따라 국민소득에도 전혀 영향을 주지 못한다.[2] 결국 국가 간 자본이동이 자유로운 경우 확장적 통화정책은 국민소득에 아무런 영향을 미치지 못한다. 이는 긴축적 통화정책에도 동일하게 적용된다. 이상과 같이 고정환율제도하에서 통화정책은 정책의 목표를 달성할 수 있는 수단이 되지 못한다. 경기침체 시 경기부양을 위해 확장적 통화정책을 사용할 수 없으며, 경기활황 시 경기안정을 위해 긴축적 통화정책을 사용해 보아야 소용이 없다는 것이다. 즉 국가 간 자본이동이 자유로운 상태하에서 고정환율제도가 유지될 경우 통화정책은 경기변동을 조절할 수 있는 능력, 즉 통화정책의 자율성(monetary autonomy)을 상실한다.

확장적 통화정책의 영향으로 경상수지와 민간부문 자본순유입이 변화하는 과정은 [그림 7-3]과 같다. 통화량 증가에 따른 이자율 하락으로 국민소득이 증가한 결과 처음에는 경상수지가 악화되지만, 외환시장개입으로 이자율이 상승하고 국민소득이 감소함에 따라서 경상수지는 다시 개선되어 원래의 수준을 회복한다. 민간부문 자본순유입은 이자율 하락으로 최초 감소하였으나 외환시장개입으로 이자율이 다시 상승함에 따라 증가세로 반전되어 원래의 수준을 회복한다.

2) 지속적인 외환매도개입으로 중앙은행의 외환보유액은 감소한다.

(2) 재정정책의 효과

고정환율제도하에서 재정정책의 효과를 살펴보기 위해 정부지출이 증가하는 확장적 재정정책의 예를 들어보자. 정부지출이 증가하면 총수요가 증가하여 국민소득이 증가한다. 이에 따라 화폐시장에서는 화폐에 대한 수요가 증가하고 이자율이 상승한다. [그림 7-4]의 점 1에서 경제의 초기 균형이 이루어지고 있었다고 가정하면 정부지출의 증가로 인하여 *IS*곡선이 우측으로 이동하고 점 2에서 새로운 대내균형이 성립한다. 그런데 이 점에서는 다음과 같은 이유로 국제수지의 흑자가 발생한다. 국가 간 자본이동이 자유롭다고 가정하면, 점 2에서는 국내이자율이 해외이자율보다 높으므로 자본유입 증가로 민간부문 자본순유입이 확대된다. 반면에 소득증가로 인한 수입증가로 경상수지는 악화된다. 그런데 자본이동이 상당히 자유로운 경제하에서는 민간부문 자본순유입 증가효과가 경상수지의 악화 정도를 초과하기 때문에 최종적으로 국제수지는 흑자를 기록한다.

그 결과 외환시장에서는 외환에 대한 공급이 확대되어 국내통화가치에 대한 상승압력이 증가한다. 이에 중앙은행은 고정환율제도의 목표환율을 방어하기 위해 외환매입 및 자국통화매도의 외환시장개입을 실시하며, 이로 인해 외환보유액이 증가한다. 그런데 외환시장개입 시 자국통화를 매도하므로 통화량이 비자발적으로 증가하고 이자율이 하락한다. 따라서 국민소득은 이자율 하락으로 인한 투자 증가로 더욱 확대된다. *LM*곡선이 우측으로 이동하여 경제는 점 3에서 새로운 균형을 이루게 되는데, 이 점에서는 대내균

| 그림 7-4 | 고정환율제도하에서 확장적 재정정책의 효과

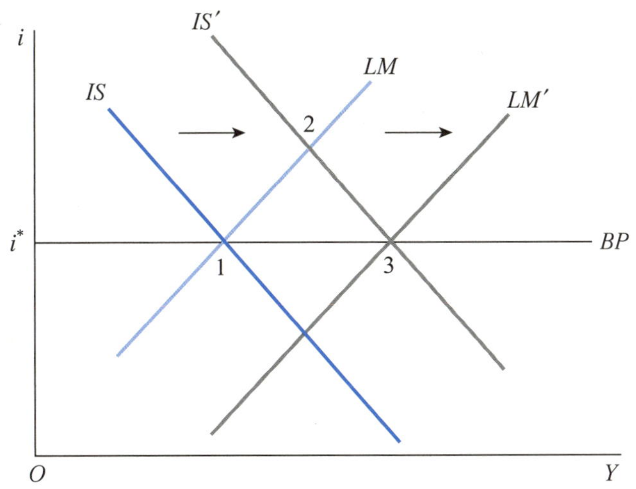

형뿐만 아니라 대외균형, 즉 국제수지의 균형도 유지된다. 경제가 점 2에서 점 3으로 이동하는 과정에서 이자율이 하락하여 자본유입이 감소하고 국제수지 흑자도 점점 줄어들며, 점 3에서 결국 국제수지가 균형을 회복한다. 이에 따라 국내통화가치에 대한 하락압력도 점점 축소되어 점 3에서는 더 이상의 하락압력이 발생하지 않는다. 자본이동이 자유로운 경우 고정환율제도하에서의 재정정책은 통화정책과는 달리 국민소득에 유의한 효과를 미친다. 확장적 재정정책으로 국내통화가치의 상승압력이 증가하는데, 이를 억제하는 과정에서 통화공급이 비자발적으로 확대되어 이자율이 하락하고 그 결과 총수요가 증가하기 때문이다. 반대로, 만약 긴축적 재정정책을 사용한다면 위에서 소개한 동일한 논리를 적용하여 국민소득이 감소하는 것을 쉽게 분석할 수 있다.

확장적 재정정책이 경상수지와 민간부문 자본순유입에 미치는 영향을 살펴보면 [그림 7-5]와 같다. 재정지출 증가의 직접적인 영향으로 국민소득이 증가한 결과 경상수지가 악화되는데, 외환시장개입에 따른 이자율 하락으로 국민소득이 추가적으로 증가함에 따라 경상수지는 더욱 악화된다. 한편, 민간부문의 자본순유입은 이자율 상승으로 처음에는 증가하나 외환시장개입으로 이자율이 다시 하락함에 따라 감소세로 반전된다. 앞의 설명에 따르면 재정지출 증가 이후 국내통화의 가치상승 압력이 증가하는데, 이는 확장적 재정정책이 시행된 직후 민간부문의 자본순유입 증가가 경상수지 적자보다 크다는 것을 의미한다.

| 그림 7-5 | 확장적 재정정책과 경상수지 및 민간부문 자본순유입 변화

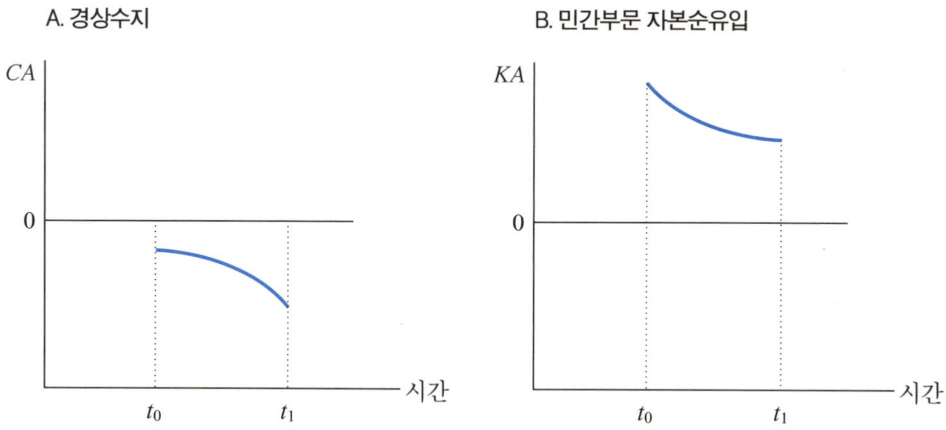

(3) 평가절하의 효과

고정환율제도하에서는 외환시장개입을 이용하여 국제수지 불균형이 환율에 미치는 영향을 억제한다. 그러나 외환당국이 외환시장에 개입할 능력이 부족하다고 판단되면, 목표환율을 변경하는 조치를 취하게 된다. 국내통화가치를 하락시키는 방향으로 목표환율을 변경하는 경우를 평가절하(devaluation), 그 반대의 경우를 평가절상(revaluation)이라고 부른다. 예를 들어, 국제수지 적자가 심각한 수준인 가운데 외환보유액이 부족하여 외환매도개입을 더 이상 지속할 수 없으면, 외환당국은 평가절하정책을 선택할 수 있다. 과거 경험을 살펴보면, 고정환율제도를 선택하였던 국가에서 평가절상보다는 평가절하가 더욱 빈번하게 발생하였다. 따라서 아래에서는 자본이동이 자유로운 경우 평가절하가 국내경제에 미치는 영향을 살펴본다.

[그림 7-6]은 평가절하의 조정과정을 보여주고 있다. 먼저 [그림 7-6A]의 대내균형점인 점 1은 *BP*곡선의 아래에 위치하고 있으므로 이 점에서는 국제수지 적자가 발생하여 국내통화가치에 대한 하락압력이 존재한다. 목표환율을 유지하려면 외환당국이 외환시장에서 외화를 매도하여 부족한 외화를 시장에 공급해야 하지만, 충분한 외환보유액을 보유하고 있지 못하기 때문에 평가절하정책을 취할 수밖에 없다고 가정하자. 평가절하는 국내통화가치의 하락을 의미하므로 순수출의 증가를 초래한다.[3] 따라서 *IS*곡선이 오른

| 그림 7-6 | 평가절하의 효과

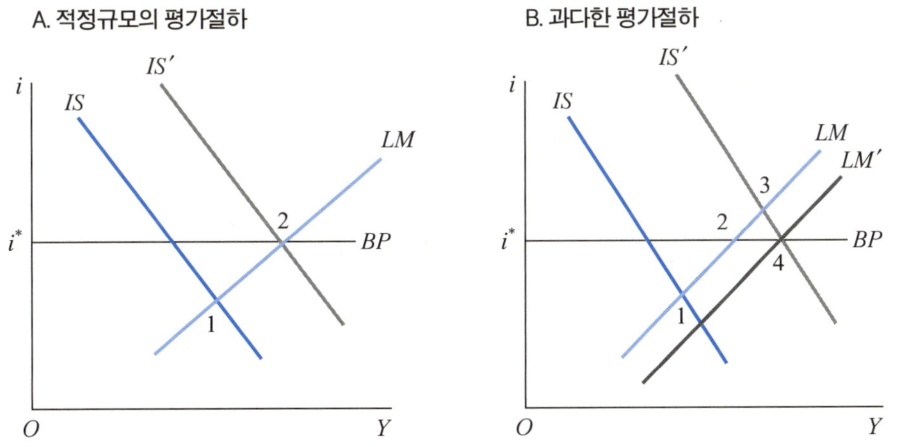

3) 마샬-러너 조건이 성립한다고 가정함.

쪽으로 이동한다. 만약 *IS*곡선이 *BP*곡선과 *LM*곡선이 교차하는 점 2에서 이들과 만날 수 있도록 평가절하 수준을 정확히 조절할 수 있다면 경제는 단번에 대내외균형을 회복할 수 있을 것이다. 그러나 만약 평가절하 수준이 이보다 작다면 경제가 균형점 2에 도달하기 위해서는 추가적인 평가절하가 필요하다. 새로운 균형점에서는 국민소득이 이전보다 증가하였으며, 이자율도 상승하였다. 평가절하의 영향으로 총수요가 증가하여 국민소득이 확대되었으며, 이로 인한 화폐수요의 증가로 이자율이 상승하였다. 이자율 상승으로 민간부문 자본순유입이 증가하여 균형점 2에서는 국제수지가 균형을 회복하게 된다.

한편, 평가절하규모가 너무 커서 대내균형점이 점 2를 벗어나 [그림 7-6B]의 점 3에서 성립되면, 국내이자율이 해외이자율보다 높아 자본유입이 발생한다. 이 경우 국내통화에 대한 절상압력이 발생하므로 외환당국은 외환시장에 개입하여 외환을 매입하며, 이에 따른 통화량 증가로 *LM*곡선이 오른쪽으로 이동한다. 최종적으로 경제는 점 4에서 대내외균형을 동시에 달성하게 된다. 이는 평가절하의 규모가 클수록 국민소득의 팽창규모가 상대적으로 크다는 것을 의미한다. 평가절하의 규모가 크면, 평가절하에 따른 순수출의 증가뿐만 아니라 외환시장개입에 따른 비자발적인 통화량의 증가가 국민소득을 추가적으로 확대한다.

그러나 평가절하는 경제에 부정적인 영향을 미칠 수 있다. 먼저 평가절하는 국내통화가치의 하락을 의미하므로 수입재가격 상승을 통하여 물가상승을 유발할 수 있다. 수입재 비중이 큰 경제일수록 물가상승효과가 클 것이다. 또한 외화표시 부채가 외화표시 자산의 규모를 초과하는 통화불일치(currency mismatch) 문제를 안고 있는 기업들의 경우 평가절하로 인하여 환차손이 발생되고 상대적으로 외화부채의 부담이 증가한다. 따라서 기업은 투자를 축소할 것이며, 이로 인해 심지어 *IS*곡선이 왼쪽으로 이동할 수도 있다.

3. 해외충격의 효과

제6장에서 설명한 바와 같이 변동환율제도하에서 해외충격이 국내경제에 미치는 영향은 그 충격의 성격에 따라 차이가 날 수 있다. 즉 변동환율제도가 실물부문의 해외충격이 국내로 파급되는 것을 차단할 수 있으나, 실물부문이 아닌 화폐부문에서 발생하는 충격을 방어하는 데에는 한계가 존재한다는 것이다. 이에 반해 고정환율제도하에서는 환율변동이 불가능하므로 해외충격이 발생하면 이는 고스란히 국내경제로 파급되는 것으로 알

려져 있다. 아래에서는 변동환율제도 분석 시 사용하였던 해외수요의 변화 및 해외이자율 변화 충격을 적용하여 고정환율제도하에서 해외충격의 영향을 알아본다.

(1) 해외수요의 감소

해외수요가 감소하면 순수출이 감소한다. 따라서 총수요가 감소하고 국민소득이 축소된다. 화폐시장에서는 국민소득의 감소로 화폐수요가 감소함에 따라 이자율이 하락한다. 해외충격이 발생하기 이전에 경제가 [그림 7-7]의 점 1에서 대내외균형을 유지하고 있었다고 가정하면, 해외수요의 감소로 *IS*곡선이 왼쪽으로 이동하고, 대내균형은 점 2로 이동한다. 그런데 새로운 단기균형점에서는 국내이자율이 해외이자율보다 낮으므로 자본유출이 증가하여 국제수지 적자가 발생하고 국내통화가치에 대한 하락압력이 증가한다. 따라서 외환당국은 목표환율 방어를 목적으로 외환시장에 개입하여 외환을 매도하고 국내통화를 매입한다. 이에 따라 통화공급이 감소하고 국내이자율이 상승한다. 국내이자율이 해외이자율보다 낮은 수준을 유지하는 한 국내통화가치에 대한 하락압력이 존재하므로 외환당국은 통화공급 감소로 국내이자율이 해외이자율 수준으로 다시 상승할 때까지 외환시장개입을 지속할 것이다. 외환시장개입에 따른 통화공급 감소로 *LM*곡선이 역시 왼쪽으로 이동하여 결국 경제는 점 3에서 새로운 장기균형을 이루게 된다. 경제가 점 2에서 점 3으로 이동하면서 국내이자율은 상승하게 되는데, 이에 따라 투자가 축소되어 국민소득 역시 추가적으로 감소한다.

| 그림 7-7 | **고정환율제도하에서 해외수요 감소효과**

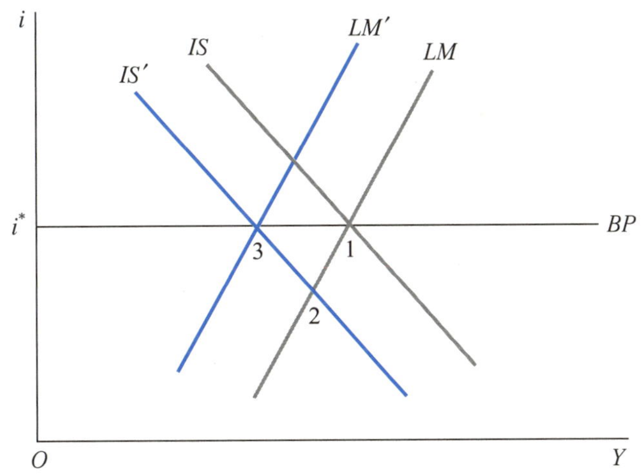

위의 분석을 통해 고정환율제도하에서 해외수요의 감소가 국민소득의 축소를 초래할 수 있음을 확인할 수 있다. 해외수요 감소 자체가 총수요의 감소를 유발하여 직접적으로 국민소득에 영향을 주며, 외환당국이 고정환율제도를 유지하기 위하여 외환시장에 개입한 결과 통화공급이 줄어들어 국내이자율이 상승하고 투자가 축소되기 때문에 국민소득이 추가적으로 감소한다.

(2) 해외이자율의 상승

해외이자율이 상승하면 자본유출이 증가하므로 국제수지 적자가 발생한다. 이는 [그림 7-8]에서 *BP*곡선이 위쪽으로 이동하여 최초의 균형점인 점 1이 *BP*곡선의 아래쪽에 위치하게 되는 것으로 나타난다. 국제수지 적자로 인해 국내통화가치에 대한 하락압력이 증가하므로 외환당국은 외환매도 · 국내통화매입의 외환시장개입을 시행하여 목표환율을 유지하고자 한다. 이에 따라 통화량이 줄어들어 *LM*곡선이 왼쪽으로 이동하며 경제는 점 2에서 대내외균형을 다시 유지할 수 있게 된다. 즉 환율방어를 위하여 외환당국이 외환시장에 개입한 결과 통화량이 줄어들고, 이에 따라 국내이자율이 상승하여 국민소득은 감소한다. 해외충격이 환율에 미치는 영향을 차단하는 과정에서 국내이자율이 상승하여 국내경제에 부정적인 효과를 미치게 되는 것이다. 변동환율제도에서는 오히려 환율이 상승하여 국민소득이 증가한 것과 대비되는 결과이다.

| 그림 7-8 | 고정환율제도하에서 해외이자율 상승효과

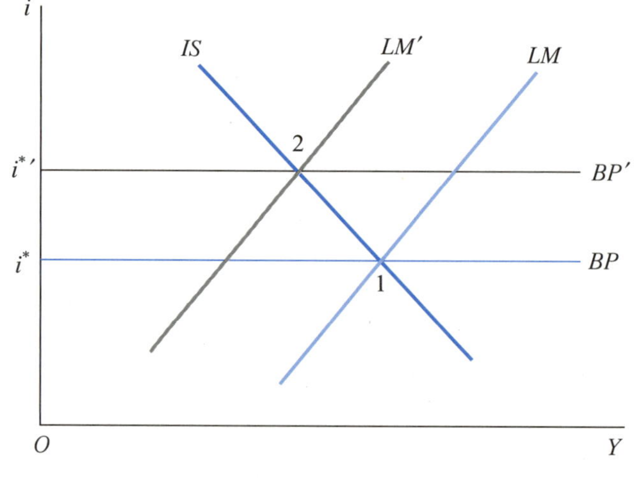

개방경제의 불가능한 삼위일체

불가능한 삼위일체(impossible trinity)란 통화정책의 자율성, 환율의 안정성, 완전한 자본이동성의 세 가지 목표 중 두 가지는 동시에 선택이 가능하지만 세 가지의 정책목표를 동시에 선택할 수 없다는 것을 의미한다. 예를 들어 환율의 안정성과 완전한 자본이동성을 유지하려면 통화정책의 자율성을 포기해야 한다. 이와 같은 경우 경기부양을 위하여 확장적 통화정책을 사용하면 이자율이 하락하여 외국으로 자본이 유출되고 이에 따라 외환시장에서 국내통화가치에 대한 하락압력이 증가한다. 환율안정을 위해 외환매도개입을 시행하면 통화량은 감소해서 초기의 이자율 하락을 상쇄한다. 따라서 통화량 증가가 이자율에 아무런 영향을 미치지 못하여 정책의 효과를 기대할 수 없다. 즉 자율적인 통화정책을 사용하여 경기변동을 조절할 수가 없다. 환율이 안정된 고정환율제도하에서 자본이동이 완전할 경우 통화정책의 효과가 없다는 것은 이미 본문에서 설명한 바와 같다. 그런데 통화정책의 자율성은 자본이동성을 포기하거나 또는 환율의 안정성(고정환율제도)을 포기하면 획득할 수 있다. 위의 예에서 확장적 통화정책으로 인한 이자율 하락 시 자본이동이 불가능하다면 자본유출이 발생하지 않을 것이다. 따라서 외환시장에서 국내통화가치에 대해 하락압력이 발생하지 않으며 외환시장개입 없이도 환율의 안정성을 유지할 수 있다. 즉, 이 경우 확장적 통화정책은 이자율 하락을 초래하므로, 환율의 안정성을 훼손하지 않고도 총수요 증가를 통한 독자적인 경기부양효과를 발휘할 수 있다. 즉 자본이동성을 포기하면 통화정책의 자율성과 환율의 안정성을 동시에 성취할 수 있다. 한편, 완전한 자본이동성을 확보하는 대신에 환율의 안전성을 포기하고 자유변동환율제도를 채택한다고 가정하자. 이 경우 확장적 통화정책으로 이자율이 하락하면, 자본이동성이 완전하므로 자본유출이 발생한다. 그 결과 환율이 변동하지만, 완전한 자본이동성을 유지하는 가운데 확장적 통화정책이 이자율 하락을 통하여 경기확장효과를 발휘할 수 있다.

〈개방경제의 불가능한 삼위일체〉

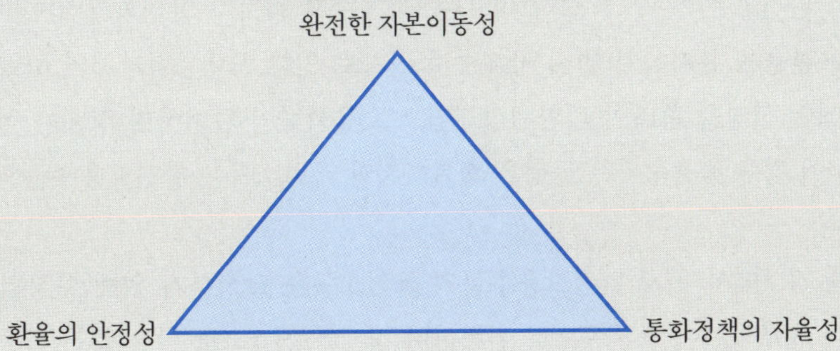

4. 대내외균형의 달성

대내외균형이란 대내균형과 대외균형이 동시에 이루어지는 것을 의미한다. 대내균형이란 완전고용수준에서 국민소득이 결정되는 것을 뜻하며, 대외균형은 경상수지와 민간

| 그림 7-9 | 고정환율제도하에서 재정정책과 종합균형 달성

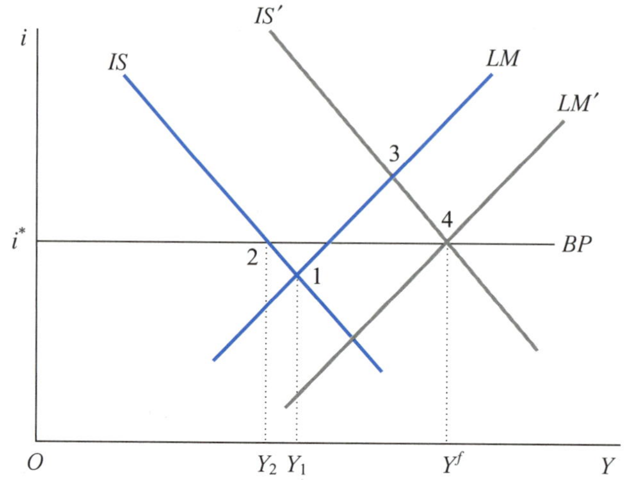

부문 자본순유입의 합인 국제수지의 균형을 나타낸다. 아래에서는 고정환율제도하에서 대내적으로 또는 대외적으로 불균형이 발생하고 있는 경우 거시경제정책을 통하여 대내외균형을 달성하는 방법을 *IS-LM-BP*모형을 이용하여 설명한다.

먼저, 경제가 단기적으로 [그림 7-9]의 점 1에 위치하고 있다고 가정하자. 이곳에서는 국민소득이 완전고용수준인 Y^f보다 작으며, 국제수지 적자가 발생하고 있다. 만약 정책당국이 목표환율을 유지하기 위해 국제수지 적자로 인한 국내통화가치의 하락압력을 제거하는 데에만 신경을 쓴다면 외환시장개입으로 통화량이 감소하며 경제는 점 2로 이동할 것이다. 이 경우 국제수지는 균형을 회복하지만 국민소득은 완전고용수준으로부터 더욱 멀어진다.

그렇지만 점 1에서 먼저 완전고용수준의 국민소득을 달성하기 위해 확장적 재정정책을 사용한다면 *IS*곡선이 오른쪽으로 이동하며 경제는 점 3으로 이동한다. 이곳에서는 높은 국내금리 때문에 자본유입이 증가하여 국제수지 흑자가 발생하므로 오히려 국내통화의 절상압력이 발생한다. 이를 억제하기 위해 외환당국이 외환매입 및 국내통화 매도의 외환시장개입을 시행한다면, 그 결과 비자발적으로 통화량이 증가하여 *LM*곡선이 오른쪽으로 움직이며 경제는 점 4로 이동하게 된다. 점 4에서는 국민소득이 완전고용수준과 일치하고 국제수지도 균형을 이루기 때문에 대내외균형을 달성할 수 있다.

그런데 경제를 점 1에서 점 4로 이동하여 대내외균형을 달성하기 위해 정부지출을 재정정책의 수단으로 사용한다면 적정한 정부지출규모를 정확히 판단할 수 있어야 할 것이

| 그림 7-10 | 고정환율제도하에서 재정정책의 조정

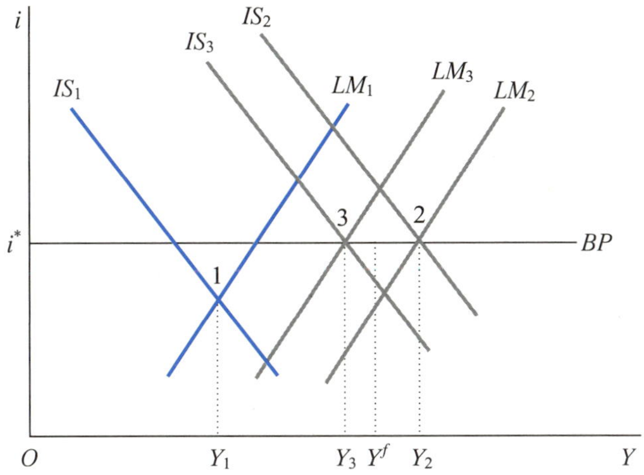

다. 그러나 정부지출 증가규모에 대한 예측이 빗나가더라도 현재의 경제상황에 따라 적절히 정부지출규모를 조절하면 최종적으로 대내외균형을 달성할 수 있다. 예를 들어, 적정규모 이상으로 정부지출을 증가시킨 결과, 경제가 최종적으로 [그림 7-10]의 점 2로 이동하였다고 가정하자. 이 점에서는 국제수지가 균형을 이루고 있으나 국민소득이 완전고용수준보다 크다. 따라서 정책당국이 대내균형을 달성하기 위하여 긴축적 재정정책을 사용한다면, 경제는 점 3으로 다시 이동한다. 그런데 정부지출의 감소폭이 적정규모보다 크기 때문에 국민소득이 완전고용수준 이하로 하락한다. 그렇지만 이전보다 완전고용수준과의 격차가 줄어드는 것을 알 수 있다. 점 3에서 다시 확장적 재정정책을 사용하면 국민소득이 점점 완전고용수준에 가까워진다. 이와 같은 방법으로 실제 국민소득의 수준에 따라 재정정책을 적절히 사용하면 경제는 최종적으로 완전고용수준에서 국제수지가 균형이 되는 대내외균형을 달성할 수 있다.

한편, [그림 7-9]의 점 1에 위치하고 있던 경제가 점 4로 이동하여 대내외균형을 이룰 수 있는 것은 대내균형을 달성하기 위하여 확장적인 재정정책을 사용하였기 때문이다. 그러나 만약 국민소득을 완전고용수준으로 확대하기 위하여 재정정책 대신에 통화정책을 사용한다면 대내외균형을 달성하기 힘들다. 점 1에서 확장적 통화정책을 사용할 경우에는 *LM*곡선이 오른쪽으로 이동하여 경제는 [그림 7-11]의 점 2로 이동할 것이다. 이 점에서 경제는 완전고용수준의 국민소득을 달성할 수는 있으나 국제수지 적자가 더욱 확대된다. 이때 국제수지 적자에 따른 환율변동을 억제하기 위하여 외환당국이 외환시장에

| 그림 7-11 | 고정환율제도하에서의 통화정책과 종합균형

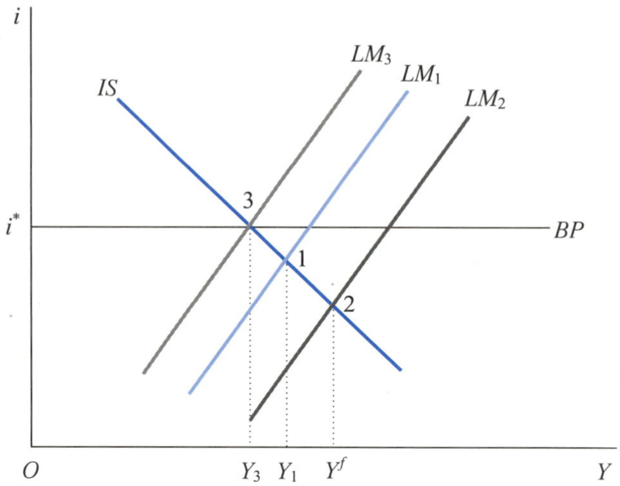

개입하면 통화량이 다시 감소하여 국민소득은 축소된다. 이 경우 이자율 상승으로 국제수지 적자가 줄어들기는 하지만 다시 국민소득이 완전고용수준 이하로 축소되어 대내균형으로부터 멀어지게 되며, 대내외균형 달성이 어려워진다.

고정환율제도하에서 국제수지 불균형이 발생하면 외환시장개입으로 통화량이 변동하고, 이에 따라 국내금리가 함께 변화한 결과 국제수지가 균형을 회복한다. 고정환율제도를 유지한다는 것은 대외균형을 유지한다는 것을 의미한다. 따라서 고정환율제도를 유지하는 가운데 대내외균형을 달성하기 위해서는 대내균형에 초점을 두어 거시경제정책을 시행하면 된다. 또한 앞에서 설명한 바와 같이 대내균형의 회복을 위해서는 통화정책이 아니라 재정정책을 사용하여야 한다.[4] 이는 고정환율제도하에서는 통화정책의 효과가 없으며, 재정정책만이 국민소득에 유효한 영향을 미친다는 앞 절의 분석을 상기하면 새로운 사실이 아니다.

4) 이는 대내균형과 대외균형 두 가지 정책목표를 달성하기 위하여 재정정책 한 가지만 있으면 된다는 것을 의미하는 것은 아니다. 제4장에서 설명한 바와 같이 두 가지 정책목표를 동시에 달성하기 위해서는 두 가지 정책수단이 필요하다. 따라서 고정환율제도하에서는 환율정책이 대외균형을 달성하는 정책수단이며, 재정정책은 대내균형을 달성하는 데에 필요한 정책수단으로 이해하여야 한다.

거시경제정책과 해외충격이 국민소득에 미치는 효과의 환율제도 간 비교

자본이동이 자유로운 개방경제하에서 통화정책과 재정정책의 유효성은 환율제도의 영향을 받는다. 제6장에서 설명한 바와 같이 변동환율제도의 경우 확장적 통화정책으로 인한 통화량의 증가는 국내통화가치의 하락을 초래하여 순수출을 증가시키며, 이로써 국민소득이 확대된다. 반면에 확장적 재정정책은 균형국민소득에 아무런 영향을 미치지 못하고, 다만 순수출을 감소시키는 결과를 초래한다. 그러나 이 장에서 설명한 바와 같이 고정환율제도하에서는 그 효과가 반대로 나타난다. 즉, 확장적 통화정책으로 통화량이 증가하지만 목표환율을 유지하기 위한 외환시장개입의 영향으로 다시 통화량과 이자율이 원래 수준으로 돌아가기 때문에 통화정책이 국민소득에 영향을 미치지 못한다. 한편, 확장적 재정정책은 직접적인 소득증가효과를 초래할 뿐만 아니라 목표환율 유지를 위한 외환시장개입이 비자발적인 통화량 증가를 유발함에 따라 국민소득 증대효과를 확실히 가져온다.

해외충격이 국내국민소득에 미치는 영향은 환율제도와 충격의 특성에 따라 다르게 나타난다. 변동환율제도하에서 해외충격이 국내국민소득에 미치는 영향은 그 충격의 성격에 따라 존재하기도 하며 존재하지 않기도 한다. 예를 들어, 변동환율제도하에서 해외수요가 감소하는 실물부문의 충격이 발생하면 직접적인 효과로 국내총수요가 감소하지만 국내통화의 가치가 하락하여 순수출이 증가하므로 결국 해외수요 감소의 충격이 국내국민소득에 미치는 영향이 모두 상쇄된다. 반면에 해외이자율이 상승하면 국내통화가치 하락으로 순수출이 확대됨에 따라 국민소득이 증가한다. 즉, 변동환율제도가 실물부문의 해외충격이 국내로 파급되는 것을 차단할 수 있으나, 실물부문이 아닌 화폐부문에서 발생하는 충격을 방어하는 데에는 한계가 존재한다는 것이다.

한편, 고정환율제도하에서는 환율변동이 불가능하므로 해외충격이 발생하면 이는 고스란히 국내경제로 파급된다. 예를 들어, 해외수요 감소는 국내총수요의 감소를 유발하여 직접적으로 국민소득에 영향을 수며, 외환당국이 고정환율제도를 유지하기 위하여 외환시장에 개입한 결과 국내이자율이 상승하고 투자가 축소되어 국민소득이 추가적으로 감소한다. 한편, 해외이자율이 상승하면 자본유출이 증가하므로 국내통화가치에 대한 하락압력이 증가하는데, 외환당국이 환율방어를 위하여 외환시장에 개입한 결과 통화량이 줄어들고 국내이자율이 상승함에 따라 국민소득은 감소한다.

〈거시경제정책과 해외충격이 국민소득에 미치는 효과〉

구분	통화정책	재정정책	해외수요 충격	해외이자율 충격
변동환율제도	○	×	×	○
고정환율제도	×	○	○	○

주 : ○ = 영향 유, × = 영향 무

부록 불완전자본이동하의 거시경제정책효과

[그림 7A-1]은 자본통제로 인하여 자본이동이 불가능한 경우 확장적 통화정책의 효과를 보여주고 있다. 제6장의 부록에서 설명한 바와 같이 국가 간 자본이동이 불가능한 경우 [그림 7A-1A]에서와 같이 *BP*곡선이 수직선의 형태를 갖는다. 확장적 통화정책의 시행으로 통화공급이 증가하면 *LM*곡선이 오른쪽으로 이동하여 최초에 점 1에서 균형을 이루고 있던 경제는 점 2에서 새로운 균형을 형성한다. 새로운 균형점에서는 기존에 비해 국내이자율이 하락하였지만 자본통제로 인하여 자본이동의 변화가 발생하지 않는다. 그러나 국민소득이 증가하였으므로 수입증가에 따른 경상수지 악화로 인하여 국제수지는 적자를 기록한다. 따라서 국내통화가치에 대한 하락압력이 증가하여 외환매도 및 국내통화 매입의 외환시장개입이 발생하며, 이에 따라 통화량이 감소하고 *LM*곡선은 다시 왼쪽으로 이동한다. 통화량이 감소함에 따라 이자율이 상승하며, 그 결과 투자가 감소하여 국민소득은 다시 축소되기 시작한다. 그런데 국민소득이 최초의 수준으로 돌아가야만 국제수지가 균형을 다시 회복하여 더 이상 국내통화가치에 대한 하락압력이 발생하지 않으므로, 통화량의 규모가 확장적 통화정책이 시행되기 이전의 수준으로 돌아갈 때까지 외환시장개입이 지속되며, *LM*곡선도 원래의 위치로 돌아가게 된다. 결국 경제는 최초의 균형점으로 돌아가며, 확장적 통화정책은 국내경제에 유의한 영향을 미치지 못한다. 단지

| 그림 7A-1 | 불완전한 자본이동하에서의 통화정책효과

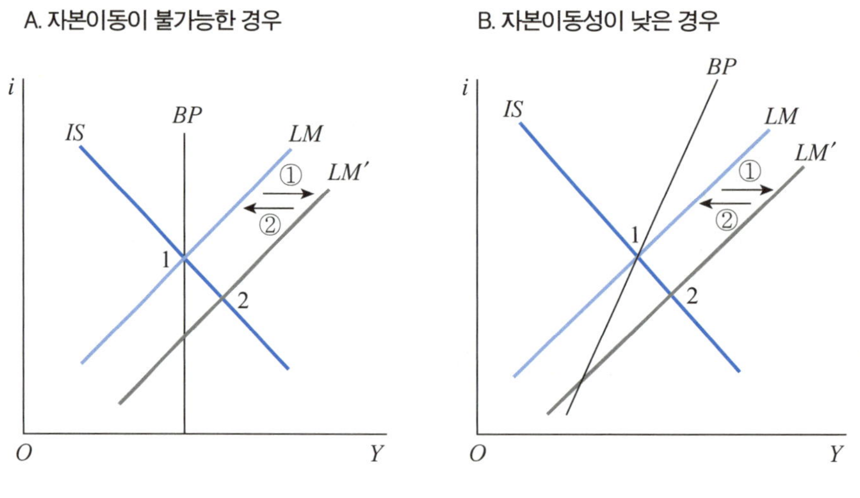

외환시장개입의 결과로 외환보유액이 감소할 뿐이다.

한편, 자본이동이 가능하지만 완전하지 않은 경우에는 *BP*곡선이 우상향하는 기울기를 갖는다([그림 7A-1B]). 왜냐하면, 국민소득이 증가하면 경상수지 악화로 국제수지가 악화되는데, 이때 국내이자율이 상승하여 민간부문 자본순유입이 증가하여야만 국제수지가 균형을 회복할 수 있기 때문이다. 또한 자본이동성이 높을수록 국제수지가 이자율 변화에 민감하게 반응하므로, *BP*곡선의 기울기가 완만하다. 확장적 통화정책 시 *LM*곡선이 오른쪽으로 이동하지만, 환율안정을 위한 외환시장개입으로 통화량이 다시 줄어들어 *LM*곡선이 원래의 위치로 되돌아와 이 경우에도 역시 정책의 효과가 발생하지 않는다. 단지, 단기균형점 2에서는 경상수지 악화뿐만 아니라 민간부문 자본순유입의 감소도 국제수지 적자에 기여한다는 점에서 차이가 난다. 비록 자본이동성이 낮기는 하지만 국내이자율이 처음보다 하락하여 자본유출이 증가하기 때문이다.

자본이동이 불가능한 경우 확장적 재정정책의 효과는 [그림 7A-2A]를 통하여 알아볼 수 있다. 정부지출이 증가하면 *IS*곡선이 오른쪽으로 이동하여 국민소득이 증가하지만, 화폐수요의 증가로 국내이자율이 상승한다. 자본이동이 불가능하므로 국내이자율이 상승해도 민간부문 자본순유입에는 변함이 없으며, 단지 국민소득 증가로 경상수지가 악화된 결과 국제수지가 악화된다. 따라서 새로운 균형점 2에서는 국제수지 적자로 인해 국내통화가치에 대한 하락압력이 증가하며, 외환당국은 고정환율제도를 유지하기 위하여 외환시장에서 외환을 매도하고 국내통화를 매입한다. 그 결과 통화공급이 감소하여 국내

| 그림 7A-2 | 불완전한 자본이동하에서의 재정정책효과

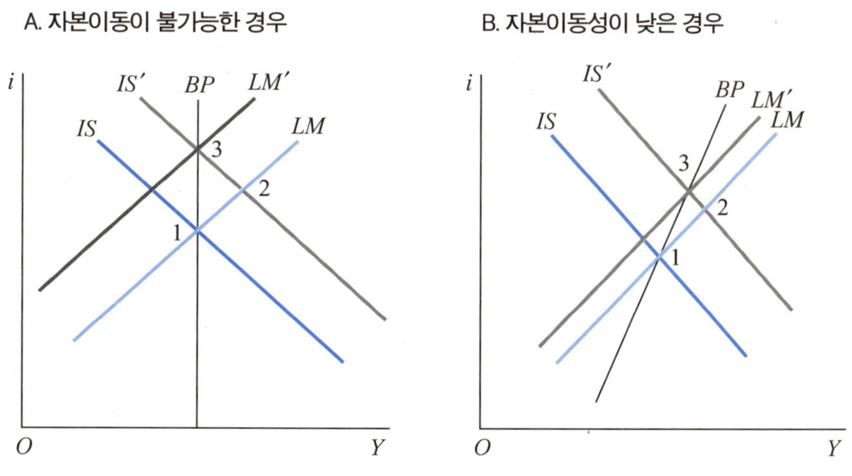

이자율은 더욱 상승하며, 이에 따라 투자가 감소하고 국민소득 역시 감소한다. 통화량 감소로 *LM*곡선이 왼쪽으로 이동하게 되는데, *LM*곡선이 *BP* 및 *IS*곡선과 원래의 국민소득 수준에서 교차할 때까지 외환시장개입이 지속되고 통화량이 감소할 것이다. 이는 자본이동이 불가능한 경제에서는 국제수지가 순전히 경상수지에 의하여 결정되며, 고정환율제도하에서 해외소득이 주어져 있다고 가정하면 경상수지는 국내소득의 변화에만 의존하기 때문이다. 따라서 경제는 *IS-LM-BP*가 동시에 교차하는 점 3에서 최종적으로 균형을 이루게 되며, 이 점에서는 더 이상 국내통화가치에 대한 하락압력이 존재하지 않게 된다. 결국 자본이동이 불가능한 경우 확장적 재정정책은 국민소득에 전혀 영향을 주지 못한다. 그러나 국내이자율이 이전보다 높아져 투자가 감소하며, 외환시장개입으로 외환보유액이 감소한다.

자본이동이 가능하지만 자본이동성이 낮은 경우 확장적 재정정책의 효과는 [그림 7A-2B]에 나타나 있다. 확장적 재정정책 시행 후의 단기균형점 2에서 역시 국제수지 적자가 발생한다. 국내이자율이 상승하여 자본유입이 증가하지만 자본이동성이 낮기 때문에 경상수지 악화를 상쇄할 정도로 그 규모가 크지 않다. 따라서 균형점 2에서는 국내통화에 대한 하락압력이 발생하며, 외환매도의 시장개입으로 통화공급이 감소하고 *LM*곡선이 왼쪽으로 이동한다. 결국 경제의 최종적인 균형은 점 3에서 성립하며, 최초의 균형점에 비해 국내이자율이 높고, 투자는 감소하며, 외환보유액 역시 감소한다. 그렇지만 자본이동이 불가능한 경우와는 달리, 비록 소규모이지만 국민소득이 증가한다. 이는 통화량 감소로 국내이자율이 상승함에 따라 비록 작은 규모이지만 자본유입이 증가하여 국제수지 적자를 보다 빠르게 해소할 수 있었던 결과, 통화량의 감소와 이에 따른 국내이자율의 상승폭이 상대적으로 작기 때문이다.

위의 결과는 고정환율제도하에서 확장적 재정정책이 항상 국민소득 증대효과를 초래하는 것은 아니고, 그 결과는 자본이동성의 크기에 달려 있다는 것을 보여주고 있다. 국가 간 자본이동이 불가능하면 확장적 재정정책은 국민소득에 전혀 영향을 미치지 못한다. 또한 자본이동성이 클수록 국민소득 확대효과가 증가하는데, 이는 확장적 재정정책의 결과로 발생하는 외환시장개입이 초래하는 내생적 통화공급의 변화와 관련이 있다. 본문에서 살펴본 바와 같이 자본이동성이 높으면, 외환시장개입이 통화량의 증가를 초래하여 확장적 재정정책의 효과를 더욱 증대시키는 작용을 한다.

요약

1. 고정환율제도는 외환당국이 목표환율을 설정하고 외환시장개입 등을 통하여 이를 유지하는 환율제도를 의미한다. 외환시장개입은 자동적으로 통화량의 변화를 초래하는데, 외환매도개입은 통화량의 감소를, 외환매입개입은 통화량의 증가를 유발한다.

2. 자본이동이 자유로운 가운데 고정환율제도를 운용하는 경제에서는 통화정책이 국민소득에 영향을 미치지 못한다. 확장적 통화정책의 경우 통화량이 증가하면 이자율이 하락하여 자본유출을 초래하는데, 외환당국이 목표환율을 유지하기 위해 외환시장에 개입하여 외환을 매도하면 다시 통화량이 원래 수준으로 감소하고 이자율도 원래 수준으로 상승하기 때문에 국민소득에 전혀 영향을 미치지 못한다. 따라서 고정환율제도하에서는 통화정책을 경기조절의 유효한 수단으로 사용할 수 없게 되어 통화정책의 자율성이 상실된다.

3. 고정환율제도하에서의 재정정책은 통화정책과는 달리 국민소득에 유의한 효과를 미친다. 확장적 재정정책의 경우 이자율 상승으로 인하여 국내통화가치의 상승압력이 증가하는데, 외환당국이 목표환율을 유지하기 위해 외환시장에 개입하여 외환을 매입하는 과정에서 통화량이 비자발적으로 확대된다. 이에 따라 이자율이 하락하고 그 결과 총수요가 증가하여 국민소득이 증가한다.

4. 고정환율제도하에서 국내통화가치를 하락시키는 방향으로 목표환율을 변경하는 경우를 평가절하라고 부른다. 국제수지 적자가 심각한 수준인 가운데 외환보유액이 부족하여 기존의 목표환율을 유지하기 위한 외환매도개입을 더 이상 지속할 수 없으면, 외환당국은 평가절하정책을 선택할 수 있다. 평가절하는 순수출의 증가를 통해 국민소득을 확대하는 편익을 초래하지만, 수입재가격 상승으로 물가가 상승하거나 외화부채가 외화자산보다 많은 기업들의 경우 환차손이 발생하는 비용도 발생시킬 수 있다.

5. 고정환율제도하에서는 해외충격이 발생하면 이는 고스란히 국내경제로 파급된다. 예를 들어, 해외수요의 감소는 국내총수요의 감소를 유발하여 직접적으로 국민소득에 영향을 주며, 외환당국이 고정환율제도를 유지하기 위하여 외환시장에 개입한 결과 국내이자율이 상승하고 투자가 축소되어 국민소득이 추가적으로 감소한다. 한편, 해외이자율이 상승하면 자본유출이 증가하므로 국내통화가치에 대한 하락압력이 증가하는데, 외환당국이 환율방어를 위하여 외환시장에 개입한 결과 통화량이 줄어들고 국내이자율이 상승함에 따라 국민소득은 감소한다.

6. 대내균형이란 완전고용수준에서 국민소득이 결정되는 것을 뜻하며, 대외균형은 국제수지의 균형을 나타낸다. 또한 대내외균형이란 대내균형과 대외균형이 동시에 이루어지는 것을 의미하는데, 고정환율제도를 유지한다는 것은 대외균형을 유지한다는 것을

의미한다. 고정환율제도하에서 대내외균형을 달성하기 위해서는 대내균형에 초점을 두어 거시경제정책을 시행하여야 하며, 국민소득이 대내균형으로부터 이탈할 경우 대내균형 회복을 위해서는 재정정책을 사용하여야 한다.

주요 용어

- 고정환율제도
- 재정정책의 효과
- 평가절하
- 종합균형
- 통화정책의 효과
- 통화정책의 자율성
- 해외충격
- 불가능한 삼위일체

연습문제

01 고정환율제도하에서 긴축적 통화정책이 국민소득, 외환보유액에 미치는 영향을 설명하라(불완전한 자본이동성 가정).

02 고정환율제도하에서 긴축적 재정정책이 국민소득, 통화량, 국내이자율, 외환보유액 등에 미치는 영향을 설명하라(불완전한 자본이동성 가정).

03 고정환율제도하에서 해외수요의 증가가 국민소득, 통화량에 미치는 영향을 설명하라(완전한 자본이동성 가정).

04 고정환율제도하에서 해외이자율의 하락이 국민소득, 국내이자율, 외환보유액에 미치는 영향을 설명하라(완전한 자본이동성 가정).

05 고정환율제도하에서 중화외환시장개입을 사용할 수 있는지를 설명하라.

06 자본이동성이 완전한 고정환율제도하에서 세계 경기침체에 효과적으로 대응할 수 있는 거시경제정책을 설명하라.

제3부

자산시장균형과 환율결정

제 08 장

금리평가와 환율 : 단기자산시장접근모형

1. 금리평가
2. 환율결정에 대한 단기자산시장접근
3. 자산시장과 생산물시장의 동시균형과 환율

국가 간 자본이동이 활발해지면서 환율은 국내금융시장과 해외금융시장 간의 균형에 의하여 결정된다는 새로운 시각이 관심을 끌게 되었다. 이를 환율결정에 대한 자산시장접근방식(asset market approach to exchange rate determination)이라고 한다. 자산시장접근방식 이전의 전통적인 환율결정모형은 무역에 따른 외환의 수요 및 공급, 즉 외환흐름이 환율을 결정한다는 의미에서 유량(flow)을 중시하였다. 전통적 모형은 재화나 서비스의 수출입이 급격하게 변하지 않기 때문에 환율의 변동성도 크지 않을 것이라고 예측한다. 이와 대조적으로 자산시장접근은 환율이 국내외 투자수익률이 같아지도록 급속하게 조정된다고 본다. 따라서 환율은 외환의 유량보다 매 시점의 금융자산의 공급량과 수요량, 즉 저량(stock)의 균형에 따라 결정되며, 국내외 금융자산의 수요 및 공급 변화에 따라 매우 큰 변동성을 가질 것으로 예측한다.

자산시장접근방식은 금융자산의 거래비용이나 자본이동 규제가 무시할 정도로 적다는 의미에서 자본이동의 완전성(perfect capital mobility)을 가정한다. 또한 자산시장접근방식은 국내투자자들이 자국화폐, 국내통화표시 채권과 외화표시 채권 등 최소한 3가지 금융자산에 투자할 수 있다고 가정한다. 화폐는 보유하고 있어도 이자가 붙지 않는다. 반면 국내통화표시 채권과 외화표시 채권은 이자를 지급한다는 면에서는 유리하지만 화폐보다 유동성이 떨어진다는 단점이 있다. 따라서 채권금리가 올라가면 화폐보유를 줄여서 채권보유를 늘리려 할 것이고, 채권금리가 내려가면 반대로 채권보유 대신 화폐보유를 늘리려 할 것이다. 이때 채권은 국내에서 발행되었든지, 아니면 해외에서 발행되었든지 화폐와 서로 경쟁적인 관계에 있게 된다는 점에서는 동일하다.

만약에 두 채권이 표시통화만 제외하고 모든 조건이 똑같다고 가정하면 수익률이 높은 것을 선택하게 될 것이다. 국내채권의 수익률은 바로 채권의 이자율이다. 반면에 해외채권은 외화로 표시가 되었기 때문에 이자율뿐 아니라 만기까지 환율이 어떻게 변할 것인지를 고려하여야 한다. 환율변화를 고려하여 국내채권과 해외채권 수익률이 같아지는 조건을 금리평가라고 하는데, 금리평가는 단기에 환율을 결정하는 핵심적인 조건이 된다.

이 장에서는 금리평가의 개념을 설명한 후, 물가가 고정된 단기에 환율결정에 대한 자산시장접근에 대하여 설명한다. 국내금리가 환율변화율을 고려한 해외금리와 같아야 한다는 금리평가조건은 국내외 채권이 표시통화만 제외하면 유동성이나 위험도가 똑같다고 가정한다. 일반적 자산시장균형접근은 금리평가조건에 기초한다. 그리고 재화시장과 화폐시장의 균형조건을 동시에 고려해서 환율결정을 분석하는 *IS-LM-UIP*모형을 소개한다. 마지막으로 물가가 신축적이라면 통화량 변화의 효과가 어떻게 달라지는지 분석한다.

1. 금리평가

(1) 무위험금리평가

외환에 대한 수요와 공급에 영향을 미치는 중요한 경제활동 중의 하나는 국제자본이동이다. 자본시장이 개방되면 국내금융시장에 국내투자자뿐 아니라 외국투자자들도 얼마든지 투자를 할 수 있다. 외국인들은 국내기업이 발행한 채권 또는 주식을 사거나 국내은행에 대한 외화자금대부를 늘릴 수 있다. 마찬가지로 국내투자자들도 외국금융상품들을 살 수 있다.

금융상품은 유동성, 예상수익률 및 투자위험에 따라 크게 화폐, 채권 및 주식으로 대별할 수 있다. 화폐는 다른 자산이나 재화로 손쉽게 바꿀 수 있다는 점에서 유동성이 가장 높다고 할 수 있다. 그 대신 화폐에는 이자가 붙지 않는다. 채권의 경우에는 정해진 이자를 받을 수 있다는 점에서 화폐보다 유동성은 덜하지만 예상수익률이 높다는 장점이 있다. 주식은 배당금을 받을 수 있고, 주가가 올라가면 자본수익도 올릴 수 있기 때문에 예상수익률이 가장 높을 수 있다. 그러나 주가가 떨어지면 수익률이 음(−)의 값을 가질 수 있기 때문에 투자위험이 상당히 크다. 다양한 금융상품들은 각각의 장단점이 다르기 때문에 투자자들의 입장에서 보면 투자를 분산하는 것이 바람직하다고 말할 수 있다.

국내채권과 외국채권을 놓고 어디에 투자할 것인가를 망설이는 투자자가 있다고 하자. 동일한 유동성과 투자위험도를 가진 채권이 국내에서 여러 개 발행되었다면 이들의 예상수익률이 동일하여야 한다. 만약에 수익률에 차이가 있게 되면 차익거래에 따라 수익률이 높은 상품으로 투자가 집중될 것이기 때문이다. 국제투자에 있어서도 동일한 원칙이 적용된다. 따라서 자본이동이 자유롭고 양국 금융상품의 유동성이나 투자위험도가 동일하다면 예상수익률이 같아야 균형이 성립한다.

일물일가의 법칙을 상품시장에 적용한 것이 구매력평가라면 동일한 법칙을 국제금융시장, 이 중에서도 채권시장에 적용한 것이 금리평가(interest rate parity)라고 할 수 있다. 그런데 국내와 달리 외국채권에 투자를 할 경우 먼저 투자자금을 외국화폐로 바꾸어야 하며, 또 투자가 만기되어 원리금을 회수하려면 자국화폐로 다시 바꾸어야 한다. 문제는 미래의 환율이 불확실하기 때문에 투자가 만료되는 시점의 원리금을 자국화폐로 환산하였을 경우 수익률이 불확실하다는 점이다. 즉, 외국에 투자하는 경우 환율이 고정되어 있지 않다면 환위험(exchange rate risk)이 존재하게 된다.

이러한 환위험은 선물환시장이 존재하여 미리 정해진 환율로 외국통화를 매각하기로 계약을 맺는다면 회피할 수 있다. 선물환계약을 맺는 경우 환율변동을 감안한 해외투자 수익률과 국내이자율이 같아지는 조건을 무위험금리평가(covered interst rate parity: CIP)라고 한다.[1] 반면에 선물환거래가 이루어지지 않는다면 투자자는 환위험을 감수해야 하는데, 이를 감안하여 양국의 예상수익률이 같아지는 조건을 유위험금리평가(uncovered interest parity: UIP)라고 한다. 이제 무위험과 유위험 금리평가를 차례대로 살펴보도록 하자.

먼저 무위험금리평가에 대하여 살펴보자. 이제 한국의 국내투자자에게 국내와 해외(미국) 채권에 투자할 수 있는 기회가 주어졌다고 하자. 이때 채권은 정부가 발행하였기 때문에 부실화될 위험은 없다고 가정한다. 국내와 해외 채권의 이자율은 각각 i와 i^*라고 하자.

투자자금의 규모가 1억 원이라고 가정할 때 이를 국내채권에 투자하게 되면 만기 시 원리금은 $(1 + i)$억 원이 될 것이다. 같은 투자자금을 미국채권에 투자하는 경우를 고려하여 보자. 우선 1억 원을 미국에 투자하려면 외환시장에서 이를 달러로 바꾸어야 한다. 현물환시장에서의 환율이 S(원/달러)라고 하면, 투자규모는 $1/S$억 달러가 될 것이다. 미국채권에 대한 이자율은 i^*라고 하였으므로 만기 시 원리금은 총 $(1 + i^*)/S$억 달러가 될 것이다. 이제 이를 다시 원화로 바꾸어서 회수한다고 하자. 선물환시장을 이용하면 회수시점에 원화와 달러화 간의 환율을 미리 정할 수 있다. 이렇게 결정된 선물환율을 F(원/달러)라고 하면 미국채권투자의 원리금은 최종적으로 $(1 + i^*)F/S$억 원이 될 것이다. 양국 채권시장이 균형을 이루려면 원화로 환산한 원리금이 같아야 한다.

$$(1 + i) = (1 + i^*)\frac{F}{S} \tag{8-1}$$

선물환계약을 통하여 해외투자의 원리금을 정해진 가격에 자국통화로 바꿔 놓기로 약정하면 환율변동에 따른 위험을 회피할 수 있다. 즉 무위험금리평가(식 (8-1))는 해외투자 시 환위험이 없는 상태에서 국내외 투자수익률이 같아지는 조건을 의미한다.

식 (8-1)이 성립하지 않으면 어떠한 현상이 발생하는가? 우선 식 (8-1)의 왼쪽 항이 더 크다고 가정하자. 국내금리가 환율변화를 고려한 외국의 금리보다 높다고 하면 자금이 국내채권으로 몰릴 것이다. 외환시장에서 외국인들이 외환을 국내통화와 바꾸려고 하기

---

1) 무위험금리평가는 영국의 경제학자 케인즈(J.M. Keynes)가 처음으로 규명하였다.

때문에 외환에 대한 공급은 증가할 것이다. 한편, 국내투자자들도 외국에 굳이 투자하려고 하지 않기 때문에 외환에 대한 수요가 감소할 것이다. 따라서 외환시장에서 수요와 공급의 변화는 균형환율을 하락시키는 방향으로 작용할 것이다. 즉, 국내통화가치는 상승하고 외국통화가치는 감소하게 될 것이다. 한편, 외국이자율이 상승하는 경우에는 이와 반대로 환율이 상승하게 될 것이다.

이와 같이 국내외 이자율과 선물환율이 주어져 있을 때 금리평가조건을 이용하면 균형환율수준을 구할 수 있다. 자본이동은 국내외 금리차에 의하여 단기간에 이루어지기 때문에 금리평가는 단기환율을 결정하는 중요한 조건이라고 할 수 있다.

(2) 유위험금리평가

사람들이 외국에 투자할 때 선물환시장을 항상 이용할 수 있는 것은 아니다. 선물환시장이 발달한 통화는 선진국의 경우에 한정되며, 개도국에는 선물환시장 자체가 존재하지 않는 경우도 많다. 만약 선물환시장이 없거나 또는 선물환거래에 상당한 비용이 든다면, 해외투자 시 환율변화에 따른 위험을 감수하고 해야 할 것이다.

이제 환위험이 내포되어 있는 경우 국내외 투자수익률이 같아지는 균형조건에 대하여 고려하여 보자. 투자자들이 환위험에는 관심이 없고 수익률에만 관심이 있는 경우, 통화표시만 다르고 나머지 특성이 같은 채권이라면 어느 것에 투자하든지 상관없을 것이다.[2) 다만 선물환계약을 이용할 수 없기 때문에 해외투자수익률을 계산할 때 투자자들은 계약만기시점의 환율에 대한 자신들의 예상(S^e)에 의존할 수밖에 없을 것이다. 예상값이 실현된 값과 항상 같으리라는 보장은 없다. 따라서 선물환계약을 맺지 않는 한 예상치 못한 환율변동에 따른 위험을 감수하여야 한다. 환위험이 존재하는 해외투자의 예상수익률이 국내투자의 수익률과 같아지는 조건을 유위험금리평가라고 하고 무위험금리평가의 선물환율 대신 예상환율을 대입해서 도출할 수 있다.

$$(1 + i) = (1 + i^*)\frac{S^e}{S} \tag{8-2}$$

식 (8-2)를 다시 정리하면 다음과 같이 국내외 금리와 예상환율변화율($(S^e - S)/S$)을 이

2) 투자자들이 환위험에 관심이 없다는 것은 투자자가 위험중립적(risk-neutral)이라는 것을 의미한다. 위험기피적(risk-averse)인 투자자의 경우 해외투자 시 환율변동에 따른 위험을 보상할 프리미엄이 감안되어야 한다.

용하여 표시할 수 있다.[3)]

$$i = i^* + (S^e - S)/S \tag{8-3}$$

유위험금리평가조건을 이용하더라도 양국의 금리가 변하였을 때 현물환율(S_t)에 미치는 영향은 무위험금리평가의 경우와 질적으로 다를 것이 없다. 국내금리가 상승한다면, 외환시장에서 외환의 공급이 늘고 외환에 대한 수요가 줄기 때문에 환율은 하락하게 될 것이다.

유위험금리평가는 무위험금리평가와 유사한 형태이다. 두 가지 조건이 동시에 만족된다면 그 의미는 무엇인가? 식 (8-1)과 식 (8-2)를 다시 한 번 보면, 둘 다 왼쪽 항은 동일하다. 따라서 두 식이 모두 만족되려면 다음 기 현물환율에 대한 예상치와 동일한 시점에 만기가 되는 선물환율이 같아야 한다.

$$F = S^e \tag{8-4}$$

식 (8-4)의 양변을 현물환율 S로 나누고 1을 빼면 다음과 같아진다.

$$\frac{F}{S} - 1 = \frac{S^e}{S} - 1 \tag{8-5}$$

식 (8-5)의 좌변은 선물환율이 현재 현물환율보다 얼마나 높은가를 현물환율을 기준으로 표시하고 있다. 이는 선물환 프리미엄(forward premium)을 나타낸다. 한편, 식 (8-5)의 우변은 다음 기의 현물환율의 예상치가 현재 현물환율보다 얼마나 높은가를 보여주는데, 이는 예상 자국통화가치 하락률(expected rate of depreciation)로 해석할 수 있다.

실제로 선물환 프리미엄과 예상 자국통화가치 하락률 간에는 높은 상관관계가 있다. 그렇다고 둘이 항상 일치하는 것은 아니다. 둘 사이의 격차가 존재하는 경우 그 원인이 무엇인지는 흥미로운 연구과제이다. 선물환거래에 있어서는 거래비용이 존재하기 때문

---

3) 식 (8-2)의 양변을 로그변환을 취한 후 $\log(1 + x) \approx x$를 이용하면 무위험금리평가는 다음과 같이 표시할 수 있다.

$$\log(1 + i) = \log(1 + i^*) + \log(1 - 1 + S^e/S)$$
$$\longrightarrow \log(1 + i) = \log(1 + i^*) + \log[1 + (S^e - S)/S]$$
$$\longrightarrow i = i^* + (S^e - S)/S$$

에 국내외 투자수익률이 다르더라도 차익거래가 발생하지 않을 수 있다. 한편, 국내채권과 해외채권이 서로 투자위험도가 다르다면 투자위험도가 높은 채권의 경우는 그만큼 금리가 높아야 한다.[4)]

(3) 금리평가의 검증

투기적 자본이동은 국내외 금리 차에 의하여 단기간에 이루어지기 때문에 금리평가는 단기환율을 결정하는 중요한 조건이라고 할 수 있다. 그러나 실증연구에 따르면 일부 선진국 간을 제외하면 무위험금리평가는 잘 성립하지 않는다고 한다. 그 이유로는 대략 다음과 같은 요인들이 제시되고 있다.

첫째, 국내외 채권의 성격이 통화표시만을 제외하고 동일하여야 한다는 조건이 만족되지 않을 수 있다. 즉, 만기 및 유동성, 그리고 부도위험 면에서 정확히 동일한 상품을 찾기가 쉽지 않다.

둘째, 금융상품의 거래비용을 들 수 있다. 무위험금리평가가 성립하려면 현물환시장에서의 외환매입, 외화표시 채권 구입, 선물환시장에서의 달러화 매도 등 해외투자과정에서 비용이 무시할 만큼 작아야 하는데, 이는 현실과 다르다.

셋째, 정보의 불완전성, 또는 불완전경쟁 등으로 인하여 일물일가의 법칙이 성립하지 않을 수 있다.

넷째, 개도국에 대한 투자의 경우에는 국내투자와 달리 정치적 위험 등으로 투자자금의 회수가 불확실할 수 있다.

다섯째, 조세제도의 차이로 인하여 세후수익률이 달라질 수 있다.

무위험금리평가가 성립하지 않는다면 유위험금리평가 역시 성립하지 않는다고 보아야 할 것이다. 실제로 선물환 프리미엄과 예상 자국통화가치 하락률 간에는 높은 상관관계가 있지만, 둘이 일치하지는 않는다. 외환시장 참여자들의 환율예상이 서로 다를 수도 있고, 또는 거래비용 때문에 국내외 투자수익률이 다르더라도 차익거래가 발생하지 않을 수 있다. 선물환율과 예상현물환율 간의 관계에 대해서는 제13장에서 보다 자세하게 설명하도록 한다.

---

4) 위험도의 차이만큼 금리가 높아지는 것을 위험 프리미엄이라고 한다. 예를 들어 신용등급 1등급과 5등급 간의 대출금리 차이는 위험프리미엄을 반영한다.

금리평가선

무위험금리평가는 선물환 프리미엄($(F-S)/S$)이 금리차($i-i^*$)와 일치할 때 성립한다. 종축에 선물환 프리미엄, 그리고 횡축에 금리차를 표시한 그래프로 나타내면 금리평가는 45° 선상에서만 성립한다. 이러한 45° 선을 금리평가선(interest rate parity line)이라고 한다.

금리평가선에서 벗어난 영역에서는 당연히 금리평가가 성립하지 않는다. 그렇다고 이러한 상태가 영구히 지속되는 것은 아니다. 무위험금리평가가 성립하지 않는다면 차익거래가 발생할 것이고, 그 결과 다시 금리평가가 성립하게 될 것이다.

그래프에서 A점은 선물환 프리미엄이 금리차보다 큰 영역을 표시하고 있다. 자본이동이 자유롭다면 투자자들은 국내채권보다 해외채권에 투자하려 할 것이다. 그 결과 국내채권의 경우에는 초과공급이 발생하고 해외채권의 경우에는 초과수요가 발생하게 된다. 채권시장에서 초과공급이나 초과수요는 이자율의 변화에 의하여 해소된다. 따라서 국내채권의 경우에는 이자율이 상승하고, 해외채권의 경우에는 이자율이 하락할 것이다. 이러한 변화는 국내이자율과 해외이자율 간의 격차가 증가할 것이라는 것을 의미한다(→). 한편, 해외로 자본이 유출됨에 따라 현물환율은 상승하게 될 것이다. 따라서 선물환 프리미엄은 하락하게 될 것이다(↓). 이러한 조정은 금리평가선에 도달할 때까지 계속될 것이다.

반대 영역에서도 조정메커니즘은 마찬가지이다. 금리평가선에서 B점과 같이 벗어나 있을 때는 차익거래의 결과 선물환 프리미엄이 증가하고 양국 간 금리차는 감소하게 될 것이다. 그 결과 금리평가가 회복될 것이다. 자본이동이 자유로울 때 금리평가가 성립한다는 말은 이러한 조정과정을 포함하여 균형상태에 있다는 것을 뜻한다고 볼 수 있다.

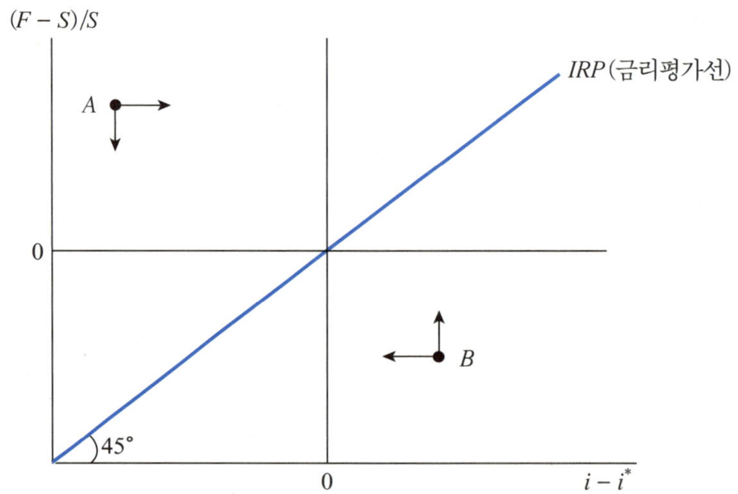

2. 환율결정에 대한 단기자산시장접근

(1) 외환시장의 균형

외환시장에서는 외환의 수요와 공급이 일치하는 점에서 외환의 가격이 결정된다. 외환시장이 균형을 이룰 때는 국내외 채권수익률이 동일하여야 한다. 즉, 똑같은 금액을 국내채권에 투자하였을 경우 얻을 수 있는 원리금과 외화채권에 투자하였다가 회수하였을 때의 원리금이 동일한 화폐로 산정했을 경우 같아야 한다. 투자자들이 해외채권에 투자할 때 선물환계약을 이용하기보다는 미래환율 변화에 따른 환위험을 감수한다고 가정하면 유위험금리평가가 성립할 때 균형환율이 결정된다고 하겠다. 이러한 의미에서 식 (8-2)의 유위험금리평가는 외환시장의 균형을 통하여 균형환율을 결정짓는 조건이라고 하겠다.

이제 그래프를 이용하여 외환시장의 균형에 대하여 살펴보도록 하자. [그림 8-1]의 종축은 투자수익률을 표시하며, 횡축은 환율을 표시한다. [그림 8-1]은 국내수익률곡선과 해외수익률곡선을 나타내고 있다. 우선 국내수익률이란 바로 채권이자율(i)을 의미한다. 현재 국내이자율($\bar{i}$)은 환율과 관계없이 일정한 값으로 주어져 있다. 따라서 횡축의 환율이 어떠한 값을 가지든지 항상 일정한 값을 갖는 수평선으로 표시할 수 있다.

한편, 해외수익률은 해외이자율에다가 예상되는 환율변화율을 더한 값으로 정의된다.

| 그림 8-1 | 외환시장균형 : 유위험금리평가

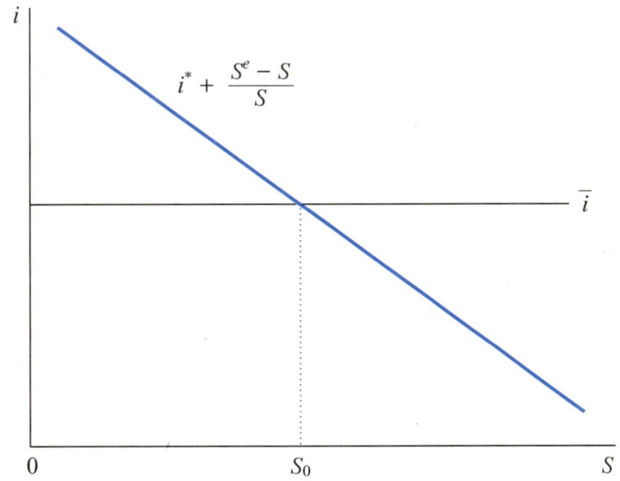

| 그림 8-2 | 균형환율의 변화 : 미래예상환율의 상승

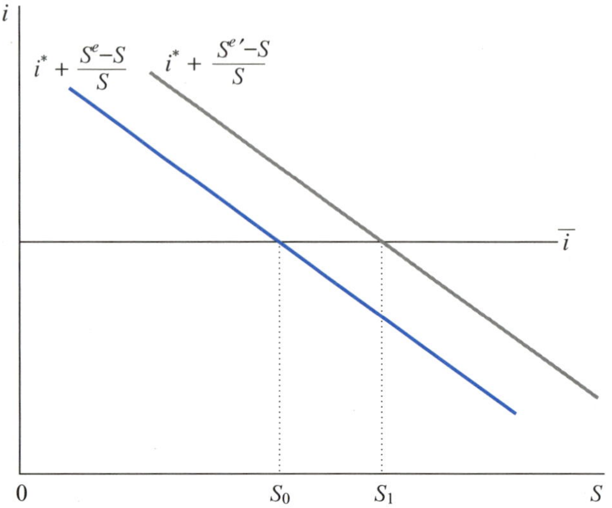

현재의 해외이자율(i^*)은 외생적으로 주어진 값이다. 한편, 예상환율변화율은 미래예상환율(S^e)과 현재 환율수준(S)에 의하여 결정되는데, 미래예상환율은 주어졌다고 가정한다.[5] 미래예상환율이 일정할 때 현물환율이 상승하면 예상환율변화율$\left(\frac{S^e - S}{S}\right)$은 하락한다. 반대로 현물환율이 하락하면 예상환율변화율은 상승한다. 따라서 해외이자율과 미래예상환율이 주어졌을 때 예상되는 해외수익률은 현물환율(S)에 반비례하게 된다. 따라서 [그림 8-1]에서 해외수익률곡선은 음(−)의 기울기를 가지게 된다.

외환시장은 기울기가 0인 국내이자율곡선과 우하향하는 해외수익률곡선이 만나는 점에서 균형을 이룬다. 이렇게 외환시장을 균형시키는 환율수준(S_0)을 균형환율이라고 한다. 식 (8-2)는 주어진 국내이자율(i), 해외이자율(i^*), 미래예상환율(S^e)이 주어졌다고 가정한 상태에서 현물환율(S_0)을 결정짓는 조건이다. 따라서 세 변수 중 어느 하나라도 바뀌면 균형환율도 바뀌게 된다. [그림 8-2]의 청색선은 미래예상환율이 상승하였을 때 해외수익률을 나타낸다. 이 경우 현물환율은 예상환율과 마찬가지로 상승하게 된다.

5) 미래환율에 대한 기대치가 어떻게 결정되는지에 대해서는 정해진 이론이나 합의된 지표가 있는 것이 아니다. 환율예상이 어떻게 형성되는지에 대해서는 제10장에서 다루기로 한다.

(2) 화폐시장의 균형

화폐시장은 화폐의 공급과 수요가 일치할 때 균형을 이룬다. 화폐의 공급은 중앙은행이 외생적으로 결정하는 정책변수이다. 한편, 사람들은 교환을 위한 수단으로 또는 가치저장수단으로 화폐를 보유하려고 한다. 따라서 화폐에 대한 수요는 이자율과 실질소득의 함수로 표시할 수 있다.

화폐시장균형조건은 식 (8-6)과 같이 표시할 수 있다. 식 (8-6)의 좌변은 화폐공급량을 물가로 나눈 실질화폐공급량이다. 한편, 우변에서 L은 실질화폐수요를 결정하는 유동성선호함수이다. 화폐에 대한 수요량은 이자율에 반비례하며, 실질소득에는 비례한다.

$$M^S/P = L(\overset{+}{Y}, \overset{-}{i}) \tag{8-6}$$

식 (8-6)은 실질화폐공급량과 실질소득이 주어졌을 때 화폐시장의 균형은 이자율의 조정에 의하여 이루어짐을 보여준다. 이를 그래프로 표시하면 [그림 8-3]에서 보는 바와 같다. 화폐공급량은 이자율에 의하여 영향을 받지 않기 때문에 수직선으로 표시할 수 있다. 실질화폐수요곡선은 이자율이 낮을수록 화폐수요가 증가하므로 우하향하게 된다.

[그림 8-3]에서 이자율이 균형이자율(i_0)보다 낮으면 화폐공급보다 화폐수요가 커지게

| 그림 8-3 | 화폐시장과 균형이자율의 결정

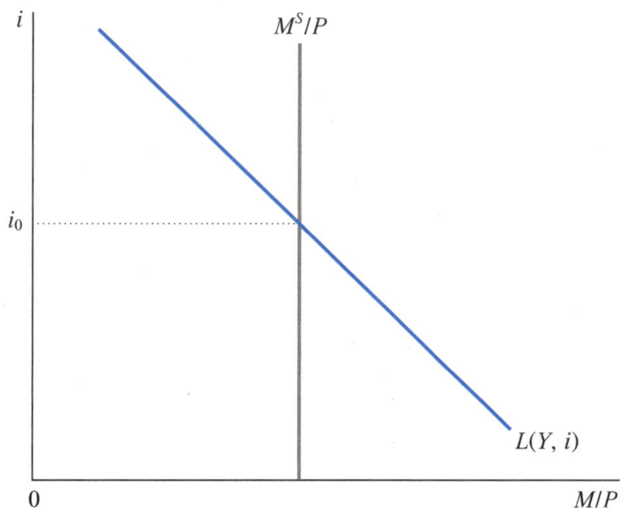

| 그림 8-4 | 균형이자율의 변화 : 통화공급량의 증가

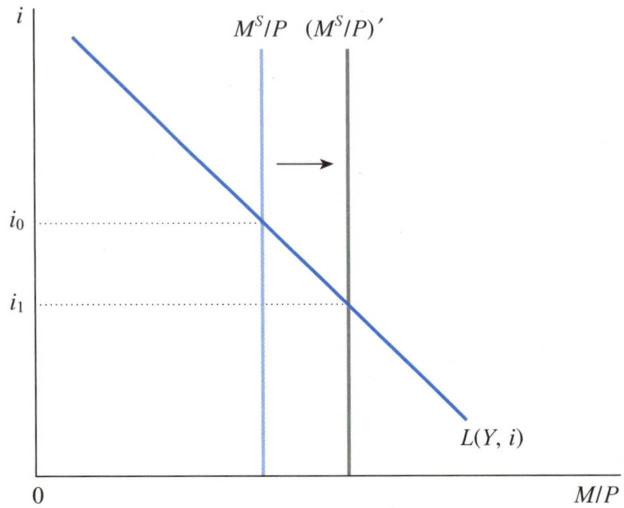

된다. 사람들은 이자율이 낮기 때문에 이자를 지급하는 채권보다는 현금을 선호하게 될 것이다. 따라서 채권시장에서는 채권의 공급량이 채권의 수요량을 초과하게 되고 채권가격이 떨어지고 채권의 이자율은 상승하게 될 것이다.[6] 반대로 이자율이 균형이자율보다 높을 경우에는 화폐의 수요보다 공급이 크기 때문에 화폐의 초과공급이 존재하고, 그 결과 이자율은 하락하게 된다.[7]

균형이자율이 화폐시장 충격에 의하여 어떻게 변하는지를 분석하기 위하여 우선 실질화폐공급이 증가하는 경우를 살펴보도록 하자.[8] 실질화폐공급의 증가는 중앙은행이 명목화폐공급량을 늘리거나 물가가 하락할 때 발생할 수 있다. 두 경우 모두 [그림 8-4]에서 보는 바와 같이 실질화폐공급이 증가할 경우 수직선은 우향이동하게 되고, 이자율은 i_1으로 떨어지게 된다. 이자율이 하락함에 따라 실질화폐수요량은 곡선을 따라 밑으로 이동하게 되고, 실질화폐수요량은 실질화폐공급량과 다시 일치하게 된다.

실질화폐공급의 증가 대신 실질화폐수요가 감소한 경우에도 균형이자율은 하락하게

6) 채권의 초과공급이 발생하면 채권을 발행하는 기업이나 정부는 금리를 높여서(즉, 채권의 가격을 낮추어서) 채권에 대한 투자를 활성화하려고 할 것이다.

7) 채권시장에서는 초과수요가 발생하기 때문에 금리를 낮추더라도(즉, 채권가격을 높이더라도) 무난히 채권을 팔 수 있을 것이다.

8) 제5장에서는 화폐공급의 변화가 물가를 변동시킨다고 가정하였지만, 물가가 고정되어 있을 때나 물가가 신축적일 때나 화폐시장의 균형조건은 동일하다.

된다. 이때 실질화폐수요곡선(L)은 좌향이동하게 되고, 수직선과 만나는 점에서 결정되는 이자율수준은 하락하게 된다.

(3) 외환시장과 화폐시장의 동시균형

이제 자산시장접근에 의한 환율결정에 대하여 살펴보자. 자산시장접근에서 환율은 금리평가조건이 만족될 때 결정된다. 즉, 국내외 금리와 미래예상환율수준이 주어졌다면 국내외 투자수익률을 동일하게 만드는 수준에서 균형환율이 결정된다. 한편, 국내금리는 화폐시장에서 화폐에 대한 수요와 공급이 일치하는 점에서 결정된다. 이렇게 자산시장접근에서는 외환시장과 화폐시장이 동시에 균형을 이룰 때 균형환율이 결정된다.

이를 그래프로 나타내면 [그림 8-5]에서 보는 바와 같다. 화폐시장에서 균형금리(i_0)가 결정되면 주어진 해외금리(i^*)와 미래예상환율(S^e)하에서 균형환율(S_0)이 결정된다. 이해를 돕기 위하여 해외이자율이 상승할 경우 환율이 어떻게 바뀌는지 고려해 보자. 해외이자율이 상승하면 해외투자수익률이 상승하게 되므로 금리평가조건은 성립하지 않게 된다.[9] 따라서 국내투자자들은 국내채권보다는 해외채권에 투자하려 할 것이고, 해외투자자들의 국내채권에 대한 투자수요는 감소할 것이다. 따라서 자본은 해외로 빠져나가게 되고, 이는 환율을 상승시키는 요인으로 작용할 것이다. 한편, 환율이 상승하게 되면 미

| 그림 8-5 | 자산시장균형과 환율의 결정

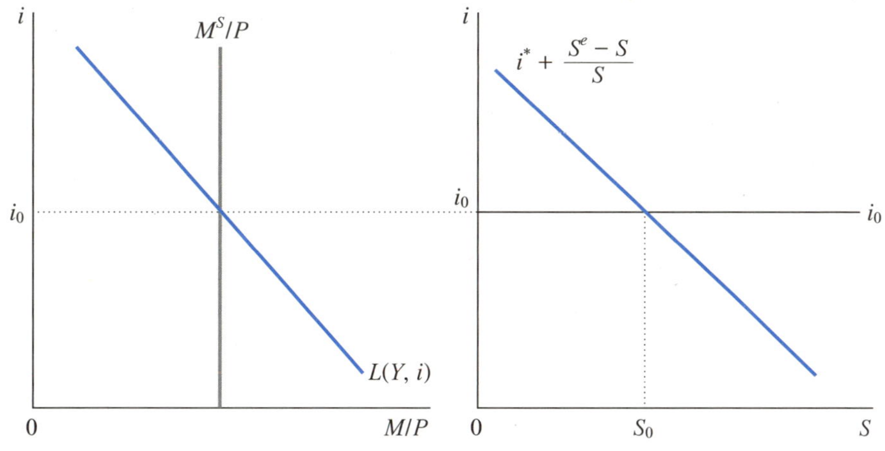

9) $(1+i) < (1+i^*)\dfrac{S^e}{S}$

| 그림 8-6 | 해외이자율 상승과 환율변화

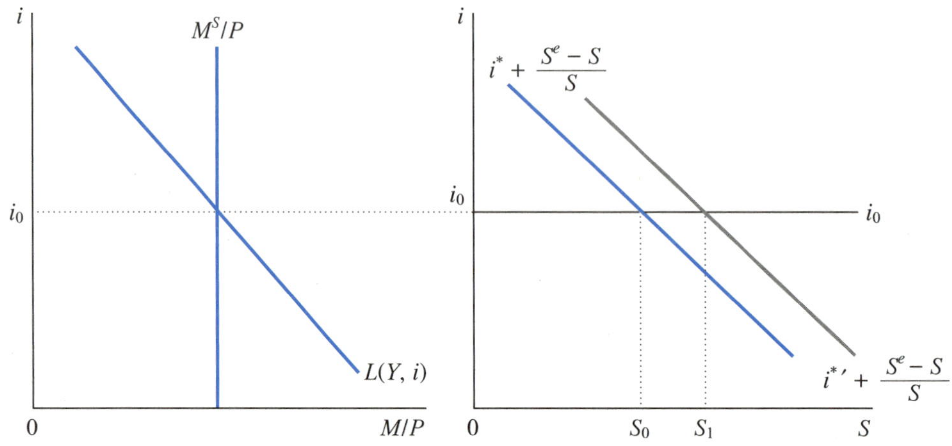

래예상환율이 주어져 있는 상태에서 예상환율변화율은 하락할 것이다. 따라서 국내외 투자수익률의 격차는 점차로 감소하게 된다. [그림 8-6]에서 새로운 균형환율은 S_1수준에서 결정된다.

(4) 고정물가하의 통화량 증가효과

환율결정에 대한 자산시장접근의 의미를 보다 분명하게 파악하기 위하여 통화량의 증가가 환율에 어떠한 영향을 미치는지 분석해 보자. 이때 물가는 변하지 않고 고정되어 있으며, 국민소득(Y) 역시 일정하다고 가정한다. 따라서 통화량 변화는 화폐시장에서 균형금리수준의 변화를 초래할 뿐, 다른 변수에는 영향을 미치지 못한다.

[그림 8-7]의 왼쪽은 화폐시장의 균형을 보여준다. 통화공급이 증가하면 수직선이 우향이동하게 되고 국내금리는 하락하게 된다($i_0 \rightarrow i_1$). 국내금리가 하락하면 [그림 8-7]의 오른쪽에서 보는 바와 같이 현재 환율수준에서는 해외수익률이 국내수익률보다 높게 된다. 따라서 자본은 해외로 유출되고 환율은 상승하게 된다($S_0 \rightarrow S_1$).

여기서 미래예상환율은 고정되어 있다고 가정하였다. 만약에 통화량 공급 시 사람들이 미래환율이 상승할 것이라고 예상하면 해외투자수익률이 증가하게 되고 환율은 S_1보다 더 많이 상승하게 될 것이다.[10)]

10) 물가가 고정되어 있다고 가정하면서 미래환율이 왜 오를 것이라고 예상하는지를 설명하기는 쉽지 않다. 만약에 단기적으로 물가가 고정되어 있지만, 장기적으로는 통화량 증가에 따라 물가가 상승하고 환율도 상승

| 그림 8-7 | 국내통화량 증가와 환율변화 : 고정물가

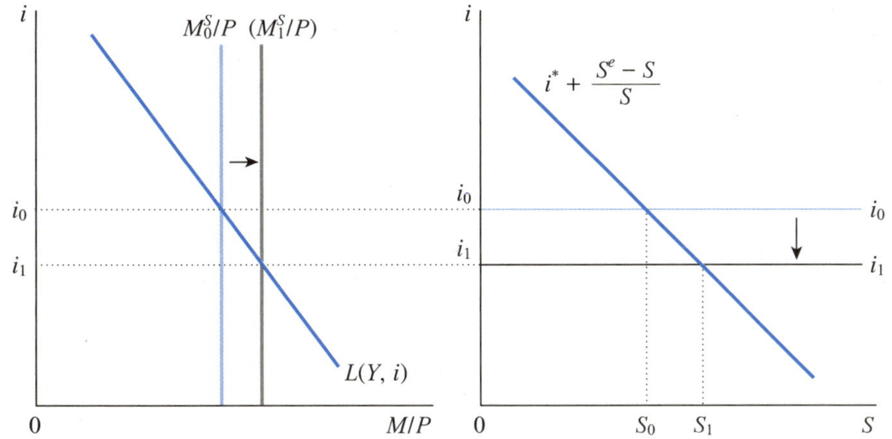

3. 자산시장과 생산물시장의 동시균형과 환율

(1) *IS-LM-UIP*모형

자산시장접근에서는 화폐시장과 외환시장에서 환율과 금리가 동시에 결정된다고 보고, 이때 국민소득은 주어진 것으로 가정하였다. 이제 이러한 가정을 완화하여 금리와 환율이 각각 투자와 순수출에 영향을 미쳐서 총수요와 생산량에 변화를 가져오고, 국민소득 변화는 다시 금리와 환율에 영향을 미치는 상호연관성에 대하여 고려하여 보도록 하자. 이를 위하여 먼저 제6장에서 살펴본 *IS-LM-BP*모형을 상기시켜 보자.

*IS-LM-BP*모형은 각각 생산물시장과 화폐시장, 그리고 국제수지가 균형을 이루는 이자율과 국민소득 조합을 분석하고 있다. 자본이동이 자유로울 때 *BP*곡선은 예상환율변화율이 0이라면 국내금리와 국제금리가 같을 때 국제수지가 균형을 이룬다고 가정하였다. 자산시장접근에서는 *BP*곡선 대신 유위험금리평가조건을 사용해서 재화시장과 자산시장이 동시에 균형을 이룬다고 가정한다. 이때 유위험금리평가조건이 성립한다 해도 예상환율변화율이 0이라고 제한할 필요는 없다. 따라서 국제수지균형 대신 유위험금리평

할 것이라고 예상한다면 단기와 장기에 걸친 조정과정을 설명하여야 할 것이다. 이 문제는 제10장에서 오버슈팅모형을 다루면서 논하기로 한다.

| 그림 8-8 | *IS-LM-UIP*모형

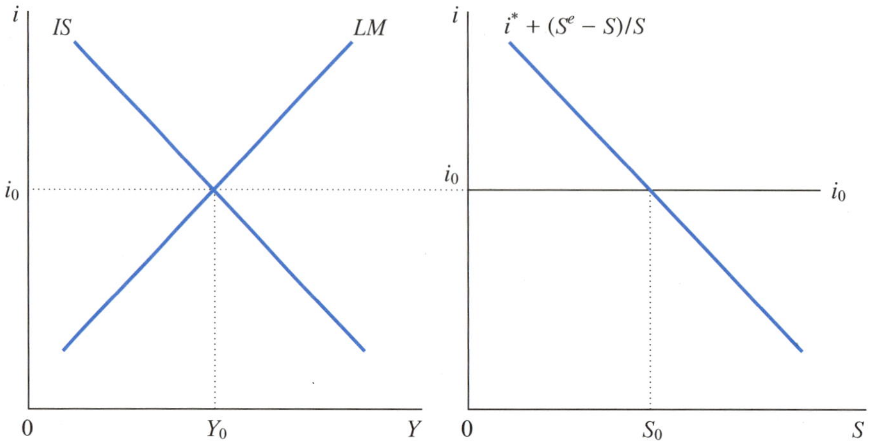

가를 포함한 *IS-LM-BP*모형은 다음과 같이 나타낼 수 있다.

$$IS : Y = C(Y) + I(i) + G + CA(SP^*/P, Y, Y^*) \tag{8-7}$$

$$LM : M^S/P = L(Y, i) \tag{8-8}$$

$$UIP : i = i^* + (S^e - S)/S \tag{8-9}$$

*IS-LM-UIP*모형은 위에서 보는 바와 같이 이자율(i), 환율(S), 그리고 국민소득(Y) 등 세 개의 미지수의 값을 결정하게 된다. 이때 정부지출(G), 국내물가(P), 외국물가(P^*), 그리고 미래예상환율(S^e)은 외생적으로 주어졌다고 가정한다. 국내외 물가와 미래예상환율이 고정되어 있다고 가정한다는 면에서 *IS-LM-UIP*모형은 개방경제의 단기균형모형이다. 장기에는 물가가 신축적이고, 환율에 대한 예상도 자유롭게 조정되어야 할 것이다.[11)]

이제 그래프를 이용하여 *IS-LM-UIP*모형을 나타내면 [그림 8-8]에서 보는 바와 같다. *IS-LM-UIP*와 *IS-LM-BP* 모형과의 비교를 위하여 *IS*와 *LM* 곡선을 이자율과 국민소득 공간에 같이 표시하고, *UIP*조건은 따로 표시하였다.

11) 이러한 모형에 대해서는 마지막 절과 제10장에서 자세하게 살펴보기로 한다.

균형이자율(i_0)과 균형국민소득(Y_0)은 *IS*곡선과 *LM*곡선이 만나는 점에서 결정되는데, 이 점은 대내균형, 즉 화폐시장과 재화시장의 동시균형을 나타낸다. 한편, 이자율이 결정되면 해외수익률과 같아지는 점에서 균형환율(S_0)이 결정된다. 환율은 순수출의 결정요인이므로, 외환시장에서 환율이 변하게 되면 *IS*곡선에 영향을 미치게 될 것이다.

(2) 통화정책의 효과

이제 일시적으로 통화량이 증가하였을 때 거시경제균형에 어떠한 변화를 초래하는지 분석하여 보자. 일시적인 통화량 변화는 어느 시점에 가서 다시 원래 수준으로 돌아온다는 것을 의미하며, 따라서 사람들은 미래에 물가가 올라가서 환율이 변할 것이라는 것을 예상하지 않는다.

통화량의 증가는 [그림 8-9]의 왼쪽 *IS-LM*모형에서 *LM*곡선을 우향이동시킨다($LM_0 \rightarrow LM_1$). 통화량이 증가하므로 균형이자율은 하락하고 이에 따라 투자가 증가하므로 *IS*곡선을 따라 국민소득이 증가하게 된다($Y_0 \rightarrow Y_1$). 한편, [그림 8-9]의 오른쪽 외환시장에서는 이자율의 하락 시 유위험금리평가가 만족되려면 환율이 상승하여야 한다($S_0 \rightarrow S_1$), 그런데 환율의 상승은 순수출의 증가를 가져오므로 *IS*곡선은 우향이동한다($IS_0 \rightarrow IS_1$). 이에 따라 추가적인 균형국민소득의 증가가 발생한다($Y_1 \rightarrow Y_2$). 그리고 환율은 S_1에서 S_2로 하락한다. 그러나 원래 수준인 S_0보다는 높은 수준에서 결정된다.

요약하면 통화량 증가는 이자율의 하락과 환율상승, 그리고 균형국민소득의 증가를

| 그림 8-9 | 국내통화량 증가와 환율변화 : 고정적 물가

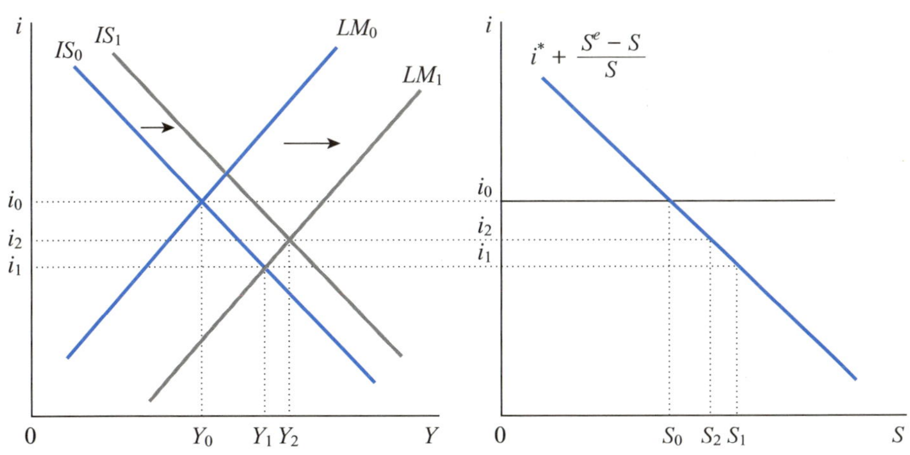

초래하게 된다. [그림 8-7]에서 국민소득이 고정되었다고 가정하고 분석하였을 경우에도 통화량의 증가는 이자율의 하락과 환율상승을 초래하였다. 현재와 같이 균형국민소득의 변화를 고려하더라도 결과는 비슷하다. 다만 국민소득의 증가는 이자율을 상승시키는 효과가 있기 때문에 [그림 8-7]의 국민소득이 변하지 않는 경우와 비교하면 이자율과 환율의 변화폭은 조금 줄어들게 된다.

(3) 재정정책의 효과

이제 정부지출이 일시적으로 증가하였을 때의 효과를 분석하여 보자. [그림 8-10]에서 정부지출이 증가하면 총수요가 증가하므로 *IS*곡선은 우향이동($IS_0 \rightarrow IS_1$)하게 되고 국민소득이 증가하게 된다($Y_0 \rightarrow Y_1$). 한편, 화폐시장에서는 통화량이 일정할 때 국민소득이 증가하게 되면 *LM*곡선을 따라서 이자율이 상승한다. 외환시장에서는 국내이자율이 상승함에 따라 환율이 하락하게 된다($S_0 \rightarrow S_1$), 한편, 환율의 하락은 순수출을 감소시키므로 *IS* 곡선은 좌향이동하게 된다($IS_1 \rightarrow IS_2$). 결국 정부지출 증가가 국민소득에 미치는 효과는 순수출의 감소로 반감되게 된다($Y_1 \rightarrow Y_2$). 요약하면 정부지출의 증가는 이자율의 상승과 환율하락, 그리고 균형국민소득의 증가를 초래하게 될 것이다.

*IS-LM-UIP*모형은 이자율변화에 따른 환율변화를 명시적으로 고려한다는 점에서 *IS-LM-BP*모형과 구별된다. 제6장에서 *IS-LM-BP*모형을 적용하여 변동환율제도하에서 안정화정책의 효과를 분석하였을 때 통화정책은 균형국민소득을 변화시킬 수 있지만, 재정

| 그림 8-10 | 정부지출 증가와 환율변화 : 고정적 물가

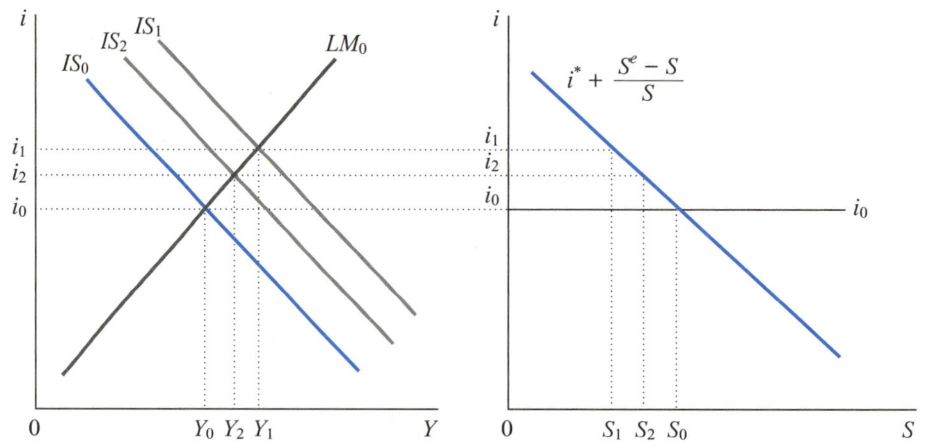

정책은 유효하지 않았다. 이러한 차이가 발생하는 이유를 생각해 보면 *IS-LM-BP*모형에서는 자본이동이 자유로울 때 국내금리가 항상 해외금리와 같아야 한다는 제약조건 때문에 해외금리가 변하지 않는 한 새로운 균형하에서도 항상 국내금리가 원래 수준, 즉 해외금리수준으로 회귀하여야 하기 때문이다. 즉, 두 국내외 금리 간 차이가 발생하면 지속적으로 환율이 변동해서 결국 통화정책의 경우 국민소득을 증가시키지만 재정정책의 효과는 무력화된다. 반면에 *IS-LM-UIP*모형에서는 국내이자율이 반드시 해외이자율과 같아야 할 필요가 없다. 따라서 새로운 균형하에서 국내이자율이 해외이자율과 다른 수준에서 결정되게 되면 국민소득 또한 변동할 수 있게 된다.

그러나 두 모형 공통적으로 통화량의 증가 시에는 환율이 상승하여 수출이 증가하고 국민소득을 추가적으로 증가시키는 반면, 재정지출의 증가 시에는 환율이 하락하여 수출이 감소하는 구축효과가 나타나게 된다.

(4) 해외금리 충격효과

*IS-LM-UIP*모형을 이용하여 해외금리의 변화가 국민소득과 환율에 미치는 영향을 살펴보기로 한다. [그림 8-11]에서 균형국민소득, 균형이자율, 균형환율이 각각 Y_0, i_0, S_0인 상태에서 해외금리가 i_0^*에서 $i^{*\prime}$으로 상승하면 해외투자수익률 곡선이 오른쪽으로 이동하며, 이에 따라 외환시장에서 환율은 S_1으로 상승한다. 자산시장과 생산물시장을 동시에 고려하는 *IS-LM-UIP*모형에서는 환율상승이 경상수지의 변화를 통하여 생산물시장에

| 그림 8-11 | 해외금리 상승효과 : 고정적 물가

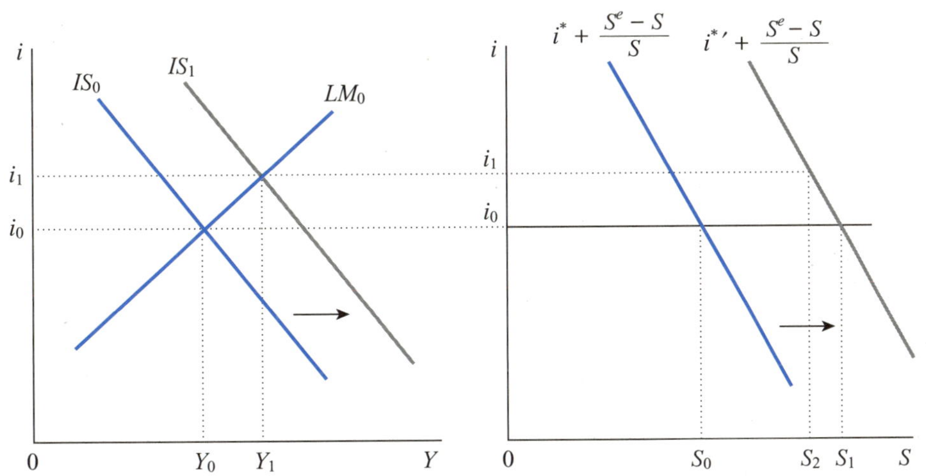

영향을 미친다. 즉 환율상승으로 경상수지가 개선되어 *IS*곡선이 오른쪽으로 이동하며, 그 결과 국민소득이 증가하고 국내이자율이 상승한다. 그런데 국내이자율의 상승으로 외환시장에서 환율이 하락하게 됨에 따라 처음의 경상수지 개선효과는 일부 상쇄되며, 경제는 최종적으로 Y_1, S_2, i_1에서 각각 새로운 균형국민소득, 균형환율, 균형이자율이 결정된다. 결론적으로 해외금리가 상승하면 균형국민소득이 증가하고 환율이 상승한다.

부록 물가와 통화정책의 효과

(1) 통화량 증가와 환율변화

이제 물가가 변동할 때 통화량 증가의 효과에 대하여 살펴보자. 만약 화폐수량설에서와 같이 통화량이 증가한 만큼 물가도 상승하면 실질화폐공급량은 동일하다($M_0/P_0 = M_1/P_1$). [그림 8A-1]에서 *LM*곡선은 국내통화량이 증가하였으나 물가가 비례적으로 상승하여 움직이지 않는다. 따라서 균형금리와 균형국민소득도 변하지 않는다.

한편, 물가가 상승할 때 환율은 어떻게 바뀌는가? 통화량이 일시적으로 증가할 때 사람들은 물가가 상승할 것이라고 예상하지 않을 것이다. 하지만 통화량 증가가 영구적이라면 사람들은 구매력평가설에 의거하여 물가가 상승할 것이라고 예상할 것이다. 따라서

| 그림 8A-1 | 통화량 증가와 환율변화

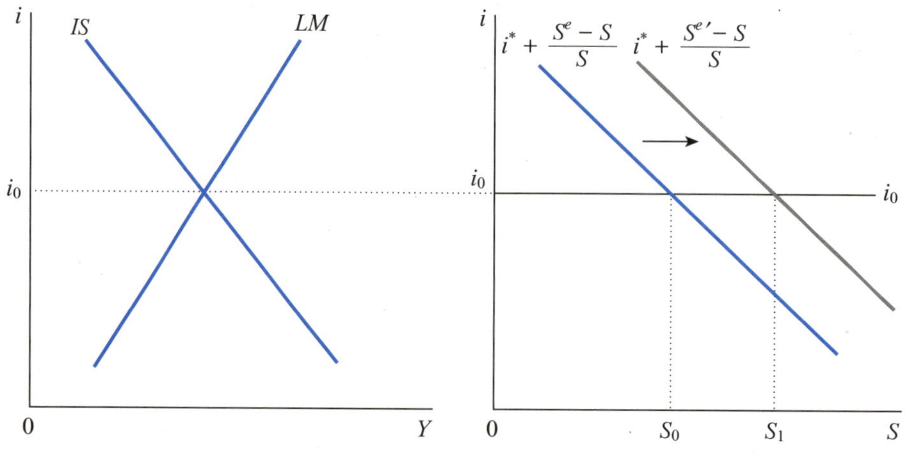

미래예상환율은 상승하게 될 것이다. 이러한 변화는 [그림 8A-1]의 외환시장에서 해외투자수익률곡선을 우향이동시키게 된다. 그 결과 새로운 균형환율은 상승하게 된다.[12)]

(2) 통화공급증가율의 변화와 환율변화

이제 *IS-LM-UIP*모형을 이용하여 통화당국이 통화량증가율을 상향조정한다면 물가, 금리, 국민소득 및 환율이 어떻게 변하는지 살펴보도록 하자.[13)] 먼저 통화량증가율(μ)이 증가하면 물가가 신축적이기 때문에 통화량증가율의 변화만큼 예상물가상승률도 변하게 된다. 예상물가상승률이 상승하면 구매력평가에 의하여 예상환율상승률$\left(\frac{\Delta S^e}{S} = \frac{S^e - S}{S}\right)$도 똑같은 크기로 변할 것이다. 한편, 피셔효과에 의하여 국내금리도 같은 크기만큼 증가하게 된다.

$$\Delta\mu = \Delta\pi^e = \frac{\Delta S^e}{S} = \Delta i \tag{8A-1}$$

국내금리가 상승하면 대내균형은 어떻게 바뀌는가? 우선 화폐시장에서 국내금리가 상승하면 식 (8A-2)에서 보는 바와 같이 실질화폐에 대한 수요가 감소한다.

$$M^S/P = L(Y, i_0 + \Delta\mu) \tag{8A-2}$$

화폐공급은 어떠한가? 통화량증가율이란 지금 시점부터 미래 정해진 시점까지 통화량이 늘어나는 속도를 의미한다. 따라서 통화량증가율이 증가하였다고 해서 현재시점에서 통화량이 늘었다는 의미는 아니다.[14)] 실질화폐수요가 감소하게 되면 화폐시장이 균형을 이루려면 실질통화량도 감소하여야 한다. 그런데 현재시점에서 명목통화공급량은 일정하므로 물가가 상승하게 된다. 결국 통화량증가율이 증가하면 화폐시장에서는 금리가 상

---

12) 통화량이 영구적으로 증가할 때 피셔효과를 감안하면 물가, 금리, 환율이 어떻게 바뀌는지 제5장의 [그림 5-10]을 참조하기 바란다.

13) 물가가 신축적이고 국민소득이 일정할 때 통화량증가율이 상승하면 물가, 금리, 환율에 어떠한 영향을 미치는지 제5장의 [그림 5-11]을 참조하기 바란다.

14) 투수가 던진 공의 속도는 투수와 포수 간의 거리를 공이 투수의 손을 떠나서 포수의 미트에 도착할 때까지의 시간으로 나눈 값으로 계산한다. 공의 속도가 빨라졌다는 것은 같은 거리를 좀 더 빠른 속도로 공이 날아간다는 것을 의미한다. 이제 투수가 좀 더 빠른 강속구를 던지려고 자세를 취한다고 하자. 공은 던지고 나면 빠른 속도로 날아가지만 아직 던지지 않았다면 투수 손 안에 있다.

| 그림 8A-2 | 국내통화량증가율의 증가와 환율변화

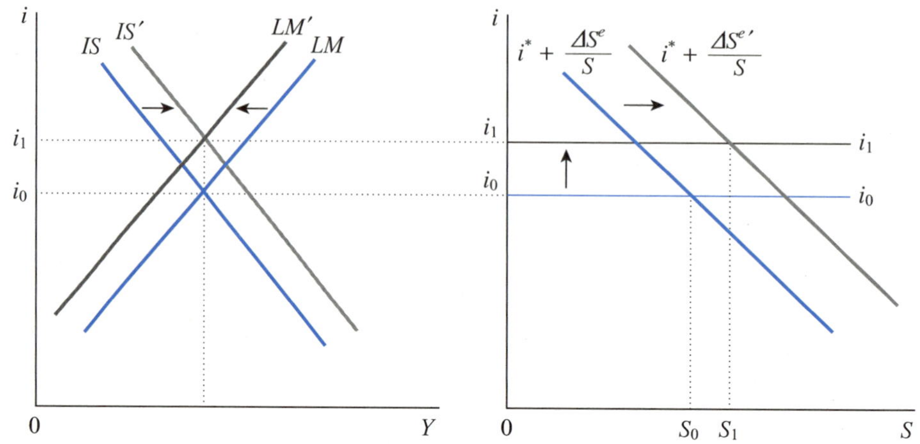

승하면서 실질화폐수요와 실질화폐공급은 감소하고 물가는 상승한다.

이러한 변화는 [그림 8A-2]에서 *LM*곡선을 금리의 상승만큼 상향이동시키게 됨을 의미한다. *LM*곡선은 화폐시장의 균형을 이루는 금리와 국민소득 조합의 궤적을 의미한다. 지금 국내금리가 상승하고, 국민소득은 변하지 않았다. 따라서 금리가 상승한 만큼 *LM*곡선은 위로 평행이동한다.

이때 *IS*곡선은 어떠한가? *IS*곡선은 생산물시장의 균형을 이루는 금리와 국민소득 조합의 궤적으로 정의하였다. *IS*곡선에서 이자율은 투자를 변화시켜 총수요와 국민소득에 영향을 미치게 된다. 이때 투자를 결정하는 금리란 명목금리가 아니라 실질금리이다. 앞 절까지는 물가가 고정되어 있다고 가정하였기 때문에 명목금리와 실질금리는 동일하였지만, 이제는 인플레이션율이 0보다 크기 때문에 이를 구별할 필요가 있다.

$$r = i - \pi^e \tag{8A-3}$$

최초 통화량증가율이 0이었다면 실질금리는 명목금리와 같았을 것이다($r = i_0$). 통화량증가율이 증가할 경우 식 (8A-1)에서 보는 바와 같이 명목금리와 인플레이션이 같은 크기($\Delta\mu$)만큼 증가할 것이다. 따라서 실질금리는 변화가 없다. 이는 새로운 명목금리수준에서 국민소득은 이전 수준을 유지한다는 말이다. 이러한 조합을 표시하려면 *IS*곡선이 상향이동하여야 한다.

결론적으로 통화량증가율이 증가할 경우 *IS-LM*모형에서 인플레이션율이 증가한 만큼 *IS*곡선과 *LM*곡선은 상향이동한다. 따라서 명목금리는 증가하지만, 균형국민소득은 변하지 않는다.

마지막으로 환율은 어떻게 결정되는지 살펴보도록 하자. 외환시장에서 명목금리가 상승하므로 국내투자수익률곡선은 상향이동하게 된다. 그뿐만 아니라 구매력평가에 의하여 예상환율변화율이 증가하므로 해외투자수익률곡선도 우항이동하게 된다. 두 곡선이 만나는 점에서 금리평가가 성립하고 현재 환율은 상승한다($S_0 \rightarrow S_1$).

앞에서 살펴본 금리평가에 따르면 국내금리가 상승하게 되면 자본이 유입되고 외환공급이 증가하므로 환율은 하락한다. 그런데 [그림 8A-2]에서는 금리가 상승하면서 환율이 상승하게 된다. 그렇다면 두 주장 사이에는 모순이 존재하는가? 그렇지는 않다. 제2절의 금리평가를 설명할 때는 물가가 고정되어 있다고 가정하였다. 따라서 이 경우에는 통화량이 감소하여야 금리가 상승하고 자본이 유입되면서 환율은 하락한다. 반면에 물가가 신축적인 경우 금리가 상승하는 이유는 통화량증가율의 증가에 따른 예상인플레이션율 상승이 반영되었기 때문이다. 따라서 명목금리가 상승함에 따라 물가도 상승하므로 국내통화가치는 하락하는 것이 타당하다. 두 가지 주장은 서로 다른 상황을 분석대상으로 삼고 있으므로 상이한 결론에 도달하는 것으로 이해할 수 있다.

요약

1. 자산시장접근은 환율이 매 시점 국내외 금융자산의 공급량과 수요량, 즉 저량(stock)의 균형에 따라 결정된다고 본다. 따라서 무역에 따른 외환흐름(flow)이 환율을 결정한다는 전통적 환율결정모형과 달리, 금융자산의 수요 및 공급 변화에 따라 환율은 매우 큰 변동성을 가질 것이라고 주장한다.

2. 자산시장접근방식은 국내투자자들이 국내화폐, 국내통화표시 채권과 외화표시 채권 등 최소한 세 가지 금융자산에 투자할 수 있다고 가정한다. 국내채권과 해외채권이 표시통화만 제외하고 모든 조건이 똑같다고 가정하면 수익률이 높은 것을 선택하게 될 것이다. 환율변화를 고려하여 국내채권과 해외채권 수익률이 같아지는 조건을 금리평가라고 한다.

3. 금리평가에는 무위험금리평가와 유위험금리평가 두 가지가 있다. 전자는 선물환계약을 맺는 경우 환율변동을 감안한 해외투자수익률과 국내이자율이 같아지는 조건을 의

미한다. 한편, 선물환거래가 이루어지지 않는다면 투자자는 환위험을 감수하여야 하는 데 이 경우 국내외 수익률이 같아지는 조건을 유위험금리평가라고 한다.

4. 자산시장접근에서 환율은 화폐시장과 외환시장이 동시에 균형을 이룰 때 결정된다. 해외금리가 주어졌을 때 국내금리는 화폐시장에서 화폐에 대한 수요와 공급이 일치하는 점에서 결정된다. 이렇게 국내금리와 해외금리가 형성되면 금리평가조건에 의하여 외환시장에서 자본의 흐름이 균형을 이룰 때 환율이 결정된다.

5. 단기에 물가가 고정되어 있다고 가정할 때 *IS-LM-UIP*모형을 이용하여 자산시장(화폐시장과 외환시장), 그리고 생산물시장의 동시적 균형에 대하여 분석할 수 있다. 통화량 증가는 이자율의 하락과 환율상승, 그리고 균형국민소득의 증가를 초래하게 된다. 정부지출의 증가는 이자율의 상승과 환율하락, 그리고 균형국민소득의 증가를 초래하게 될 것이다.

6. 물가가 신축적일 때 통화량이 증가하면 물가도 비례적으로 증가하여 실질화폐공급량은 동일하다. 따라서 균형금리와 균형국민소득도 변하지 않는다. 하지만 통화량이 영구적으로 증가할 때 사람들은 물가가 상승할 것이라고 예상할 것이고 이에 따라 미래 예상환율은 상승하게 될 것이다. 또한 현재환율도 미래예상환율 상승만큼 상승한다.

주요 용어

자산시장접근
무위험금리평가
유위험금리평가
자산시장균형
선물환 프리미엄
예상 자국통화가치하락률
금리평가선
*IS-LM-UIP*모형

연습문제

01 자산시장균형조건을 이용하여 예상환율이 상승하면 현재 환율에 어떠한 영향을 미치는지 설명하라.

02 유위험금리평가와 무위험금리평가가 동시에 만족된다고 하자.
① 미래예상환율과 선물환율은 어떠한 관계가 있는지 설명하라.
② 미래예상환율이 하락하면 선물환율은 어떻게 바뀌는지 설명하라.

03 선진국과 개도국 간에는 현실적으로 무위험금리평가가 성립하지 않을 확률이 높다고 한다. 그 이유가 무엇인지 설명하라.

04 엔-캐리 트레이드의 개념과 원인에 대하여 설명하라.

05 실질화폐수요가 감소하였다고 하자. *IS-LM-UIP*모형을 사용하여 다음 질문에 답하라.
① 환율과 이자율은 단기에 어떻게 변하는가?(물가 고정)
② 환율과 이자율은 장기에 어떻게 변하는가?(물가 신축적)

06 국내화폐공급증가율 하락 시 장기 명목환율과 실질환율은 어떻게 변하는지 설명하라.

07 금리평가에 따르면 국내금리가 상승하게 되면 환율이 하락한다. 그런데 통화증가율이 상향조정되면 금리가 상승하면서 환율이 상승하게 된다. 두 주장 사이에 모순이 존재하는지 논하라.

제 09 장

신축적 물가와 환율 : 장기자산시장접근모형

1. 총공급곡선과 총수요곡선
2. 환율결정에 대한 장기자산시장접근
3. 변동환율제도하에서 경제정책의 장기효과
4. 고정환율제도하에서 경제정책의 장기효과

금융시장에서 환율이나 금리와 같은 금융변수는 매 순간 금융자산에 대한 수요와 공급을 일치시키는 방향으로 매우 신속하게 움직인다. 그러나 재화시장에서는 일정기간 동안 누적된 수요와 공급이 일치되도록 가격이 변동하는 데 어느 정도 시간이 요구된다. 따라서 물가수준은 짧은 기간 동안에는 변동하지 않고 고정되어 있지만 시간이 흘러감에 따라 재화의 수요와 공급을 반영해서 신축적으로 변동한다고 보는 것이 보다 현실적이다. 제8장에서 논의된 단기자산시장접근모형은 이러한 재화시장과 금융시장의 성격을 반영해서 물가는 단기에 고정되어 있다는 가정하에서 여러 유형의 정책변화와 외부충격의 효과에 대해 분석하였다.

이 장에서는 보다 장기적인 관점에서 개방경제의 움직임을 파악하고자 한다. 이를 위해서 금리평가는 항상 성립되지만 물가는 재화시장의 총수요규모와 경제의 잠재성장력에 의해서 결정되는 완전고용수준에서의 총공급규모 간에 존재하는 차이, 즉 GDP 갭에 따라 변동하는 것으로 가정한다. 즉 장기적으로 균형물가수준이 어떻게 결정되는지를 총공급곡선과 총수요곡선의 이론을 활용해서 설명한다. 단기자산시장접근모형에서는 외환시장과 재화시장의 균형을 유위험금리평가를 의미하는 *UIP*곡선과 총수요에 의해서 총공급이 결정되는 상황을 의미하는 *IS-LM* 분석에 기반을 두었다. 반면에 장기자산시장접근모형은 *IS-LM-UIP*에 총공급곡선(*AS*)과 총수요곡선(*AD*)에 의해 물가수준이 결정되는 조건(*SD*)을 추가로 감안해서 장기균형상태를 분석한다.

이를 위하여 이 장에서는 먼저 총공급곡선과 총수요곡선을 도출한 후 물가의 변동을 설명한다. 그리고 앞서 제시한 4개의 사항들을 고려해서 어떻게 개방경제의 장기균형이 결정되는지를 설명한다. 또한 *IS-LM-UIP-SD*모형을 이용해서 변동환율제도와 고정환율제도에서 각각 통화정책과 재정정책 그리고 환율정책과 같은 정부정책의 변화와 외부충격이 경제에 장기적으로 어떠한 영향을 미치는지를 분석한다.

1. 총공급곡선과 총수요곡선

(1) 총공급곡선

총공급곡선(*AS*)은 한 국가에서 물가가 변할 때 창출되는 부가가치의 총계, 즉 최종재화의 공급이 어떻게 변화되는지를 보여주는 곡선이다.[1] 개별 재화의 가격과 기업의 공급 간의 관계를 나타내는 일반적인 공급곡선을 거시경제 차원에서 물가와 최종재화의 공급 간의 관계로 보여주는 것이 총공급곡선이다. 다른 변수들이 일정한 상태에서 물가가 상승하면 기업들은 판매수익을 극대화하기 위해 한계생산비가 새로운 물가수준에 이를 때까지 생산을 늘리려고 할 것이다. 예를 들어 명목임금이 일정한 상태에서 물가가 상승하면 기업이 부담하는 실질임금은 하락하므로 기업은 고용을 늘려서 하락한 실질임금과 노동의 한계생산이 같아지는 수준까지 생산을 확대하고 결국 국가 전체의 총공급은 증가하게 된다. 따라서 총공급곡선도 일반적인 기업의 공급곡선과 동일하게 [그림 9-1]에서 보는 바와 같이 우상향한다.

한편, 특정 기간의 한 국가의 총공급능력은 물가수준과는 관계없이 잠재성장능력에 의해서 결정된다. 따라서 장기총공급곡선(Y^f)은 [그림 9-1]에서 볼 수 있는 바와 같이 완

| 그림 9-1 | 총공급곡선(*AS*)과 장기총공급곡선(Y^f)

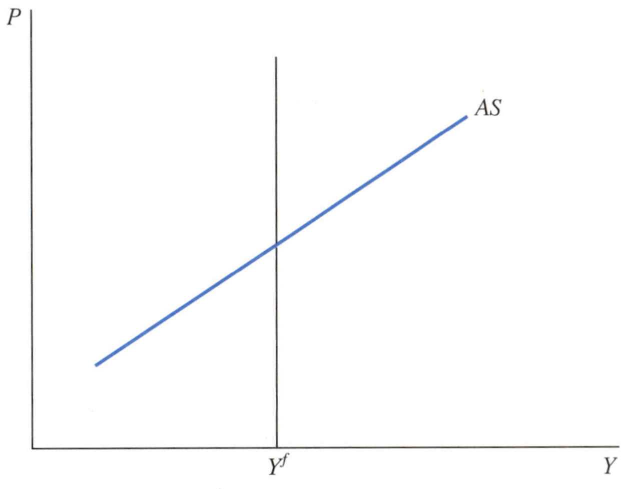

1) 총공급곡선과 관련된 보다 자세한 논의는 제15장 참조.

전고용수준에서 일정하게 주어진다. 완전고용생산수준의 증대는 기술발전을 통한 생산성 증대나 투입되어지는 생산요소의 증대 등에 의해서 변화할 수 있다. 이러한 조건들이 일정하다고 하면 한 경제의 총공급능력은 일정하다고 할 수 있다. 단기에는 총공급이 가변적인 생산요소의 초과고용 등으로 일시적으로 늘어날 수 있다. 한편, 케인지언모형에서는 유휴시설이 존재하기 때문에 총수요가 확대될 경우 물가상승이 없이도 총공급이 증대될 수 있다고 가정한다. 즉, 이 경우 총공급곡선은 수평하게 된다.

(2) 총수요곡선[2)]

총수요곡선(*AD*)은 한 국가의 물가수준과 그 국가가 생산한 최종재화에 대한 수요 간의 관계를 보여주는 곡선이다. 한 국가의 총수요(Y^D)는 민간의 소비(*C*) 및 투자(*I*) 그리고 정부지출(*G*)과 자국재화에 대한 해외수요, 즉 수출(*X*)의 합계에서 해외재화에 대한 국내지출, 즉 수입(*M*)을 제외한 값으로 결정된다.

$$Y^D = C(Y) + I(i) + G + X\left(\frac{SP^*}{P}, Y^*\right) - M\left(\frac{SP^*}{P}, Y\right) \tag{9-1}$$

여기서 총수요곡선은 화폐시장과 재화시장의 동시균형으로부터 도출된다.

$$Y = Y^D : IS(\text{재화시장균형}) \tag{9-2}$$

$$\frac{M^S}{P} = M^D = L(Y, i) : LM(\text{화폐시장균형}) \tag{9-3}$$

제8장에서 논의된 단기에서의 *IS-LM*모형은 충분한 유휴시설이 존재하여 물가변동이 없이 균형국민소득(*Y*)은 총수요(Y^D)의 크기에 의하여 결정된다고 가정하였다. 그러나 장기에는 물가가 고정되었다는 가정은 성립하기 어렵다. 물가가 변동하면 총수요는 어떻게 되는가? 예를 들어 물가가 하락하면 다음 두 가지 경로를 통하여 총수요에 영향을 주게 된다. 첫째, 물가하락은 실질환율(SP^*/P)을 상승시키게 되어 순수출이 증가한다.[3)] 따라서 [그림 9-2]에서 물가가 P_0에서 P_1으로 하락할 때 *IS*곡선은 우향이동하게 된다. 둘째, 물

2) 총수요와 관련해서는 제4장의 경상수지에 대한 총지출접근방식에 대한 논의 참조.

3) 마샬-러너 조건이 성립된다고 가정하면 물가하락은 실질환율의 상승을 의미하므로 경상수지는 개선되고 총수요는 증가한다.

| 그림 9-2 | 총수요곡선(*AD*) 도출

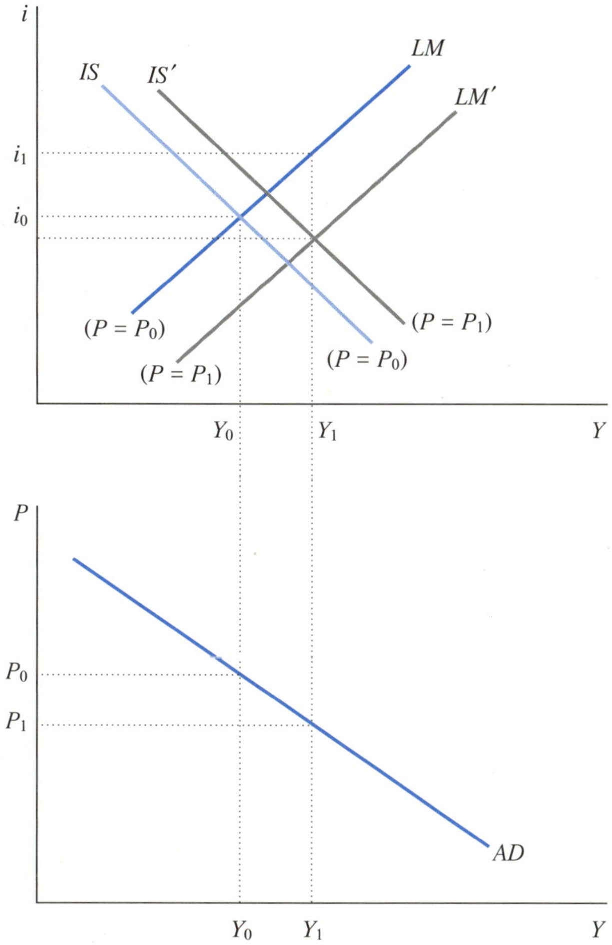

가가 하락하면 실질통화공급(M/P)이 증가하므로 [그림 9-2]에서 *LM*곡선 역시 우향이동하게 된다. 이에 따른 이자율 하락은 투자를 증가시키게 된다. 결론적으로 물가가 하락하면 *IS*곡선과 *LM*곡선이 교차하는 점에서 결정되는 균형국민소득은 증가하게 된다. 균형국민소득은 총수요에 따라 결정된다고 하였으므로 물가가 하락하면 총수요가 증가하게 된다. 따라서 [그림 9-2]에서 보는 바와 같이 물가와 총수요 간의 관계를 나타내는 총수요곡선은 우하향한다.

| 그림 9-3 | 총공급곡선(AS), 총수요곡선(AD)과 균형물가

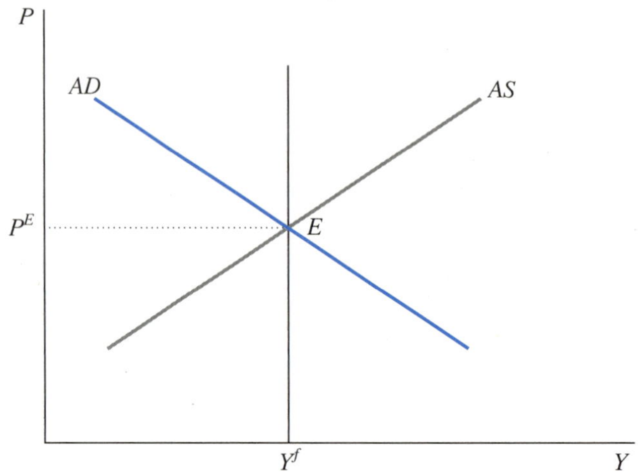

2. 환율결정에 대한 장기자산시장접근

장기적으로 개방경제의 균형은 이제까지 소개한 4가지 조건으로 설명된다. 이는 환율결정에 대한 장기자산시장접근에 기초한 *IS-LM-UIP-SD*모형의 구성요소이기도 하다. 첫째는 국내금리와 예상환율변화율을 감안한 해외금리수준이 같아지는 유위험금리평가가 성립하고(식 (9-4)), 둘째는 국내 화폐시장에선 항상 통화의 공급과 수요가 일치되고(식 (9-5)), 셋째는 총수요는 국내 총지출과 순수출로 이루어지고(식 (9-6)), 그리고 마지막으로 물가는 총수요와 완전고용수준의 총공급과의 차이에 의해서 변동된다(식 (9-7)). 여기서 제시된 4개의 식으로부터 물가(P), 금리(i), 환율(S) 그리고 소득(Y)에 대한 균형치를 도출할 수 있다.[4)]

$$i = i^* + \frac{S^e_{t+1} - S_t}{S_t} : UIP(\text{유위험금리평가}) \tag{9-4}$$

$$\frac{M^S}{P} = L(Y, i) : LM(\text{화폐시장균형}) \tag{9-5}$$

$$Y = C(Y) + I(i) + G + X\left(\frac{SP^*}{P}, Y^*\right) - M\left(\frac{SP^*}{P}, Y\right) : IS(\text{총수요}) \tag{9-6}$$

4) 이때, i^*, S^e_{t+1}, M^S, P^*, Y^*, P_{t-1}, Y^f는 주어진 것으로 가정함.

$$\pi_t = \frac{P_t - P_{t-1}}{P_{t-1}} = \varphi(Y - Y^f) : SD(\text{물가변동}) \qquad (9\text{-}7)$$

한편, 장기균형에서는 예상환율과 실제환율이 항상 같아야 하므로 국내이자율과 해외이자율은 일치해야 한다. 또한 총수요는 완전고용수준의 총공급(Y^f)과 일치해야 하므로 물가는 더 이상 변동하지 않는다. 만약 최초균형점에서 구매력평가(*PPP*)가 성립한다고 가정하면 장기균형상태는 [그림 9-4]와 같다.[5)]

| 그림 9-4 | *IS-LM-UIP-SD*모형의 장기균형

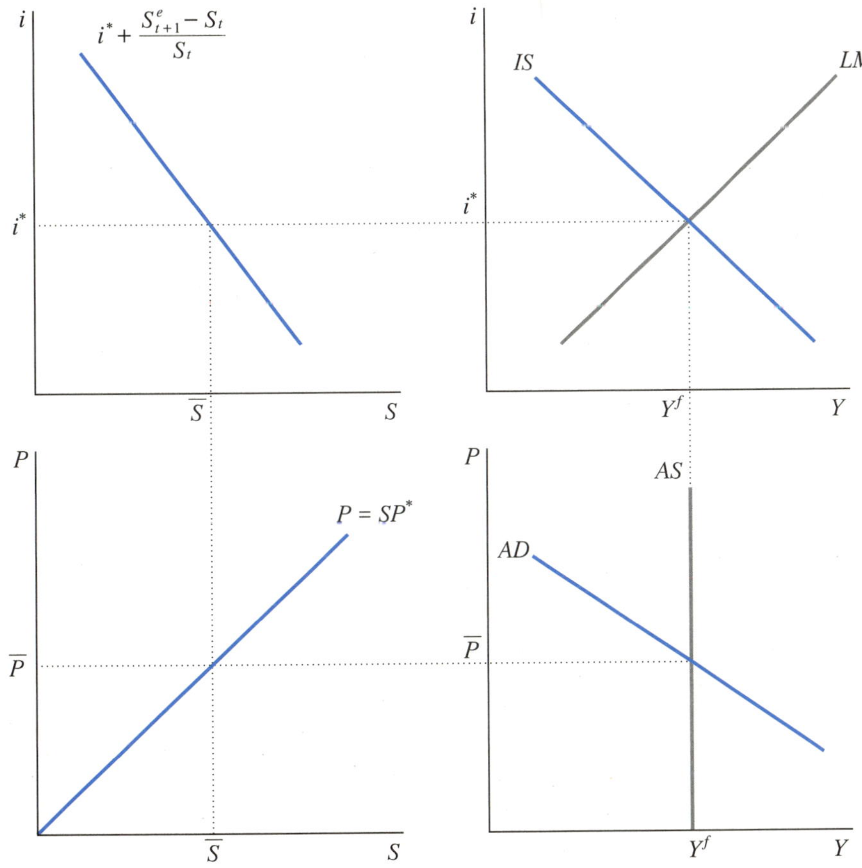

5) *IS-LM-UIP-SD*모형에서는 구매력평가(*PPP*)조건이 항상 성립하는 것은 아니다. 따라서 외생적인 충격 후 도달하는 새로운 장기균형점은 구매력평가곡선에서 벗어날 수 있다. 여기서는 최초에 구매력평가가 성립한다고 가정하고 논의를 전개한다.

3. 변동환율제도하에서 경제정책의 장기효과

정부정책의 장기효과는 물가가 신축적인 경우 정부의 통화정책이나 재정정책의 장기균형이 어떻게 변화되는가를 분석함으로써 확인할 수 있다. 이때 장기효과를 분석하기 위해서는 정부의 정책이 일시적인 것이 아니라 영구적인 것으로 가정한다. 왜냐하면 일시적인 정책은 일정한 시간이 지나면 다시 원래 상태로 환원되는 정책을 의미하기 때문에 물가의 변동까지 고려하는 장기모형에는 적합하지 않다. 한편, 정책변화가 영구적일 경우 환율에 대한 예상은 일정한 상태로 유지되는 것이 아니라 경제상황에 따라 변하는 것으로 이해해야 한다. 따라서 금리평가곡선인 *UIP*곡선은 환율예상이 변함에 따라 일시적인 정책의 경우와는 달리 이동한다.

(1) 통화정책의 장기효과

통화공급이 증가할 경우 장기에는 물가와 환율이 상승하고 국민소득과 이자율은 변하지 않는다. 유위험금리평가조건(식 (9-4))에서 장기에는 예상환율이 실제환율과 같아지므로 국내이자율은 최초수준과 같이 해외이자율과 같아진다. 화폐시장균형조건(식 (9-5))에서 화폐의 실질수요는 이자율과 국민소득이 변하지 않으므로 원래 상태를 유지하게 된다. 화폐시장이 균형을 이루므로 실질화폐 공급도 마찬가지로 변하지 않고, 따라서 물가가 화폐공급이 증가한 만큼 상승하게 된다. 장기균형에서 총수요(식 (9-6))가 어떻게 결정되는가를 보면, 국민소득이 완전고용수준에서 불변이므로 소비는 원래 수준과 같고, 이자율 역시 불변이므로 투자도 원래 수준과 같다. 순수출 역시 실질환율(SP^*/P)과 국민소득이 불변이므로 변하지 않는다. 마지막으로 물가(식 (9-7))는 장기균형에서 총수요와 총공급이 동일하므로 더 이상 변하지 않는다.

이제 확정적 통화정책에 따른 조정과정을 [그림 9-5]를 이용하여 좀 더 자세히 분석하도록 한다. 먼저 물가가 고정된 단기에 발생하는 변화를 살펴보자. 왼쪽 상단의 유위험금리평가조건에서 통화량이 증가하면 장기에 환율이 상승할 것으로 예상되므로 해외수익률곡선이 우향이동하게 되고, 이에 따라 현재환율이 상승한다. 오른쪽 상단을 보면, 물가가 고정된 상태에서 통화공급이 증가하면 실질통화공급이 증가하여 *LM*곡선은 우향이동한다(LM^P). 한편 *IS*곡선의 경우 실질환율이 상승하고 순수출이 증가하므로 우향이동하게 된다(IS^P). IS'곡선과 LM'곡선이 교차하는 점에서 결정되는 단기균형국민소득은 증가하

| 그림 9-5 | **변동환율제도하에서 확장적 통화정책의 장기효과**

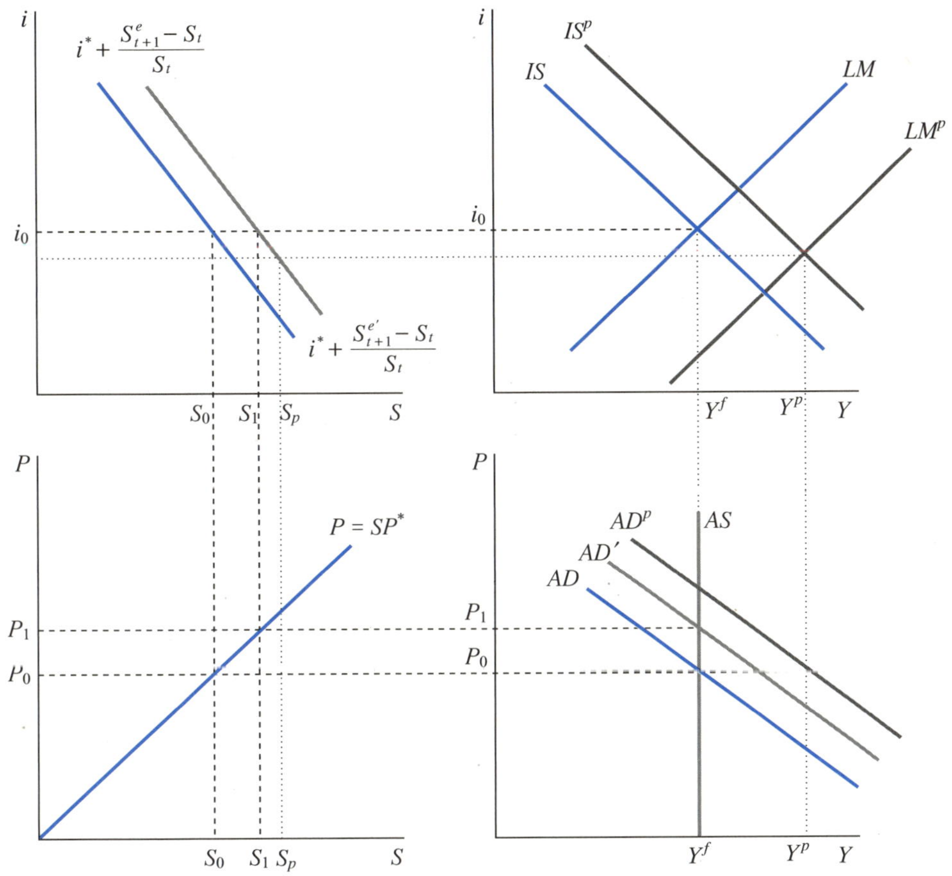

고(Y^P), 총수요곡선은 우향이동하게 된다(AD^P). 한편 새로운 단기균형에서 이자율은 이전보다 낮아진다(i_p). 이에 따라 해외수익률과 국내이자율이 같아지는 점에서 환율이 결정된다(S_P). 정리하면 단기에 통화량 증가는 환율 상승, 이자율 하락, 균형국민소득 증가를 가져온다.

다음에는 통화량 증가가 장기에 경제변수들에 어떠한 영향을 주는지 살펴보도록 하자. 우선 오른쪽 하단 그래프에서 아직 물가가 변하기 전 상황수준(P_0)에서 총수요(Y^P)는 완전고용수준의 총공급(Y^f)보다 크다. 따라서 시간이 경과하면서 물가가 상승하게 된다. 물가가 상승하면 실질통화량 공급이 감소하고, *LM*곡선은 다시 원위치하게 된다. *IS*곡선 역시 물가상승에 따른 순수출의 감소, 그리고 이자율의 상승에 따른 투자감소로 인하여 좌향이동하게 된다. 한 가지 주목할 점은 이자율이 증가하면 환율이 새로운 해외수익률곡선을 따라 하락하게 되므로 순수출이 감소한다는 점이다($S_P \rightarrow S_1$). 환율 하락에 따른 순수출의 감소는 물가상승의 효과와 달리 총수요곡선을 좌향이동시키게 된다(AD'). 최종적으로 장기균형은 총수요와 완전고용 총공급이 일치하는 점에서 성립된다. 정리하면 장기에 통화량 증가는 환율 상승과 물가 상승을 가져오고, 이자율과 국민소득은 변하지 않는다.[6]

(2) 재정정책의 장기효과

정부가 재정지출을 확대할 경우 경제에 어떠한 영향을 미칠 것인가? 새로운 장기균형에서 총수요의 구성이 어떻게 바뀌는지부터 살펴보자. 장기에 국민소득은 완전고용수준(Y^f)에서 일정하다. 따라서 총공급과 총수요가 일정하므로 정부지출의 증가만큼 총수요의 다른 구성요소가 감소하여야 하는데 그것이 바로 순수출이다.[7] 순수출이 감소하려면 실질환율이 감소하여야 하는데, 이는 명목환율이 하락하여야 함을 의미한다. 통화량이 변화지 않았으므로 물가 역시 변하지 않는다. 정리하면 새로운 장기균형에서 환율은 하락하고, 물가와 이자율과 국민소득은 변하지 않는다.

[그림 9-6]은 변동환율제도하에서 확장적 재정정책의 장기효과를 보여준다. 새로운 장기균형에서 명목환율이 하락하므로 예상환율도 하락하고, 해외수익률곡선은 좌향이동하게 된다. 그렇다면 단기에 변수들은 어떻게 변하는가? 결론부터 말하자면 환율을 제외하고는 아무것도 변하지 않는다. 재정지출이 증가하면 IS곡선이 ①과 같이 우향이동(IS')하게 될 것이다. 한편 통화량 변동이 없기 때문에 LM곡선은 이동하지 않는다. 따라서 IS곡선과 LM곡선이 교차하는 점에서 결정되는 총수요가 증가하게 되면 총수요곡선도 우향이동(AD')할 것이다. 그런데 재정지출이 증가할 때 환율이 하락하는 효과가 동시에 나타난다. 즉, 위에서 설명한 바와 같이 예상환율이 하락함에 따라 해외수익률이 하락하고 현재환율 역시 하락한다. 따라서 순수출이 감소하므로 IS곡선은 좌향이동하여야 한다. 이 두 가지 효과가 동시에 나타나게 되면 재정지출의 증가에 따른 IS곡선의 우향이동(①)

6) 흥미롭게도 통화량 증가 시 장기보다 단기에 나타나는 환율상승폭이 더 크다. 단기와 장기에 걸친 환율변화와 조정과정에 대한 자세한 설명은 다음 장을 참고하기 바란다.

7) 총수요를 구성하고 있는 요소 중 소비와 투자는 각각 가처분소득과 이자율의 함수인데, 두 변수는 장기에 일정하다. 가처분소득은 소득에서 조세를 감한 값인데, 장기균형에서 소득이나 조세는 변함이 없다. 이자율의 경우는 장기균형에서 예상환율과 실제환율이 같기 때문에 해외이자율과 동일하다. 따라서 총수요가 일정하려면 정부지출증가만큼 순수출이 감소하여야 한다. 이를 위해서는 실질환율이 감소하여야 한다.

| 그림 9-6 | 변동환율제도하에서 확장적 재정정책의 장기효과

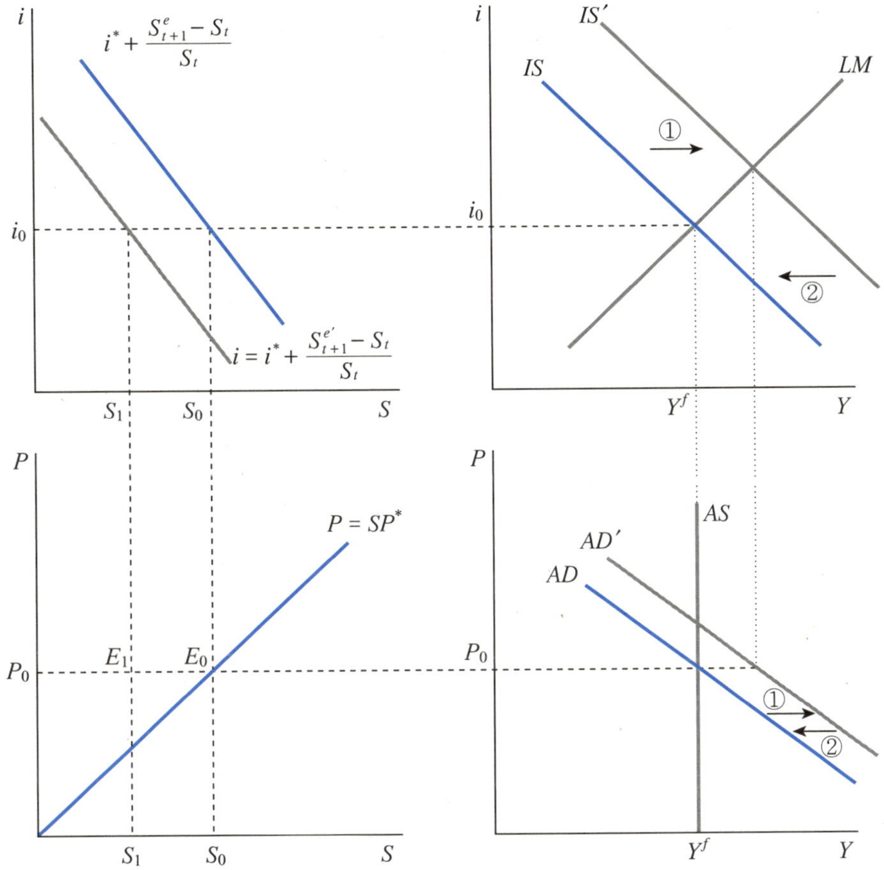

은 순수출의 감소에 따른 *IS*의 좌향이동(②)에 의하여 상쇄되므로 총수요의 변화 역시 나타나지 않는다. [그림 9-6]에서 *IS*곡선의 이동과 *AD*곡선의 이동은 두 가지 효과가 서로 상충된다는 것을 보여줄 뿐, 재정지출 증가효과가 먼저 나타나고, 뒤이어 순수출 감소가 나타난다는 말이 아니다. 재정지출 증가가 순수출 감소라는 구축효과를 즉시 초래한다면 단기에도 균형국민소득에 아무런 영향을 주지 못한다. [그림 9-6]의 E_1이 이런 상태를 나타내는 새로운 균형점이다.[8] 정리하면 재정지출의 증가 시 *IS*곡선과 *LM*곡선, 그리고 *AD*곡선은 움직이지 않는다. 구축효과 때문에 *IS′* 과 *AD′* 은 현실적으로는 존재하지 않는

8) 재정지출 변화 시에는 물가가 변하지 않기 때문에 단기와 장기가 무엇을 의미하는지 명확치 않다. 제10장에서 자산시장과 재화시장의 조정속도에 대하여 자세하게 설명하겠지만, 자산시장의 조정속도는 매우 빠르다. 따라서 재정지출 변화 시 환율변화가 즉각 발생한다고 보아도 무방하다.

다. 다만 해외수익률곡선만이 좌향이동하여 명목환율이 즉시 하락한다.

한편, E_1에서는 순수출이 적자이므로 완전고용소득수준을 유지하면서 확장적 재정지출을 영구적으로 지속할 수는 없다. 그럼에도 불구하고 재정지출이 지속될 경우 해당 통화의 절하를 예상하는 투기적 공격이 야기될 수 있다. 결국 확장적 재정정책을 포기할 경우 *UIP*곡선은 다시 원래상태로 이동하고 최초의 균형상태인 E_0로 복귀한다.

4. 고정환율제도하에서 경제정책의 장기효과

고정환율제도하에서는 자본의 유출입에 따른 환율변화압력에 대처하기 위해서 외환당국이 외환시장에 개입해야 한다. 외환시장개입은 중앙은행의 본원통화의 변화를 가져오고 경제 전체의 통화공급을 변화시킨다. 한편, 고정환율제도하에서는 정책수단의 하나로 고정된 환율수준을 변경하는 환율정책이 사용될 수 있다. 따라서 여기서는 정책당국의 확장적 통화정책과 재정정책 그리고 평가절하정책에 대한 장기적 효과를 살펴본다.

(1) 통화정책의 장기효과

확장적 통화정책의 경우에는 통화량 확대에 따른 이자율 하락과 이로 인한 환율상승압력 때문에 외환당국은 외환을 매도해야 한다. 그 결과 통화량이 다시 원래 상태로 회귀한다. 따라서 이 경우에는 단기는 물론 장기에도 경제가 초기 균형에서 벗어나지 않는다. 단기적으로 소득에 영향을 주지 못하기 때문에 물가의 변화도 초래되지 않는다. 즉 최초 균형상태인 [그림 9-4]가 그대로 유지된다. 따라서 확장적 통화정책은 장기에도 단기의 경우와 동일하게 효과적이지 못하다.

(2) 재정정책의 장기효과

확장적 재정정책의 경우 단기에 총수요가 총공급을 상회해서 초과수요가 발생하고 이자율이 상승한다. 이로 인해 자본유입이 확대되고 환율인하압력이 발생된다. 그리고 고정환율을 유지하기 위한 외환당국의 외환매입과정에서 통화량이 증가한다. 즉 *IS-LM*곡선이 모두 오른쪽으로 이동해서 총수요가 확대된다. 그러나 물가가 상승하기 시작해서

| 그림 9-7 | 고정환율하에서 확장적 재정정책의 장기효과

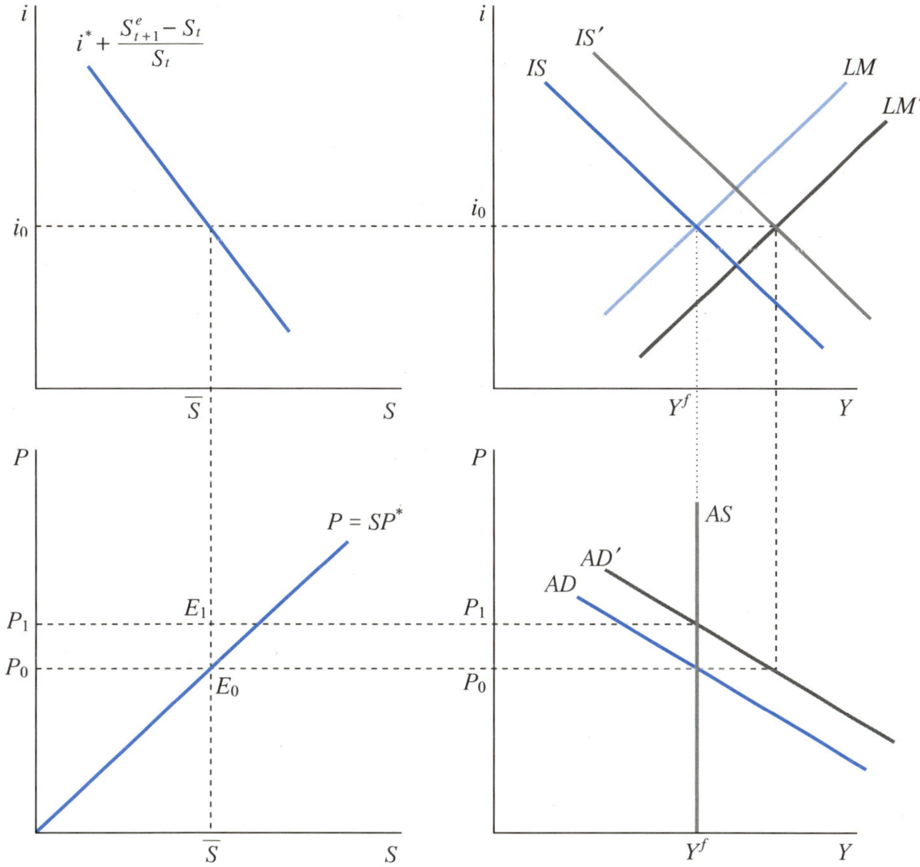

실질환율이 하락하게 되고 그 결과 순수출이 적자로 돌아서면서 소득이 감소하게 된다. 또한 물가상승으로 인해 실질통화량이 줄어들기 때문에 *LM*곡선 역시 좌측으로 다시 이동한다. 장기적으로 물가수준은 P_1으로 상승하고 [그림 9-7]의 E_1이 새로운 장기균형점이 된다.[9] 즉 재정지출은 물가상승에 따른 실질환율의 하락으로 인해서 순수출의 감소로 구축된다. E_1에서는 순수출의 적자가 지속되므로 일반적으로 이런 상태를 영구적으로 유지하기가 어렵게 된다. 따라서 정부가 영구적인 재정지출을 포기하게 될 경우 균형점은 원래 상태인 E_0로 환원된다.[10]

9) 이 경우에도 장기균형점이 *PPP*곡선에서 벗어난 상태에 놓이게 된다.

10) 만약 재정지출이 지속된다면 경상수지 적자의 누적으로 인해 결국 환율을 인상할 수밖에 없을 것이라는 예상이 확산됨으로써 해당국의 통화는 투기적 공격의 대상이 된다.

(3) 평가절하의 장기효과

정부가 환율을 현재보다 높은 수준으로 조정하게 되면 일단 재화시장의 균형을 의미하는 *IS*곡선은 우측으로 이동한다. 그리고 이로 인한 국내이자율의 상승으로 인해 자본유입이 초래되고 이에 외환당국이 외환을 매입함으로써 통화공급이 늘어난다. 그 결과 초과수요가 발생해서 물가가 상승하는데 물가상승은 *IS*곡선과 *LM*곡선을 각각 원래 위치로 이동시켜서 완전고용수준에서 소득이 결정된다. 한편, *UIP*곡선은 평가절하로 인한 환율수준이 유지될 것으로 예상할 경우 우측으로 이동한다. 최종적으로 환율인상만큼 물가가 상승해서 실질환율이 원래 상태로 돌아오는 [그림 9-8]의 E_1점에서 새로운 장기균형이 이루어진다.

| 그림 9-8 | 평가절하의 장기효과

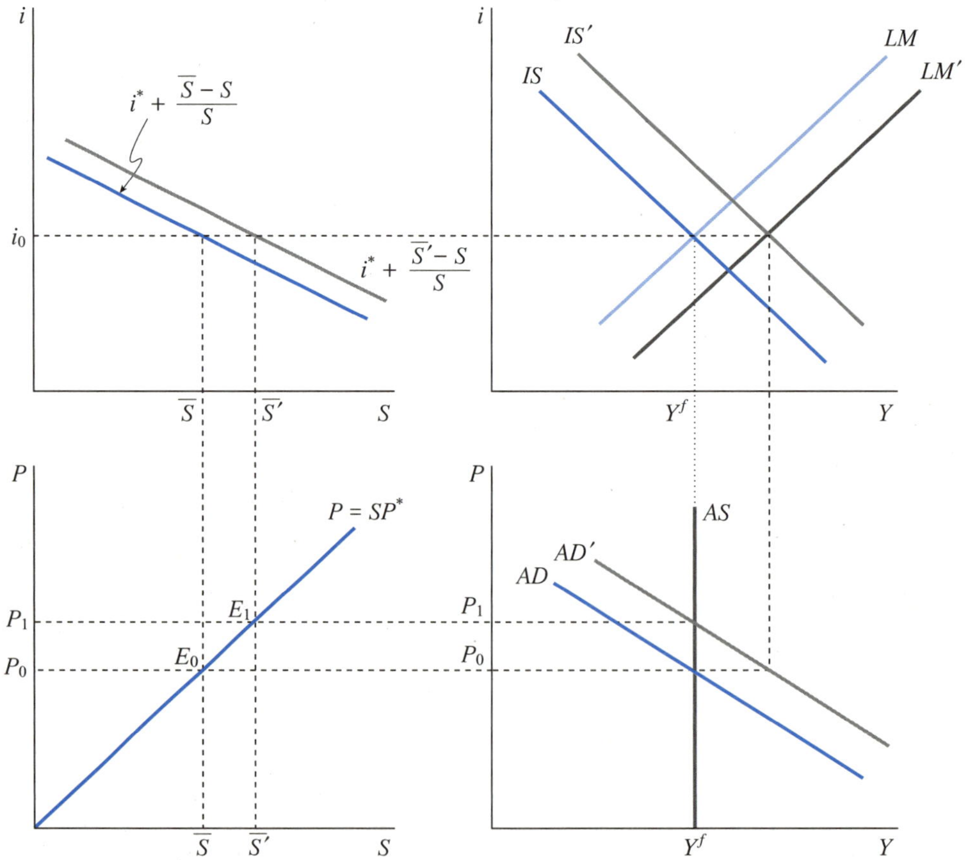

제8장과 제9장에서 논의된 정부의 일시적 및 영구적인 통화정책과 재정정책 그리고 환율정책과 관련된 장단기 효과는 부록에 표로 요약되어 있다.

실질금리평가

금리평가는 자본이동이 자유로울 때 외환시장균형을 위하여 국내외 금리 간에 성립되는 조건이다. 이때 금리는 명목금리를 의미한다. 그렇다면 실질금리 간에는 어떠한 관계가 성립하는가? 일정 조건이 만족된다면 국내외 실질금리는 동일하여야 하는데, 이를 실질금리평가(real interest rate parity)라고 한다.

첫째, 구매력평가에 따르면 환율의 예상변화율은 양국 예상인플레이션율의 차이로 표시할 수 있다.

$$\left(\frac{S^e - S}{S}\right) = \left(\frac{P^e - P}{P}\right) - \left(\frac{P^{*e} - P^*}{P^*}\right) = \pi^e - \pi^{*e} \qquad (9A\text{-}1)$$

둘째, 유위험금리평가가 성립하면 환율의 예상변화율은 국내외 금리차와 같다.

$$i - i^* = \left(\frac{S^e - S}{S}\right) \qquad (9A\text{-}2)$$

식 (9A-1)과 식 (9A-2)를 이용하면 국내외 이자율의 차이는 국내외 예상인플레이션율의 차이로 나타낼 수 있다.

$$i - i^* = \pi^e - \pi^{*e} \qquad (9A\text{-}3)$$

셋째, 피셔효과에 의하면 명목이자율은 실질이자율과 예상인플레이션율의 합과 같다.

$$i = r + \pi^e \qquad (9A\text{-}4)$$

$$i^* = r^* + \pi^{*e} \qquad (9A\text{-}5)$$

식 (9A-4)와 (9A-5)를 식 (9A-3)에 대입하면 국내외 실질금리는 같아진다.

$$r = r^* \qquad (9A\text{-}6)$$

종합하면 구매력평가와 유위험금리평가, 그리고 피셔효과가 성립하면 국내외 실질금리는 같아진다.

부록 변동 및 고정환율제도하에서 정부정책의 장단기 효과 비교

제8장과 제9장에서 분석한 변동환율제도와 고정환율제도하에서 확장적 통화정책 및 재정정책 그리고 평가절하정책의 장단기 효과에 대한 분석결과는 아래 표와 같이 요약될 수 있다.

표 9A-1 확장적 통화 및 재정 정책과 평가절하의 장단기 효과

정부정책	거시변수	변동환율제도		고정환율제도	
		단기	장기	단기	장기
일시적 통화공급 확대	Y(소득)	↑	–	변동 없음	–
	i(이자율)	↓	–	변동 없음	–
	S(환율)	↑	–	고정	–
	P(물가)	–	–	–	–
영구적 통화공급 확대[1]	Y(소득)	↑	변동 없음	변동 없음	변동 없음
	i(이자율)	↓	변동 없음	변동 없음	변동 없음
	S(환율)	오버슈팅	↑	고정	고정
	P(물가)	–	↑	–	변동 없음
일시적 재정지출 확대	Y(소득)	↑	–	↑	–
	i(이자율)	↑	–	변동 없음	–
	S(환율)	↓	–	고정	–
	P(물가)	–	–	–	–
영구적 재정지출 확대[2]	Y(소득)	변동 없음	변동 없음	↑	변동 없음
	i(이자율)	변동 없음	변동 없음	변동 없음	변동 없음
	S(환율)	↓	↓	고정	변동 없음
	P(물가)	–	변동 없음	–	↑
평가절하[3]	Y(소득)	–	–	↑	변동 없음
	i(이자율)	–	–	변동 없음	변동 없음
	S(환율)	–	–	인상	인상
	P(물가)	–	–	–	↑

주 : 1) 변동환율제도하에서 영구적인 통화공급 확대정책의 단기효과는 제10장의 오버슈팅모형 참조.
2) 장기의 경우 영구적 재정지출 확대정책의 효과는 정책을 포기하기 전까지의 장기효과를 의미함.
3) 평가절하의 경우 장단기 모두 영구적인 정책변화를 가정함.

요약

1. 총공급곡선은 한 국가에서 물가가 변할 때 창출되는 부가가치의 총계, 즉 최종재화의 공급이 어떻게 변화되는지를 보여주는 곡선이다. 총공급곡선도 일반적인 기업의 공급곡선과 동일하게 우상향한다. 한편, 특정 기간 동안 한 국가의 총공급능력은 물가수준과는 관계없이 잠재성장능력에 의해서 결정되는데 이를 장기총공급곡선(Y^f)이라 하고 완전고용수준에서 일정하게 주어진다.

2. 총수요곡선은 한 국가의 물가수준과 그 국가가 생산한 최종재화에 대한 수요 간의 관계를 보여주는 곡선이다. 물가가 하락하면 이자율이 하락하고 실질환율이 상승함에 따라 투자와 순수출이 증가되고 따라서 총수요는 증대된다. 즉 총수요곡선은 우하향한다.

3. 장기균형에서는 예상환율과 실제환율이 항상 같아야 하므로 국내이자율과 해외이자율은 일치하고 총수요는 완전고용수준의 총공급(Y^f)과 일치하므로 물가는 더 이상 변동하지 않는다.

4. 변동환율제도하에서 확장적 통화정책은 장기적으로 동일한 비율로 환율과 물가를 상승시키지만 이자율과 소득 수준에는 영향을 주지 못한다. 한편, 재정지출이 확대되는 경우에는 오히려 환율이 즉각 하락해서 총수요가 완전고용수준인 Y^f로 회귀한다. 즉 재정지출은 순수출에 의해 구축되는 효과가 나타난다.

5. 고정환율제도하에서 확장적 통화정책은 단기적으로 소득에 영향을 주지 못하기 때문에 물가의 변화가 초래되지 않고 그 결과 장기효과도 단기효과와 동일하게 전혀 경제에 영향을 주지 못한다. 한편, 확장적 재정정책은 물가상승에 따른 실질환율의 하락으로 인해서 순수출의 감소로 구축된다. 평가절하정책의 장기효과는 환율인상 크기만큼 물가가 상승해서 실질환율이 원래 상태로 돌아오고 소득은 원래 수준인 완전고용수준에서 결정된다.

주요 용어

장기자산시장접근모형
총공급곡선
총수요곡선
*IS-LM-UIP-SD*모형
실질금리평가
장기균형
완전고용수준 공급곡선
평가절하
피셔효과

연습문제

01 총공급-총수요곡선을 이용해서 통화공급이 확대될 경우 균형물가수준의 변화를 설명하라.

02 장기자산시장접근모형의 균형조건 4가지를 제시하라.

03 변동환율제도하에서 확장적 통화 및 재정 정책의 장기효과를 서술하라.

04 고정환율제도하에서 확장적 통화 및 재정 정책 그리고 평가절하정책의 장기효과를 서술하라.

05 장기자산시장접근모형을 이용해서 확장적 재정정책이 장기적으로 유지될 수 없는 이유를 설명하라.

제 **10** 장

경직적 물가와 환율 : 오버슈팅모형

1. 환율예상과 기대형성가설
2. 통화량 변화와 환율의 오버슈팅
3. 물가변동과 환율결정모형
4. 국내외 충격의 효과

자본시장이 완전히 개방된 경우 환율은 자본이동에 따라 큰 폭의 변동성을 보이게 된다. 이런 경우 먼델-플레밍 모형에서와 같이 환율이 현재의 수준을 유지할 것이라고 예상한다는 가정은 적합하지 않다. 국내투자자들이 외국채권에 투자를 하거나, 아니면 외국투자자가 국내채권시장에 투자할 때는 투자기간 중의 환율변화가 수익률에 직접적인 영향을 미치기 때문에 만기시점에 환율이 어떻게 변할 것인지에 신경을 쓰게 마련이다.

먼델-플레밍 모형은 환율예상과 관련된 약점에도 불구하고 물가가 고정되어 있는 단기에서의 거시경제균형과 정부의 통화 · 재정정책의 효과를 분석하는 데 매우 유용하다. 그러나 물가의 경우도 단기에는 고정되어 있지만 장기적으로는 신축적으로 변동된다고 간주하는 것이 합리적인 가정이다. 그렇다면 물가가 고정되어 있는 단기와 신축적인 장기 사이의 환율움직임을 어떻게 분석할 것인가? 먼델-플레밍 모형과 통화적 접근을 결합하여 환율의 변동을 설명한 경제학자가 돈부쉬(R. Dornbusch)이다. 돈부쉬는 신축적 물가 대신 경직적 물가를 고려한 환율결정모형을 개발하였다. 물가는 완전히 고정되어 있는 것도 아니고 그렇다고 완전히 신축적인 것도 아니다. 물가는 단기에는 고정되어 있지만 시간이 경과하면서 서서히 조정되기 시작해서 장기적으로 통화량에 비례하여 신축적으로 움직인다고 가정한다.

돈부쉬모형은 크게 보면 자산시장접근 그리고 좁게 보면 통화적 접근에 속한다고 하겠다. 하지만 물가가 경직적이라고 가정하고 환율의 동태적 움직임을 분석하고 있다는 점에서 독자적 위상을 차지하고 있다고 하겠다. 통화량이 증가하였을 때 신축적 물가를 가정한 통화적 접근과는 달리, 환율이 단기적으로는 과민한 반응을 보일 수도 있다는 것을 보여주었다는 면에서 돈부쉬모형은 오버슈팅모형이라고도 불린다. 환율의 단기적 변동성을 설명함에 있어서 환율예상의 역할을 명시적으로 도입하였다는 점도 의미 있는 공헌이라고 할 수 있다.

이 장에서는 먼저 환율에 대한 예상과 관련된 다양한 이론을 소개한다. 그리고 통화량 확대가 일시적으로 이루어지는 경우와 영구적으로 이루어지는 경우를 비교설명한다. 그리고 영구적 통화확대정책의 경우 환율의 오버슈팅이 발생되는 과정을 설명한다.

1. 환율예상과 기대형성가설

(1) 정책변화와 환율예상

금융세계화로 국내외 금융시장 통합이 빠르게 진행된 상황에서 환율은 매우 변동이 심하다. 따라서 사람들의 예상환율도 빠르게 바뀐다. 따라서 다음 기의 환율수준이 현재의 환율수준과 같다는 가정은 적합지 않다. 변동환율제도하에서 통화량이 증가할 경우를 생각하여 보자. 먼델-플레밍 모형에 따르면 단기적으로 이자율이 떨어지고 환율이 상승하게 된다. 이에 따라 순수출이 증가하면서 균형국민소득이 증가한다. 그렇다면 이러한 상황이 전개되는 과정에서 여전히 다음 기의 환율은 현재의 환율과 같을 것이라고 예상한다는 것은 합리적인 가정이라고 할 수 없다. 만약에 통화량이 증가할 때 다음 기의 환율은 현재의 환율수준과 달리 올라갈 것이라는 것을 예상한다면 분석결과는 크게 달라질 수밖에 없다.

그런데 통화량이 증가할 때 환율이 어떻게 바뀔 것인지를 예측하는 일은 그리 간단치 않다. 통화량의 증가가 일시적인지 아니면 영구적인지부터 구분해야 하며, 환율이 어떻게 결정되는지에 대해서도 명확히 이해하고 있어야 한다. 신축적 물가를 가정하고 있는 통화적 접근에 따르면 장기적으로 균형국민소득과 이자율은 일정하고 물가는 통화량에 비례하여 신축적으로 조정된다. 그리고 통화적 접근모형에서는 통화량 증가 시 환율도 물가와 비례적으로 상승한다. 경제 주체들이 이러한 조정과정을 충분히 인지하고 있다면 통화량이 증가한 시점에 사람들이 예상하는 미래의 환율수준도 같이 상승할 것이다. 이 때 중요한 점은 통화량의 증가가 영구적이라고 가정하고 있다는 점이다. 만약에 통화량의 증가가 일시적이라면, 즉 어느 시점에 다시 줄어들 것이라면, 장기적으로 물가에 영향을 미치지 못할 것이고, 따라서 예상환율도 현재 수준에서 변하지 않을 것이다.

[그림 10-1]은 금리평가조건을 나타내는 *UIP*곡선을 보여주고 있다. 금리평가가 성립하기 위해서는 예상환율이 주어진 경우 금리와 현재환율 간에는 음(−)의 관계가 있다. 따라서 *UIP*곡선은 우하향한다. [그림 10-1]의 *A*점을 최초의 균형점이라고 하면, 이 점에서는 현재의 환율과 미래의 예상환율이 동일하다. 그런데 정부가 통화량을 증가시킬 경우 이러한 정책변화는 예상환율을 변경시킬 수도 있고 변경시키지 않을 수도 있다. 만약 통화량 확대가 일시적이라면 앞에서도 언급한 것과 같이 장기적으로 물가와 환율은 변화하지 않을 것이라는 점을 투자자들은 예상하기 때문에 장기환율 또한 변하지 않을 것으로

| 그림 10-1 | 일시적 및 영구적 통화량 확대와 *UIP*곡선

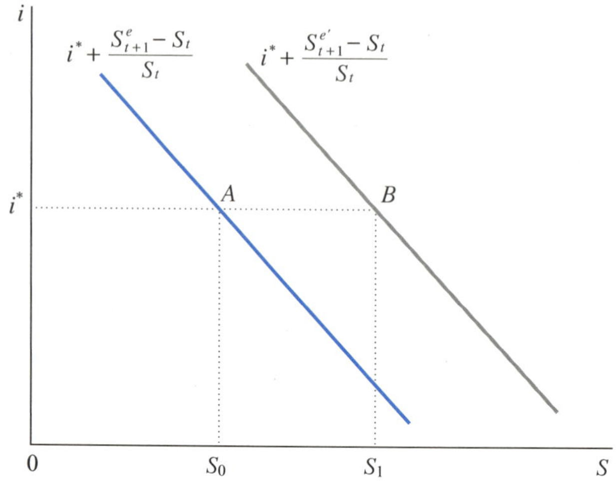

예상한다. 따라서 이 경우 *UIP*곡선은 이동하지 않는다. 그러나 통화량 증대가 영구적이라고 할 경우에는 장기적으로 물가와 환율이 비례적으로 상승할 것이라고 예상할 수 있기 때문에 미래예상환율이 현재의 환율보다 높을 것으로 예상한다. 따라서 이 경우에는 *UIP*곡선은 상향이동한다. 따라서 장기균형은 새로운 미래예상환율과 상승한 현물환율이 일치되는 점 *B*에서 결정된다.

(2) 기대형성가설

미래에 대한 사람들의 예상이 어떻게 형성되는가는 소위 합리적 기대가설(rational expectations hypothesis)이 부상하면서 1970년대 경제학계의 뜨거운 논쟁거리가 되었다. 합리적 기대가설은 사람들이 주요 경제지표뿐 아니라 정부정책 등 수집가능한 모든 정보를 이용하여 미래를 예측한다는 주장이다. 이러한 주장은 경제학적 사고에 일대 혁명을 일으켰다고 하여도 과언이 아니다. 정부가 통화량을 늘릴 때 사람들이 물가가 오를 것이라는 것을 예상한다면 이는 임금이나 생산물의 가격에 즉각 반영될 것이기 때문에 그렇지 않은 경우와는 경제에 미치는 영향이 판이하게 달라질 것이다.

먼저 합리적 기대가설에 따라 환율에 대한 예상이 어떻게 형성되는지 설명해 보자. 사람들은 환율에 영향을 미치는 변수들이 무엇인가를 먼저 판단해서 이러한 변수들에 대한 정보를 모두 수집하고 이를 이용하여 미래환율에 대한 예상값을 도출하게 된다. 사람들이 통화적 접근이 장기적인 환율변화를 설명하는 데 유용하다고 판단한다면, 이러한 틀 안에서 미래환율이 어떻게 바뀔 것인지를 추정할 것이다. 통화적 접근에 따르면 통화량이 증가할 때 장기적으로는 국민소득과 이자율은 영향을 받지 않는 반면 물가와 환율은 통화량의 변화율과 동일한 비율로 상승하게 된다. 따라서 통화량이 증가할 때 사람들은 통화량의 증가율만큼 환율이 오를 것이라고 예상한다.

미래환율을 예상하는 데 합리적 기대가설을 적용한다 할지라도 시간이 흘러서 해당 시점이 되었을 때 실현된 환율이 예상환율과 정확하게 일치될 가능성은 거의 없다. 그 이유는 시간이 경과하는 사이에 환율에 미치는 새로운 충격이 발생할 것이기 때문이다. 그러나 이러한 오차 때문에 예측 자체가 잘못되었다고는 할 수 없다. 합리적 기대란 사람들이 현재 주어진 정보를 최대한 활용한다는 것이지 앞으로 일어날 일들을 족집게처럼 미리 알아맞힌다는 것은 아니기 때문이다.[1] 물론 합리적 기대가설의 극단적인 경우로 '완벽한 예측(perfect foresight)'을 가정하기도 한다. 그러나 이 가정은 분석의 편의상 채택한 단순화에 불과하다.

합리적 기대가설이 등장하기 이전에도 기대형성에 대하여 여러 가지 가설이 있었는데 그중 대표적인 것이 적응적 기대가설(adaptive expectations hypothesis)이다. 적응적 기대가설이란 과거에 무슨 일이 있었는지를 바탕으로 미래에 대한 기대를 형성하는 것을 의미한다. 적응적 기대의 대표적인 예라고 할 수 있는 코익변환(Koyck transformation)에 의한 기대형성은 실젯값과 예상치와 차이가 발생할 경우 그 차이의 일부만큼 미래에 대한 예상을 수정한다고 가정한다. 즉, 이번 기 예상이 실제와 어긋나면 이를 반영하여 다음 기 예상을 부분적으로 수정한다고 본다.[2] 이러한 적응적 기대가설에 따르면 사람들은 미래에 대한 예측에 있어서 과거의 정보를 이용하게 되는데, 합리적 기대가설이 현재 주어

1) 합리적 기대가설에 따르면 미래의 실현된 값은 미랫값에 대한 기대치와 백색오차(white error)의 합과 같아진다. 환율을 예로 들면 다음 기 환율값은 이번 기에 형성된 환율예측치에다가 오차를 더한 값과 같다. 사람들은 이번 기에 주어진 모든 정보를 활용하여 다음 기 환율을 예측하였으므로 다음 기 오차(μ_{t+1})는 기대치가 영(0)인 임의의 값을 가지게 되고, 다음 기 예측치와 상관관계가 없다고 가정한다.

$$S_{t+1} = E_t S_{t+1} + \mu_{t+1}$$

2) 예를 들어 다음 기 인플레이션 예상치는 이번 기 예상치에다가 이번 기 오차의 일부만큼을 반영한 값이라고 가정한다.

$$\pi^e_{t+1} = \pi^e_t + \lambda(\pi_t - \pi^e_t),\ 0 \le \lambda \le 1$$

조정계수(λ)의 값이 0인 경우에는 기대형성에 기대오차가 전혀 반영되지 않는 경우이다. 한편, 조정계수(λ)의 값이 1인 경우에는 다음 기에 대한 예상치가 이번 기의 실젯값과 같아지는데, 이를 정태적 기대(static expectations)라고 한다.

진 정보를 미래예상을 형성하는 데 모두 활용한다고 가정하고 있는 것과는 대조적이다. 다시 말해서 적응적 기대가설은 현재 시점에서 이용가능한 정보를 적절히 활용하면 피할 수 있는 오류를 계속해서 범하게 될 수 있다는 약점을 안게 된다. 그 결과 경제학계에서는 합리적 기대가설이 적응적 기대가설의 대안으로서 기대형성의 대표적 이론으로 자리 잡게 되었다.

2. 통화량 변화와 환율의 오버슈팅

(1) 일시적 및 영구적 통화량 증가의 단기효과 비교

여기서는 제9장의 *IS-LM-UIP-SD*모형을 이용해서 변동환율제도하에서 일시적 및 영구적인 통화량 증가의 효과를 비교한다. 앞에서 설명한 바와 같이 일시적인 통화량 증가 시에는 예상환율의 변화가 초래되지 않지만 영구적인 통화량 증가 시에는 물가가 상승할 것으로 예상되기 때문에 환율에 대한 예상 또한 변화한다.

일시적 통화확대의 경우 [그림 10-2]에서 알 수 있는 바와 같이 통화량 증대는 국내이자율 하락을 초래해서 자본유출이 발생하고 이로 인해 환율이 상승한다. 환율상승은 순수출 증대를 가져와서 *IS*곡선이 우측으로 이동한다. 그 결과 단기균형은 *B*점과 물가가 일정하기 때문에 *D*점에서 결정된다. 그리고 *B*점에 해당되는 이자율과 환율 수준인 i_t와 S_t가 결정된다.

반면에 영구적인 통화확장의 경우는 *UIP*곡선이 우측으로 이동한다.[3] 그 결과 통화량 확대로 인한 예상환율의 상승과 이에 따른 환율변화가 일시적인 경우보다 더 크게 나타나서 *IS*곡선이 추가적으로 우측으로 이동해서 IS^p가 되고 새로운 소득은 Y^p로 확대된다. 이자율과 환율 수준도 각각 *K*점과 *G*점에 해당되는 i_p와 S_p로 결정된다. 즉 영구적인 경우 예상환율의 증가로 인해 일시적인 경우보다 더 높은 환율, 이자율 그리고 소득 수준에서 단기균형이 이루어진다.

한편, 영구적인 통화공급의 경우 장기균형은 물가가 상승함에 따라 이자율이 점차로 상승하고 환율이 하락함에 따라 *IS*곡선과 *LM*곡선이 원래 위치로 환원한다. 또한 환율하

3) 제9장에서 분석한 변동환율제도하에서 확장적 통화정책의 장기효과는 영구적인 통화확장을 고려한 것이다.

| 그림 10-2 | **일시적 및 영구적 통화량 증대의 효과 비교**

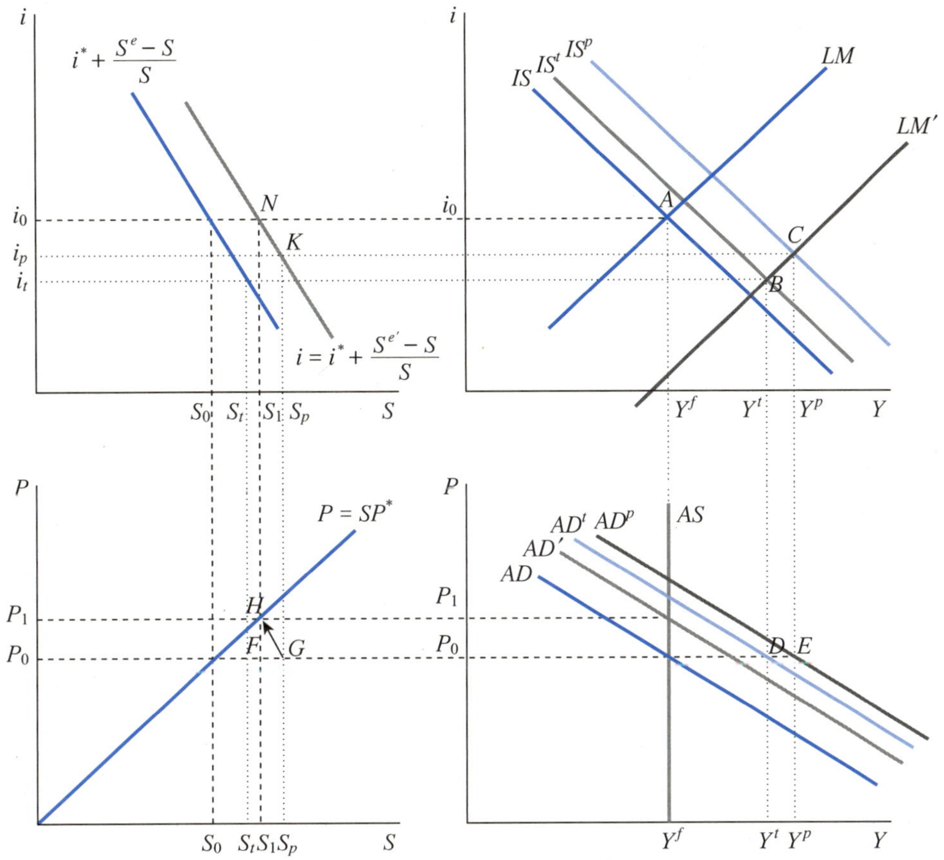

주 : $IS^t(AD^t)$: 일시적인 정책변화　　$IS^p(AD^p)$: 영구적인 정책변화
S_0 : 초기균형환율　　S_1 : 새로운 장기균형환율
S_t : 일시적 통화량 증대 시 단기균형환율　　S_p : 영구적 통화량 증대 시 단기균형환율

락에 따라 AD곡선은 좌향이동한다(AD'). 최종적으로 물가는 P_1으로 상승하고 환율 또한 S_1으로 상승한다. 이자율은 원래 이자율수준인 $i_0 = i^*$로 되돌아온다. 즉 물가와 환율은 통화량 증가와 비례해서 증가한 점 H와 점 N이 각각 장기균형점이 된다.

(2) 환율의 오버슈팅

앞 절에서 통화량이 증가하면 물가와 환율이 비례적으로 상승한다는 것을 보았다. 그렇다면 물가가 고정된 단기와 물가가 신축적인 장기 사이에 어떠한 과정을 거쳐서 다시 균형에 도달하는가? 통화량이 증가하면 단기에는 물가가 고정되어 있으므로 실질화폐공급이 증가하고, 국내금리는 하락한다. 그런데 이후에는 물가가 상승함에 따라 이자율이 상승하고 환율이 하락한다. 장기에는 국내금리가 해외금리와 같아지게 된다. 즉, 통화량이 증가한 직후 환율은 상승하였다가, 조정과정에서는 환율이 하락하게 된다. 그런데 최초 물가수준보다 장기 물가수준이 높아졌으므로 구매력평가에 의하면 새로운 장기균형에서의 환율수준은 최초수준보다 높아진다. 따라서 조정과정에서 환율이 하락함에도 불구하고 처음보다 높은 장기균형수준에 도달하려면 최초의 증가폭은 상당히 커야 한다는 것을 시사한다.

이러한 상황은 [그림 10-2]에서 설명될 수 있다. 즉 영구적 통화량 증대 시 단기균형환율은 G점과 K점에 해당되는 S_p수준으로 결정된다. 그러나 장기에는 H점과 N점에 해당되는 S_1으로 결정된다. 즉 단기에 G점에서 결정된 환율은 물가상승과 더불어 서서히 하락하면서 장기균형점인 H점으로 이동한다. 이와 같이 환율이 단기에 큰 폭으로 증가하였다가 서서히 감소하여 장기균형에 이르게 되는 현상이 나타난다. 이처럼 어떤 충격의 장기적인 효과보다 단기적인 반응이 크게 나타나는 현상을 오버슈팅(overshooting)이라고 한다. 오버슈팅은 비단 환율에만 국한되는 현상은 아니며, 주식이나 부동산과 같은 자산시장의 움직임에서도 종종 관찰된다. 그러면 이 경우 오버슈팅현상은 왜 발생하는 것일까? 환율의 단기변화가 장기변화보다 크게 나타나는 이유는 물가가 경직적이기 때문이다. 물가가 신축적인 경우에는 통화적 접근에서 살펴본 바와 같이 환율은 오버슈팅 없이 즉각적으로 장기균형값에 도달할 것이다.

[그림 10-3]은 영구적으로 통화량이 증가한 t_0시점 이후 물가, 금리 그리고 환율의 변화를 보여준다. 명목통화량은 M_0에서 M_1으로 증가하여 그 수준에서 머무르게 된다. 한편, 물가는 충격이 발생한 당시에는 변화가 없지만 서서히 장기균형값(P_1)까지 증가하게 된다. 명목화폐공급량을 물가로 나눈 실질화폐공급량은 단기적으로는 증가하였다가 물가가 상승하면서 다시 원래 수준으로 복귀한다. 금리는 통화량이 증가한 직후에는 하락하지만 물가가 증가하면서 서서히 증가하여 장기적으로는 최초균형값(i_0)에 수렴하게 된다. 환율은 충격발생 시 S_p로 상승하였다가 서서히 장기균형값인 S_1으로 하락하게 된다. 즉 오버슈팅의 모습을 보인다.

| 그림 10-3 | 영구적 통화량 증가 시 물가, 금리 및 환율의 조정

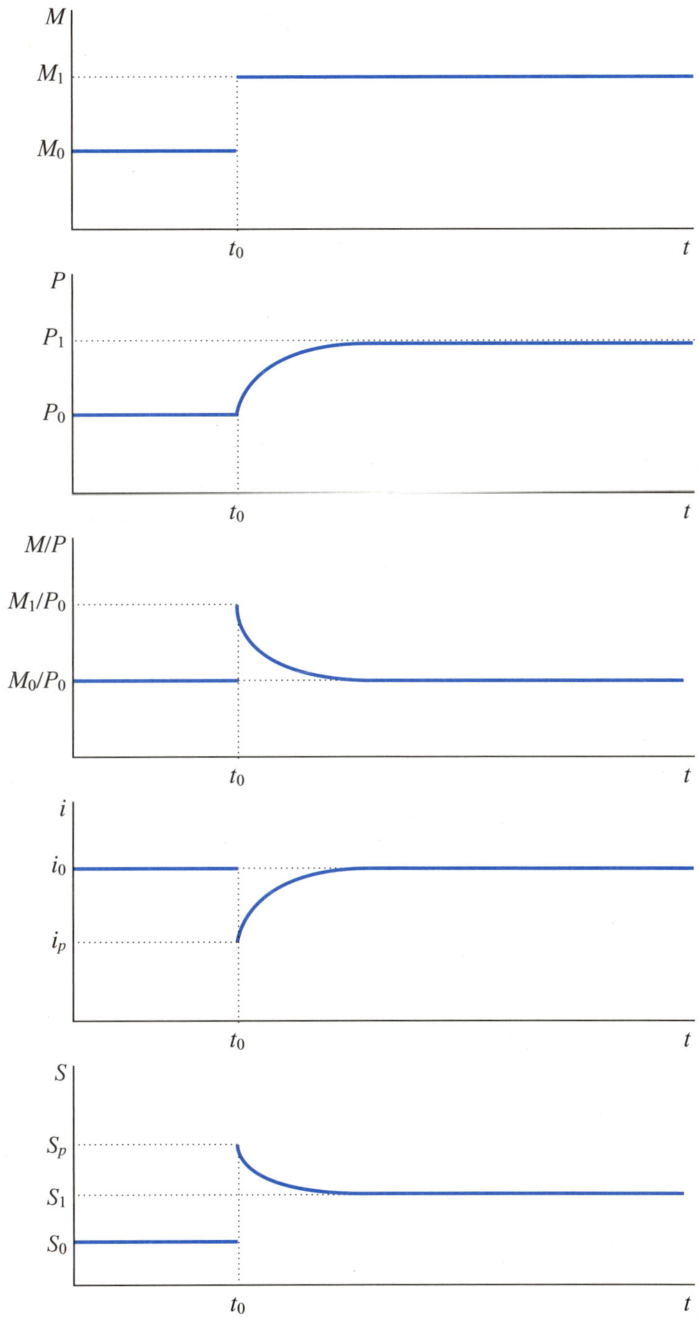

3. 물가변동과 환율결정모형

여기서는 앞에서 분석한 *IS-LM-UIP-SD*모형을 이용해서 물가와 환율의 조합으로 이루어진 평면에서 환율과 물가의 동태적 변화를 살펴보고자 한다. 이를 위해 재화시장과 자산시장의 장기균형조건을 도출한다.[4)]

(1) 장기균형조건

개방거시경제의 장기균형은 자산시장과 재화시장이 동시에 균형을 이룰 때 성립한다. 자산시장균형은 화폐시장과 외환시장이 동시에 균형을 이루는 것을 의미한다. 재화시장의 장기균형은 총수요가 완전고용 생산량과 같아지는 조건을 의미한다. 여기서는 제9장에서 제시한 *IS-LM-UIP-SD*모형의 4개의 식을 이용해서 자산시장균형을 위한 물가와 환율 조합의 궤적(*AA*)과 재화시장의 장기균형을 위한 물가와 환율 조합의 궤적(*QQ*)을 도출한다. 먼저 *AA*곡선의 경우는 유위험금리평가인 식 (10-1)과 국내화폐시장 균형조건인 식 (10-2)가 동시에 성립되는 경우인데, *AA*곡선의 기울기는 [그림 10-4]에서 보는 바와 같이 음(−)의 값을 가진다. 물가가 올라가면 실질통화량이 감소하고 이자율이 상승하므로 환율은 하락해야 한다. 반면에 재화시장의 장기균형조건인 *QQ*곡선은 식 (10-2)와 식 (10-3) 그리고 식 (10-4)가 동시에 성립하는 경우이다. 즉 총수요가 완전고용수준에서의 총공급인 Y^f와 같다. 이 경우 물가가 올라가면 투자와 순수출이 감소하므로 이를 상쇄하기 위해 환율이 상승하여야 한다. 따라서 물가와 환율은 같은 방향으로 움직여야 하므로 *QQ*곡선은 우상향한다.[5)]

$$i = i^* + \frac{S^e - S}{S} : UIP(\text{유위험금리평가}) \qquad (10\text{-}1)$$

$$\frac{M^S}{P} = L(Y, i) : LM(\text{화폐시장균형}) \qquad (10\text{-}2)$$

4) 여기서는 환율예상이 어떻게 결정되는가에 대한 구체적인 가정은 포함하고 있지 않다. 부록에서 설명할 돈부쉬모형에서는 환율에 대한 예상은 회귀적(regressive) 방식에 따른다고 가정하고 있다.

5) 장기균형조건을 도출해야 하기 때문에 물가변동식(*SD*)은 식 (9-7)과는 달리 $\pi = 0$이 되어야 한다. 따라서 *QQ*곡선상에서 물가상승률은 0이다. 그리고 이 경우 물가가 상승하면 실질환율이 하락하여 순수출이 감소하게 되므로 장기적으로 환율(*S*)이 물가와 완전히 비례적으로 상승해야 완전고용수준에서 균형을 유지할 수 있다.

| 그림 10-4 | **물가 및 환율의 장기균형 결정**

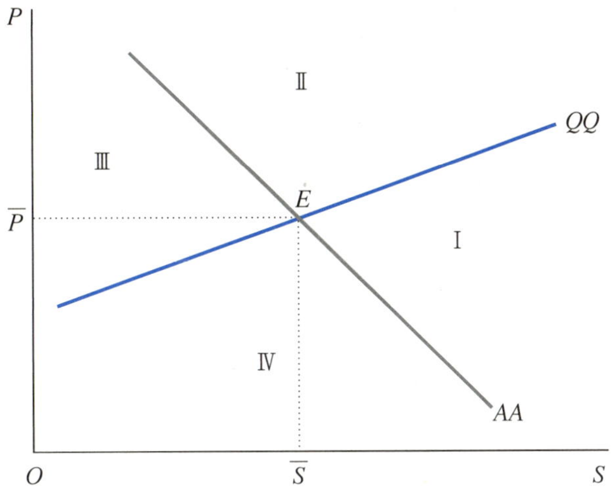

$$Y = C(Y) + I(i) + G + X\left(\frac{SP^*}{P}, Y^*\right) - M\left(\frac{SP^*}{P}, Y\right) : IS(\text{총수요}) \qquad (10\text{-}3)$$

$$\pi = \frac{\Delta P}{P} = \varphi(Y - Y^f) = 0 : SD(\text{물가변동}) \qquad (10\text{-}4)$$

[그림 10-4]에서 자산시장과 재화시장이 동시에 균형을 이루는 물가와 환율의 조합은 E점이다. 그 밖의 조합은 자산시장이나 재화시장 중 최소한 하나가 균형에서 벗어나 있음을 시사한다.

[그림 10-4]에서 영역 Ⅰ은 주어진 환율수준에서 물가가 자산시장의 균형을 이루는 수준보다 높기 때문에 금리평가가 성립하지 않는다. 한편, 주어진 물가수준에서 환율은 재화시장의 균형을 이루는 수준보다 높기 때문에 재화에 대한 초과수요가 존재한다. 영역 Ⅲ은 정반대의 경우이다. 주어진 환율수준에서 물가는 자산시장의 균형을 이루는 수준보다 낮은 반면 주어진 물가수준에서 환율은 재화시장의 균형을 이루기에는 낮은 수준이다. 영역 Ⅱ는 현재 환율수준에서 물가가 높아서 금리가 금리평가를 만족하는 수준보다 높기 때문에 환율이 하락하려 할 것이다. 한편, 주어진 물가수준에서 환율은 재화시장을 균형시키는 수준보다 낮기 때문에 재화에 대한 수요는 완전고용생산량에 미달할 것이다. 영역 Ⅳ는 영역Ⅱ와는 정반대의 상황이다.

이렇게 자산시장이나 재화시장이 균형에서 벗어나 있다면 균형을 회복하기 위하여 물

| 그림 10-5 | 물가와 환율의 동태적 조정과정

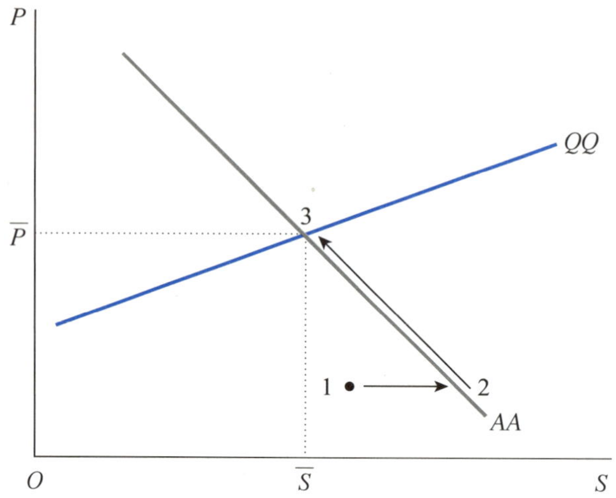

가와 환율이 조정될 것이다. 이때 물가와 환율이 어떠한 조정과정을 거칠 것인가를 분석할 때 염두에 두어야 할 사항은 자산시장과 재화시장의 조정속도가 서로 다르다는 점이다. 일반적으로 금리나 환율과 같은 금융변수에 비하여 물가와 같은 실물부문에 기초하는 경제변수의 조정속도는 느리다고 가정할 수 있다.

(2) 물가와 환율의 동태적 조정과정

[그림 10-5]에서 현재 경제가 균형상태에서 벗어난 점 (1)에 있다고 하자. 자산시장의 조정속도가 빠르다고 한다면 물가가 그대로 있는 상태에서 환율이 자산시장균형을 회복하기 위하여 상승할 것이다(1→2). 그런데 현재 환율수준은 장기적으로 유지될 수 없다. 왜냐하면 재화시장이 불균형 상태에 있기 때문에 균형으로 가기 위해서 물가가 서서히 상승할 것이기 때문이다. 따라서 장기적으로 물가는 상승하면서 환율은 하락하게 될 것이다(2→3).

(3) 통화량 증가의 효과

앞 절에서 살펴본 통화량 증가 시 환율의 오버슈팅현상을 *AA-QQ*모형을 이용하여 다시 검토하여 보자. 통화당국이 통화공급을 영구적으로 늘린다고 하자. 제2절에서 살펴본 바와 같이 통화량의 증가는 궁극적으로 환율의 상승을 가져온다. 만약 외국의 물가수준

| 그림 10-6 | **통화량 증가 시 환율 및 물가의 동태적 조정**

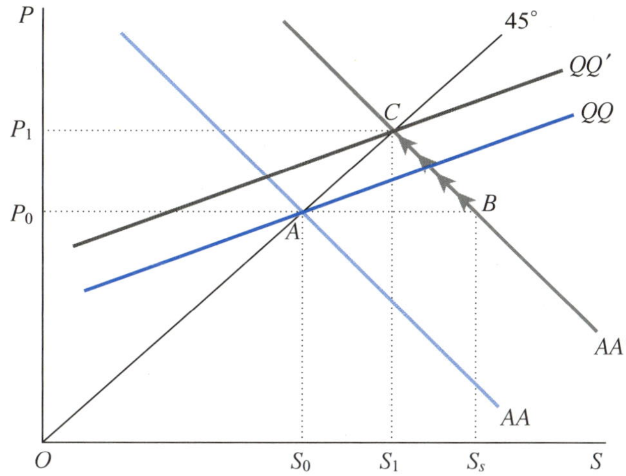

(P^*)을 1이라고 가정하면 장기적으로 환율은 물가와 1:1의 비율로 움직인다.[6] [그림 10-6]의 45° 선은 통화량 증대 시 환율과 물가의 장기적 관계를 나타내고 있다.

그러면 통화량 확대 시 *AA*곡선과 *QQ*곡선이 어떻게 움직이는지를 살펴보도록 하자. 우선 통화량 증가 시 장기적으로 환율이 상승할 것이라는 점을 사람들이 예상한다면 미래예상환율(S^e_{t+1})이 증가하게 되고, 이에 따라 *AA*곡선은 상향이동하게 된다. 한편, 통화량 증가 시 이자율이 하락함으로써 투자가 늘어나서 총수요가 증가하므로 완전고용생산량과 총수요량이 같아지려면 *QQ*곡선이 좌향이동해야 한다. 환율이 하락하면 순수출이 감소하여 투자증가의 효과를 상쇄할 수 있기 때문이다. 따라서 장기균형은 [그림 10-6]에서 알 수 있는 바와 같이 새로운 두 곡선이 만나는 점(*C*)에서 결정된다. *C*점은 최초균형과 마찬가지로 45° 선상에 놓이게 된다. 그러나 통화량 증가 시 물가와 환율이 새로운 균형수준으로 즉각적으로 변하는 것은 아니다. 물가는 경직적이기 때문에 재화시장은 상당기간 균형에서 벗어나게 될 것이다. [그림 10-6]에서 *B*점은 통화량 증가 직후의 단기균형을 보여준다. 물가는 통화량이 증가한 직후 최초균형값(P_0)을 유지한다. 반면 환율은 새로운 자산시장균형조건(*AA′*)에 상응하는 수준까지 상승하게 될 것이다. 즉 충격발생 직후의 환율수준(S_s)은 새로운 장기균형값(S_1)보다 크게 나타난다.

6) 장기균형환율과 장기물가 간의 관계가 1:1의 비율로 움직인다는 것은 장기적으로 구매력평가가 성립한다는 것을 의미한다. 부록의 돈부쉬모형에서는 통화량 증대 시 구매력평가가 장기적으로 성립한다는 점을 수식으로 보여주고 있다.

시간이 경과하면서 환율상승에 따라 총수요가 증가하고 물가가 상승하게 된다. 한편, 물가가 상승하면 이자율도 상승하고 이에 따라 환율은 하락하게 된다. 결국 시간이 경과하게 되면 AA'곡선을 따라 물가는 상승하면서 환율은 하락하게 된다($B \rightarrow C$). 새로운 장기균형은 AA'곡선이 45° 선과 만나는 C점에서 성립하게 될 것이다.

요약하면 재화시장과 자산시장의 조정속도의 차이 때문에 통화량 증가 시 환율은 오버슈팅을 보이게 된다. 충격이 발생한 직후 물가는 변하지 않기 때문에 국내금리가 하락하게 되고($i < i^*$). 금리평가조건을 만족하려면 예상환율변화율($\Delta S^e/S$)이 음(−)의 값을 가져야 한다. 이는 금리평가조건에서 현물환율(S)이 미래예상환율(S^e)보다 클 때만 가능한데 단기균형(B)에서는 환율수준 S_s가 예상환율수준인 S_1보다 크므로 이 조건을 만족시킨다.

$$i = i^* + (S_1 - S_s)/S_s \tag{10-5}$$

장기균형으로의 조정과정에서 물가가 상승하면 국내금리가 상승하므로 예상환율변화율도 서서히 증가하여야 한다. 이는 식 (10-5)에서 알 수 있는 바와 같이 미래예상환율($S^e = S_1$)이 주어진 상황에서 현물환율(S)이 감소되는 것을 의미한다.

4. 국내외 충격의 효과

(1) 해외금리의 상승

위에서 소개한 AA–QQ 모형을 이용하여 해외금리가 상승하였을 때 물가와 환율의 조정과정을 고려하여 보자. 해외금리가 상승하면 국내보다 해외투자 시 예상수익률이 높아지기 때문에 자본이 유출되면서 환율이 상승하게 된다. [그림 10-7]에서 해외금리 상승 시 자산시장균형을 이루는 환율과 물가의 조합은 새로운 AA'곡선상에 놓이게 된다. 자산시장의 조정속도가 재화시장의 조정속도보다 빠르다고 가정하였으므로 물가는 그대로 있고 환율은 즉각적으로 상승하여 새로운 균형은 AA'곡선상에 있게 된다(1→2). 한편, 재화시장에서는 환율상승으로 인하여 총수요가 증가하여 완전고용 총공급수준을 상회하게 되므로 물가가 상승하기 시작한다. 즉, 물가는 AA'곡선을 따라서 재화시장의 균형이 회복될 때까지 상승한다(2→3). 요약하면 자산시장과 재화시장의 조정속도 차이로 인하

| 그림 10-7 | 해외금리 상승의 효과

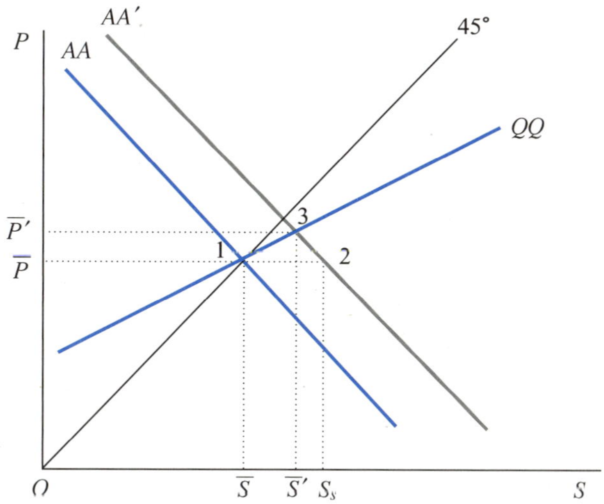

여 단기에는 환율이 물가보다 훨씬 충격에 민감하게 반응한다. 뿐만 아니라 환율의 단기적 변화분은 장기적 변화분보다 훨씬 크게 나타나 전형적인 오버슈팅현상이 관측된다.

(2) 재정지출의 증가

다음에는 재정지출의 영구적 증가가 물가와 환율에 미치는 효과를 분석하여 보자. 제10장에서 재정지출의 증가는 환율하락과 순수출의 감소를 초래한다고 설명한 바 있다. *AA-QQ* 모형에서도 같은 결과를 확인할 수 있다.

우선 재정지출이 증가할 때 재화시장의 균형조건은 어떻게 변하는지 살펴보자. 식 (10-4)에서 장기균형에서는 총수요와 완전고용 총공급수준이 같다. 또한 장기균형에서는 식 (10-1)의 외환시장균형조건에서 예상환율의 변화율이 0이므로 국내외 금리가 같다($i = i^*$). 이를 식 (10-3)에 대입하면 재화시장의 균형조건은 아래와 같아진다.

$$Y^f = C(Y^f) + I(i) + G + X\left(\frac{SP^*}{P}, Y^*\right) - M\left(\frac{SP^*}{P}, Y^f\right) \tag{10-6}$$

장기균형에서는 식 (10-6)의 우변이 일정하다. 따라서 정부지출이 증가하면 순수출이 감소하여야 하는데, 이를 위해서는 환율(S)이 감소하여야 한다. 따라서 [그림 10-8]에서

| 그림 10-8 | 재정지출의 증가효과

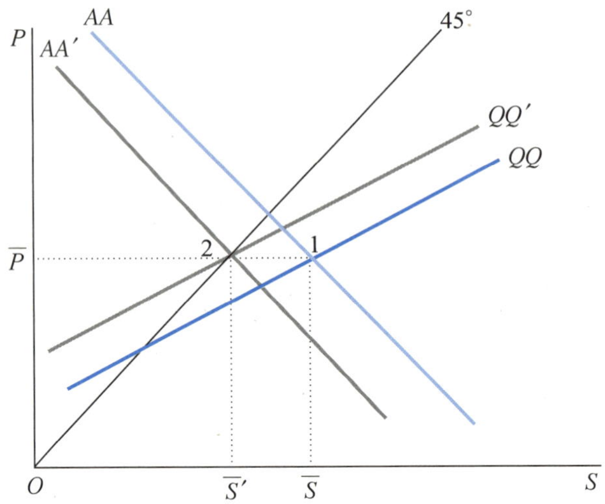

QQ곡선은 좌향이동하게 된다.

한편, 자산시장의 균형조건을 보면 식 (10-2)에서 화폐시장은 장기균형에서 변화가 없다. 통화량(M), 소득(Y) 및 금리(i)도 변하지 않았기 때문에 물가(P)도 불변이다. 식 (10-1)의 외환시장균형조건을 보면 장기에 국내외금리가 같고 예상환율의 변화율이 0이 되어야 한다. 그런데 위에서 재화시장균형을 이루려면 환율이 하락하여야 한다고 지적하였다. 환율이 하락할 때 예상환율의 변화율이 0이 되려면 예상환율(S^e) 역시 같은 크기만큼 하락해야 한다는 말이 된다. 새로운 자산시장균형조건에서 환율이 하락한다면 이는 AA곡선이 좌향이동함을 의미한다.

[그림 10-8]에서 점 2는 새로운 장기균형에서의 물가와 환율수준을 보여준다. 물가는 최초수준($\overline{P}$)에서 일정하고 환율은 하락하였다($\overline{S}\rightarrow\overline{S}'$). 조정과정에서 최초의 물가수준을 유지하려면 QQ곡선과 AA곡선은 똑같은 폭만큼 왼쪽으로 이동하여야 한다. 만약에 두 곡선의 움직이는 폭이 다르다면 물가가 최초수준에서 유지될 수 없다. 그런데 자산시장의 조정속도가 재화시장의 조정속도보다 크기 때문에 충격이 주어졌을 때 환율은 새로운 자산시장균형을 나타내는 AA'곡선상의 점 2로 즉각 이동하게 된다. 재화시장에서도 재정지출의 증가효과는 환율하락으로 인한 순수출의 감소로 인하여 상쇄되고 새로운 장기균형으로 이동하게 될 것이다.[7)]

7) 제9장에서 재정정책의 장기효과를 설명하면서 환율은 하락하고, 물가와 이자율과 국민소득은 변하지 않는다고 하였다. [그림 10-8]과 [그림 9-6]을 비교하면서 조정과정을 확인하기 바란다.

부록 돈부쉬의 오버슈팅모형

돈부쉬의 오버슈팅모형은 물가가 고정되어 있다고 가정한 먼델-플레밍 모형과는 달리 경직적 물가라는 가정을 도입하여 확장한 것이다. 돈부쉬가 환율의 오버슈팅이라는 현상을 어떻게 설명하였는지 그의 모형을 이용하여 좀 더 자세하게 검토하여 보자.[8] 한편, 돈부쉬모형은 앞의 본문에서 분석한 바와는 달리 환율 예상 방식을 구체적으로 제시하고 있다.

돈부쉬모형에서도 자본이동이 자유로운 개방경제를 전제로 하기 때문에 자산시장은 화폐시장균형과 함께 유위험금리평가조건이 동시에 만족될 때 균형을 이룬다. 화폐시장의 균형식과 유위험금리평가식은 다음과 같다.[9] m은 통화량(로그변환), p는 물가(로그변환), s는 환율(로그변환), $\bar{y}$는 완전고용소득(로그변환), i는 이자율을 나타낸다.[10]

$$m - p = \phi\bar{y} - \mu i \qquad \text{(10A-1)}$$

유위험금리평가조건은 다음과 같다.

$$i = i^* + \Delta s^e \qquad \text{(10A-2)}$$

한편, 식 (10A-2)에서 Δs^e는 환율변화에 대한 예상치(= $s^e_{t+1} - s_t$)인데, 환율예상에 대해 돈부쉬는 명시적으로 회귀적 예상(regressive expectations)가설을 제시하였다.[11] 회귀적 예상이란 어떤 변수의 장기균형값과 현잿값의 차이에 따라 다음 기에 해당 변수에 대한 예상이 형성된다고 본다. 즉, 다음 기와 이번 기 명목환율(s)의 변화분은 명목환율의 장기균

---

8) R. Dornbusch(1980), *Open-Economy Macroeconomics*, Chapter 11, Basic Books.

9) 여기서는 y대신 분석을 간단히 하기 위해서 완전고용소득수준을 의미하는 $\bar{y}$를 사용하였다. 결과는 두 경우가 유사하다.

10) 로그변환된 환율의 차이는 환율변화율과 같다.

$$\Delta s^e = s^e_{t+1} - s_t = \ln(S^e_{t+1}) - \ln(S_t) = \ln\frac{S^e_{t+1} - S_t}{S_t} + 1 = \frac{S^e_{t+1} - S_t}{S_t} = \dot{S}^e$$

11) 합리적 기대가설을 가정할 경우도 결과는 유사하다. 단, 이 경우 확장적 통화정책의 동태적 효과를 나타내는 장기균형에 이르는 적응경로는 안장선(saddle path)을 따라 움직이는데, 이때 안장선은 돈부쉬모형의 자산시장균형곡선(AA)과 일치한다.

형값과 현잿값의 차이에 비례한다.

$$\Delta s^e = \theta(\bar{s} - s) \qquad \text{(10A-3)}$$

식 (10A-3)은 현재 환율수준(s)이 장기균형값($\bar{s}$)에서 멀리 떨어져 있을수록 다음 기 환율이 많이 변할 것으로 예상한다는 것을 의미한다. 조정계수(θ)의 값은 0보다 크고 1보다 작다.[12)]

이제 식 (10A-2)와 식 (10A-3)을 식 (10A-1)에 대입하면 다음과 같이 자산시장균형 조건을 얻을 수 있다.

$$m - p = \phi\bar{y} - \mu[i^* + \theta(\bar{s} - s)] = \phi\bar{y} - \mu i^* - \mu\theta\bar{s} + \mu\theta s$$
$$\longrightarrow s = \bar{s} + (1/\mu\theta)[\mathrm{m} - p - \phi\bar{y} + \mu i^*] \qquad \text{(10A-4)}$$

장기균형에서는 환율수준이 장기균형값과 같아진다($s = \bar{s}$). 따라서 장기균형에서 식 (10A-4)는 다음과 같아진다.

$$m - \bar{p} = \phi\bar{y} - \mu i^* \qquad \text{(10A-5)}$$

식 (10A-4)에 식 (10A-5)를 대입하면 자산시장의 균형을 나타내는 환율과 물가 간의 관계를 구할 수 있다.

$$p - \bar{p} = \mu\theta(\bar{s} - s) : AA \qquad \text{(10A-6)}$$

식 (10A-6)은 현재 물가수준(p)이 장기균형값($\bar{p}$)보다 작다면 현재 환율수준(s)은 장기균형값($\bar{s}$)보다 커야 한다는 것을 보여준다. 즉 p와 s는 반비례 관계에 있다. 식 (10A-6)은 [그림 10A-1]에서 *AA*곡선 그리고 본문의 [그림 10-6]의 *AA*곡선에 해당된다.

---

12) 장기균형값이 현잿값보다 크다면 다음 기에는 해당 변수의 값이 상승할 것이라고 예상하는데, 이러한 조정은 점진적으로 이루어지게 된다. 따라서 회귀적 기대가설은 사람들의 예상치가 즉각적으로 장기균형값으로 조정된다고 보는 합리적 기대가설과는 차이가 있다. 하지만 조정의 방향을 설명하는 데는 두 가설 사이에 차이가 없다.

다음으로 생산물시장에 대하여 살펴보자. 분석의 편의를 위해서 총공급은 완전고용소득수준에서 일정하다고 가정한다($y = \bar{y}$). 한편, 총수요(y^d)는 소비, 투자 및 순수출의 합으로 가정하면 총수요(y^d)는 실질소득($\bar{y}$), 이자율(i) 및 실질환율($s+p^*-p$)의 함수라고 할 수 있다.[13)]

$$y^d = \alpha(s + p^* - p) - \sigma i + \tau \bar{y} \qquad \text{(10A-7)}$$

만약 총수요가 총공급, 즉 완전고용생산량($\bar{y}$)보다 크다면 물가는 상승하고, 그 반대의 경우에는 물가가 하락할 것이다.[14)]

$$\Delta p = \delta(y^d - \bar{y}) = \delta(\alpha(s + p^* - p) - \sigma i + (\tau - 1)\bar{y}) \qquad \text{(10A-8)}$$

식 (10A-8)에서 이자율을 화폐시장의 균형조건(식 (10A-1))을 이용하여 대체하면 다음 식과 같은 재화시장의 균형조건이 도출된다($\rho = \sigma\phi/\mu + 1 - \tau$).

$$\Delta p = \delta(y^d - \bar{y}) = \delta(\alpha(s + p^* - p) + (\sigma/\mu)(m - p) - \rho\bar{y}) \qquad \text{(10A-9)}$$

한편, 총수요와 총공급이 일치하는 장기균형의 경우 재화시장에서의 균형식은 다음과 같다($y^d = \bar{y}$).

$$0 = \delta(y^d - \bar{y}) = \delta(\alpha(\bar{s} + p^* - \bar{p}) + (\sigma/\mu)(m - \bar{p}) - \rho\bar{y}) \qquad \text{(10A-10)}$$

식 (10A-9)와 식 (10A-10)을 이용해서 다음과 같은 재화시장이 균형이 되는 환율과 물가 간의 관계를 구할 수 있다.

$$\Delta p = \delta[\alpha(s - \bar{s}) + (\alpha + \sigma/\mu)(\bar{p} - p)] \qquad \text{(10A-11)}$$

13) 실질환율의 경우 로그변환을 취하면 다음과 같아진다.

$$\log(SP^*/P) = \log(S) + \log(P^*) - \log(P) = s + p^* - p$$

14) τ는 소득변화가 얼마만큼의 총수요변화를 가져오는가를 나타내는 매개변수이다. 즉, 소득변화에 따른 소비 및 수입의 변화를 반영하는데, 한계소비성향에서 한계수입성향을 차감한 값으로 정의된다($0 < \tau < 1$).

그리고 Δp = 0, 즉 인플레이션율이 0이 되는 경우의 환율과 물가 간의 관계는 식 (10A-12)와 같다.

$$(p - \bar{p}) = \alpha/(\alpha + \sigma/\mu) \cdot (s - \bar{s}) : \Delta p = 0 \qquad \text{(10A-12)}$$

[그림 10A-1]의 Δp = 0 곡선은 본문 [그림 10-7]의 *QQ*곡선에 해당된다.

한편, 식 (10A-10)에 식 (10A-5)를 대입하면 장기균형하에서 환율과 가격의 관계를 구할 수 있다.[15)]

$$\bar{s} - \bar{p} = \frac{1}{\alpha}\left(\frac{\sigma\phi}{\mu} - \rho\right)\bar{y} - \frac{\sigma}{\alpha}i^* \qquad \text{(10A-13)}$$

식 (10A-13)을 통해서 우리는 장기에 환율과 가격이 비례적으로 움직인다는 것을 확인할 수 있다. 즉 구매력평가가 성립된다.

이제 통화량이 증가할 때 환율의 오버슈팅현상에 대하여 살펴보자. 통화량 증가 시 단기에는 물가가 변하지 않는다고 할 때 환율변화분(Δs)은 식 (10A-4)로부터 다음과 같아진다.

$$\Delta s = \Delta\bar{s} + (1/\mu\theta)[\Delta m] \qquad \text{(10A-14)}$$

즉, 통화량 증가 시 *AA*곡선은 우측으로 이동하고 단기의 환율변화분(Δs)은 장기의 환율변화분($\Delta\bar{s}$)보다 크게 되는 오버슈팅현상이 나타난다. 시간이 경과하면서 물가가 상승하고 환율이 하락하면서 장기균형값에 수렴하는 과정은 [그림 10A-1]에서 알 수 있는 바와 같이 점 *B*에서 점 *C*로 이동하는 것을 의미한다. 즉, 통화량이 증가하였을 때 환율의 오버슈팅으로 인하여 총수요는 총공급을 초과하게 되므로 물가는 상승하게 된다. 장기균형으로의 조정은 자산시장이 항상 균형을 이루어야 하므로 새로운 곡선인 *AA'*곡선을 따라 움직이게 된다. 최종균형점은 환율과 물가가 비례적으로 증가한 *C*점에서 결정된다.

15) 외국물가수준(P^*)을 1로 가정하면 이것의 로그변환값인 p^*는 0이 된다. 그리고 최초에 $\bar{s} - \bar{p} = 0$이라고 가정하면 장기균형환율과 장기균형가격은 항상 원점을 지나는 45°선상에 놓이게 된다.

| 그림 10A-1 | 돈부쉬모형의 확장적 통화정책의 동태적 효과

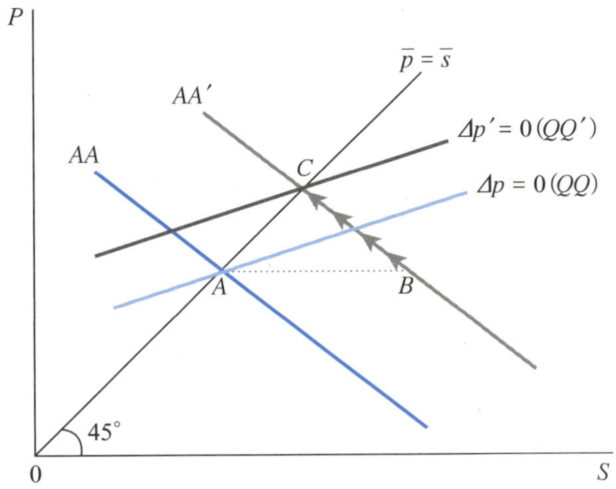

요약

1. 돈부쉬의 오버슈팅모형은 신축적 물가 대신 조정속도가 느린 경직적 물가를 고려한 통화적 접근모형이다. 통화량이 증가하였을 때 신축적 물가를 가정한 통화적 접근과 달리 환율이 단기적으로는 과민한 반응을 보일 수 있음을 보여주었다는 면에서 오버슈팅모형이라고 불린다. 또한 환율의 단기적 변동성을 설명하기 위해 환율예상의 형성방식을 명시적으로 도입하였다.

2. 기대형성가설 중 합리적 기대가설은 환율에 영향을 미치는 변수들이 무엇인가를 먼저 판단해서 현재시점에서 이러한 변수들에 대한 정보를 모두 수집하고 이를 이용하여 미래환율에 대한 예상값을 도출한다고 가정한다.

3. 합리적 기대가설이 등장하기 이전에도 기대형성에 대하여 여러 가지 가설이 있었는데 대표적인 것이 적응적 기대가설이다. 적응적 기대가설이란 과거에 무슨 일이 있었는지를 바탕으로 미래에 대한 기대를 형성한다고 가정한다.

4. 영구적 통화량 증대 시 환율은 단기에 큰 폭으로 증가하였다가 서서히 감소하여 장기균형에 이르게 되는 현상이 나타난다. 어떤 충격의 장기적인 효과보다 단기적인 반응이 큰 현상을 오버슈팅(overshooting)이라고 한다. 돈부쉬모형에서 재화시장보다 자산시장에서 조정이 신속하게 이루어지기 때문에 통화량 증가 시 환율은 오버슈팅을 보이게 된다. 물가가 신축적이라면 통화적 접근에서 살펴본 바와 같이 환율은 오버슈팅 없이 즉각적으로 장기균형값에 도달한다.

주요 용어

오버슈팅모형
합리적 기대가설
정태적 기대가설
*AA-QQ*모형
돈부쉬모형
경직적 물가
적응적 기대가설
조정속도
영구적 통화량 증가
일시적 통화량 증가

연습문제

01 돈부쉬모형과 신축적 물가를 가정하는 통화적 접근모형과의 차이는 무엇인가?

02 *IS-LM-UIP-SD*모형을 이용해서 일시적 통화공급 확대와 영구적 통화공급 확대의 단기효과를 비교, 설명하라.

03 영구적 통화공급 확대 시 물가, 이자율 그리고 환율의 변화를 설명하라.

04 *IS-LM-UIP-SD*모형을 이용해서 자산시장균형식과 장기적인 재화시장균형식을 도출한 후 통화공급 확대 시 환율의 오버슈팅현상이 일어나는 과정을 설명하라.

05 *AA-QQ*모형을 이용하여 환율의 오버슈팅이 발생하고 해소되는 과정을 설명하라.

06 *AA-QQ*모형을 이용하여 완전고용수준 총공급(Y^f)이 증가했을 때 조정과정을 분석하라.

제 11 장

자산의 불완전대체성과 환율: 포트폴리오균형모형

환율결정에 대한 자산시장접근모형에서는 일반적으로 국내채권과 해외채권이 완전대체재라고 간주한다. 즉, 두 가지 금융자산은 어떤 통화로 표시되었는가를 제외하면 유동성과 채무불이행 위험도 등 모든 면에서 동일하다고 가정한다. 따라서 위험중립적인 투자자라면 두 자산의 수익률에만 신경을 쓰게 될 것이고 따라서 유위험금리평가가 성립하게 된다.

한편, 자산시장접근모형의 일종인 포트폴리오균형모형은 국내외 채권이 불완전한 대체재관계에 있다는 가정에서 출발한다. 즉, 두 채권은 표시통화에 차이가 존재하기 때문에 해외채권 투자 시 환위험이 존재하게 되고 투자자가 위험회피적이라고 하면 환위험에 대한 적절한 보상이 이루어져야 한다고 가정한다. 국내외 채권이 불완전대체재라는 가정은 환율결정에 있어서 기존의 자산시장접근과는 상당한 차이점을 가져오게 된다.

포트폴리오균형모형은 경상수지라는 유량변수를 통하여 금융자산이라는 저량변수에 영향을 준다고 가정함으로써 자산시장과 실물부문을 직접적으로 연계하여 분석한다는 특징이 있다. 포트폴리오균형은 다양한 금융자산의 수요와 공급이 일치할 때 성립한다. 만약에 경상수지가 흑자(적자)라면 순외화자산, 즉 외화표시 자산 공급의 변화를 가져오고, 이는 현재의 자산시장균형이 더 이상 유지될 수 없다는 것을 의미한다. 따라서 통화, 국내채권 그리고 해외채권으로 구성된 자산시장이 다시 균형을 회복하는 조정과정에서 환율이 변하게 된다. 그리고 변화된 명목환율은 실질환율의 변화를 초래해서 경상수지에 영향을 주고 변화된 경상수지는 다시 해외채권의 유출입을 초래해서 새로운 자산시장균형이 초래된다.

이 장에서는 우선 포트폴리오균형모형의 특징을 살펴보고 유량변수인 경상수지와 저량변수인 금융자산 간의 상호작용에 대해서 설명한다. 그리고 통화정책이나 재정정책과 같은 거시경제정책이 단기적으로 자산시장의 균형에 어떠한 영향을 주는지를 살펴본 후 경상수지의 변화까지 고려한 장기균형에 대해서 분석한다. 부록에서는 종합균형에 대해 설명한다.

1. 포트폴리오균형모형의 특징

포트폴리오균형모형(portfolio balance model)은 국내외 채권이 상호 불완전한 대체재라고 가정한다. 이럴 경우 국내채권과 해외채권의 예상환율변화율을 감안한 수익률이 같다고 하더라도 투자자들에게 두 채권은 다른 상품으로 간주될 것이다. 예를 들어 국내채권이 신용위험이나 환위험 그리고 정치적 위험에 있어서 해외채권보다 열등하다고 가정하자. 위험회피적인 해외투자자가 국내채권에 투자하기 위해서는 이러한 위험에 대한 보상을 요구하게 될 것이다. 포트폴리오균형모형에서는 투자자가 환위험에 대해 위험회피적이라고 상정하고 환위험 프리미엄만을 고려한다. 만약 해외투자자의 입장에서 국내통화표시 자산의 환위험 프리미엄을 감안하면 유위험금리평가는 다음과 같이 주어진다.

$$i - \dot{S}^e - \rho = i^* \iff i = i^* + \dot{S}^e + \rho, \quad \rho > 0 \tag{11-1}$$

식 (11-1)에서 i는 국내이자율, i^*는 해외이자율 그리고 $\dot{S}^e$는 해외통화의 국내통화표시 환율의 예상변화율을 의미한다.[1] 따라서 $i - \dot{S}^e$는 국내투자 예상수익률을 나타낸다. 그리고 ρ는 해외투자자들의 국내채권 투자에 대한 환위험 프리미엄을 나타낸다. 따라서 위험회피적인 해외투자자의 경우 두 채권에 대한 실질적인 투자수익률이 동일하기 위해서는 예상환율변화율만을 감안한 국내투자수익률이 해외이자율보다 ρ만큼 커야 한다.[2]

한편, 포트폴리오균형모형은 저량변수와 유량변수가 상호 어떻게 영향을 주는지를 구체적으로 고려하고 있다. 앞 장에서 설명한 환율결정에 대한 일반적인 자산시장접근모형에서는 경상수지와 같은 유량변수의 변화가 채권이나 총자산규모와 같은 저량변수에 추가적으로 어떠한 영향을 주는지에 대해서는 고려하지 않고 항상 자산시장의 균형이 성립한다고 가정한다.[3] 예를 들어 돈부쉬의 오버슈팅모형처럼 가격이 경직적이라고 가정하는 환율모형에서는 환율의 오버슈팅 때문에 실질환율의 변화가 초래된다. 그러나 이것은

1) $\dot{S}^e$가 상승하면 국내에 투자한 해외투자자들이 원화표시 원리금을 해외통화로 환전할 때 그만큼 손해를 본다는 것을 의미한다.

2) 국내투자자를 기준으로 할 때 외화표시 자산의 환위험 프리미엄을 감안한 유위험금리평가는 $i = i^* + \dot{S}^e - \rho$로 표기된다. 이때 ρ는 해외투자에 따른 환위험 프리미엄을 의미한다.

3) 물론 고정환율제도하에서는 경상수지 변화가 통화량의 변화를 초래한다. 그러나 변동환율제도하에서는 경상수지 변화와 자산 변화 간의 관계에 대해서는 아무런 가정이 없다. 일반적인 자산시장접근에서 국내채권과 해외채권이 완전한 대체관계에 있다고 가정하기 때문에 경상수지의 변화에 따른 자산의 구성에 대해서 특별히 언급할 필요성이 없다.

총수요에만 영향을 준다고 가정할 뿐 실질환율의 변화로 인한 경상수지의 변화와 그것이 자산시장에 미치는 후속적인 효과에 대한 분석은 없다.

반면에 포트폴리오균형모형에서는 경제에 충격이 왔을 때 단기에는 자산시장이 즉각적으로 균형을 회복하지만 이 과정에서 실질환율의 변화로 인해 경상수지가 변하게 되고 이는 곧 자산의 크기와 구성을 변화시켜서 새로운 균형상태로 이동한다고 본다. 즉 충격이 있을 때 단기에는 자산시장이 먼저 균형을 이루고 이 시장에서 결정된 자산가격이 실물시장에 영향을 주고 이것이 다시 자산시장에 영향을 줌으로써 장기적으로 자산시장과 실물시장이 새로운 균형에 도달하게 된다. 포트폴리오균형모형에서 단기균형과 장기균형의 연결고리로 작용하는 것은 실질환율의 변화와 이로 인한 경상수지의 변화이다. 경상수지 변화는 부(wealth)의 규모와 자산의 구성변화를 초래하고, 이것이 새로운 자산시장의 균형과 실물경제의 균형을 초래한다.

포트폴리오균형모형은 용어 그대로 투자자들이 자신의 보유자산을 어떻게 분산해서 보유하는가에 초점을 맞추고 있다. 부의 크기가 바뀌면 개별 금융자산에 대한 수요도 바뀌게 된다. 먼저 자산의 규모가 변하게 되면 화폐와 국내채권의 수요에 영향을 미치게 되므로 이는 국내이자율에 영향을 미치게 된다. 또한 자산규모 변화는 해외채권에 대한 수요에도 영향을 미치게 된다. 따라서 해외채권공급과 해외채권수요가 균형을 이루려면 환율이 변할 수밖에 없다. 이러한 국내 금리와 환율의 조정은 국내수익률과 위험을 고려한 해외수익률 간에 평가조건인 식 (11-1)이 성립할 때까지 계속될 것이다.

이상에서 설명한 포트폴리오균형모형의 저량-유량변수 간의 상호작용을 요약하면 [그림 11-1]과 같다.

| 그림 11-1 | 포트폴리오균형모형과 저량-유량변수의 상호작용

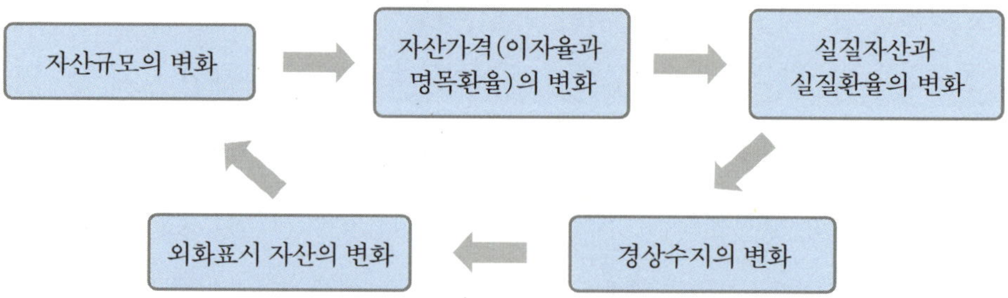

주 : C. Hallwood and R. MacDonald(2000), *International Money and Finance*, 3rd Edition, 229, Figure 11.1 참조.

2. 자산시장의 균형

소규모 개방경제의 포트폴리오균형모형에서 국내투자자는 국내통화(M), 국내통화표시 정부발행 채권(B) 그리고 외국통화표시 채권(F)으로 구성된 세 가지 형태의 자산을 보유하는 것으로 가정한다. 반면 외국투자자는 국내통화와 국내통화표시 정부채권은 보유하지 않는다고 가정한다. 국내투자자가 보유하고 있는 국내통화표시 채권과 외국통화표시 채권의 규모는 단기에는 일정하게 수어진 것으로 간주한다. 따라서 일정시점에서 국내통화로 표시된 국내의 자산규모(W)는 다음과 같다.

$$W = M^S + B + SF \tag{11-2}$$

한편, 통화의 수익률은 0인 반면 국내채권의 수익률은 i, 해외채권의 기대수익률은 $i^* + \dot{S}^e$라 할 때 각각 자산에 대한 수요는 이들 수익률의 함수라 할 수 있다.[4)]

$$M = m(i,\ i^* + \dot{S}^e)W, \quad m_i < 0, \quad m_{i^*+\dot{S}^e} < 0 \tag{11-3}$$

$$B = b(i,\ i^* + \dot{S}^e)W, \quad b_i > 0, \quad b_{i^*+\dot{S}^e} < 0 \tag{11-4}$$

$$SF = f(i,\ i^* + \dot{S}^e)W, \quad f_i < 0, \quad f_{i^*+\dot{S}^e} > 0 \tag{11-5}$$

단, $m + b + f = 1,\ m_i + b_i + f_i = 0,\ m_{i^*+\dot{S}^e} + b_{i^*+\dot{S}^e} + f_{i^*+\dot{S}^e} = 0$

각 자산의 경우 해당 자산의 수익률 상승은 수요 증가를 초래하는 반면 다른 자산의 수익률 증가는 수요를 감소시킨다. 이 모형에서 국내거주자가 외국채권(F)을 확보하는 방법은 경상수지의 흑자를 통해서만 가능하고 국내통화와 국내통화표시 채권은 외생적으로 주어진 것으로 가정한다.

한편, 왈라스법칙에 의해서 두 자산시장이 균형에 도달하면 나머지 시장도 균형이 된다. 즉, 2개의 자산시장 균형조건만이 독립적이다. 그러나 변수는 이자율, 환율 그리고

4) 국내채권과 해외채권이 불완전대체재이므로 각각의 예상수익률(가격의 역수)인 i와 $i^* + \dot{S}^e$는 동일하지 않다.

| 그림 11-2 | **자산시장의 균형**

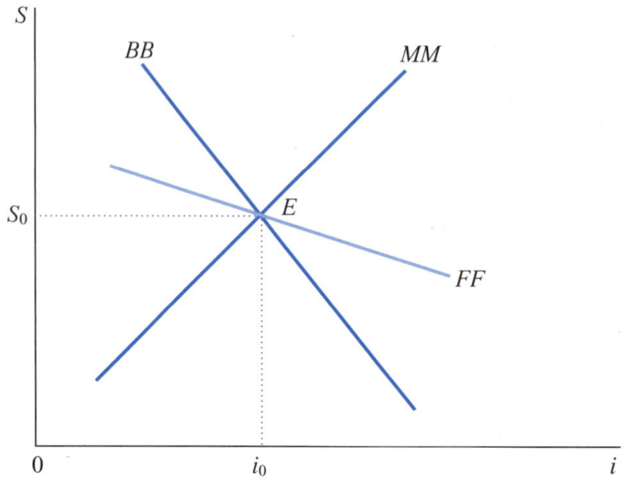

예상환율변화율 3개이다. 따라서 예상환율변화율에 대한 가정이 필요하다. 본 모형에서는 논의를 간편하게 하기 위해서 미래환율은 현재의 환율수준과 같은 것으로 예상한다는 정태적 기대(static expectation)($S_{t+1}^e = S_t$)가설을 채택한다. 즉 $\dot{S}^e = 0$을 가정한다.

[그림 11-2]는 자산시장의 균형을 보여준다. 화폐시장균형곡선(*MM*)의 경우 환율이 상승하면 총자산규모(*W*)가 증대하므로 화폐수요가 증가한다. 따라서 균형이 되기 위해서는 이자율이 상승해야 한다. 한편, 국내채권시장균형곡선(*BB*)의 경우에는 환율상승이 채권수요의 증대로 연결되기 때문에 이자율 하락을 통해서 증대된 수요를 상쇄해야 한다. 따라서 우하향의 모습을 보인다. 해외채권시장균형곡선(*FF*)의 경우는 환율상승으로 인해서 국내통화표시 해외채권의 공급규모가 늘어난 데 반하여 해외채권의 수요는 공급만큼 증가하지 못하므로 수요를 증가시키기 위해서는 국내채권의 이자율이 하락해야 한다. 따라서 *FF*곡선 또한 우하향한다. 국내채권이 해외채권보다 국내이자율에 더 예민하게 반응한다고 가정할 경우 동일한 규모의 국내이자율 변화 시 국내채권시장이 균형을 회복하기 위해서는 보다 큰 환율변화가 요구된다. 따라서 *BB*곡선이 *FF*곡선보다 더 가파르게 나타난다. 왈라스의 법칙에 따라 두 시장에서 균형이 성립하면 나머지 한 시장에서도 균형이 성립되므로 균형상태에서는 세 곡선이 동일한 지점을 지나게 된다. 외부의 충격이 있을 경우 단기에는 자산시장이 즉각적으로 조정되어 새로운 균형점에 도달하게 된다.

3. 정부정책의 단기효과

(1) 확장적 통화정책의 효과

여기서는 통화당국이 공개시장조작을 통해서 국내채권시장에서 채권을 매입함으로써 국내통화량을 증대시키는 확장적 통화정책의 효과를 살펴본다.

통화당국의 국내채권 매입을 통한 통화량 확대는 민간부문의 총자산규모에는 변동을 초래하지 않는 대신 자산구성을 변화시킨다. 통화공급의 증대로 인해서 화폐시장균형곡선인 *MM*은 좌측으로 이동한다. 한편, 국내채권시장의 균형곡선 *BB*는 민간보유 채권규모의 감소로 인해 새롭게 균형이 되기 위해서는 채권수요가 줄어들어야 하므로 이자율이 하락해야 한다. 즉 좌측으로 이동한다. 따라서 새로운 단기균형점은 [그림 11-3]의 *H*점에서 결정된다. 즉 국내채권시장의 초과수요는 이자율을 하락시키는 압력으로 작용하고 국내이자율의 하락은 해외채권에 대한 수요를 확대해서 외환시장에서 환율을 상승시키는 효과를 갖는다.[5)]

| 그림 11-3 | 확장적 통화정책의 단기효과

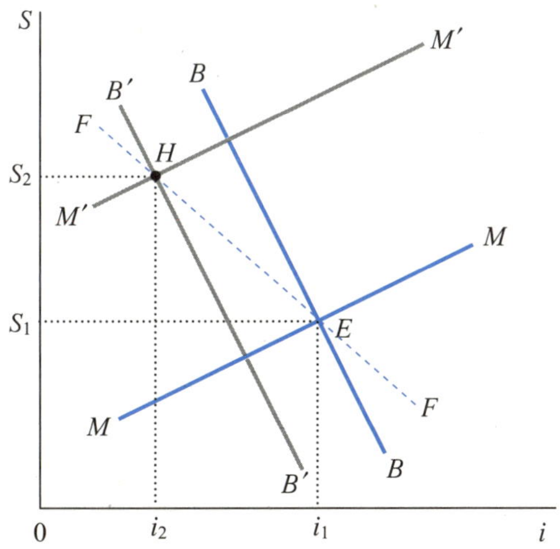

5) 만약 화폐수요의 국내이자율탄력성이 해외채권수요의 국내이자율탄력성보다 작다고 가정할 경우에는 해외채권에 대한 수요증대가 통화량 증가보다 크게 나타난다. 따라서 이 경우에는 환율상승이 통화량 증가보다 크게 나타나서 환율의 오버슈팅현상이 발생한다.

(2) 확장적 재정정책의 효과[6]

정부가 재정지출을 확대하기 위해 채권발행을 확대하는 경우 통화량 변화는 없지만 민간보유 채권이 늘어남으로써 민간부문의 부를 확대하는 효과를 가진다.[7] 부의 증가에 따라 국내채권의 수요는 증가한다. 그러나 부의 증가에 따른 국내채권의 수요증가는 늘어난 채권공급보다 작기 때문에 국내채권시장에서 초과공급이 발생한다. 따라서 국내채권시장을 균형으로 이끌기 위해서는 주어진 환율수준하에서 국내이자율은 상승해야 하므로 *BB*곡선은 오른쪽으로 이동해야 한다. 해외채권의 경우도 부의 증가로 인한 수요증가를 상쇄하기 위해서는 주어진 환율수준에서 국내이자율이 상승해야 한다. 따라서 *FF*곡선 역시 오른쪽으로 이동해야 한다. *BB*곡선과 *FF*곡선 모두 오른쪽으로 이동하기 때문에 새로운 단기균형점에서 국내이자율은 상승한다. 그러나 단기균형점에서 채권발행의 확대가 환율에 주는 효과는 불확실하다. 왜냐하면 채권발행에 따른 부의 증가는 해외채권에 대한 수요를 증대시키지만 단기균형점에서의 이자율 상승은 해외채권에 대한 수요를 감소시키므로 순효과가 확정적이지 못하기 때문이다. 최종결과는 세 자산 간의 대체성 정도에 달려 있다.

| 그림 11-4 | 국내외 채권 간 대체성이 작은 경우 확장적 재정정책의 효과

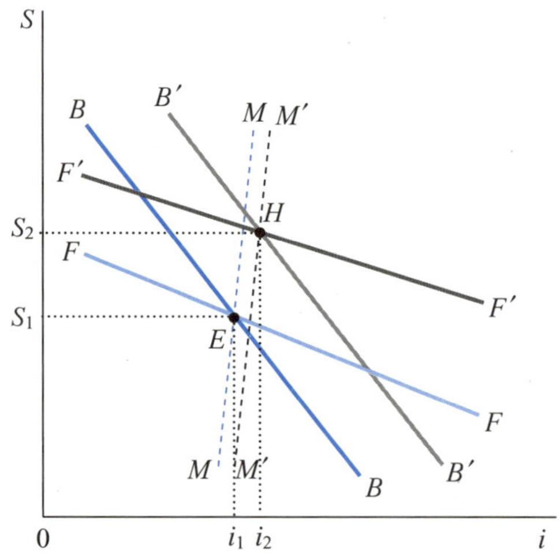

6) 여기서는 국내채권시장과 해외채권시장의 균형조건을 사용해서 설명한다.

7) 정부채권을 결국 세금으로 상환해야 한다는 점을 고려할 경우, 리카도(Ricardo)의 동등성정리에 의하면 정부채권은 사실상 민간부문의 장래부채라 생각할 수 있으므로 실질적인 부의 증대라고 할 수 없다.

| 그림 11-5 | 국내외 채권 간 대체성이 큰 경우 확장적 재정정책의 효과

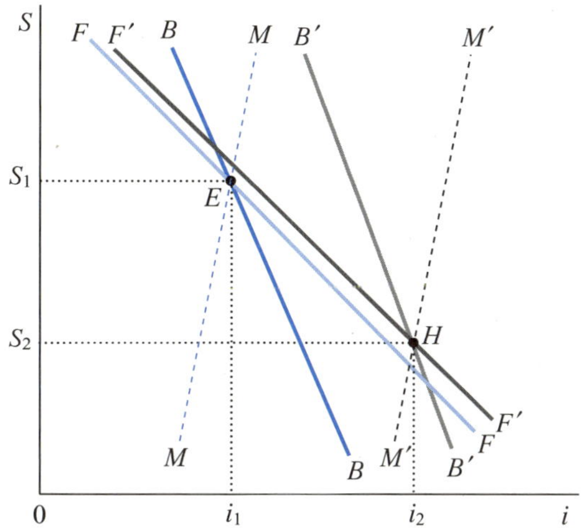

먼저 국내채권(*B*)과 해외채권(*F*) 간의 대체성이 국내채권과 국내통화 간의 대체성보다 작은 경우 국내이자율 상승에 따른 해외채권의 수요감소는 비교적 작게 나타나게 되고 그 결과 해외채권에 대한 순수요는 증가될 가능성이 크다. 따라서 이 경우 단기균형점에서는 [그림 11-4]에서 볼 수 있는 바와 같이 환율이 상승한다.

반면 국내채권과 해외채권 간의 대체성이 국내채권과 국내통화 간의 대체성보다 큰 경우 국내이자율 상승에 따른 해외채권의 수요감소는 비교적 크게 나타나게 되고 그 결과 해외채권에 대한 순수요는 작은 규모로 증가될 것이다. 따라서 [그림 11-5]에서 알 수 있는 바와 같이 단기균형점 *H*에서 환율이 하락한다. 즉 이 경우는 정부의 채권발행을 통한 재정지출 확대가 이자율 상승과 통화가치의 상승을 초래한다.[8)]

(3) 중앙은행의 해외채권 매입효과

중앙은행이 민간부문이 보유하고 있는 해외채권을 매입하는 경우 통화공급은 증가하지만 민간보유 총자산의 규모는 변화가 없다. 이러한 중앙은행의 행위를 외환시장개입이라고 한다.[9)]

8) 1981~85년 미국은 대규모 재정적자를 국채발행을 통해서 조달했는데 국내이자율 상승으로 인해 해외채권의 수요가 크게 감소함에 따라 미국 달러가치가 상승했고 무역수지는 대규모 적자를 실현하는 쌍둥이 적자를 기록했다.

9) 외환시장개입에는 통화량의 변화가 초래되지 않는 중화 외환시장개입과 통화량의 변화를 가져오는 비중화

| 그림 11-6 | 해외채권매입의 단기효과

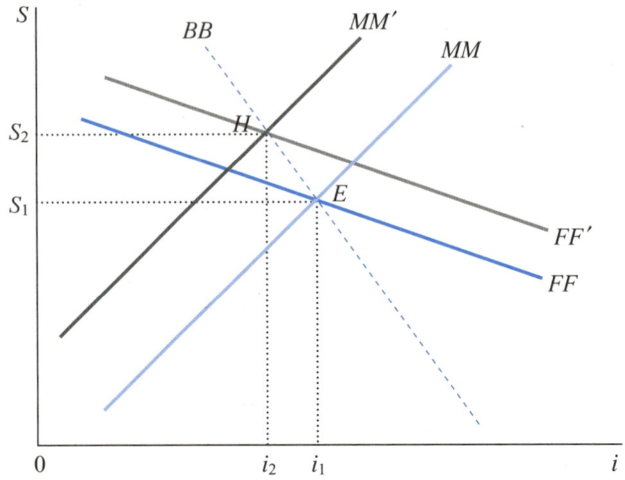

먼저, 중앙은행이 해외채권을 매입하게 되면 민간부문 소유 해외채권규모가 감소하게 된다. 따라서 해외채권에 대한 초과수요가 발생하게 되고 이를 해소하려면 국내채권의 이자율이 증가하여 해외채권에 대한 수요가 감소되어야 할 것이다. 따라서 [그림 11-6]에서 해외채권의 균형을 나타내는 *FF*곡선은 오른쪽으로 상향이동하게 된다.

한편, 중앙은행의 통화량 공급이 증가해서 화폐시장에서는 초과공급이 발생하게 된다. 화폐시장의 불균형을 해소하려면 채권이자율이 감소하여 화폐수요가 증가하여야 한다. 따라서 [그림 11-6]에서 *MM*곡선은 왼쪽으로 상향이동하게 된다. 그리고 국내채권시장의 수요와 공급은 변함이 없으므로 *BB*곡선은 이동하지 않는다.

새로운 균형은 점 *H*에서 결정되고 금리는 하락하고 환율은 상승하게 된다. 그러면 새로운 균형(*H*)에서 식 (11-3)~(11-5)의 자산시장균형조건이 만족되는지 확인하여 보자. 우선 화폐시장부터 살펴보면 금리가 하락하므로 화폐수요가 증가하여 외환시장개입으로 인한 화폐의 초과공급이 해소된다. 해외채권시장의 경우에는 국내채권의 금리가 하락했으므로 해외채권에 대한 수요가 증가하게 된다. 하지만 환율이 상승하였기 때문에 국내화폐로 표시한 해외채권공급규모는 증가하게 되어 균형을 이루게 된다. 마지막으로 국내채권시장의 경우에는 금리가 하락하였으므로 국내채권수요가 감소하게 된다. 그러나 새

외환시장개입의 두 가지 종류가 있다. 여기서는 외환시장개입이 통화량 변화를 초래하는 비중화개입의 경우를 분석한다. 외환시장개입에 대한 논의는 제12장 참조.

로운 균형하에서는 환율이 상승하였기 때문에 자국통화로 표시한 자산의 총규모는 증대되었다. 따라서 이자율 하락에 따른 채권수요 감소는 자산 증가로 상쇄되어서 균형이 유지된다.

4. 경상수지와 장기균형[10)]

(1) 확장적 통화정책과 장기균형

[그림 11-7]에서 보는 바와 같이 단기균형점 *H*에서 환율은 상승한다. 환율상승은 명목자산규모를 증대시키지만 물가를 상승시켜서 실질자산규모를 감소시킨다. 부록의 모형에서 제시한 바와 같이 실질 부가 목표 부의 수준에 미달하게 되면 경제주체는 저축을 확대한다고 가정한다. 그러면 단기균형점인 *H*에서 교역재 소비(C^T)가 감소되고 상품수지 흑자가 발생한다.[11)] 상품수지가 흑자가 되면 해외채권이 유입되고 환율수준은 하락하기

| 그림 11-7 | 확장적 통화정책의 장기효과

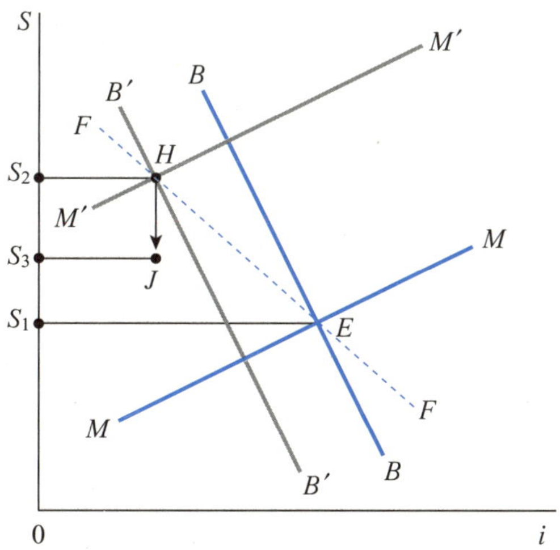

10) 부록의 종합균형모형 참조. 이 절과 부록의 주요 내용은 C. Hallwood and R. MacDonald(2000), *International Money and Finance*, 3rd Edition, Chapter 11을 참조하였음.

11) 이러한 결과는 환율상승 시 마샬-러너 조건이 성립하면 경상수지가 개선된다는 것과 유사하다. 단지 그 채널이 포트폴리오균형모형에서는 교역재 생산증가 및 실질적인 부의 감소로 인한 교역재 소비감소를 통해서 나타나는 것으로 설명하고 있다.

| 그림 11-8 | **확장적 통화정책에 따른 상품수지, 경상수지, 자본수지 및 환율의 변화**

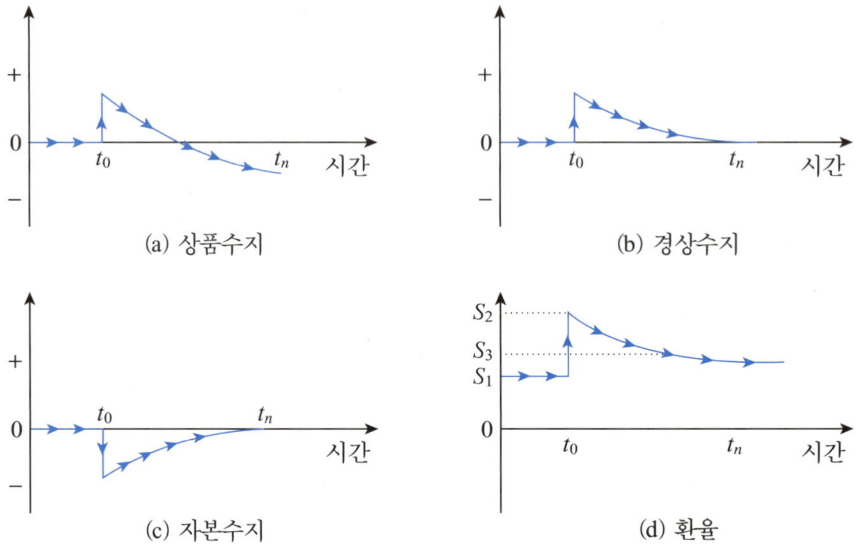

시작하면서 실질적인 부의 규모가 점차 확대됨에 따라 교역재소비(C^T)는 서서히 증가하기 시작한다. 또한 환율이 최초 균형수준보다 높은 수준에 있기 때문에 교역재의 상대가격이 비싸짐에 따라 비교역재의 소비(C^N)가 상승하고 그 영향으로 비교역재의 가격(P^N)이 상승한다. 그러면 교역재소비(C^T)는 추가로 증가한다. 한편, 비교역재가격(P^N)의 증가는 교역재 생산(Y^T)의 감소를 초래해서 새로운 장기균형점은 [그림 11-7]의 J점에서 결정되는데 J점에서 상품수지는 적자로 반전된다. 상품수지 적자는 그동안의 상품수지 흑자를 통하여 누적된 해외채권으로부터의 이자수익으로 상쇄되어 경상수지는 균형에 도달한다. 한편, 이 과정에서 발생된 경상수지 흑자는 해외채권의 유입을 초래하고 이것은 명목 부의 규모를 늘려서 화폐수요와 국내채권수요를 증가시킨다. 그 결과 MM곡선은 오른쪽, BB곡선과 FF곡선은 왼쪽으로 이동해서 최종적으로 J점에서 교차된다.[12)]

[그림 11-8]은 확장적 통화정책으로 인한 상품수지 및 경상수지 그리고 자본수지와 환

12) 단기균형점인 H점에서 화폐공급과 국내채권공급 그리고 해외이자율이 일정하고 $\dot{S}^e = 0$인 상태에서는 부(W)가 변화할 경우 새로운 균형에 도달할 수 없다. 예를 들어 부가 증가(감소)하면 화폐시장의 경우 이자율이 상승(하락)하여야 하나 국내채권시장은 이자율이 하락(상승)해야 균형에 도달할 수 있다. 따라서 H점에서 장기균형점인 J로 가는 과정에서는 부의 크기와 이자율(i)은 일정해야 한다. 따라서, H점에서 J점으로 이동하는 과정에서 경상수지 흑자로 인하여 해외채권(F)이 늘어나면서 부의 크기가 일정하게 유지되기 위해서는 환율은 하락해야 한다. 이 경우 단기균형환율이 하락하기 위해서는 장기환율수준보다 높은 수준에서 결정되어야 하므로 환율의 오버슈팅현상이 발생한다.

율이 어떻게 변화되는가를 보여주고 있다. 상품수지의 경우에는 장기에는 적자를 실현하는데 그 적자는 해외채권으로부터의 이자수익으로 충당된다. 따라서 장기적으로 경상수지는 균형에 도달한다. 반면 자본수지는 경상수지와 반대방향으로 움직인다. 한편, 환율은 통화량 확대에 따른 이자율 감소가 해외채권에 대한 증가를 상대적으로 크게 유발할 경우 단기에서 오버슈팅을 한 이후 점차 장기균형 수준으로 하락하는 모습을 보인다.

(2) 확장적 재정정책과 장기균형[13)]

먼저 앞에서 분석한 바와 같이 국내채권(B)과 해외채권(F) 간의 대체성이 국내채권과 국내통화 간의 대체성보다 작은 경우 국내이자율 상승에 따른 해외채권의 수요감소는 비교적 작게 나타나는 반면 정부의 재정지출 확대에 따른 민간의 부의 증가로 인한 국내채권에 대한 수요증가가 더 크게 나타나서 해외채권에 대한 순수요는 증가될 가능성이 크다. 따라서 이 경우 단기균형점에서는 [그림 11-9]에서 보는 바와 같이 환율이 상승한다. 단기균형점인 H에서는 앞의 확장적 통화정책에서 분석한 바와 같이 실질 부의 감소를 초래해서 단기에는 저축이 증가하고 상품수지가 흑자를 실현하게 된다. 그러나 새로운 균형으로 가는 과정에서 비교역재가격(P^N)이 증가함에 따라 교역재 소비는 점차 증가하고 교역재 생산은 감소한다. 최종균형점은 [그림 11-9]의 J점으로 결정되는데 J점에서는

| 그림 11-9 | 국내외 채권 간 대체성이 작은 경우 확장적 재정정책의 장기효과

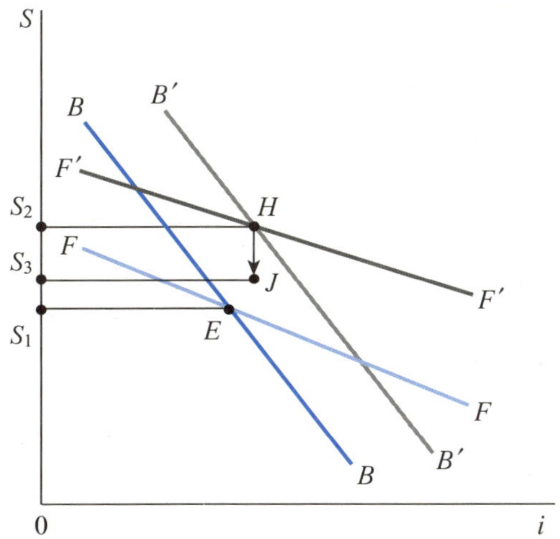

13) 여기서는 국내채권시장과 해외채권시장의 균형조건을 사용해서 분석한다.

| 그림 11-10 | 국내외 채권 간 대체성이 큰 경우 확장적 재정정책의 장기효과

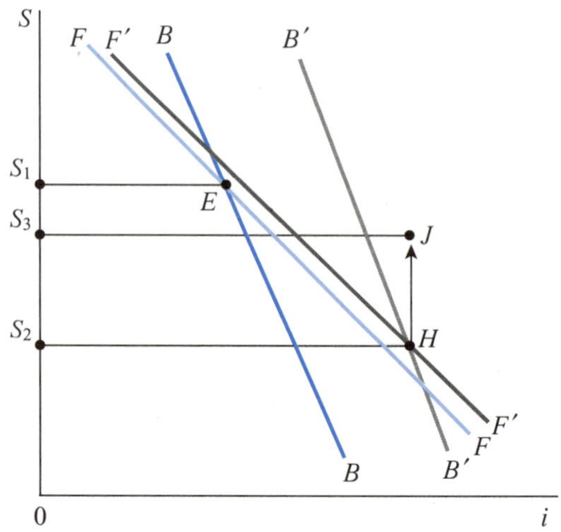

상품수지는 적자를 실현하고 그 적자는 조정과정에서 발생된 해외채권으로부터의 이자 수익으로 충당된다.

한편 국내채권과 해외채권 간의 대체성이 국내채권과 국내통화 간의 대체성보다 큰 경우 국내이자율 상승에 따른 해외채권의 수요감소는 비교적 크게 나타나게 되고 그 결과 해외채권에 대한 순수요는 작은 규모로 증가될 것이다. 따라서 [그림 11-10]에서와 같이 단기균형점 H에서 환율은 하락한다. 단기균형점에서 환율이 초기의 균형점보다 낮은 경우에는 환율이 상승하는 경우와는 반대로 환율하락이 물가하락을 초래해서 실질자산의 증가를 가져오고 목표로 하는 실질 부의 수준을 능가하게 됨에 따라 저축을 줄이게 된다. 즉 교역재 소비를 증대시킴으로써 상품수지는 적자가 실현되고 이것은 자본유입에 의해 조달된다. 환율하락으로 인해 교역재의 상대가격이 낮아졌기 때문에 비교역재의 소비가 줄어들고 비교역재의 가격이 하락함에 따라 교역재의 소비는 점차 감소하고 교역재의 생산이 증대된다. 최종균형점은 [그림 11-10]의 J점으로 결정되고 이때 상품수지는 흑자를 실현한다. 상품수지 흑자는 자본유입에 따른 이자지불에 사용되기 때문에 경상수지는 최종적으로 균형이 된다.

결론적으로 포트폴리오균형모형은 통화적 접근모형과는 달리 단기균형에서 새롭게 결정된 자산가격이 실질환율과 이자율의 변화를 초래하고 그것이 경상수지의 변화와 자산구성 및 규모의 변동을 야기하고 추가적인 조정과정을 거쳐서 새로운 균형이 결정된다는 점을 강조하고 있다. 즉 저량-유량변수 간의 상호작용을 감안한 모형이다. 그리고 국내 채권과 해외채권 간의 불완전대체성을 가정해서 정부정책의 변화 시 포트폴리오의 변화를 통해서 균형자산가격이 결정된다고 가정하고 있다. 따라서 국내채권과 해외채권 투자 간의 위험 차이로 인한 위험 프리미엄이 정책의 효과를 결정하는 데 중요한 요인이 된다.

재화가격의 경직성으로 인한 돈부쉬의 오버슈팅모형과는 달리 포트폴리오균형모형에서는 자산 간의 불완전대체성으로 인해서 외부충격이 각 자산의 수요에 미치는 효과가 다르기 때문에 환율의 오버슈팅이 야기된다. 그리고 이러한 환율의 오버슈팅은 결국 실질환율의 변화와 경상수지의 변화 그리고 부의 변화를 통해서 장기적으로 환율에 영향을 주게 된다.

포트폴리오균형모형에 대한 실증분석은 이론을 적극 지지하지는 않는 것으로 나타나고 있다. 이러한 결과가 초래되는 주요 이유 중 하나로 비화폐금융상품인 다양한 재권에 대한 통계자료의 부족이 지적되고 있다. 그리고 실증분석기법이 정교하지 못한 것도 하나의 원인으로 제시되고 있다. 이것에 대한 대안으로 포트폴리오균형모형이 가정하고 있는 자산 간의 불완전대체성으로 인한 위험의 차이와 위험 프리미엄의 존재 여부 및 결정에 관한 연구가 활발히 진행되었다. 그러나 무엇보다도 포트폴리오균형모형이 전통적 환율결정모형과는 다른 차원에서 경상수지의 중요성을 강조했다는 점은 환율의 변화를 설명하는 데 중요한 단초를 제공했다고 평가할 수 있다.

부록 포트폴리오균형모형의 종합균형

(1) 재화시장의 균형조건

실물부문은 교역재 부문(T로 표시, Y는 생산, C는 소비)과 비교역재 부문(N으로 표시)으로 구분된다. 각 부문의 생산은 실질환율(q)에 의해서 결정되는 반면 소비는 실질환율과 실질금융자산의 합인 실질 부의 함수로 가정한다. 그리고 자국민의 가처분소득은 식 (11A-5)와 같이 교역재 및 비교역재 부문의 생산과 해외채권에 대한 이자수익의 합으로 표시된다.

$$Y^T = Y^T(q), \qquad Y_q^T > 0 \tag{11A-1}$$

$$Y^N = Y^N(q), \qquad Y_q^N < 0 \tag{11A-2}$$

$$C^T = C^T(q, w), \quad C_q^T < 0, \quad C_w^T > 0 \tag{11A-3}$$

$$C^N = C^N(q, w), \quad C_q^N > 0, \quad C_w^N > 0 \tag{11A-4}$$

$$Y^D = Y^T + Y^N + (i^* + \dot{S}^e)SF \tag{11A-5}$$[14]

$$C = C^T + C^N \tag{11A-6}$$

$$P = P_N^{\alpha} \cdot S^{1-\alpha} \tag{11A-7}$$

단, $q = \frac{S}{P^N}$, $P_T = S$, $w = \frac{W}{P} = \frac{M}{P} + \frac{B}{P} + \frac{SF}{P}$

한편, 경상수지는 아래 식 (11A-8)과 같이 교역재 부문의 생산과 소비의 차이에다 해외채권으로부터의 이자수익을 합한 값으로 주어진다. 그리고 이것은 곧 자국통화로 표시한 해외채권공급의 증가를 의미한다.

$$S \cdot \varDelta F = CA = Y^T(q) - C^T(q) + (i^* + \dot{S}^e)SF \tag{11A-8}$$

비교역재 부문은 상대가격의 조정을 통해서 항상 균형상태에 있다고 가정한다.

$$Y^N(q) = C^N(q, w) \tag{11A-9}$$

만약 이 국가의 적정 부($\tilde{w}$)의 규모가 주어졌다면 저축은 적정 부의 규모와 실제 부(w)

14) 해외투자수익은 다음과 같다.

$$S \cdot i^* F + (S^e - S)F = S \cdot i^* F + \left(\frac{S^e - S}{S}\right)SF = (i^* + \dot{S}^e) \cdot SF$$

의 규모 간 차이에 의해 결정된다.

$$v = \Phi(\tilde{w} - w), \quad \Phi > 0 \qquad (11A\text{-}10)$$

한편, 경상수지는 이 경제의 부의 축적, 즉 저축을 의미하므로 결국 이 경제의 저축 v는 경상수지와 같게 된다.

$$v = Y^T(q) - C^T(q) + (i^* + \dot{S}^e)SF \qquad (11A\text{-}11)$$

비교역재 부문은 가격(P^N)의 변화로 항상 균형상태에 있는 것으로 가정했기 때문에 단기에 환율은 자산시장에서 그리고 비교역재 가격은 비교역재 시장에서 결정되어서 실질환율이 결정된다. 그러나 이렇게 결정된 실질환율하에서 교역재 부문이 균형에 도달한다는 보장은 없다. 교역재 부문은 경제의 저축 여부에 따라 생산과 소비 간에 차이가 존재한다. 따라서 실물부문이 균형상태에 도달하기 위해서는 교역재 부문이 균형이 되어야 한다. 식 (11A-1)과 식 (11A-3)에서 알 수 있는 바와 같이 P^N과 w가 주어진 상태에서 환율이 상승하면 교역재의 생산은 증가하고 소비는 하락한다. [그림 11A-1]은 재화시장의 균형을 나타낸다.

| 그림 11A-1 | 재화시장의 균형

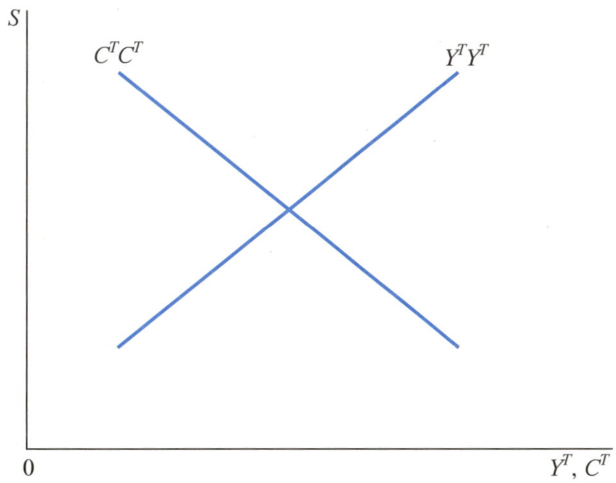

(2) 재화시장과 자산시장의 종합균형

[그림 11A-2]는 포트폴리오균형모형에서 재화시장과 자산시장이 동시에 균형에 도달하는 종합균형상태를 보여주고 있다.[15] 정부정책의 변화가 있는 경우 단기는 즉각적인 자산가격의 변화를 통해서 자산시장이 새로운 균형상태로 이동하는 것을 의미한다. 중기는 새로운 단기균형상태에서 결정된 실질변수의 변화로 경상수지가 조정되고 해외채권의 규모와 총체적인 부(W)의 크기가 변화되면서 새로운 장기균형상태로 이동하는 동태적 과정을 의미한다. 장기는 자산시장과 실물부문이 동시에 새로운 균형에 도달해서 저축과 경상수지가 0인 상태를 나타낸다.

| 그림 11A-2 | 종합균형

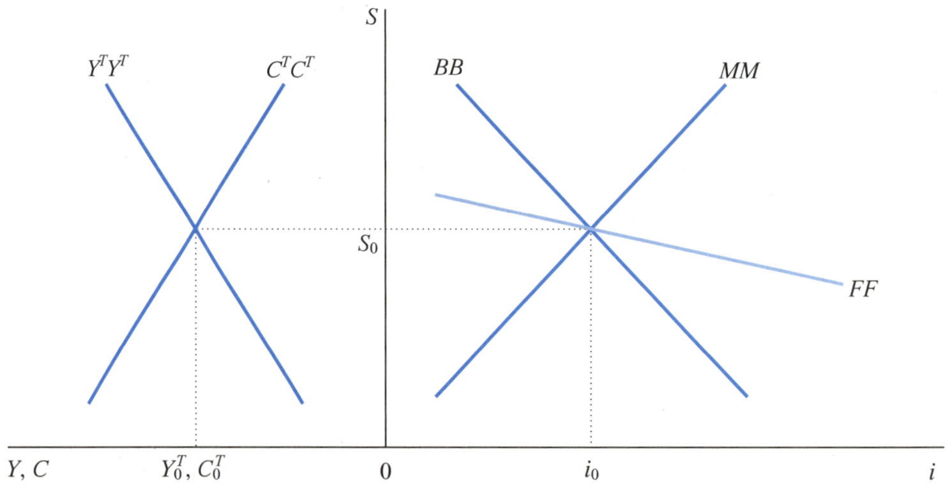

15) 여기서는 해외채권의 보유에 따른 이자수익은 없다고 가정함.

요약

1. 포트폴리오균형모형에서는 국내채권과 해외채권 간의 불완전대체성을 가정한다. 따라서 국내채권과 해외채권 간의 각종 투자위험에 대한 위험 프리미엄이 정책의 효과를 분석하는 데 중요한 고려대상이 된다.

2. 포트폴리오균형모형은 통화적 접근모형과는 달리 단기균형에서 결정된 새로운 자산가격이 실질환율의 변화를 초래하고 이것은 다시 경상수지의 변화와 자산구성 및 규모의 변동을 야기해서 새로운 장기균형이 결정된다는 점을 강조하고 있다. 즉 저량-유량변수 간의 상호작용을 강조하는 모형이다.

3. 소규모 개방경제의 포트폴리오균형모형에서 자국민은 자국통화(M), 자국통화표시 정부발행 채권(B) 그리고 외국통화표시 채권(F) 이 세 가지 형태의 자산을 보유하는 것으로 가정한다. 자산시장의 균형은 세 시장이 동시에 균형을 이룰 때 성립되는데 왈라스 법칙에 의해 이 중 두 시장에서 균형이 성립하면 자산시장은 균형이 된다.

4. 확장적 통화정책의 경우 단기효과는 이자율 하락과 명목환율 상승으로 나타난다. 이후 환율상승으로 인한 물가상승으로 인해 실질자산규모가 감소함에 따라 순수출이 증대되고 해외채권이 유입됨에 따라 환율이 하락하기 시작한다. 장기에는 순수출은 적자로 전환되지만 경상수지는 해외채권에 대한 이자수입으로 인해 균형에 도달한다. 이 경우 환율의 오버슈팅현상이 나타난다.

5. 확장적 재정정책의 경우 세 자산 간의 대체성 정도에 따라 그 효과가 달리 나타난다. 국내채권과 해외채권 간의 대체성이 국내채권과 국내통화 간의 대체성보다 작은 경우 단기균형에서는 환율과 이자율이 상승된다. 이후 확장적 통화정책의 경우와 동일하게 환율이 점차적으로 하락해서 순수출은 적자이고 경상수지가 균형인 상태에서 장기균형이 성립된다.

6. 확장적 재정정책 추진 시 국내채권과 해외채권 간의 대체성이 상대적으로 큰 경우, 단기에는 환율은 하락하고 이자율은 상승한다. 앞의 경우와 반대로 이후 환율은 지속적으로 상승해서 순수출은 흑자이지만 해외차입에 대한 이자지급으로 인해 경상수지가 균형인 상태에서 장기균형이 성립된다.

주요 용어

포트폴리오균형
환위험 프리미엄
자산대체성
교역재 및 비교역재
유량-저량변수 간 상호작용
중화 외환시장개입
공개시장조작
재화시장과 자산시장의 종합균형

연습문제

01 포트폴리오균형모형이 일반적인 통화적 접근에 의한 환율결정모형과 대비되는 주요 차이점을 설명하라.

02 포트폴리오균형모형에서 금리평가식을 제시하라.

03 중앙은행의 중화 외환시장개입의 단기효과를 기술하라.

04 공개시장조작을 통한 확장적 통화정책이 이자율에 미치는 장단기 효과를 설명하라.

05 확장적 통화정책이 환율의 오버슈팅현상을 초래하는 이유를 설명하라.

06 미국이 1980년대 초반에 대규모 재정적자와 순수출 적자를 의미하는 쌍둥이 적자를 실현했음에도 불구하고 달러가치가 강세를 보인 현상을 포트폴리오균형모형으로 설명하라.

제4부

외환시장개입과 외환시장의 효율성

제12장

외환시장개입의 유형과 효과

제13장

외환시장의 효율성과 환율예측

제 **12** 장

외환시장개입의 유형과 효과

외환당국이 환율에 영향을 주기 위해서 사용하는 정책수단으로는 통화정책, 자본이동규제 및 외환시장개입 등이 있다. 통화정책을 통한 환율조정의 경우는 물가나 고용 등과 같은 환율 이외의 변수에 대한 목표와 상충될 가능성이 존재한다. 자본이동규제의 경우는 한 경제가 자본시장의 개방을 확대함으로써 유용성이 감소된다. 그리고 일단 자유화된 자본이동조치를 유보함으로써 환율을 조정하는 경우는 매우 제한적이고 일시적인 경우에 국한될 것이다. 한편, 외환시장개입은 기본적으로 자본이동이 자유롭고 환율이 외환시장에 의해서 결정되는 변동환율제도하에서 환율의 변동성을 완화하거나 특정 환율 범위로 환율을 안정시키기 위한 정책수단으로 사용되어진다. 환율수준을 결정, 고시하는 고정환율제도하에서 환율을 제시된 수준으로 유지하기 위한 외환당국의 외환거래도 넓은 의미에서 외환시장개입정책이라 할 수 있다.

이 장에서는 외환시장개입의 유형 및 목적을 설명한 후 외환시장개입의 효과에 대한 주요 이론과 실증분석 결과를 설명한다. 그리고 외환시장개입의 한계에 대하여 검토한다.

1. 외환시장개입의 유형

외환시장개입은 외환시장에서의 매매를 통해서 외환당국이 보유한 해외순자산규모를 변화시키는 행위를 의미한다. 외환시장개입은 크게 비중화 외환시장개입(non-sterilized intervention)과 중화 외환시장개입(sterilized intervention)으로 구분한다.[1] 비중화개입은 외환당국이 민간부문과 외화채권을 거래함으로써 〈표 12-1B〉에서 보는 바와 같이 외환당국의 해외순자산이 증가 또는 감소할 경우 그것과 정비례해서 본원통화의 크기도 변화하는 경우를 의미한다. 반면에 중화개입의 경우는 외환당국의 해외순자산의 증감과 동시에 반대방향으로 국내순자산의 증감이 이루어지기 때문에 본원통화는 해외순자산 변화와 일대일의 대칭이 이루어지지 않는다.[2] 〈표 12-1C〉에서 보는 바와 같이 완전중화 외환시장개입의 경우는 외환당국의 해외순자산의 증감과 반대방향으로 동일한 규모로 국내순자산을 조정해서 본원통화가 일정한 상태를 유지한다. 따라서 이 경우 민간부문이 보유하고 있는 자산의 총규모는 일정하지만 외화자산과 국내자산의 비율이 변화된다.

한편, 외환시장개입을 환율에 영향을 미칠 수 있는 있는 여타 금융거래나 규제 그리고 각종 정책 등을 모두 포함할 경우 광의의 외환시장개입은 외환당국 이외의 금융기관에 의해서 행해지는 많은 외환거래 및 여타 정부정책도 포함된다. 그러나 여기서는 외환당국의 외환시장에서의 거래로 인해 보유 순해외자산의 규모와 민간부문의 자산구성이 변화되는 협의의 외환시장개입을 대상으로 한다.[3]

1) 비중화는 태화 그리고 중화는 불태화라는 용어로도 사용되고 있다.

2) 한국의 중화개입은 주로 한국은행의 통화안정증권 일명 통안채 발행과 상환을 통한 국내순자산의 조정을 통해서 이루어진다. 2019년 10월 말 현재 통화안정증권 잔액은 약 170조 원에 달한다. 한편, 정부는 외국환평형기금 채권 등을 발행하여 조달한 원화자금이나 달러자금으로 외환시장에 개입하는데 이 경우도 통화량 변동이 없으므로 일종의 외환시장에 대한 중화개입의 한 형태라고 할 수 있다. 외국환평형기금의 관리주체는 기획재정부이나 운용 및 관리 등 실무를 한국은행에 위탁하고 있다. 외국환평형기금의 외화잔액은 외환보유액에 포함된다. 그리고 기금을 조달하기 위해서 발행한 외화표시채권 잔액은 2019년 말 약 81억 달러(9조 4천억 원)에 달하고 있다.

3) 중앙은행이 공개시장에서 정부채권을 매입하는 경우 대차대조표의 차변인 자산항목에서 국내순자산이 증가하는 반면 대변인 부채항목에서 본원통화가 증대되고 통화량도 확대된다. 이렇게 해외순자산의 크기가 변동이 없는 상태에서 국내순자산의 크기를 조정해서 본원통화와 통화량을 조정하는 정책을 통화정책이라 한다.

표 12-1 외환시장개입과 중앙은행 대차대조표의 변화

A. 중앙은행의 대차대조표

차변(자산)	대변(부채)
- 해외순자산(NFA^{cb}) (= 해외자산 - 해외부채) - 국내순자산(CBC) (= 국내자산 - 기타 국내부채)	- 본원통화(H) · 화폐발행액 · 지준예치금

B. 비중화 외환시장개입

차변(자산)	대변(부채)
- 해외순자산(NFA^{cb}) ↑/↓ - 국내순자산(CBC)	- 본원통화(H) ↑/↓

C. 완전중화 외환시장개입

차변(자산)	대변(부채)
- 해외순자산(NFA^{cb}) ↑ - 국내순자산(CBC) ↓	- 본원통화(H)(일정)

2. 외환시장개입의 목적

외환당국이 외환시장에 개입하는 이유로 크게 3가지를 들 수 있다. 첫째는 환율의 변동성을 완화할 목적으로 개입하는 경우이다. 환율이 시장에서 자유롭게 결정되는 변동환율제도하에서 환율의 지나친 변동은 실물경제에 부정적인 영향을 미치기 때문에 환율안정을 위해 시장에 개입하는 경우이다. 그리고 고정환율제도하에서 환율을 일정수준으로 유지시키기 위한 외환당국의 개입도 같은 목적이라 할 수 있다.

환율을 안정시키기 위한 개입으로는 먼저 일별 외환거래에서 발생하는 비정상적인 시장조건을 완화해서 환율의 지나친 변동을 억제하는 방식이 있다. 이 방식은 일정기간의 환율 움직임에 영향을 주기 위한 정책은 아니다. 변동환율제도를 채택하고 있는 많은 국가에서 이러한 행태의 환율개입이 실제적으로 널리 시행되고 있다.

또 다른 행태의 환율안정화방식으로는 역풍방식(leaning against the wind)이 있다. 이 방식은 일별단위의 거래와 관련된 시장상황을 개선하기 위한 개입이 아니라 주단위나 월단위 기간에 환율의 급격한 변동을 완화하기 위한 개입이다. 역풍방식의 개입은 기본적으로 한 국가의 균형환율은 정확히 산정될 수 없으며 환율이 시장에서 전적으로 결정된다고 하더라도 그것이 반드시 균형환율수준으로 접근한다는 보장은 없다라는 점을 가정하고 있다. 역풍방식은 환율변동완화정책 중 가장 널리 사용되고 있는 개입행태인데 자료접근의 용이성 때문에 개입 여부 및 효과에 대한 분석이 폭넓게 이루어지고 있다. 역풍방식의 경우 개입의 정도는 환율변동의 정도에 의해서 결정되나 환율변화의 추세 자체를 바꾸는 것을 목표로 하지는 않는 것이 일반적이다.

외환시장에 개입하는 두 번째 이유는 외환당국이 시장환율을 균형수준으로 조정하기 위해서이다. 이런 목적으로 개입할 때 제기될 수 있는 문제점은 균형환율수준을 어떻게 정의, 추정할 것이냐 하는 점과 목표환율정책이 다른 정책목표와 상충될 수 있다는 점이다. 일반적으로 균형환율을 추정하는 방법으로는 구매력평가이론(purchasing power parity theory)을 이용하는 방법과 경상수지를 균형으로 유도하는 실질환율수준으로 정의하는 방법 등이 있다.

셋째, 외환당국은 공적 외환보유액이나 구성을 변화시킬 목적으로 외환시장에 개입한다. 이 경우 외환시장개입은 현재 환율수준이 개입으로 인하여 균형수준에서 과도하게 이탈하는 문제가 발생하지 않도록 하는 것을 전제로 하고 있다.

이상에서 논의된 외환시장의 목적 중 한 국가가 어떤 목적으로 개입하느냐 하는 것은 그 국가의 외환, 금융 시장의 발전 정도와 환율의 가격기능 수행 정도, 환율제도 그리고 여타 경제정책들 간의 상호관계 등에 의해서 결정된다.

3. 외환시장개입의 효과

(1) 비중화 외환시장개입의 효과

비중화 시장개입은 일차적으로 시장에서 외환의 수요와 공급을 변화시켜서 시장환율에 영향을 줄 수 있다. 그러나 일반적으로 개입규모가 시장거래규모에 비해 그다지 크지 않기 때문에 단순히 개입 자체로 환율수준에 유의한 영향을 준다고 보기는 어렵다.[4] 뒤에서 설명할 기술적 거래효과(noise trading effect)이론은 개입규모가 적음에도 불구하고 개입의 시점을 효과적으로 선택할 경우 일정수준 환율에 영향을 줄 수 있다는 점을 설명하고 있다.

한편, 비중화 시장개입은 통화량의 변화를 수반하기 때문에 앞에서 논의된 통화적 접근방식에 의해 물가변동이나 이자율 변화를 통해서 환율에 추가적으로 영향을 줄 수 있다. 예를 들어 외환당국이 환율인상을 위해 외환을 매입하는 경우 통화량이 증대되어서 금리가 하락하고 물가가 상승함에 따라 환율은 추가적으로 상승할 수 있다. 또한 비중화 시장개입에 의한 통화량의 변화는 기대인플레이션에 영향을 주고 이는 앞에서 살펴본 상대적 구매력평가이론에 의해서 장기적으로 환율상승률의 변화를 초래할 수 있다.

(2) 중화 외환시장개입의 효과[5]

자본거래가 자유로운 상태에서 환율을 안정시키거나 고정시키기 위해서는 통화정책의 자율성이 희생된다. 따라서 통화공급을 일정하게 유지하면서 외환시장개입을 통해서 환율의 안정을 확보하기는 어렵다. 그러나 많은 국가에서 통화공급을 일정한 규모로 유지한 상태에서 환율안정을 추진한다. 즉 중앙은행은 중화 시장개입정책을 통해서 물가수준은 물론 환율수준을 일정수준으로 유지하고자 하거나 또는 중화 시장개입정책을 통해서 환율을 안정시키면서 통화정책을 통해서 경제를 활성화하고자 한다. 수시로 외환당국이 외환시장에 개입하는 관리변동환율제도를 채택한 많은 국가들이 중화 외환시장개입정책을 활용하고 있는 것으로 알려져 있다.[6] 그러면 비중화 시장개입과는 달리 통화의 공급량이 변하지 않는 상태에서 환율수준을 어떻게 조정할 수 있느냐 하는 문제가 제기된다. 이 경우에도 일반적으로 외환시장개입규모가 외환시장거래규모에 비해서 매우 작은데 어떻게 환율에 영향을 줄 수 있느냐가 핵심 분석대상이다. 이하에서는 중화개입정책이 환율에 영향을 미치는 경로와 관련된 대표적인 이론 세 가지를 소개한다.

---

4) 우리나라의 2019년 연중 은행 간 일일평균 총외환거래규모는 약 550억 달러이고 이 중 현물환거래규모는 약 200억 달러에 달하였다. 반면 외환보유액의 변화를 대략적인 외환시장개입규모라고 할 때 2012년 월평균 외환시장개입규모는 최대 60억 달러 미만으로 추정되고 그 이후 개입규모는 점차 줄어드는 추세이다. 외환시장의 일일평균거래규모는 〈표 2-5〉 참조.

5) 김태준(1993), 「외환시장개입정책의 효과분석과 환율정책에 대한 정책시사점」, 정책연구 93-14, 대외경제정책연구원 참조.

6) 한국의 경우 2000년대 중화 정도는 평균적으로 60% 중반 수준에 달하는 것으로 분석되고 있다.

1) 포트폴리오균형효과(portfolio balance effect)

완전중화 외환시장개입은 통화량에는 변화를 주지 않는다. 그러나 민간보유의 국내자산과 해외자산의 상대적 크기는 변화된다. 따라서 민간이 보유하고 있는 국내외 자산의 상대적 크기의 변화가 어떻게 환율에 영향을 줄 수 있느냐 하는 것이 이 이론의 핵심이다. 기본적으로 국내자산과 해외자산의 대체성 정도가 이 문제와 밀접한 관련이 있다. 만약 국내자산과 해외자산이 완전대체재라면 두 자산은 동일한 자산으로 인식되어 두 자산의 상대적 크기 변화는 투자자의 자산선택에 영향을 주지 않는다. 그러나 만약 포트폴리오균형이론에서 가정하고 있는 바와 같이 국내자산과 해외자산이 불완전대체재 관계에 있는 경우 외환시장개입에 의한 국내자산과 해외자산의 상대적 크기의 변화는 환위험 프리미엄에 영향을 주어서 자산시장이 새로운 균형조건에 도달하는 과정에서 환율이 변하게 된다는 것이다.

만약 투자자가 환위험에 대해 회피적 성향(risk-averse)이 있는 경우 환위험에 대한 보상을 요구하게 되는데 이것을 우리는 환위험 프리미엄(exchange risk premium)이라 한다. 환위험이 존재하고 자본이동이 완전한 경우 자산시장에서의 균형조건인 유위험금리평가는 '위험 프리미엄을 감안한 유위험금리평가(*RPUIP*)' 로 다음과 같이 변경된다.

$$i_t = i_t^* + (S_{t+1}^e - S_t)/S_t + \rho_t \ : RPUIP \qquad (12\text{-}1)$$

i : 국내이자율, i^* : 해외이자율, S_{t+1}^e : t기에 예상되는 $(t+1)$기의 환율
S_t : t기의 환율, ρ_t : 환위험 프리미엄

여기서 ρ_t는 외국인 투자자 관점에서 본 국내통화표시 자산의 환위험 프리미엄을 나타낸다.

식 (12-1)에서 해외이자율은 주어진 상태이고 중화 외환시장개입의 경우 통화량이 일정하므로 국내이자율은 변동이 없고 예상환율 또한 일정할 경우 환위험 프리미엄이 변화됨으로써 환율에 영향을 주게 된다.[7] 정책당국이 외환시장에서 외환을 매입한 후 증대된 본원통화를 환수하기 위해 즉시 보유 국내채권을 매각하는 경우 [그림 12-1]에서 보는 바와 같이 공급이 증가된 국내자산을 수요가 흡수하기 위해서는 보다 높은 환위험 프리미엄이 지급되어야 한다. 즉 민간부문에서 유통되는 국내자산의 상대적 공급이 증대될 경

7) 만약 국내자산과 해외자산이 완전대체관계에 있으면 통화공급량의 변동이 없는 중화 외환시장개입은 환율에 영향을 주지 못한다.

| 그림 12-1 | 자산의 불완전대체성과 환위험 프리미엄의 결정

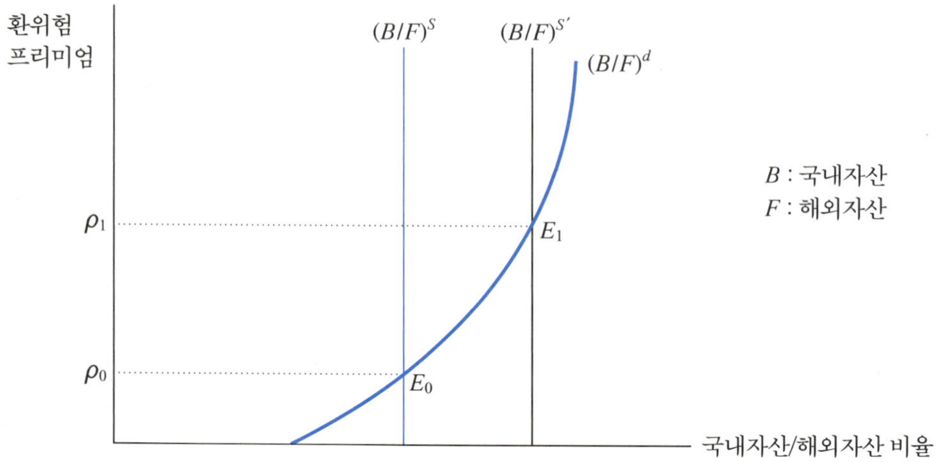

우 국내자산에 대한 환위험 프리미엄은 증가된다.[8)] 그리고 [그림 12-2]에서 볼 수 있는 바와 같이 국내외 이자율이 변동이 없는 상태에서 환위험 프리미엄이 증가하면 환위험 프리미엄을 감안한 금리평가곡선은 오른쪽으로 이동하고 따라서 환율도 상승한다($\rho_1 > \rho_0$).

결국 국내자산과 해외자산 간에 불완전대체관계가 존재할 경우 중화 외환시장개입은 국내자산에 대한 환위험 프리미엄을 변경시켜서 환율을 변화시킨다. 특정 자산의 상대적 공급이 증대되었을 경우 증가된 공급을 수요가 흡수하기 위해서는 보다 높은 예상수익률이 보장되어야 하기 때문에 그 자산에 대한 환위험 프리미엄은 증대되는 것으로 알려져 있다. 그러나 환위험 프리미엄이 어떤 특정 금융변수에 의해서 영향을 받는다는 증거는 확인하기 어려운 것으로 나타났다. 또한 환위험 프리미엄의 존재 자체는 인정한다 하더라도 그것을 유의성 있게 측정한다는 것은 현실적으로 어렵다. 따라서 중화 외환시장개입의 효과를 환위험 프리미엄의 변화로 설명하는 것은 이론적으로는 의미가 있다 하더라도 실제정책에 활용하는 데는 여러 가지 어려움이 존재한다.

또한 식 **(12-1)**에서 볼 수 있는 바와 같이 중화 외환시장개입이 환위험 프리미엄에 영향을 주는 경우에도 외환시장개입의 효과가 현물환율뿐만 아니라 i, i^* 또는 S^e_{t+1}의 변화로도 나타날 수 있기 때문에 환위험 프리미엄의 존재를 의미하는 자산 간의 불완전대체

8) 제11장 및 P. Krugman and M. Obstfeld(2006), *International Economic*, 7th Edition., Pearson International Edition, Chapter 17 참조.

| 그림 12-2 | 환위험 프리미엄을 감안한 금리평가와 자산시장균형

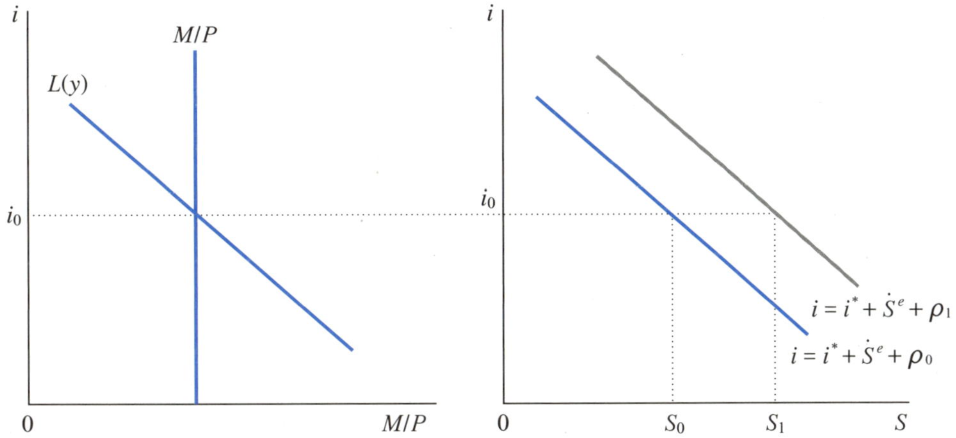

성이 중화 외환시장개입이 환율에 영향을 주는 충분조건이 아닐 수 있다.

한편, 포트폴리오균형을 통한 중화 외환시장개입의 효과를 실증적으로 검증하는 연구 결과는 대부분의 경우 그 효과가 미미하다는 것을 보여주고 있다. 그리고 통계적 유의성도 작은 것으로 나타났다. 일부 연구에서는 외환시장개입의 효과가 통계적 유의성은 있으나 크기가 매우 작은 것으로 나타났다. 이러한 결과가 나타난 주요 이유로는 외환시장 개입의 규모가 외환시장의 거래규모나 통화량에 비하여 상대적으로 적기 때문인 것으로 판단하고 있다.

2) 신호효과(signaling effect)

먼저 외환시장개입이 외환당국의 향후 통화정책이나 균형환율에 대한 내부정보를 시장에 암시하는 역할을 수행함으로써 시장거래자들의 환율예상을 변화시켜서 현물환율에 영향을 준다는 신호효과이론이 있다. 예상환율(S^e_{t+1})이 향후 정책방향에 의해서 영향받는다고 가정할 경우 정책의 변화를 암시하는 외환시장개입은 S^e_{t+1}를 변화시키고 따라서 식 (12-1)이 성립되기 위해서는 현물환율이 변화해야 한다. 예를 들어 외환당국에 의한 외환매입 및 국내자산 매각을 통한 중화 외환시장개입이 향후 확장적 통화정책을 암시한다면 환율은 절하되리라고 예상되므로 S^e_{t+1}는 증가되고 식 (12-1)이 성립되기 위해서 S_t도 증가하게 된다는 것이다.

한편, 신호효과로 인해 환위험 프리미엄이 변화함으로써 환율이 영향을 받는다는 신

| 그림 12-3 | 신호효과와 환위험 프리미엄

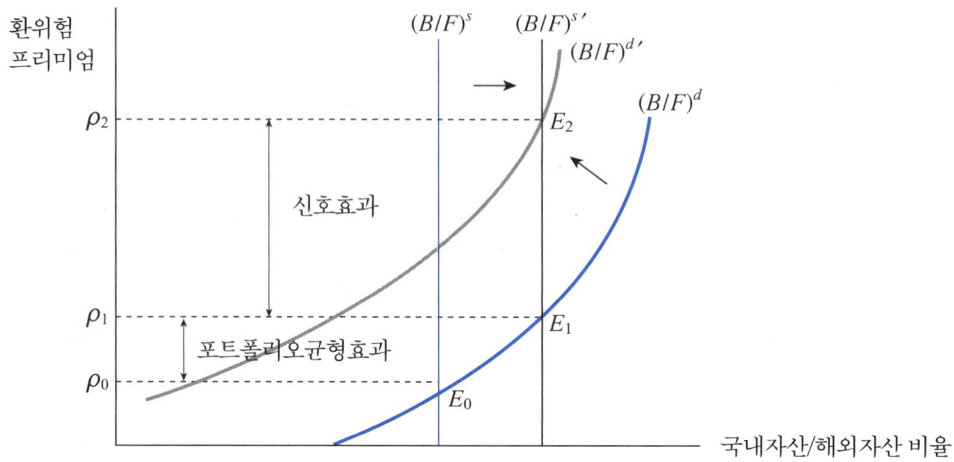

호효과이론이 있다. 먼저 신호효과를 통한 환위험 프리미엄의 변화를 그래프로 설명하면 [그림 12-3]과 같다.

외환당국의 해외순자산 증대와 더불어 같은 규모의 국내순자산의 감소가 수반되는 중화 외환시장개입의 경우 민간보유 국내자산의 상대적 공급이 증가하므로 공급곡선은 $(B/F)^s$에서 $(B/F)^{s\prime}$으로 이동한다. 공급곡선이 이동함에 따라 균형 환위험 프리미엄은 ρ_0에서 ρ_1으로 이동하는데 이것이 바로 [그림 12-1]에서 보여준 포트폴리오균형에 의한 환위험 프리미엄의 변화이다.

이와 더불어 중화 외환시장개입이 결국에는 확장적 통화정책으로 갈 것이라는 점을 암시하는 신호의 역할을 할 경우 시장참가자들은 국내자산보다 해외자산을 선호하게 되고 국내자산에 대한 수요함수는 좌측으로 이동한다. 그 결과 새로운 균형 환위험 프리미엄은 ρ_2로 결정된다. 이때 $\rho_2 - \rho_1$은 신호효과에 의해서 증대된 환위험 프리미엄의 크기를 나타낸다. 따라서 i, i^*, S^e_{t+1}가 일정할 경우 S_t는 식 (12-1)에 의해서 포트폴리오균형효과에 추가해서 신호효과만큼 더 상승한다.

신호효과이론에 대한 비판의 하나는 과연 외환시장개입이 정책당국에 의해서 향후 정책변화를 암시하는 수단으로 사용되는가 하는 점이다. 만약 그러한 용도로 사용된다고 가정하면 왜 대부분의 외환시장개입정책이 비공개로 진행되는가 하는 의문이 제기될 수 있다. 그리고 정책변화에 대한 사전신호를 단순한 정책발표 대신 왜 외환시장개입정책을 택하느냐 하는 문제도 제기될 수 있다.[9] 신호효과에 대한 또 다른 비판은 외환시장개입에 의한 정책 암시는 다른 정책과 혼재되어서 정확히 일반에게 전달될 수 없는 경우가 많다는 점이다. 즉 시장개입이 의도하는 정책변경의 신호를 시장이 정확하게 인식할 수 있느냐 하는 점이다. 따라서 중화 외환시장개입이 신호효과를 통하여 환율에 영향을 주기 위해서는 외환당국이 외환시장개입을 통하여 암시한 정책변화를 연이어 집행함으로써 외환시장개입이 정책변경의 명확한 신호로 인식되어야 할 것이다.

한편, 또 다른 신호효과이론은 시장개입이 시장참가자들에게 현재의 환율이 장기균형환율에서 이탈되어 있다는 점을 암시하는 역할을 함으로써 환율에 영향을 준다는 점을 강조한다. 즉, 기초경제변수기반 분석가(fundamentalist)들에게 균형환율에 대한 일종의 판단자료를 제공함으로써 그들의 예상환율치가 변화되어서 환율을 변화시킨다는 것이다. 1985년 9월 G5국가들에 의해서 합의된 플라자협정에 의한 달러화 가치하락이 바로 이러한 경로의 외환시장개입 효과를 보여주는 대표적인 사례로 제시되고 있다. 그러나 이 이론에서는 환율당국이 균형환율수준에 대하여 시장보다 더 정확하게 판단하고 정부가 의도하는 방향으로 환율을 유도할 수 있을 것이라는 점을 시장참가자들이 인정한다는 점을 가정하고 있으나, 실제상황에서 그러한 가정이 성립하는지에 대한 증거는 확인되고 있지 않다. 일부 경우에는 정부의 정부의 정책의도와는 반대방향의 투기를 초래해서 해당 국가의 환율시스템이 붕괴되는 사례도 있다.

외환시장개입의 신호효과에 대한 실증모형은 상반된 결과를 보여주고 있다. 일부 연구에서는 민간의 정부정책에 대한 신뢰가 높은 기간과 그렇지 못한 기간으로 구분하여 환율의 움직임과 외환시장개입 목표 간의 상관관계를 추정하였다. 그 결과 정부정책에 대한 신뢰가 높은 기간에서 외환시장개입이 효과가 있다는 것을 확인하였다.[10] 즉 외환시장개입이 정책변화에 대한 사전암시를 민간부문에 전달하는 역할을 수행함으로써 시장참가자들의 환율기대치를 변경시켜 환율에 영향을 준 것으로 나타났다. 그리고 시장개입 이후 실제적인 정책변화가 없는 경우에는 외환시장개입이 환율에 영향을 주지 못하는 것으로 분석되었다.[11]

9) 이에 대해 신호효과이론의 지지자들은 외환시장개입정책의 경우는 단순한 정책발표보다 정책시행과 관련하여 상당한 비용발생이 예상되므로 상대적으로 보다 확실히 정책의 신뢰성을 담보할 수 있기 때문에 사용되고 있다고 설명한다.

10) K. Dominguez(1986), "Does Sterilized Intervention Influence Exchange Rates? A Test of the Signaling Hypothesis," unpublished paper 참조.

11) M. Obstfeld(1988), "The Effectiveness of Foreign-Exchange Intervention: Recent Experience," NBER Working Paper No.2796 참조.

일부 다른 연구에서는 미국 및 독일의 경우 외환시장개입이 통화정책의 변화를 암시하는 수단으로 사용되어졌는지에 대한 여부를 분석한 결과 확실하지 않은 것으로 나타났다.[12] 반면 일본의 경우 1973년부터 1992년까지의 자료를 통하여 일본은행의 외환시장개입이 향후의 통화정책에 대한 신호지표로 작용했는지의 여부를 분석한 결과 긍정적인 결론을 도출했다. 한편 시장개입정책과 재정정책과의 관계에서는 외환시장개입의 신호지표 역할은 발견하지 못했다.[13]

3) 기술적 거래효과(noise trading effect)[14]

기술적 거래효과이론은 기술적 거래자(noise traders)의 속성과 시장상황을 외환당국이 종합적으로 검토, 분석하여 적절한 시점에 외환시장에 개입함으로써 환율에 영향을 줄 수 있다는 이론이다. 이때 기술적 거래자는 차트분석이나 기타 외환시장의 기술적 분석지표를 사용하여 외환거래를 하거나 시장풍문 또는 유행에 시장이 어떻게 반응할 것인가를 예상하여 외환거래를 하는 전문적 시장참가자를 의미한다.

기술적 거래자는 주요 경제지표의 움직임을 주시하여 외환거래를 결정하는 기초경제변수기반 분석가와는 거래행태가 다르다. 기초경제변수기반 분석가들은 환율수준이 균형환율보다 낮은 수준일 경우에는 외환을 매입하고 그 반대의 경우에는 매각하는 소위 커버되지 않은 재정거래(uncovered arbitrage)를 행한다. 반면 기술적 거래자는 소위 피드백방식(feedback rule)에 의거해서 환율시세가 상승추세에 있을 경우에 오히려 외환을 매입하고 그 반대로 하강추세에 있는 경우에는 외환을 매각함으로써 시장환율과 균형환율간의 괴리를 더욱 확대시키는 경향이 있다.

기술적 거래효과는 정부의 외환시장개입에 의한 환율변동을 기술적 거래자가 새로운 시장추세로 인식해서 거래에 참여하게 된다면 규모가 작은 일시적인 시장개입이라 할지라도 기술적 거래자들에 의해서 그 효과가 증대되고 지속될 수 있다는 것이다. 기술적 거

12) M. Klein and E. Rosengren(1991), "Foreign Exchange Intervention as a Signal of Monetary Policy," *New England Economic Review*, May/June, 39-50 참조.

13) T. Watanabe(1992), "The Signaling Effect of Foreign Exchange Intervention: The Case of Japan," Paper Presented at the *Conference on Exchange Rate Policy in Pacific Basin Countries*, Sep. 참조.

14) 여기서 설명되는 사항은 J. Hung(1991), "Noise Trading and the Effectiveness of Sterilized Foreign Exchange Intervention," Research Paper No.9111, Federal Reserve Bank of New York와 J. Hung(1991), "The Effectiveness of Sterilized U.S. Foreign Exchange Intervention and Empirical Study Based on the Noise Trading Approach," Research Paper No.9118, Federal Reserve Bank of New York을 참조. 기술적 거래효과는 비중화와 중화 시장개입 모두에 적용될 수 있다.

| 그림 12-4 | 외환시장개입의 직접효과와 기술적 거래효과의 비교

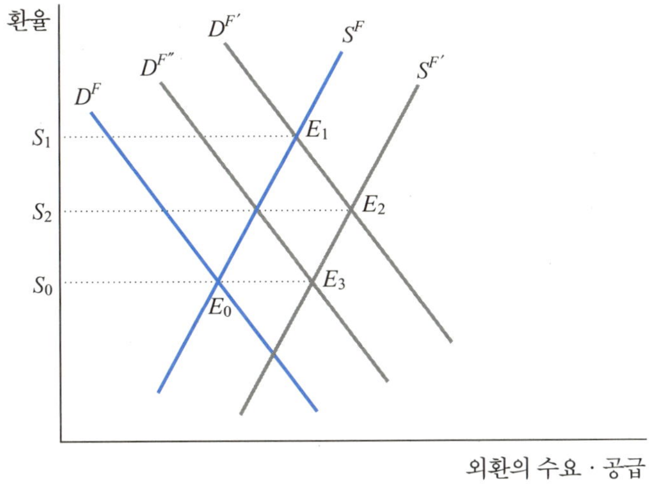

래효과이론에서는 외환시장개입이 앞 절에서 설명된 미래의 정책변화에 대한 암시가 아니라 시장상황에 대해 회의적인 기술적 거래자에게 시장이 새로운 방향으로 움직일 것이라고 암시하는 일종의 신호효과(signaling effect)로 작용할 수 있다는 것이다. 따라서 기술적 거래효과이론에서는 정책의 신뢰성 문제가 정책효과를 확보하기 위한 필요조건은 아니다.

기술적 거래에 의한 외환시장개입 효과와 외환시장의 수급에 직접적인 변화를 줌으로써 환율에 영향을 준다는 외환시장개입의 직접적인 효과를 비교하면 다음과 같다.

[그림 12-4]에서 보는 바와 같이 두 경우 모두 시장개입의 효과를 분석하기 위해서 외환의 수요 · 공급곡선을 사용한다.

균형환율이 S_0인 상황에서 기술적 거래자에 의하여 환율이 S_1으로 결정된 경우 외환시장개입의 직접적인 효과는 외환당국이 외환공급을 S^F에서 $S^{F'}$으로 증대시켜 환율이 S_2 수준으로 변경되는 것을 의미한다. 그러나 만약 대부분의 기술적 거래자가 S_1을 다소 높은 수준으로 인식하여 향후 환율이 보다 낮은 수준으로 조정되리라 예상하고 있는 시점에서 외환당국이 외환의 공급을 S^F에서 $S^{F'}$으로 변경한다고 가정하자. 그러면 새로운 환율수준은 직접적인 효과($S_1 \rightarrow S_2$)뿐만 아니라 변화된 환율수준을 새로운 시장움직임으로 인식하여 자신의 거래패턴을 변경시키는 기술적 거래자들에 의해서 환율이 S_0로 환원될 수 있다는 것이다.

기술적 거래를 이용한 외환시장개입이 환율에 영향을 주기 위해서는 외환당국이 외환시장의 상황에 대한 정확한 정보 및 기술적 거래자들의 거래행태를 광범위하게 수집, 분석할 수 있는 능력을 보유해서 개입시점을 적절하게 결정해야 한다.[15)]

일부 실증분석에서 기술적 거래효과는 투자자들의 예상이 어떻게 형성되어 있느냐에 크게 영향을 받는 것으로 나타났다. 예를 들어 달러화가 지나치게 고평가되어 있다는 인

한국의 외환시장개입과 중화정책

〈표 12-2〉는 한국의 외환시장개입의 중화 정도를 추정한 결과를 보여준다. 한국은행의 해외순자산규모와 동일한 규모의 통화안정증권을 발행했다고 가정했을 때, 즉 완전중화 외환시장개입을 가정했을 때 지급해야 되는 이자와 실제 통화안정증권에 지급된 이자 간의 차이를 이용하여 외환시장개입의 중화수준을 추정하였다. 그 결과 한국의 중화 정도는 2000년대에 최고 74%에서 최저 63%에 달하는 등 평균 60%대 수준인 것으로 분석되었다.

표 12-2 한국 외환시장개입의 중화비율

연도	준비자산액 (억 달러)	원/달러 평균환율	통안증권 평균금리 (%)	완전중화 가정 시 통안증권 이자지급액 (조 원, *D*)	실제 통안 증권 이자 지급액 (조 원, *E*)	중화비율 (*E*/*D*)
2001	1,057.3	1,291.0	5.45	7.44	4.6	66%
2002	1,175.3	1,250.7	5.19	7.63	4.8	63%
2003	1,433.8	1,191.9	4.42	7.55	5.0	66%
2004	1,820.9	1,143.7	3.92	8.16	5.6	69%
2005	2,018.9	1,024.1	3.97	8.21	6.1	74%
2006	2,240.1	955.1	4.67	9.99	6.8	68%
2007	2,391.4	929.2	5.21	11.58	7.5	65%
2008	1,826.9	1,103.4	5.33	10.74	7.2	67%

출처 : 김정한 · 이윤석 · 임형준(2009), "외환보유액 관리비용과 필요외환보유액 추정," 금융 VIP 시리즈, 2009-05, 한국금융연구원.

15) P. Kenen(1987), "Exchange Rate Management: What Role for Intervention?" *American Economic Review*, Vol.77, No.2, May, 194~199도 기술적 거래를 이용한 개입효과와 유사한 시장개입에 대하여 언급하고 있다. 케넌(Kenen)은 시장참가자들의 장래에 대한 예측이 반드시 합리적이지만은 않다라는 가정하에서 시장참가자들의 장래환율에 대한 예상이 상이하고 거품이 존재할 경우 외환시장의 개입은 상당한 효과를 가질 수 있다고 주장한다.

식이 널리 퍼져 있는 상태에서 외환시장개입은 시장참가자들에게 시장의 변화방향에 대한 일종의 신호로 작용하여 기술적 거래효과가 크게 나타났다. 반면에 시장추세에 역행하는 시장개입의 경우에는 기술적 거래효과가 작게 나타났다.[16)]

4. 외환시장개입의 한계

전 세계 외환시장의 하루 총거래규모는 2019년 약 6조 6천억 달러를 초과하였다. 따라서 한 국가의 독자적인 외환시장개입은 기술적 거래효과를 이용한 시장개입이라 할지라도 시장의 환율을 효과적으로 변화시키는 것은 쉽지 않다. 따라서 효과적인 외환시장개입이 되기 위해서는 해당 관련국들과의 공조가 필요하다. 만약 시장개입이 자국에 유리한 방향으로 경쟁적으로 이루어질 경우에 각 국가의 시장개입 효과는 약화될 것이다. 또한 신호효과가 효과적으로 작동하기 위해서는 균형환율수준에 대한 정부의 판단과 정책운영에 대한 투자자들의 신뢰가 뒷받침되어야 한다. 만약 그렇지 못할 경우 정부의 개입은 일시적으로 미미한 효과만 초래할 가능성이 크다.

한편, 시장개입이 투자자들에게 신뢰를 주기 위해서는 무엇보다도 외환당국이 충분한 외환보유액을 확보하는 것이 필요하다. 특히 위기 시 외환보유액이 충분하지 않은 상태에서 시장에 개입하는 경우에는 오히려 투기를 조장하는 기회를 제공할 수 있다. 그러나 외환보유에 따른 기회비용이 발생하기 때문에 적절한 수준의 보유액을 유지하는 것이 필요하다. 한국의 경우 외환보유액의 상당부분을 미국 단기국채에 투자하고 있으나 중화를 위해 통화안정증권을 발행하고 있는데 발행채권과 투자채권 간의 이자율 차이가 곧 외환보유액 유지비용으로 나타난다.[17)]

또한 비중화 외환시장개입정책은 환율안정과 물가안정이라는 거시정책목표 간의 상충을 야기할 수 있다. 따라서 비중화개입은 정책의 우선순위가 확실하게 주어졌을 때 유효한 방식이라 할 수 있다. 반면 환율안정과 물가안정이라는 두 가지 정책목표를 동시에 달

16) J. Hung(1991), "The Effectiveness of Sterilized U.S. Foreign Exchange Intervention and Empirical Study Based on the Noise Trading Approach," Research Paper No.9118, Federal Reserve Bank of New York 참조.

17) 2020년 3월 3일 현재 미국의 기준금리는 1.0~1.25%인 반면 한국의 기준금리는 1.25%이므로 미국 단기국채이자율과 통화안정증권 금리 간의 차이는 크지 않다.

성하기 위한 중화 외환시장개입정책은 국가 간 자본이동이 자유로운 상황에서는 소위 개방경제의 불가능한 삼위일체이론에 의해서 유지되기가 어렵다. 예를 들어 환율의 하락을 방지하기 위한 중화 시장개입은 지속적인 채권발행으로 인해 이자율의 상승을 유발하고 이것이 추가적인 자본유입을 초래해서 채권발행을 다시 확대하는 악순환을 초래할 수 있다는 문제점이 있다. 그리고 기존에 발행된 채권에 대한 이자지급 자체가 화폐발행을 확대하게 됨으로써 물가불안이 야기될 수 있다.

일반적으로 외환시장개입정책은 단기적인 환율안정이나 환율변동 속도에 대한 조정과 관련해서는 어느 정도 효과적인 것으로 알려져 있다. 그러나 장기적으로는 효과가 없는 것으로 파악되고 있다. 따라서 특정한 환율수준을 목표로 하고 환율움직임의 추세 자체를 변화시키기 위해서는 단기적인 효과를 갖는 외환시장개입정책과 더불어 여타 거시경제정책인 통화정책이나 재정정책과 적절히 결합해서 추진되어야 할 것이다.

요약

1. 외환시장개입은 크게 비중화 외환시장개입과 중화 외환시장개입으로 구분된다. 비중화개입의 경우는 외환당국이 민간부문과 외화채권을 거래함으로써 외환당국의 해외순자산이 변화되고 그것과 비례해서 본원통화의 크기가 변화하는 경우를 의미한다. 반면에 중화개입의 경우에는 외환당국의 순외화자산의 변화가 본원통화의 변화와 일대일 대응이 되지 않는다.

2. 외환당국이 외환시장에 개입하는 첫 번째 이유는 환율변동성의 완화이다. 이때 환율안정화방식의 하나로 역풍방식(leaning against the wind)이 채택되고 있는데 이것은 일별단위의 거래와 관련된 시장상황을 개선하기 위한 것이 아니라 주단위나 월단위를 기준으로 환율의 급격한 변동을 완화하기 위한 개입이다. 외환시장에 개입하는 두 번째 이유는 외환당국이 시장환율을 균형수준으로 조정하려는 경우이다. 세 번째 이유는 외환당국이 공적 외환보유액이나 구성을 변화시키는 목적이다.

3. 비중화 시장개입은 통화량의 변화를 수반하고 통화량의 변화는 물가변동을 초래하거나 이자율 변화를 통해서 외환의 수급변화와 더불어 추가적으로 환율에 영향을 줄 수 있다.

4. 중화 시장개입의 효과 중 포트폴리오균형효과는 국내자산과 해외자산 간에 불완전대체관계가 존재할 경우 중화 외환시장개입이 국내자산의 환위험 프리미엄을 변경시켜서 환율을 변화시킨다는 이론이다.

5. 중화 시장개입의 신호효과이론은 외환시장개입이 외환당국의 향후 통화정책 방향이나 장기균형환율에 대한 내부정보를 시장에 암시하는 역할을 수행함으로써 시장거래자들의 환율예상이나 환위험 프리미엄을 변화시켜서 현물환율에 영향을 준다는 이론이다.

6. 외환시장개입의 기술적 거래효과이론은 기술적 거래자(noise traders)의 속성과 시장상황을 외환당국이 종합적으로 검토, 분석하여 적절한 시점에 외환시장에 개입함으로써 환율에 영향을 미칠 수 있다는 이론이다.

7. 외환시장개입정책은 일반적으로 단기적인 환율안정이나 환율변동 속도에 대한 조정에는 어느 정도 효과가 있는 것으로 알려져 있다. 그러나 장기적인 효과는 없는 것으로 평가된다. 따라서 특정한 환율수준을 목표로 하고 환율추세 자체를 변화시키기 위해서는 단기적인 효과를 갖는 외환시장개입정책과 더불어 여타 거시경제정책인 통화정책이나 재정정책을 적절하게 결합해서 추진해야 한다.

주요 용어

- 비중화 외환시장개입
- 역풍방식
- 환위험 프리미엄
- 기술적 거래효과
- 중화 외환시장개입
- 포트폴리오균형 효과
- 신호효과
- 기초경제변수 분석

연습문제

01 비중화 외환시장개입과 중화 외환시장개입의 경우 중앙은행의 자산과 부채가 어떻게 변화되는지를 각각 설명하라.

02 외환당국이 외환시장에 개입하는 목적을 서술하라.

03 중화 시장개입의 포트폴리오균형효과에 대해 설명하라.

04 신호효과이론을 사용하여 중화 외환시장개입의 경우 환위험 프리미엄이 어떻게 변화되는지를 기술하라.

05 외환시장개입규모가 시장거래규모에 비해 비교적 작음에도 불구하고 시장환율에 효과적으로 영향을 줄 수 있는 통로를 설명하라.

06 외환시장개입의 정책적 한계와 바람직한 외환시장개입정책의 운용에 대한 의견을 기술하라.

제 13 장

외환시장의 효율성과 환율예측

1. 외환시장의 효율성
2. 환율예측모형
3. 환율예측력의 평가와 개선

환율변동은 여러 가지 경로를 통하여 경제에 영향을 미친다. 수출품의 국제경쟁력 또는 실질환율의 변화를 통하여 경상수지에 영향을 미치며, 경제성장률과 고용에도 영향을 준다. 환율변동은 또한 수입품의 국내가격에 영향을 미치기 때문에 물가에도 영향을 준다. 환율이 변동하면 국내통화로 평가한 국내 기업 및 금융기관의 외채상환부담이 증가 또는 감소하여 이들의 채산성 또는 수익성이 변화한다. 따라서 미래의 경기상황을 예측하기 위해서는 미래환율에 대한 정확한 예측이 필요한 것은 당연하다. 해외자산 투자, 장단기 외화자금조달 등과 같은 국제금융거래 시에도 미래환율 변화에 대한 예측은 중요한 역할을 한다.

그런데 환율전문가들이 발표하는 예측치가 실제환율과 크게 차이가 나는 경우를 자주 목격할 수 있다. 이는 환율예측방법이 부정확하기 때문이기도 하지만 환율예측 시 예상하지 못한 충격이 외환시장에서 자주 발생하기 때문이기도 하다. 일부 전문가들은 기본적으로 경제모형을 설정하여 환율을 정확히 예측하는 것이 아예 불가능하다는 비관론을 제시하기도 한다. 그러나 앞에서 언급하였듯이 미래환율의 예측치는 그 유용성이 크기 때문에 이에 대한 관심이 매우 크며, 전문가들은 예측방법의 개선을 위해 부단히 노력하고 있는 것도 사실이다.

이 장에서는 효율적 외환시장의 정의 및 의미 등을 고찰하고 외환시장 효율성 검정의 방법과 결과를 소개한다. 또한 일반적으로 자주 사용되고 있는 환율예측방법을 소개하고 이들의 한계를 설명한다.

1. 외환시장의 효율성

(1) 외환시장 효율성의 정의

획득가능한 모든 정보가 환율에 반영되어 있을 경우 일반적으로 외환시장이 효율적이라고 정의한다. 외환시장이 효율적이라면 새로운 정보가 외환거래를 통해 즉시 환율에 반영되므로 추가적인 외환거래를 이용하여 얻을 수 있는 초과이윤이 외환시장에 존재하지 않는다는 것을 의미한다. 이와 같은 시장의 효율성에 대한 정의는 파마(E. Fama)에서부터 비롯되었다.[1)]

외환거래 시 미래환율에 대한 예측이 매우 중요한 역할을 한다. 시장의 효율성은 미래환율 예측 시 고려하는 정보의 범위에 따라 다음과 같이 크게 약형 효율성(weak form efficiency), 중강형 효율성(semi-strong form efficiency), 강형 효율성(strong form efficiency) 등 세 가지로 분류한다.

첫째, 약형 효율적 외환시장이란 시장참가자들이 미래환율을 예측하기 위하여 과거환율의 변화에 대한 정보만을 활용하는 경우를 의미한다. 외환시장이 약형 효율성의 특징을 가진다면 과거환율의 시계열자료를 이용하여 미래환율을 예측하는 데 유용한 규칙성을 발견하기가 불가능하다. 이는 효율적 외환시장에서는 과거환율 변화와 연관되는 미래환율 변화에 대한 정보가 이미 현재환율에 반영되어 있기 때문이다. 둘째, 외환시장이 중강형 효율적이라면 시장참가자들이 미래환율을 예측하기 위하여 과거환율의 변동에 대한 정보뿐만 아니라 시장참가자들에게 공개된 모든 정보를 이용한다는 것을 의미한다. 공개된 정보란 정기적 또는 비정기적으로 공표되는 다양한 경제변수의 변화에 대한 정보를 의미한다. 예를 들면, 국내외 금리, 물가, 경제성장률, 경상수지, 자본흐름 등의 변화에 대한 정보를 의미한다. 만약 외환시장이 중강형 효율성의 특성을 가지고 있다면 외환시장 참가자들은 경제변수와 환율 간에 규칙적인 관계를 규명한 후 이를 미래환율을 예측하는 데에 유용하게 활용하는 것이 불가능하다. 셋째, 강형 효율적 외환시장에서는 미래환율을 예측하기 위하여 과거환율의 정보 및 일반에게 공개된 정보뿐만 아니라 일반적인 외환시장 참가자들이 알 수 없는 내부정보 등의 획득가능한 모든 정보가 이용된다. 중강형 효율성과 비교하여 추가적으로 이용할 수 있는 정보는 예를 들어, 통화당국 또는 외

---

1) E. Fama(1970), "Efficient Capital Markets: a Review of Theory and Empirical Work," *Journal of Finance*, 25, 383~417.

환당국의 정책변화에 대한 정보, 기업실적에 대한 비공개 정보 등이 있다. 만약 이와 같은 비공개 내부정보를 이용하여 외환을 매매함으로써 초과이익을 실현할 수 있다면 강형 효율성의 의미에서 외환시장이 효율적이라고 볼 수 없다. 이 경우 외환시장은 효율적이지 못하거나 효율적이라고 해도 약형 또는 중강형 효율성으로 제한될 것이다. 그런데 비공개 내부정보는 일부의 외환시장 참가자들에게만 접근이 가능하므로 현실적으로 외환시장에서 이러한 형태의 효율성이 성립하기가 매우 어렵다.

(2) 외환시장 효율성의 검정

외환시장이 효율적으로 작동한다면 외환시장 참가자들은 그들에게 주어진 모든 정보를 이용하여 미래환율을 예측할 것이므로 미래환율의 예측치, S^e_{t+1}를 아래와 같이 표현할 수 있다.

$$S^e_{t+1} = E(S_{t+1}/\Omega_t) \tag{13-1}$$

위의 식에서 S_{t+1}은 미래환율을, E는 예측을 나타내는 기호이다. Ω_t는 t기에 주어진 모든 정보의 집합을 의미한다. 그런데 외환투자자들이 위험중립적(risk neutral)이라고 가정하면, 외환시장에서는 아래와 같이 선물환율(F_t^{t+1})과 미래현물환율에 대한 예측치(S^e_{t+1})가 일치하는 균형이 성립한다.

$$F_t^{t+1} = S^e_{t+1} \tag{13-2}$$

만약 선물환율이 미래현물환율의 예측치와 차이가 난다면 투기적 목적의 차익거래가 발생하기 때문에 결국 두 가지 환율의 크기가 일치하게 되어 추가적인 이윤의 기회가 사라진다. 예를 들어 선물환율이 미래환율의 예측치보다 낮다면 위험중립적인 외환투자자는 선물환을 지금 매입하고 미래에 선물환거래의 만기가 돌아오면 선물환거래로 매입한 외환을 현물환시장에서 매도하여 투기적 이익을 얻을 수 있다. 따라서 선물환에 대한 수요가 증가하여 선물환율이 상승함에 따라 선물환율과 미래환율 예측치 간의 격차가 축소된다. 두 환율 간에 차이가 존재하는 한 선물환 매입거래에 대한 초과수요가 지속되고 선물환율이 상승할 것이므로 결국 두 환율 간 차이는 사라질 것이다. 여기서 외환투자자들이 위험중립적이기 때문에 환위험을 고려하지 않고 있으므로 식 (13-2)를 위험중립성 가설(risk neutrality hypothesis)이라고 부른다.

한편, 식 (13-1)과 (13-2)를 결합하면 아래의 식 (13-3)을 도출할 수 있다.

$$F_t^{t+1} = E(S_{t+1}/\Omega_t) \tag{13-3}$$

외환시장의 효율성을 검정하기 위해서는 기본적으로 식 (13-3)을 이용한다. 그런데 미래환율의 예측치에 대한 실제 관측치를 구하기 어렵기 때문에 다음과 같이 합리적 기대가설(rational expectation hypothesis)을 도입한다. 즉, 외환시장 참가자들이 주어진 모든 정보를 이용하여 합리적인 방법으로 미래환율을 예측한다면 미래환율의 실제치와 예측치 사이에는 다음의 관계가 성립한다.

$$S_{t+1} = E(S_{t+1}/\Omega_t) + \epsilon_{t+1} \tag{13-4}$$

위의 식에서 ϵ_{t+1}은 예측오차를 의미하는데, 이는 주어진 모든 정보를 사용하여 미래환율을 예측할지라도 오차가 발생할 수 있음을 의미한다. 예측오차는 미래환율을 예측할 당시에는 존재하지 않았던 새로운 정보가 예상치 못하게 발생하여 미래환율에 영향을 미치는 것을 반영한다. 예를 들어, 환율을 예측할 당시에는 금융위기가 발생할 확률이 매우 낮아 환율예측가들이 이를 거의 고려하지 않았다고 가정하자. 그런데 실제로 금융위기가 발생하여 실제환율이 예측환율과 큰 차이가 날 수 있는데, 그 차이는 예측치 못한 금융위기의 발생과 관련이 있다는 것이다. 한편, 주어진 정보를 합리적으로 사용하여 미래환율을 예측하였다면 효율적인 외환시장에서는 예측오차 ϵ_{t+1}이 무작위한 분포를 보일 것이며 0의 평균값을 가지게 된다. 식 (13-3)의 위험중립성 가설과 식 (13-4)의 합리적 기대가설을 결합하면 아래와 같은 식이 도출된다.

$$S_{t+1} = F_t^{t+1} + \epsilon_{t+1} \tag{13-5}$$

식 (13-5)는 선물환율이 미래현물환율의 불편추정치(unbiased estimator)임을 의미하는데, 선물환율은 미래환율의 기댓값과 동일하다는 것을 나타낸다.[2] 따라서 외환시장의 효

2) $E(S_{t+1}) = E(F_t^{t+1}) + E(\epsilon_{t+1}) = F_t^{t+1}$ $(\because E(\epsilon_{t+1}) = 0)$

율성을 검정하기 위하여 아래의 회귀식을 이용할 수 있다. 만약 식 (13-6)을 추정한 결과를 이용하여 $H_0 : \alpha = 0, \beta = 1$이라는 귀무가설을 기각할 수 없으면, 외환시장이 효율적이라고 볼 수 있다.[3)]

$$S_{t+1} = \alpha + \beta F_t^{t+1} + \mu_{t+1} \quad (13\text{-}6)$$

한편, 식 (13-5)의 양변에서 현물환율(S_t)을 빼면 식 (13-7)이 성립하며, 이를 이용하면 식 (13-6)과 대비되는 계량모형인 식 (13-8)을 도출할 수 있다.

$$\Delta S_{t+1} = F_t^{t+1} - S_t + \epsilon_{t+1} \quad (13\text{-}7)$$

$$\Delta S_{t+1} = \alpha + \beta(F_t^{t+1} - S_t) + \mu_{t+1} \quad (13\text{-}8)$$

위의 식에서 ΔS_{t+1}은 미래환율과 현재환율 간의 차이를 나타내며, $(F_t^{t+1} - S_t)$는 선물환율과 현물환율 간의 차이로서 선물환 프리미엄(forward premium)이라고도 부른다.

외환시장의 효율성을 실증적으로 조사하기 위하여 연구자들은 환율자료를 수집하여 식 (13-6) 또는 식 (13-8)을 추정한다. 환율변수가 일반적으로 비정상성(non-stationarity)을 보이기 때문에 연구자들은 식 (13-6)보다는 식 (13-8)을 선호하는 경향이 있다. 그런데 이와 같은 방법을 이용하여 외환시장의 효율성을 검정한 연구들은 대체적으로 외환시장의 효율성 가설을 기각하고 있다. 〈표 13-1〉은 아시아–태평양 11개 국가들의 환율에 대하여 식 (13-8)을 추정한 연구결과를 보여주고 있다. 이를 살펴보면 전체 11개국의 환율 중 4개국만이 $H_0 : \alpha = 0, \beta = 1$의 귀무가설을 기각하지 못하였으며, 나머지 7개국에서는 귀무가설을 기각하고 있다. 즉 적어도 이들 7개국에 대해서는 효율적 외환시장의 존재를 인정하기 어렵다. 또한 〈표 13-1〉에는 식 (13-6)의 β에 대한 추정치도 제시되어 있는데, 이에 따르면 말레이시아 링깃화 환율만이 1에 근접한 값으로 추정되었을 뿐이다. 따라서 대부분의 경우 선물환율이 미래현물환율의 불편추정치라고 보기 힘들다. 호주 달러화, 인도 루피화, 일본 엔화 등 몇몇 국가의 경우에는 β값이 음수로 추정되었는데, 이는 선물환율이 제시하는 환율변화의 방향이 현물환율의 실제 변화방향과 차이가

3) 이와 같은 검정방법은 파마(1984)가 처음으로 제안하였다. E. Fama(1984), "Forward and Spot Exchange Rates," *Journal of Monetary Economics*, 14, 319~328.

표 13-1 외환시장 효율성 검정 결과

통화	β의 추정치	귀무가설 H_0 : $\alpha = 0$, $\beta = 1$	귀무가설 기각 여부
호주 달러화	−0.17(0.22)	14.54*	기각함
인도네시아 루피아화	0.19(0.15)	14.19*	기각함
인도 루피화	−0.74(0.76)	8.69*	기각함
일본 엔화	−0.21(0.72)	6.20*	기각함
한국 원화	0.01(0.91)	1.41	기각 못함
말레이시아 링깃화	1.01(0.40)	1.53	기각 못함
뉴질랜드 달러화	−0.13(0.47)	13.18*	기각함
필리핀 페소화	0.84(0.67)	0.32	기각 못함
싱가포르 달러화	−0.45(0.77)	3.78*	기각함
타이 바트화	0.29(0.16)	9.72*	기각함
대만 달러화	0.58(0.26)	2.19	기각 못함

주 : 1) 괄호 안의 값은 t−검정치를 나타냄.
2) *는 5%수준에서 통계적으로 유의함을 의미함.
3) 표본기간 : 1997년 1월 1일~2010년 6월 30일(일별 자료 이용)

자료 : R. Ahmada, S. Rheeb, and Y. Wonga(2012), "Foreign Exchange Market Efficiency under Recent Crises: Asia-Pacific Focus," *Journal of International Money and Finance*, 31, 1574~1592.

있었음을 의미한다.[4)]

(3) 외환시장 효율성 검정의 재해석

식 (13-6)을 추정해 본 결과 H_0 : $\alpha = 0$, $\beta = 1$의 귀무가설을 기각한다는 것은 선물환율을 이용하여 미래현물환율을 예측할 경우 평균이 0이 아닌 예측오차가 발생하는 편의가 존재하고 있음을 의미한다. 즉 선물환율이 미래현물환율의 불편추정치임을 부정하는 것이다. 그러나 일부 연구자들은 이러한 결과가 외환시장의 효율성을 직접적으로 부정하는 것은 아니라고 주장한다. 이들은 외환시장이 비효율적이기 때문에 이러한 결과가 발생하였다기보다는 외환시장의 효율성을 검정하기 위해 사용한 가정들이 현실을 정확히 반영하지 못하였기 때문이라고 그 이유를 설명한다. 식 (13-2)의 위험중립성 가설이나 식 (13-4)와 같은 합리적 기대가설을 사용하는 데 오류가 있음을 지적하고 있다. 이를 구

4) 그러나 계수추정치의 통계적 유의성이 낮아서 추정치의 부호를 강하게 신뢰할 수는 없다.

체적으로 소개하면 다음과 같다.

첫째, 위험중립성 가설의 오류를 지적하는 연구자들은 환위험 프리미엄의 존재를 강조한다. 투자자들이 위험중립적이라면 식 (13-2)가 성립하지만 만약 이들이 위험중립적이지 않다면 이들은 투자에 따른 환위험 프리미엄을 고려하게 된다. 따라서 투자자들은 투자위험에 대한 보상을 고려하게 되어 식 (13-2)는 더 이상 성립하지 않으며 선물환율과 미래현물환율 예측치 간의 관계는 식 (13-9)로 바꾸어 표현할 수 있다.

$$F_t^{t+1} = S_{t+1}^e + \rho \tag{13-9}$$

위의 식에서 ρ는 선물환 거래 시 투자자들이 요구하는 환위험 프리미엄을 나타낸다.[5] 즉 선물환율은 환위험이 없기 때문에 환위험을 헷지하는 대가가 포함되어야 한다. 위의 식은 선물환율이 더 이상 미래현물환율에 대한 불편추정치가 될 수 없음을 의미한다. 식 (13-9)를 식 (13-4)와 결합하면 식 (13-10)을 구할 수 있으며, 이는 외환시장이 효율적이고 투자자들이 합리적이라 하더라도 선물환율과 미래현물환율 간의 오차가 평균적으로 0이 될 수 없으며 환위험 프리미엄의 크기만큼 편의(bias)가 발생할 수 있음을 나타낸다. 따라서 식 (13-6) 또는 식 (13-8)을 추정한 결과에 기초하여 효율성 귀무가설 H_0 : $\alpha = 0, \beta = 1$을 검정할 경우 이는 기각될 수밖에 없다.

$$S_{t+1} = F_t^{t+1} - \rho + \epsilon_{t+1} \tag{13-10}$$

둘째, 일부 연구자들은 미래환율에 대한 합리적 기대의 형성과정이 현실적으로 식

5) 환위험 프리미엄은 시간에 따라 변동한다고 가정할 수도 있다. 이 경우 식 (13-9)에서 환위험 프리미엄은 ρ_t로 나타낸다. 맥도널드와 테일러(1989)에 의하면 시간변동 환위험 프리미엄을 가정할 경우 식 (13-8)의 계수 추정치는 다음과 같이 표현할 수 있다.

$$\hat{\alpha} = \frac{\text{var}(S_{t+1}^e - S_t) + \text{cov}(\rho_t,\ S_{t+1}^e - S_t)}{\text{var}(\rho_t) + \text{var}(S_{t+k}^e - S_t) + 2\text{cov}(\rho_t,\ S_{t+1}^e - S_t)}$$

$$\hat{\beta} = \frac{\text{var}(\rho_t) + \text{cov}(\rho_t,\ S_{t+1}^e - S_t)}{\text{var}(\rho_t) + \text{var}(S_{t+k}^e - S_t) + 2\text{cov}(\rho_t,\ S_{t+1}^e - S_t)}$$

이에 따르면, 외환시장 효율성 검정에서 $H_0 : \alpha = 0, \beta = 1$이라는 귀무가설을 받아들이기가 매우 어려울 것으로 짐작할 수 있다. R. MacDonald and M. Taylor(1989), "Economic Analysis of Foreign Exchange Markets: An Expository Survey," in R. MacDonald and M. Taylor(eds.), *Exchange Rates and Open Economy Macroeconomics*, Oxford, Blackwell.

(13-4)와 부합하지 않을 수 있으므로 합리적 기대가설을 식 (13-4)로 표현하는 것이 부적절하다고 주장한다. 주어진 모든 정보를 이용하여 합리적인 방법으로 미래환율을 예측한다고 하더라도 기대형성과정에서 페소화 문제(peso problem), 합리적 거품(rational bubble) 등이 발생하면 식 (13-4)가 성립하지 않게 되며, 이에 따라 선물환율과 미래현물환율 간 오차의 평균이 0이 아닐 수 있다는 것이다.

페소화 문제란 1970년대 초 멕시코 페소화 환율에 특이한 현상이 발생하여 붙여진 용어이다. 멕시코는 당시 고정환율제도를 유지하고 있었는데 1976년 멕시코 페소화의 대폭적인 평가절하가 이루어지기 전 멕시코 페소화의 달러화 대비 선물환율이 현물환율에 비하여 높은 수준에서 거래되는 특이한 현상이 수년간 발생하였다. 이는 외환시장 참가자들이 경제의 펀더멘탈을 포함한 여러 가지 기초경제요인을 고려하여 볼 때 멕시코정부가 멀지 않은 시기에 평가절하를 단행할 것이라고 예상하였기 때문이며, 이러한 현상은 실제로 멕시고 페소화의 평가질하가 발표되기 이전 상당기간 지속되었다.

따라서 이 기간 동안 선물환율은 미래현물환율과 지속적으로 격차를 보이는 편의가 발생하였으며, 미래현물환율의 불편추정치로 기능하지 못하였다. 정부정책 등의 변화를 예상하여 형성된 미래환율의 기대치가 선물환율에는 반영되고 있는 반면, 현물환율은 고정환율제도로 인해 일정한 수준으로 고정되어 있었기 때문에 선물환율과는 일정한 편의를 가지는 격차를 보이게 된 것이다. 이와 같은 편의는 페소화 문제로 인하여 식 (13-4)에서 오차항이 평균이 0인 무작위 분포를 갖는 것이 아니라 한쪽으로 치우친(skewed) 분포를 갖기 때문이다. 외환시장이 효율적이어서 주어진 정보를 모두 활용하여 미래환율을 예측한다고 해도 제도적인 제약으로 인해 정책변화의 예상을 반영한 환율과 실제환율 간에 괴리가 발생하는 페소화 문제가 존재하면 식 (13-4)는 실제 미래환율과 기대환율 간의 관계를 적절하게 표현하지 못하게 되는 것이다. 따라서 평가절하가 이루어지기 이전의 기간에 대하여 멕시코 페소화에 대한 실증분석을 시행하면 선물환율이 미래현물환율의 불편추정치라는 가설을 기각하는 결과를 얻을 수밖에 없다.

한편, 합리적 거품의 문제를 소개하면 다음과 같다. 거품이란 시장가격이 균형가격으로부터 지속적으로 이탈하는 경우를 의미한다. 균형가격은 기초경제여건에 기초하게 되는데, 투자자들이 시장에서 발생하는 충격에 합리적으로 대응한 결과 시장가격이 균형가격으로부터 지속적으로 벗어나는 경우, 이를 합리적 거품이라고 부른다.

외환시장에서 합리적 거품이 발생했던 대표적인 예로서는 1980년대 초반 미 달러화 가치가 지속적으로 상승추세를 보였던 경우를 들 수 있다. 당시 미국의 경상수지 등 기초경제요인을 기준으로 판단할 때 달러화는 균형환율에 비하여 고평가되었다고 투자자들은 판단하고 있었다. 투자자들이 기초경제여건을 심각히 고려하여 달러화 가치가 향후 하락할 것으로 예측하고 달러화를 추가적으로 매도하였다면 달러화 가치는 자연적으로 하락추세를 보였어야 했다. 그러나 실제로는 1985년 9월 플라자협정이 맺어질 때까지 달러화 가치는 계속 상승하였다. 이는 투자자들이 기초경제여건이 제시하는 바와는 반대로 달러화 가치가 상당기간 상승할 것이라고 예상하고 달러화를 적극적으로 매입하였기 때문이다. 투자자들은 달러화 가치가 하락하여 균형환율로 돌아갈 가능성을 염두에 두고 있었다. 그러나 달러화 가치가 하락추세로 반전되었을 경우에 발생할 수 있는 투자위험을 보상하고도 남을 정도로 달러화 가치의 상승폭이 크다는 합리적 예상하에서 투기적으로 달러화를 매입하였다. 따라서 식 (13-4)에서 달러화 환율은 합리적 거품 때문에 기초경제여건을 합리적으로 고려하여 예상한 기대치와는 다르게 움직였으며, 페소화 문제에서와 같이 식 (13-4)의 오차항 분포가 일반적인 가정을 위반하게 된다. 그 결과 선물환율과 미래현물환율 간에 지속적으로 편의가 발생하여, 선물환율이 미래현물환율의 불편추정치라는 결과를 얻을 수 없게 된다.

2. 환율예측모형

환율예측방법은 일반적으로 기초적 분석방법과 기술적 분석방법 두 가지로 구분할 수 있다. 기초적 분석방법은 환율결정이론에 기반을 두고 환율과 중요한 경제변수 간의 관계를 설정하여 미래환율을 예측한다. 이에 반하여, 기술적 분석은 이론적 기반이 약하며 주로 환율변화패턴 특징을 통계적 또는 시각적으로 분석한 후 미래의 환율변화를 예측한다.

(1) 기초적 분석

기초적 분석방법은 환율결정이론을 이용하여 환율과 경제변수 간의 관계를 정립한 후 이를 이용하여 미래환율을 예측한다. 이를 위해 외환시장 및 금융시장의 가격 간에 성립하는 이론적 균형조건 또는 환율결정에 관한 구조적 이론모형을 이용한다.

1) 시장균형조건을 이용한 방법

앞에서 설명한 바와 같이 외환시장이 효율적이고 참가자들이 위험중립적이면 선물환율은 미래현물환율의 불편추정치가 된다. 따라서 선물환율을 단순히 미래환율의 예측치로 사용할 수 있다. 또한 선물환율과 현물환율을 비교하여 미래의 환율변화 방향을 예측할 수 있다. 그러나 선물환율을 예측치로 사용하는 경우 예측기간이 시장에서 거래되는 선물환거래의 만기에 의해 제한을 받게 되는 단점이 존재한다.

국내외 금리와 환율 간의 관계를 나타내는 유위험금리평가를 이용하여 미래현물환율을 예측할 수 있다. 이에 따르면 국내외 간 금리차는 환율의 예상변화율과 일치하므로, 국내외 금리와 현물환율을 이용하여 미래현물환율에 대한 예상치를 추정할 수 있다. 환율에 대한 단기예측을 위해서는 국내외 단기금리를, 장기예측을 위해서는 장기금리를 사용하면 된다.

한편, 장기환율의 예측에서는 시장균형조건 중 환율의 변동률이 국내외 간 인플레이션율 격차와 일치한다는 구매력평가설이 선호되고 있다. 국내외 인플레이션율에 대한 장기전망치를 구할 수 있다면 구매력평가설에 따라 미래현물환율의 변화 방향 및 크기를 예측할 수 있다. 그러나 미래환율을 예측하기 위해서는 인플레이션율에 대한 예측치가 반드시 필요하다는 단점이 존재한다.

단일시장균형조건을 이용하는 경우 다른 다양한 경제변수와 환율 간의 관계를 모두 포함하지 못하므로 예측력이 높지 않을 수 있다. 이를 보완하기 위하여 연립방정식 형태의 거시경제모형에 시장균형식을 포함하여 환율예측에 이용하기도 한다. 이 경우 관련된 계수를 더욱 정확하게 추정할 수 있는 장점이 존재하나, 만약 연립방정식 체계에 포함된 단일방정식 중 하나라도 변수설정에 오류가 존재하면 환율예측의 정확성에 매우 부정적인 영향을 줄 수 있다.

2) 환율결정의 구조모형을 이용한 방법

통화적 모형, 포트폴리오균형모형, 개방거시모형 등의 경제이론이 제시한 환율결정 메커니즘을 활용하여 미래환율을 예측하는 방법이다. 이들 이론에 따르면 환율의 결정은 국민소득, 이자율, 통화량, 경상수지 등의 기초경제변수에 영향을 받는 것으로 알려져 있다. 따라서 환율과 이들 변수 간의 계량모형을 설정한 후 이를 추정한 결과를 이용하여 미래현물환율을 예측한다. 환율예측을 위하여 구조모형을 활용하는 경우에는 일반적으로 축약방정식 형태의 계량모형을 이용한다.

이 같은 방법은 이론적 기초에 기반을 두어 환율결정변수를 선택할 수 있다는 장점을 가지고 있다. 그러나 구조모형을 이용하여 미래환율을 예측하려면 환율에 영향을 미치는 다른 경제변수의 미래치도 예측해야 하기 때문에 예측오차가 중복되어 발생하는 문제가 존재한다. 또한 투기적 거래, 외환시장개입, 국내외 정치 · 사회 변화 등의 요인이 환율변화에 종종 큰 영향을 미치지만 이러한 요인을 충분히 고려하기 어렵다. 그 결과 환율결정모형을 이용한 예측치의 정확성이 그리 높지 않은 것으로 알려져 있다. 대표적으로 미즈와 로고프(1983)는 구조모형이 임의보행(random walk)모형에 비하여 표본외 예측력이 떨어진다는 연구결과를 발표하여 환율예측에 대한 구조모형의 유용성에 의구심을 표시하였다.[6)]

(2) 기술적 분석

기술적 분석방법은 주로 과거환율의 변화패턴을 기술적으로 분석한 후 미래의 환율변화를 예측한다. 환율변화를 논리적으로 이해하려고 하기보다는 겉으로 드러나는 환율변동에 주목하여 환율변화의 정규적 규칙을 찾아내려고 노력한다. 따라서 기술적 분석방법은 외환시장의 효율성을 부정하고 있다고 볼 수 있다. 기술적 분석방법은 환율예측뿐만 아니라 주가예측에도 자주 사용되고 있으며, 그 세부전략의 종류가 매우 다양하다. 기술적 분석방법은 크게 수량적 분석법과 차트분석법으로 나눌 수 있다. 수량적 분석방법은 환율변동의 추세를 수량적 · 통계적으로 분석하여 미래환율의 변화방향을 예측하는 방법이며, 차트분석방법은 환율의 움직임을 시계열로 표현한 후 이로부터 정규적인 패턴을 발견하여 미래환율을 예측하는 방법이다. 그런데 차트분석은 주로 경험에 의존하여 환율변동의 규칙성을 찾아내는 방법으로서 이론적인 뒷받침이 약하다. 따라서 이 장에서는 수량적 분석법을 중심으로 환율예측의 기술적 분석법을 소개한다.

수량분석법의 대표적인 것으로는 이동평균(moving average: MA)법을 들 수 있다. 이동평균이란 일정기간 동안의 평균을 의미하는 것으로서 각 시점에서의 이동평균은 다음과 같이 구할 수 있다.

$$MA_t = \sum_{i=0}^{j-1} S_{t-i}/j \tag{13-11}$$

6) R. Meese and K. Rogoff(1983), "Empirical Exchange Rate Models of the Seventies: Do They Fit Out of Sample?" *Journal of International Economics*, 14, 3~24.

| 그림 13-1 | 이동평균법의 적용방법

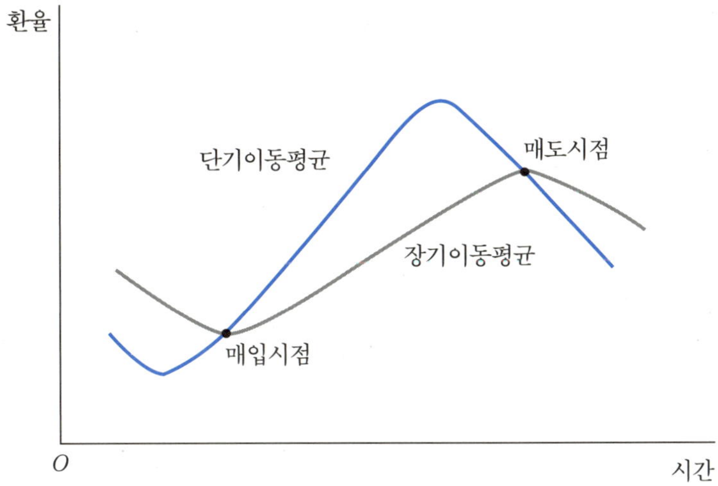

이동평균기법의 사용자는 단기이동평균과 장기이동평균의 상대적인 크기를 비교하여 서로 교차하는 점을 주목하며, 교차시점 이후 환율추세의 변화가 있을 것으로 예상한다. 이동평균은 정의상 상승추세이든 하락추세이든 간에 단기이동평균이 장기이동평균보다 선행한다. 따라서 단기이동평균이 상승세이면서 장기이동평균과 교차하는 경우 환율의 상승세가 예상되므로 외환을 매입하며, 단기이동평균이 하락세이면서 장기이동평균과 교차하는 경우에는 반대로 외환을 매도한다([그림 13-1]).

환율의 추세를 수량적으로 분석하여 외환의 매도 및 매입 시점을 판단하는 또 다른 방법으로서 필터룰(filter rule)이 있다. 이는 환율등락에 일정한 패턴이 있다는 것에 주목하여 환율이 최저점 대비 일정비율 이상(예를 들어 α% 이상, [그림 13-2]) 상승하면 미래에 환율이 상승할 것으로 예상하여 외환을 매입하고, 반대로 최고점 대비 일정비율 이상 하락하면 미래에 환율이 하락세를 보일 것으로 예상하여 외환을 매도하는 전략을 사용한다. 그러나 매도와 매입 시점의 판단기준이 되는 최고점 또는 최저점 대비 환율변동률의 결정에 대한 논리적 근거가 희박하며, 단지 경험에 의존할 수밖에 없다는 것이 필터룰의 단점이다. 또한 설혹 지금 일정한 필터룰을 적용하여 이익을 보았다고 하더라도 다음번에도 동일한 룰을 적용하여 이익을 볼 수 있다는 보장은 전혀 없다.

시장실세지수(index of market momentum)방법 역시 환율의 추세를 수량적으로 고려하여 미래환율의 변화방향을 예측한다. 시장실세지수는 당일의 환율을 일정기간 이전의 환

| 그림 13-2 | 필터룰의 예

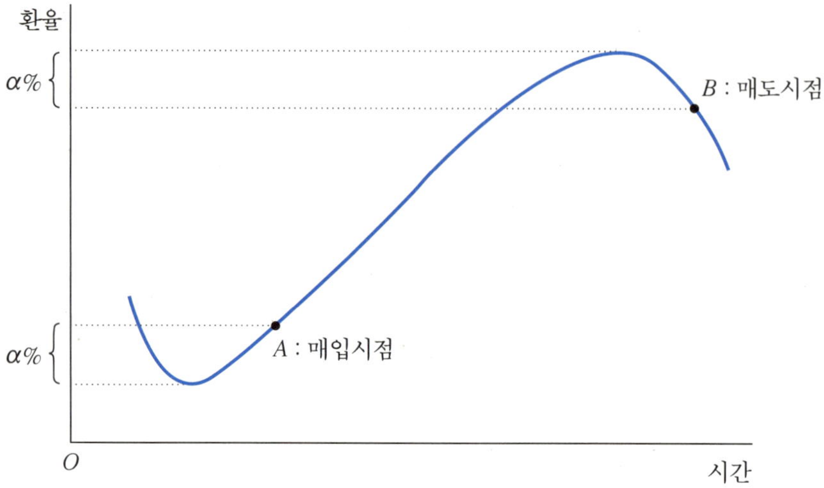

율로 나누어 추정한다. 환율이 상승세이면 시장실세지수는 1보다 클 것이며, 반대로 환율이 하락세이면 시장실제지수는 1보다 작게 된다. 시장실세지수가 1보다 작은 값에서 1 이상으로 상승하면 미래에 환율이 상승할 것으로 예상하여 외환을 매입한다. 반대로 시장실제지수가 1보다 큰 값에서 1 이하로 하락하면 환율이 하락할 것으로 예상하여 외환의 매도시점으로 판단한다.

외환을 싸게 매입하여 비싸게 매도하면 외환거래를 통하여 이익을 얻을 수 있다. 그러나 오히려 외환을 비싸게 매입한 후 이를 싼 값으로 매도하면 손해가 발생하는데, 앞에서 소개한 수량적 분석방법이 제시하는 바에 따라 기계적으로 외환을 매입하거나 매도하면 이와 같은 손해가 발생할 가능성이 충분히 있다. 그런데 하나의 기술적 분석방법에만 의존하지 않고 복수의 방법을 이용하여 환율을 예측한다면 이러한 가능성을 줄일 수도 있다. 예를 들어 이동평균이 매입시점의 신호를 보내고 있더라도 시장실세지수가 이에 부합하지 않는다면, 매입을 미루어 손해가 발생할 가능성을 축소할 수 있다.

한편, 단기매매의 매도 및 매입 시점을 판단하는 데 상대적 강세지수(relative strength index: *RSI*)를 유용하게 사용하기도 한다. 상대적 강세지수는 환율의 상승세 또는 하락세의 강도를 나타내는 지표로서, 이를 이용하여 매입초과 또는 매도초과 상태를 판단할 수 있다. 상대적 강세지수는 일정기간 동안 환율의 평균 상승폭과 하락폭을 적용하여 아래와 같이 추정한다.

$$RSI = \frac{\text{평균상승폭}}{\text{평균상승폭} + \text{평균하락폭}} \times 100 \qquad (13\text{-}12)$$

*RSI*는 백분율(%)로 표시하며 0과 100 사이의 값을 가질 수 있다. 만약 일정기간 중 환율이 지속적으로 상승하였다면 *RSI*는 100, 만약 지속적으로 하락하였다면 0의 값을 갖는다. 표본기간 중 *RSI*가 높게 추정되면 이는 환율이 평균적으로 강한 상승세를 보였다는 것이며, 이는 외환시장이 대체적으로 매입초과를 유지하였다는 것을 의미한다. 일반적으로 *RSI*가 70 이상의 높은 값을 나타내면 이는 외환시장의 매입초과상태를 의미하는데, 이 경우 외환시장 참가자들이 포지션 조정을 위해 향후 외환을 매도할 것이라는 예상이 발생한다. 이에 따라 *RSI*를 외환 매매시점의 기준으로 이용하는 투자자들은 미래에 환율이 하락할 것을 예상하여 외환을 매도하게 된다. 한편, *RSI*가 30 이하로 하락하면 환율이 상승할 것을 예상하여 외환을 매입한다.

3. 환율예측력의 평가와 개선

환율예측기법의 유용성은 예측의 정확성에 달려 있다. 각 기법별 예측의 정확성은 다음의 두 가지 측면을 고려하여 평가한다. 첫째, 환율의 예측치($\hat{S}_i$)가 실제치(S_i)에 얼마나 근접하고 있는가를 평가하는 것이다. 물론 예측치가 실제치에 근접할수록 정확한 예측이라고 볼 수 있다. 예측치의 근접성을 평가하기 위해서는 일반적으로 평균자승제곱근오차(root mean squared error: *RMSE*)를 사용하고 있다. *RMSE*는 예측치와 실제치와의 격차를 제곱하여 이의 평균을 구한 통계량으로서 다음과 같이 표현된다. 정의상 *RMSE*가 작을수록 예측의 정확성이 높다.

$$RMSE = \sqrt{\sum_{i=1}^{T} \frac{(\hat{S}_i - S_i)^2}{T}} \qquad (13\text{-}13)$$

T : 표본수
$\hat{S}_i$: 예측치
S_i : 실제치

둘째, 환율변화의 예측방향이 실제 환율변화방향과 얼마나 일치하는가를 평가하는 것이다. 대체적으로 *RMSE*가 낮은 예측기법이 높은 방향적중률을 나타낼 것으로 예상할 수 있다. 그러나 환율의 변동이 매우 불안정한 시기에서는 반드시 그렇지만은 않다. 따라서 각 예측기법의 정확성을 평가하기 위해서는 *RMSE*뿐만 아니라 방향적중률(hit ratio)을 동시에 고려해야 한다. 방향적중률은 아래와 같이 정의한다.

$$\text{방향적중률} = \frac{\text{변화방향을 올바르게 예측한 개수}}{\text{총예측개수}} \tag{13-14}$$

미래환율을 예측하기 위해 외환시장 참가자들은 기초적 분석보다는 점점 기술적 분석방법을 많이 사용하고 있는 추세이다.[7), 8)] 이는 기술적 분석방법의 예측성이 기초적 분석에 비해 높게 나타나는 것과 관련이 있다. 특히 단기예측의 경우 기술적 분석방법이 상대적으로 정확도가 높은 것으로 알려져 있다. 기초적 분석방법은 경제의 기초변수와 환율 간의 관계를 설정한 모형을 추정하여 미래환율을 예측한다. 그러나 경제의 기초변수가 시시각각으로 발생하는 외환시장의 충격을 즉각적으로 반영할 수 없는 한계가 있으므로 기초적 분석방법에 의한 단기적인 환율예측은 그 정확도가 떨어질 수밖에 없다. 그러나 중장기적으로는 환율변화가 기초경제변수와 연관성이 높아, 중기 또는 장기 환율예측에는 기초적 분석방법을 활용하여 예측력을 향상시킬 수 있다.

그런데 기술적 분석이 일별 또는 주별의 단기 환율예측에 보다 유용하다고는 하나 일중(intraday)환율의 변동을 예측하는 데는 효용성이 그리 높지 않은 것으로 알려져 있다. 기술적 분석방법을 최고빈도인 일중환율의 변화를 예측하는 데에 사용할 경우 일별 또는 주별의 단기환율을 예측할 때에 비하여 예측력이 많이 떨어진다는 것이다. 외환거래자들은 편승효과(band wagon effect), 뉴스발표에 대한 과도한 반응, 투기적 거래 등이 일중환율을 결정하는 데에 주도적인 역할을 한다고 생각하고 있으나, 이를 적절히 고려하는 기술적 분석방법은 아직 존재하지 않는다. 따라서 일중환율의 예측력을 향상시키기 위한 별도의 예측기법이 필요하다고 볼 수 있다.

---

7) 환율예측을 위해 기초적 분석방법을 주로 사용하는 사람들을 기초경제변수 분석가(fundamentalist)라고 하며, 기술적 분석방법을 주로 사용하여 환율을 예측하는 사람들을 기술적 분석가(technical analysts)라고 부른다. 두 부류의 외환거래자는 서로 항상 배타적인 것은 아니며 구조적 거래자이면서도 기술적 분석방법을 사용하는 외환거래자도 존재한다.

8) J. A. Frankel and K. A. Froot(1990), "Chartists, Fundamentalists, and Trading in the Foreign Exchange Market," *American Economic Review*, 80, 181~185.

그런데 예상치 못한 뉴스발표는 일중환율뿐만 아니라 전반적으로 단기환율의 예측력을 떨어뜨리는 주요 요인으로 지적되고 있다. 뉴스발표는 경제지표, 경제정책의 변화, 경제제도의 변화, 사회적 · 정치적 사건 등에 대한 발표를 포함한다. 효율적인 외환시장에서는 뉴스의 내용이 이미 충분히 예상되었다면 뉴스가 실제로 발표된 이후에는 외환시장에 영향을 미치지 못한다. 발표 이전에 뉴스가 이미 외환거래에 반영되기 때문이다. 미리 예상되지 못한 뉴스의 내용만이 환율변동에 유의한 영향을 미친다. 따라서 개별 외환거래자가 뉴스의 발표 시기 및 내용에 대하여 일반적으로 시장에 알려진 것보다 더 많은 정보를 정확히 보유하고 있거나 예측할 수 있다면 개별적으로는 미래환율의 단기예측력을 향상시킬 수 있을 것이다. 그러나 남들이 예측하지 못하는 것을 정확히 예측하기란 쉽지가 않다. 따라서 환율예측과 뉴스발표 간의 관계에서 중요한 것은 예측치 못한 뉴스발표가 환율에 미치는 영향을 사전에 정확하게 파악하는 것이다. 경제지표가 예측한 수준이나 방향과 차이가 있거나 정치적 · 사회적 사건이 갑작스럽게 발생하였을 경우 환율에 미치는 영향을 정확히 예측할 수 있다면 뉴스발표 이후 외환거래의 방향에 큰 도움을 줄 것이다. 이를 위해 과거환율과 예상치 못한 뉴스 간 관계에 대한 계량모형을 설정하여 분석하기도 한다. 그런데 이 경우 분석결과의 성공 여부는 예상치 못한 뉴스를 예상된 뉴스와 구분하는 것인데, 이 작업 역시 쉽지는 않다.

환율결정에서 기초경제변수의 역할

기초적 분석에서는 통화량, 이자율, 국민소득, 경상수지 등의 기초경제변수가 환율을 결정하는 데에 중요한 역할을 한다고 강조한다. 실제로 외환시장에서 활동하는 외환딜러들은 이를 어떻게 생각하고 있을까? 1998년에 영국에서 활동하는 110명의 외환딜러를 대상으로 실시한 설문조사 결과에 따르면 이들 역시 기초경제변수를 환율결정의 중요한 요인으로 생각하고 있다. 조사자 중 58%가 기초경제변수의 변화가 중기(6개월 이하) 환율변동에 영향을 준다고 응답하였으며, 87%는 장기(6개월 이상) 환율변동에 유의한 영향을 미친다고 응답하였다. 물론 대부분의 조사자는 일중 환율변동이 기초경제변수와는 관계가 없다고 대답하였다. 장기에서 단기로 갈수록 기초경제변수의 중요성이 약해지는 것은 예상한 바와 같다.

그러나 이와 같은 조사결과는 환율경제학자들에게는 놀라움을 주었다. 왜냐하면, 많은 환율경제학자들은 기초경제변수는 1~3년 이상의 장기에서 주로 환율결정에 중요한 역할을 하는 것으로 생각하고 있었는데, 외환거래에 직접 참여하는 외환딜러들은 이보다 짧은 기간에서도 기초경제변수가 중요하다고 생각하는 것으로 나타났기 때문이다.

출처 : Y. Cheung, M. Chinn, and I. Marsh(2004), "How Do UK-Based Foreign Exchange Dealers Think Their Market Operates?" *International Journal of Finance and Economics*, 9, 289~306.

요약

1. 획득가능한 모든 정보가 환율에 반영되어 있을 경우 일반적으로 외환시장이 효율적이라고 정의한다. 외환시장의 효율성은 미래환율 예측 시 고려하는 정보의 범위에 따라 약형 효율성, 중강형 효율성, 강형 효율성 등 세 가지로 분류한다. 외환시장이 효율적이라면 새로운 정보가 외환거래를 통해 즉시 환율에 반영되므로 추가적인 외환거래를 이용하여 얻을 수 있는 초과이윤이 존재하지 않는다.

2. 외환시장의 효율성을 검정하기 위하여 위험중립성 가설과 합리적 기대가설을 결합한 모형을 이용하며, 이는 선물환율이 미래현물환율의 불편추정치인가를 검정하는 것으로 요약된다.

3. 외환시장의 효율성을 검정한 기존의 연구들은 대체적으로 외환시장의 효율성 가설을 기각하고 있다. 그런데 외환시장이 비효율적이기 때문에 이러한 결과가 발생하였다기보다는 외환시장의 효율성을 검정하기 위해 사용한 가정들이 현실을 정확히 반영하지 못하였기 때문일 가능성이 높다고 기존연구는 주장한다. 즉 위험중립성 가설이나 합리적 기대가설을 사용하는 데에 오류가 있음을 지적하고 있다. 위험중립성 가설의 오류를 지적하는 연구자들은 환위험 프리미엄의 존재를 강조하며, 부적절한 합리적 기대가설의 적용을 주장하는 연구자들은 기대형성과정에서 페소화 문제, 합리적 거품 등의 존재를 강조한다.

4. 환율예측방법은 일반적으로 기초적 분석방법과 기술적 분석방법 두 가지로 구분할 수 있다. 기초적 분석방법은 환율결정이론에 기반하여 환율과 중요한 경제변수 간의 관계를 설정하여 미래환율을 예측한다. 이에는 시장균형조건을 이용한 방법, 환율결정의 구조모형을 이용한 방법 등이 있다. 이에 반하여, 기술적 분석은 경제학이론의 기반이 약하며 주로 과거환율의 변화패턴의 특징을 통계적 또는 시각적으로 분석한 후 미래의 환율변화를 예측한다. 기술적 분석방법은 외환시장의 효율성을 부정하고 있다고 볼 수 있다. 기술적 분석방법에는 이동평균법, 필터룰, 시장실세지수 이용방법 등이 존재한다.

5. 환율예측력을 평가하기 위해서는 평균자승제곱근오차를 사용하고 있으며, 부수적으로 방향적중률도 고려한다.

주요 용어

외환시장 효율성
위험중립성 가설
환위험 프리미엄
페소화 문제
기술적 분석방법
약형/중강형/강형 효율성
불편추정치
합리적 기대가설
합리적 거품
기초적 분석방법

연습문제

01 선물환율이 미래현물환율의 불편추정치임을 조사하는 방법을 최근의 원/달러 환율에 적용한 결과 우리나라 외환시장의 효율성 존재를 부정하는 결과를 얻었다고 가정하자. 이러한 결과를 이용하여 우리나라 외환시장이 비효율적이라고 최종적으로 판단할 수 있는가?

02 환율예측에 이용되는 기술적 분석방법은 기본적으로 외환시장의 효율성을 부정하고 있다. 그 이유를 설명하라.

03 2019년 1월~12월의 원/달러 환율 일별자료에 3%, 5%, 7%의 필터룰을 적용하여 수익률을 추정하여 보라.

04 페소화 문제와 합리적 거품이 발생하는 이유를 설명하라.

제5부

자본이동, 금융개방과 경제성장

제 14 장

저축, 투자와 자본이동

1. 기간 간 선택모형
2. 소규모개방경제와 대부자금시장
3. 국제대부자금시장과 자본이동
4. 자본이동의 사회적 후생효과

개방경제에서는 외국과 교역뿐 아니라 자본거래가 이루어진다. 교역은 국가마다 경쟁력이 있는 제품을 만들어 상대방과 교환하는 것이 이득이 되기 때문에 발생한다. 그렇다면 국가 간 자본거래는 왜 발생하는가? 자본거래는 기본적으로 자본이 풍부한 국가가 자본이 부족한 국가의 여러 가지 형태의 금융상품에 투자를 하는 것이라고 볼 수 있다. 국제상업은행은 개도국의 금융기관이나 기업에게 이자를 받고 자본을 대출해 준다. 일반 투자자들은 개도국의 정부나 기업이 발행한 채권이나 또는 기업들의 주식에 투자를 하게 된다. 채권의 경우에는 정해진 이자를 받고, 주식의 경우에는 배당금을 받는 동시에 주가변동에 따른 자본이득을 얻게 된다. 한편, 직접투자의 경우에는 자회사를 설립하거나 다른 투자자와의 합작투자를 통하여 직접 경영에 참여함으로써 경영의 과실을 취할 수 있게 된다.

이와 같이 자본이동은 자본투자국보다 자본유치국이 유리한 투자조건을 제공하기 때문에 가능하다. 대출이나 채권투자의 경우에는 환율변화의 효과를 고려한 국내외 금리차가 더 클 때 자본이동이 발생할 것이다. 주식투자의 경우에도 국내외 예상수익률의 격차가 예상환율변화율을 감안하더라도 더 클 때 발생한다고 볼 수 있다. 요약하면 자본은 보다 높은 수익을 얻기 위하여 수익률이 낮은 국가에서 높은 국가로 이동한다고 볼 수 있다.

이 장에서는 먼저 국가 간 수익률에 차이가 왜 발생하는지부터 설명하도록 한다. 이를 위하여 현재와 미래의 소비와 저축이 어떻게 결정되는지에 대한 기간 간 선택이론을 소개하도록 한 후 소규모 개방경제의 경우 자본이동이 허용되었을 때 국내금리와 국제금리와의 격차에 의하여 자본이동이 어떻게 발생하는지를 보인다. 또한 국제금리는 어떻게 결정되는지 국제대부자금시장을 살펴본 후, 자본이동의 사회적 후생효과를 분석하도록 한다.

1. 기간 간 선택모형

(1) 소비와 저축

국제자본이동은 국가 간 자본수익률이 다르기 때문에 발생한다. 즉, 자본은 보다 높은 수익을 얻기 위하여 수익률이 낮은 국가에서 높은 국가로 이동하게 된다. 그렇다면 왜 국가 간에는 수익률에 차이가 나는 것일까?

기간 간 선택모형(intertemporal choice model)은 예산제약이 다기간에 걸쳐 주어질 때 소비자들의 최적소비선택과 이에 따른 자본이동을 설명하는 데 매우 유용하다. 우선 투자가 존재하지 않는 간단한 2기간 소비선택모형에 대하여 고려하여 보자. 현재 기간(t)과 다음 기간($t + 1$)에 걸친 예산제약식은 다음과 같다.

$$C_t + C_{t+1}/(1 + r) = Y_t + Y_{t+1}/(1 + r) \quad (14\text{-}1)$$

식 (14-1)에서 C_t와 C_{t+1}, 그리고 Y_t와 Y_{t+1}은 각각 현재와 다음 기의 소비와 소득을 의미한다. 이때 양 기간의 소득은 주어져 있다고 가정한다. 한편, r은 실질이자율을 의미한다.

[그림 14-1]은 이번 기와 다음 기의 소득수준이 주어졌을 때의 소비선택을 보여준다. 소비자는 2기간에 걸친 예산제약을 고려하여 효용을 극대화하는 소비수준을 결정한다. 그림에서 Y점은 현재와 다음 기의 소득수준을 나타낸다. 이때 현재 기 소비(C_t)와 다음 기 소비(C_{t+1})로 구성된 무차별곡선과 예산제약식이 접하는 C점이 바로 이러한 소비균형을 나타낸다. 즉, 기울기가 $(1 + r)$인 예산제약곡선과 무차별곡선이 만나는 점에서 2기간에 걸친 최적소비수준이 결정된다.

현재 소비(C_t)가 현재 소득수준(Y_t)과 일치할 필요는 없다. 일반적으로 현재 소비자들은 소득의 일부를 소비하고 일부는 저축하게 된다. 저축은 아래 식 (14-2)와 같이 소득과 소비의 차가 된다.

$$S_t = Y_t - C_t \quad (14\text{-}2)$$

흔히 저축은 소득(가처분소득) 중 소비를 제외한 부분으로 정의된다. 그러나 단순히 소

| 그림 14-1 | **일정한 소득흐름하의 소비와 저축**

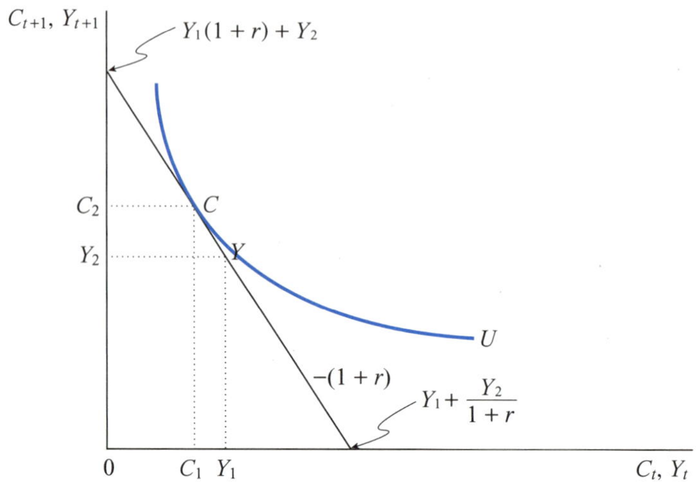

비되지 않은 소득으로 저축을 정의할 경우 소비와 저축이 동시에 결정된다는 점을 간과할 위험이 있다.

[그림 14-1]에서 t기의 소비는 소득보다 작은데, 이는 미래의 소비를 위해서 현재의 소비를 양보할 의사가 있음을 보여주고 있다. 이러한 소비자의 경우 $(t+1)$기가 되면 t기의 저축 덕분에 소득보다도 더 많은 소비가 가능하다.

$$C_{t+1} = Y_{t+1} + S_t(1+r) \tag{14-3}$$

이때 $(t+1)$기의 저축$(S_{t+1} = Y_{t+1} - C_{t+1})$은 t기 저축에다가 $-(1+r)$을 곱한 값과 같아진다.[1)]

국민경제 전체를 놓고 보면 구성원들 중 저축을 하는 사람이 있는가 하면, 반대로 차입을 하는 사람들이 공존한다. 현재보다 미래를 중시하는 사람은 저축을 하고, 반대로 미래보다 현재를 중시하는 사람은 일단 소비부터 하고 본다. 즉 시간선호도의 차이에 따라 한쪽에서는 대부를, 그리고 다른 한쪽에서는 차입을 하게 된다. 종합하면 개인별로는 선호에 따라 저축이 영(0)보다 클 수도 있고 작을 수도 있다. 하지만 각 기간별 국민경제 전

1) 식 (14-2)와 식 (14-3)은 식 (14-1)의 예산제약을 만족시킨다.

$$C_t + C_{t+1}/(1+r) = C_t + [Y_{t+1} + (Y_t - C_t)(1+r)]/(1+r) = Y_t + Y_{t+1}/(1+r)$$

| 그림 14-2 | 이자율 증가와 소비 및 저축의 변화

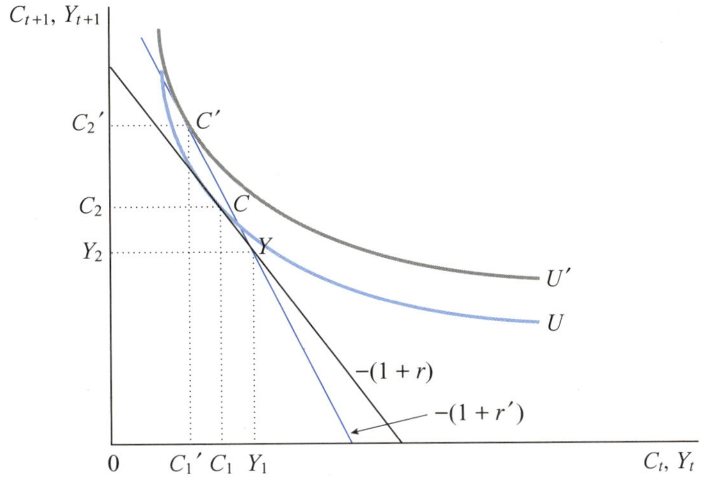

체의 저축은 영(0)이 된다.

자본이동이 자유로운 개방경제의 경우 차입과 대부라는 금융이 국내에서 발생하는 것과 동시에 국가 간에 발생한다. 만약 국민경제 전체의 소비보다 저축이 크다면 그만큼 해외에 대한 대부가 발생한다고 볼 수 있다. 즉, 이번 기에는 대부를 위하여 자본이 유출되고, 다음 기에는 원리금만큼 자본이 유입될 것이다. 반대로 이번 기 소비가 소득보다 큰 경우에는 자본이 유입되고, 다음 기에는 원리금 상환 때문에 자본유출이 발생한다.

국민 개개인의 선호가 동일하다고 가정하면 [그림 14-2]는 국민경제 전체의 소비와 저축에 대한 기간별 선택을 보여준다. 자본순유입을 KA라고 정의하면, 각 기간의 자본흐름은 다음과 같다.

$$KA_t = S_t = Y_t - C_t \tag{14-4}$$

$$KA_{t+1} = S_{t+1} = -(1+r)\,S_t = Y_{t+1} - C_{t+1} \tag{14-5}$$

한편, 개방경제하에서 현재와 다음 기 순자본흐름의 현재가치를 합하면 0이 된다.[2)]

---

2) 예산제약식을 이용하면 양 기간 저축의 현재가치 합은 0이 된다.

$$S_t + S_{t+1}/(1+r) = (Y_t - C_t) + (Y_{t+1} - C_{t+1})/(1+r) = 0$$

$$KA_t + KA_{t+1}/(1+r) = S_t + S_{t+1}/(1+r) = 0 \quad (14\text{-}6)$$

이자율은 다기간모형에서 현재 기의 소비와 저축을 결정하는 데 중요한 역할을 담당한다. 이자율이 높아지면 현재 기를 기준으로 한 2기간 전체의 소득수준은 감소하므로 현재소비는 감소한다. 반면에 이자율이 증가하면 다음 기 소비의 현재가격이 그만큼 높아지므로 현재소비를 증가시키는 효과가 있다. 전자를 소득효과, 후자를 대체효과라고 하는데 실증분석에 따르면 소득효과가 대체효과보다 크고, 따라서 이자율이 증가하면 현재소비는 감소하고 저축은 증가한다. [그림 14-2]는 이자율이 r에서 r'으로 증가할 경우 현재소비가 C_1에서 C_1'으로 감소함을 보여준다.

(2) 투자와 자본이동

앞에서 제시한 기본모형에서는 이번 기와 다음 기의 소득수준이 주어져 있다고 가정하였는데, 이는 생산량을 결정하는 기술과 생산요소의 양의 주어져 있다는 것을 의미한다. 하지만 이러한 가정은 비현실적이다. 이를테면 이번 기에 투자가 이루어지면 다음 기 자본투입량이 증가하게 되므로 생산량이 증가하게 된다. 즉 투자규모에 따라 다음 기의 생산량과 소득수준은 얼마든지 바뀔 수 있다고 보아야 할 것이다.

이제 투자가 가능한 경우 기간 간 선택에 대하여 고려하여 보도록 하자. 현재 기의 자본투입량이 주어졌을 때 투자가 없고 감가상각이 없다면 다음 기 자본투입량은 이번 기의 자본투입량과 동일할 것이다. 또한 인구증가 없이 노동투입량이 일정하며, 기술도 변하지 않는다면 다음 기 생산량은 이번 기와 동일할 것이다. 따라서 양 기간의 소득은 동일할 것이다.

이제 이번 기 생산량 중 일부가 소비되어지지 않고 투자된다고 가정하여 보자. 다음 기 자본투입량은 이번 기보다 증가할 것이고 감가상각이 없고, 인구증가가 없으며, 기술변화도 없다고 가정할 때 다음 기 생산량은 이번 기 생산량보다 커지게 될 것이다.

$$Y_{t+1} = F(K_{t+1},\ L_{t+1}) = F(K_t + I_t,\ L_t) > Y_t \quad (14\text{-}7)$$

[그림 14-3]은 투자가 이루어질 때 생산가능곡선과 소비균형을 보여준다. 우선, 생산가능곡선은 X축의 Y_1점에서 A점까지 수직선을 이루고, 그 윗부분은 원점에 대하여 오목

| 그림 14-3 | **투자와 최적소비**

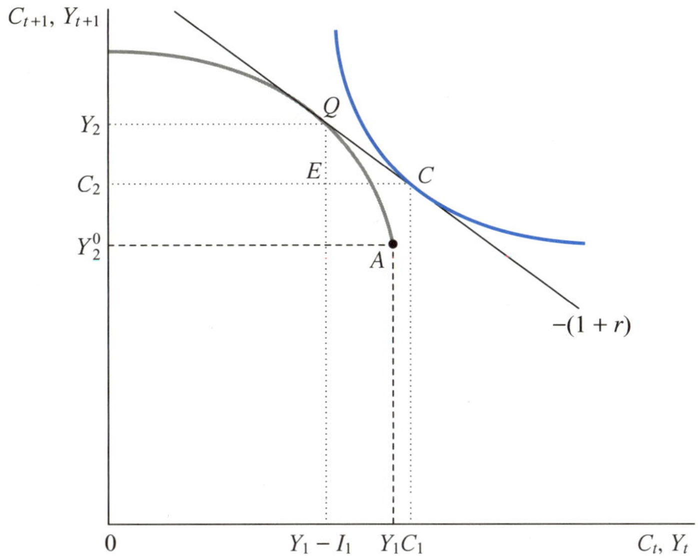

한 곡선의 형태를 지닌다. 수직선은 투자가 이루어지지 않는다면 다음 기 생산량이 이번 기 생산량과 같다는 것을 반영한다.

$$Y^0_{t+1} = F(K_{t+1}, L_{t+1}) = F(K_t, L_t) = Y_t \tag{14-8}$$

투자가 이루어질 때 생산가능곡선이 곡선의 형태를 지니는 이유는 자본투입량이 늘어날 때 노동투입량이 일정하므로 한계생산체감의 법칙이 성립하기 때문이다.[3)]

그렇다면 생산가능곡선 중 어느 점에서 투자와 다음 기 생산량이 결정될 것인가? 생산자의 입장에서 생각하면 양 기간에 걸친 생산물의 현재가치를 극대화하는 것이 가장 바람직하다. 즉, 생산균형은 이자율이 r로 주어졌을 때 아래와 같이 정의된 생산물의 총가치(V)를 만족시키는 점에서 결정된다.

$$V = Y_t + Y_{t+1}/(1 + r) \tag{14-9}$$

3) 이번 기 자본이 완전히 소모되고, 다음 기 자본투입량이 이번 기 투자량에 의하여 결정된다면 생산곡선 모양은 일반적인 생산가능곡선처럼 수직선 부분이 생략된 곡선 부분만으로 구성된다. 씨감자가 이 같은 예에 해당된다. 가을에 수확된 감자는 일부 소비되고 나머지는 다음 기 파종을 위하여 남겨지게 되는데, 이는 투자라 간주할 수 있다.

[그림 14-3]에서 최적투자와 이에 따른 다음 기 생산량을 표시하는 Q점은 생산가능곡선이 기울기가 $-(1+r)$인 직선과 접하는 점이다.[4] 한편, 식 (14-9)의 V는 양 기간 중 생산물의 현재가치로서 국민경제 전체 소득의 합계이다. 주어진 국민소득 예산제약하에서 효용을 극대화하는 점은 C점이다. Q점과 C점으로부터 각기의 저축은 생산과 소비의 차이로 정의할 수 있다.

$$S_1 = Y_1 - C_1 \tag{14-10}$$

$$S_2 = Y_2 - C_2 \tag{14-11}$$

그렇다면 자본흐름은 저축과 어떻게 연결되는가? 투자가 없을 경우에 각기의 순자본흐름은 저축과 동일하였다(식 (14-4)와 식 (14-5)). 그런데 투자가 이루어질 때는 반드시 그렇지 않다. [그림 14-3]에서 이번 기에는 생산보다 소비가 크기 때문에 차입이 필요한데, 여기에다가 투자가 이루어진다면 그만큼 추가적인 재원조달이 필요하다. 따라서 소비와 투자가 소득을 초과하는 만큼 자본유입이 필요하다. 그림에서 CE는 자본유입의 크기를 나타낸다.

$$KA_1 = C_1 - (Y_1 - I_1) \tag{14-12}$$

다음 기에는 이번 기 차입의 원리금을 상환하여야 한다. 즉, $(1+r)CE$만큼 자본유출이 발생하게 된다. 2기간 모형에서는 1기에는 다음 기 생산을 위하여 투자를 하지만, 2기에는 더 이상 투자가 이루어지지 않는다($I_2 = 0$).

$$KA_2 = Y_2 - C_2 \tag{14-13}$$

투자가 이루어지는 경제에서 이자율의 변화는 경제균형에 어떠한 영향을 미치는가? 저축이 이자율의 변화에 어떻게 반응하는지는 앞에서 설명한 바와 같다. 한편, 투자는 이자율과는 반비례한다. 이자율이 증가할수록 투자의 기회비용이 증가하기 때문에 투자는

4) 식 (14-9)를 다시 정리하면 $Y_{t+1} = -(1+r)Y_t + V(1+r)$이 된다. 생산가능곡선상의 수많은 점들을 지나는 기울기가 $-(1+r)$인 직선 중 생산가능곡선과 접하는 직선, 즉 접선의 경우 V의 값이 최대가 된다.

| 그림 14-4 | 이자율 변화와 투자 및 저축의 변화

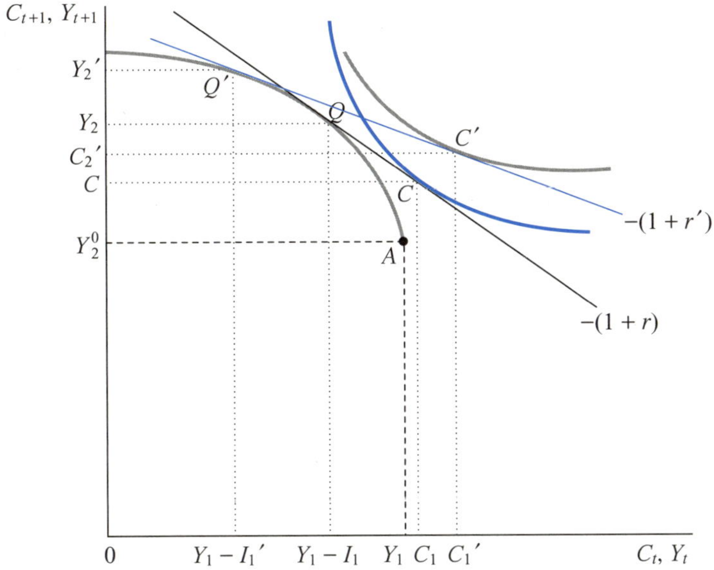

감소하고, 반대로 이자율이 낮아질수록 투자가 증가하기 때문이다.

[그림 14-4]는 이자율이 감소하였을 경우를 분석하고 있다. 이자율이 r에서 r'으로 낮아지면, 생산가능곡선과 기울기가 완만해진 접선이 만나는 점은 Q'과 같아진다. 따라서 투자가 증가하고 Y_2도 증가함을 보여주고 있다. 한편, 소비균형은 예산제약식의 기울기가 완만함에 따라 C'으로 이동한다. 이에 따라 현재 기의 소비(C_1')가 증가하고 저축(S_1)은 감소한다. 그리고 투자가 I'으로 증가하므로 자본유입규모($C_1' + I_1' - Y_1$)도 증대한다.

2. 소규모개방경제와 대부자금시장

(1) 대부자금시장모형

대부자금시장은 자금에 대한 수요와 공급이 이루어지는 시장이다. 자금의 공급과 수요는 이자율에 따라 영향을 받게 되는데, 자금의 공급량은 이자율에 비례하고 자금의 수요량은 반비례한다.

그렇다면 자금의 공급이란 어떻게 발생하는가? 이는 가계나 기업, 또는 정부의 저축이 은행에 예금이 되어서 다시 가계, 기업 및 정부에 대출이 되거나 또는 채권과 주식 구입에 사용된다. 따라서 민간부문과 정부부문의 저축이 자금의 공급원이 된다고 할 수 있다.

$$L^S = NS = S + (T - G) \qquad (14\text{-}14)$$

한편, 자금에 대한 수요는 가계의 소비나 기업의 투자용도 때문에 발생하게 된다. 소비를 위한 가계대출이 이루어지는 경우는 그만큼 민간부문 전체의 저축이 감소한 것으로 볼 수 있기 때문에 기업의 투자자금 융통이 자금에 대한 주된 수요가 된다고 볼 수 있다.

$$L^D = I \qquad (14\text{-}15)$$

[그림 14-5]는 대부시장, 즉 자금의 대출과 차입이 이루어지는 시장을 나타내고 있다. 위에서 설명한 바와 같이 자금의 공급선은 저축, 자금의 수요선은 투자이다. 폐쇄경제의 경우 이자율은 자금의 수요와 공급이 균형이 되도록 결정된다. 즉, NS곡선과 I곡선이 만나는 A점에 상응하는 r_c가 균형이자율이 된다.

이제 자본시장이 개방된 개방경제에 대하여 살펴보자. 자본시장이 개방되면 국내이자율은 국제이자율과 같아진다. 만약에 자본시장이 개방되기 이전보다 이자율이 낮아지게 되면 그림에서 보는 바와 같이 저축은 감소하고, 투자는 증가하여 자금에 대한 초과수요

| 그림 14-5 | 대부시장과 균형이자율

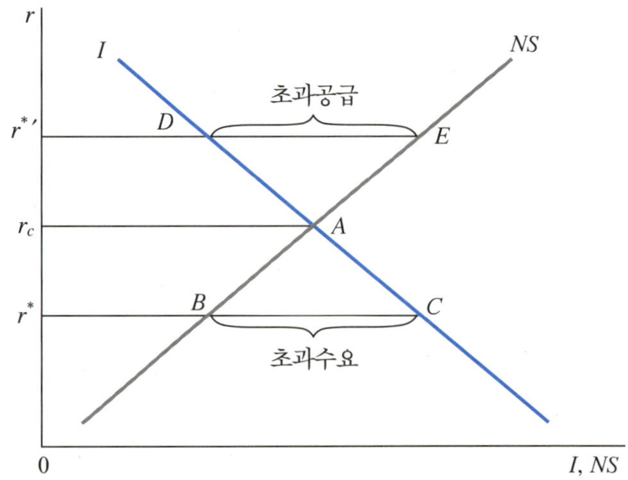

가 발생하게 된다. 따라서 자금의 초과수요분(BC)만큼 자본유입이 발생하게 된다. 반대로 자본시장개방으로 국내금리가 상승하게 되면 저축이 증가하고 투자가 감소하여 자금의 초과공급이 발생하게 된다. 이 경우 DE만큼 자금의 해외유출이 발생하게 된다. 자본이동, 즉 민간부문의 자본순유입(KA)은 결국 대부자금의 수요와 공급의 차이에 의하여 결정된다고 볼 수 있다.

$$KA = I - S - (T - G) \tag{14-16}$$

식 (14-16)으로부터 자본이동이 경상수지와는 동전의 양면과 같은 관계를 맺고 있음을 알 수 있다.

$$CA = Y - C - I - G = (S - I) + (T - G) = -KA \tag{14-17}$$

따라서 개방경제에서 대부자금시장의 균형조건은 다음과 같이 나타낼 수 있다.

$$S + (T - G) = I + CA = I - KA \tag{14-18}$$

이해를 돕기 위하여 〈표 14-1〉과 같이 가상적인 소규모개방경제에 대하여 고려하여 보자. 국민소득의 크기는 21로 일정하고 정부지출과 조세는 각각 4와 1로 주어졌다고 가

표 14-1 소규모개방경제와 자본이동

	이자율		
	2%	4%	6%
국민소득(Y)	21	21	21
정부지출(G)	4	4	4
민간소비(C)	15	13	11
투자(I)	6	4	2
경상수지($X - M$)	−4	0	4
민간저축(S)	5	7	9
조세(T)	1	1	1
국민저축($NS = S + T - G$)	2	4	6
민간부문 자본순유입($KA = I - NS$)	4	0	−4

정하자. 민간소비와 투자는 이자율에 따라 변하게 된다. 이자율이 2%일 때 경상수지(= $X - M$)는 −4가 된다. 이는 자금에 대한 수요, 즉 투자가 자금의 공급, 즉 국민저축보다 크다는 것을 의미하는데, 확인해 보면 투자는 6, 국민저축은 2이므로 이에 부합된다. 그리고 대부자금시장에서는 초과수요만큼 자본유입이 발생하게 되는데, 이는 자본흐름이 4라는 것에서 확인된다. 자본흐름과 경상수지의 합은 0이 된다.

이자율이 4%로 증가하게 되면 민간저축은 7, 정부저축은 −3이 되므로 국민저축은 4가 되는데, 이는 투자크기와 일치한다. 이때 경상수지와 자본이동 둘 다 0의 값을 갖게 된다. 이자율이 6%로 증가하였을 때는 대부자금의 공급이 대부자금의 수요를 초과하게 되므로 자본유출이 발생한다. 종합하면 자본유입은 대부자금시장에서의 초과수요를 반영한다고 하겠다.

(2) 자본이동의 변화

1) 실물부문의 충격

대부자금시장모형을 이용하여 경제에 충격이 발생하였을 때 자본이동에 어떠한 변화가 발생하는지를 분석할 수 있다. 우선 석유파동이나 재해와 같은 일시적 공급충격이 발생하였다면 자본이동에 어떠한 영향을 줄지 분석하여 보자.

원유가격이 급등하게 되면 국민소득이 감소하게 된다. 일시적인 충격으로 인하여 이번

| 그림 14-6 | 원유가격 급등의 효과

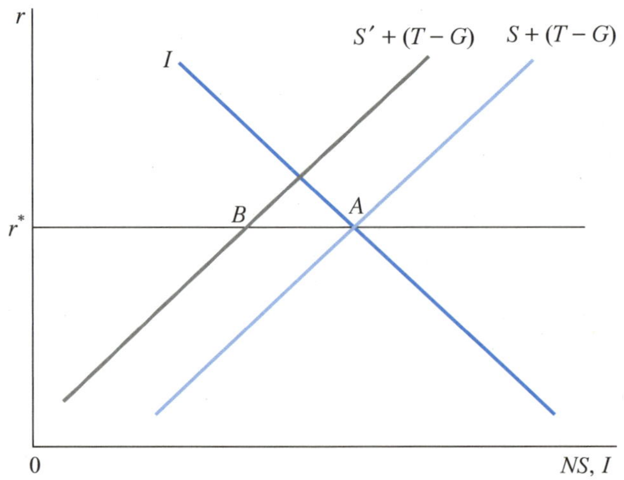

기 소득이 감소하게 되면 소비자들은 다음 기에 다시 소득이 회복될 것이라고 예상하기 때문에 소비를 줄이기보다는 저축을 줄이려 할 것이다. 한편, 투자는 영향을 받지 않는다. 따라서 국민저축은 감소하고 투자는 그대로 있기 때문에 순자금공급량은 감소하게 된다.

[그림 14-6]은 이상의 논의를 잘 보여준다. 균형은 자금에 대한 수요(I)와 자금의 공급($S+T-G$)이 만나는 점에서 결정된다. 최초균형을 A라고 하면, 자본이동은 발생하지 않는다. 일시적으로 부정적인 공급충격이 발생하면 국민저축(NS)이 감소하므로 AB만큼의 자본유입이 발생하게 된다. 충격의 크기가 크면 국민저축의 감소폭이 커서 자본유입의 크기는 증가하게 될 것이다.

2) 투자인센티브의 강화

정부가 민간투자를 확대하기 위하여 투자비용에 대한 법인세감면혜택을 확대하였다고 가정하자. 투자인센티브의 강화는 투자의 확대를 가져오기 때문에 자금에 대한 수요가 증가하게 된다. [그림 14-7]에서 최초균형(A)에서는 국내자금 수요량과 공급량이 같기 때문에 자본이동의 크기는 0과 같다. 투자수요가 늘게 되면 투자가 국민저축을 상회하게 되어 자본유입이 발생하게 된다(BA). 여기에다가 조세혜택을 강화한 결과 전체 조세수입 T가 감소하게 된다면, 자금공급($S+T-G$)이 감소하게 되어 이같은 현상이 더욱 가중될 것이다(BC).[5)]

| 그림 14-7 | 투자인센티브 강화의 효과

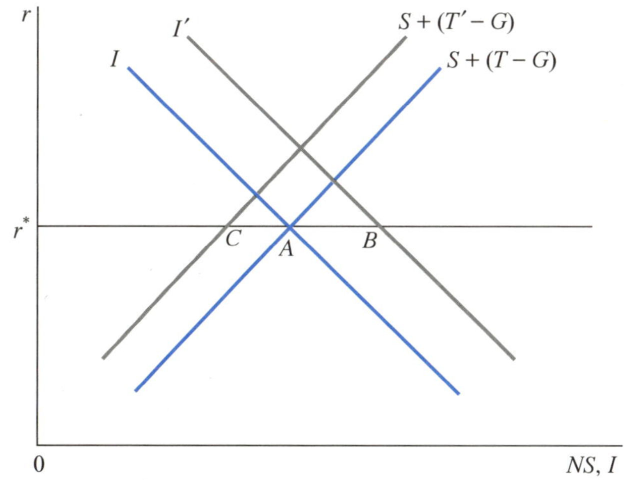

5) 조세수입이 증가하면 재정수지가 악화되고, 이는 결국 재정지출의 감소나 조세증대를 통하여 해결될 수밖에 없을 것이다. 여기서는 이러한 정부의 예산제약은 고려하지 않는다.

3) 재정적자의 확대

재정적자는 정부지출이 정부수입(조세)보다 과다할 때 발생한다($G - T > 0$). 조세의 크기는 일정한데 정부가 지출을 늘리게 되면 자본이동에는 어떠한 영향을 주게 되는가? 재정적자가 확대되면 국민저축이 감소하게 되고, 이는 대부자금공급의 감소를 의미하게 된다. 따라서 [그림 14-8]에서 보는 바와 같이 AB만큼의 자본유입이 발생하게 될 것이다.

만약 정부지출의 크기는 일정한 상태에서 조세수입이 줄어들어서 재정적자가 늘게 되면 어떠한 현상이 발생할 것인가? 얼핏 생각하면 그 효과는 정부지출이 늘어난 경우와 동일할 것이라고 생각될 것이다. 그러나 양자 간에는 미묘한 차이가 있는데, 이는 정부도 가계와 마찬가지로 기간 간 예산제약하에 놓여 있다고 가정하는 경우 명확하게 드러난다.

전체 소비자의 예산제약 식 (14-19)는 양 기간에 걸친 소비의 현재가치가 양 기간 가처분소득의 현재가치와 같아야 한다는 것이다. 정부의 예산제약 식 (14-20) 역시 양 기간의 정부지출의 현재가치는 양 기간 중 정부수입의 현재가치보다 클 수 없다.

$$C_t + C_{t+1}/(1 + r) = (Y_t - T_t) + (Y_{t+1} - T_{t+1})/(1 + r) \tag{14-19}$$

$$G_t + G_{t+1}/(1 + r) = T_t + T_{t+1}/(1 + r) \tag{14-20}$$

정부가 명시적으로 주어진 예산제약을 따르고, 가계가 이러한 사실을 알고 있다고 하자. 그렇다면 소비자는 정부가 얼마나 세금을 거두어갈지를 고려하여 가처분소득의 크기를 따져본 후 자신의 소비를 결정하게 될 것이다. 정부의 예산제약을 고려한 소비자의 예산제약 식은 다음과 같다.

$$C_t + C_{t+1}/(1 + r) = Y_t + Y_{t+1}/(1 + r) - [G_t - G_{t+1}/(1 + r)] \tag{14-21}$$

흥미로운 점은 식 (14-21)의 우변에 조세(T_1, T_2)가 존재하지 않는다는 것이다. 즉, 소비자들에게는 정부지출의 크기가 문제가 될 뿐 세금의 기간 간 배분은 문제가 되지 않는다. 그렇다면 이번 기와 다음 기 정부지출의 현재가치가 일정한 이상, 현재 세금을 감면해 준다 하더라도 소비결정에는 아무런 영향을 주지 못하게 된다. 이 경우 [그림 14-8]의 최초균형(A)에는 아무런 변화가 발생하지 않는다.

| 그림 14-8 | 정부지출의 확대효과

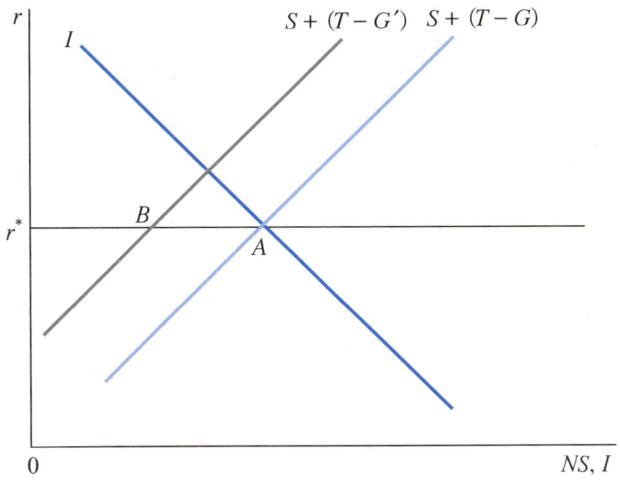

$$NS_t = S_t + (T_t - G_t) = (Y_t - T_t - C_t) + (T_t - G_t) = Y_t - C_t - G_t \quad (14\text{-}22)$$

정부지출의 크기가 일정하다면 조세의 시점은 자원배분에 영향을 주지 못한다는 주장을 리카도의 동등성 정리(Ricardian equivalence theorem)라고 한다. 이는 정부지출이 일정하다면 세금을 줄이고 채권발행을 통하여 재원을 조달하더라도 가계의 의사결정이나 대부자금시장균형에는 아무런 영향을 미치지 못한다는 것이다.[6)]

3. 국제대부자금시장과 자본이동

(1) 거대개방경제와 국제자본시장

앞 절에서는 자본시장이 개방될 때 국제금리는 주어진 것으로 간주하였다. 그러나 해당 경제가 경제규모가 크고 국제금융시장에서 차지하는 비중이 큰 경우에는 이 국가의 자금 수요 또는 공급이 국제금리에 무시하지 못할 정도의 영향을 미칠 것이다. 이하에서

6) 이 문제는 하버드대학의 배로우(R. Barro) 교수에 의하여 새로운 조명을 받았다. 그러나 정작 리카도는 조세와 채권발행의 동일성을 믿지 않았다고 한다. 그는 재정적자가 커지게 되면 세금부담이 늘어날 것을 우려하여 노동과 자본이 해외로 빠져나가게 될 것이라고 경고하였다.

| 그림 14-9 | 2국 개방경제하에서 자본유출국과 자본유입국

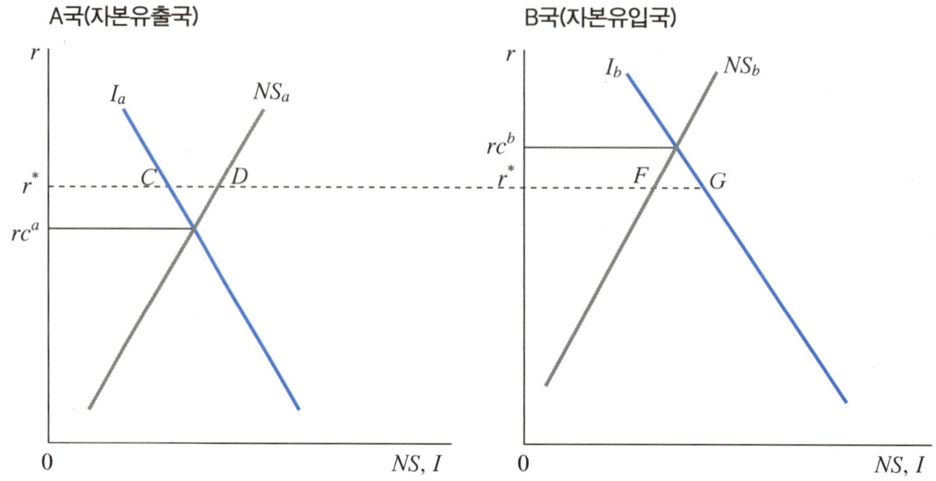

는 세계경제가 2개의 거대개방경제로 구성되었다고 가정하고 국제금리가 어떻게 결정되는지 살펴보도록 하자.

[그림 14-9]는 *A*, *B* 2국의 대부자금시장을 보여준다. 폐쇄경제라면 자본이동이 이루어질 수 없기 때문에 각국의 금리는 대부자금시장의 균형을 이루는 수준에서 결정될 것이다(rc^a와 rc^b). 이제 양국 모두 자본시장을 개방한다고 하자. 폐쇄경제하에서 *B*국의 금리가 *A*국보다 높았기 때문에 자본은 *A*국에서 *B*국으로 흘러가게 될 것이다. *A*국으로부터의 자본유출은 국내대부자금의 수요보다 공급량이 많기 때문에 가능한데 유출량은 자금의 초과공급량과 동일하다. 한편, *B*국의 경우에는 대부자금에 대한 초과수요만큼 자본이 유입된다고 볼 수 있다. 국제자본시장의 균형은 *A*국의 초과자금공급량과 *B*국의 초과자금수요량이 일치할 때 이루어진다. 국제금리 r^*란 이러한 의미에서 국제자본시장의 균형금리라고 하겠다.

(2) 국제금리의 변화

거대개방경제모형을 이용하면 국제금리의 변화를 예측할 수 있다. 한 예로 자본유입국에서 새로운 사회간접자본투자를 추진한다고 하자. [그림 14-10]에서 볼 수 있는 바와 같이 자본유입국에서는 대부자금에 대한 수요가 증가하게 되면 자금의 초과수요는 더욱 증가하게 된다. 따라서 국제자본시장에서 금리가 올라가게 됨에 따라 국제금리가 증가하

| 그림 14-10 | 자본유입국의 투자증가와 국제금리 변화

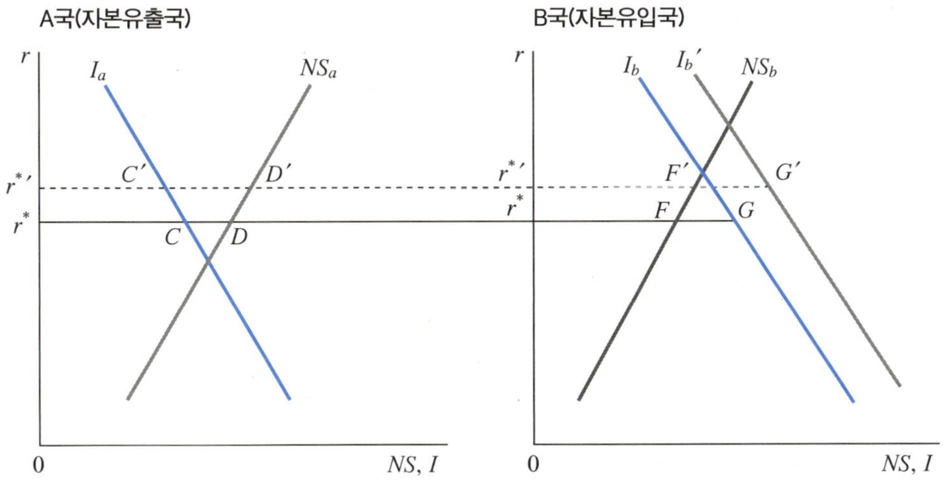

면 자본유출국에서는 대부자금의 공급이 늘고 수요는 감소하면서 초과공급이 늘어나게 된다. 결국 국제자본시장에서 자금의 수요와 공급이 일치하는 수준에서 국제금리는 결정될 것이다($r^{*\prime}$).

만약에 자본유출국에서 투자가 증가하면 국제금리는 어떻게 변하겠는가? [그림 14-10]에서 왼쪽이 자본유출국이다. 따라서 자본유출국의 투자증가는 대부자금수요의 증가(I_a곡선의 우향이동)를 의미하고, 현재 국제금리(r^*)하에서 자금의 초과공급은 줄어들 것이다. 국제자본시장에서는 주어진 금리수준에서 자금에 대한 수요(B국의 초과수요)는 일정한데 자금의 공급(A국의 초과공급)이 감소하였으므로 자금의 초과수요가 발생할 것이다. 따라서 이 경우에도 국제금리는 증가할 것이다.

4. 자본이동의 사회적 후생효과

(1) 자본유입의 효과

자본이동이 없는 폐쇄경제에서는 국민경제 전체로 볼 때 현재 기의 저축과 투자가 일치하여야 한다. 자본시장이 개방되게 되면 국내이자율과 국제이자율과의 차이에 의하여 자본이동이 발생하게 된다. 이제 자본이동이 국민경제의 후생에 어떠한 영향을 미치는지

| 그림 14-11 | 폐쇄경제하의 생산, 투자와 소비균형

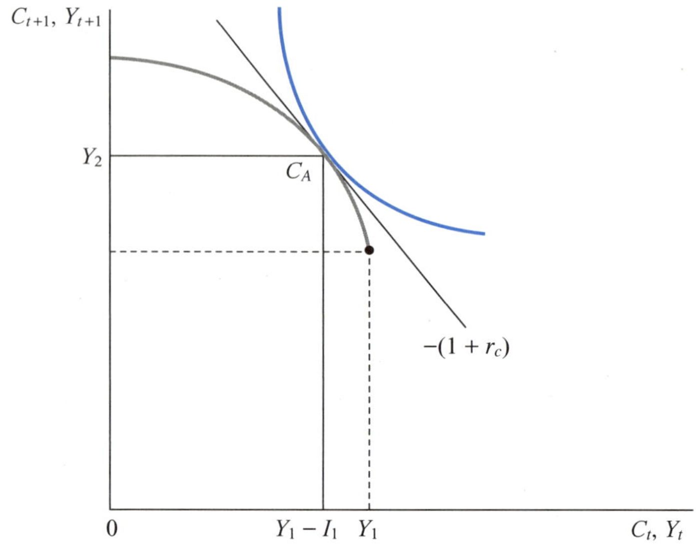

를 분석하여 보자. 이때 자본 유입이나 유출은 국제자본시장에 영향을 미칠 정도로 크지 않은 소규모개방경제를 가정한다.

자본시장의 효과를 분석하기 위하여 우선 개방되기 이전의 폐쇄경제의 균형을 살펴보면 [그림 14-11]에서 보는 바와 같다. 논의의 편의상 정부부문은 생략하도록 한다($G = T = 0$). 자본이동이 없다는 말은 현재 기의 국민저축과 투자가 일치한다는 것을 의미한다. 따라서 경상우선수지 역시 0이 된다.

$$S_t = I_t \quad (14\text{-}23.1)$$

$$CA_t = Y_t - C_t - I_t = 0 \quad (14\text{-}23.2)$$

다음 기에는 투자가 이루어지지 않고 저축도 없다. 소비는 소득과 같다.

$$S_{t+1} = 0 \quad (14\text{-}24.1)$$

$$CA_{t+1} = Y_{t+1} - C_{t+1} = 0 \quad (14\text{-}24.2)$$

| 그림 14-12 | **자본유입과 사회적 후생의 변화**

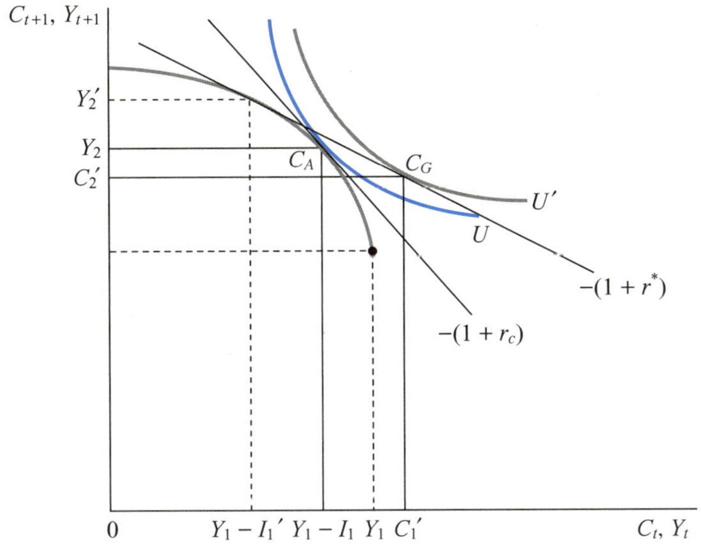

이제 자본시장개방의 효과에 대하여 분석하여 보자. 자본시장이 개방되기 이전 국제자본시장에서의 균형이자율이 국내보다 낮았다면 자본유입이 발생할 것이다. 해당 경제가 소규모경제라면 자본유입의 규모가 국제적인 관점에서 보면 그다지 크지 않기 때문에 국제이자율은 변하지 않을 것이다. 따라서 국내금리가 국제금리수준으로 낮아질 때까지 자본유입이 발생할 것이다.

[그림 14-12]는 자본유입에 따른 새로운 균형을 보여주고 있다. 이자율은 r_c에서 r^*로 하락하였고, 이에 따라 생산가능곡선에 접하는 접선의 기울기도 완만해진다. 개방에 따른 생산균형은 어떻게 변하는가? 이자율이 하락하였기 때문에 투자는 증가할 것이고, 따라서 다음 기의 소득(Y_2)도 증가하게 될 것이다. 한편, 소비의 경우에는 이자율이 하락하였기 때문에 이번 기 소비가 증가하게 된다. 소비가 증가하면 저축이 감소하게 되므로 투자재원을 충당하려면 외부로부터의 차입이 불가피하게 된다. 따라서 투자와 저축의 갭을 반영하는 자본흐름은 양의 값을 기록하게 될 것이다. 다시 말하자면 유입된 자본은 소비증가와 투자증가의 재원으로 사용된다.

$$KA_t' = -CA_t = -(Y_t - C_t' - I_t') = I_t' - S_t' \qquad (14\text{-}25)$$

[그림 14-12]에서 주목할 점은 사회적 후생수준을 나타내는 사회무차별곡선이 원점에서 멀어지는 방향으로 이동하게 된다는 사실이다($U \rightarrow U'$). 이는 사회적 후생이 증가함을 의미한다. 자본시장이 개방되어 자본이 유입되면 이자율이 감소하게 된다. 이에 따라 투자가 증가하고, 저축은 감소하게 된다. 소비가 늘고 저축이 감소하였는데 투자가 증가하였으므로 이에 필요한 재원은 외국으로부터의 차입으로 충당될 것이다. 다음 기에 원리금을 갚는다고 해도 이전보다 이자율이 낮아졌기 때문에 국민경제 전체적으로 보면 이득이라고 볼 수 있다. 그 결과 사회적 후생은 증가하게 된다.

(2) 자본유출의 효과

자본시장개방으로 인한 이득은 자본의 유입국에서만 발생하는 것은 아니다. 자본이 유출되는 국가의 입장에서도 자본의 이동은 바람직하다. [그림 14-13]은 폐쇄경제의 이자율이 국제이자율보다 낮은 외국의 경우를 나타내고 있다. 본국과 달리 외국의 경우에는 폐쇄경제하의 금리가 더 낮다면, 자본시장이 개방되면 금리가 높은 해외로 자본이 유출되게 된다. 한편, 금리가 올라가기 때문에 투자는 감소하고 저축($Y_1 - C_1'$)은 증가하게 된다. 따라서 남아돌아가는 자금이 해외의 높은 이자율을 겨냥하여 유출되게 된다.

그렇다면 외국의 사회적 후생은 어떻게 변하는가? 그림에서 볼 수 있는 바와 같이 자

| 그림 14-13 | 자본유출과 사회적 후생의 변화

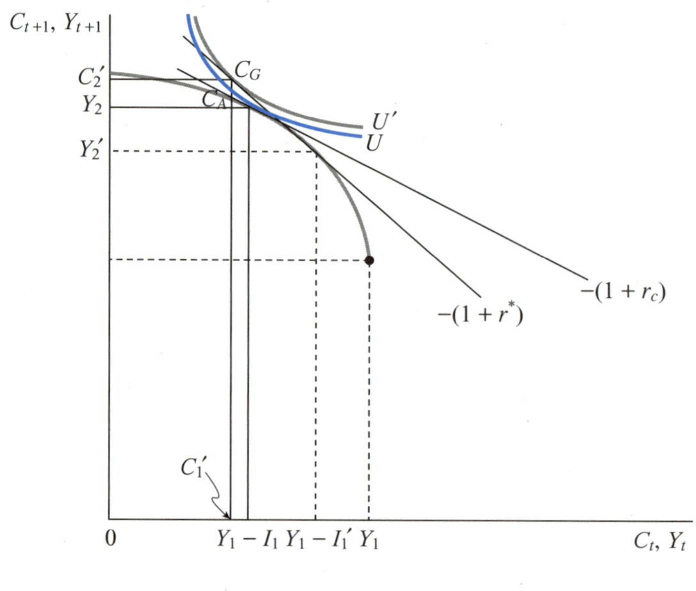

본이 유출되는 외국의 경우에도 무차별곡선이 원점에서 멀어지고, 사회적 후생은 증가하게 된다. 이자율이 낮은데 굳이 국내에 투자하기보다는 해외에 자금을 대부하게 되면 높은 이자를 받게 되므로 소비자들은 보다 높은 소득의 혜택을 누릴 수 있다. 결국 자본이동은 양국 모두의 사회적 후생을 증가시키는 효과를 가져오게 된다.

부록 펠트쉬타인-호리오카 가설

자본시장이 폐쇄되어 있다면 국내금리는 투자와 국민저축에 의하여 결정되기 때문에 각국의 금리는 상당한 격차를 보이게 될 것이다. 그러나 자본시장이 개방되어 있고 국제자본이동이 활발하다면 국내금리와 국제금리는 수렴하게 될 것이다. 또한 투자나 저축의 변화에 따른 대부자금시장에서의 초과수요나 초과공급의 변화는 국내금리를 변화시키기보다는 해외로부터의 자본유입 또는 자본유출의 변화를 가져오게 될 것이다. 1980년 하버드대학교의 펠트쉬타인(M. Feldstein)과 호리오카(C. Horioka)는 이러한 점에 주목하여 투자와 저축의 상관관계가 낮을수록 국제자본시장과의 통합도가 크다는 것을 시사한다고 주장하였다.

펠트쉬타인과 호리오카는 1960~74년 기간 중 OECD 국가들을 대상으로 투자에 미치는 국민저축의 영향을 분석하였는데, 놀랍게도 그 수치는 90%에 가까운 것으로 나타났다. 일반적으로 OECD 국가들 간 자본시장통합도는 상당히 높다고 알려져 있었는데, 이러한 실증분석결과는 예상을 뒤엎는 것이어서 그 해석을 두고 상당한 논쟁을 불러일으켰다.[7)]

펠트쉬타인-호리오카 가설에 대한 비판론은 저축과 투자가 제3의 요인에 의하여 동시에 영향을 받을 수 있다는 점을 무시하였다는 점을 강조하고 있다.

첫째, 경상수지 적자가 상당기간 지속될 경우 정부는 재정정책이나 통화정책을 사용하여 이를 해소하려는 경향이 있다. 이러한 정책개입의 결과 저축과 투자는 장기적으로 균형을 이루는 것처럼 보인다.

둘째, 국제적으로 신용도가 뛰어난 기업들이 아니라면 자본시장접근이 완전하지 않기

7) M. Feldstein and C. Horioka(1980), "Domestic Saving and International Capital Flows," *Economic Journal* 90(358), 314~329.

때문에 실제 투자재원 중 상당부분은 사내유보로 충당되는 경우가 많다. 국민저축에서 차지하는 기업저축의 비중이 상당히 큰 것을 감안하면 국제자본이동이 자유롭더라도 국민경제 전체의 투자는 국내저축에 의하여 영향을 받을 수밖에 없다.

셋째, 기술진보로 인하여 자본의 한계생산물이 증가하면 투자가 증가한다. 다른 한편으로, 기술진보는 경제성장을 촉진하고 소득의 증가는 저축을 증가시킬 것이다. 따라서 경제성장률이 높아지면 투자와 저축이 동시에 증가하는 현상이 나타나게 될 것이다.

넷째, 거대개방경제의 경우 투자수요가 증가하게 되면 국제금리를 상승시킬 것이고, 이는 다시 국내저축을 증가시킬 것이다. 따라서 투자와 저축은 자본이동이 활발하더라도 상관관계가 높게 나타난다.

펠트쉬타인-호리오카 가설에 대한 논쟁은 아직 완전히 해결된 것은 아니다. 예를 들어 1990년대에 대한 실증분석결과는 투자와 국민저축 간 상관관계가 여전히 통계적으로 유의하다는 것을 보여주기도 한다. 그러나 미국의 경우 1990년대 초부터 경상수지 적자가 확대되고 순자본유입국으로 바뀌면서 저축과 투자 간의 상관관계가 약화되었다는 반론도 만만치 않다. 전 세계적으로 1990년대에 들어오면서 자본자유화가 본격적으로 이루어지고 국제자본시장의 통합이 크게 증가하였다는 사실을 고려한다면 이러한 논쟁은 좀 더 두고 볼 필요가 있을 것이다.

요약

1. 자본시장이 개방되면 자본이 풍부한 국가에서 자본이 부족한 국가로 은행대출이나 주식 및 채권투자와 같은 형태로 자본이동이 발생한다.

2. 매 기간 소득이 일정하게 주어진 기간 간 선택모형에서는 국민경제 전체의 현재소비보다 현재소득이 큰 경우 해외로 자본이 유출되고, 다음 기에는 원리금만큼 자본이 유입된다. 반대로 현재소비가 현재소득보다 큰 경우에는 자본유입이 발생하며, 다음 기에는 원리금만큼 자본유출이 발생한다.

3. 투자가 이루어지는 기간 간 선택모형에서는 소비와 투자의 합과 소득 간의 차이에 의하여 자본흐름의 방향이 결정된다.

4. 소규모개방경제의 경우 자본시장이 개방되면 국내이자율과 국제이자율이 같아질 때까지 자본이동이 발생한다. 폐쇄경제와 비교하여 이자율이 내려가면 저축이 감소하고 투

자가 증가하기 때문에 자금에 대한 초과수요가 발생하고 자본유입이 발생한다. 반대로 자본시장의 개방결과 이자율이 올라가면 자금에 대한 초과공급이 발생하고 자본유출이 이루어진다.

5. 국제이자율은 거대개방경제들의 자금시장이 서로 연결되어 있는 국제대부자금시장에서 결정된다. 자급자족상태의 국내이자율과 비교하여 국제금리가 높은 경우에는 자본유출이, 그리고 반대의 경우에는 자본유입이 발생한다. 국제이자율은 국제대부자금시장에서 자금의 수요와 공급이 일치할 때 결정된다.

6. 자본시장이 개방되면 이전과 비교하여 사회적 후생이 증가한다. 즉, 자본유입으로 이번 기 소비와 투자를 감당하고 다음 기에 원리금을 갚는 경우 국민경제 전체적으로는 이득이 된다. 자본유출국의 경우 이자율이 낮은 국내보다 해외에 투자함으로써 보다 높은 소득수준에 도달할 수 있기 때문에 사회적 후생은 역시 증가한다.

주요 용어

- 기간 간 선택모형
- 자본순유입
- 대부자금시장모형
- 자본이동의 사회적 후생효과
- 최적소비
- 최적투자
- 리카도의 동등성 정리
- 펠트쉬타인-호리오카 가설

연습문제

01 소득흐름이 일정하게 주어진 다기간 선택모형을 이용하여 다음 각 충격이 이번 기와 다음 기 소비, 그리고 자본이동에 어떠한 영향을 미치는지 설명하라(폐쇄경제하의 이자율이 국제이자율보다 높다고 가정).

① 다음 기 예상소득 증가
② 국제이자율의 상승
③ 정부지출의 감소

02 위 문제에서 자급자족하의 이자율이 국제이자율보다 낮은 경우를 상정하고 개별 충격의 영향에 대하여 설명하라.

03 "정부지출이 일정하다면 조세의 시점은 자본이동에 영향을 주지 못한다."에 대해 논평하라.

04 다음 각 충격이 국제이자율에 어떠한 영향을 미치는지 국제대부자금시장모형을 이용하여 설명하라.

① 자본유입국인 중국의 자금수요 감소
② 자본유출국인 미국의 자금공급 감소
③ 글로벌 금융위기의 지속으로 해외투자의 위험도 증가

05 거대개방경제와 소규모개방경제가 국제대부자금시장에서 거래를 한다고 하자.

① "소규모개방경제는 자본시장개방으로 사회적 후생이 증가한다."에 대해 논평하라.
② "거대개방경제는 자본시장개방으로 사회적 후생이 증가한다."에 대해 논평하라.

06 "투자와 저축의 상관관계가 낮을수록 국내자본시장과 국제자본시장 간 통합도가 크다."에 대해 논평하라.

제 15 장

개방경제와 경제성장

1. 총공급과 완전고용생산량
2. 경제성장의 기본모형
3. 자본이동과 경제성장
4. 금융개방이 경제성장에 미치는 효과

경제성장(economic growth)은 장기에 걸친 경제규모의 증가를 의미한다. 또한 경제성장률은 국민경제 전체의 총체적 경제활동이 일정기간 동안 얼마만큼 빠른 속도로 증가하고 있는가를 의미한다. 경제성장률이 높다는 것은 국민들의 생활을 뒷받침하여 주는 소득수준이 그만큼 빨리 증가한다는 것을 의미한다. 오늘날 높은 소득수준을 보여주고 있는 선진국들은 개도국들보다 상당기간 동안 높은 경제성장률을 실현해 왔다고 유추해 볼 수 있다. 그러나 경제성장률이 높다고 해서 일인당 국민소득이 같은 속도로 증가한다는 것은 아니다. 만약 실질국민총생산의 증가보다 인구증가율이 더 빠르다면 일인당 국민소득은 오히려 감소할 수도 있다.

경제성장은 오랫동안 중요한 경제문제 중의 하나였다. 스미스(A. Smith)는 그의 저서 「국부론」에서 부유한 국가와 가난한 국가 간에는 어떠한 차이가 존재하는지를 규명하려고 노력하였다. 경제성장에 대한 관심은 1950년대 솔로우(R. Solow)에 의하여 재점화되었으며, 1980년대에는 루카스(R. Lucas)가 다시 한 번 이에 대한 경제학자들의 관심을 촉구한 바 있다.

경제성장을 결정하는 요인에는 여러 가지가 있다. 시장, 투자나 연구개발과 같이 눈에 드러나는 요인이 있는가 하면 제도, 정책이나 관행과 같이 눈에 보이지 않는 요인도 있다. 또한 수출이 성장을 이끌어간다는 주장이 있는가 하면, 금융발전이 경제발전의 선결조건이라는 주장도 있다. 이하에서는 경제성장의 지표가 되는 총공급이 어떻게 결정되고 어떠한 요인들에 의하여 변화하는가를 살펴본 후 경제성장에 대한 기본모형을 살펴보도록 한다. 이를 바탕으로 자본이동이 자유로운 개방경제하에서 성장의 작동원리가 어떻게 달라지는지를 분석한다. 또한 글로벌 금융위기 이후 관심이 높아지고 있는 금융시장개방의 경제성장에서의 역할에 대해서 검토하도록 한다.

1. 총공급과 완전고용생산량

(1) 총공급과 생산함수

총공급은 국민경제 전체에서 생산되는 최종 재화 및 서비스의 양을 합한 것을 의미한다. 개별 기업들은 자본과 노동이라는 생산요소를 사용하여 재화나 서비스를 생산한다. 총공급 역시 생산기술이 주어졌을 때 얼마만큼의 생산요소를 투입하는가에 따라 결정된다. 식 (15-1)은 총공급량(Y)과 생산기술 및 생산요소 간의 관계를 나타내는 생산함수를 보여준다.

$$Y = AF(L, K) \tag{15-1}$$

Y : 실질생산량
A : 총요소생산성
L : 노동투입량
K : 자본투입량

총공급량과 자본투입량 간의 관계는 [그림 15-1]과 같이 나타낼 수 있다. 이때 노동투입량은 노동시장에서 완전고용이 이루어졌을 때의 고용량($\bar{L}$)수준에서 일정하다고 가정한다. 자본투입량이 증가하면 총공급량도 증가한다. 하지만 한계수확체감의 법칙에 따라

| 그림 15-1 | 총공급과 자본투입

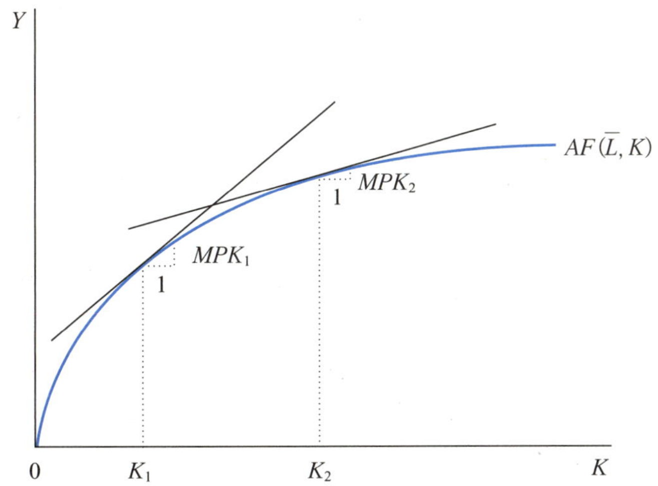

서 생산곡선에 대한 접선의 기울기는 점점 완만해진다. 다시 말해서 자본투입량이 증가할수록 자본의 한계생산물, 즉 투입량의 한 단위 증가에 따른 생산물의 증가분$\left(MPK = \frac{\Delta Y}{\Delta K}\right)$은 감소한다.[1)]

총공급량과 노동투입량 간의 관계도 위 경우와 유사하다. 자본투입량이 일정하다고 가정할 때 노동투입량이 증가하면 총공급량은 증가하게 된다. 하지만 노동의 한계생산물, 즉 노동투입량 한 단위 증가에 따른 총공급량의 증가량$\left(MPL = \frac{\Delta Y}{\Delta L}\right)$은 한계수확체감의 법칙 때문에 점차 줄어든다.

완전고용생산량이란 생산요소가 완전고용되었을 때의 총공급량을 의미한다.

$$Y^f = AF(\bar{L}, \bar{K}) \tag{15-2}$$

Y^f : 완전고용생산량
$\bar{L}$: 완전고용노동투입량
$\bar{K}$: 완전고용자본투입량

[그림 15-2]는 노동시장에서 완전고용이 이루어질 때 완전고용생산량이 어떻게 결정되는지를 보여준다. 우선 노동에 대한 수요 및 노동의 공급은 다음과 같이 결정된다.

$$L^D : W/P = MPL \tag{15-3}$$

$$L^S : W/P = MDU \tag{15-4}$$

식 (15-3)은 노동에 대한 수요는 실질임금(W/P)이 노동의 한계생산물과 같아지는 점에서 결정된다는 것을 나타낸다. 따라서 실질임금이 높을수록 노동의 한계생산물이 증가하여야 하는데, 이를 위해서는 노동에 대한 수요가 감소한다. 한편, 식 (15-4)는 노동의 공급이 노동의 한계비효용, 즉 추가적 노동공급으로 인한 노동자들의 고통이 실질임금과 같아지는 점에서 결정된다는 것을 나타낸다. 노동의 공급이 증가할수록 노동자들이 느끼는 고통은 증가하므로 이를 보상하려면 실질임금이 증가하여야 한다. 따라서 노동의 공급곡선은 우상향한다. 완전고용노동투입량은 노동의 공급과 노동의 수요가 같아지는 수준에서 결정된다($L = \bar{L}$).

1) 자본의 한계생산물은 자본투입이 한 단위 증가할 때 생산량이 얼마나 증가하는지를 나타내는데, 생산곡선에 대한 접선의 기울기를 그 어림치로 볼 수 있다($MPK_1 > MPK_2$).

| 그림 15-2 | 총공급과 노동시장

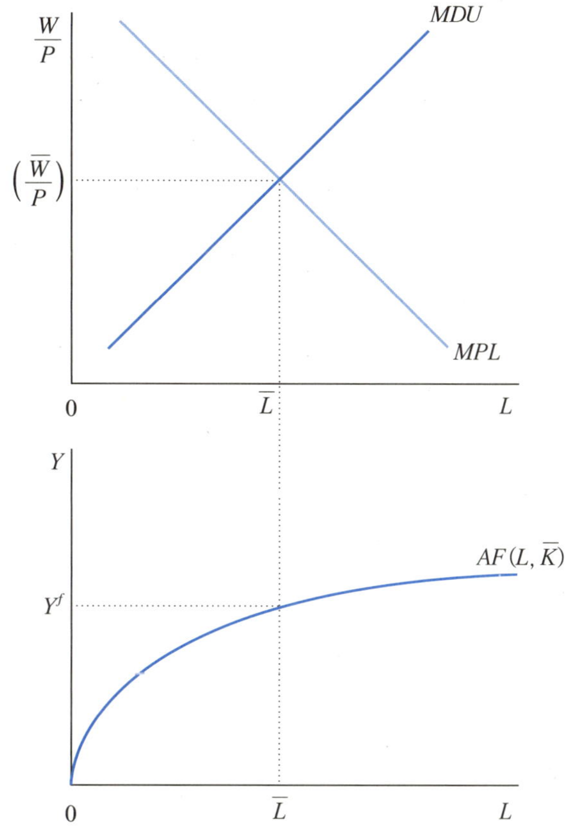

[그림 15-2]의 하단은 노동투입량이 완전고용수준일 때의 생산량, 즉 완전고용생산량(Y^f)을 보여준다. 한 가지 흥미로운 점은 완전고용생산량은 물가와 관련이 없다는 것이다. 노동시장에서는 완전고용이 되는 점에서 실질임금이 결정된다. 물가가 오를 때 같은 비율로 명목임금이 오른다면 실질임금은 변함이 없고 따라서 완전고용노동투입량에도 변함이 없다. 따라서 완전고용생산량 역시 물가변화에 영향을 받지 않는다.[2)]

(2) 총공급 충격의 효과

이제 기술변화나 원유가격 급등 또는 자연재해 등과 같은 부정적 공급 충격이 완전고

2) 물가와 장기총공급량 간의 관계를 나타내는 장기총공급곡선(*LRAS*)은 물가와 무관하다. 따라서 완전고용생산량(Y^f)수준에서 수직선으로 주어진다. 한편, 단기총공급량은 완전고용생산량과 일치하지 않고, 물가와 비례하여 우상향한다. 장기와 단기 총공급곡선에 대한 논의는 부록 참조.

용생산량에 미치는 영향을 분석하여 보자. 기술변화는 장기적으로 경제성장을 이끌고 가는 중요한 동력이다. 한편, 원유파동이나 자연재해는 일시적으로 총공급에 부정적인 영향을 미친다. 이하에서는 기술향상이 총공급에 미치는 영향에 대하여 살펴보도록 하자.

식 (15-2)에서 기술을 반영하는 총요소생산성(A)이 증가하면 주어진 노동 및 자본 투입량에 대한 생산량이 증가하게 된다. 그런데 총요소생산성이 증가하면 완전고용요소투입량도 증가하게 된다. 따라서 총요소생산성의 증가에 의한 직접적인 생산증가에 더하여 요소투입증가에 따른 추가적인 생산증가가 발생하게 된다.

[그림 15-3]은 새로운 기술개발로 총요소생산성(A)이 증가한 경우를 보여준다. 총요소생산성이 증가하게 되면 우선 노동시장에서 노동의 한계생산성이 증가하므로 기업의 노동수요곡선이 오른쪽으로 이동하게 된다. 이에 따라 실질임금이 상승하고 완전고용노동

| 그림 15-3 | 기술향상과 총공급의 변화

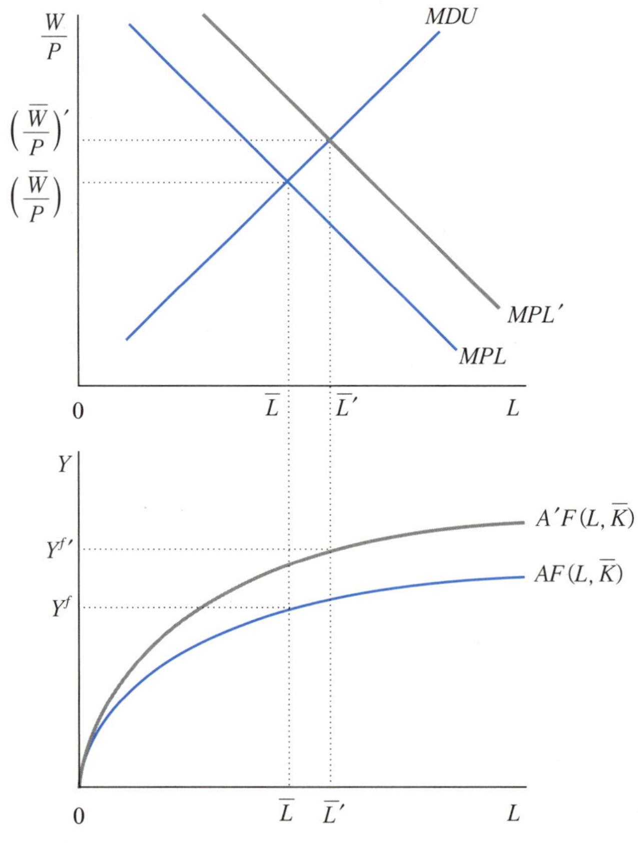

투입량은 증가하게 된다($\bar{L} \rightarrow \bar{L}'$).[3]

[그림 15-3]의 하단에서는 총요소생산성의 증가에 따라 생산곡선이 상향이동함을 보여준다. 따라서 기존의 노동투입량에 상응하는 생산량이 증가하게 된다. 그런데 기술이 향상되면 완전고용노동투입량이 증가하므로 생산곡선의 상향이동에 더하여 추가적인 생산증가효과가 나타난다. 따라서 완전고용생산량은 $Y^{f\prime}$수준으로 증가하게 된다.

2. 경제성장의 기본모형

(1) 신고전학파의 성장모형

경제성장은 오랫동안 경제학의 핵심적인 관심사가 되어 왔는데, 이를 현대적인 경제학 용어로 정리한 사람이 솔로우(R. Solow)이다. 솔로우의 성장모형은 완전고용을 가정하고, 저축 · 자본축적 및 성장 간의 관계를 간결하면서도 명쾌하게 규명하고 있다. 솔로우의 경제성장모형을 통하여 경제성장의 원천과 과정을 분석하고 정책적 시사점을 도출할 수 있다.[4]

솔로우 성장모형은 앞에서 살펴본 바 있는 생산함수로부터 출발한다. 식 (15-1)의 양변을 인구수(L)로 나누면 일인당 소득수준(Y/L)은 자본－노동비율(K/L)의 함수가 된다.[5]

$$Y/L = A \cdot F(1, K/L) = A \cdot f(K/L) \qquad (15\text{-}5)$$

이때 Y/L와 K/L를 각각 소문자 y와 k로 표시하면, 다음과 같아진다.

$$y = A \cdot f(k) \qquad (15\text{-}6)$$

3) 자본시장에서도 유휴자본이 있다면 자본의 한계생산성이 올라가면서 자본의 완전고용투입량이 증가할 것이다. 여기서는 유휴자본이 없기 때문에 자본의 투입량($\bar{K}$)에는 변함이 없다고 가정한다.

4) 솔로우는 경제성장에 대한 연구공로를 인정받아 1987년 노벨 경제학상을 수상하였다.

5) 생산함수는 1차동차함수라고 가정한다. 1차동차함수는 생산요소투입량을 λ배하였을 때 생산규모도 λ배되는 경우를 지칭한다.

$$\lambda Y = A \cdot F(\lambda L, \lambda K)$$

다음으로 자본 및 노동의 투입량에 대하여 살펴보자. 우선 다음 기와 이번 기 자본량의 차이는 새로운 자본의 추가분에서 감가상각분을 감해 준 것과 같다.

$$\Delta K = I - \delta K \tag{15-7}$$

투자(I)는 새로운 자본량의 구매를 뜻하므로, 투자한 만큼 자본량은 증가한다. 그러나 기존 자본량 중 일정부분(δ)만큼은 마모되므로 자본량의 감소를 가져온다.

그렇다면 투자(I)는 어떻게 이루어지는가? 솔로우 모형에서는 국민소득 중 소비되어지지 않은 부분인 저축만큼 투자가 이루어진다고 가정한다.[6]

$$I = S \tag{15-8}$$

국민경제 전체의 저축이 국민소득에 비례한다고 가정하고 그 비율, 즉 저축률을 s라고 정의하자. 그렇다면 저축은 국민소득에다가 저축률을 곱한 값과 같다.

$$S = s \cdot Y \tag{15-9}$$

이제 자본의 변화분을 다시 정리하면, 다음과 같아진다.

$$\Delta K = S - \delta K = sY - \delta K \tag{15-10}$$

양변을 L로 나누면, 노동투입 한 단위당 자본량의 증가는 아래와 같다.

$$\frac{\Delta K}{L} = sy - \delta k \tag{15-11}$$

한편, 노동의 증가는 인구의 증가와 같이 일정한 비율로 이루어진다고 가정하자.

$$\frac{\Delta L}{L} = n \tag{15-12}$$

---

6) 저축이 투자와 일치한다는 가정은 고전학파에서 저축은 대부자금의 공급, 투자는 대부자금의 수요라는 시각과 일치한다. 이러한 점에서 솔로우 모형을 신고전파 경제모형으로 분류한다.

식 (15-11)과 식 (15-12)를 이용하면 일인당 자본량의 축적에 대한 중요한 단서를 얻을 수 있다.[7)]

$$\Delta k = sy - (n + \delta)k \tag{15-13}$$

(2) 자본축적과 균제상태

솔로우 성장모형에서 균형은 일인당 자본량의 변화가 없는 상태, 즉 일인당 소득수준이 불변하는 상태를 의미한다(식 (15-16) 참조). 이러한 균형을 균제상태(the steady state)라고 하는데, 일인당 자본량(k)이 시간이 경과하더라도 증가하거나 감소하지 않고 그대로 머무르게 되는 상태를 의미한다.

$$\Delta k = sy - (n + \delta)k = 0 \tag{15-14}$$

균제상태의 의미를 도표를 이용하여 설명하면 [그림 15-4]와 같다. 우선 일인당 국민소득(y)은 일인당 자본량(k)이 증가함에 따라 증가하지만 한계수확체감의 법칙 때문에 완만한 곡선의 형태를 지니게 된다. 일인당 저축(sy)은 일인당 국민소득(y)에다가 상수(s)를 곱한 값이기 때문에 원점으로부터 출발한 곡선의 형태로 나타낼 수 있다. 한편, 원점을 지나는 직선의 기울기는 $(n + \delta)$이다. 균제상태에 도달하려면 저축곡선(sy)과 기울기가 $(n + \delta)$인 직선이 만나는 점에서 달성된다. 이러한 균제상태에서의 일인당 자본량은 k^*, 그리고 일인당 국민소득은 y^*가 된다.

균제상태의 경제학적 의미를 이해하려면 균제상태의 조건을 음미해 볼 필요가 있다.

$$sy = s \cdot Af(k) = (n + \delta)k \tag{15-15}$$

식 (15-15)의 좌변, 즉 노동자 일인당 저축(sy)은 투자로 연결되어 새로운 자본량의 증

---

7) $\frac{\Delta k}{k} = \frac{\Delta(K/L)}{K/L} = \frac{\frac{\Delta K \cdot L - K \cdot \Delta L}{L^2}}{K/L} = \frac{\Delta K}{K} - \frac{\Delta L}{L} = \frac{\Delta K}{K} - n = \frac{\Delta K}{L} \cdot \frac{L}{K} - n = \frac{\Delta K}{L} \cdot \frac{1}{k} - n$

$\rightarrow \frac{\Delta k}{k} = \frac{\Delta k}{L} \cdot \frac{1}{k} - n \rightarrow \frac{\Delta K}{L} = \Delta k + nk$

식 (15-11)에 이를 대입하면

$sy - \delta k = \Delta k + nk \rightarrow \Delta k = sy - nk - \delta k$

| 그림 15-4 | 자본축적과 균제상태

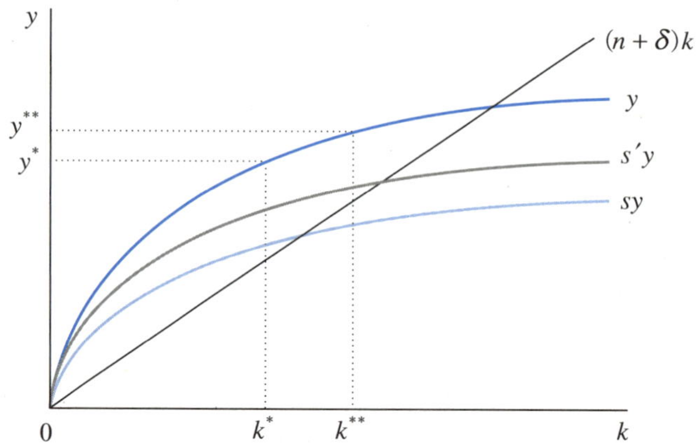

가를 가져온다. 한편, 식 (15-15)의 우변은 자본의 마모분(δk)과 새로운 노동자들에게 필요한 자본을 공급하는 데 소요되는 부분(nk)의 합을 나타낸다. 새로운 자본축적이 일인당 자본량을 일정하게 유지하기 위하여 필요한 양만큼 이루어질 때 일인당 자본량은 더 이상 변하지 않는다.

균제상태에서 노동자 일인당 자본량(k^*)은 일인당 소득수준(y^*)을 결정하는 핵심요인이 된다. 경제성장을 일인당 소득수준의 증가로 이해한다면 바로 일인당 자본량의 증가, 즉 자본축적(Δk)이 경제성장의 관건이 된다. 자본축적이 진행되는 한 일인당 소득은 증가한다. 그러나 일인당 자본량이 감소한다면 일인당 소득은 오히려 감소한다. 이러한 관계를 정리하면 다음과 같다.

$$\Delta y \gtreqless 0 \leftrightarrow \Delta k \gtreqless 0 \leftrightarrow sAf(k) \gtreqless (n+\delta)k \qquad (15\text{-}16)$$

식 (15-16)에서 $sAf(k)$가 $(n+\delta)k$보다 크면 저축이 필요한 양보다 많기 때문에 일인당 자본량은 증가한다. 반대로 현재 자본량이 k^*보다 크다면 시간이 경과하면서 점차적으로 자본량이 감소하게 될 것이다. 다시 말하자면 현재 자본량이 균제상태수준 k^*에 못 미치는 개도국의 경우 시간이 경과하면 자본량이 증가하고 소득수준은 점차 y^*로 수렴하게 될 것이다. 반면에 선진국의 경우 자본량이 일시적으로 균제상태수준 k^*보다 높다 하더라도 시간이 경과하면서 다시 균제상태로 복귀하게 될 것이다.

장기적인 소득수준의 결정요인은 무엇인가? 식 (15-15)로부터 저축률(s), 인구증가율

(n) 및 기술수준(A)이라는 것을 알 수 있다. 각각의 요인을 설명하면 다음과 같다.

첫째, 저축의 증가는 투자의 증가와 자본축적을 초래한다. 저축률(s)이 증가하면 소득수준도 증가하게 된다. [그림 15-4]에서 보는 바와 같이 저축률이 s에서 s'으로 증가하면 균제상태에서의 자본량이 k^*에서 k^{**}로, 그리고 소득수준은 y^*에서 y^{**}로 증가하게 된다.

둘째, 인구증가율(n)이 증가하면 일인당 국민소득은 오히려 감소하게 된다. 왜냐하면 새로운 노동자가 많아질수록 이들에게 자본을 공급하는 데 발생하는 부담이 증가하기 때문이다. 반대로 인구증가율이 감소하면, 일인당 국민소득은 증가한다.

셋째, 기술의 진보는 총공급의 증가를 초래한다. 이는 곧 일정한 저축률하에서 보다 많은 저축을 의미하므로 자본량(k)은 증가하게 된다. 즉, 기술진보$(A \rightarrow A')$는 생산함수$(A \cdot f(k))$와 저축곡선$(sAf(k))$을 상향이동시킨다. 이에 따라 장기적인 일인당 자본량 및 소득수준도 증가하게 된다.

모든 국가들이 동일한 저축률과 인구증가율, 그리고 기술을 가졌다면 소득수준은 장기적으로 똑같아질 것이다. 다시 말해서 지금 선진국에 비하여 소득수준이 낮은 개도국들은 시간이 흐르면 선진국의 소득수준에 수렴하게 될 것이다. 그렇지만 선진국에 비하여 저축률과 기술수준이 낮거나, 또는 인구증가율이 높다면 아무리 시간이 경과하여도 선진국과 개도국 간의 소득격차는 좁혀지지 않을 것이다.

3. 자본이동과 경제성장

(1) 개방경제의 균제상태

솔로우 모형은 폐쇄경제를 대상으로 저축률과 인구증가율, 그리고 기술진보가 소득수준을 결정한다고 보았다. 그렇다면 개방경제에서는 어떠한 요인들이 경제성장을 결정하게 되는가? 이 문제를 검토하기 위하여 교역과 자본이동이 이루어지는 개방경제를 상정하여 보자.

개방경제하에서 실질국민총소득$(RGNI)$은 실질국내총생산(Y)에다가 실질해외순수취요소소득을 더한 것과 같다.[8] 실질순대외자산을 FA, 그리고 실질해외이자율을 r^*라고 하면

8) 교역조건 변화에 따른 실질무역손익은 없다고 가정한다. 정확히 말하자면 실질GNI와 실질GDP와의 관계는 다음과 같다.

해외순수취요소소득은 r^*FA가 된다.[9)]

$$RGNI = Y + r^*FA \tag{15-17}$$

한편, 국민저축은 국내자본이나 순대외자산을 축적하는 데 사용된다.

$$S = I + \Delta FA \tag{15-18}$$

식 (15-9)에서와 같이 저축이 국민소득의 일정비율(s)이라고 가정하면 일인당 저축과 일인당 자산변화분은 다음과 같다.

$$s \cdot RGNI/L = (\Delta K + \delta K)/L + \Delta FA/L \tag{15-19}$$

장기적으로 일인당 국민총소득의 변화가 없는 균제상태는 어떻게 정의할 수 있는가? 폐쇄경제에서는 일인당 자본량의 변화가 없을 때를 균제상태로 보았는데, 개방경제에서도 유사하게 일인당 자산의 변화가 없어야 한다(식 (15-14) 참조).

$$\Delta k + \Delta f = \Delta K/L - nk + \Delta FA/L - n \cdot fa = 0 \tag{15-20}$$

식 (15-19)와 식 (15-20)으로부터 개방경제의 균제상태조건을 도출할 수 있다.

$$\Delta rgni \gtreqless 0 \leftrightarrow s \cdot rgni \gtreqless (n + \delta)k + n \cdot fa \tag{15-21}$$

식 (15-21)이 시사하는 바는 폐쇄경제와 유사하다. 저축률이 높을수록, 그리고 기술수준이 높을수록 장기적으로 일인당 국민총소득은 높다. 또한 인구증가율이 높아지면 일인당 국민총소득은 낮아진다.

개방경제에서는 자본시장이 개방되어 있으므로 자본이동이 자유롭다. 즉, 국내이자율

실질GNI = 실질GDP + 교역조건 변화에 따른 실질무역손익 + 실질해외순수취요소소득

9) 환율변화로 인한 순대외자산의 변화는 없다고 가정한다. 또한 노동이동이 없으므로 해외로부터의 근로소득 수취는 없다.

이 해외이자율과 다르다면 자본이 유입되거나 유출될 수 있다. 그렇다면 이러한 자본이동이 경제성장에서 갖는 의미는 무엇인가?

이자율은 자본의 한계생산성에 의하여 결정된다.[10] 자본이동이 자유롭다면 국내이자율은 해외이자율과 같아지므로, 해외이자율과 자본의 한계생산성이 같아지는 점에서 자본투입량이 결정된다.

$$r^* = MPK \tag{15-22}$$

[그림 15-5]는 개방경제의 균제상태(k^*)를 보여준다. 폐쇄경제에서 국내이자율이 해외이자율보다 높다고 하자. 이때는 개방경제와 비교할 때보다 자본량이 작다(k_1). 자본시장을 개방하면 자본유입이 발생하므로 이전보다 높은 자본투입이 가능하고 국내총생산도 증가할 것이다. 한편, 자본의 유입은 순대외자산이 음(−)의 값을 갖는다는 것을 의미한다. 따라서 증가된 생산물의 일부를 해외투자자에게 지불하여야 한다.

개도국에 비하여 상대적으로 자본이 풍부한 선진국의 경우에는 국내이자율보다 해외이자율이 높다. 이는 폐쇄경제에서의 자본량이 개방경제와 비교할 때 더 크다는 것을 의미한다(k_2). 자본시장이 개방되면 이자율이 높은 해외에 투자하려 할 것이다. 따라서 자본투입량과 국내총생산은 감소할 것이다.

| 그림 15-5 | 개방경제의 균제상태

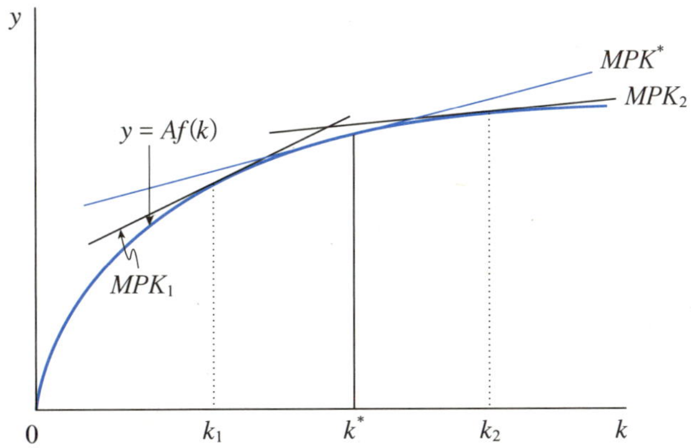

10) 완전경쟁시장에서 규모에 대한 보수가 불변이라면 생산물은 생산요소의 기여도에 따라 분배된다.

$Y = \text{wage} \cdot L + r \cdot K$; $\text{wage} = \Delta Y/\Delta L = MPL$, $r = \Delta Y/\Delta K = MPK$

요약하면 자본이동이 자유로운 개방경제에서는 해외이자율과 자본의 한계생산성이 같아지는 점에서 자본투입량이 결정된다. 만약 전세계 모든 나라가 저축률, 인구증가율 및 기술수준이 같다면 일인당 자본투입량과 일인당 국내총생산도 같아질 것이다. 그렇지만 순대외자산의 크기는 같아질 수 없다. 자본유입국의 경우에는 순대외자산은 음(−)이 되며, 해외이자에 해당하는 만큼 생산물의 일부를 해외투자자에게 지급하여야 한다. 반대로 자본유출국의 경우에는 순대외자산이 양(+)의 값을 가지며, 해외순수취요소소득 역시 양(+)의 값을 가지게 될 것이다.

루카스 역설(Lucas paradox)

자본이동이 자유롭다면 자본의 수익률이 낮은 곳에서 높은 곳으로 자본이 이동하는 것은 당연해 보인다. 일인당 자본투입량이 개도국보다 높은 선진국의 경우 한계수확체감의 법칙 때문에 자본의 한계생산물은 개도국에 비하여 낮다. 따라서 자본은 선진국에서 개도국으로 흐를 것으로 예측할 수 있다. 그런데 현실은 그렇지 않다. 자본은 선진국 간에 또는 개도국에서 선진국으로 활발하게 이동한다.

아래 표는 1970~2000년 기간 중 부국과 빈국의 일인당 직접투자 및 포트폴리오 투자액을 보여준다. 최근으로 올수록 부국의 자본유입액이 빈국에 비하여 훨씬 커지는 경향을 보이고 있다.

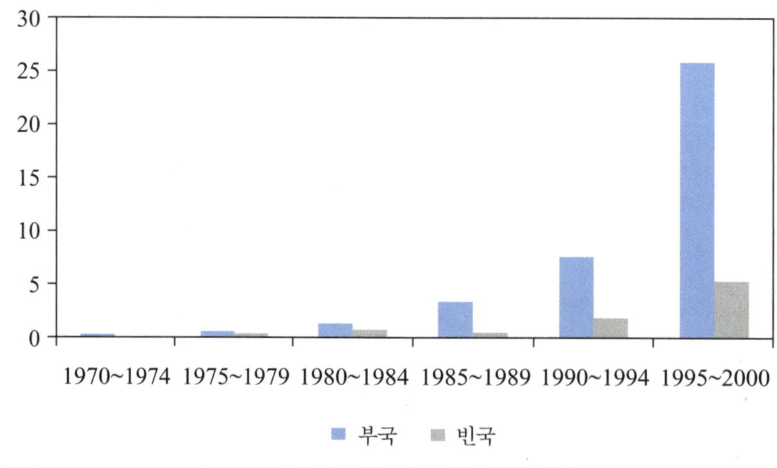

주 : 1) 일인당 직접투자 및 포트폴리오 투자액(1996 불변 달러)을 표시.
2) 부국과 빈국의 분류는 세계은행의 기준에 따름.

자료 : L. Alfaro, S. Kalemli-Ozcan, and V. Volosovych(2005), "Why doesn't Capital Flow from Rich to Poor Countries? An Empirical Investigation," NBER Working Paper No. 11901.

자본이 부족한 개도국에서 자본이 풍부한 선진국으로 자본이 흐르는 이유는 무엇일까? 이 문제는 의문을 제기한 노벨 경제학상 수상자 루카스(R. Lucas)의 이름을 따서 루카스 역설이라고 부른다.[11] 루카스 자신은 인적 자본의 차이와 자본시장의 불완전성을 그 이유로 제시하였다.

첫째, 솔로우는 일인당 소득(y)이 일인당 자본투입량(k)의 함수라고 가정하였는데, 실제로는 물적 자본(physical capital)뿐 아니라, 노동의 질과 관련된 인적 자본(human capital)도 자본의 한계생산성을 결정하는 데 중요한 역할을 담당한다.

둘째, 인적 자본이 축적될수록 긍정적인 외부효과가 발생하기 때문에 선진국일수록 다른 조건이 일정하더라도 자본의 한계생산성이 증가하게 된다.

셋째, 자본이 희소한 국가라도 정치적 위험(political risk)이 높아서 원리금 회수가 불투명한 경우 자본유입이 이루어지기 힘들다.

넷째, 외국투자자를 신뢰하지 못하거나 경제발전이 과속으로 진행되는 것을 막기 위하여 차입국이 자본유입을 제한하는 정책을 추진하는 경우가 종종 발견된다.

루카스가 제시한 자본흐름의 역설은 자본이 희소한 국가라고 해서 자본의 수익률이 높다는 보장이 없다는 말로 요약될 수 있다. 많은 개도국들의 경우 자본시장이 열려 있다고 해도 외국인투자가 활발하지 않다. 그 이유는 짐작하는 바와 같이 열악한 인프라, 우수한 노동력 부족, 부패, 채무불이행의 위험 등 때문이다. 이러한 투자위험도를 감안하면 자본이 희소하고 상대적으로 노동이 풍부한 국가라 하여도 자본의 수익률은 오히려 선진국보다 낮을 수 있다.

(2) 자본이동의 이득

자본이동에 따른 이득은 투자국과 유치국 중 누가 가져가는가? 결론부터 말하면 두 나라가 나눠가지게 된다. [그림 15-6]에서 자본이동이 발생하기 이전 국내자본투입량이 k_1이라고 하자. 일인당 국내총생산의 크기는 $OD(= k_1D')$이며, 자본가에게 돌아가는 몫은 자본의 한계생산물에다가 자본투입량을 곱한 수치$(= MPK \cdot Ok_1 = AD/DD' \times DD')$, 즉 AD가 될 것이다. 그 나머지 AO는 노동자에게 돌아가게 될 것이다.

이제 외국자본의 유입으로 국내자본량이 k^*로 증가하였다고 하자.[12] 일인당 국내총생산은 k_1D'에서 k^*E로 증가할 것이다. 국민소득 중 외국자본이 기여한 부분은 $B'C(= MPK' \cdot B'E = (B'C/B'E) \cdot B'E)$이고, 이는 외국인에게 배당금이나 이자의 형태로 배분될 것이다.

외국자본의 유입에 따라 소득이 증가한 것은 $B'D'$만큼인데 왜 외국투자자가 가져가는 몫은 이보다 작은가? 그것은 한계수확체감의 법칙에 따라 자본축적으로 인하여 자본

11) R. Lucas(1990), "Why Doesn't Capital Flow from Rich to Poor Countries?" *American Economic Review* 80(2), 92~96.

12) 감가상각을 감안하면 실제로는 투자액이 이보다 더 커야할 것이다.

| 그림 15-6 | 자본유입 이득의 배분

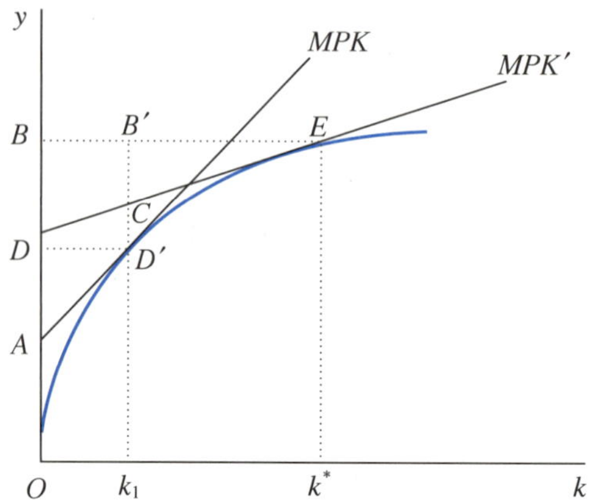

의 한계생산량이 줄어들고 최종한계생산량을 기준으로 소득증가분이 배분되기 때문이다. 그렇다면 국민소득의 증가분 중 외국투자자에게 지급하고 난 나머지, 즉 CD'은 어떻게 되는가? 그것은 투자유치국의 국민들에게 돌아간다. 따라서 외국자본의 유입은 투자유치국에게 이득이라고 할 수 있다. 그렇다면 외국인 투자자들은 생산에 기여한 만큼 돌려받지 못하기 때문에 손해를 보는가? 그렇지 않다. 외국인이 국내에 투자하는 이유는 자국에서의 수익률, 즉 자본의 한계생산량보다 투자유치국의 수익률이 높기 때문이다. 따라서 이들 외국투자자들도 이득을 보게 된다. 종합하면 자본이동은 제14장에서 본 바와 같이 투자국이나 투자유치국 모두에게 이득이 된다.

국제수지의 발전단계 가설

자본이동의 패턴은 경제성장단계와 밀접한 관계를 보이는 것이 일반적인 현상이다. 개도국은 선진국에 비하여 상대적으로 자본부존량이 적고 노동부존량이 많다. 따라서 자본의 한계생산물이 높고, 그만큼 투자할 기회도 많다고 하겠다. 투자재원은 일부 국내저축으로 충당하고 나머지는 외자로 충당할 수밖에 없다. 한편, 선진국의 경우에는 자본축적이 진행됨에 따라 이자율이 떨어지고 국내 투자기회가 희소해진다. 따라서 수익률이 높은 해외투자에 눈을 돌리게 된다. 일반적으로 개도국은 자본유입이, 선진국에서는 자본유출이 발생한다고 할 수 있다.

킨들버거(C.P. Kindleberger)는 경제성장에 따라 국제수지의 발전단계를 다음과 같이 구분하였다.

제1단계 : 경상수지 적자, 순자본유입 (미성숙부채국)
제2단계 : 경상수지 흑자, 순자본유출 (성숙부채국)
제3단계 : 경상수지 흑자, 순자본유출 (미성숙자산국)

제4단계 : 경상수지 적자, 순자본유입 (성숙자산국)

동 가설에 따르면 경제성장의 Ⅰ단계에서는 경상수지가 적자이고 자본유입이 이루어진다. 해당 국가는 순부채국이 된다. 다음 Ⅱ단계에서는 외자로 생산능력이 확충되고 수출이 본격적으로 이루어지게 되면서 개도국의 경상수지는 흑자로 돌아서게 된다. 이때 경상수지 흑자는 외자의 원리금을 갚기 위한 원천이 된다. 또한 수출이 수입을 크게 앞지르게 되면 개도국은 만성 경상수지 적자국이란 오명을 벗게 된다. 제Ⅲ단계에서는 경상수지 흑자로 해외자산 축적이 지속되면서 순부채국에서 순자산국으로 바뀌게 된다. 제Ⅳ단계에서는 해외투자로부터 벌어들인 소득을 바탕으로 풍족한 삶을 누리게 되는 성숙자산국이 된다. 수입은 수출을 능가하고 경상수지는 다시 적자로 반전된다.

경제성장에 따른 국제수지단계 가설은 1870년대 케언즈(J. Cairnes)에 의하여 처음 제기되었는데 경제이론보다는 경험에 근거하였다고 할 수 있다. 물론 이러한 가설이 모든 국가에 적용되는 것은 아니다. 개도국들 중에서는 자본의 한계생산성이 낮거나 또는 투자의 위험도가 높아서 자본시장을 개방하더라도 자본유입이 제대로 이루어지지 않는 경우가 많다. 또한 수출이 원활하게 이루어지더라도 일정한 시간이 지나면 순부채국에서 순자산국으로 탈바꿈하게 된다는 보장도 없다. 한편, 미국을 보게 되면 1990년대 중반 이후 경상수지 적자 누적으로 인하여 순부채국으로 전락하고 말았다.

한국은 1986년 소위 3저현상에 힘입어 만성적인 경상수지 적자에서 벗어나 일시적으로 성숙부채국 단계에 진입한 것처럼 보였다. 그러나 1990년대에 들어서서 다시 경상수지가 적자로 돌아섰다가 1997년 외환위기 이후 흑자로 반전되었다. 2001~10년 기간 중 경상수지 흑자의 누적액은 1,760억 달러에 달하였다. 그러나 아직도 대외적으로 자산보다는 부채가 많은 것으로 집계되었다.[13] 이렇게 볼 때 한국은 성숙부채국에 해당된다고 하겠다.

4. 금융개방이 경제성장에 미치는 효과

(1) 금융개방의 직접효과

금융개방은 자본자유화와 금융산업 개방을 포괄하는 개념이다. 자본자유화란 자본 유출입에 대한 제한을 완화하는 일련의 조치를 나타내며 금융산업 개방이란 은행업, 증권업, 자산운용업, 보험업 등 국내금융산업 활동에 비거주자 혹은 외국인의 참여를 허용하는 것을 의미한다.

금융개방은 자본이 풍부한 국가로부터의 자본유입을 유발하여 금융개방국의 경제성장을 촉진한다. 일반적으로 금융개방 이전에는 자본이 부족하여 자본수익률이 높기 때문에

13) 국제투자대조표에 따르면 2012년 말 한국의 대외자산은 8,419.8억 달러, 대외부채는 9,451.5억 달러이다. 2000년 말과 비교하면 순대외부채가 683억 달러 증가하였는데, 이는 해외자산의 수익률이 그다지 높지 않다는 점과 함께 환율변동과 평가손실과 같은 비거래요인에 기인하는 때문인 것으로 분석되고 있다.

금융개방이 확대되면 자본이 풍부하여 자본수익률이 낮은 국가로부터 자본이 유입된다. 이는 금융개방국이 금융개방 이전에 비해 필요한 자본을 저렴하고 쉽게 조달할 수 있게 되는 것을 의미한다. 따라서 금융개방국의 투자와 실물자본이 증가하며 그 결과 국내총생산이 확대된다. 또한 금융개방은 외국인 직접투자의 유입을 통하여 선진화된 생산기술의 이전을 촉진하며, 생산성을 향상시켜 경제성장에 기여한다. 추가적으로 금융개방은 선진화된 경영기술, 전문지식의 전파를 통하여 생산성 향상을 유발한다.

이와 같은 이론적 관계가 현실경제에 실제로 존재하는지를 규명하기 위하여 많은 경제학자들이 금융개방의 확대가 경제성장률에 미치는 영향을 추정하였다. 그러나 예상과는 달리 금융개방이 경제성장에 유의한 양(+)의 영향을 미친다는 확실한 실증적 결과를 도출한 연구는 소수에 불과하다. 예를 들면 중국 경제는 매우 낮은 금융개방도에도 불구하고 약 8.5%의 높은 경제성장률(1980~2005년)을 기록하였으며, 이와 반대로 볼리비아나 베네수엘라 등의 국가는 금융개방도가 매우 높았음에도 불구하고 같은 기간 동안 마이너스 경제성장률을 나타내었다.[14] 또한 국가별 경제성장률과 금융개방도 간의 약한 연관성은 각 국가별 금융개방도와 GDP 성장률을 도해한 [그림 15-7]에서도 확인할 수 있다.

그런데 기존의 실증분석 대부분이 금융개방과 경제성장률 간에 유의한 관계를 발견하지 못한 것은 이들이 분석과정에서 다양한 오류를 범하고 있기 때문이라는 주장도 존재한다. 그 대표적인 주장을 소개하면 다음과 같다.[15] 주로 국가 간 패널자료를 이용하고 있는 기존 실증분석의 가장 큰 문제점은 이들의 분석결과가 금융개방이 경제성장에 미치는 장단기적인 영향을 모두 포함하고 있다는 것이다. 즉 이들 대부분이 전체 표본기간을 5년 이상 단위의 소표본으로 나누어 소표본 기간 중 평균 경제성장률과 금융개방 간의 관계를 분석하고 있다. 그런데 금융개방이 확대된 후 이전에 비해 투자가 증가하고 경제성장률이 상승하는 현상은 금융개방이 확대된 이후 단기에서만 일시적으로 발생할 가능성이 높다. 금융개방의 영향으로 투자증가율이 상승하여 국내총생산이 확대되고 경제성장률이 단기적으로 상승하지만, 이전에 비하여 높은 경제성장률이 지속되는 것은 아니다. 금융개방 확대 이후 투자증가율이 지속적으로 상승할 경우 장기적으로 경제성장률도 상승할 수 있지만, 금융개방이 확대되었다고 해서 장기적으로 투자증가율이 반드시 상승

14) M. Ayhan Kose, Eswar Prasad, Kenneth Rogoff, and Shang-Jin Wei(2009), "Financial Globalization: A Reappraisal," *IMF Staff Papers*, 56(1), 8~62.

15) B. Henry(2007), "Capital Account Liberalization: Theory, Evidence, and Speculation," *Journal of Economic Literature*, vol. 45(4), 887~935, December.

| 그림 15-7 | **금융개방도와 경제성장률 간 관계**

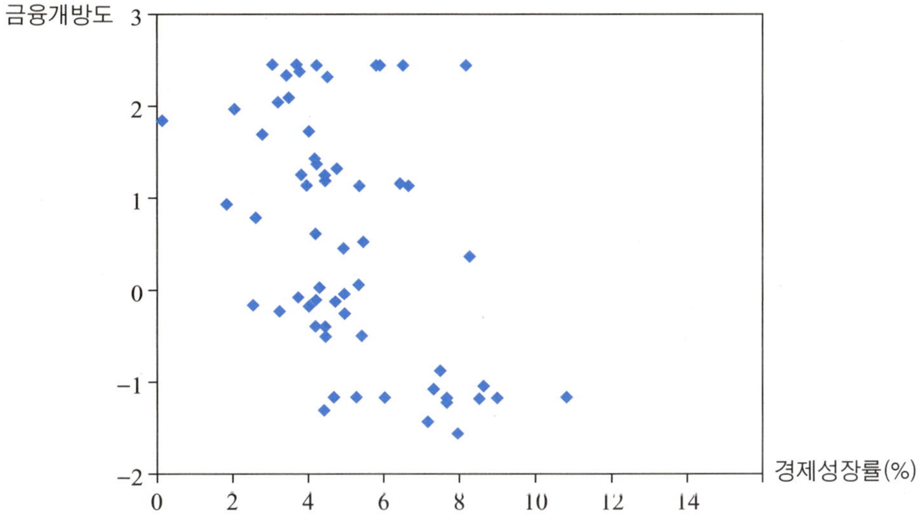

주 : 1) 아시아, 남아메리카, 동유럽의 63개 신흥국 및 개도국의 금융개방도와 경제성장률 간 관계 표시
2) 금융개방도는 2000~10년간 평균, 경제성장률은 2000~10년간 복합성장률(compounded growth rate)을 나타냄.
3) 금융개방도는 Chinn and Ito(2008)의 금융개방도지수 사용(http://www.ssc.wisc.edu/~mchinn/)

자료 : M.D. Chinn and H. Ito(2008), "A New Measure of Financial Openness," *Journal of Comparative Policy Analysis*, 10(3), 307~320.

한다는 이론적 근거는 없으며 이에 따라 경제성장률도 반드시 장기적으로 상승할 필요가 없다는 것이다. 따라서 기존의 실증연구는 금융개방 확대 이후 장기적인 경제성장효과까지 분석에 포함하고 있기 때문에 금융개방이 경제성장에 유의한 영향을 못 미치는 결과를 얻은 것이라는 것이다.

이와 같은 비판을 수용하는 경우 금융개방의 경제성장효과를 분석하려면 금융개방 이후 단기간(예를 들어 3년 이내)에만 초점을 두는 것이 바람직하다. 이를 위해서는 주식시장 개방과 같은 대표적인 금융개방 시점을 이용하여 개방 이전과 이후의 경제성장 행태를 비교하는 것이 적절하다. 실제로 베카에르트 외(2005)의 연구는 주식시장 개방이 단기적으로 경제성장률에 유의한 양(+)의 영향을 주었다는 실증분석결과를 제시하였다.[16)]

16) G. Bekaert, C.R. Harvey, and C. Lunblad(2005), "Does Financial Liberalization Spur Growth?" *Journal of Financial Economics*, 77, 3~55.

(2) 금융개방의 간접효과

금융개방으로 인한 해외자본유입 증가는 투자증가나 기술발전 등을 초래하여 직접적으로 경제성장을 촉진하기도 하지만 간접적인 효과를 통하여 경제성장에 기여할 수도 있다. 해외자본유입의 증가는 금융시장 발달을 촉진하거나 기업의 지배구조, 법치(rule of law) 등과 같은 제도를 개선하며, 건전한 거시경제정책을 유도하는 부수적 효과(collateral benefits)를 가져올 수 있다. 이는 자원배분의 왜곡을 축소하는 반면 효율성을 제고하기 때문에 궁극적으로 생산성 증가를 통하여 경제성장을 촉진하는 데에 기여한다. 이를 좀 더 자세히 설명하면 다음과 같다.

금융개방은 다음과 같이 국내금융시장의 발전에 기여할 수 있다. 첫째, 해외자본유입이 증가하여 국내 주식 및 채권시장, 은행산업, 증권산업 등의 규모가 확대된다. 예를 들어, 주식시장 개방 이후 거래량과 시가총액 등이 이전에 비하여 증가한다. 둘째, 국내금융시장에 해외자본의 참여가 증가하면 국내금융시장과 해외금융시장 간 연계성이 증가하며 국내금융시장에서의 규제와 감독이 선진국 수준으로 강화되어 금융시장 발전에 도움을 준다. 셋째, 국내금융시장에 해외금융기관의 참여가 증가하면 국내시장에 새로운 금융기법 및 금융상품의 도입이 증가하고 이에 따라 국내금융시장에서 경쟁이 강화되고 금융서비스의 질도 개선된다.

한편, 금융개방은 다음과 같은 경로를 통하여 기업지배구조의 개선에 기여한다. 첫째, 금융개방으로 국내에 진출한 선진국 투자자들은 국내투자자들에 비하여 기업의 경영상태를 좀 더 효율적으로 모니터링할 수 있는 기술과 정보를 보유하고 있다. 따라서 국내기업은 투자유치, 낮은 비용의 차입, 주식가치 보호 등을 위하여 지배구조 개선에 힘을 기울이게 된다. 둘째, 금융개방으로 해외금융시장과의 교류가 증가하면서 국제적 수준의 지배구조 기준이 도입되고, 이에 따라 국제투자자뿐만 아니라 국내투자자들도 국내기업에 대해 지배구조를 국제적 수준으로 개선하도록 요구한다. 셋째, 금융개방은 정부부문의 지배구조를 향상시키는 데에도 도움을 줄 수 있다. 공무원의 부패가 심하고, 정부정책의 투명성이 낮으며, 각종 인허가 업무에서 정부의 자의성이 클수록 정부부문의 지배구조가 열악한 수준이라고 볼 수 있다. 이러한 상황에서는 금융개방이 확대되더라도 해외투자자들이 국내투자를 꺼리게 되므로, 정부는 금융개방과 함께 법적 · 제도적 개선을 통하여 정부부문의 지배구조를 향상시키고자 노력한다.

금융개방은 또한 국제투자자들이 일반적으로 투자국의 기초경제요인 변화에 지대한 관심을 가지고 있기 때문에 국제투자자들은 경제성장률, 인플레이션, 재정수지 등의 경제기초요인이 악화되는 조짐이 보이면 투자유치국 경제성과에 대한 전망을 갑자기 부정적으로 전환하여 투자를 대량으로 회수하는 행태를 보인다. 그 결과 급격한 자본유출이 발생하여 금융시장의 불안정성과 경제적 혼란이 증가할 수 있다. 따라서 금융개방도가 높으면 자국경제가 국제투자자의 투자심리 변화에 취약해지기 때문에 이들의 투자심리가 갑자기 부정적으로 변하는 것을 방지하기 위해서 경제정책 당국은 거시경제의 건전성 유지에 더욱 심혈을 기울인다. 기존 연구에 따르면 금융개방도가 높은 국가일수록 인플레이션율이 낮은 것으로 나타났는데, 이는 금융개방 확대가 거시건전성을 강화한다는 위의 설명을 보완하는 실증적 증거로 이용되고 있다.

(3) 경제성장에 대한 문턱효과

금융개방이 항상 금융발전을 유도하는 것은 아니며, 전반적인 법률시스템과 제도가 일정수준 이상 구비되어 있을 경우에만 금융발전효과가 발생한다는 주장도 존재한다.[17] 금융개방이 여러 경로를 통하여 직접 또는 간접적으로 경제성장에 기여하지만, 일정수준 이상의 경제적 또는 제도적 체계를 갖추지 못한 상태에서 금융개방이 이루어지면 이와 같은 금융개방의 효과가 매우 미약하다는 것이다.

금융개방이 경제성장에 긍정적 효과를 미치기 위해서는 자국의 제도적 · 경제적 여건이 일정수준 이상을 충족해야 한다는 주장을 문턱효과(threshold effect)가설이라고 한다. 예를 들면 금융개방국의 은행산업이 일정한 수준 이상으로 발전한 경우에 한하여 금융개방의 경제성장 촉진효과가 발생한다는 것이다.

금융개방이 경제성장에 의미 있는 영향을 미치기 위한 문턱효과의 조건을 좀 더 구체적으로 분석한 코즈 외(2009)의 연구결과를 소개하면 다음과 같다.[18] 이들은 1975년부터 2004년 기간 중 84개국 자료를 이용하여 금융발전, 제도발전, 거시건전성 수준과 금융개방의 경제성장효과 간의 관계를 분석하여 다음과 같은 결과를 얻었다. 먼저, 금융발전 수준의 경우 금융심화도를 측정하는 변수 중 하나인 민간신용/GDP가 50% 이상인 국가에서 금융개방이 경제성장에 긍정적인 영향을 미친 것으로 나타났다. 대체적으로 신흥시장

17) M. D. Chinn and H. Ito(2006), "What Matters for Financial Development? Capital Controls, Institutions, and Interactions," *Journal of Development Economics*, 81(1), 163~192.

18) M. Kose, E. S. Prasad, and A. D. Taylor(2009), "Thresholds in the Process of International Financial Integration," *NBER Working Paper* No. 14916.

국의 민간신용/GDP 비율은 경계선인 50%의 수준 근처에 위치하는 반면 선진국은 이보다 훨씬 높은 수준을 기록하였다. 다음으로 제도발전의 경우 국민참여도 및 투명성, 정치안정성, 정책효율성, 규제의 질, 법규, 부패도 등 6개의 지수로 구성된 제도발전지수인 WGI(Worldwide Governance Indicator)가 일정한 임계치를 상회하는 국가에서 금융개방이 경제성장에 유의한 영향을 미친 것을 발견하였다.[19] 선진국의 경우 대부분 임계치를 상회하였지만 신흥시장국의 경우 약 30% 정도만 임계치 이상의 제도적 발전 수준을 보유한 것으로 나타났다. 한편, 재정 · 통화 · 환율정책 등의 거시경제정책을 조화롭게 사용하여 거시건전성을 충실하게 유지하는 경제에서 금융개방의 경제성장효과가 유의할 것으로 예상되었다. 그러나 인플레이션, 재정수지 등의 거시건전성 변수를 적용해 본 결과 이에 대한 유의한 결과를 얻지는 못하였다.

위의 논의는 국내경제 또는 금융시장의 발전정도, 제도 및 규칙 등 법적 장치의 개선정도, 지배구조 등이 금융개방의 긍정적 효과를 촉진 또는 최대화하는 전제적 조건이 될 수도 있음을 의미한다. 따라서 이러한 경제적 · 제도적 수준이 갖추어지지 않은 상태에서 금융개방을 시행할 경우 금융개방이 가져오는 혜택을 기대만큼 누리지 못하게 된다.

부록 장기와 단기 총공급곡선

장기총공급량은 물가의 수준과 관계없이 일정하다. 그런데 단기에는 완전고용생산량을 실현하고 있는 때가 드물다. 경기가 나쁠 때에는 실업이 발생하고 공장의 가동률도 크게 떨어지게 되므로 총공급량은 완전고용생산량에 미달하게 된다. 반대로 경기가 좋을 때에는 주문이 밀려들기 때문에 노동자들은 잔업이나 주말에 특근을 하게 되고, 공장의 가동률도 평상시 한도를 능가하게 된다. 경기가 좋고 나쁘다는 것을 물가가 높고 낮은 것으로 해석한다면, 단기에는 총공급량이 물가에 따라 비례적으로 움직이게 된다.

[그림 15A-1]은 단기총공급곡선(*SRAS*)과 장기총공급곡선(*LRAS*)을 보여준다. 단기에는 경제 전체의 생산능력에 여유가 있기 때문에 물가가 상승할 경우 유휴생산요소가 실제 생산에 투입될 수 있다. 따라서 물가가 상승할 때 총공급량이 증가하게 된다. 한편, 장기에는 주어진 생산요소가 완전고용된다고 가정한다. 따라서 장기적인 총공급은 기술수

19) WGI는 세계은행(World Bank)이 매년 추정하여 발표하고 있다.

| 그림 15A-1 | 단기총공급곡선과 장기총공급곡선

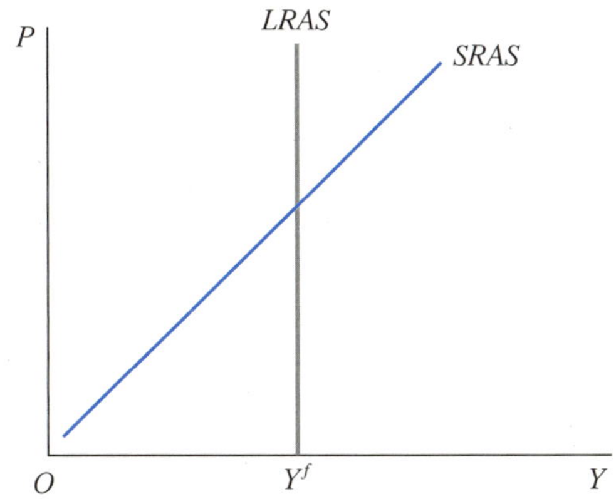

준(A)과 자본 및 노동의 부존량의 크기에 의하여 결정되며, 물가와는 무관하다. 따라서 장기총공급곡선은 완전고용생산량(Y^f) 수준에서 수직선으로 주어진다.

단기총공급이 양(+)의 기울기를 갖는다는 것은 생산기술(A)과 자본투입량(K)이 일정할 때 물가상승 시 노동투입량(L)이 증가한다는 것을 의미한다. 물가와 노동투입량이 비례적으로 움직이는 이유에 대해서는 여러 가지 설명이 있는데, 여기서는 그 대표적인 견해라고 할 수 있는 화폐환상설에 대하여 논하기로 한다.

화폐환상설이란 노동자나 기업가와 같은 경제주체가 명목임금의 변화나 명목가격의 변화를 각각 실질임금이나 상대가격의 변화로 혼동한다는 주장이다. 먼저 노동자들의 화폐환상에 대하여 고려하면, 노동자들은 실제 물가수준(P)을 잘 모르고 다만 자신이 예상하는 수준에 있다고 짐작한다. 따라서 노동자들은 실질임금(W/P)이 얼마인지 정확히 파악할 수 없고 자신의 예상물가에 기초한 예상실질임금(W/P^e)에 기초하여 노동공급을 결정한다. 만약 예상물가수준이 일정할 때 명목임금이 상승하면 노동자들은 이것은 실질임금이 상승하였다고 해석한다. 그 반대의 경우도 마찬가지이다. 이러한 점에서 실질임금이 아닌 명목임금에 따라 노동의 공급을 결정하는 것처럼 보이게 되는데, 이는 노동자들이 명목임금이 임금의 실질가치를 나타낸다는 착각을 가지게 된다는 것을 의미한다. 이렇게 물가를 정확히 알지 못하기 때문에 임금수준을 잘못 인지하는 것을 화폐환상이라고 한다.

물가가 어떻게 움직이든지 관계없이 그들이 받는 명목임금에만 관심을 가지고 있기 때문이다. 명목임금이 오르면 더 많이 일하려고 할 것이다. 한편, 기업의 입장에서는 임금을 더 주더라도 그들이 생산하는 재화와 서비스의 가격이 더 크게 오르면 이익이 증가한다. 따라서 이러한 경우에는 더 많은 노동자들을 고용하게 되고 생산량은 증가한다. 이러한 현상이 경제 전체에 만연한다면 총공급량은 물가가 상승하면 같이 증가한다.

노동에 대한 수요와 공급은 다음과 같이 나타낼 수 있다.

$$L^D : W = P \cdot MPL \qquad (15A\text{-}1)$$

$$L^S : W = P^e \cdot MDU \qquad (15A\text{-}2)$$

식 (15A-1)은 기업의 노동에 대한 수요를 나타내는데 본문의 [그림 15-2]의 노동수요곡선과 동일하다. 즉, 노동에 대한 수요는 실질임금과 노동의 한계생산물이 같아지는 점에서 결정된다는 것을 보여준다. 한편, 식 (15A-2)는 노동자들의 노동공급을 표시하는데, 노동자들은 주어진 예상물가수준(P^e)을 감안하여 주어진 명목임금의 실질가치를 계산한 다음 이와 자신의 한계비효용이 같아지는 점에서 노동공급량을 결정하게 된다.

노동시장은 노동에 대한 수요와 노동에 대한 공급이 일치하는 점에서 균형을 이룬다. [그림 15A-2]에서 물가가 P_1에서 P_2로 증가하였다면 주어진 임금수준에서 노동수요곡선(L^D)은 우향이동한다. 물가가 상승하였으므로 실질임금은 하락하고 따라서 이전보다 더 많은 노동자를 고용하려 하게 되기 때문이다. 반면에 노동공급곡선(L^S)은 노동자들이 예상하는 물가수준이 변하지 않는 한 그대로 머물러 있다. 따라서 균형고용량은 L_1에서 L_2로 증가하고, 총공급량은 Y_1에서 Y_2로 증가한다.

요약하면 노동자들의 화폐환상이 존재하면 물가의 상승은 고용량과 생산량의 증가를 가져오고, 반대로 예기치 못한 물가의 하락은 고용량과 생산량을 감소시킨다. 시간이 충분히 경과하면 노동자들은 자신들의 예상물가수준이 실제물가수준과 다르다는 것을 깨닫고 이를 임금에 반영하려 할 것이다. 따라서 고용량과 생산량은 장기적 수준을 회복하게 된다. 장기생산수준이 완전고용수준에서 일정한 것은 노동자들의 화폐환상이 사라지기 때문이다.

화폐환상은 노동자에게만 있는 것이 아니라, 기업가에게도 존재할 수 있다. 어느 기업가가 자신이 생산하는 재화의 가격에만 신경을 쓴다고 하자. 물가, 즉 경제 전체의 평균가격이 올라갈 때 해당 생산물의 가격도 증가한다. 해당 기업가는 자신이 생산하는 제품의 가격이 상승한 것을 고려하여 생산량을 증가시키려고 할 것이다. 모든 기업가들이 이

| 그림 15A-2 | **노동자의 화폐환상과 단기총공급곡선**

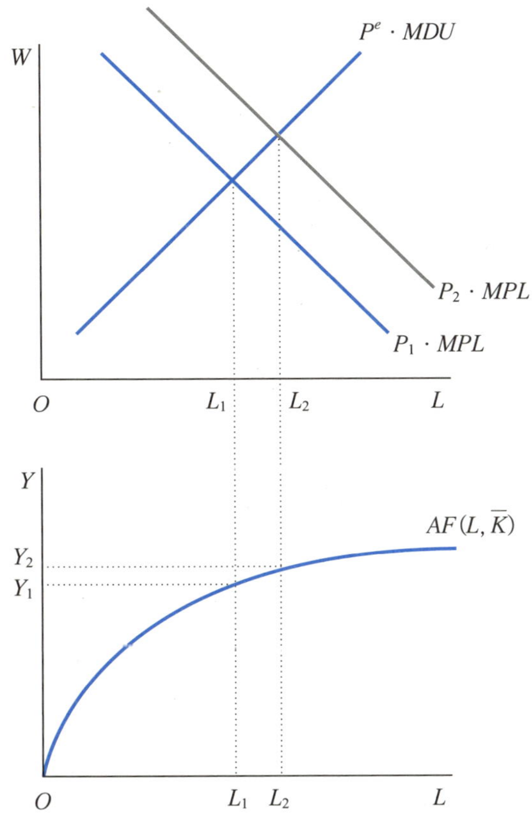

렇게 행동한다면 경제 전체의 생산량, 즉 총공급량은 증가할 것이다. 물론 합리적 기업가라면 자기 회사 재화뿐 아니라 다른 기업의 생산물의 가격과 임금이나 기타 생산요소의 가격이 모두 올라간 것에 유념할 것이다. 다시 말해서 생산물의 명목가격에 관계없이 실질가격에 따라 생산량을 결정할 것이다. 이러한 상황에서는 화폐환상이란 존재하지 않고 물가에 관계없이 생산량은 일정할 것이다.

노동자 또는 기업가에게 화폐환상이 존재하는 경제에서는 총공급량은 물가와 같은 방향으로 변화한다. 단기총공급곡선은 이와 같이 물가가 증가할 때 총생산량이 증가하고, 반대로 물가가 하락할 때 총공급량이 감소하는 것을 나타낸다. 장기적으로 예상물가수준(P^e)이 실제물가수준(P)과 같아지면 생산량도 완전고용생산량(Y^f)수준으로 수렴한다.

$$Y = Y^f + \beta(P - P^e), \quad \beta > 0 \qquad \text{(15A-3)}$$

노동부존량이나 자본부존량이 변하게 되면 완전고용생산량도 변하게 되고, 따라서 장기총공급곡선도 이동하게 된다. 예를 들어 외국으로부터 이민자들이 급증하여 노동공급이 증가한다고 하자. 노동공급의 증가는 노동시장에서 임금을 낮추고 고용량을 증가시키는 효과를 가져올 것이다. 따라서 이전과 같은 물가수준이라고 하여도 이전보다 장기적인 생산수준이 증가하게 될 것이다. 완전고용생산량이 변하면 식 (15A-3)에서 예상물가가 주어져 있다고 가정할 때 물가에 상응하는 단기산출량도 변하게 된다. 즉, 단기총공급곡선도 장기총공급곡선과 같은 방향으로 이동하게 된다.

요약

1. 총공급은 국민경제 전체에서 생산되는 최종재화 및 서비스의 합계를 의미하는데, 생산기술이 주어졌을 때 생산요소의 투입량에 따라 결정된다. 장기적으로 총공급량은 생산요소가 완전고용되었을 때의 완전고용생산량을 의미한다.

2. 기술변화는 경제성장의 주요한 동력이다. 기술변화는 총요소생산성의 증가를 가져오는데, 주어진 요소투입량에 대한 생산량이 증가한다. 뿐만 아니라 총요소생산성이 증가하면 완전고용요소투입량이 증가하기 때문에 추가적인 생산량의 증가가 발생하게 된다.

3. 솔로우 성장모형에서 일인당 자본량과 일인당 소득수준이 변하지 않는 균형을 균제상태(steady state)라고 한다. 균제상태에서는 노동자 일인당 저축(sy)이 자본의 감가상각분(δk)과 새로운 노동자들에 대한 자본공급(nk)과 같을 때 이루어진다.

4. 장기적 소득수준은 저축률, 인구증가율 및 기술수준에 의하여 결정된다. 저축률 증가와 기술향상은 일인당 국민소득을 증가시키는 반면 인구증가율 증가는 감소시킨다.

5. 자본이동이 자유로운 개방경제에서는 국제이자율과 국내자본의 한계생산성이 같아지는 점에서 자본투입량이 결정된다. 개도국은 상대적으로 자본이 풍부한 선진국에 비하여 이자율이 높다. 따라서 자본시장이 개방되면 자본의 한계생산물(MPK)이 해외이자율과 같아질 때까지 자본유입이 발생한다.

6. 자본이동에 따른 이득은 투자국과 유치국이 나눠가지게 된다. 자본유치국의 경우 자본이동으로 자본투입량이 증가하고 생산이 증가하게 되면 생산 증가분의 일부를 해외투자자들이 가지고 나머지는 국내노동자들이 가지게 된다. 자본투자국의 경우 자본유출로 국내자본투입량과 생산이 감소하지만 해외로부터 높은 수익을 올릴 수 있기 때문에 국민총소득은 증가한다.
7. 금융개방은 투자를 촉진하고 국내총생산을 증가시킨다. 또한 외국인 직접투자를 통하여 기술이전과 선진적 경영기술과 전문지식을 전파하고 생산성을 향상시킨다. 한편, 금융개방은 국내금융시장 발달을 촉진하고 기업의 지배구조 개선 및 법치확립에 도움을 주며, 건전한 거시경제정책을 유도하는 부수적 효과를 가져온다.
8. 금융개방의 긍정적인 예상효과에도 불구하고 금융개방이 경제성장에 유의한 양(+)의 영향을 미친다는 확실한 증거는 많지 않다. 따라서 금융개방은 일정수준 이상의 경제적 또는 제도적 체계를 갖춘 상태에서만 효과를 발휘할 수 있다는 문턱효과(threshold effect)가설이 설득력 있게 주장되고 있다.

주요 용어

총공급	완전고용생산량
기술변화	솔로우 모형
균제상태	국제수지발전단계가설
금융개방	문턱효과가설

연습문제

01 외국인 노동력의 유입으로 노동공급이 증가할 때 노동투입량과 완전고용생산량은 어떻게 변하는지 설명하라.

02 솔로우 모형에서 인구증가율(n)이 증가하면 균제상태에서의 일인당 자본량과 일인당 국민소득이 어떻게 바뀌는지 분석하라.

03 자본이동이 자유로울 때 자본유입국의 기술변화는 자본이동에 어떠한 영향을 미치는지 설명하라.

04 해외투자가 이루어지는 자본유출국의 경우 자본이동이 이득이 되는지 아니면 손실이 발생하는지 논하라.

05 금융개방이 경제성장에 미치는 직접효과와 간접효과에 대하여 설명하라.

06 경제성장에 대한 금융개방의 문턱효과에 대하여 설명하라.

07 노동자들의 화폐환상이 존재할 때 물가상승이 단기와 장기의 총공급량에 미치는 효과에 대하여 분석하라.

제6부

국제통화제도와 금융위기

제 16 장

환율제도 선택과 국제통화제도

1. 환율제도의 종류와 특징
2. 국제통화제도의 변천
3. 글로벌 금융위기 이후의 국제통화질서

한 국가에서 외환의 가격이 결정되는 시스템을 환율제도라고 한다. 오늘날 세계 각국은 다양한 형태의 환율제도를 채택하고 있는데 환율제도는 크게 고정환율제도와 변동환율제도로 구분된다. 고정환율제도는 정책당국에 의해서 환율수준이 제시되거나 특정 수준으로 관리되는 제도를 의미한다. 고정환율제도의 경우 고정된 환율수준에서 거래가 이루어질 수 있도록 정책당국의 외환시장에의 개입이 불가피하다. 반면 변동환율제도는 정부의 개입 없이 시장에서 외환에 대한 수요와 공급에 의해서 환율이 결정되는 방식을 의미한다.

한편, 국제통화제도란 국제거래의 매개수단으로 사용되는 국제통화의 결정과 그러한 국제통화가 공급되는 방식과 관련된 제반 제도 및 조직 그리고 관행을 의미한다. 국제통화제도는 국제통화와 여타 국가들의 통화 간에 환율이 어떻게 결정되는가 하는 문제와도 밀접한 관계가 있기 때문에 일종의 국제환율시스템이라고도 한다. 국제통화제도는 국가 간의 협정 내지는 합의를 통해서 결정되거나 시장에 의해서 자율적으로 결정된다.

이 장에서는 고정환율제도와 변동환율제도의 채택에 따른 비용 및 편익, 즉 장단점을 살펴봄으로써 환율제도를 선택할 때 고려해야 할 사항이 무엇인지를 설명한다. 그리고 그동안 국제통화제도가 어떻게 변화되어 왔는지를 살펴보고 2008년 글로벌 금융위기 이후 논의되고 있는 새로운 국제통화질서의 모색과 관련된 사항들을 검토한다.

1. 환율제도의 종류와 특징

(1) 환율제도의 장단점

환율제도는 크게 고정환율제도와 변동환율제도로 구분된다.[1] 고정환율제도의 경우 다양한 형태가 있는데 IMF의 분류에 따르면 다음과 같다. 개별 국가의 법적 통화가 없이 공동통화를 사용하는 통화동맹(currency union)이나 다른 나라의 통화를 자국의 통화로 사용하는 달러화통용제도(dollarization), 자국통화를 특정 국가의 통화에 일대일로 연계해서 환율을 완전고정시키는 통화위원회(currency board)제도, 자국통화의 가치를 특정 국가의 통화나 통화바스켓에 고정시킨 후 ±1.0% 내에서 환율의 변동을 허용하는 전통적인 고정환율제도, 설정된 목표환율범위 내에서 환율의 변동을 허용하는 목표환율제도 그리고 기준환율을 물가상승률과 같은 주요 경제변수에 연계해서 변동하는 것을 허용하되 기준환율을 중심으로 일정범위 내에서 환율이 변동하도록 허용하는 크롤링 페그(crawling peg)제도 등이 있다.

반면 변동환율제도의 경우는 정부의 개입 없이 시장에서 환율이 자유롭게 결정되도록 허용하는 자유변동(free floating)제도와 외환당국이 필요 시 외환시장에 개입해서 환율 변동과 수준에 일정부분 영향력을 행사하는 관리변동(floating)제도가 있다.

IMF에 의하면 유로존 국가를 제외한 미국, 일본, 영국 등 주요 선진국가들은 자유변동환율제도를 채택한 국가로 분류되고 있다. 반면 한국, 인도, 페루, 태국 등은 관리변동환율제도를 채택한 국가로 분류된다. 한편, 캄보디아, 베트남, 이집트 등은 실질적 페그제도, 니카라과, 볼리비아 등은 크롤링 페그제도, 중국, 아르헨티나, 아이티 등은 유사 크롤링 페그제도, 싱가포르, 말레이시아, 러시아, 스위스 등은 기타 고정환율제도를 채택하고 있는 것으로 분류된다. 유럽연합 28개국 중 19개국은 유로화를 단일통화로 사용하는 통화동맹을 결성하고 있다. 홍콩, 불가리아, 브루나이 등은 통화위원회제도를 채택하고 있다.

이제 고정환율제도와 변동환율제도의 장단점을 살펴보면 다음과 같다.[2] 먼저 고정환율제도를 채택할 경우 예상되는 편익은 거래가격의 불확실성이 축소됨에 따라 국가 간의 무역이 활성화되고 이로 인해 경제성장이 촉진될 수 있다는 점이다.[3] 그리고 재정거래가

---

1) 세계 각국이 채택한 환율제도의 유형과 관련해서는 제2장 2절 환율제도 참조.

2) 고정환율제도의 장점(편익)은 변동환율제도의 단점(비용)으로 이해할 수 있고 그 반대의 경우도 성립한다.

3) P. Klein and J. Shambaugh(2006), “Fixed Exchange Rates and Trade,” *Journal of International*

활발하게 일어남으로써 가격수렴이 신속하게 이루어지고 경쟁이 촉진될 수 있다. 높은 인플레이션으로 어려움을 겪는 국가의 경우에는 물가가 안정적인 국가의 통화에 자국통화가치를 고정시킴으로써 물가를 안정시킬 수 있다. 그리고 환위험이 줄어들게 됨으로써 페그대상국가의 이자율로 수렴될 수 있다.[4] 또한 자국통화가 국제적인 태환성(convertibility)이 없는 국가의 경우 상당한 수준의 외화표시 자산과 부채를 보유하게 되는데 환율이 고정되어 있는 경우 대외순부채의 가치가 안정적으로 유지되는 효과가 있고 환율변동에 따른 환위험 헤징 비용이 들지 않는다는 장점이 있다.[5]

반면 고정환율제도를 채택했을 경우 예상되는 비용으로는 먼저 제7장에서 언급한 '개방경제의 불가능한 삼위일체'에 따른 통화정책의 자율성 상실이다. 자본이 자유롭게 유출입되는 상황에서 환율수준을 일정하게 유지하기 위해서는 정책당국의 외환시장개입은 불가피하고 그 과정에서 통화량은 통화당국의 의도와는 관계없이 독립적으로 변동된다.[6] 따라서 국내외로부터 경제적 충격이 발생했을 경우 성장과 고용 등 대내경제안정을 위한 정책수단인 통화정책의 유용성이 제약된다. 또한 통화정책의 제약으로 인해 고정환율제도하에서는 변동환율제도와 비교해서 생산의 변동성이 크게 나타날 수 있다. 그리고 다른 거시경제정책이 환율수준을 고정, 유지하는 것과 상반되는 방향으로 시행될 경우 환투기가 야기되고 더 나아가 경제위기로 확대될 수 있다. 예를 들어 재정적자에 대한 재원조달로 인해 통화량이 증가할 것이라는 예상이 확산되거나 금융시장의 경색으로 인해 통화당국이 국내신용을 확대할 경우 환율상승 기대가 형성되고 이에 외환당국이 환율방어를 위해 외환을 매각하게 되면 외환보유액이 줄어들게 되면서 외환위기가 초래될 수 있다.[7] 또한 고정환율제도의 경우 환율이 국내외 충격을 완충하는 역할을 하지 못하기

---

*Economics*에 의하면 변동환율제도와 비교 시 통화동맹과 같은 고정환율제도를 채택할 경우 무역규모가 38% 증대하는 것으로 나타났다.

4) 그리스의 경우 유로존에 가입함으로써 유로화표시 국채이자율의 독일국채 이자율과의 스프레드가 대폭 축소되었다. 그 결과 재정적자를 보전하기 위한 국채발행을 대폭 확대함에 따라 재정적자와 부채비율이 급격히 상승했다.

5) G. Calvo and C. Reinhart(2002), "Fear of Floating," *Quarterly Journal of Economics*는 개도국이 변동환율제도를 채택함으로써 예상되는 복잡한 문제를 회피하고자 하는 경향을 '변동환율에 대한 우려(fear of floating)'라는 용어로 설명한다.

6) 통화량을 조정하기 위해 중화정책이 사용될 수 있으나 이 정책도 지속적으로 사용할 경우 통화량 조정을 위한 채권발행에 따른 이자지급 등으로 인해 통화량 조정에 한계가 있다.

7) 아르헨티나는 1991년부터 완전고정환율제도인 통화위원회제도를 채택하였는데 1994년 멕시코의 데킬라위기로 인해 금리가 상승하고 달러화예금에 대한 인출사태가 발생해서 준비금이 고갈되어 경제위기로 발전되었으나 IMF의 자금지원으로 위기를 극복하였다. 그러나 2000년 브라질의 위기로 인해 브라질 레알화가 대폭 평가절하되고 이로 인해 아르헨티나의 대외경쟁력이 약화됨으로써 결국 아르헨티나는 통화위원회제도를 포기하였다.

표 16-1 고정환율제도와 변동환율제도의 장단점

	고정환율제도의 특징	변동환율제도의 특징
장점 (편익)	• 환위험 감소에 따른 무역거래 활성화 및 헤지비용 축소	• 대내외 충격 시 안정화정책으로 통화정책 활용 가능
	• 해외 자산 및 부채의 가치 안정	• 환율의 경제상황 반영에 따른 경제왜곡 현상 최소화
단점 (비용)	• 통화정책의 자율성 상실	• 환율변동성 확대에 따른 경제 불확실성 증대 및 무역거래 위축
	• 적정환율수준으로부터의 이탈 시 자원배분 왜곡 및 외환위기 발생가능성 확대	• 환율상승 시 대외순부채의 상환부담 증대

때문에 경제위기 시 회복이 늦어질 수 있다. 한국의 경우 1997년 외환위기와 2008년 글로벌 금융위기를 비교적 빠른 기간에 극복할 수 있었던 중요한 요인의 하나로 변동환율제도하에서 원화 환율의 급상승으로 인한 대외경쟁력 회복과 수출증대가 지적되고 있다.

이상에서 설명한 고정환율제도와 변동환율제도의 비용 및 편익을 요약하면 〈표 16-1〉과 같다.

(2) 환율제도 선택 시 고려사항

특정 국가가 어떤 환율제도를 채택할 것인가는 앞 절에서 설명한 각 환율제도 채택에 따른 순편익이 어떤 조건하에서 극대화될 수 있느냐에 달려 있다. 이때 가장 중요하게 고려되어야 할 사항 중 하나는 시장의 통합 정도이다. 두 국가 또는 지역이 재화 및 서비스 시장과 금융시장 그리고 노동시장 등이 긴밀히 연계되어 있는 경우 이들 간에 환율이 고정되어 있다면 거래비용이 절감될 것이다. 그리고 환율이 고정된 상태에서 자본의 자유로운 이동은 소비의 현재와 미래 시점 간 적절한 배분, 투자의 효율성 증대 및 포트폴리오 다양성 확대에 따른 위험 분산효과 등을 기대할 수 있다. 또한 가격수렴에 따른 경쟁 심화로 산업경쟁력의 강화 등이 예상된다. 따라서 시장의 통합도가 높을 경우 특정 국가는 통합도가 높은 국가의 통화에 환율을 고정시킴으로써 고정환율제도 채택에 따른 순편익이 크게 나타날 확률이 높다.

또 다른 고려사항으로는 외부충격 발생 시 경제에 미치는 효과의 유사성이다. 즉 충격의 대칭성 정도이다. 고정환율제도를 선택한다는 것은 경제의 안정화를 위한 정책수단의

하나인 통화정책의 자율성을 포기한다는 것을 의미한다. 만약 두 국가의 경기가 동조화되는 경향이 클 경우에는 외부충격에 대해 공동으로 대처하는 것이 가능하기 때문에 통화정책의 자율성이 비록 약화되어도 경제안정화 추진 비용이 적을 수 있다. 그러나 외부충격의 효과가 비대칭적으로 나타날 경우에는 각자 독자적인 정책을 통해서 충격을 완화하는 것이 바람직하다. 즉 특정 국가는 경제충격의 효과가 유사하게 혹은 대칭적으로 나타나는 경제구조를 가진 국가의 통화에 자국의 통화를 고정시키는 것이 바람직하다.

결론적으로 시장의 통합화 정도가 긴밀해질수록 그리고 외부충격으로 나타날 수 있는 경제적 불안정을 통화정책 이외의 수단으로 대처할 수 있는 여건이 충분히 마련될수록 관련국 간에 고정환율제도를 채택하는 것이 바람직하다. 제17장의 최적통화지역(optimum currency area: OCA)이론에서 이런 조건들이 갖는 의미가 보다 자세히 설명될 것이다.

한국의 환율제도 변천

한국의 환율제도는 그동안 크게 다섯 차례 변경되었다. 1964년까지 시행된 고정환율제도와 이후의 단일변동환율제도 기간은 사실상 환율이 고정된 형태로 운용되었다. 그러나 1980년대에 들어 복수통화바스켓제도를 도입하여 변동환율제도로 이행하는 중간단계를 거친 후 1990년대에는 시장평균환율제도를 도입하여 환율의 일일변동 허용폭을 점차 확대해 나갔다. 그리고 1997년 12월 외환위기 당시에 환율변동 허용폭 제한을 철폐하여 변동환율제도로 이행하였다. 2019년 현재 IMF는 한국을 관리변동환율제도 채택 국가로 분류하고 있다.

1. 고정환율제도(1945년 10월~1964년 5월)

1945년 해방 이후 한국의 외환시장이 형성되던 초기단계의 환율제도는 공정환율을 중심으로 한 고정환율제도로서 복수환율제와 단일환율제가 번갈아 가며 시행되었다. 1949년에는 정부보유 외환에 대해서는 공정환율을, 기타 외환에 대해서는 일반환율을 적용하는 복수환율제를 채택하였다. 그리고 1964년 이전까지 공정환율을 중심으로 환율의 실세조정을 위한 수차례의 평가절하를 단행하였다.

2. 단일변동환율제도(1964년 5월~1980년 2월)

1964년 외국환을 정부나 중앙은행에 집중시키면서 환율은 외환증서의 수급에 따라 자유롭게 변동할 수 있는 외환증서제도를 도입하였다. 한국은행은 외환증서 시장률의 상하 2% 범위 내에서 매일 환율을 결정하였다. 그러나 외환시장 기반이 취약하여 사실상 고정환율제도의 형태가 유지되었다.

3. 복수통화바스켓제도(1980년 2월~1990년 2월)

바스켓제도는 미 달러화를 포함한 주요 교역상대국 통화의 가치변동에 원화 환율을 연동시키는 제도이다. 복수통화바스켓제도하에서 원화의 가치는 가중치를 가진 두 개의 바스켓에 고정시킨다. 구체적으로 SDR바스켓에 의해 산출된 SDR당 달러화 환율과 한국의 주요 교역상대국인 미국, 일본, 서독, 영국, 프랑스 등의 통화로 이루어진 독자바스켓에 의해서 산정된 독자바스켓의 달러화 환율 그리고 정책조정변수인 실세반영장치를 적용해서 매일매일의 원/달러화 환율을 산정한다. 예를 들어 1원의 가치가 1/500 복수통화바스켓에 고정되어 있다고 가정할 경우 각각 바스켓의 달러화로 표시한 가치가 바스켓을 구성하고 있는 통화 간의 환율변화로 인해서 매일 다르게 산정된다. 두 바스켓의 달러화가치를 가중평균한 후 그것의 1/500이 바로 원/달러화 환율이 되는 것이다. 이때 실세 반영장치로 국내외 금리차, 물가상승률, 국제수지 및 외환수급 전망 등을 추가적으로 고려해서 원/달러 환율을 고시하였다.

4. 시장평균환율제도(1990년 3월~1997년 12월)

환율의 시장기능 제고를 위해 1990년 3월부터 도입된 시장평균환율제도는 외국환은행 간 실제 거래된 복수의 환율을 거래량으로 가중평균하여 다음 영업일의 기준환율로 정하는 제도이다. 이 기준환율을 중심으로 상하 일정범위 내에서만 변동되도록 하였다. 도입 초기에는 일일 환율변동제한폭을 기준환율을 중심으로 ±0.4%로 설정하였으나 그 후 지속적으로 확대하였다. 1997년 11월 외환위기 시에 외환거래의 중단을 막기 위해 변동제한폭을 ±10%로 대폭 확대하였다가 같은 해 12월 철폐함으로써 자유변동환율제도로 이행하였다.

5. 변동환율제도(1997년 12월~현재)

변동환율제도는 원/달러화 환율이 은행 간 시장에서 외환수급에 따라 자유로이 결정되는 제도로서 환율의 시장기능이 더욱 제고되었다. 하지만 이 제도하에서도 환율이 일시적인 충격으로 단기간에 급등락할 경우 외환당국은 외환시장에 참가하여 환율의 변동속도를 조절(smoothing operation)하는 외환시장개입을 수행하고 있다.

출처 : 한국은행(2003), 「우리나라의 외환제도와 외환시장」, 107~113 참조.

2. 국제통화제도의 변천[8)]

국제통화제도하에서는 국내통화제도와는 달리 세계중앙은행에 의해서 공급되는 법정 국제통화가 존재하지 않는다. 즉 세계 경제 상황에 적합한 국제통화의 규모를 결정하고 그것을 공급하는 주체가 없다. 다만 국가 간의 합의를 통해서 특정 재화나 통화를 국제통화로 결정하거나 시장에 의해서 자율적으로 국제통화의 역할을 하는 통화가 결정된다. 국제통화는 거래의 매개수단뿐만 아니라 재화나 서비스에 대한 가치를 산정하고 가치의 저장수단으로서의 역할을 한다는 점에서는 특정 국가의 통화와 유사한 역할을 수행한다. 국제통화는 또한 특정 국가의 통화에 대한 가치설정 기준인 기준통화로서의 역할도 담당한다. 그리고 특정 국가의 통화가 국제적으로 통용이 되지 않는 경우 안정적인 국제거래

8) 이 절과 관련된 주요 내용은 B. Eichengreen(2008), *Globalizing Capital: A History of the International System*, Princeton University Press를 참조하였음.

를 확보하기 위해서 그 국가는 일정규모의 국제통화를 예비적으로 비축한다. 이상과 같은 기능을 수행하는 국제통화를 기축통화(key currency)라 한다.

일반적으로 어떠한 형태의 국제통화제도하에서도 과잉유동성이나 유동성부족 문제에 봉착하게 될 가능성이 상존하고 이로 인해서 국제통화의 신뢰성이 상실되거나 세계 경제의 디플레이션이 유발될 위험이 존재한다. 또한 특정 국가의 통화가 국제통화로 사용되어질 경우 그 국가는 화폐주조차익, 즉 시뇨리지(seigniorage)효과로 인해 비기축통화국에 비해 비대칭적인 이득을 얻게 되고 이로 인해 국가 간의 갈등이 야기된다. 한편, 국제통화제도가 유지되기 위해서는 국가 간의 경상수지 불균형이 원활히 조정됨으로써 각국의 통화가치가 안정적으로 유지되어야 한다. 만약 불균형이 지속될 경우 적자국의 통화는 가치하락 압력에 직면하고 투기적 공격이 야기되어서 경제위기로 발전될 수 있다.

19세기 이래로 국제통화제도는 몇 차례 개편되었는데 각각의 제도는 당시의 세계 경제환경에 가장 적합한 제도로 판단되어 시행되었으나 세계 경제의 구조변화로 인해서 그 한계가 노출됨으로써 새로운 제도로 전환되었다.

(1) 국제금본위제도

1) 성립과정

국제금본위제도는 국내통화제도로 금본위제도를 채택하고 있는 국가들 사이에 합의된 일종의 국제협약이다. 19세기에 많은 국가들은 금화와 은화의 유통을 모두 허용하는 소위 복본위제(bimetallic standards)를 채택하였다. 그러나 영국에서는 1774년 은의 법정통화 자격을 폐지하면서 사실상의 금본위제도가 출범하게 되었다. 한편, 은은 중세를 거쳐 근대에 이르기까지 지배적 화폐였는데 독일과 인근지역, 스칸디나비아 국가들, 러시아 그리고 극동지역이 은본위제도를 시행하였다.

한편, 복본위제도하에서 금화와 은화가 동시에 유통되기 위해서는 금화와 은화의 법정교환비율인 조폐비율과 시장가격비율이 충분히 근접해야 한다. 만약 은으로 평가된 금의 국제시장가격이 조폐비율보다 낮으면 은을 가지고 해외시장에 가서 금으로 바꿔서 국내로 금을 가져온 후 조폐청에 가서 국제시장가격보다 높은 법정비율로 은으로 교환하려 할 것이다(금을 기준으로 했을 때 싼 곳(시장)에서 사서 비싼 곳(조폐청)에 파는 경우가 된다). 따라서 이 경우에는 재정차익을 얻기 위해 은을 수출하게 된다.[9] 반대로 은으로 평가된 금

9) 예를 들어 금과 은의 법정교환비율이 1온스 : 15.5온스인데 시장에서는 그 비율이 1 : 15라 가정하자. 이럴 경

의 국제시장가격이 조폐비율보다 높은 경우에는 금을 수출하고 대신 은화를 수입한 후 조폐청에서 법정비율로 금으로 교환하면 수익이 발생한다. 실제로 영국에서는 금의 은과 법정교환비율이 국제시장에서의 교환비율보다 높게 책정됨에 따라 은화가 수출되고 금이 수입됨으로써 은화가 유통에서 사라지게 되는 현상이 발생해서 1821년 사실상의 금본위제도로 이행하게 되었다.

산업화를 통하여 19세기 중반부터 세계 경제의 중심국가로 부상한 영국이 금본위제도를 채택하고 있었기 때문에 영국과 교역을 추진하고 자본수입을 모색하던 많은 유럽국가들이 1871년부터 금본위제도를 본격적으로 채택하기 시작했다. 그 결과 국제통화제도로서의 국제금본위제도가 작동하게 되었다. 금본위제도는 19세기가 끝날 무렵 러시아와 일본이 채택하면서 아시아까지 확대되었다.

2) 국제수지 조정 메커니즘

국제금본위제도의 특징으로는, 먼저 각 국가는 자국통화의 금과의 교환비율, 즉 금평가(gold parity)를 설정한다. 그리고 각 국가의 금평가에 기초해서 국가 간의 환율이 결정된다. 따라서 국제금본위제도는 원칙적으로 고정환율에 기반을 둔 국제통화제도이다.

둘째, 국가 간의 자유로운 금의 이동을 보장하였다. 이것은 국가 간의 자본이동이 완전히 허용되었음을 의미한다. 만약 시장에서 결정된 환율수준이 금의 수출입에 따른 운송비 수준을 차감한 수준을 넘어설 경우에는 금의 유출입이 야기된다. 예를 들어 파운드의 다른 국가 통화와의 시장환율이 기준환율에다 금 수입 운송비용을 초과할 경우에는 금의 수입이 이루어진다. 반면 반대의 경우에는 파운드를 금으로 태환한 후 해외로 금을 유출하는 현상이 발생한다. 따라서 금본위제도를 채택하고 있는 국가들 통화 간의 시장환율은 금 수출점과 금 수입점 사이에서 변동하게 된다.[10)]

셋째, 통화공급은 일정 양의 금 보유에 기초한다. 그러나 대부분의 금본위제도 국가들은 중앙은행이 금태환 보장 없이 신용에 기초해서 통화를 창출하는 것을 일정부분 허용

우 은 15온스를 해외로 가져가서 금 1온스로 바꾼 후 국내로 가져오면 조폐청에서 은 15.5온스를 얻을 수 있으므로 차익이 발생한다. 결국 국내에는 시장가격이 법정교환비율보다 낮은 금만 남아 있고 실질적으로 시장가격이 법정교환비율보다 높은 은은 시장에서 사라진다. 여기서 금과 은의 수송비용은 논외로 한다.

10) 예를 들어 금 $\frac{1}{20}$온스=1파운드(£)=5프랑스프랑(FF)이고 금 $\frac{1}{20}$온스의 영국과 프랑스 간 수송비용이 0.1£= 0.5FF라고 가정하자. 만약 영국의 외환시장에서 £의 환율이 5.5FF 이상이 될 경우 프랑스로부터 금이 유입되고(금 수입점), 반대로 £의 환율이 4.5FF 이하일 경우 영국으로부터 프랑스로 금이 유출된다(금 수출점). 결국 £의 FF환율은 4.5FF<1£<5.5FF에서 변동하게 된다.

하였다. 경우에 따라서는 추가적인 금 준비 없이도 채권을 매입함으로써 통화공급을 늘릴 수 있었기 때문에 금의 해외유출분만큼 통화공급이 감소하는 일은 발생하지 않았다.

한편, 국제금본위제도하에서 국제수지 불균형이 어떻게 조정되는가에 대해서는 여러 가지 이론이 제시되고 있다. 이 중 가장 잘 알려진 국제수지 자동조정 메커니즘 이론은 흄(D. Hume)에 의해서 제시된 물가–금화 이동 메커니즘(price-specie flow mechanism)이다. 이 모형에 따르면 경상수지가 흑자국인 경우에는 금화가 유입되어서 통화량이 늘어난다. 이로 인해서 물가가 상승하고 실질환율이 하락함에 따라 수입이 늘어나서 결국 경상수지가 균형으로 회귀한다는 것이다. 반대로 경상수지 적자국의 경우에는 물가하락과 실질환율 상승으로 수출이 증가해서 경상수지의 균형을 회복한다는 것이다. 그러나 실제 금본위제도하에서 금의 국가 간 유출입은 크지 않은 것으로 나타났다. 따라서 흄의 이론이 실제 국제수지가 조정되는 과정을 잘 설명한다고 보기는 어렵다. 또한 흄의 모형은 금융시장과 제도가 발전함에 따라 은행의 신용창출 기능이 확대되고 국제적인 자본이동이 활발히 이루어지고 있는 상황을 충분히 고려하지 못하고 있다는 점이 지적되고 있다.

금본위제도하에서 국제수지 조정을 설명하는 다른 이론으로는 케인즈가 주장한 '게임의 룰' 에 의한 조정 메커니즘이다. 이 메커니즘에 의하면 경상수지가 적자인 국가에서는 금의 유출로 인한 통화량 감소보다는 중앙은행이 할인율을 조정해서 통화량을 변동시키는 규칙을 따름으로써 국제수지가 조정된다는 것이다.[11] 예를 들어 경상수지가 적자일 경우 중앙은행은 상인들의 어음을 할인할 때 적용하는 금리인 할인율을 인상해서 통화량을 축소하고 이로 인해 물가가 하락함에 따라 경상수지가 균형을 회복하게 된다는 것이다. 그러나 실제로는 중앙은행이 경상수지가 불균형일 경우에만 할인율을 조정한 것은 아닌 것으로 나타났다. 민간은행이었던 중앙은행은 경상수지뿐만 아니라 자신들의 수익 및 할인율 변동으로 인한 이자율 변화가 정부에 부채부담을 얼마만큼 주는지를 감안해서 할인율을 조정한 것으로 나타났다.

금본위제도에서 게임의 룰이 엄격히 준수되지 않았을 뿐만 아니라 금의 이동이 크게 나타나지 않은 상태에서 국제수지가 비교적 원활히 조정된 것은 그 당시 정부가 각국 통화의 금태환을 투자자들에게 확실히 보장했기 때문인 것으로 평가되고 있다. 그 당시에는 통화정책이 다른 국내경제 목표의 달성을 위해서 사용되어야 한다는 주장은 없었고 또한 환율안정을 위해 국내경기의 불안정이 심화되는 것에 대해 반대할 정치집단이 초보

11) 채권시장이 발달된 일부 국가들은 공개시장조작을 또 다른 통화량 조정수단으로 사용했고 많은 국가들은 외환시장에 개입해서 통화량을 조정했다.

적인 단계에 있었다는 점 때문에 투자자들이 정부의 금태환 약속을 신뢰하였다.[12] 예를 들어 특정 국가의 통화가 약세를 보일 때 약세통화에 대한 투기적 공격이 유발되기보다는 다시 약정된 기준환율로 갈 것이라는 믿음이 있었기 때문에 자본이 환율을 안정화시키는 방향으로 이동하였다. 결국 중앙은행들의 금태환 유지정책이 국가 간의 연대와 협조를 통해서 신뢰를 얻었기 때문에 일시적으로 게임의 룰에서 이탈하는 경우는 있었지만 결국 장기적으로는 게임의 룰에 의해서 자본이 유출입됨에 따라 국제수지가 균형을 회복할 수 있었다.[13]

결국 금본위제도하에서는 금태환에 대한 신뢰 확보, 금본위제도 채택국가 간의 국제공조, 대외균형을 대내균형에 우선시하는 것에 대한 반대 정치세력의 부재 그리고 세계 최대 경제국인 영국의 무역수지 흑자와 대외 자본수출을 통한 여타 국가들의 국제수지 균형 유지 등으로 인해서 제도의 안정성을 유지하였다.

국제금본위제도는 제1차 세계대전의 빌빌로 붕괴되있다. 진쟁물자를 조딜하기 위해 금보유와 상관없이 통화를 발행함에 따라 더 이상 금태환이 허용되지 않았다. 그리고 국가 간의 금평가에 의해서 산출되는 기준환율을 유지하기 위한 국제적 공조도 더 이상 존재하지 않았다. 금의 거래가 중지되자 시장에서 환율은 변동하기 시작했고 각국 정부는 외환거래를 통제함으로써 환율변동폭을 제한하였다.

(2) 양차 세계대전 사이(1919~39) 국제통화제도

제1차 세계대전이 끝난 후 1920년대 중반까지 주요국들은 외환시장개입을 자제하는 자유변동환율제도를 채택하였다. 그러나 이 시기에 투기적 자본에 의해서 환율이 매우 크게 변동하였다. 그리고 많은 유럽국가들이 전후 재정적자로 인해서 극심한 인플레이션에 시달렸다. 결국 많은 국가들이 자본의 투기적 거래와 인플레이션을 억제하기 위한 방안으로 1920년대 중반부터 금본위제도로 복귀하게 되었다. 영국은 1924년 그리고 프랑스는 1926년에 금본위제도로 복귀했다. 이 시기의 극심한 환율변동과 관련해서는 전후 재건을 위한 불안정한 통화 및 재정 정책 운용과 더불어 변동환율제도가 주요 요인이라는 주장과, 변동환율제도 자체는 문제가 없고 단지 정책의 불안정성 때문에 야기된 현상

12) 이 당시 미국이나 중남미의 경우에는 금본위제도의 신뢰를 주는 정치사회적 요인이 취약해서 금본위제도가 다소 위태로운 상태로 유지되었다.

13) 중앙은행의 최종대부자 기능에 의한 통화량 확대와 금태환의 유지 간에는 상충관계가 존재하지만 금태환에 대한 투자자들의 신뢰가 유지되었기 때문에 이 문제로 인해 위기가 확산되는 결과는 초래되지 않았다.

이라는 주장이 대립되었다.

금본위제도로 복귀하는 과정에서 가장 중요한 사항 중 하나는 영국 파운드화의 금평가 설정이었다. 과연 전쟁 전의 수준으로 파운드화의 금평가를 결정할지 아니면 영국의 경쟁력을 감안해서 새로운 수준에서 금평가를 책정할지에 대한 논란이 치열했다.[14] 그러나 금본위제도의 신뢰를 확보하는 것이 무엇보다도 중요하다는 주장을 받아들여 종전의 금평가 수준을 유지하는 것으로 결정되었다.

한편, 1924년부터 1929년까지 세계 경제는 매우 빠른 성장을 보였으나 금의 공급부족으로 인해서 국제통화가 원활히 공급되지 못했다. 그리고 영국 파운드화의 고평가와 프랑스 프랑화의 저평가 등으로 인해서 영국을 비롯한 일부 국가들은 만성적인 적자에 시달렸다. 그러나 전쟁 전의 금본위제도하에서처럼 상대가격의 변화나 환율안정을 예상하는 단기자본의 흐름을 통한 국제수지의 조정이 원활하게 이루어지지 않았다. 전쟁 이후 채권국의 위치를 확고히 한 미국으로부터 자본을 차입하는 국가들의 경우 미국이 경기과열을 억제하기 위해 금리를 인상함에 따라 자본을 확보하기 어려운 상황에서 1929년 대공황의 발발로 수출 또한 타격을 입게 되었다. 결국 지속적으로 국제수지 적자를 기록한 일부 국가들부터 금태환을 정지하기 시작했다. 그리고 이러한 추세는 전 세계가 대공황으로 인해 산업생산이 위축됨에 따라 반전될 가능성이 낮은 것으로 인식되었다. 따라서 이러한 국가들은 경제를 활성화하기 위해 신용공급을 확대하고 금리를 인하하는 정책을 채택하라는 압력을 일반 국민들로부터 받게 되었다.

그러나 이러한 통화정책으로 인한 금리인하는 오히려 자본유입을 어렵게 해서 금태환 가능성을 더 어렵게 만들었다. 따라서 전쟁 전의 금본위제도에서와는 달리 약세통화가 곧 가치를 회복하기보다는 그 추세가 지속될 것이라는 전망을 낳고 그 결과 투기성 자본에 의한 약세통화 매도로 인해 시장의 불안정이 확대되었다. 또한 이러한 현상을 완화하기 위한 국제적 협조가 각 국가의 사정으로 인해 예전처럼 긴밀하게 이루어지지 않았다.

한편, 대공황 기간에 유럽국가들은 경기하강으로 인한 은행의 파산위험과 신용팽창으로 인한 금본위제도 붕괴위험 간의 선택에서 국내경제의 회생을 위해 은행에 대해 신용을 확대하는 정책을 선택했다. 영국의 경우 금본위제도로 복귀 시 파운드화를 시장의 평가보다 고평가된 종전의 금평가수준으로 설정했기 때문에 경상수지가 지속적으로 적자가 되었고 이로 인해 투기적 자본의 주 공격대상이 되었다. 영국이 금본위제도를 유지하

14) 당시 재무장관이었던 처칠은 종전수준으로의 복귀를 주장했던 반면 케인즈는 영국 경제의 경쟁력을 감안해서 파운드화의 15~20% 절하를 주장했다.

기 위해서는 파운드화의 평가절하 압력을 저지해야 하는데 이를 위해서는 자본유입이 필요했고 따라서 금리를 큰 폭으로 인상했다. 그러나 금리인상은 실업을 증대시키고 경기침체를 가중시킴으로써 해외로부터 자본유입에 실패했다. 결국 1931년 영국은 파운드화의 금태환 중지를 선언하고 파운드화를 평가절하함으로써 2차 국제금본위제도는 사실상 붕괴되었다. 미국 또한 경기악화로 인한 달러화 평가절하 압력으로 인해 1933년 달러화의 금평가를 인하하였다.[15)]

영국이나 미국과 같이 금본위제도를 포기하고 평가절하를 단행한 국가들은 대내적인 경제목표를 달성하기 위한 보다 독립적 정책을 확보함으로써 경기가 회복되기 시작했다. 그러나 이와 더불어 환평형계정 등의 도입을 통해서 환율을 안정화하는 외환시장개입정책도 병행되었다. 따라서 이 기간은 제1차 세계대전 직후의 변동환율제도에서와는 달리 관리변동환율제도하에 있었다고 평가할 수 있다. 미국이나 영국과 같이 통화확장정책을 택한 국가들의 대외경쟁력 강화는 곧 무역상대국의 경쟁력 약화를 의미했는데, 이는 근린국가궁핍화정책(beggar-thy-neighbor policy)으로 비난받았다. 한편, 프랑스는 영국이나 미국과는 달리 1920년대 초반의 초인플레이션 공포로 인해서 통화확장정책을 채택하기보다는 자국의 산업을 보호하기 위해 관세인상 및 수입쿼터제와 같은 무역제한조치를 채택했다. 결국 이 시기에는 주요 국가 간의 협조체제가 이루어지지 못했기 때문에 세계 경제 회복이 지연되었다.[16)]

결국 다시 국제통화제도로 채택된 전형적인 국제금본위제도는 새롭게 변화된 민주적 정치환경에서는 적합하지 않다는 점이 확인되었다. 새로운 정치 및 사회 환경하에서는 환율을 안정시키기 위한 국제수지 균형, 즉 대외균형보다 고용이나 성장과 같은 대내균형이 우선하고 대외균형을 유지할 것이라는 정부정책에 대한 신뢰확보가 어려워짐에 따라 국제금본위제도가 붕괴되었다고 할 수 있다. 그리고 이 기간의 경험을 통해서 세계 주요국들은 국가 간 협력을 통한 국제통화제도의 안정이 무역갈등을 최소화하고 세계 경제의 성장에 무엇보다도 중요하다는 교훈을 얻었다. 이런 점은 제2차 세계대전 이후 국제통화제도를 새로이 구축하는 데 반영되었다.

15) 프랑스와 네덜란드 그리고 스위스가 1936년 금본위제도를 포기함으로써 국제통화제도의 변동환율제도 복귀가 완료되었다.

16) D. Rodrik(2011), *The Globalization Paradox: Why Global Markets, States, and Democracy Can't Coexist*, W.W. Norton and Company에서 로드릭은 국제협력의 약화로 인한 사회경제적 혼란으로 인해 공산주의자들은 사회개혁과 폐쇄경제를 주장했고, 파시스트들이 경제민족주의를 자극하는 상황이 유발되었다고 분석한다.

(3) 브레튼우즈체제

1) 브레튼우즈체제의 핵심 규율

제2차 세계대전 이후 출범한 국제통화제도인 브레튼우즈체제(Bretton Woods System)는 기본적으로 세계 무역을 효과적으로 확대하기 위해서는 통화적 제약을 최소화해야 한다는 원칙에 입각해서 출범되었다.[17] 브레튼우즈체제의 주요 규율과 특징은 다음과 같다.

첫째, 미국의 통화인 달러화에 대해서는 금평가를 설정하고 금태환을 보장하지만 다른 참여국들은 자국의 통화가치를 금이나 달러화에 고정한다. 즉 금과 달러화가 가치의 기준이 되는 금환본위제도(gold exchange standard system)를 채택하였다. 참여국 통화의 대달러화 환율은 기준환율을 중심으로 ±1% 내에서 변동이 허용되었다. 따라서 브레튼우즈체제는 기본적으로 환율안정을 통해서 국제무역이 확대되도록 유도하는 고정환율제도이다.

둘째, 국제수지가 근본적으로 불균형을 지속할 경우 기준환율 자체는 IMF의 사전승인 없이 10%의 조정이 허용되는, 조정가능한 고정환율제도를 채택했다. 그러나 '근본적 불균형'에 대한 명확한 규정은 없었다. 조정가능 고정환율제도는 그 이전의 환율제도하에서 각 국가들이 환율안정을 위해서 취했던 할인율 인상의 어려움을 해소하기 위한 대안으로 채택되었다.

셋째, 참여국의 일시적인 국제수지 불균형 문제를 완화하기 위한 장치로 국제통화기금(International Monetary Fund : IMF)을 설립했다. IMF는 참여국의 금융통화정책에 대한 감독 및 위기 시 유동성 제공 등의 역할을 담당한다.

넷째, 국제자본의 흐름을 제한하기 위한 자본통제가 허용되었다. 투기적 자본이동으로 인한 세계 경제의 불안을 억제하고, 대내균형의 달성을 위해 요구되는 통화정책의 자율성 확보 방안의 하나로 자본통제를 채택하였다. 지속적으로 경상수지 적자를 겪고 있는 국가들은 전쟁 이후 매우 광범위하게 자본이동 및 외환거래를 통제하였다.

브레튼우즈체제의 여러 규율 및 제도는 경상거래와 관련된 외환거래는 통제를 철폐하고 통화의 태환성을 확보해서 통화적 측면에서의 세계 무역을 확대하려는 추가 지원장치로 이해할 수 있다.

---

17) 브레튼우즈체제의 주요 내용에 대한 협상은 제2차 세계대전 중에 미국의 화이트와 영국의 케인즈에 의해서 주도되었고, 1944년 뉴햄프셔주 브레튼우즈의 마운트 워싱턴호텔에서 연합군에 속한 국가들에 의해서 합의되었다.

2) 브레튼우즈체제의 전개과정

브레튼우즈체제하에서는 국제무역의 확대를 위해서는 무엇보다도 무역참가국 통화 간의 자유로운 교환을 의미하는 통화의 태환성이 가장 기본적인 것으로 인식되었고 이를 위해 1952년까지 통화의 태환성을 회복하고자 하였다. 그러나 유럽경제가 미처 회복단계에 이르지 못한 상태에서의 태환성 보장은 여러가지 문제를 야기했다. 대표적으로 1947년 영국이 미국의 지원을 받아 태환성을 회복하려 했으나 실패하고 결국 영국 파운드화의 평가절하가 초래되었다. 이후 미국은 마샬플랜을 수립해서 유럽국가들이 무역수지를 균형으로 유지할 수 있도록 지원했다.

한편, 유럽국가들이 일시적인 국제수지 불균형에 효과적으로 대처함으로써 통화의 태환성을 빠른 시일 내에 회복하기 위한 방안의 하나로 유럽결제동맹(European Payment Union: EPU)이 설립되었다. EPU는 통화의 자유로운 교환을 위한 지침으로 자유화규정을 채택했다. 국제수지 적자국은 EPU의 기금과 신용 그리고 추가 인출권을 확보해서 일시적으로 국제수지 적자를 보전할 수 있었다. EPU는 일종의 유럽판 IMF라 할 수 있다. 이것과 더불어 유럽국가들은 대내균형의 정치적 중요성 확대로 인해 국제수지 적자 시 금리인상보다는 외환규제와 무역규제를 통해서 대처했다. 유럽경제의 성장과 미국의 유럽투자 확대 등으로 인해서 그동안 문제가 됐던 달러화 부족현상이 완화됨에 따라 1958년 유럽국가들은 경상계정과 연계된 통화의 태환성을 확보하게 되었다. 이후 미국은 금리조정 및 달러화 거래에 대한 규제 완화 등을 통해 국제유동성의 역할을 하는 달러화의 대외공급을 조정하였고 여타 국가들은 달러화를 기본적인 대외준비금으로 비축하였다.

경상거래 관련 외환규제를 철폐하고 무역자유화가 확대된 1960년대 이후의 브레튼우즈체제는 국제유동성 부족 현상이 아니라 달러화의 과잉공급 현상으로 인한 달러화의 평가절하 압력에 시달렸다. 이에 미국은 이자평형세 부과 등과 같은 자본규제를 통해서 자본의 해외유출을 억제하였다.[18] 그리고 달러화의 금평가하락 압력을 완화하기 위한 방안의 하나로 영국을 중심으로 한 유럽국가들은 골드풀(gold pool)을 결성해서 공동으로 시장에서 금의 가격이 오르는 것을 억제하였다. 그러나 이러한 조치는 달러화 약세압력을 완화하기 위해 요구되는 미국의 거시경제정책에 대한 근본적인 기조변화가 없는 상태에서 일시적인 효과만 나타났다. 이와 더불어 IMF는 약세통화국의 환율안정을 위해서 쿼터를 증액하고 일반차입협정(GBA)을 통해서 회원국으로부터의 차입규모를 확대하였다.

18) 1963년에 도입된 이자평형세(interest equalization tax)제도는 미국 투자자들이 해외에 금융자산을 투자할 경우 발생하는 이자소득에 대해 추가적으로 과세를 하는 제도이다.

또한 달러화와 더불어 국제유동성의 역할을 할 수 있는 대체수단으로 특별인출권(SDR)을 창출하였다. 또한 약세통화국의 환율을 안정시키기 위한 방안으로 스왑협정을 통한 일시적인 국제유동성 지원 장치를 마련했다. 그러나 국제수지의 불균형을 근본적으로 해결할 수 있는 방안의 하나인 기준환율의 평가절하조치는 각국 정부가 정부정책의 실패를 자인하는 결과를 초래하는 것으로 간주하였기 때문에 매우 제한적으로 사용되었다.

한편, 1958년에 파운드화의 태환성을 회복한 영국은 1960년대 후반부터 확대된 경상수지 적자로 인한 시장의 통화절하압력을 IMF, 미국 그리고 여타 유럽국가들로부터의 지원을 통해서 대처했다. 그러나 영국이 긴축정책을 채택하지 않고서는 국제수지 불균형을 근본적으로 해결하기 어렵다는 판단이 확산됨에 따라 IMF나 미국 등이 유동성 지원을 주저하자 영국은 1968년 큰 폭으로 파운드화의 평가절하를 단행하였다. 미국의 달러화는 1960년대부터 통화팽창과 대외부채의 증가 등으로 인해 금태환에 대한 신뢰가 약화되기 시작했다. 시장에서는 달러화의 평가절하가 예상되었고 금의 시장가격은 공식가격을 상회하였다. 이에 미국 정부는 자본통제나 수입규제 등을 통해 대처하였다. 그리고 브레튼우즈체제의 붕괴를 우려하는 회원국들로부터의 협력과 지원을 통해서 체제를 유지하려 했다. 독일은 외환시장에 적극 개입해서 달러화를 사들였다. 그러나 이런 조치들에도 불구하고 미국은 거시안정화 정책을 적극적으로 시행하지 않았기 때문에 미국의 인플레이션에 대한 우려가 지속되었고 결국 달러화는 더 이상 금태환을 유지할 수 없는 상황에 다다르게 되었다. 마침내 1971년 미국 정부는 달러화의 금태환을 정지하고 관세를 인상하고 자본규제를 강화했다.[19] 이후 1971년 12월에 스미소니언협정(Smithsonian Agree-ment)이 체결되었는데 미국의 달러화는 약 8% 평가절하하고 환율의 변동허용폭은 ±1%에서 ±2.25%로 확대되었다. 그러나 미국의 팽창정책으로 인해 달러화의 추가적인 평가절하가 예상됨에 따라 스위스를 위시한 많은 국가들이 변동환율제도로 전환하였으며, 결국 1973년 브레튼우즈체제는 붕괴되었다.

3) 브레튼우즈체제의 근본적 한계

브레튼우즈체제하에서는 민주정치체제의 발달로 인해서 각 국가들이 대외균형인 국제수지균형을 위해서 대내균형을 의미하는 성장과 고용을 희생시키기가 어려워졌다. 경상거래와 관련된 통화의 태환성을 회복한 이후에는 자본규제가 대외균형을 확보하는 수단

19) 달러의 금태환 정지조치를 당시 미국 대통령인 닉슨의 이름을 빌려서 '닉슨쇼크'라고도 한다.

으로 사용되었는데 이 또한 경상계정 관련 외환자유화 확대 그리고 자본시장의 발전 등으로 인해서 점차적으로 그 효과가 감소되었다. 결국 기준환율의 변동을 통해서 국제수지의 균형을 도모해야 했다. 그러나 기준환율의 변경에 따른 평가절하는 투기자본의 공격을 유발하고 정치적 부담으로 작용했기 때문에 시행하기가 쉽지 않았다. 결국 자본이동이 확대되고 정부의 긴축정책이 국제수지 균형을 위해 활용될 수 없는 체제하에서 고정환율제도를 유지하는 데에는 뚜렷한 한계가 존재하였다.

또한 브레튼우즈체제하에서는 국제유동성의 원활한 공급과 금태환을 보장하는 달러화의 신뢰라는 양자를 동시에 유지하는 것은 근본적으로 불가능하다는 점이 지적되었다. 세계교역의 증대와 미국 이외의 국가들의 대외준비금 증가는 결국 달러화의 대외공급 확대가 필연적으로 요구되는데, 이 규모가 미국의 금보유수준을 상당수준 초과함에 따라 달러화의 신뢰도에 대한 의심이 증대되기 시작하였다. 이런 브레튼우즈체제의 한계를 '유동성 딜레마(liquidity dilemma)' 라고 한다.[20] 달러화 독점의 국제유동성 문제를 해결하기 위한 방안으로 SDR 창출 같은 방안이 시행되었지만 제대로 작동되지 못했다.

한편, 미국과의 무역불균형으로 인한 환율불안이 야기될 경우 환율안정을 위해서는 양 당사자 간의 정책조정이 필요하였다. 그러나 브레튼우즈체제하에서는 달러화의 금태환이 유지되어야 하기 때문에 미국 이외의 국가가 비대칭적으로 국내정책을 조정해서 달러화와의 환율을 안정시키는 역할을 수행해야 한다는 문제점이 내포되어 있었다.[21] 특히 프랑스는 미국이 기축통화국으로서 누리는 비대칭적 혜택을 축소하고자 금본위제도로의 복귀와 더불어 달러 이외의 다른 형태의 국제유동성 창출을 적극적으로 주장했다.

(4) 브레튼우즈체제 이후 국제통화제도

브레튼우즈체제하에서는 자본통제를 통해서 환율의 안정을 도모할 수 있었다. 그러나 자본통제가 점차적으로 어렵게 됨으로써 환율안정을 위해서는 국내경제의 안정을 희생해야 하는 상황이 초래되었다. 국내경제의 긴축을 통한 환율안정은 많은 저항을 유발했고 정치적으로 채택하기가 쉽지 않게 되자 이를 대신하여 환율안정을 확보할 수 있는 방안으로 국제적 협조가 시도되었다. 그러나 이 경우도 시장의 압력을 근본적으로 제거하

20) 이것을 '트리핀(Triffin) 딜레마' 라고도 하는데, 미국 예일대학 교수인 트리핀이 이 문제를 처음으로 제기했다.

21) 미국의 재무장관인 코넬리(J. Connally)는 비대칭적 조정부담구조를 "그것은 우리의 통화이나 너의 문제이다."라고 했다.

지는 못했다. 또한 기준환율의 조정을 통하여 국제수지의 위기를 해결하는 것이 필요하였으나 이럴 경우 자본의 급격한 이동을 초래할 수 있고 정치적으로 경제운영의 실패를 자인하는 것으로 인식되어서 기준환율의 조정은 실제로 거의 이루어지지 않았다. 결국 새로운 국내외 경제환경하에서 조정가능 고정환율제도는 실질적으로 유지되기가 어려워졌고 그 결과 브레튼우즈체제는 붕괴되었다. 이후 국제통화제도는 각 국가들이 자유로이 환율제도를 선택하는 시스템으로 전환되었다.

미국이나 일본과 같은 대규모 개방경제의 경우에는 변동환율제도를 채택하였다. 반면 많은 개발도상국들은 변동환율제도로 인한 환율의 변동성을 감당하기 어렵기 때문에 자본규제를 유지하면서 고정환율제도를 채택하는 경향이 주를 이루었다. 그러나 금융의 세계화로 인해 점차적으로 자본자유화가 확대됨에 따라 고정환율제도의 유지가 어렵게 되자 변동환율제도로 이행하는 국가가 증대하였다. 유럽의 경우는 예외적으로 집단적인 고정환율제도를 채택하였다. 1970년대에는 스네이크제도를 시행하였고 1980년대에서 1994년까지는 유럽통화제도(EMS)를 채택하였다. 1999년부터 유럽연합의 상당수 국가들은 통화동맹을 출범시켜서 단일통화지역으로 전환하였다.[22] 또 홍콩과 2000년대의 아르헨티나 그리고 버뮤다 등 일부 국가들은 통화위원회(currency board)라는 제도를 채택해서 환율을 고정시켰다. 통화위원회는 통화공급을 중앙은행의 외환보유액 규모에 한정하는 극단적인 고정환율제도인데 금본위제도와 유사한 형태이다. 이 제도의 경우 중앙은행의 최종대부자 기능은 거의 작동되지 않는다.

한편, 변동환율제도로 전환한 후 주요국의 환율은 초기의 조정과정을 거친 후 안정되기 시작했다. 주요 국가 간의 환율수준은 1970년대 후반까지는 경제의 기초경제 여건과 크게 괴리가 발생하지는 않은 것으로 분석되고 있는데, 이것의 주요 요인으로는 각국 외환당국의 적극적인 외환시장개입과 환율안정을 위한 주요 국가 간의 긴밀한 정책협조가 지적되고 있다.[23] 이 과정에서 자본이동에 대한 규제가 강도 있게 추진되었다.

그러나 1980년대에 들어와서 상황이 급변하였다. 미국이나 일본 그리고 독일은 자국통화가 보다 자유롭게 변동하는 것을 허용하기 시작했다. 미국은 1980년대 초 레이건 정부가 들어선 이후 재정지출 확대에 따른 채권발행 확대 등으로 인해 금리가 인상되었으며 그 결과 자본유입이 증가하고 달러화가치가 크게 상승하기 시작했다. 이러한 달러화가치 상승은 1984년부터 1985년 초까지 지속되어서 거품의 우려를 낳았다. 이에 1985

22) 유럽의 통화제도 변천과 관련해서는 제17장 참조.
23) 서방 7개국 선진국들로 구성된 G7이 거시정책협조를 위한 대표적 모임체이다.

| 그림 16-1 | 미국 달러화와 일본 엔화의 실질환율 변화 추이

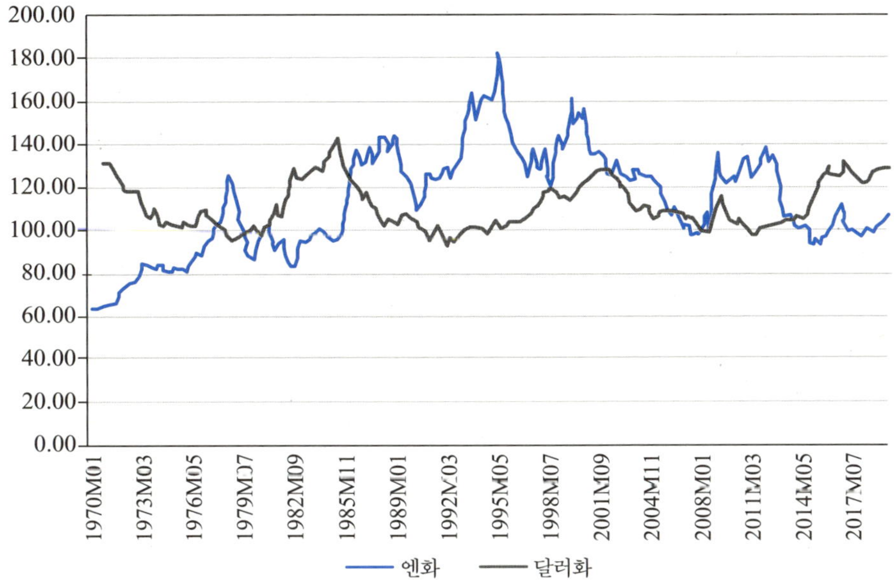

주 : 월별 CPI를 이용하여 계산한 실질실효환율.
자료 : Brugel Datasets(https://bruegel.org/publications/datasets/real-effective-exchange-rate)

년 9월에 미국, 독일 및 일본 재무장관이 뉴욕 플라자호텔에서 달러화가치 하락을 도모하는 플라자협정에 합의하였다. 레이건 행정부는 달러화 강세에 의한 무역수지 적자폭의 확대와 이로 인해서 보호주의적 분위기가 확산될 것을 우려해서 달러화 약세 유도에 동의했다. [그림 16-1]에서 알 수 있는 것과 같이 플라자합의 이후 일본의 엔화가치는 1986년까지 가파르게 상승했다. 이에 엔화의 급속한 가치상승을 억제하기 위해 1987년 2월 G7 국가들은 그 당시의 달러화수준에서 환율을 안정화시키고 비공개 목표환율대와 변동폭을 설정한 루브르협정에 합의하였다. 그러나 1989년부터 달러화가치는 금리인하정책 등으로 인해 다시 지속적으로 하락하기 시작했다.[24]

한편, 1997년 동아시아 금융위기 이후 자본자유화의 확대로 인해서 통화정책의 자율성과 환율안정을 동시에 충족시키기 어려워짐에 따라 많은 신흥국들은 환율의 변동성을 확대하였다.[25] 〈표 16-2〉는 동아시아 금융위기 이후 환율제도의 채택과 관련된 변화를

24) 2008년 글로벌 금융위기 이후 강세를 보이던 엔화는 2013년 아베노믹스에 따른 일본의 무제한 양적완화조치에 따라 약세로 반전하였다.
25) 자본자유화, 환율안정 그리고 통화정책의 자율성을 동시에 확보하는 것은 불가능하다는 것을 '개방경제의 불가능한 삼위일체(impossible trinity)' 라 일컫는다.

표 16-2 동아시아 금융위기 이후 환율제도 선택의 변화 추이

	비중(%)	
	1996	2006
전체		
완전고정환율(hard peg)	18.23	26.92
일반고정환율(soft peg)	56.91	45.60
변동환율	24.86	27.47
합계*	100(181)	100(182)
선진국		
완전고정환율(hard peg)	8.33	54.17
일반고정환율(soft peg)	58.33	4.17
변동환율	33.33	41.67
합계*	100(24)	100(24)
신흥시장국		
완전고정환율(hard peg)	9.38	12.50
일반고정환율(soft peg)	78.13	40.63
변동환율	12.50	46.88
합계*	100(32)	100(32)
기타 개도국		
완전고정환율(hard peg)	22.40	25.40
일반고정환율(soft peg)	51.20	54.76
변동환율	26.40	19.84
합계*	100(125)	100(126)

* : ( )는 국가수

주 : 1) 완전고정환율제도(hard peg)는 법정통화 부재 및 통화위원회제도를 지칭.
2) 일반고정환율제도(soft peg)는 전통적 고정환율, 실질적 페그, 크롤링 페그, 목표환율대 및 엄격한 관리변동제도 등을 지칭.
3) 변동환율제도는 관리변동 및 자유변동제도를 지칭.

자료 : B. Eichengreen(2008), *Globalizing Capital: A History of the International System*, Princeton University Press.

보여주고 있다. 일반고정환율(소프트 페그)제도는 감소하고 완전고정환율(하드 페그)제도와 변동환율제도의 비중이 늘어났다.

동아시아국가들은 1997년 금융위기 이후 외환보유액을 증대하고 수출을 활성화하기 위해 지나친 환율인하를 억제하는 방향으로 외환시장에 적극 개입하였다. 그리고 중국의

경우 수출을 통한 성장전략의 일환으로 위안화를 지속적으로 저평가수준으로 유지하였다. 그 결과 2008년 글로벌 금융위기가 발생하기 전까지의 국제통화질서는 또 다른 형태의 달러화중심 국제통화체제라는 의미에서 '제2의 브레튼우즈체제'라 일컬어지기도 했다.[26] '제2의 브레튼우즈체제' 하에서 국제유동성은 여전히 미국의 경상수지 적자를 통해서 공급되었지만 흑자국은 1950년대와는 다르게 유럽이나 일본이 아닌 중국 및 여타 동아시아국가 위주로 전환되었다. 한편 국가 간에 경상수지 불균형이 지속되고 자본이동이 자유로운 경우에는 환율안정이 유지될 수 없기 때문에 조정가능 고정환율제도인 브레튼우즈체제가 붕괴되었듯이 '제2의 브레튼우즈체제'도 지속되기 어렵다는 주장이 제기되었다. 즉 글로벌 불균형으로 인해 결국 세계경제 위기가 초래될 가능성이 확대될 수 있다는 것인데 이러한 주장은 2008년 글로벌 금융위기가 발생함에 따라 현실화되었다. 따라서 국제통화제도의 안정을 확보하기 위해서는 경상수지 흑자국의 환율유연성 확대와 적자국의 긴축 및 저축증대를 통해서 글로벌 불균형이 해소되어야 한다. 자본이 선번 자유화된 국제금융환경하에서 경제성장과 복지확대라는 대내목표가 우선시되는 민주국가들이 어떻게 국제적 협력 강화를 통해서 이러한 조정을 이루어내느냐 하는 것이 세계 경제에 주어진 과제이다.

3. 글로벌 금융위기 이후의 국제통화질서

글로벌 금융위기는 달러화를 중심으로 하는 국제통화질서가 얼마나 불안정할 수 있는지를 극명하게 보여주었다. 한국 및 중국과 같은 동아시아 신흥시장국들은 1997년 동아시아 금융위기에도 불구하고 상대적으로 견실한 수출증가와 경상수지 흑자를 실현하면서 외환위기 재발에 대비하여 외환보유액을 적극적으로 축적하여 왔다. 그럼에도 불구하고 글로벌 금융위기 시 상당수의 동아시아국가들은 급속히 자본이 유출되면서 다시금 금융위기를 경험하였고, 글로벌 수출시장의 축소로 인한 성장세의 급락을 경험하였다.

글로벌 금융위기 이후 불안정성이 크게 증대된 국제통화질서의 중심에서는 달러화의

26) 미국과 유럽의 협조하에 유지되어 왔던 1973년 이전의 브레튼우즈체제하에서는 기본적으로 달러화 강세를 통한 유럽국가들의 경상수지 흑자와 이를 통한 통화의 태환성 회복을 추진하였다. 반면 브레튼우즈체제의 붕괴 이후의 국제통화질서는 여전히 달러화 위주로 구축되었지만 미국에 대한 경상수지 흑자 확대를 통한 동아시아국가들의 경제발전이 모색되었기 때문에 '제2의 브레튼우즈체제'라 불린다.

신뢰성 위기가 자리잡고 있다. 즉, 글로벌 금융위기 이후 미국이 강력한 양적완화정책을 통하여 경기부양을 추진하면서 향후 달러화의 가치가 안정적으로 유지될 수 있을 것인가에 대한 커다란 의문이 제기되었다. 특히 세계에서 가장 큰 규모의 외환보유액을 유지하고 있는 중국은 달러화에 대한 의존도를 낮추고 IMF의 특별인출권(SDR)을 새로운 국제통화로 사용하여야 한다는 주장을 개진한 바 있다. 그러나 선진국과 선진국, 그리고 선진국과 개도국 간 입장차이가 명확한 만큼 새로운 국제통화질서 구축이 실효를 거둘 수 있을지에 대한 우려도 크다.

국제통화제도의 개혁논의 중 관심을 모으고 있는 문제는 국제준비자산으로서의 달러화에 대한 대안의 모색이다. 개별 국별통화가 아닌 초국가적 통화를 창출하자는 의견은 브레튼우즈체제의 준비단계에서 케인즈가 제기한 바 있다. 그러나 방코(bancor)라는 국제통화를 창출하자는 케인즈의 견해 대신 달러화를 기축통화로 채택할 것을 주장한 미국안이 채택됨으로써 달러화는 제2차 세계대전 후 국제통화로서의 위치를 확보하게 되었다. 브레튼우즈체제가 붕괴한 이후에도 달러화의 독점적 지위는 최소한 유로화의 출현 이전까지는 유지되어 왔다고 볼 수 있다.

[그림 16-2]는 세계 각국의 중앙은행이 외환형태로 보유하고 있는 준비자산의 구성통화비중을 보여준다. 브레튼우즈체제가 붕괴된 1973년 달러화의 비중은 78.4%를 차지하여 국제통화로서의 위상에 별다른 타격을 입지 않았다. 반면에 영국 파운드화와 독일 마르크화는 각각 6.5%와 5.5%를 차지하였고, 엔화는 아직 준비통화로 부상하지 못하였다. 이러한 달러화의 절대적 위상은 1979년 유럽통화단위(European Currency Unit: ECU)가 도입되어 유럽국가들이 공적 결제수단으로 활용하기 시작하면서 흔들리게 된다. 1979년 달러화의 비중은 62.4%로 하락하였고, ECU는 단숨에 13.9%를 차지하였다. 한편, 같은 해 일본 엔화의 비중은 2.6%를 기록하였다. 이는 독일 마르크화(10.4%)에는 크게 미달하지만 영국 파운드화(1.7%), 스위스 프랑화(2.0%) 및 프랑스 프랑화(0.9%)의 비중을 능가하는 수준이었다.

1999년 유로화의 도입은 예상과 달리 초기에는 달러화의 위상에 별다른 영향을 미치지 못하였다. 달러화의 비중은 1997년 동아시아 금융위기를 전후하여 증가세를 나타내면서 1999년에는 71.0%를 기록하였다. 반면 유로화는 1999년 17.9%를 차지하였는데, 과거의 독일 마르크화나 프랑스 프랑화와 같은 회원국들의 개별 통화와 ECU의 비중을 합한 수치와 비슷한 수준이다. 이후 유로화의 비중은 점진적으로 증가하는 추세를 보여 왔는데, 2009년에 최고치인 28%를 기록한 후 계속 줄어들어 2019년 현재 약 20%에 그

치고 있다.[27)]

| 그림 16-2 | 국제준비통화의 구성비

A. 1973~1998년

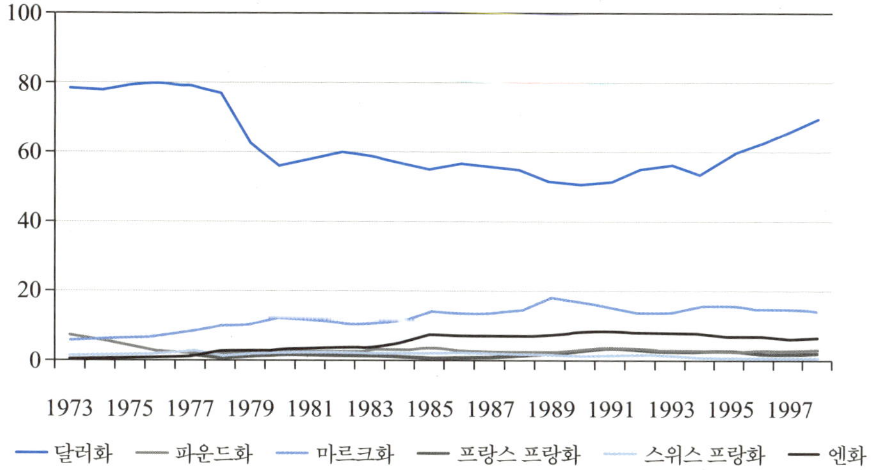

B. 1999 ~2019년

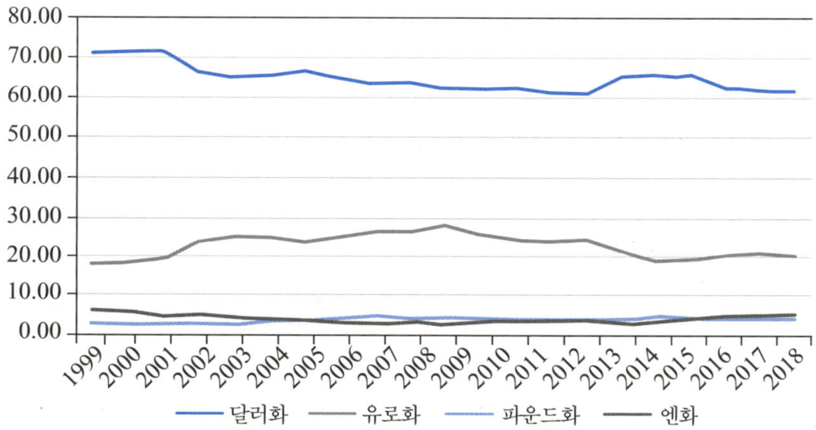

자료 : 1) 1973~1998 : IMF, *Annual Report*, 각호.
2) 1999~2019 : IMF, *Currency Composition of Official Foreign Exchange Reserves*, 각호.

27) 유로화가 달러화에 맞설 준비통화가 되려면 유로화를 사용하는 국가 전체의 경제규모가 상당히 커져야 하는데, 이는 영국이 유로지역에 가입하지 않고는 어려울 것이며, 달러화의 가치하락도 중요한 조건이라는 주장이 있다. 또한 유로화 표시 개별 유럽연합 회원국의 공채시장의 규모가 크지 않고 유동성도 크지 않다는 점도 유로화의 준비통화로서의 부상에 걸림돌로 작용할 것이라는 지적도 있다.

한편 1999년 이후 지속적으로 감소하는 추세인 달러화 비중은 글로벌 금융위기가 본격화된 2008년 중반기부터 2009년 초반까지는 그 비중이 근소하나마 증가하였다. 이는 글로벌 위기로 인하여 안전자산에 대한 선호도가 증가하였기 때문이라고 추정된다. 그러나 얼마나 빠른 속도로 진행될지는 불투명하지만 위기가 진정되면 다시 달러화의 비중이 다소 하락할 것으로 예상된다. 2019년 현재 달러화의 비중은 약 60% 수준을 유지하고 있다.

그렇다면 달러화나 유로화와 같은 개별 통화 대신 SDR의 역할이 증대될 가능성은 없는가? SDR을 활용하게 되면 통화증발이나 재정적자와 같이 국제통화를 발행하는 특정국의 거시 불건전성이 국제통화체제에 미치는 부정적 영향을 감소시킬 수 있다는 장점이 있다. 그러나 현실적으로 SDR은 소수의 IMF 회원국, 그리고 일부 국제기구에 의해서만 제한적으로 사용되고 있다는 약점이 있다. 또한 SDR이 국제준비통화가 되려면 SDR로 표시된 금융자산이 거래되는 시장이 형성되어 민간부문의 참여가 활발하게 이루어져야 할 것이다. SDR이 국제무역 및 투자에 있어서 거래통화로서 달러화가 누리고 있는 규모의 경제를 달성하기 힘들다는 점도 또 다른 문제점이라고 할 수 있다. 중국은 IMF를 통하여 주기적으로 SDR을 발행하고, 이를 균등하게 배분하고 국제수지의 결제수단으로 활용하자는 주장을 내놓았다. 그러나 SDR의 위상 강화는 달러화의 위상을 위협하는 요소가 될 수 있는 만큼, 중국과 미국, 그리고 유럽 등 이해당사국 간 합의가 이루어지기는 쉽지 않을 것으로 전망된다.[28]

요약

1. 국제거래의 매개수단으로 사용되는 국제통화를 결정하고 그러한 국제통화가 어떠한 방식으로 공급되는지와 관련된 제반 제도 및 조직 그리고 관행을 국제통화제도라고 한다.
2. 고정환율제도의 장점은 환위험의 감소에 따른 헤지비용의 축소 및 무역거래 활성화 기능 그리고 해외 자산 및 부채의 가치안정을 들 수 있다. 반면 단점으로는 통화정책의

28) 중국이 강력하게 추진한 국제통화로서의 SDR역할 확대는 실현되지 못하였다. 그러나 2016년 10월부터 중국의 위안화는 SDR 통화바스켓에 편입되었다. 위안화 편입 후 SDR 통화별 구성은 미국 달러화 41.73%, 유로화 30.93%, 위안화 10.92%, 엔화 8.33%, 영국 파운드화 8.09%이다.

자율성 상실 그리고 적정환율수준에서 이탈할 경우 자원배분의 왜곡 및 외환위기 발생 가능성의 확대 등이 있다.

3. 변동환율제도의 장점으로는 대내외 충격 시 통화정책이 안정화장치로 대응이 가능하다는 점과 환율이 경제상황을 반영하기 때문에 경제왜곡현상이 최소화될 수 있다는 점을 들 수 있다. 단점으로는 환율변동성 확대에 따른 경제의 불확실성 증대와 무역거래가 위축될 수 있다는 점 그리고 환율상승 시 대외순부채의 상환부담이 증대된다는 점을 들 수 있다.

4. 국제금본위제도는 국내통화제도로서의 금본위제도를 채택하고 있는 국가들 간에 합의된 일종의 국제협약이다. 국제금본위제도는 먼저 자국통화를 일정수준의 금과의 교환비율, 즉 금평가를 설정한다. 그리고 국가 간의 자유로운 금의 이동을 보장한다. 또한 통화공급은 일정 양의 금보유에 기초한다.

5. 국제금본위제도의 국제수지 불균형이 실제로 어떻게 조정되는가에 대한 여러 가지 이론이 제시되고 있다. 이 중 가장 잘 알려진 국제수지 조정 메커니즘 이론은 흄에 의해서 제시된 '물가-금화이동 메커니즘' 이다. 또 다른 국제수지 조정을 설명하는 이론으로는 케인즈에 의해서 명명된 '게임의 룰' 에 의한 조정 메커니즘이 있다.

6. 금본위제도에서 게임의 룰이 엄격히 준수되지 않았고 금의 이동을 크게 수반하지도 않는 상태에서 국제수지가 비교적 원활히 조정된 것은 금태환에 대한 신뢰 확보, 금본위제도 채택국가 간의 국제공조, 대외균형을 대내균형에 우선시하는 것에 대한 반대 정치세력의 부재 그리고 세계 최대 경제국인 영국의 무역수지 흑자와 대외 자본수출을 통한 여타 국가들의 국제수지 균형 유지 등에 기인한다.

7. 브레튼우즈체제의 특징으로는, 첫째 미국의 통화에 대해서는 금평가를 설정하는 동시에 금태환을 보장하고 다른 참여국들은 자국의 통화가치를 금이나 달러화에 고정했다는 점과, 둘째 기준환율은 국제수지가 근본적으로 불균형을 지속할 경우 IMF의 사전승인 없이 10%의 변동이 허용되는, 조정가능한 고정환율제도가 채택되었다는 점과, 셋째 참여국의 일시적인 국제수지 불균형 문제를 해결하기 위한 장치로 국제통화기금(IMF)을 설립했다는 점, 그리고 넷째로 국제자본의 흐름을 제한하기 위한 자본통제가 허용되었다는 점을 들 수 있다.

8. 브레튼우즈체제하에서는 민주정치체제의 발달로 인해 각 국가들이 대외균형인 국제수지 균형을 위해서 성장이나 완전고용과 같은 대내균형을 희생시키기가 어려워졌다. 또한 브레튼우즈체제하에서는 국제유동성의 원활한 공급과 금태환이 보장되는 달러화의 신뢰를 동시에 유지하는 것은 어렵다는 점이 한계로 지적되고 있다. 그리고 달러화의 금태환이 유지되어야 하기 때문에 미국 이외의 국가가 비대칭적으로 국내정책을 조정해서 달러화 환율을 안정시키는 역할을 수행해야 한다는 문제점이 내포되어 있었다.

9. 브레튼우즈체제가 붕괴된 이후 각 국가들은 자유로이 환율제도를 선택하는 시스템으로 전환되었다. 미국이나 일본과 같은 대국의 경우에는 변동환율제도를 채택하였다. 반면 많은 개발도상국들은 변동환율제도로 인한 환율의 변동성을 감당하기 어렵기 때문에 자본규제를 유지하면서 고정환율제도를 채택하는 경향이 주를 이루었다.

주요 용어

기축통화
국제금본위제도
금태환
케인즈의 게임 룰
브레튼우즈체제
특별인출권
플라자협정
충격의 대칭성
물가-금화 이동 메커니즘
근린국가궁핍화정책
조정가능 고정환율제도
유동성 딜레마
루브르협정
제2의 브레튼우즈체제

연습문제

01 고정환율제도와 변동환율제도의 장단점을 서술하라.

02 환율제도 선택 시 고려해야 할 사항들을 설명하라.

03 국제금본위제도의 작동원리와 경상수지 조정 메커니즘에 대해서 설명하라.

04 국제금본위제도의 성공요인을 서술하라.

05 1920년대 중반에 채택된 국제금본위제도가 붕괴한 이유를 설명하라.

06 브레튼우즈체제의 핵심규율을 제시하라.

07 브레튼우즈체제의 근본적인 한계를 설명하라.

08 동아시아 금융위기 이후 국제통화질서의 특징적인 사항을 서술하라.

09 국제통화로서 SDR의 역할 확대에 따른 편익과 문제점을 기술하라.

제 17 장

최적통화지역과 유로존

1. 최적통화지역이론
2. 유럽의 통화제도
3. 동아시아 통화금융협력

2019년 현재 유럽연합을 구성하는 28개국 중 19개국은 자국통화 대신 유로(euro)라는 단일통화를 사용하는 유로존을 형성하고 있다. 자국통화를 포기한다는 것은 곧 해당 국가의 거시경제 안정화 정책수단인 통화정책과 환율정책의 자율성을 포기하는 것을 의미한다. 그러면 유로존이라는 일종의 통화동맹에 참여한 국가들은 왜 그러한 희생에도 불구하고 자국통화를 포기했는가 하는 의문이 제기될 수 있다. 제16장에서 살펴본 바와 같이 고정환율제도를 선택하는 경우에는 비용뿐만 아니라 상당한 편익이 발생한다. 해당 국가 간의 시장통합 정도와 충격의 대칭성 정도가 클수록 환율고정에 따른 편익이 커진다는 점이 제시되었다. 한편, 최근 유로존의 재정위기로 인하여 통화동맹의 조건 및 비용에 대한 재검토가 활발히 이루어지고 있다. 특히 세계화와 자본이동 자유화가 급속히 확대된 세계경제환경하에서 유럽의 통화제도의 변천과정은 한국을 비롯한 동아시아국가들의 향후 통화금융협력에 대한 주요 시사점을 준다.

이 장에서는 먼저 유로화 채택의 이론적 배경이 된 최적통화지역이론을 살펴본 후 과연 유로존이 최적통화지역이론에 부합되는지를 검토한다. 그리고 유럽지역의 통화협력이 어떻게 진행되어 왔는지를 정리한 후 최근의 유럽 재정위기의 원인과 진행과정을 유로존의 구조와 연계해서 설명한다. 한편, 동아시아지역의 경우 동아시아 금융위기 이후 지역통화금융협력과 관련해서 다양한 논의가 이루어져 왔는데 그동안 진행된 동아시아지역의 통화금융협력 내용 및 현재 상황을 살펴본다.

1. 최적통화지역이론

최적통화지역(optimum currency area : OCA)이론은 노벨 경제학상 수상자이자 유로화의 아버지로 불리는 컬럼비아대학교 먼델(R. Mundell) 교수에 의해서 1961년 처음 제기되었다.[1] 최적통화지역은 일종의 통화연합 또는 통화동맹을 의미하는데 OCA이론은 특정 지역이 어떤 여건에서 단일통화를 사용하는 것이 바람직한가를 설명하는 이론이다. 이 이론은 제16장에서 설명된 고정환율제도의 선택기준과 기본적으로 맥을 같이한다. 단지 일반적인 고정환율제도는 제한된 범위 내에서 환율의 변동이 허용되지만 최적통화지역은 극단적인 고정환율제도로서 공동통화가 사용된다.

최적통화지역에서는 환전비용이 들어가지 않으므로 거래비용이 줄어들고 용이한 가격비교로 가격투명성이 제고됨에 따라 물가안정을 확보하기가 쉽다. 또한 금융시장이 통합되고 공동통화가 사용되므로 환위험 프리미엄이 사라지고 금리가 수렴하는 현상이 나타난다. 따라서 고금리국가들의 경우 보다 낮은 금리로 자금을 조달할 수 있게 된다. 통화정책의 관리능력이 부족한 국가의 경우에는 비록 통화정책의 자율성이 상실되지만 정책의 불확실성으로 인한 비용을 줄이는 효과를 가진다. 국가 간의 환율전쟁 가능성도 배제될 수 있다. 소규모 경제의 경우에는 통화동맹이 외부충격에 대한 집단적 보호막으로 작동할 수 있다. 즉 통화동맹으로 경제의 효율성이 증대되는 효과를 기대할 수 있다.

반면 통화동맹하에서 개별 국가들은 독자적인 통화정책과 같은 경제안정화 수단을 상실하게 되고 환율을 조정할 수 없게 됨으로써 외부충격에 효과적으로 대응하는 것이 어려워진다. 일반적으로 회원국 간의 불균형이 확대될 경우 이를 완화하기 위해서는 내부적으로 임금삭감, 재정지출 축소, 증세 등 구조조정이나 재정정책을 추진해야 한다. 그러나 노조나 이익단체 등의 압력으로 긴축정책을 시행하기 어렵게 될 경우 불균형이 심화되는 악순환이 초래될 수 있다. 또한 통화동맹에 가입함으로써 낮은 금리로 자금을 조달할 수 있게 된 국가들은 방만한 지출로 인해 재정적자와 국가부채가 증가되는 경향이 있다. 즉 통화동맹으로 인해 경제의 안정성이 약화되는 비용이 발생한다.

최적통화지역에 참여함으로써 예상되는 경제효율성 증가라는 편익과 경제안정성 약화라는 비용은 몇 가지 조건에 따라 달라진다. 이를 OCA 참여기준이라고 한다. 따라서 해

1) R. Mundell(1961), "The Theory of Optimum Currency Areas," *American Economic Review*, 51, 717~725.

당 국가의 경제여건이 OCA에 참여한 후 OCA의 편익이 비용을 능가하는 조건을 만족하고 있는지를 면밀히 검토해야 할 것이다. OCA의 편익과 비용에 영향을 미치는 조건으로 다음과 같은 사항들이 제시되고 있다.

첫째, 시장이 긴밀히 연계되어 있을수록 각종 거래비용을 줄이고 외부충격에 효과적으로 대응할 수 있다. 생산요소 특히 노동의 이동이 자유로울수록 충격에 효율적으로 대처할 수 있기 때문에 통화동맹이 성공할 가능성이 커진다.

둘째, 참여국의 경제구조가 유사할수록 외부충격이 참여국에 미치는 효과가 유사하게 또는 대칭적으로 나타날 가능성이 커지고 충격의 효과가 대칭적일수록 독자적인 정책을 사용해야 하는 경우가 줄어든다. 따라서 외부충격 시 공동으로 대처할 수 있는 여지가 크기 때문에 통화동맹으로 인한 경제의 안정성이 약화될 가능성이 줄어든다.

셋째, 가격과 임금의 유연성이 클수록 충격이 시장에 의해서 흡수될 가능성이 크기 때문에 경제안정화 비용이 적게 들고 통화동맹의 순편익이 커진다.

넷째, 재정통합이 견고할수록 참여국 간에 비대칭적 충격이 발생할 경우 재정이전이나 공동조세부과 등을 통해 보다 효과적으로 대응할 수 있다.

다섯째, 참여국 간의 효율적인 정책협조와 정책수렴을 이끌어내기 위한 정치통합의 수준이 중요하다.

OCA 참여 여부를 결정할 때 고려해야 할 가장 중요한 두 가지 사항인 참여국 간의 시장통합 정도와 충격의 대칭성을 고려해서, 어떤 상황에서 OCA에의 참여가 순편익을 가져올 가능성이 커지는지를 살펴보자.[2)]

[그림 17-1]의 점 *Z*는 OCA 참여에 따른 순편익이 0인 상태이다. 따라서 순편익이 0이 되는 시장통합과 충격대칭성의 조합은 우하향곡선으로 나타난다. 즉 시장통합이 큰 경우에는 OCA의 편익이 커지므로 이를 상쇄하기 위해서는 충격의 대칭성이 줄어들어야 한다. 직선 *BB*는 OCA 참여기준선이 된다. 만약 한 국가가 *BB*보다 밑에 위치하고 있다면 OCA 참여에 따른 비용이 편익보다 크게 된다. 반대로 *BB*보다 위에 위치해 있다면 OCA에 참여하는 것이 바람직하다고 할 수 있다.

한편, 직선 *BB*보다 아래에 위치한 직선 *FF*는 통화동맹이 아닌 고정환율제도의 채택 여부를 결정하는 기준선이 된다. 단일통화를 사용하지 않는 고정환율제도하에서는 고정된 환율수준을 상황에 따라서 변경할 수 있는 선택이 여전히 남아 있고 자국통화를 유지

2) R. Feenstra and A. Taylor(2014), *Essentials of International Economics*, 3rd Ed., Worth, Chapter 16 참조.

| 그림 17-1 | 최적통화지역 참여기준선

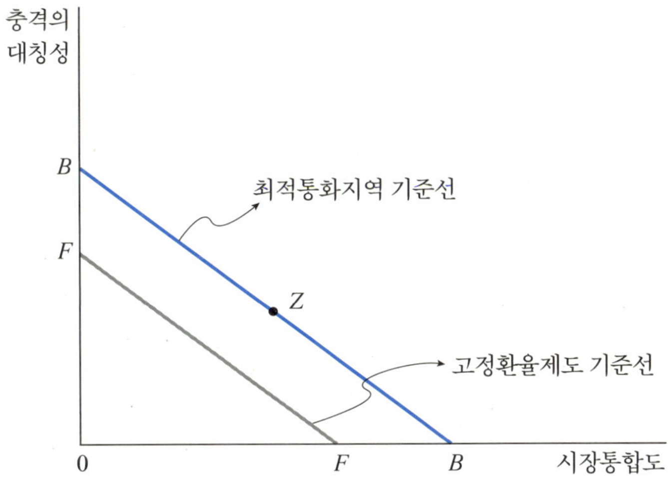

하고 있기 때문에 독자적인 통화정책을 집행할 수 있는 여지가 존재한다. 따라서 고정환율제도의 선택은 OCA의 경우보다는 낮은 수준의 경제통합과 충격 대칭성의 상황에서도 가능하다.[3)]

이상에서 논의된 통화동맹의 결성 여부에 영향을 미치는 조건을 기준으로 미국과 유럽연합을 비교할 경우 미국이 훨씬 우월한 조건을 가지고 있는 것으로 판단된다. 미국의 경우는 통화동맹에 앞서 정치통합이 이루어진 반면 유럽연합의 경우는 정치통합을 위한 과정으로서 통화동맹이 추진되었다. 또한 미국은 연방정부가 지방정부에 재정을 교부할 수 있는 권한을 가지고 있는 재정연합(fiscal federalism)을 구축한 반면, 유럽연합의 경우는 단지 유로존 출범에 앞서 참여국의 재정건전성을 관리하기 위한 안정성장협정(Stability and Growth Pact: SGP)이 1997년에 체결되었을 뿐이다. 노동의 이동과 관련해서 미국은 주끼리 노동이동이 완전자유화되어 있는 반면 유럽연합의 경우는 여전히 많은 규제가 존재한다.[4)] 따라서 EU가 과연 최적통화지역이론에 비추어볼 때 통화동맹을 결성하기에 적

3) EU 회원국인 덴마크의 경우 2019년 현재 유로존에 참여하고 있지는 않지만 크로네화를 유로화에 고정시키고 있다. 그 이유는 위기 시 독자적인 환율정책과 통화정책을 확보하려는 데 있다. 한편, 스페인과 이탈리아의 국가채무비율이 영국에 비해 낮음에도 불구하고 스페인의 국채이자율이 높은 이유 중의 하나로, 유로존 국가가 아닌 영국은 자국통화를 발행해서 국채를 상환할 수 있다는 점에 기인한다는 주장도 있다. P. Krugman(2012), *End the Depression Now!*, W. W. Norton & Company.

4) 미국의 경우 특정 주에 거주하는 사람 중 다른 주에서 태어난 사람의 비중은 평균 40% 이상을 차지하는 반면, 유로존의 경우 특정 국가의 거주자 중 다른 국가에서 탄생한 사람의 비중은 14% 수준에 불과하다. H. Kevin eds., 2013, "Cross of Euros," *Journal of Economic Perspectives*, 27(3), 167-192.

합한 조건을 충분히 구비하고 있는가에 대해서 다양한 논의가 이루어졌다. 특히 1999년에 유로존에 합류한 11개국보다는 그 이후에 가입한 그리스를 비롯한 8개 국가들이 통화동맹에 참여하는 데 적합한 조건을 충족시켰다고 보기는 어렵다는 점이 지적되고 있다.[5]

한편, 최적통화지역의 조건을 만족시키지 못하는 국가의 경우에도 일단 통화동맹에 참여하게 되면 그 조건을 만족시키는 방향으로 변화될 것이라는 이론도 있다. 즉 OCA조건의 내생성(endogeneity)이론인데 OCA에 참여하게 되면 무역거래가 증대되어서 시장통합이 긴밀해지고 경제의 동조화가 확대됨에 따라 OCA조건에 수렴한다는 이론이다. 따라서 특정 시점에서 OCA조건이 충족되지 않는다 하더라도 통화동맹을 결성하면 시간이 경과함에 따라 OCA조건을 충족하는 상태로 발전할 것이라고 전망할 수 있다. 그러나 반대로 통화동맹에 참여함으로써 생산의 전문화가 확대될 경우 충격의 비대칭성이 커진다는 이론도 반론으로 제시되고 있다.

2. 유럽의 통화제도

(1) 스네이크제도

제2차 세계대전 이후 유럽은 정치적 평화를 확보하기 위해 경제통합을 적극 추진했다. 그리고 무역확대를 위한 방안으로 유럽국가들 간의 환율안정을 최우선정책으로 설정했다. 환율안정을 위한 방안을 모색하기 위해 1970년 베르너보고서(Werner report)가 작성되었는데 동 보고서는 1980년까지 통화동맹을 달성하는 내용을 포함하고 있다. 이후 유럽국가들은 브레튼우즈체제의 마지막 시기인 1971년 말에 합의된 스미소니언체제하에서 허용된 기준환율중심 ±2.25%의 변동허용범위 내에서 유럽의 최강세통화와 최약세통화 간에는 2.25% 범위 내에서만 환율변동을 허용하는 스네이크제도를 채택했다. 브레튼우즈체제가 붕괴된 1973년 이후에는 달러화 대비 여타 통화들의 변동폭 제한은 철폐되었지만 유럽통화 간의 환율변동 허용범위는 여전히 2.25%를 유지하였다.[6] 이 제도에서

5) 1990년 이후 EU는 유럽통합을 확대하고 정치통합을 위한 사전 단계로 통화동맹을 추진하는 과정에서 동구권국가들의 유럽연합 및 유로존 가입을 승인하였다. 반면 동구권국가들은 정치적 이득과 경제적 안정을 확보할 목적으로 유럽연합 또는 유로존에 가입하였다.

6) 1973년 이전은 '터널 속에 있는 스네이크(snake in the tunnel)제도', 이후는 '터널 밖에 있는 스네이크(snake out of the tunnel)제도'라 한다. 유럽국가 통화 간의 환율변동폭을 2.25% 유지한다는 것은, 예를 들

는 약세통화국에 대해 유럽통화협력기금(EMCF)을 통한 단기 및 초단기 신용제공장치가 마련되었다. 그러나 스네이크제도하에서 프랑스 프랑화와 독일 마르크화 간의 환율은 브레튼우즈체제보다 더 불안정하게 움직였으며 프랑스는 여러 차례 스네이크제도로부터 탈퇴와 복귀를 반복했다. 스네이크제도가 안정적으로 유지되기 위해서는 참여국의 거시경제정책 운영과정에서 상호협력이 필요했으나 오일쇼크 등 세계경제의 침체와 인플레이션 등으로 인해 자국의 경제안정성을 희생할 것을 요구하는 거시경제정책의 협조가 회원국 간에 원활히 이루어지지 않았다.

(2) 유럽통화제도

스네이크제도 붕괴 이후 1979년 영국을 제외한 8개국은 프랑스 주도로 유럽통화제도(European Monetary System: EMS)를 창설하였다. EMS는 먼저 유럽국가들의 통화로 구성된 바스켓 형태의 유럽통화단위(ECU)를 창출하고 각 국가들에게 ECU표시 준비금을 배정하였다. 그리고 각 국가들은 자국통화의 가치를 ECU에 고정시켜서 유럽국가 통화들 간의 중심환율을 결정하였다. 그리고 각 국가의 환율은 중심환율을 기준으로 ±2.25% 내에서의 변동이 허용되었다. 만약 시상환율이 한계환율에 도달하면 통화 강세국과 약세국이 동시에 외환시장에 개입하고 필요 시에는 중심환율을 조정할 수 있도록 하였다. 이 과정에서 관련국가들의 국내통화정책을 조정하도록 하였다. EMS의 이러한 환율제도를 ERM(Exchange Rate Mechanism)이라고 한다. 한편, 회원국들에게는 국내정책의 자율성을 확보해 주기 위해 자본규제를 허용하였다. EMS 첫 4년 동안은 약 8개월에 한 번씩 중심환율을 조정하였으나 이후 4년은 비교적 안정적으로 운영되었다. 한편, 1990년대 소련의 붕괴와 동유럽의 체제전환으로 인한 서유럽국가들의 수출 감소와 달러화 약세로 인한 경쟁력 약화 등으로 인해 유럽경제는 불황에 직면하게 되었다. 또한 독일이 통일비용의 재원 마련을 위해 대규모로 채권을 발행함으로써 독일 채권의 금리가 상승하였고 이에 여타 유럽국가들도 금리인상에 직면하게 되었다. 그러나 경기가 침체상태에 있었던 영국과 이탈리아 등은 환율안정을 유지하기 위한 금리인상을 더 이상 받아들이기 어렵게 됨에 따라 1994년 ERM에서 탈퇴하였다. 그리고 ERM의 변동폭이 기존의 ±2.25%에서 ±15%로 확대됨으로써 ERM은 사실상의 변동환율제도로 전환되었다.

어 EU의 최강세통화가 달러에 대해서 2% 절상하게 되면 EU의 최약세통화는 달러에 대해 0.25%의 절하까지만 허용한다는 것을 의미한다.

ERM은 물가상승에 적절히 대처하지 못한 정부의 정책 실패나 높은 실업률에 시달리는 국가가 가용할 수 있는 정책의 한계 등으로 인해서 더 이상 환율안정을 확보할 수 없었기 때문에 붕괴된 것으로 분석되고 있다. ERM의 붕괴는 자기실현적(self-fulfilling) 이론으로도 설명되고 있다. 자기실현적 이론은 기초경제여건과 관련 없이 투기적 자본이 공격을 감행할 경우 약세통화국 정부는 환율안정을 포기하는 것이 더 바람직한 상황이라고 판단함에 따라 결국 시스템이 투기자들이 예상한 대로 환율안정을 포기하는 상황으로 귀착되게 된다는 이론이다.[7)]

(3) 유럽경제통화동맹

1) 유로존의 출범과정

유럽국가들은 EMS 기간 동안에도 새로운 통화통합을 위한 방안을 모색하였다. 저성장과 고실업의 문제를 해결하기 위해서는 규모의 경제를 확대하고 재화 및 요소 시장의 장벽을 낮추기 위한 시장통합이 중요하다고 판단하고 이를 적극 추진하였다. 그 결과 1986년 단일유럽의정서(Single European Act)를 체결하였다. 한편, 유럽단일시장을 뒷받침하고 보호무역 분위기를 억제하기 위해서는 통화통합과 환율안정이 더욱 필요한 것으로 인식되었다. 그것을 뒷받침하기 위해 통화통합계획서인 들로르보고서(Delors report)가 1989년에 채택되었다. 그리고 이것에 기초해서 1991년 마스트리히트조약(Maastricht Treaty) 일명 EU조약이 체결되었고, 1993년 11월에 정식으로 EU가 출범하였다. 이와 더불어 유럽경제통화동맹(European Economic and Monetary Union: EMU)의 계획이 수립되었다.[8)]

들로르보고서에 기초한 EMU는 1단계로 자본통제의 철폐를 제시하고, 1994년에 시작되는 2단계에서는 한시적 기구로 유럽통화기구(EMI)를 설치해서 잠정적으로 유럽중앙은행과 같은 역할을 담당하도록 하는 내용을 담고 있다. 그리고 1999년에 단일통화로 유로(euro)화를 거래단위로 채택하고 유럽중앙은행(European Central Bank: ECB)을 설립하는 통화동맹을 출범하는 계획을 포함하였다. 2002년에는 전면적으로 유로화가 실거래에서 사용되었는데 EU 회원국 중 유로화를 공동통화로 사용하는 국가를 유로존 국가라 한다.[9)]

---

7) 자기실현적 기대로 인한 금융위기의 발생과 관련해서는 제18장의 2세대 금융위기모형 참조.

8) 독일 마르크화의 지배를 약화시키기 위해서 프랑스는 매우 적극적으로 EMU를 추진한 반면 경제안정을 정책의 최우선 목표로 삼은 독일은 EMU 구축에 미온적인 태도를 견지했다. 그러나 암묵적으로 프랑스가 독일 통일을 지원하는 조건으로 EMU의 출범에 두 국가가 최종 합의하였다.

한편, 마스트리히트조약에 의하면 EMU에 가입하기 위해서는 네 가지 경제수렴조건을 충족해야 한다. 첫째는 가입시점에서 과거 2년간 해당 참여국의 ERM 기준환율이 조정되지 않고 환율변동 허용폭 내에서 유지되어야 한다. 둘째, 최근 1년 이상 물가는 소비자물가상승률이 가장 낮은 3개 참가국의 평균 상승률에 1.5%포인트를 가산한 수준 이내에 있어야 한다. 셋째, 금리는 최근 1년 이상 평균 장기명목금리가 소비자물가상승률이 가장 낮은 3개 참가국의 평균금리수준에 2%포인트를 가산한 수준 이내를 유지해야 한다. 마지막으로 재정과 관련해서 일반정부의 재정적자규모가 GDP의 3% 이내이고 정부부채는 GDP의 60% 이내를 유지해야 한다.

이런 수렴조건 이외에도 두 가지 규정이 EMU의 성격을 결정짓는 데 중요한 역할을 한다. 첫째는 개별 국가 중앙은행이나 유럽중앙은행은 회원국의 재정적자를 직접적으로 지원해서는 안 된다는 것이고, 둘째는 유럽중앙은행의 구제금융 제공 금지 규정이다. 이 규정들은 어떤 특정 회원국도 다른 회원국의 재정운용과 관련해서는 책임을 지지 않는다는 것을 의미한다. 그러나 이러한 조건과 규정은 2011년 유럽의 재정위기로 인하여 대부분 지켜지지 않고 있다.

2) 유로존의 성과와 위기

프랑스와 독일은 물론 많은 유럽연합 회원국 사이에 타당성 및 실현성 여부와 관련해서 치열한 논쟁이 있었던 통화동맹의 일종인 유로존은 1999년에 출범한 후 약 10년 동안 성공적으로 운용되었다. 유로존은 2000년 미국의 닷컴버블 붕괴, 2001년 9·11테러, 2007년 미국의 금융위기 발생 등으로 인한 경제불안에 비교적 잘 대처한 것으로 평가되었다. 〈표 17-1〉에서 알 수 있는 바와 같이 1999~2008년 기간 동안 실질GDP는 연평균 2.1% 성장하였고 물가상승률은 2.2%의 낮은 수준을 유지하였다. 또한 재정적자는 GDP 대비 1.8%였고 국가채무는 67.2%로 대체적으로 양호하였다. 그러나 이 과정에서 유로존의 경상수지 흑자국과 적자국의 불균형이 심화되었고 경상수지 적자국의 재정수지 적자 및 국가부채가 대폭 확대되었다. 또한 경제성장과 과잉유동성 공급으로 주택가격 급등과

9) 2019년 말 현재 EU 28개 국가 중 19개 국가가 유로화를 법정통화로 사용하는 유로존 국가이고 영국, 스웨덴, 덴마크, 헝가리, 폴란드, 체코 등 9개국이 유로존에 참여하고 있지 않다. 유로존에 가입하기 위해서는 가입 전 2년 동안 ERM에 가입해서 환율을 일정범위 내에서 안정시켜야 한다. 이탈리아의 경우 1994년 영국과 같이 ERM에서 탈퇴했으나 1996년 재가입했고 그리스는 1999년 ERM에 가입해서 2001년에 유로존 국가가 되었다. 한편, 2020년 1월 31일 영국의 EU 탈퇴가 최종 결정됨으로써 EU 회원국은 27개 국가로 줄어들게 되었다.

표 17-1 1999~2008년 기간 중 유로존과 미국의 거시경제지표 (단위 : %)

	유로존 평균	미국
실질GDP 성장률	2.1	2.6
취업률 증가율	1.3	1.0
실업	8.3	5.0
물가상승률	2.2	2.9
재정적자	−1.8	−2.4
국가채무(GDP 대비)	67.2	67.5
경상수지(GDP 대비)	0.4	−4.7

자료 : W. Buiter and E. Rahbari(2010), "Greece and the Fiscal Crisis in the Eurozone," *Center for Economic Research Policy Insight* No. 51

같은 자산가격의 거품이 일부 국가에서 나타났다. 이런 상황에서 2008년 글로벌 금융위기로 야기된 세계적인 경기침체로 인해 일부 유로존 국가의 지불능력에 대한 회의적 시각이 확산되기 시작했다. 국가채무비율이 높은 국가들의 차환발행이 어렵게 되고 다른 회원국이나 유럽중앙은행으로부터의 재정지원이 원천적으로 봉쇄된 상황에서 2009년 후반 그리스를 위시한 남유럽국가와 아일랜드를 중심으로 유로존의 위기가 서서히 모습을 나타내기 시작했다. 그리스의 경우 2009년의 재정적자규모가 공식적으로 발표한 GDP 대비 6%보다 실제는 2배 이상이 된다는 사실을 인정했다. 결국 통화동맹으로서의 유로존은 글로벌 금융위기로 인한 경기침체로 인해 그동안 내재되어 있던 구조적 모순이 드러나기 시작했고, 이런 상황에서 정치적인 이해관계로 인해 신속한 해결책이 마련되지 못함으로써 유로존의 위기가 악화되기 시작했다.

최적통화지역이론에 비추어볼 때 유로존의 가장 큰 문제점은 취약한 재정통합수준이다. 이것을 보완하고자 마스트리히트조약의 수렴조건에 재정적자와 국가채무비율을 각각 GDP 대비 3% 이내와 60% 이내로 한정하였다. 그리고 재정적자기준의 준수를 감시할 목적으로 재정감시체제 및 조기경보체제의 도입, 기준위배 시 제재조치 부과 등의 내용을 담은 안정성장협정(SGP)을 체결하였다. 그러나 SGP는 규정을 어긴 국가에 대한 강력한 제재수단이 없었고 국가부채의 포괄범위를 너무 제한적으로 정의하였다. 또한 유로존의 두 축인 프랑스와 독일이 2003년 SGP의 재정적자 허용범위 기준을 위반함으로써 협정을 사실상 무력화시켰다. 최적통화지역이 성공하기 위해서는 역내 노동력의 자유로운 이동과 가격 및 임금의 유연성 확대가 요구된다. 그러나 유로존의 경우는 통화동맹 체결 이후에도 이 조건이 크게 개선되지 못했다.[10] 또한 정치적 통합이 매우 낮은 수준에 있었기 때문에 유로존의 경제적 문제에 대한 효율적인 해결방안의 도출은 쉽지 않았다.

이런 상황에서 그동안 유로존 가입 덕분에 낮은 금리로 재정적자와 경상수지 적자를 보전해 오던 그리스와 포르투갈은 글로벌 금융위기로 인한 경기침체와 부동산거품 붕괴로 인해 더 이상 대규모 재정수지를 조달하기 위한 국채발행이 어렵게 되었다. 유로존 국가들은 자국의 이익을 우선하는 입장을 고수하면서 위기상황에 미온적으로 대처했기 때문에 사태가 점점 더 심각한 상황으로 발전하였다.

2009년에 돌출된 그리스 국가부도 위험은 2010년 들어 더 악화됨에 따라 마침내 유로존 국가들은 그리스에 대해 1,100억 유로의 구제금융을 결정하였다. 이 결정으로 인해 마스트리히트조약의 구제금융금지 규정은 더 이상 유효하지 않게 되었다. 이와 더불어 유럽중앙은행, 유럽위원회 그리고 IMF는 유로존의 장기적인 금융안정을 위해서 3단계 구제전략을 발표하였다. 주요 내용은 임시직으로 유럽재정안정기금(European Financial Stability Fund: EFSF)을 4,400억 유로 조성해서 2013년 6월까지 위기국가들에게 대출하도록 하였다.[11] 한편, EFSF가 작동하기 전까지 ECB가 국채유통시장에서 채권을 매입할 수 있는 국채매입프로그램(Securities Markets Programme : SMP)이 시행되었다. 이 조치로 ECB의 독립성은 크게 약화되었다.[12] 2010년 12월에는 영구적인 구제금융기구인 유럽안정기구(European Stability Mechanism: ESM)의 설립이 확정되었다. ESM은 유럽판 IMF로서 5,000억 유로 규모로 2012년 6월부터 가동되었다.

2011년 2월의 유럽정상회담에서 프랑스와 독일의 주도하에 물가상승률에 연동한 임금인상제도 폐지, 공동법인세 도입 등을 포함한 경쟁력협정(Competitiveness Pact)을 발표하였으나 여타 국가들의 반대로 채택되지 못하였다. 그러나 동년 3월에 유로플러스협약(Euro Plus Pact)에 합의하였는데 SGP의 규정을 수정해서 회원국의 재정정책에 대한 관리를 강화하고 회원국 간의 거시경제 불균형을 완화하기 위한 벌금제도 및 조기경고시스템 등을 채택하였다. 위기극복을 위한 처방 마련에 일부 진전이 있었으나 동년 5월에 그리스의 위기가 악화되고 유로존으로부터 탈퇴가능성이 제기되기 시작했으며 포르투갈에

10) 예외적으로 독일의 경우는 2003년 사민당 슈뢰더 총리에 의해 노동시장 개혁(일명 하르츠권고안)을 추진한 결과 매우 유연한 노동시장을 갖게 되었고 그 결과 유로존에서 가장 경쟁력 있는 국가가 되었다.

11) 2011년 7월에 기금규모를 4,400억 유로에서 7,800억 유로로 확대하고 채권매입도 허용하였다.

12) 글로벌 금융위기 여파로 2008년 정부가 모든 은행의 예금과 부채에 대한 지급을 보장한다고 선언한 아일랜드가 결국 위기를 자체적으로 극복하는 데 실패함으로써 2010년 11월 유로존에 구제금융을 요청하였고 850억 유로의 자금이 투입되었다.

게도 780억 유로의 구제금융이 제공되었다. 동년 7월에는 그리스에 대한 2차 구제금융 1,090억 유로를 지급하기로 결정되었다. 이와 더불어 민간 채권자들은 채권교환이나 만기연장에 동의함으로써 약 21%의 순가치 손실을 감수하였다. 그러나 스페인과 이탈리아도 위기에 노출되어 있다는 인식이 시장에 확산됨에 따라 ECB는 SMP를 확대해서 이탈리아와 스페인의 국채를 집중적으로 매입하였다.[13] 그리고 동년 12월부터 유럽판 양적완화조치인 장기저리대출방식(Long Term Refinancing Operation : LTRO)을 도입해서 회원국 은행들에게 3년만기의 환매조건부 채권매입을 통해 1조 유로 상당의 유동성을 공급했다. 또한 회원국의 재정관리를 강화하기 위해 신재정협약(Treaty on Stability, Coordination and Governance: TSCG)을 도입하였다. TSCG는 황금률이라 일컫는 GDP 대비 재정적자 3% 이내 및 국가채무 60% 이내를 위반하는 회원국에는 벌금을 부과하는 규정을 포함하고 재정적자 상한선을 헌법이나 유사한 지위의 법률로 법제화하도록 규정하고 있다. 또한 이 협약을 위반하였을 경우 여타 회원국이 해당국을 유럽사법재판소에 제소하는 것이 가능하도록 명시하였다.[14]

2012년 2월에는 제2차 LTRO를 시행하였고, 3월에는 ESM의 기금규모를 5,000억 유로에서 7,000억 유로로 확대하기로 합의하였다. 그리고 동년 6월에는 유럽은행에 대한 통합감독기구의 설치 및 모든 유럽은행 예금에 대해 일정규모의 예금보장 그리고 공통의 금융기관 정리절차를 포함하는 은행동맹(Banking Union)이 제안되었으나 이 중 통합감독기구 설치에 대해서만 합의하였다.

한편, ECB는 2014년 초과지준에 마이너스금리를 도입하고 4년만기 장기대출(TLTRO) 등을 통해 유동성 공급을 확대하려 했으나 목표에 미달하였다. 이에 2015년부터 2019년 현재까지 지속적으로 양적완화정책을 추진하고 있다. 이러한 유로존의 2014년 이후 양적완화정책은 금융위기를 일단 수습한 상황에서 유로존 내의 디플레이션 압력에 대응하고 경제성장을 촉진하기 위해서 시행하는 것으로 평가되고 있다.

3) 유로존의 과제

유로존의 재정위기는 무엇보다도 재정통합과 정치통합이 미미한 상태에서 이루어진 통화동맹이 갖는 근본적인 한계가 외부충격으로 인해 돌출된 것으로 평가할 수 있다. 미국이 현존하는 통화동맹 중 가장 성공적인 통화동맹이라는 점을 감안할 때 유로존의 조건

13) 이탈리아와 스페인은 EU에서 GDP 비중이 각각 16%와 12%를 차지하는 경제규모 3위와 4위 국가이다.
14) 신재정협약은 영국의 불참으로 EU의 정식법률이 아닌 영국 이외의 EU 회원국 간의 다자간협정이 되었다.

은 미국에 비해 여러 부분에서 미흡하다. 유로존이 지속되기 위해서는 회원국 간의 거시경제적 불균형을 최소화할 수 있는 방안을 어떻게 신속히 제도화하느냐에 달려 있다. 통화동맹의 내생성이론은 유로존의 경우 부정적인 것으로 나타났다. 그 결과 경상수지 불균형이 확대될 때 이것을 완화하기 위한 통화정책이나 환율변동 수단이 제한되어 있기 때문에 그리스나 포르투갈 같은 국가들은 오로지 재정지출을 확대하는 조치에 의존했다. 그러나 유로존은 구조적 모순에서 발생된 재정위기를 근본적으로 대처하기보다는 매우 단기적인 유동성공급 차원에서 접근하는 방식을 채택하였다. 그리고 정치적 합의과정에 대한 효율적인 장치가 마련되어 있지 못하기 때문에 신속한 대처가 이루어지지 않았다. 그 과정에서 시장의 불확실성이 확대되고 정책에 대한 신뢰가 약화되고 위기가 증폭되었다.

유로존의 재정위기는 2013년 이후 다소 소강상태에 있다. 그러나 유로존이 구조적으로 갖고 있는 문제점이 근본적으로 해결되지 않는 한 언제라도 경제위기가 재발할 가능성이 상존한다. 따라서 최적통화지역이론에서 제시하는 통화동맹의 성공요건과 미국의 통합수준을 감안해서 이러한 여건들이 충분히 충족될 수 있도록 EU국가들이 정치력을 발휘해야 할 것이다.

유럽 재정위기의 해결을 위한 제안 사례

벨기에의 저명한 언론인 오버트펠트(J. Van Overtveldt)는 유럽 재정위기의 해결방안으로 크게 3가지를 제시하고 있다.

첫째, 지금과 같은 지속적인 유동성 공급장치를 마련하는 것이다. 그러나 일부 비판론자들은 이것은 또 다른 형태의 폰지게임이라고 비난하고 있다.

둘째, 통화동맹의 성공조건을 충족시키기 위해서 유럽국가들의 재정이전 확대, 유로본드 발행 그리고 공동세금 부과와 같은 재정통합 확대와 노동력 이동을 강화하는 것이다. 유럽연합국가들이 채택할 수 있는 가장 현실적인 방안으로 평가되고 있고, 비록 여러 정치적인 이해관계 때문에 신속하게 결정하고 있지는 못하지만 단계적이고 장기적으로 추진할 것으로 예상되는 방안이다.

셋째, 그리스나 포르투갈 같은 경상수지 불균형 국가보다는 오히려 독일이 유로존으로부터 탈퇴하는 것이다. 이럴 경우 환율변동을 통해서 EU 회원국 간의 경상수지 불균형이 효과적으로 해소될 수 있다는 것이다. 왜냐하면 이 경우 독일 통화의 대폭적인 절상이 예상되기 때문이다.

출처 : J. Van Overtveldt(2011), *The End of the Euro: The Uneasy Future of the European Union*, Wiley.

3. 동아시아 통화금융협력

동아시아지역의 통화금융협력에 대한 논의는 유럽통합에 자극받아서 한동안 활발하게 진행되었다. 대표적으로 동아시아지역의 경제적 여건이 1970년대 유럽의 통합여건과 비교해서 과연 어느 수준인지를 검토하는 연구가 다양하게 이루어졌다. 통합여건이 EU의 수준과 대등하게 성숙되었다는 이론과 아직 EU에 비해 미흡하다는 이론이 상존하지만 두 이론 모두 동아시아지역은 통합을 위한 정치적 합의나 의지가 부족하기 때문에 유럽 수준의 통화통합을 추진하는 것은 시기상조라는 점에는 의견이 일치하였다.

동아시아의 통화금융협력은 1997년 발생한 동아시아 금융위기로 인해 지역금융안전망 확보 차원에서 활발히 논의되기 시작했다. 그 첫 번째는 일본에 의해서 제안된 아시아 통화기금(Asia Monetary Fund)의 설립이었다. 그러나 이 제안은 미국과 IMF 그리고 일본의 아시아지역에서의 영향력 확대를 우려하는 다른 아시아국가들에 의해서 좌절되었다. 이후 2000년에 ASEAN+3 국가들에 의해 양자간 통화스왑 형태인 '치앙마이 이니셔티브(Chiang Mai Initiative : CMI)' 협정이 체결되었다. 최초의 CMI는 동남아시아 지역공동협의체인 아세안(ASEAN) 회원국 중 5개 체결국(말레이시아, 인도네시아, 필리핀, 싱가포르, 태국)과 한국, 중국, 일본 등 극동아시아 3개국 등 총 8개국이 공동으로 동아시아의 금융안전망(financial safety net) 확보를 목적으로 설립한 역내 외화유동성 지원기구이다. CMI는 회원국 중앙은행 간에 상호 통화스왑협정을 맺어 위기 시 협정에 따라 외화(달러화) 유동성을 지원하는 것을 토대로 하고 있다. 중앙은행 간 통화스왑이란 자국통화를 대가로 외화를 차입하는 제도를 의미한다. CMI의 상호지원 총규모는 최초 설립 시 395억 달러로 시작하여 2006년에 750억 달러로 확대되었다.

한편, 동아시아 역내 국가들은 위기 시에 보다 체계적이고 실효성 있게 외화유동성을 지원하고자 여러 차례의 논의를 거쳐 CMI를 'CMI 다자화(CMI Multilateralization : CMIM)'로 전환하는 데에 합의하였다. CMIM은 1,200억 달러의 지원규모로 2010년 3월에 출범하였는데, 2012년에 그 규모를 2,400억 달러로 증액했다. 이 중 한국, 일본, 중국이 80%(960억 달러)를 부담하고 나머지 20%는 아세안 국가들이 부담하기로 합의되었다.[15] CMI는 개별적인 양자간 통화스왑을 통한 지원체제이나, CMIM은 단일계약에 의한 다자간 통화스왑체제로서 위기 시 유동성 지원이 더욱 신속하고 효율적으로 이루어질

15) 한중일은 각각 2:4:4의 비율로 분담한다.

표 17-2 CMIM의 분담금 구성 및 인출배수

(단위 : 억 달러)

구분	한국	중국	일본	아세안	계
분담금 규모(비중)	384(16%)	768(32%)	768(32%)	480(20%)	2,400(100%)
분담금 대비 인출배수[1]	1.0	0.5	0.5	(Big 5) 2.5 (Small 5) 5.0	–

주 : 1) 위기 시 인출가능금액 = 분담금 × 인출배수(Borrowing Multiple)
2) 중국 분담규모는 홍콩의 분담금 84억 달러를 포함한 것임(홍콩 제외 시 중국 684억 달러).
3) 아세안 Big 5 : 태국, 말레이시아, 인도네시아, 싱가포르, 필리핀
Small 5 : 베트남, 캄보디아, 라오스, 미얀마, 브루나이

수 있게 되었다.[16] CMIM하에서는 미 달러화를 스왑통화로 사용하고 있으며 아직까지는 총지원약정금액의 30%만이 IMF의 동의 없이 이용할 수 있다. 그리고 회원국의 거시경제동향을 점검하기 위한 독립감시기구로 아시아거시경제연구소(AMRO)가 2011년 설립되었다. 그러나 CMIM의 총자금규모가 역내 금융시장의 크기로 볼 때 아직 작기 때문에 향후 자금규모의 확충이 필요한 실정이다. 또한 위기 시 지원조건이 까다롭고 개별국에 대한 지원금이 기여금과 연동되어 있기 때문에 CMIM은 아직 역내 외화유동성 위기에 충분히 대처할 수 있는 실용적인 기구로서의 역할을 효과적으로 수행하기에는 미흡한 것으로 평가되고 있다. 그리고 CMIM은 기금형태가 아니기 때문에 위기 시 과연 합의된 사항에 따라 차질 없이 지원이 이루어질 것인가에 대한 불확실성이 존재한다.

동아시아지역의 또다른 형태의 통화금융협력방안으로는 '아시아 채권시장 발전방안(Asia Bond Market Initiative: ABMI)'이 있다. 아시아지역은 대외거래에 필요한 외화자금을 유럽이나 미국의 글로벌 금융기관으로부터 단기대출이나 포트폴리오투자 형식으로 조달하고 있다. 이런 상태에서 해외자본의 급격한 유출입이 이루어지면 외환유동성 부족에 의한 금융위기 가능성에 노출된다. 따라서 외화유동성 위기를 줄이는 방안의 하나로 아시아국가들이 여유자금을 해외금융기관에 예치하고 이것을 다시 차입하는 구조에서 탈피해서 아시아지역에서 자금순환이 이루어질 수 있는 방안이 모색되었다. 그 일환으로 아시아지역에 아시아국가들의 통화로 발행되는 채권시장을 공동으로 육성하는 것이 논의되었는데 이것이 ABMI이다. 2008년에는 신ABMI 로드맵이 채택되었다. 신ABMI

16) CMIM에는 아세안 10개국 중 CMI에 제외되었던 나머지 5개 국가(베트남, 캄보디아, 라오스, 미얀마, 브루나이)와 홍콩이 새로이 참여하여 역내 금융안정망의 혜택을 받는 국가의 수가 14개국으로 증가하였다.

로드맵에는 신용보증투자기구의 설립과 구조화된 금융상품의 발행, 자본과 외환거래에 대한 규제완화 등을 통한 국경 간 거래의 활성화, 채권시장에 대한 규제와 감독 강화 그리고 결제, 지급과 같은 채권시장 인프라 개선방안 등을 포함하고 있다. 그러나 현재까지는 큰 진전이 없는 상태이다.

향후 동아시아지역은 최적통화지역이론에 근거해서 보다 긴밀한 재화, 서비스, 자본 그리고 노동 시장의 통합을 단계별로 추진하고 재정통합과 정치통합이 상당한 수준까지 진전될 때 비로소 아시아 단일통화지역을 추진해야 할 것이다. 그 과정에서 정치적 합의와 사회적 · 문화적 동질성의 확대가 필요하다.

요약

1. 최적통화지역(OCA)은 일종의 통화연합 또는 통화동맹을 의미하는데 OCA이론은 특정 지역이 어떤 여건하에서 단일통화를 사용하는 것이 바람직한지를 설명하는 이론이다.

2. 최적통화지역에 참여함으로써 예상되는 경제효율성 증가라는 편익과 경제안정성 약화라는 비용은 몇 가지 조건에 따라 달라진다. OCA의 편익과 비용에 영향을 미치는 조건으로, 첫째 생산요소 특히 노동의 자유로운 이동 정도, 둘째 외부충격효과의 대칭성 정도, 셋째 가격과 임금의 유연성 정도, 넷째 재정통합의 수준 그리고 마지막으로 참여국 간의 정책협조 강도 등을 고려할 수 있다.

3. 유럽의 스네이크제도 붕괴 이후 영국을 제외한 8개국은 프랑스 주도로 유럽판 브레튼우즈체제인 유럽통화제도(EMS)를 창설하였다. EMS는 먼저 유럽국가들의 통화로 구성된 바스켓의 형태로 유럽통화단위(ECU)를 창출하고 각 국가들은 자국통화의 가치를 ECU에 고정시켜서 유럽국가 통화들 간의 중심환율이 결정되었다. 그리고 각 국가의 환율은 중심환율을 기준으로 ±2.25% 내에서 변동이 허용되었다. EMS의 이러한 환율제도를 ERM이라고 한다.

4. 유럽의 통화통합계획서인 들로르보고서가 1989년에 채택되었고, 이것에 기초해서 1991년 마스트리히트조약 일명 EU조약이 체결되었다. 그리고 1993년 11월에 정식으로 EU가 출범하였다. 이와 더불어 유럽경제통화동맹(EMU)의 계획이 수립되었는데 여기에는 1999년에 단일통화로 유로(euro)화를 거래단위로 채택하고 유럽중앙은행(ECB)을 설립하는 등 통화동맹을 출범하는 계획이 포함되었다. 2002년에는 전면적으로 유로화가 실거래에서 사용되었다.

5. 통화동맹으로서의 유로존은 글로벌 금융위기로 인한 경기침체로 인해 그동안 내재되어 있던 구조적 모순이 드러나기 시작했고 이런 상황에서 정치적인 이해관계로 인해 신속한 해결책이 마련되지 못함으로써 유로존의 재정위기가 악화되었다. 최적통화지역이론에 비추어볼 때 유로존의 가장 문제점은 취약한 재정통합수준이다. 그리고 최적통화지역이 성공하기 위해서는 역내 노동력의 보다 자유로운 이동과 가격 및 임금의 유연성 확대가 요구된다.

6. 동아시아의 통화금융협력은 1997년 발생한 동아시아 금융위기로 인해 지역금융안전망 확보 차원에서 활발히 논의되기 시작했다. 2000년에 ASEAN+3 국가들에 의해 양자간 통화스왑 형태인 CMI협정이 합의되었다. 이후 동아시아 역내 국가들은 위기 시에 보다 체계적이고 실효성 있게 외화유동성을 지원하고자 CMI를 CMIM으로 전환하는 데에 합의하였다. CMIM은 2010년 3월에 출범하였는데, 2012년 그 규모를 2,400억 달러로 증액했다.

주요 용어

최적통화지역(OCA)	통화동맹
안정성장협정(SGP)	유럽통화제도(EMS)
스네이크제도	유럽경제통화동맹(EMU)
유럽환율제도(ERM)	마스트리히트조약(EU조약)
들로르보고서	유럽안정기구(ESM)
유럽재정안정메커니즘(EFSM)	CMI/CMIM

연습문제

01 최적통화지역에의 참여 여부를 결정하는 주요 기준을 설명하라.

02 고정환율제도의 채택기준과 최적통화지역 참여결정 기준과의 차이를 설명하라.

03 유럽의 스네이크제도의 특징과 붕괴이유를 서술하라.

04 유럽통화제도(EMS)의 특징과, 영국과 이탈리아가 1994년 ERM에서 탈퇴하게 된 배경을 설명하라.

05 EMU에 가입하기 위해서 충족해야 할 경제수렴조건에 대해 설명하라.

06 유럽국가들이 지속적으로 통화협력을 추진한 이유를 설명하라.

07 통화동맹으로서의 유로존이 최적통화이론에 비추어볼 때 가장 문제가 되는 사항이 무엇인지를 설명하라.

08 최적통화지역이론에 근거해서 미국과 유로존 간의 차이를 설명하라.

09 유로존의 위기를 극복하기 위한 방안에 대해 서술하라.

10 동아시아의 통화협력기구인 CMIM의 성격과 내용을 설명하라.

제 18 장

금융위기의 원인과 대응

1. 금융위기와 자본자유화
2. 금융위기모형
3. 금융위기의 전염경로
4. 금융위기의 예방과 대처방안

자본자유화는 경제에 여러 가지 혜택을 주는 것으로 알려져 있다. 자본자유화의 확대는 경제성장을 촉진하고 금융시장의 발전에도 기여한다. 그런데 이는 국가 간 자본유출입의 변동성 확대를 초래하여 경제에 부정적인 영향을 미치기도 한다. 해외자본이 대량으로 유입되다가 여건이 바뀌면 다시 대량으로 유출되는 현상은 경제에 치명적인 영향을 줄 수 있다. 국내금융시장에 투자되었던 외국인자금이 대량으로 빠져나감에 따라 국내금융시장이 붕괴되기도 하며, 갑자기 해외차입의 회수요구가 증가하여 국내금융기관의 외화유동성 부족현상이 심화됨에 따라 금융기관이 경영상의 어려움을 겪기도 하며, 심할 경우에는 금융위기가 발생한다.

한국은 1997년 동아시아 금융위기, 그리고 2008년에는 글로벌 금융위기의 격랑에 휩쓸렸다. 1990년대 초부터 금융시장에 대한 정부간섭을 줄이고, 자본자유화를 본격적으로 추진한 것이 잘못된 것인가? 선진국뿐 아니라 신흥시장국들이 자본이동에 대한 규제 완화를 추진한 배경에는 자본이라는 희소자원을 보다 효율적으로 이용할 수 있고, 이에 따라 자본의 투자국이나 유치국 둘 다 이득을 볼 수 있을 것이라는 기대가 크게 작용하였다. 그러나 금융위기가 빈번하게 발생하면서 이에 대한 회의와 비판이 거세지고 있다. 금융위기는 금융시장을 통한 자금의 융통을 마비시켜 실물경제에 심각한 피해를 초래하게 된다.

자본자유화의 확대가 이와 같이 금융위기의 발생가능성을 증가시키기 때문에 자본유출입을 제한해야 한다는 주장이 제기되기도 한다. 실제로 급격한 자본유출입의 변동성을 경험한 일부 신흥국들은 자본이동규제를 도입하기도 하였다. 이 장에서는 금융위기의 특징과 발생원인을 살펴보고 금융위기를 억제할 수 있는 방안과 금융위기 발생 시 대처방안 등을 소개한다.

1. 금융위기와 자본자유화

(1) 외환위기와 은행위기

1) 위기의 식별

금융위기는 금융시장의 효율적 기능이 손상되어 실물경제에 심각하게 부정적인 영향을 미치는 경우를 일컫는다. 금융위기는 외환위기와 은행위기로 구분해 볼 수 있다. 외환위기는 통화가치가 크게 하락하거나 통화가치의 하락압력이 크게 발생하는 경우를 지칭한다. 흔히 통화가치가 대폭적으로 하락하는 것만을 외환위기로 생각하기 쉬우나, 외환시장에서 통화가치의 하락압력이 크게 증가하였지만 금리인상이나 중앙은행의 외환보유액 매도를 통해 하락압력을 억제한 결과 실제로는 외형적으로 통화가치의 하락이 나타나지 않은 경우도 외환위기에 포함한다. 따라서 외환위기는 환율, 외환보유액, 금리 등 세 변수의 변화를 동시에 고려하여 그 발생 여부를 인식하는 것이 일반적이다. 예를 들어 환율은 안정적이었지만 일시에 외환보유액이 크게 줄어들었다면 이는 외환시장에 실제적으로 국내통화가치의 하락압력이 증가하였었다는 것을 간접적으로 나타내며, 결국 이는 외환위기의 발생을 의미한다.

은행위기란 예금인출사태가 발생하여 은행이 실제적으로 예금 · 채권 등의 부채를 상환하기 어려워지거나, 또는 예금인출사태의 잠재적 가능성이 증가함에 따라 정부가 이를 저지하기 위하여 적극적으로 개입하는 경우를 지칭한다. 은행위기의 발생 여부와 시점을 실제적 예금인출사태를 기준으로 판단하면 위기의 식별이 용이하다는 장점이 있으나, 예금인출사태는 일반적으로 은행자산의 부실화가 오랫동안 진행된 이후에 발생하기 때문에 은행위기의 발생시점을 너무 늦게 인식하게 된다는 비판이 존재할 수 있다. 따라서 은행의 자산 부실화 정도에 따라 위기를 식별하는 것이 은행위기의 발생 여부에 대한 더 정확한 정보를 제공한다. 그러나 위기에 상응하는 자산 부실화 정도에 대한 객관적이고 일관성 있는 기준을 마련하는 것이 어렵기 때문에, 이 또한 위기식별에 제약이 존재한다. 자산 부실화의 심화가 은행경영에 치명적으로 영향을 줄 수 있다고 판단되는 경우 정부가 개입을 시작하는 것이 일반적이므로, 은행위기를 연구하는 학자들은 흔히 은행에 대한 정부의 대규모 지원, 은행의 강제 폐쇄 및 합병, 정부의 은행경영 개입 등의 제도적인 변화와 관련된 사건이 발생하면 이를 은행위기가 발생한 시점으로 파악하고 있다.

2) 외환위기와 은행위기 간 관계

과거 각국에서 발생한 외환위기를 살펴보면 외환위기를 겪은 국가 중 다수가 대내적으로 심각한 은행위기도 경험하였음을 발견할 수 있다. 금융위기를 연구하는 학자들은 외환위기와 은행위기가 함께 발생하는 현상을 쌍둥이위기(twin crises)라고 부른다. 쌍둥이위기의 존재는 외환위기와 은행위기가 서로 연관되어 있을 가능성이 높다는 것을 나타낸다.

〈표 18-1〉은 1970년대 이후 각국에서 비슷한 시기에 발생한 외환위기와 은행위기의 사례를 보여주고 있다. 이에 따르면 외환위기와 은행위기 사이에는 서로를 악화시키는 악순환이 존재하고 있음을 알 수 있다. 금융위기를 연구하는 학자들은 외환위기 이전에

표 18-1 각국의 은행위기와 외환위기 발생 사례

국 가	은행위기	외환위기	국 가	은행위기	외환위기
아르헨티나	1980. 3. 1985. 5. 1994.12. 2001. 3.	1981. 2. 1986. 9. 1990. 2. 2002. 1.	말레이시아	1985. 7. 1997. 9.	1975. 7. 1997. 7.
			멕시코	1982. 9. 1992.10.	1982.12. 1994.12.
볼리비아	1987.10.	1985. 9.	노르웨이	1988.11.	1986. 5.
브라질	1985.11. 1994. 7.	1985.11. 1991.10. 1999. 1.	페 루	1983. 3.	1987.10.
			필리핀	1981. 1. 1997. 7.	1983.10. 1997. 7.
칠 레	1981. 9.	1982. 8.	스페인	1978.11.	1977. 7.
콜롬비아	1982. 7.	1983. 3.	스웨덴	1991.11.	1992.11.
덴마크	1987. 3.	1983. 8.	태 국	1979. 3. 1983.10. 1996. 5.	1978.11. 1984.11. 1997. 7.
핀란드	1991. 9.	1991.11.			
인도네시아	1992.11.	1986. 9.			
이스라엘	1983.10.	1983.10.	터 키	1991. 1.	1994. 3.
한국	1997. 7.	1997.11.	우루과이	1971. 3. 1981. 3.	1971.12. 1982.10.
러시아	1998. 8.	1998. 8.	베네수엘라	1993.10.	1994. 5.

자료 : G. Kaminsky and C. Reinhart(1999), "The Twin Crises: The Cause of Banking and Balance-of-Payments Problems," *American Economic Review*, 89, 473~500.
M. Goldstein, G. Kaminasky, and C. Reinhart(2000), *Assessing Financial Vulnerability: An Early Warning System for Emerging Markets*, Institute for International Economics, Washington D.C.
C. Reinhart and K. Rogoff(2009), *This Time is Different*, Princeton University Press, Princeton, New Jersey.

은행위기가 발생하는 것이 일반적인 현상이며 외환위기는 다시 은행위기를 악화시킨다고 주장한다. 따라서 은행위기는 외환위기에 선행하여 발생하는 경향이 있으며, 따라서 은행위기는 외환위기를 예측하는 좋은 예측지표로 활용할 수 있다. 그러나 은행위기가 외환위기에 선행한다는 것이 은행위기가 외환위기 발생의 직접적인 원인이라는 것을 반드시 의미하는 것은 아니다. 외환위기는 기초경제여건의 악화, 전염효과 등과 같이 은행위기 이외의 다른 요인에 의해 주로 발생하며, 은행위기는 외환위기를 촉발하는 데 단지 일부 역할을 하는 것으로 알려져 있다.

외환위기와 은행위기 간의 상호관계에 대한 이론적 배경은 다음과 같다. 먼저 외환위기가 은행위기의 발생에 미치는 영향은 다음의 경로를 따를 가능성이 높다. 첫째, 고정환율제도하에서 국내외 경제충격으로 국내통화가치에 대한 하락압력이 크게 증가하면 중앙은행은 고정환율제도를 유지하기 위하여 대규모로 외환매도 외환시장 개입을 시행한다. 이로 인한 통화량 감소로 금융시장에 신용경색이 초래되어 기업부도가 증가하고 은행의 부실자산이 늘어남에 따라 은행위기의 발생가능성이 높아진다. 고정환율제도가 아니더라도 외환위기로 갑자기 자국통화의 가치가 크게 하락하면 정부는 환율안정을 위해 대규모로 외환시장에 개입하는 것이 일반적이며 이에 따라 앞에서 설명한 바와 같은 신용경색이 발생할 수 있다. 둘째, 은행부채의 많은 부분이 외국통화로 표시되어 있는 경우 외환위기 발생으로 자국통화의 가치가 크게 하락하면 은행의 경영수지가 악화되어 역시 은행위기의 발생가능성이 증가한다.

한편, 은행위기가 외환위기의 발생에 미치는 영향은 다음과 같다. 첫째, 은행위기가 발생할 경우 중앙은행이 경영위기에 처한 은행을 구제하기 위해서 통화를 대량으로 발행하면, 과도한 통화공급의 증가로 인하여 통화가치가 크게 하락한 결과 외환위기의 발생가능성이 높아질 수 있다. 둘째, 은행위기가 발생하여 은행의 신용도가 하락하고 은행의 수익성이 악화되면 외국인 투자자들의 자본유출이 증가한다. 또한 은행은 해외에서 외화자금 조달에 어려움을 겪게 된다. 이에 따라 외환시장에서 국내통화가치가 크게 하락하여 외환위기 발생의 가능성이 증가한다.

그런데 동아시아 금융위기에서와 같이 외환위기와 은행위기가 거의 동시에 발생하기도 하는데, 이와 같은 과정이 발생하는 예를 소개하면 다음과 같다. 해외차입이 많은 은행들이 외화자금 조달–운용 간에 심각한 만기불일치 또는 통화불일치를 유지하고 있는 상태에서 해외투자자들이 갑자기 자금을 회수하게 되면 이들 은행들은 유동성위기에 봉착하게 된다. 그 결과 은행위기가 발생할 수 있으며 이에 외국인 투자자들이 경쟁적으로 자금을 회수함에 따라 대규모의 자본유출이 발생한다. 또한 외화유동성이 부족한 은행들이 외화자금을 외환시장을 통해 조달하려고 하는 규모가 증가한다. 이에 따라 은행위기와 함께 외환위기가 발생하게 된다.

(2) 자본자유화의 효과

자본자유화란 해외경제와의 자본거래가 자유롭게 이루어질 수 있도록 법적 또는 제도적 제한을 완화하는 조치를 의미한다. 자본거래란 실물자산(금, 부동산 등) 또는 금융자산(주식, 채권, 예금 등)의 매매를 의미한다. 국가 간 자본거래는 자본이동이라고 부르기도 하며, 자본자유화는 해외에서 국내로의 자본유입과 국내에서 해외로의 자본유출에 대한 규제를 완화하는 조치를 모두 포함한다. 예를 들어, 비거주자가 국내 채권이나 주식을 매매하거나 또는 거주자가 해외에서 부동산, 채권, 주식 등을 매매하는 데에 따른 제약을 일부 또는 전부 철폐하는 정책의 변화 등이 자본자유화에 포함된다. 또한 외국인 직접투자 또는 해외직접투자에 대한 규제완화 역시 자본자유화에 포함된다.

자본자유화와 유사한 개념으로 외환자유화라는 용어가 쓰이기도 한다. 외환자유화는 좁게는 외환거래와 관련된 자유화를 의미하기도 하나, 일반적으로 외환거래를 동반하거나 유발하는 대외거래 전반에 대한 자유화를 의미한다. 따라서 외환거래 자유화는 경상거래 자유화와 자본거래 자유화를 모두 포함하므로 자본자유화보다 자유화의 범위가 넓다고 볼 수 있다.

자본자유화는 자유화 국가의 경제에 매우 중요한 영향을 미치는데, 이를 긍정적인 영향과 부정적인 영향으로 나누어 살펴볼 수 있다. 먼저 긍정적인 영향을 설명하면 다음과 같다. 첫째, 자본자유화는 자본이 풍부한 국가로부터의 자본유입을 유발하여 경제성장을 촉진한다. 자본이 풍부한 국가로부터 낮은 이자율로 자본조달이 가능해지고 자본조달의 용이성이 확대되기 때문에 자본자유화 이전에는 기업이 시도하지 못했던 투자가 가능하게 된다. 따라서 자본자유화 이후 투자가 증가하여 경제성장이 촉진된다. 또한 자본자유화 확대는 선진화된 생산기술, 전문지식의 전파를 촉진하여 생산효율성을 향상시킴으로써 경제성장에 기여하기도 한다.

둘째, 자본자유화는 소비평활화를 가능케 함으로써 경제후생의 증가를 초래할 수 있다. 자본이동으로 국가 간 대출 및 차입 거래가 가능해지기 때문에 국가 전체적으로 소비선호에 따라 현재와 미래 시점 간 소비의 교환이 가능해진다. 예를 들어 미래소비보다 현재소비를 중시하는 경제에서는 해외차입을 통해 현재소비에 대한 욕구를 충족시킨 후, 미래에는 생산 중 소비하고 남은 부분을 해외차입 상환에 사용함으로써 후생을 증가시킬 수 있다. 해외경제와의 자본거래에 대한 제약이 심한 경제에서는 이와 같은 소비평활화를 원활히 수행할 수 없다.

셋째, 자본자유화는 국내금융시장의 발전을 초래한다. 해외자본이 국내 채권, 주식 시장에 대한 투자가 가능해짐에 따라 국내금융시장에서의 거래량이 증가하여 금융시장규모가 확대된다. 또한 외국인투자를 통하여 선진화된 투자기법의 도입이 촉진되어 국내금융시장의 효율성이 증가한다.

한편, 자본자유화 확대가 경제에 초래할 수 있는 부정적인 효과를 소개하면 다음과 같다. 첫째, 자본유입의 증가로 거시경제의 기초적 요인이 악화될 수 있다. 자본자유화 확대로 해외자본의 유입이 증가하면, 변동환율제도하에서는 국내통화의 가치가 상승하며, 고정환율제도하에서는 중앙은행이 외환시장에 개입한 결과 통화량이 증가하고 이에 따라 물가가 상승한다. 따라서 환율제도와 관계없이 실질환율이 절상되기 때문에 국제시장에서 국내재의 가격경쟁력이 약화되어 경상수지가 악화된다. 또한 해외자본의 유입 증가는 통화량의 증가뿐만 아니라 소비, 투자의 확대를 통해 물가상승을 유발함으로써 경제의 기초적 요인을 약화시킨다.

둘째, 자본자유화가 확대되면 국내외 간 자본유출이 빈번하게 이루어짐에 따라 자본유출입의 변동성이 증가하며, 따라서 자본유출에 영향을 받는 거시경제변수의 변동성도 확대된다. 예를 들어, 물가 · 환율 · 자산가격 등의 변동성이 확대되며, 이에 따라 경제의 불확실성이 증가한다. 한편, 해외자본의 유입은 일반적으로 경기순응적(procyclical) 특징을 가지고 있어 경기상승 시에 해외자본의 순유입이 증가하여 경기상승을 촉진하는 반면, 경기하락 시에는 해외자본의 순유입이 감소하여 경기하락을 부추긴다. 따라서 자본자유화 확대로 인하여 해외자본의 유출입이 자유로워짐에 따라 경기변동의 진폭이 확대되어, 경기의 변동성도 확대된다.

셋째, 금융위기 발생의 가능성이 증가한다. 해외자본의 경우 급작스러운 자본이동 반전(capital flow reversal)이 발생할 가능성이 항상 존재한다. 즉, 지금까지 유입되었던 해외자본이 갑자기 대규모로 유출될 수 있다. 자본이동의 반전을 초래하는 요인은 매우 다양한데, 대표적으로 국내자산가격에 형성된 거품의 붕괴, 국내 금융기관 및 기업의 신용도 하락, 경제적 기초요인의 악화, 국제금융시장에서의 교란요인 발생, 과다한 자본유입 그리고 해외 금융위기의 전염효과 등을 들 수 있다. 해외자본이 대규모로 유출되면 외화유동성 부족현상이 심화되어 국내금융기관이 외화차입 상환에 곤란을 겪게 되고, 국내자산시장에서 자산가격이 폭락하며, 외환시장에서는 국내통화의 가치가 크게 하락하는 등 금융위기가 발생할 수 있다.

2. 금융위기모형

(1) 제1세대 위기모형

크루그만(P. Krugman)이 제시한 제1세대 위기모형은 고정환율제도하에서 중앙정부가 통화팽창을 수반하는 재정적자정책을 추구할 때, 팽창적 재정정책이 고정환율제도와 정책적인 모순을 유발하기 때문에 외환위기가 발생한다고 설명한다.[1] 제1세대 모형은 1970년대 후반과 1980년대에 발생한 남미 외환위기를 설명하는 데 주로 이용되고 있다. 고정환율제도하에서 자국통화에 대한 평가절하압력이 지속되면, 중앙은행은 목표환율을 유지하기 위하여 외환을 매도하고 자국통화를 매입하는 외환시장개입을 시행한다. 이때 만약 중앙정부가 재정적자를 보전하기 위하여 지속적으로 통화를 발행한다면, 이로 인해 외환시장에서 자국통화의 평가절하압력이 더욱 증가한다. 따라서 중앙은행은 환율안정을 위해 외환시장개입을 지속해야 하며, 그 결과 외환보유액은 점차 감소한다.

그런데 중앙은행이 목표환율을 더 이상 유지하기 어렵다고 판단되는 수준으로까지 외환보유액이 줄어들면 외환시장에서는 고정환율제 포기와 이에 따른 자국통화가치의 대폭적인 하락에 대한 예상이 강화되어 자국통화를 대규모로 매도하고 외환을 대규모로 매입하는 투기적 공격(speculative attack)이 발생한다. 중앙은행은 투기적 공격에 대응하여 환율을 안정시키려고 노력하지만 외환보유액이 부족하여 결국 고정환율제도를 포기하고 변동환율제도를 채택한다. 이에 따라 자국통화의 가치가 기존의 수준에 비해 크게 하락하는 외환위기가 발생한다. 제1세대 위기모형에서의 투기적 공격은 외환보유액이 완전히 소진된 후에 발생하는 것은 아니고, 외환보유액이 일부 남아 있는 시점에서 발생하며 투기적 공격을 방어하기 위하여 중앙은행이 외환시장에 개입하는 과정에서 외환보유액이 완전히 고갈된다.[2]

1) P. Krugman(1979), "A Model of Balance of Payment Crises," *Journal of Money, Credit and Banking*, 11, 311~325.

(2) 제2세대 위기모형

제2세대 위기모형은 1990년대 초반 유럽 외환위기의 발생원인을 설명하기 위하여 개발된 모형이다. 이 모형은 정책당국이 침체된 경기를 부양하고자 고정환율제도를 포기하고 자국통화가치의 하락을 허용할 것이라는 예상이 외환시장에서 강하게 형성될 경우 대규모의 환투기가 발생하여 외환위기가 발생할 수 있음을 설명한다.[3] 즉, 정부의 경제정책 변화에 대한 예상으로 인하여 외환시장에서 자국통화에 대한 투기적 공격이 발생하여 외환위기가 발생한다는 것이다.

고정환율제도를 운영하고 있는 정책당국은 환율안정을 유지하는 데 따른 비용이 크다고 판단될 경우 이를 완화하기 위하여 변동환율제도로의 이행을 고려해 볼 수 있다. 예를 들어, 경기불황으로 경제성장률이 낮고 실업률이 높은 고정환율제도의 경제에서 정책당국은 고정환율제도를 포기한 후 국내통화가치의 하락을 통해 경기를 부양하고자 하는 정책변화를 고려할 수 있다. 그런데 경기가 고정환율제도의 포기라는 극단적인 처방을 내려야 할 정도로 악화된 상황이 아니라면 정책당국은 신속한 결정을 내리기를 주저할 것이다.

외환시장에서 투기적 공격이 발생하기 이전 이와 같은 경제상황을 제8장에서 소개한 *IS-LM-UIP*모형을 이용하여 설명하면 다음과 같다. 먼저 해당 경제는 [그림 18-1]의 A점에서 목표환율이 $\bar{S}$인 고정환율제도를 운영하고 있으며, 앞에서 언급한 바와 같이 국민소득(Y_1)이 완전고용수준의 국민소득 Y^f보다 매우 낮은 수준에 있어 경기침체를 겪고 있다고 가정하자. 그러나 국민소득이 낮기는 하지만 고정환율제도가 주는 혜택을 고려하면 이를 포기할 정도로 심한 경기침체는 아니라고 가정하자. 이러한 조건에서 외환시장에서 투기적 공격이 발생하여 고정환율제도가 붕괴되는가의 여부는 정책당국이 향후 고정환율제도를 유지할 것이냐 아니면 이를 포기할 것이냐에 대한 외환시장 참가자들의 예상에 달려 있다.

먼저, 경기침체에도 불구하고 정책당국이 기존의 목표환율을 계속 유지할 것이라고

---

2) 제1세대 위기모형을 적용할 수 있는 예로는 1986년 페루 위기를 들 수 있다. 1985년 페루는 고정환율제도를 도입하였는데, 1986년 중반 이후 큰 폭의 증가세를 보였던 재정적자의 재원을 화폐발행으로 조달하였다. 이에 따라 화폐발행액이 크게 증가하였으며, 페루 중앙은행은 고정환율제도를 유지하기 위하여 보유외환을 매도하였다. 그 결과 1986년 초 20억 달러에 이르던 외환보유액이 1988년 초에는 5억 달러까지 감소하였으며, 결국 더 이상 목표환율을 방어할 수 없게 되자 페루는 1988년 4월에 고정환율제도를 포기하였다.

3) M. Obstfeld(1986), "Rational and Self-Fulfilling Balance-of-Payments Crises," *American Economic Review*, 76, 321~350.

외환시장참가자들이 예상한다면 정책당국은 고정환율제도를 그대로 유지하게 된다. 외환시장참가자들의 예상은 현재의 고정환율제도에 대한 이들의 강한 신뢰감을 반영하는데, 경기가 나쁘기는 하지만 고정환율제도의 혜택이 비용보다는 크기 때문에 정책당국은 외환시장참가자들의 예상대로 A점에서 계속 고정환율제도를 유지한다.

그러나 반대로 시장참가자들이 고정환율제도에 대하여 낮은 신뢰감을 가지고 있다면 고정환율제도는 붕괴된다. 경기침체를 극복하기 위해 적극적으로 확장적 통화정책을 사용하는 방향으로 정부의 정책이 변화하면, LM곡선이 오른쪽으로 이동하여($LM_1 \rightarrow LM_2$) 국민소득이 증가하지만 국내금리가 하락하여($i_1 \rightarrow i_2$) 환율이 상승하고($\bar{S} \rightarrow S'$) 고정환율제도가 붕괴된다. 만약, 외환시장참가자들이 미래에 이와 같은 정책의 변화가 발생하여 고정환율제도가 붕괴될 것이라고 예상하면, 미래예상환율이 상승하기 때문에 고정환율제도의 유지비용이 크게 증가한다. 즉 미래예상환율이 상승하면 예상환율변화율$\left(\frac{S^e - S}{S}\right)$이 증가하고 [그림 18-1]에서 해외수익률곡선이 오른쪽으로 이동한다. 이로 인해 환율의 상승압력이 증가하는데, 고정환율제도를 유지하기 위해서는 외환매도의 외환시장개입을 시행하여야 하고 그 결과 통화량이 감소하여 LM곡선이 왼쪽으로 이동한다($LM_1 \rightarrow LM_3$). 이에 따라 국내금리가 상승하고($i_1 \rightarrow i_3$) 국민소득은 감소한다($Y_1 \rightarrow Y_3$). 이는 고정환율제도에 대한 신뢰감이 약한 가운데 고정환율제도를 유지하려고 할 경우 경기침체가 더욱 악화되어 고정환율제도의 유지비용이 크게 증가하는 것을 의미한다. 따라서 외환시장참가자들은 고정환율제도의 혜택보다 유지비용이 크기 때문에 정책당국이 결국 고정환율

| 그림 18-1 | 고정환율제도의 신뢰도 하락과 유지비용

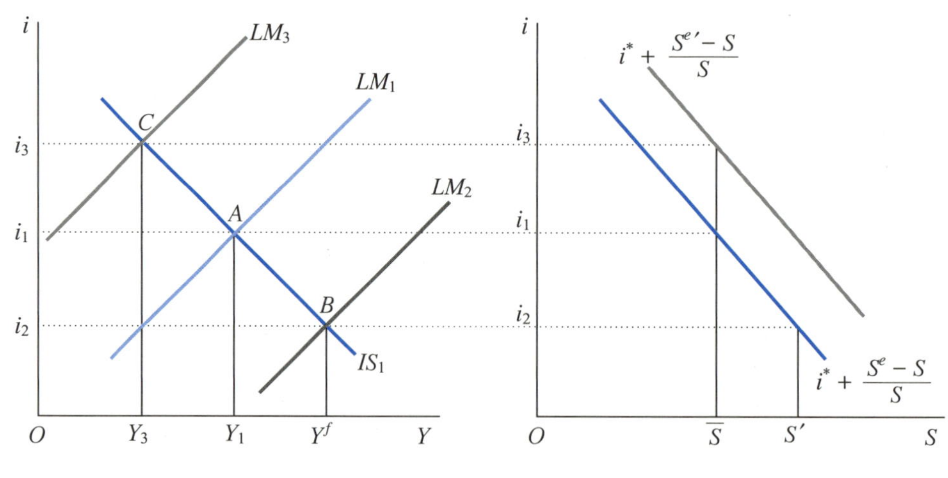

제도를 포기할 것으로 예상하여 국내통화를 대규모로 매도하고 외환을 매입하는 투기적 공격을 감행한다. 충분한 외환보유액을 보유하고 있지 못한 정책당국은 투기적 공격의 발생으로 결국 투기적 공격자들의 예상대로 고정환율제도를 포기하며 이에 따라 외환위기가 발생한다.

여기서 주목해야 할 것은 경제가 C점으로 이동한 후 외환시장에서 투기적 공격이 발생하는 것이 아니라, 경제가 A점에 있지만 외환시장참가자들 사이에 정책당국의 정책변화로 고정환율제도가 유지되지 못할 것이라는 예상이 형성되어 투기적 공격이 발생하는 것이다. 즉, 위의 분석은 경기침체가 악화되어 국민소득이 Y_3까지 하락하지 않은 상황에서, 즉 경제의 기초요인이 크게 악화되지 않았음에도 불구하고 고정환율제도가 붕괴될 수 있음을 보여준다. 외환시장참가자들은 그들이 고정환율제도 유지에 대해 신뢰하지 못할 경우 결국 정책당국이 고정환율제도를 포기할 것이라고 예상하여 투기적 공격을 감행함으로써 그들의 예상대로 고정환율제도가 실제로 붕괴되는 자기실현적(self-fulfilling) 위기를 발생시킨다.

제1세대 모형에서는 재정적자 증가, 보유액의 부족 등 경제기초요인의 악화가 외환위기 발생의 직접적인 원인으로 작용하지만, 제2세대 모형은 경제의 기초요인이 크게 악화되지 않은 상황에서도 외환위기가 발생할 수 있음을 보여준다. 경제가 불황을 겪고 있지만 대내외적인 경제조건의 호전으로 경기가 회복될 경우 지금의 고정환율제도를 유지할 수도 있을 것으로 예상되는 상황에서 외환시장참가자들은 지금보다 불황이 더욱 심화되어 결국 고정환율제도를 포기해야 하는 그 반대의 경우를 일방적으로 예상하여 자기실현적인 투기적 공격을 감행한다. 이에 따라 경제의 기초요인이 호전되거나 악화됨이 없이 그대로인데도 외환위기가 발생한다.

(3) 과열-냉각 순환모형

과열-냉각 순환(boom-bust cycle)모형은 국제자본이동의 경기순행적 특성으로 말미암아 금융위기가 발생할 수 있음을 설명하는 모형이다. 1994~95년 멕시코 외환위기와 1997~98년 동아시아 금융위기의 원인을 설명하는 데에 주로 이용되고 있다. 국제자본이동의 경기순행성(procyclicality)이란 경기가 호조를 보일 때 해외자본의 순유입이 증가하고 경기가 후퇴할 때에는 해외자본의 순유출이 증가하여 국제자본이동이 경기변동의 진폭을 확장하는 현상을 의미한다. 이 모형은 경기가 호황기에 들어서면 순자본유입의 증가로 경기는 과열(boom)되는 반면, 경기가 후퇴하면 순자본유출의 대폭적인 증가로 경기는 더욱 냉각(bust)되어 금융시장에 혼란이 발생하고, 그 결과 금융위기가 일어날 수 있음을 지적하고 있다.

1980년대 후반 이후 동아시아와 남미 신흥경제국의 경기는 선진국에 비해 상대적으로 호조를 보였으며, 이에 따라 이들 국가는 상대적으로 높은 금리수준을 유지하였다. 이와 더불어 이들 신흥경제국이 적극적으로 자본자유화, 금융자유화를 추진한 결과 대규모의 선진국 자본이 동아시아와 남미 지역의 신흥경제국으로 유입되었다. 해외차입형태로 국내에 들어온 해외자본은 대출증가로 이어져 투자 및 소비의 증가를 초래함에 따라 신흥국 경제는 경기호조세를 지속할 수 있었다. 또한 과거에는 미미했던 해외 포트폴리오 자금의 유입이 크게 증가하여 신흥경제국의 주가가 큰 폭으로 상승하였다.

그런데 자본유입이 지속적으로 증가함에 따라 자본유입국인 신흥경제국은 거시경제적 어려움도 겪게 되었다. 특히 자본유입 증가에 기인한 인플레이션과 자국통화가치의 상승으로 수출품의 가격경쟁력이 급속도로 하락하여 경상수지가 악화되었다. 그런데 경상수지 적자가 심화되면 외국투자자들은 기초경제여건의 건전성과 경상수지 적자의 지속가능성에 대하여 회의를 갖게 된다. 이와 같은 상황에서 신흥경제국들이 경기후퇴 조짐을 보이자 해외자본의 유입이 중단(sudden stop)되고, 해외자본의 자본이동 반전(capital flow reversal)이 발생함에 따라 경기침체가 가속화되었다. 과열-냉각 순환이론에 따르면 신흥경제국의 미래 경기에 대한 전망이 악화됨에 따라 해외자본의 유출이 증가하여 경기침체가 심화되며, 이는 다시 해외자본의 유출을 증가시켜 경기하락을 더욱 가속화하는 결과를 초래한다. 이에 따라 기업부도율 상승으로 부실여신이 증가하는 등 은행경영의 부실화가 심화되어, 결국 은행위기가 발생한다. 또한 외환시장에서는 해외자본의 유출증가로 자국통화의 가치하락압력이 증폭됨에 따라 외환위기가 발생하게 된다.

(4) 금융공황모형

은행은 신뢰(credibility)를 기반으로 유지되는 금융기관이므로 만약 대내외적인 충격으로 예금자들이 은행을 더 이상 신뢰할 수 없다면 은행은 예금인출사태(bank-run)에 당면할 수 있다. 예금자들은 서두르지 않으면 본인의 예금을 인출할 수 없다는 공황(panic)상태에 빠져 남보다 먼저 예금을 인출하고자 은행으로 달려간다. 은행시스템은 일상적인 예금인출에 대비하여 예금의 일부분만을 준비하고 있는 부분적 지급준비금제도를 운영하고 있으므로, 예금인출사태가 발생하여 일시에 예금인출수요가 대량으로 증가하면 은행은 이에 적절히 대응하지 못하여 결국 파산위기에 빠진다. 급격한 신뢰의 붕괴로 인하여 은행시스템 전반에 혼란이 야기되는 금융공황(financial panic)으로 대규모의 예금인출사태가 발생하여 은행위기가 발생하는 모형을 금융공황모형이라 부른다.

그런데 기존의 금융공황모형은 주로 내부은행시스템에서 금융공황이 발생하는 경우를 다루고 있으나, 래들릿과 삭스(S. Radelet and J. Sachs)는 금융공황이론을 국제자금시장에서 적용하여 1997~98년 동아시아 금융위기의 원인을 파악하는 데에 이용하였다.[4] 이들의 주장에 의하면 공황상태에 빠진 국제상업은행들이 동아시아지역에 공급한 단기대출의 회전(roll-over)을 갑자기 중단하고 일시에 대출상환을 요구하였으나 동아시아지역의 금융기관들이 이에 적절히 응하지 못함에 따라 동아시아 금융위기가 발생하였다는 것이다. 이는 공황상태에 빠진 예금자들로 인해 예금인출사태가 초래되어 은행위기가 발생하는 경우와 닮은꼴이라고 볼 수 있다.

만약 동아시아 금융기관들이 국제상업은행의 요구에 따라 대출을 적절히 상환하였다면 동아시아 금융위기가 발생하지 않았을 수도 있었다. 그러나 당시 이들은 외화자금의 조달-운용 간 만기불일치와 통화불일치로 요약할 수 있는 대차대조표 불균형(balance sheet imbalances)을 심각하게 겪고 있었기 때문에 대출상환 요구에 적절히 대응할 수 없었다. 외화자금의 조달-운용 간 만기불일치란 외화자금은 주로 단기로 조달하고, 이를 장기자산으로 운용하는 것을 의미한다. 또한 외화자금의 조달-운용 간 통화불일치는 외화로 조달한 자금을 국내통화로 바꾸어 운용함에 따라 발생한다. 따라서 이와 같이 대차대조표 불균형이 심각한 상황에서 국제상업은행이 외화대출을 갑자기 상환할 것을 요구하면 국내은행은 차입금 상환요구에 적절히 응할 수가 없기 때문에 심각한 경영위기에 처하여 은행위기가 발생할 수 있으며, 국내외화자금시장에서 외화유동성의 부족현상이 심화되어 외환위기가 발생할 수 있다. 이에 따라 금융위기가 발생한다.[5]

금융공황이론이 제시하는 형태의 금융위기의 발생을 미연에 방지하기 위해서는 국제상업은행을 공황상태에 빠지게 할 수 있는 요인을 미리 파악하여 이에 대비하는 것이 필

4) S. Radelet and J. Sachs(1998), "The East Asian Financial Crisis: Diagnosis, Remedies, Prospects," *Brookings Papers on Economic Activity* 1, 1~74.

5) 2008년 글로벌 금융위기 시에도 선진국 금융기관들이 한국 금융기관에게 대규모의 대출상환을 요구하였으며 한국 금융기관들은 동아시아 금융위기 당시와 마찬가지로 외화자금 조달에 크게 어려움을 겪었다. 이는 한국 금융기관들이 또다시 대차대조표 불균형 문제를 가지고 있었던 것과 관련이 있다. 동아시아 금융위기 시에는 공황에 빠진 국제상업은행들이 한국 금융기관으로부터 갑자기 자금을 회수하였으나, 글로벌 금융위기 시 당시의 자금회수는 선진국 금융시장의 유동성 부족 심화와 관련이 깊다.

요할 것이다. 그러나 본질적으로 불안정성이 높은 국제금융시장에서 신뢰의 위기가 발생하는 원인은 매우 복잡하기 때문에 미리 예측하기가 쉽지 않다. 한편, 해외차입이 많은 국내은행들이 대차대조표 불균형을 최소화한다면 역시 이와 같은 형태의 금융위기가 발생하는 것을 최소화할 수 있을 것이다. 그러나 대차대조표 불균형을 통해 수익을 창출하는 은행업의 특성상 대차대조표 불균형을 줄이는 데에도 한계가 있다. 따라서 금융시장 자체적으로 그 원인을 차단하여 이와 같은 형태의 금융위기가 발생할 가능성을 크게 줄이는 것에도 한계가 있어 보인다. 금융공황으로 인한 금융위기는 국제유동성 부족으로 시작되므로 만약 국제상업은행이 갑작스런 자금회수 조짐을 보일 경우 해당 지역의 국가들에게 국제유동성을 적절히 공급해 줄 수 있는 제도적 장치를 범세계적 또는 지역적으로 강구하는 것이 현재로서는 최선의 위기방지책이라고 볼 수 있다.

1990년대의 주요 금융위기 사례

A. 유럽 ERM 위기(1992~93년)

유럽 ERM 위기는 외환시장에서의 투기적 공격으로 인하여 1992년 영국, 이탈리아, 스페인 등의 국가가 유럽의 환율안정화 장치인 ERM(European Exchange Rate Mechanism)으로부터 탈퇴하고 환율변동을 자유롭게 허용함에 따라 발생하였다. 독일이 통일 후 긴축적 금융정책과 확장적 재정정책을 동시에 시행하는 가운데 나머지 유럽국가들은 독일 마르크화와의 환율을 안정적으로 유지하기 위하여 긴축적 금융정책을 유지하였다. 이로 인해 이들 유럽국가의 경기침체가 악화되어 ERM 유지비용이 증가하게 되었다. 이에 대규모의 자금조달이 가능한 외환시장참가자들은 경기침체가 심각하였던 영국, 이탈리아, 스페인 등의 국가가 ERM을 탈퇴한 후 변동환율제도로 전환할 것으로 예상하고 투기적 공격을 감행하였다. 그 결과 이들 유럽국가들은 투기적 공격을 막아내지 못하고 결국 ERM을 탈퇴하였다.

B. 멕시코 금융위기(1994~95년)

남미 금융위기는 멕시코에서 처음 시작되어 그 이후 아르헨티나로 전파되었다. 1994년 12월 멕시코에서 금융위기가 발생하기 이전 멕시코 정부는 물가안정을 위해 페소화 고평가 정책을 견지하였으나 경상수지 적자 확대와 경제성장률 둔화로 강력한 페소화 평가절하 압력을 받았다. 이런 가운데 차기 대통령 선거를 의식한 재정지출 확대가 멕시코 경제의 건전성 악화에 대한 우려를 증폭시킨 가운데 치아파스(Chiapas)주의 농민폭동과 대통령후보의 암살 등으로 인하여 사회 · 정치적 불안이 고조됨에 따라 자본유출이 증가하고 페소화 평가절하 압력이 가중되었다. 페소화 가치를 유지하기 위해 지속적으로 외환시장에 개입한 결과 1994년 3월 말 259억 달러에 달하던 멕시코 중앙은행의 외환보유액이 같은 해 12월에 들어 100억대 이하로 감소함에 따라 더 이상 페소화의 가치를 인위적으로 지지할 능력을 상실하였다. 결국 멕시코 정부는 12월 20일 달러당 3.47페소 수준에 있던 페소화의 달러화 환율을 15.27% 평가절하하고 이틀 후인 12월 22일에는 페소화 방어를 포기하고 전격적으로 자유변동환율제도로의 전환을 선언하였다. 그 결과 자본의 국외유출이 심화되어 멕시코 페소화 가치가 급락하였으며 멕시코 및 국제 금융시장에 커다란 혼란이 발생하였다. 특히, 멕시코 금융위기가 경제구조의 유사성이 높은 아르헨티나에 전염되어 1995년 초부터 아르헨티나에서도 자본유출이 증가함에 따라 금융기관의 유동성 부족이 심화되고 심지어 예금인출사태의 발생으로 은행이 도산하는 등 금융위기가 발생하였다. 그러나 고정환율제도의 일종인 통화위원회(currency board)를 운영하였던 아르헨티나는 이를 포기하지는 않았다.

C. 동아시아 금융위기(1997~98년)

동아시아 금융위기는 1997년 7월 초 태국이 외환시장에서의 투기적 공격을 막아내지 못하고 고정환율제도를 포기함에 따라 태국 바트화의 가치가 폭락하는 외환위기의 발생으로 시작되었다. 그 이후 곧바로 인근국가인 필리핀, 인도네시아, 말레이시아에서도 외환위기가 발생하였으며, 같은 해 11월에는 한국에서도 외환위기가 발생하였다. 이들 국가에서는 외환위기 발생과 함께 해외자본이 대규모로 유출되어 주가가 폭락하고 금융기관이 파산하는 등 금융시장이 붕괴되었다. 자국통화가치의 고평가, 과도한 해외자본차입 그리고 해외자본의 급작스러운 유출증가 등이 동아시아 금융위기의 원인으로 지적되고 있다.

3. 금융위기의 전염경로

한 국가의 금융시장에서 발생한 교란이 다른 나라의 금융시장으로 전파되는 것을 금융위기의 전염효과(contagion effect)라고 한다. 전염효과에 의하여 발생하는 금융위기는 앞에서 소개한 금융위기이론으로는 그 발생원인을 설명하기가 매우 어렵다. 금융위기를 연구하는 다수의 학자들은 금융위기가 발생하는 원인 중 전염효과가 차지하는 중요성이 점점 커지고 있다고 주장한다. 1994년 말 멕시코에서 시작된 남미 외환위기, 1997년 7월 태국에서 시작된 동아시아 금융위기, 2007~08년 미국발 글로벌 금융위기 시 모두 위기가 인근지역 또는 전 세계로 확산됨에 있어 전염효과가 중요한 역할을 하였다는 것을 부정하기 어렵다. 아래에서는 금융위기 전염효과의 원인과 경로를 살펴본다.[6]

(1) 무역경로

국가 간 무역관계는 주로 외환위기 전염효과의 원인을 설명하는 데에 이용된다. 무역관계로 인해 외환위기가 전염되는 과정은 다음의 두 가지 형태로 구분할 수 있다. 첫째는 무역의 직접적인 연관관계에 의하여 전염되는 경우이다. 예를 들어, A국과 B국이 서로

6) 금융위기 전염경로의 내용은 다음의 연구를 주로 참고하였다. 송치영(2000), “금융위기 전염효과의 이론과 실제,” 「대외경제연구」, 4(3), 79~116.

의 상품을 수출하고 수입하는 직접적인 교역관계에 있다고 가정하자. 만약 A국에서 외환위기가 발생하여 통화가치가 크게 절하되면 A국의 B국에 대한 수출경쟁력은 크게 향상되는 반면, B국의 A국에 대한 수출경쟁력은 저하되는 결과가 발생한다. 이러한 상황에서 국제투기자들은 B국의 경상수지가 악화되어 결국에는 B국의 통화도 절하될 것이라고 예상한다. 이에 따라 이들은 A국에서 외환위기가 발생한 후 얼마 안 된 시점에서 B국 통화에 대한 투기적 공격을 감행하며, 이로 인해 B국에서도 외환위기가 발생한다. 1992년 9월 투기적 공격으로 영국 파운드화가 크게 절하되자 투기자들이 영국과 직접적인 교역관계가 깊은 아일랜드의 펀트화(punt)에 대하여 1993년 초 투기적 공격을 감행한 것이 이에 대한 대표적인 예라고 할 수 있다.

두 번째 과정은 해당 국가들이 제3국에서 수출경쟁관계에 있을 경우에 발생한다. 예를 들어, A국과 B국이 북미시장에서 치열한 수출경쟁을 벌이고 있다고 가정하자. 만약 A국에서 외환위기가 발생하여 자국통화가 크게 절하되면 A국은 북미시장에서 B국에 비하여 상대적으로 수출경쟁력이 향상된다. 따라서 상대적으로 수출경쟁력이 저하된 B국의 경상수지가 악화될 것을 예상한 투기자들이 B국 통화에 대하여 투기적 공격을 감행함에 따라 B국 통화가 크게 절하되고 B국 역시 외환위기를 경험하게 된다. 이는 금융위기국과 직접적인 무역관계가 존재하지 않더라도 간접적인 국가 간 무역관계로 인하여 금융위기가 전염될 수 있음을 보여준다.

한편, 제3국에서의 수출경쟁관계가 해당국의 경상수지에 미치는 영향이 지대할 경우 소위 경쟁적인 평가절하(competitive devaluation) 또는 이것의 가능성 자체가 외환위기의 전염에 중요한 역할을 할 수도 있다. 외환위기국과 제3국에서 무역경쟁관계에 있는 국가의 중앙은행이 자국수출품의 경쟁력이 저하될 것을 우려하여 경쟁적으로 자국통화의 평가절하를 유도하거나 또는 유도하려는 의도를 나타냈다고 가정하자. 이러한 움직임을 포착한 국제투자자들이 이들 국가의 통화와 자산을 대량으로 매도하여 외환위기가 파급되는 결과가 발생한다. 일부 경제학자들은 1997~98년 동아시아 위기의 경우 경쟁적 평가절하의 가능성으로 인하여 태국의 외환위기가 인근 동남아시아국가로 전염되었다고 주장하기도 한다.

(2) 군중집단행동 경로

군중집단행동(herd behavior)이란 자기가 속한 집단의 행동을 모방하는 행위를 의미한다. 군중집단행동으로 인한 금융위기의 전염은 국제투자자집단에 속한 다수의 투자자들이 같은 집단에 속한 다른 구성원의 투자결정을 모방함에 따라 발생한다. 예를 들어, 신흥경제국인 A국에서 금융위기가 발생하여 국제투자자들이 이 국가의 금융시장으로부터 투자자금을 대규모로 회수하기 시작했다고 가정하자. 이러한 상황에서 또 다른 신흥경제국인 B국에 투자한 국제투자자들이 A국에 투자한 국제투자자들의 행동을 모방하여 B국의 금융시장에서 투자자금을 대규모로 회수함에 따라 B국에서도 금융위기가 발생한다.

경제학자들은 군중집단행동이 자기가 속한 집단의 행동을 무작정 모방하는 비합리적인 행위가 아니라 합리적 선택의 결과라고 해석한다. 자산시장에서 군중집단행동의 발생 원인은 다음의 두 가지로 구분하여 설명할 수 있다. 첫째로 투자자들이 보유하고 있는 정보의 비대칭성(asymmetric information)으로 인하여 군중집단행동이 발생할 수 있다.

투자자는 정보투자자(informed investors)와 비정보투자자(uninformed investors)로 구분할 수 있는데, 후자가 전자의 투자결정을 모방함에 따라 군중집단행동이 발생한다. 이러한 모방행위가 발생하는 것은 빈약한 정보만을 갖고 있는 투자자들이 정보가 풍부한 투자자들의 투자결정 자체에 자신들이 갖고 있지 못한 투자정보가 반영되어 있다고 생각하기 때문이다.

군중집단행동이 발생하는 두 번째 원인으로서 투자자들의 평판에 대한 고려를 들 수 있다. 금융자산투자를 결정하는 관리자들은 자신들의 평판을 중요시하는데, 이를 고려하였을 경우 이들이 다른 관리자들의 투자결정을 모방하는 것이 합리적인 경제행위라는 것이다. 예를 들어, 금융시장에서 여러 가지 형태의 펀드를 운영하고 있는 투자자들, 즉 펀드운영자(fund manager)들은 자산운영능력이 뛰어나다는 평판을 얻지는 못할지라도 적어도 그들의 능력이 평균 이하라는 평판이 생기지 않도록 노력한다. 이는 나쁜 평판이 그들의 보수와 고용계약에 악영향을 미치기 때문이다. 따라서 이들은 평균 정도의 평판을 유지하기 위해서는 다른 펀드운영자들의 투자결정을 모방하는 것이 합리적이라고 생각하게 되며, 이에 따라 펀드운영자집단에서 군중집단행동이 발생한다.

이러한 경우 그들의 투자결정이 사후적으로 실패한 것으로 나타날지라도 군중집단행동에 참여한 모든 펀드운영자들의 투자가 실패하였으므로 개별 펀드운영자의 실책이 특별히 드러나지 않으며 개별 펀드운영자들은 그들의 평판이 평균수준 이하로 낮아지는 것을 우려하지 않아도 된다.

(3) 국제유동성 경로

여러 국가의 금융시장에서 활동하는 국제투자자들을 통하여 한 국가의 금융위기가 다른 국가로 전염될 수 있는데, 이러한 경우 국제투자자들의 국제유동성 부족이 핵심적인 역할을 할 수 있다. 예를 들어, 국제투자자들이 특정 국가의 금융시장에 투자한 자금을 금융위기 발생 때문에 회수하기 어려운 상황이 발생하였다고 가정하자. 즉, 금융위기국 은행의 도산, 영업정지 등으로 인하여 은행에 예치한 자금의 인출이 정지되거나 또는 주식시장의 붕괴로 인하여 주식거래가 위축되어 금융위기국 주식에 투자한 자금을 회수하기가 용이하지 못한 경우를 가정하자.

이러한 경우 국제투자자들은 국제유동성 부족문제에 직면하게 되며, 이로 인한 신뢰도 하락으로 해당 국제투자자들은 파산의 위험에 처하게 된다. 따라서 이를 해결하기 위해 금융위기가 발생하지 않은 다른 국가의 금융시장에 투자한 자산을 매도하고자 한다. 만약 이때 자산의 매도가 대규모로 이루어진다면 이 국가에서도 금융위기가 발생하며 결국 금융위기가 최초의 발생국가로부터 전염된 것이 된다.

국제유동성 부족으로 인한 금융위기의 전염은 국제투자자가 대형 상업은행일 경우 더욱 심각하게 발생할 수 있다. 특히, 여러 국가들의 차입이 특정한 국가의 상업은행에 편중되어 있을 경우, 즉 특정 국가의 상업은행이 공통대부자(common creditor)로서 기능하고 있을 경우 이 은행에 대한 차입의존도가 높은 국가들 간에 금융위기가 쉽게 전염된다. 예를 들어, 한 국가에 대한 대출이 금융위기로 인하여 부실화되어 금융위기가 발생하였을 경우 공통대부자들은 국제유동성 문제를 해결하고 대출자산의 전체적인 위험을 줄이고자 다른 국가에 대한 대출 중 위험성이 높다고 판단되는 대출을 대부분 회수한다. 이에 따라 한 국가에서 발생한 금융위기가 다른 국가로 곧바로 전파될 수 있다.

예를 들어, 1997년 태국에서 금융위기가 발생하기 이전 동남아시아국가들의 일본계 상업은행에 대한 차입비중이 여타 선진국 상업은행에 비해 공통적으로 높았다. 즉, 동남아시아에서 일본계 상업은행들의 공통대부자 역할이 상당히 강했으며, 이로 인해 태국의 위기가 인근 국가로 쉽게 전염되었을 가능성이 높다.

국제유동성 부족으로 인한 전염효과 발생의 예는 2007~08년의 글로벌 금융위기에서도 찾아볼 수 있다. 2000년대 들어 유럽은행들은 미국투자은행이 발행한 자산담보부증권(asset backed securities : ABS)을 대량으로 매입하였다. 그런데 2007년 미국의 금융위기 발생으로 자산담보부증권이 부실화되면서 유럽은행들은 그동안 미국의 자산담보부증권을 담보로 발행한 자산담보부 상업어음의 만기연장이 어려워져 심각한 달러화 유동성 위기에 처하게 되었다. 이에 따라 유럽은행들은 달러화 유동성을 조달하기 위하여 신흥국의 신규대출을 중단하거나 기존대출의 만기연장을 제한하였다. 이러한 영향으로 신흥국 금융시장에서 달러화 유동성 부족이 심화되었으며, 이는 이들 국가에서 금융위기 발생의 주요 원인으로 작용하였다. 즉, 미국의 금융위기 발생은 유럽은행에게 심각한 유동성 충격을 주었으며, 이는 결국 미국의 금융위기가 신흥국에게 전파되는 데에 중요한 역할을 하였다.

글로벌 금융위기의 발생배경과 전개과정(2007~08년)

글로벌 금융위기란 2007년 중반 미국에서 시작되어 2008년에 전 세계로 확산된 금융위기를 지칭하며, 미국 주택담보부 대출시장에서의 서브프라임모기지(sub-prime mortgage) 부실화가 직접적인 원인으로 작용하였다. 미 연방준비위원회는 미국 경세가 회복세로 돌아섬에 따라 2004년 6월~2006년 6월 기간 중에 정책금리를 17차례에 걸쳐 1%에서 5.25%까지 인상하였다. 이로 인해 2006년 하반기 이후 미국의 주택경기가 둔화되고 모기지 관련 대출금리가 상승하면서 서브프라임 모기지의 연체율이 증가하였다. 모기지 연체율 증가로 모기지담보증권(mortgage-backed securities : MBS)에 대한 수요가 감소하고 그 결과 모기지 대출규모가 축소되어 미국의 주택경기가 더욱 악화되었다. 미국의 부동산경기 악화로 MBS를 비롯한 각종 금융자산의 가치가 급락하여 이들 자산에 대규모로 투자했던 선진국 금융기관들이 큰 손실을 입고 자금조달에 심각한 어려움을 겪게 됨에 따라 이들의 경영부실화가 심화되었으며, 마침내 2008년 3월에는 미국투자은행인 베어스턴스(Bear Sterns)가 부도처리되어 제이피 모건 체이스(JP Morgan Chase)에 인수되는 사건이 발생하였다. 또한 MBS의 신용을 보강해 주는 역할을 해 주던 정부보증기관인 페니 메이(Fannie Mae)와 프레디 맥(Fredie Mac)의 부실화가 심화되어 2008년 9월 7일 미국 정부가 이들 기관을 국유화하고 1,000억 달러의 유동성을 지원하였다. 그러나 미국 정부의 노력에도 불구하고 금융기관의 연쇄도산이 이어지면서 금융시장의 불안정성이 크게 증가하여 결국 미국 4대 투자은행 중의 하나인 리만브라더스가 2008년 9월 14일 파산보호를 신청하면서 미국의 금융위기가 극에 달하였다. 또한 이는 미국의 금융불안이 본격적으로 유럽선진국과 신흥국을 비롯한 전 세계로 확산되어 미국의 주택담보부시장에서 시작된 금융위기가 글로벌 금융위기로 전파되는 계기가 되었다.

한편, 미국의 서브프라임모기지 부실화가 글로벌 금융위기의 직접적인 단초를 제공하였지만 이를 초래한 보다 근본적인 원인으로서 2000년대 들어 지속된 과잉유동성, 글로벌 불균형, 금융규제 및 감독의 미비 등이 거론되고 있다. 2000년대 들어 전 세계적으로 인플레이션에 대한 우려가 크게 약화되어 미국은 IT버블 붕괴로 침체된 경기를 회복하고자 상당기간 동안 저금리 기조를 유지하였으며 이에 주요 선진국들이 동조함에 따라 글로벌 금융시장에서 과잉유동성 현상이 지속되었다. 또한 미국이 큰 폭의 경상수지 적자를 유지하는 가운데 중국 등 아시아 신흥국에서는 대규모의 경상수지 흑자가 확대되는 소위 글로벌 불균형이 지속되었다. 이에 경상수지 흑자국의 달러화 자금이 미국 국채 등의 안전자산 투자를 통하여 미국의 금융시장에 유입되어 미국의 저금리 기조가 유지되는 데에 기여하였다.

이와 같은 풍부한 유동성과 저금리 기조에 대응하여 글로벌 금융기관들은 수익증대를 위해 서브프라임모기지 관련 파생상품 등 신종 고수익 · 고위험 금융상품을 개발하여 판매하였다. 특히 유동화신용파생상품의 시장이 빠르게 성장하였는데, 그 결과 이들 상품의 자산버블이 형성되었으며 금융기관들은 높아진 담보가치를 이용하여 과도한 레버리지를 유지함으로써 고수익 · 고위험 상품에 투자하였다. 이와 같이 유동화신용파생상품시장이 급성장한 것은 미 연방준비위원회 등 금융감독기관이 신종 파생상품의 위험을 적절히 파악하여 규제와 감독을 철저히 시행하지 못한 것에도 그 원인이 있다. 경기둔화 등으로 부동산가격이 하락하고 모기지 관련 금융상품의 가격이 하락하는 등 자산버블이 붕괴되어 금융기관이 대규모의 손실을 입게 되면서 금융위기가 빠르게 확산되었다.

출처 : 1) 한국금융연구원(2011), 「2010 금융백서」.
2) 금융위원회(2011), 「글로벌 금융위기와 한국의 정책대응(글로벌 금융위기 극복 백서)」.

4. 금융위기의 예방과 대처방안

금융위기 발생을 사전에 억제하거나 또는 금융위기 발생의 조짐이 보일 경우 이에 대처하는 대표적인 방안으로는 금융안전망(financial safety net), 자본통제(capital control), 거시건전성 규제(macro-prudential regulation) 등이 자주 논의되고 있다. 금융안전망이란 회원국가들이 공동으로 마련한 외화유동성 지원장치를 의미하며, 자본통제는 국가 간 자본이동 자체를 규제하는 것을 의미한다. 거시건전성 규제는 기본적으로 금융시스템의 안정성 제고를 목적으로 도입되며, 그중 일부 규제는 국가 간 자본흐름에 영향을 주거나 대외금융거래가 많은 금융기관의 건전성에 영향을 주어 금융위기를 사전에 예방하는 효과가 있다. 여기에는 주로 외환부분의 안전성을 목적으로 하는 외환건전성 규제가 주를 이루고 있다. 자본통제정책과 일부 거시건전성 규제는 해외자본이 국내로 과다하게 유입되지 못하도록 사전에 억제하거나 자본유출을 억제하는 데에 직간접적으로 작용하기 때문에, 이들 정책을 통틀어서 자본이동관리정책(capital flow management measures)이라고 부르기도 한다.

(1) 금융안전망 확충

1997년 동아시아 금융위기, 2007~08년 글로벌 금융위기 등에서 경험하였듯이 신흥국의 금융위기에서는 외화유동성 부족이 주요 원인으로 작용하였다. 이는 신흥국 통화가 일반적으로 매우 낮은 국제적 호환성을 갖고 있는 것과 관련이 있다. 국제화가 미약한 통화를 자국통화로 사용하는 신흥국들은 보험의 목적으로 충분한 규모의 외환보유액을 보유하고자 한다. 즉 외화유동성 부족 문제가 심화되면 외환보유액을 이용하여 국내금융시장에 외환을 충분히 공급함으로써 금융위기가 발생하는 것을 미연에 방지하고자 한다.

그러나 갑작스럽게 발생한 외화유동성 부족문제를 외환보유액에 의존하여 해결하는 데에는 다음과 같은 어려움이 존재한다. 외환보유액을 많이 보유할수록 금융위기 예방효과가 증가하지만, 외환보유액을 보유하는 데에 수반되는 비용이 증가한다. 따라서 금융위기 발생을 사전에 방지할 수 있는 외환보유액의 적정수준을 정확히 설정하기가 어렵다. 대외 장단기부채, 수입규모 등을 기준으로 적정 외환보유액 수준을 산정하는 방법이 제시되기도 하지만, 이는 주로 금융위기 방지에 초점을 두어 적정 외환보유액을 산정하는 방법이기 때문에 일반적으로 과다보유의 문제를 야기한다. 반면에 외환보유의 비용에 더 큰 비중을 두어 적정 외환보유액 규모를 측정하면 오히려 과소보유의 문제가 발생하는 상충관계가 항상 존재한다.

그런데 만약 여러 국가들이 외환보유액의 일부를 갹출하여 대규모 기금을 설립하고, 외화유동성 부족현상이 심화된 국가가 기금을 인출하여 사용할 수 있게 된다면, 이는 금융위기의 방지에 매우 효과적일 수 있으며 개별 국가가 큰 비용을 부담하면서 대규모의 외환보유액을 유지할 필요가 없을 것이다. 즉 일정지역의 국가들이 공동으로 유동성 지원장치를 마련한다면 역내에서 발생하는 금융위기에 보다 효율적으로 대처할 수 있을 것이다. 이러한 동기에 의해 동아시아 금융위기 이후 지역적인 금융안전망의 설립에 대한 논의가 활발하게 진행되었으며, 제17장에서 설명한 바와 같이 그 결과 동아시아에서는 CMI가 결성되었고, 이는 다시 CMIM으로 발전하였다.[7)]

2007~08년 글로벌 금융위기에서 경험하였듯이 집단적으로 나타나는 신뢰위기가 전염되는 것을 각국의 외환보유액이나 지역적 유동성 지원프로그램만으로 사전에 방지하는 것은 매우 어렵다. 한국의 경우 미국발 글로벌 금융위기가 전 세계로 전염되는 시기에 약 2,600억 달러 규모의 외환보유액을 보유하고 있었지만 결국 외화유동성 문제를 극복하지 못하고 어려움을 겪게 되었다. 지역 금융안전망이었던 CMI와 인근국가이면서 대규모로 외환보유액을 가지고 있던 일본이나 중국으로부터 아무런 유동성 지원을 받지 못하였다. 결국 한국의 중앙은행이 미국 연방준비은행과 통화스왑을 통해 달러화 유동성을 지원받을 수 있게 됨에 따라 한국의 금융불안이 진정되기 시작하였다. 이러한 사례는 위

7) CMI나 CMIM은 기금의 형태는 아니며 필요 시 유동성 지원을 약속하는 일종의 협정이다.

기 시 지역적인 유동성 지원의 한계를 나타내며, 금융위기 방지에는 신뢰할 만한 글로벌 금융안전망의 역할이 크다는 것을 의미한다.

글로벌 금융안전망의 예로서 미국 연방준비은행의 중앙은행 간 통화스왑 협정, IMF의 각종 유동성 지원프로그램 등을 들 수 있다. 그런데 미국 연방준비은행의 통화스왑 프로그램은 지원국의 대상과 기간에 제한이 있기 때문에 상시적인 글로벌 금융안전망의 역할을 수행하는 데에 한계가 있다.[8] 또한 글로벌 금융위기 이전에 국제통화기금이 운영하였던 각종 유동성 프로그램은 지원조건이 까다로울 뿐만 아니라, 국제통화기금으로부터 지원을 받은 국가는 기초경제요인에 문제가 있을 것이라는 낙인효과(stigma effect)로 인해 그 실용성이 낮았다. 이러한 문제를 완화할 목적으로 국제통화기금은 기초경제여건이 우수한 국가가 대출한도를 사전적으로 신청하여 허락받을 경우 외화유동성 위기 시 조건 없이 이를 인출할 수 있는 지원프로그램인 탄력대출제도(Flexible Credit Line: FCL)를 2009년 3월에 도입하였다. 또한 탄력대출제도가 엄격한 지원기준 요건을 요구하고 있어 위기 시 실제로 유동성을 지원받을 수 있는 국가가 제한적이라는 비판을 받아들여 예방대출제도(Precautionary Credit Line: PCL)를 2010년 8월에 추가적으로 도입하였다. 경제의 취약성이 존재하여 탄력대출제도의 적격요건을 갖추지 못하였지만 경제정책의 건전성 정책을 유지하고 있는 국가들이 예방대출제도의 지원대상이 될 수 있도록 하였다. 이 제도는 2011년 11월에 예방 및 유동성 지원제도(Precautionary and Liquidity Line: PLL)로 명칭이 바뀌었다.[9]

FLL과 PLL의 도입으로 글로벌 금융안전망이 이전에 비해 확충된 것은 사실이나, 기존의 글로벌 유동성 지원프로그램이 가지고 있던 문제점을 충분히 해결하지는 못하였다. 유동성 지원조건이 완화되었다고는 하나 아직 비교적 엄격한 조건을 요구하고 있으며, 특히 국제통화기금에 유동성 지원을 요청하는 국가가 문제국가로 인식되는 낙인효과의 문제점은 거의 그대로 남아 있다고 해도 과언이 아닐 것이다. 따라서 향후 금융위기의 발생과 확산을 미연에 방지하기 위해서는 보다 효율적이고 실용적인 글로벌 금융안전망의 수립이 필요하다.

8) 한국의 경우 미국 연방준비은행과 통화스왑 협정을 맺고 있지 못한 대신에 차선책으로 국제통화를 보유한 여타 선진국의 중앙은행과 통화협정을 체결하려는 노력을 기울였다. 그 결과 2017년 11월 캐나다 중앙은행과 무제한 규모의 통화스왑 협정을, 2018년 3월 스위스 중앙은행과 약 106억 달러 규모의 통화스왑 협정을 체결하였다.

9) 2019년 말 현재 마케도니아와 모로코 두 국가가 PLL을 이용하여 IMF로부터 국제유동성을 지원받았다.

(2) 자본통제

자본통제란 국가 간 자본이동에 대해 규제를 가하는 것을 의미한다. 자본통제를 찬성하는 경제학자나 정책입안자들은 해외자본이 국내로 과다하게 유입되지 못하도록 자본통제를 도입하면 급격한 자본유출로 발생하는 금융위기를 사전에 방지할 수 있다고 주장한다. 즉 자본유입의 규모가 크지 않으면 자본유출의 규모도 크지 않아 자본유출 증가로 인한 금융시장의 혼란이 발생하지 않는다는 것이다. 앞에서 설명한 바와 같이 자본유입 증가가 국내경제에 주는 긍정적인 효과가 존재하지만 급격한 자본유출로 인한 금융위기의 발생이 국내경제에 미치는 부정적인 영향이 매우 크기 때문에 자본통제가 불가피하다고 주장한다. 위기 시 급격한 자본유출을 억제하기 위하여 자본유출에 대한 직접규제를 시행할 수도 있으나 자본유출 통제는 해당국 정책의 신뢰성에 큰 타격을 주는 등 부작용이 크기 때문에, 금융위기 억제와 관련된 최근의 자본통제 논의에서는 주로 자본유입 규제를 다루고 있다.

자본유입을 규제하는 수단으로는 비거주자예금의 일정한도를 의무적으로 중앙은행에 무이자로 예치하는 지준예치제도(unrenumerated reserve requirement), 거주자의 해외차입, 비거주자의 증권투자 및 원리금 회수 등에 일정률의 세금을 부과하는 금융거래세가 있다. 이보다 강력한 조치로는 외환거래 자체에 세금을 부과하는 외환거래세가 존재한다.[10] 또한 최소만기요건을 두어 최소만기가 일정기간 이상인 해외자본의 유입만을 허용하는 제도, 해외차입 등 일정형태의 자본유입의 규모 자체를 직접적으로 규제하는 제도를 통하여 자본유입을 통제할 수도 있다.

자본유입 규제가 실제로 자본유입의 규모를 축소하는가에 대해서는 확실한 결론이 내려지지 않고 있다. 자본통제의 효과를 실증적으로 분석한 연구에 따르면 자본유입 규제가 유입자본의 만기를 장기화시키는 효과가 있지만, 이것이 자본유입 축소에 미치는 실질적인 효과는 불확실하다는 것이다. 규제효과가 불확실하다는 것은 중·장기적 효과가 약하다는 것이지 단기적인 효과까지 부정하는 것은 아니다. 과거 자본통제를 실시한 국가들의 예를 보면, 규제를 도입한 직후에는 그 효과가 분명히 나타난 것으로 알려져 있다. 그런데 자본유입 규제의 효과가 중·장기적으로 뚜렷하게 나타나지 않은 것은 규제회피와 관련이 큰 것으로 알려져 있다. 규제가 도입된 이후 시간이 흐를수록 규제를 회피할 수 있는 우회수단들이 개발되어 결국 규제의 효과가 약화된다. 예를 들어, 특정 유형의

10) 외환거래세는 토빈(J. Tobin)이 처음으로 제한하였기에 토빈세라고 부르기도 한다.

자본유입에 규제가 시행되었다면 규제가 없는 다른 유형의 자본으로 우회하여 자본이 유입된다. 만약 해외차입에 규제를 부과하면 직접투자나 포트폴리오투자의 형태로 우회하여 자본을 유입할 수 있는 수단이 개발되어, 장기적으로 자본유입 규제의 효과가 매우 작을 수밖에 없다.

자본통제는 국가 간 자유로운 자본이동으로 얻을 수 있는 자원배분의 효율성을 저해하는 부정적 효과를 초래한다. 또한 해당 국가는 자본통제국이라는 낙인이 찍히게 되어 국제투자자들의 회피대상이 될 수 있다. 그 결과 실제로 필요할 경우 해외자본조달을 원활히 할 수 없는 어려움에 처할 수 있다.

자본유입 규제는 단기적으로 자본이 과다하게 유입될 경우에 한하여 도입하는 것이 바람직하며, 중·장기적으로 자본이 과다하게 유입되는 현상은 기초경제요인과 관련이 있을 가능성이 높으므로 기초경제요인을 조정하는 근본적인 해결책이 요구된다.

자본유입 규제 사례

국가	시행연도	내용
브라질	1993~1997 2009 시행	• 특정 유형 자본유입 전면금지 • 최소만기요건 • 금융거래세
칠레	1991~1998	• 지준예치제(초기에는 외채에만 부과, 이후 투기성 FDI까지 확대)
콜롬비아	1993~1998 2007~2008	• 지준예치제(만기 18개월 이하 부과) • 통화파생상품 포지션 규제
크로아티아	2004~2008	• 지준예치제
말레이시아	1994	• 단기채권거래 금지 • 포지션 규제
태국	1996 2006 시행	• 지준예치제 • 포지션 규제
인도네시아	2010 시행	• 중앙은행채권 매입 시 최소보유기간 설정

출처 : J. Ostry, A. Ghosh, K. Habermeier, M. Chamon, M. Qureshi, and D. Reinhart(2010), "Capital Inflows : The Role of Controls," IMF Staff Position Note 10/04.

(3) 외환건전성 규제

거시건전성 규제는 거시적 측면에서의 금융시스템 안정성을 제고하는 것을 목적으로 한다. 금융부문의 불안정성 증가가 경제성장의 약화, 경기변동 확대 등의 거시경제적 비용을 초래하는 경향이 강해지고 있기 때문에, 거시건전성 규제는 금융시스템 전체의 위험을 억제하여 이러한 비용을 최소화하고자 한다. 외환건전성 규제는 특별히 외환부문의 건전성을 제고하여 금융시스템의 안정성을 높이기 위한 목적으로 시행된다.

금융위기는 자본유출입의 변동성과 관련이 깊다. 즉, 자본유입이 갑자기 크게 증가하다가 여건의 변화가 생겨 급격한 자본유출이 발생하면 금융위기 발생가능성이 증가한다. 또한 자본유출이 증가하는 시기에 해외에서 유입된 자본의 통화 및 만기 불일치가 크다면 금융위기 발생가능성이 더더욱 높아진다. 따라서 향후 금융위기의 재발을 방지하기 위한 논의에서 특히 외환부문 거시건전성 제고방안이 매우 중요한 위치를 차지하고 있다. 외환부문의 건전성 제고를 위한 정책수단에는 외국환포지션 관리, 외화유동성비율 규제, 외화대출관리 등이 있다.[11)]

외국환포지션 관리란 금융기관의 외국환매입초과포지션 또는 외국환매도초과포지션의 한도를 설정하는 규제를 의미한다. 금융기관의 외화자산과 외화부채가 일치하지 않을 경우 환율변동위험에 노출되어 이에 따른 손익이 발생한다. 따라서 외환포지션이 과도하게 초과포지션이 될 경우 외환부문의 건전성 악화로 경영이 부실화되고 외환시장이 교란될 위험이 높아지는 것을 억제하기 위하여 이와 같은 규제를 도입한다.

외화유동성비율 규제는 외화부채의 외화자산에 대한 상대적인 크기를 제한함으로써 금융기관의 외화자산과 외화부채 간 만기불일치 현상을 완화할 수 있다. 예를 들어, 우리나라의 경우 잔존만기 7일 이내와 30일 이내의 경우에 외화총자산 대비 순외화자산(= 외화자산 − 외화부채) 비율을 각각 −3%, −10% 이상 유지할 것을 요구하는 외화유동성비율 규제를 운영하고 있다. 이에 추가하여 우리나라는 외화유동성커버리지비율(Liquidity Coverage Ratio: LCR) 규제를 2017년에 도입하였다. 동 규제는 은행이 외화유동성 위기에 적절하게 대처할 수 있도록 높은 유동성의 외화자산을 적정수준 이상으로 보유하도록 요구하는 제도이다. 즉, 30일 동안의 외화 순현금유출액(현금유출액 − 현금유입액) 대비 고유동성 외화자산의 비율이 매월 80% 이상을 유지하도록 규제하고 있다. 금융기관이 이

11) 외환건전성 규제에 대한 논의는 한국은행 「우리나라의 외환제도와 외환시장」, 각년도를 참조.

러한 규제들을 엄격하게 준수한다면 단기 외화유동성이 필요한 경우 이를 적기에 조달하여 심각한 외화유동성 부족문제에 직면하지 않을 것으로 기대된다.

외화대출관리 규제는 주로 외화대출이 과도하게 증가하는 것을 제한함으로써 해외차입이 크게 증가하는 것을 간접적으로 억제하는 데에 그 목적이 있다. 그 이유는 해외차입이 과도하게 증가하면 글로벌 금융불안 시 디레버리징(deleveraging)을 통해 급격한 자본유출을 초래할 수 있기 때문이다. 우리나라의 경우 외화대출의 용도를 해외사용 실수요와 제조업체의 국내시설자금으로 제한하는 규제를 도입하여 외화대출을 관리하고 있다.

한편, 글로벌 금융위기 시 우리나라는 단기 해외자본의 급격한 유출이 발생하여 심각한 경제적 어려움을 경험하였기 때문에 이러한 문제가 재발하는 것을 방지하기 위하여 글로벌 금융위기 이후 기존 규제에 비하여 강력한 외환건전성 규제를 도입하였다. 글로벌 금융위기 기간 중의 급격한 자본유출은 위기 이전인 2006~07년 중 해외자본, 특히 단기해외차입의 유입이 크게 증가했던 것과 관련이 깊다. 이 기간 중에 외환 및 통화 스왑거래를 매개로 하여 해외차입 자금이 국내로 대량으로 유입되었으며, 글로벌 금융위기가 발생하자 대량으로 유출되었다. 그런데 글로벌 금융위기 이후 다시 단기해외차입이 크게 증가하자 정책당국은 이를 억제하기 위하여 국내은행과 외국계은행지점의 선물환포지션한도 규제(2010년 10월 시행)와 외환건전성 부담금 부과제도(2011년 8월 시행)를 도입하였다. 선물환포지션한도 규제는 은행의 선물환포지션한도를 자기자본 대비 일정비율로 제한하여 은행의 과도한 선물환거래로 인한 단기해외차입을 억제하는 데에 그 목적이 있다.[12] 외환건전성 부담금 부과제도는 은행의 비예금외화부채에 대해 부담금을 부과하는 제도이다. 우리나라가 도입한 부담금제도는 장기부채에 비하여 단기부채에 높은 부담금을 부과하고 있는데, 은행의 비예금 단기부채의 증가를 억제하고 외화부채의 장기화를 유도하고자 도입되었다.[13] 최근의 연구결과에 따르면, 두 가지 제도의 도입은 은행 전체의 해외차입을 감소시키고 차입만기구조를 장기화하는 효과를 발생시킨 것으로 나타났다.

12) 최초 도입 당시 국내은행과 외국계은행지점에 대한 선물환포지션한도는 자기자본 대비 각각 50%, 250%였으나 그 이후 2011년 7월과 2012년 12월 두 차례 한도가 조정되어 각각 30%와 150%로 낮추어졌다.

13) 만기 1년 미만 20bp, 1~3년 10bp, 3~5년 5bp, 5년 초과 2bp 부과

요약

1. 금융위기는 금융시장의 효율적 기능이 손상되어 실물경제에 심각하게 부정적인 영향을 미치는 경제적 현상을 지칭하며, 이는 외환위기와 은행위기로 구분된다. 외환위기는 통화가치가 크게 하락하거나 통화가치의 하락압력이 크게 발생하는 것을 의미한다. 은행위기란 예금인출사태가 발생하여 은행이 실제적으로 예금, 채권 등의 부채를 상환하기 어려워지거나 또는 예금인출사태의 잠재적 가능성이 증가함에 따라 정부가 이를 저지하기 위하여 적극적으로 개입하는 경우를 지칭한다. 과거의 경험에 따르면, 외환위기 이전에 은행위기가 발생하는 것이 일반적인 현상이며 외환위기는 다시 은행위기를 악화시키는 경향을 보인다.

2. 자본자유화란 해외경제와의 자본거래가 자유롭게 이루어질 수 있도록 법적 또는 제도적 제한을 완화하는 조치를 나타낸다. 자본자유화의 이득으로는 경제성장 촉진, 소비평활화, 금융시장의 발전 등을 들 수 있다. 자본자유화의 부정적인 효과에는 거시경제적 기초요인 악화, 자본유출입 변동성 확대에 따른 경제변수의 변동성 증가, 금융위기 발생가능성 증가 등이 포함된다.

3. 금융위기의 원인을 설명하는 경제모형으로는 두 정책 간 모순이 금융위기의 원인으로 작용할 수 있음을 설명하는 제1세대 모형, 정부의 정책변화에 대한 예상을 강조하는 제2세대 모형, 국제자본이동의 경기순행적 특성으로 말미암아 금융위기가 발생할 수 있음을 설명하는 과열-냉각 순환모형, 국제상업은행들의 갑작스런 대출회수를 강조하는 금융공황모형 등이 있다.

4. 한 국가의 금융시장에서 발생한 교란이 다른 나라의 금융시장으로 전파되는 것을 금융위기의 전염효과라고 한다. 무역경로, 군중집단행동 경로, 국제투자자의 국제유동성 경로 등이 금융위기 전염효과의 원인으로 작용한다.

5. 금융위기 발생을 사전에 억제하거나 또는 금융위기 발생의 조짐이 보일 경우 이에 대처하는 대표적인 방안으로서 금융안전망 확충, 자본통제, 거시건전성 규제 등을 들 수 있다. 금융안전망이란 회원국가들이 공동으로 마련한 외화유동성 지원장치를 의미하며, 자본통제는 국가 간 자본이동 자체를 규제하는 것을 의미한다. 거시건전성 규제는 기본적으로 금융시스템의 안정성 제고를 목적으로 도입되며, 그중 일부 규제는 국가 간 자본흐름에 영향을 주거나 대외금융거래가 많은 금융기관의 건전성에 영향을 주어 금융위기를 사전에 예방하는 효과가 있다.

주요 용어

금융위기
은행위기
제1세대/제2세대 위기모형
금융공황모형
국제투자자의 국제유동성 부족
자본통제
외환위기
금융위기의 전염
과열-냉각 순환모형
거시건전성 규제
군중집단행동
금융안전망

연습문제

01 자본자유화의 경제적 효과를 설명하라.

02 금융위기의 원인을 설명하는 제1세대 모형과 제2세대 모형 간의 차이점을 [그림 18-1]에 제시된 모형을 이용하여 논의하라.

03 경기의 과열-냉각에 따른 금융위기 발생을 방지하기 위해 취할 수 있는 정책을 논의하라.

04 금융시장에서 군중집단행동이 발생하는 원인을 설명하라.

05 자본통제가 장기적으로 의도했던 효과를 발휘하지 못할 수 있는 이유를 설명하라.

ı 찾아보기 ı

국문 찾아보기

ı ㄱ ı

ㅍ

ㅎ

영문 찾아보기

A

B

C

| 저자 소개 |

김태준

연세대학교 경제학과 졸업
미국 컬럼비아대학교(경제학 박사)
대외경제정책연구원 연구위원
한국금융연구원장
현, 동덕여자대학교 국제경영학과 교수

송치영

서울대학교 무역학과 졸업
미국 브라운대학교(경제학 박사)
한국금융연구원 연구위원
현, 국민대학교 국제통상학과 교수

유재원

서울대학교 경제학과 졸업
미국 예일대학교(경제학 박사)
대외경제정책연구원 연구위원
현, 건국대학교 경제학과 교수

제2판
국제금융경제

2013년 8월 30일 제1판 1쇄 발행
2020년 3월 15일 제2판 1쇄 인쇄
2020년 3월 20일 제2판 1쇄 발행

저자와의 협의에 의해 인지첨부를 생략합니다.

저 자 김태준 · 송치영 · 유재원
발행인 강 희 일 · 박 은 자
발행처 다 산 출 판 사
서울특별시 마포구 용강동 494－85
등 록 1979. 6. 5. 제3－86호(윤)
전 화 (717) 3661~2, (718) 1751~2
FAX (716) 9945
조 판 민 하 디 지 탈 아 트

정가 30,000원 파본은 바꾸어 드립니다.

http://www.dasanbooks.co.kr
ISBN 978-89-7110-570-2 93320